Dresden im Luftkrieg

GÖTZ BERGANDER

Dresden im Luftkrieg

Vorgeschichte
Zerstörung
Folgen

1995

Böhlau Verlag Weimar Köln Wien

2., überarbeitete und erweiterte Auflage 1994
3. unveränderte Auflage 1995

Die Deutsche Bibliothek – CIP-Einheitsaufnahme

Bergander, Götz
Dresden im Luftkrieg : Vorgeschichte, Zerstörung, Folgen /
Götz Bergander. – 3., unveränd. Aufl. – Weimar ; Köln ;
Wien : Böhlau, 1995
ISBN 3-412-10193-1

Umschlagabbildung: Frauenkirche, Ruine. Trümmer eines Treppenturmes, mit freundlicher
Genehmigung der Sächsischen Landesbibliothek, Abt. Deutsche Fotothek, Dresden.

© 1995 by Böhlau Verlag GmbH & Cie, Köln
Alle Rechte vorbehalten
Lithos: repro acht, Köln
Satz: Richarz Publikations-Service
Druck und buchbinderische Verarbeitung:
MANZ, 1050 Wien

Printed in Austria
ISBN 3-412-10193-1

Inhalt

Vorwort

Es mutet wie eine Ironie des Schicksals an, daß ausgerechnet an der Technischen Hochschule Dresden nach Anweisung der zentralen Luftschutzdienststellen die sogenannte »durchschlagsichere Brandschutzdecke« entwickelt worden ist. Diese Decke, die von Brandbomben bis zu zwei Kilo Gewicht nicht durchschlagen werden konnte, hat sich während des Krieges in Neubaugebieten bewährt. Dresden aber war überwiegend eine alte Stadt.

Auch nach fünfzig Jahren gilt die Zerstörung Dresdens als Höhepunkt des strategischen Luftkrieges in Europa. Obwohl andere Städte größere Verluste an Bausubstanz erlitten haben, ist der Untergang der einstigen sächsischen Residenz zum Symbol sinnloser Vernichtung geworden, zu einer Jahrhundertkatastrophe. Der Flammenschein loderte aus dem allgemeinen Feuermeer empor, weil die Stadt mit überrumpelnder Wucht niedergebrannt wurde, nicht über Jahre hin, sondern binnen weniger Stunden. Und in keiner Angriffsnacht mußten so viele Menschen sterben.

Der Verfasser, 1927 in Dresden geboren und selbst Augenzeuge des Geschehens, stellt Dresden in den Gesamtzusammenhang des Luftkrieges, er untersucht sämtliche Angriffe auf die Stadt und ihre nähere Umgebung. Dies geschieht durch Darstellung und Interpretation von Dokumenten, Fotos und Karten, die, nach der ersten Auflage von 1977 und den Taschenbuchausgaben von 1979 und 1985, für diese Neuauflage ergänzt und erweitert wurden. Das betrifft auch die Auswertung und kritische Kommentierung der Literatur und Berichte zum Fall Dresden, z. B. über Tieffliegerangriffe und die Höhe der Luftkriegsopfer.

Herangezogen wurden deutsche und alliierte Dokumente, so Berichte des Sicherheitsdienstes der SS, des Höheren SS- und Polizeiführers Elbe und des Chefs der Ordnungspolizei, außerdem Papiere über prestigesüchtige Streitigkeiten zwischen Gauleiter und örtlicher SS-Führung, in denen es u. a. um den mangelhaften Schutzraumbau für die Bevölkerung geht. Grundlage sind in jedem Fall Originaldokumente aus dem Krieg. Das betrifft auch die detaillierten Einsatzberichte des Bomberkommandos der Royal Air Force und der 8. US Luftflotte. Der Verfasser setzt sich mit amerikanischen Studien über die Folgen des Bombardements auseinander, und er zeigt auf, wie Tatsachen und Gerüchte für den kalten Krieg instrumentalisiert wurden. Das Kapitel über die Flak in Dresden und den Einsatz der Luftwaffenhelfer bringt ein weitgehend unbekanntes Stück Heimatgeschichte. Schließlich wird die Frage nach der Bedeutung der alliierten Bomberoffensive für den Ausgang des Krieges gestellt.

Obwohl – oder gerade weil – das Buch von einer Stadt in der ehemaligen DDR handelt, war es den SED-Oberen unerwünscht; es durfte nicht eingeführt werden. Wegen des Verbotes fand es nur gelegentlich als Schmuggelgut den Weg zu seiner wesentlichsten Zielgruppe: zu den Dresdnern. Jetzt ist der Weg frei – ich begrüße es mit Dankbarkeit.

Es ist mir ein Bedürfnis, Personen und Institutionen zu danken, die mir mit Rat und Tat geholfen haben. Alle kann ich hier nicht erwähnen, sie sind aber vollzählig im Text und in den Anmerkungen verzeichnet. An dieser Stelle denke ich insbesondere an den zu früh verstorbenen Prof. Dr. Andreas Hillgruber, Köln, den ich immer fragen durfte, wenn sich Schwierigkeiten auftürmten. Bereitwillig Auskunft erhielt ich auch von Prof. Dr. Alexander Fischer, Bonn, von Werner Ehlich, Dresden, und Dr. Helmut Schnatz, Koblenz. Hans Peter Weymar in Köln stand mir bei kniffligen Übersetzungen aus dem Englischen zur Seite. Frau Ingeborg Grosholz, Oberursel, überließ mir unersetzliche Fotos für die Abbildungen, desgleichen Hans-Joachim Dietze, Dresden, und im Stadtmuseum Dresden Friedrich Reichert. Auswerten durfte ich Erinnerungen von Rudolf Burkhardt, Hamburg, und von Christian Just, Freiburg i. Br., außerdem sehr viele andere Augenzeugenberichte.

Unerläßlich für diese Arbeit war die freundliche Unterstützung, die ich im Bundesarchiv Koblenz, im Bundesarchiv/Militärarchiv Freiburg i. Br. und im Landesarchiv Berlin erfuhr. Wichtige Hinweise auf Luftfotos und Informationen gaben in London das Ministry of Defense/Air, die Air Historical Branch, Royal Air Force, und das Public Record Office, wo mir John Tyler behilflich war. Aus den Vereinigten Staaten erhielt ich Materialien aus dem Albert F. Simpson Historical Research Center, USAF, Maxwell Air Force Base, Alabama. Durch die Bestände des National Archives and Records Service, Washington, D.C., arbeitete sich nimmermüde Jeffrey L. Ethell, um mich zu versorgen; ohne ihn wäre ich oft nicht vorangekommen.

Schließlich möchte ich dem Böhlau Verlag dafür danken, daß er dieses Buch wieder in sein Programm aufgenommen hat.

Berlin, im Januar 1994   Götz Bergander

1

Fünf Jahre ohne Bomben

»Immer wieder könne man Äußerungen hören wie ›Wer hätte gedacht, daß der Krieg so lange dauert‹,... ›Jetzt dauert der Krieg schon zwei Jahre, und es ist noch kein Ende abzusehen‹.«

Der Chef der Sicherheitspolizei und des SD. Meldungen aus dem Reich, Nr. 218 vom 8. September 1941, u.a. aus Dresden.

Ein Jahr nach Kriegsbeginn, in der Nacht vom 28. zum 29. August 1940, hatte Dresden seinen ersten Fliegeralarm. Er begann um 02.15 Uhr und endete um 03.00 Uhr. Bis Jahresende wurden es elf Alarme, meist als Begleiterscheinung britischer Nachtangriffe auf Berlin[1]. Aber auch Dresden soll bereits 1940 zweimal bombardiert worden sein. Das geht aus einer in England veröffentlichten Landkarte mit einem Überblick über Luftangriffe auf Deutschland bis zum 31. Dezember 1940 hervor. Neben Dresden steht die Zahl 2 und ein Symbol für Eisenbahnziele. Die Erklärung lautet, es seien nur die größeren Angriffe verzeichnet, kleinere Bombenangriffe, Flugblatt- und Aufklärereinsätze seien nicht einbezogen[2].

Auf Dresden war zwar keine Bombe gefallen, aber die Karte wurde vermutlich auf der Grundlage von Berichten des britischen Luftfahrtministeriums angefertigt, in denen behauptet wurde, der erste Angriff auf Dresden habe am 22./23. September stattgefunden. Der zweite Angriff auf Dresden in der Nacht des 10./11. November habe an den Eisenbahnknotenpunkten große Brände hervorgerufen und der Gas-, Wasser- und Elektrizitätsversorgung Schaden zugefügt. Der Hauptangriff sei gegen das Hydrierwerk Ruhland gerichtet gewesen. Darüber liegt eine fantasievolle Schilderung der in der Dunkelheit aufblitzenden Explosionen und der im Raffineriegelände wütenden Brände vor. Diese Berichte sind Märchen[3].

Tatsächlich gab es in Dresden in beiden »Angriffsnächten« lediglich Fliegeralarm; in der fraglichen Novembernacht wurden in Richtung Chemnitz 14 Leuchtbomben gesichtet, und Flakfeuer war zu hören[4].

Allerdings stand bereits im ersten Kriegsjahr das größte mitteldeutsche Hydrierwerk mit der Operationsnummer GQ 1515 auf der Zielliste der RAF, das Leunawerk bei Merseburg[5]. Ein Angriff auf Leuna mit geringen Schäden wurde im August 1940 sogar im Wehrmachtbericht gemeldet[6]. Später, als die Werke in Trümmer sanken, wurden Angriffe auf Industrieziele grundsätzlich nicht mehr erwähnt. Nur wenn benachbarte Städte schwer in Mitleidenschaft gezogen worden waren, wurden diese Städte genannt, wie etwa Merseburg oder Brüx.

Sieben Leuchtbomben schwebten am 6./7. 11. 40 in der Nähe von Dresden, aber drei Wochen vorher waren wirklich zwei, drei Bomben in der weiteren Umgebung eingeschlagen. Die Gauleitung Sachsen meldete, daß am 20. 10. 40 gegen 22.45 Uhr auf freies Feld in Bühlau bei Stolpen drei Sprengbomben gefallen seien. Zwei Sprengtrichter seien vorhanden, acht Meter Durchmesser, zwei Meter tief, sowie ein Loch, in welchem ein Blindgänger vermutet werde[7].

Elfmal Fliegeralarm in Dresden also 1940. Siebenmal 1941, davon drei Alarme durch Akten belegbar, wie zum Beispiel durch ein Fernschreiben des Gaugeschäftsführers der Gauleitung Sachsen an den Reichsschatzmeister der NSDAP in München, durchgegeben am 3. September 1941 um 09.15 Uhr[8]:

»2./3. 9. 41 Dresden Alarm 00.55 bis 02.55 Uhr.

Kreis Bautzen: Og.-Bereich Neschwitz. Flugblätter abgeworfen, liegen aber bis zur Stunde noch nicht vor. Schlagzeile: Luftpost England/Rußland/Amerika.

Kreis Meißen: Og.-Bereich Meißen-Coelln. Auf Carlshöhe zwei Sprengbomben in unbebautes Weinberggelände ohne Schaden.

Einflüge fanden statt. Anzahl der Feindflugzeuge konnte nicht festgestellt werden. Zwei Sprengbomben und Flugblätter.

Heil Hitler! gez. Mueller Gaugeschäftsführer – m – Beauftragter.«

»Nachtrag Sachsen zu 2./3. 9. 41

Kreis Döbeln: Ogr.-Bereich Marbach Flugblätter.

Kreis Pirna: Ogr.-Bereich Porschendorf drei Sprengbomben Flur Porschendorf ohne Schaden.«

Ein paar Bomben kleckerten in Dresdens Umgebung. Die Stadtbevölkerung merkte nichts davon. Man störte sie auch am Nachmittag des 23. September 1941 nicht, obwohl die Nachbarorte Freiberg und Meißen ihren ersten Tagesalarm des Krieges hatten, ebenso Chemnitz. In Leipzig dauerte der Alarm von 14.10 bis 15.35 Uhr, und gegen 14.40 Uhr sollen Feindflugzeuge über der Stadt gewesen sein[9].

1942 konnte man in Dresden allenfalls vermuten, daß es einen Luftkrieg gegen Deutschland gibt. Die Elbestadt hatte nur viermal nachts Fliegeralarm. Auch Berlin blieb mit acht Alarmen weit hinter den 31 des Vorjahres oder gar den 57 von 1940 zurück.

Interessanterweise waren drei der vier Dresdner Alarme auf Osteinflüge zurückzuführen: am 26./27. und am 29./30. August und am 9./10. September 1942. Einzelne sowjetische Flugzeuge warfen, wie bereits im August 41, einige wenige Bomben auf Berlin. Einzelne andere waren nur als Störflugzeuge ohne Bombenabwurf eingesetzt, sie drangen bis in die Räume von Dresden und Prag ein[10]. Aber die strategische Luftoffensive der RAF nahm zu, zögernd zwar noch, in Einzelanstrengungen, jedoch mit wissenschaftlicher Sorgfalt geplant und durchgeführt: Erprobung der Brennbarkeit von Stadtkernen, demonstriert an den Beispielen Köln, Rostock, Lübeck, Essen, Bremen. 1942 wurden die Flammenzeichen entzündet für die verheerenden Flächenangriffe, die ab 1943 bis zum Ende die deutschen Städte einäschern sollten.

Anfang 1943 hatte das RAF-Bomberkommando seine Vorbereitungen soweit abgeschlossen, daß es die strategische Luftoffensive mit spürbarer Wucht vorantreiben konnte. Grellfarbig leuchtend abbrennende Zielmarkierungsbomben wurden jetzt verwendet, erstmals gegen Berlin in der Nacht zum 17. Januar. Bei einem Angriff auf Hamburg am 30./31. Januar hatte das Bordradargerät H2S Premiere – bei den Amerikanern dann H2X genannt –, das auch bei wolkenüberzogener Erde und in dunkler Nacht auf dem Leuchtschirm schemenhafte Sicht nach unten ermöglichte. Die »Blindbombardierungstechnik« kam in der Folge immer mehr zur Anwendung.

Angriffe auf Berlin im Januar und März 1943 lösten Fliegeralarm auch in Dresden aus; gelegentlich war entfernter Flakbeschuß vernehmbar. In Stadt- und Landkreis Leipzig gingen manchmal verirrte Bomben nieder, so in der Nacht des 27./28. März als Berlin angegriffen wurde. Feuerwehr und Luftschutzpolizei zählten 150 Brandbomben, die sieben Großbrände verursachten und drei Wohnhäuser zerstörten. Acht Personen wurden verletzt und 47 evakuiert[11].

Die Dresdner bekamen im Sommer einen schwachen Eindruck davon, daß der Himmel über Deutschland auch bei Tage nicht mehr der deutschen Luftwaffe gehörte. Die Zeit der »Battle of Hamburg« begann, die die »Battle of the Ruhr« abgelöst hatte. Die Katastrophe der »Operation Gomorrha«, der Angriffsserie auf Hamburg, machte sich für die Feuerwehr von Dresden insofern bemerkbar, als sie in Hamburg eingesetzt wurde.

Der 36. Fliegeralarm des Krieges war in Dresden der erste Tagesalarm. Die Flak hatte an diesem 28. Juli Feuerbereitschaft, sie erhielt sogar Feuererlaubnis, obwohl weit und breit kein feindliches Flugzeug zu sehen war. Anlaß war der Einflug amerikanischer Verbände. 77 Fliegende Festungen griffen die Fieseler Flugzeugwerke in Kassel-Bettenhausen und AGO in Oschersleben an, Ziele in 300 bzw. 200 Kilometer Entfernung von Dresden. Es zeugt von Nervosität, daß dennoch Fliegeralarm gegeben wurde, der von 11.40 – 12.00 Uhr dauerte[12].

Zwei Tage später blieben die Sirenen still, obwohl abermals Fieseler in Kassel von der US-Luftwaffe bombardiert wurde, aber die Flakbatterien hatten wieder Feuererlaubnis[13].

Versprengte Flugzeuge eines RAF-Angriffs auf Berlin entledigten sich in der Nacht des 31. 8. zum 1. 9. einer Anzahl Stab- und Flüssigkeitsbrandbomben über Leipzig, das sich als großflächiges Gelegenheitsziel anbot, wenn Bomber Berlin nicht erreicht oder sich verflogen hatten oder wenn sie von deutschen Nachtjägern nach Südwesten abgedrängt worden waren. Zwei Groß- und 22 Kleinbrände brachen aus[14].

Waren dies noch mehr oder weniger Zufälle, so sollte der »Reichsmessestadt« ein erster schwerer Angriff am Abend des 20. Oktober gelten. Neun Mosquitos flogen dem Bomberstrom voraus. Sie inszenierten über Berlin das große Feuerwerk, das einen Nachtangriff einzuleiten pflegte. Neun Zielmarkierungsbomben sprühten in verschiedenen Stadtteilen und 27 Leuchtfallschirme erhellten den Himmel und die Erde; aber nur 18 Sprengbomben explodierten im Ergebnis dieses pyrotechnischen Aufwandes, der dazu diente, die deutschen Nachtjäger nach Berlin zu locken und die Hauptstreitmacht ungeschoren nach Leipzig durchzuschleusen[15].

Das gelang zwar, aber eine bis in 6 000 Meter hinaufreichende geschlossene Wolkendecke vereitelte einen konzentrierten Bombenabwurf, wie schon zwei Nächte zuvor in Hannover, das allerdings am 8. Oktober hart getroffen worden war. Am 20. 10. konnten in Leipzig keine nennenswerten Zerstörungen angerichtet werden[16]. Schäden entstanden in Orten der Umgebung wie Borna, Döbeln und Grimma, aber auch in Magdeburg. Die Dresdner Flak befand sich in angespannter Erwartung, ihre Radargeräte waren durch Abwurf von »Düppelstreifen« gestört. Diese von den Engländern »window« genannten Stanniolstreifen waren erstmalig am 24./25. Juli 1943 beim Auftakt der Vernichtungsschlacht um Hamburg abgeregnet worden.

In den Herbst- und Wintermonaten lag Dresden am Rande der »Battle of Berlin«. Ohne selbst angegriffen zu werden, hatte die Elbestadt mehr und mehr abends, nachts oder in den frühen Morgenstunden Alarm. Während dieser »Luftschlacht um Berlin« sorgte das Bomberkommando der RAF dafür, daß auch andere deutsche Großstädte seine Schlagkraft zu spüren bekamen: Frankfurt/Main, Mannheim, Stuttgart, Stettin, Magdeburg, Braunschweig, Nürnberg, Leipzig, Augsburg, Schweinfurt, Essen, Leverkusen[17].

Durch die verbesserten Zielmarkierungsmethoden, die routinierte Handhabung der Bordradargeräte und die forcierte Umrüstung auf die hochleistungsfähigen Lancaster-Maschinen hatten die Briten bessere Chancen auch bei Langstreckenflügen. Außerdem ermöglichte die erhöhte Zahl einsatzbereiter Langstreckenbomber die Durchführung von Schein- und Ablenkungsangriffen, wozu die Mosquitos ihr Teil beitrugen.

Die deutsche Luftwaffenführung mußte jetzt auch erfolgreiche britische Vorstöße bis nach Sachsen befürchten. Am 26. 11. 43 hatte ein Bomberstrom um 19.40 Uhr das Rhein-Main-Becken erreicht. Die erste Welle, die aus Mosquitos bestand, warf einige Bomben auf Frankfurt/Main, scherte dann nach Süden und Südosten aus, um den Weiterflug des Hauptbomberstromes zu verschleiern. Die Flakgruppe Frankfurt meldete das Angriffsende, aber nur vereinzelte Rückflüge. Nur wenige Rotterdam-Bündelpeilungen aus dem Raum ostwärts Frankfurt und aus dem Raum Kitzingen lagen vor. Peilungen aus dem Raum Erfurt–Gotha erfaßten endlich die Hauptstreitmacht, und sie ließen einen Weiterflug in das sächsische Industriegebiet vermuten, denn südlich von Erfurt flogen die Verbände mit Nordostkurs in Richtung Leipzig. Die nach Süden ausgeschwärmten Mosquitos griffen Würzburg und Nürnberg an, und Halifax-Bomber unternahmen einen Ablenkungsangriff auf Stuttgart. Erst die Messungen des I. Jagdkorps im Südwesten Berlins brachten volle Klarheit über die Luftlage. Dort peilten die Bodensuchgeräte die Spitzen des Haupteinfluges im Raum nordwestlich von Leipzig mit Kurs auf Berlin. Auf dem ganzen Flug der Bomber von Frankfurt bis Leipzig traf bei der Nachtjagdführung nur eine Geräuschmeldung des Flugwachkommandos Gotha ein[18].

Wurde am 26. November dieser Anflug auf Leipzig unternommen, um die Absicht, Berlin zu bombardieren, möglichst lange zu vertuschen, so war es am 4. Dezember umgekehrt. Drei Stunden und vier Minuten nach Mitternacht hatten Berlin und Leipzig Fliegeralarm. Die Luftlage schien ziemlich übersichtlich, denn die Briten befanden sich mit Ostkurs im direkten Anflug auf Berlin. Aber nur wenige Flugzeuge erschienen über der Reichshauptstadt. Wie beim ersten Angriffsversuch auf Leipzig am 20. 10. 43 waren es neun Mosquitos, die diesmal neun Zielmarkierer und 27 Sprengbomben abwarfen. Der Hauptbomberstrom drehte bei Brandenburg scharf nach Süden und in Richtung Leipzig, das in den noch dunklen, frühen Wintermorgenstunden seinen ersten Großangriff erlebte[19].

Für Sachsen, seine Städte und Industrie, war ein Signal gegeben. Man konnte sich nicht länger in trügerischer Sicherheit wiegen. Später soll noch darauf eingegangen werden, ob dieses Signal verstanden wurde und ob Konsequenzen daraus gezogen wurden. Da dieser erste Großangriff auf eine Stadt in Sachsen auch für Dresden von ernster Bedeutung war, soll dokumentiert werden, wie er sich in den Meldungen der folgenden Stunden und Tage widerspiegelt. Am 4. Dezember 1943 um 8 Uhr, also wenige Stunden, nachdem der letzte Bomber abgeflogen war, liefert der Referent vom Dienst im Reichsministerium für Volksaufklärung und Propaganda, Abteilung Pro-Luftkriegsmeldedienst, einen ersten Bericht. Darin heißt es:

»Zahl der in das Reichsgebiet eingeflogenen Feindmaschinen etwa 450, die bis in den Raum der Reichshauptstadt vordrangen, dann aber zu einem schweren Terrorangriff auf Leipzig abdrehten. Es entstanden Flächenbrände und schwere Zerstörungen. Strom und Wasser ausgefallen, Fernsprechverbindungen gestört. Nähere Angaben sind erst in etwa zwei Stunden zu erwarten. Die Flugzeuge drangen bis Riesa-Freiberg vor.«[20]

Die gemeldete Flugzeugzahl – in Wirklichkeit waren 536 Maschinen eingesetzt – wird wenig später reduziert.

Um 12 Uhr lautet die 1. Nachtragsmeldung:

»Etwa 150 Feindflugzeuge haben Leipzig angegriffen. Nach Aussagen des

Polizeipräsidenten handelt es sich um einen mittelschweren bis schweren Angriff. Hauptbahnhof Brandschaden Osthalle und Fahrkartenausgabe. Sprengbomben in Gleisanlagen. Rüstungs- und wehrmachtseigene Betriebe im Osten von Leipzig getroffen. Flächenbrände Augustusplatz und Messegelände.«[21]

Am nächsten Tag liegt »dem Herrn Minister« als »geheime Reichssache« die 2. Nachtragsmeldung vor. Leiter Elsner vom Reichspropagandaamt Sachsen hat sie telefonisch durchgegeben. Man hat mit der Schätzung und, soweit möglich, Zählung der Abwurfmittel und mit der Zählung der Personen- und Gebäudeverluste begonnen: bis jetzt 95 Tote, 570 Großbrände, die Mittel- und Kleinbrände noch nicht zu übersehen. Annähernd 5 000 Mann örtliche und auswärtige Kräfte sind zur Brandbekämpfung und zu Bergungsarbeiten eingesetzt. Unter der Rubrik »Besonderes« meldet Leiter Elsner:

»Die Flächenbrände sind eingekreist, weitere Ausdehnung ist z. Z. nicht zu befürchten. Die Großalarmanlage ist ausgefallen, es steht nur eine Kraftwagensirene zur Verfügung. Die Alarmierung der Bevölkerung bei Fliegeralarm ist im Großen nicht möglich. Behelfsmäßige Alarmierung durch Flakschüsse ist vorgesehen, jedoch zur Zeit unwirksam, da fortgesetzt Zeitzünder detonieren. Post- und Polizeifernsprechnetz sowie Fernschreiber, Elektrizität, Gas und Wasser sind gestört. Fernsprechmöglichkeiten nach außerhalb nur über hiesiges Notfernsprechamt.«[22]

Den 3. Nachtrag gibt es für Goebbels am 6. Dezember mit dem Stand 11 Uhr, irrtümlich für einen Angriff am 2./3. 12. statt 3./4. 12. ausgefertigt. Ein Stempel darauf: der Minister hat Kenntnis genommen, dazu Goebbels Paraphe. Mit einem Fragezeichen versehen und dick unterstrichen hat er die Angaben über Obdachlose: zwischen 100 000 und 200 000. Unterstrichen hat er auch »Opernhaus – schwerer Brandschaden, Altes Theater – Totalschaden, Operettentheater – schwerer Brandschaden«. Unter den schwer bis mittelschwer beschädigten öffentlichen Gebäuden und Kulturstätten ist das meiste, was in Leipzig Bedeutung hatte. Die Zahl der festgestellten Toten beträgt 146, und sie steigt in einem weiteren Nachtragsbericht am 10. Dezember auf 614[23].

Fast zwei Wochen nach dem Angriff heißt es im Nachtrag vom 17. Dezember:

»Personenschäden (noch keine endgültigen Zahlen): 686 Gefallene (240 Männer, 303 Frauen, 90 Kinder, 53 Personen, bei denen das Geschlecht nicht feststellbar ist).«

Man rechnet jetzt mit 335 noch zu bergenden Verschütteten und mit etwa 90 000 Obdachlosen. Über Industrieschäden wird ausgeführt:

»Das Ausmaß des Angriffes ist noch größer, als am Anfang angenommen. Auch jetzt ist noch kein abschließender Bericht möglich. Fast bei allen gemeldeten Werken müssen schwerste Produktionsschäden, zum Teil Totalschäden, angenommen werden. Auch bei allen übrigen – auch bei den nicht betroffenen Betrieben – ist mit starkem Produktionsausfall zu rechnen, der durch den Ausfall der bombengeschädigten Gefolgschaftsmitglieder und durch die außerordentlich behinderten Verkehrsmöglichkeiten begründet ist... Durch die Vernichtung des Brühl wurde der Rauchwarenhandel fast 100 %ig getroffen. Außerordentlich schwer getroffen wurde das graphische Gewerbe, einschließlich Buchverlag, Kommissionsbuchhandel und Buchbinderei...«[24]

Die endgültige Totenzahl lautete 1815.[25] Abgeworfen wurden auf Leipzig 1 382 Tonnen Explosiv- und Brandbomben. Das bedeutete für die Luftkriegs-Forschungsstatistik, daß 1,2 Personen je Tonne getötet wurden.

Professor P. M. S. Blackett, Experte für kriegswissenschaftliche Forschung der britischen Admiralität, hatte herausgefunden, daß bei den deutschen Luftangriffen auf England von August 1940 bis Juni 1941 insgesamt 50 000 Tonnen Bomben abgeworfen worden waren, und daß dies 40 000 Menschen das Leben gekostet hatte. Auf eine Tonne deutscher Bomben kamen in England 0,8 Tote. Blackett und Professor S. Zuckerman, Leiter eines wissenschaftlichen Forschungsinstitutes, waren Gegner des Flächenbombardements. Mit ihren damals unterlegenen Waffen konnte die RAF in den ersten Kriegsjahren 0,2 Deutsche pro Bombentonne töten. Dieser Rückstand wurde eingeholt. Das Ergebnis der Bombentonnage zur Totenzahl von 1 : 1,2 beim Dezemberangriff auf Leipzig gab eher Professor F. A. Lindemann recht, dem wissenschaftlichen Berater von Premierminister Churchill. Lindemann, der spätere Lord Cherwell, befürwortete das Flächenbombardement, das schließlich dazu führen sollte, daß mit einer Tonne Bomben fünf oder mehr Menschen getötet werden konnten: in Dresden[26].

Von diesem entsetzlichen Ende ahnten freilich die Einwohner der alten sächsischen Residenz, die sie hoffnungsselig »Reichsluftschutzkeller« nannten, im Winter 1943/44 noch nichts. Diejenigen aber, die es kommen sehen mußten, sie steckten den Kopf in den Sand, der nicht einmal Löschsand war.

Täuschungsanflüge auf Berlin und plötzliches Einschwenken auf andere Städte gehörten jetzt auch im Inneren Deutschlands zur Taktik des Bomberkommandos, so am 29./30. 12. 1943 beim Angriff auf Berlin mit Ablenkungsschlägen schwächerer Verbände auf Leipzig und Magdeburg. Den Briten gelang es jedoch nicht immer, die deutsche Abwehr irrezuführen. Am Abend des 21. Januar 1944 zum Beispiel flogen mehrere hundert Viermotorige über der südlichen Nordsee an, sie strebten der Elbemündung zu. Ein schwacher Teilverband unternahm einen Ablenkungsangriff auf Wilhelmshaven. Der Hauptbomberstrom hingegen ging auf Südostkurs. Gleichzeitig drangen Mosquitos mit Ostkurs über der Zuidersee ein, und sie flogen direkt nach Berlin; die deutsche Rotterdam-Peilung konnte sie klar von den Viermot-Bombern unterscheiden, die bis in den Raum Magdeburg und Dessau einflossen. Obwohl die Operationen bis in den Raum Leipzig ausgedehnt wurden und Leuchtkaskaden südlich von Magdeburg, bei Leipzig und über Berlin aufflammten, trat die beabsichtigte Verschleierung des Luftlagebildes nicht ein. Das Bomberkommando unternahm einen mittelschweren Angriff auf Magdeburg[27].

Bis zu dem Desaster von Schweinfurt im August und Oktober 1943 hatte die amerikanische Luftwaffenführung geglaubt, sie könne ohne Jagdschutz, nur auf die geballte Abwehrkraft der dichten Pulks ihrer Fliegenden Festungen vertrauend, tief nach Deutschland hineinstoßen. Die bösen Verluste an Menschen und Maschinen bei den »Schweinfurt raids« erzwangen ein Umdenken. Ohne Geleitschutz geht es nicht! Das war die Erkenntnis, und erst die Erfindung des geeigneten abwerfbaren Treibstoff-Zusatzbehälters für die Lightnings, Thunderbolts und Mustangs machte aus diesen Jagdflugzeugen brauchbare Langstreckenjäger. Die P-51 Mustang sollte im Laufe der Zeit die anderen Muster als Langstrecken-Eskorte bei der 8. Luftflotte fast ganz verdrängen; die 15. Luftflotte benutzte dafür länger auch die P-38 Lightning.

Geschützt von Jagdfliegerschwärmen wagten sich die Amerikaner im Februar 1944 wieder bis nach Mitteldeutschland vor. Im Rahmen der »Big Week« zerschlugen sie Werke der Flugzeugindustrie in Leipzig, Magdeburg, Gotha, Aschersleben, Bernburg, Augsburg, Schweinfurt, Kassel und Braunschweig. Dabei wurde am 20. Februar 1944, mehr als ein halbes Jahr nach dem ersten Tagesalarm, wieder um die Mittagszeit in Dresden Alarm gegeben.

RAF und USAAF erprobten erfolgreich die Taktik der Doppelangriffe, die sie bereits im Sommer 1943 in Hamburg aufgenommen hatten. Das Bomberkommando wurde in der Nacht zum 20. Februar gegen Leipzig geschickt, übrigens mit ähnlichen Täuschungskursen wie Anfang Dezember des Vorjahres, und ebenfalls in den frühen Morgenstunden. Das half nichts. Die deutsche Nachtjagd konnte in jenen Wochen steigende Erfolge verbuchen. Beim Angriff auf Leipzig ließ sie sich von den zur Ablenkung auf Berlin angesetzten Mosquitos nicht täuschen, sondern packte den Hauptbomberstrom während des Einfluges, noch als er in Richtung auf Berlin zuflog. Von 823 Bombern wurden 78 abgeschossen, die meisten vor Erreichen Leipzigs. Das war eine Verlustquote von 9,5 Prozent, zu hoch für das Bomberkommando. Die angerichteten Schäden waren trotzdem schwer genug. Den deutschen Hilfsmannschaften blieb keine Atempause. Innerhalb von nicht einmal vierzehn Stunden lag Leipzig erneut im Bombenhagel, diesmal aus amerikanischen Maschinen. Während nachts die Erla-Flugzeugwerke nicht getroffen wurden, erreichte dies die 8. Luftflotte am Tage, und sie zerstörte Werksanlagen von ATG und Junkers in Mockau und andere in Heiterblick[28].

Verheerender noch waren die kombinierten Angriffe gegen Schweinfurt und Augsburg. In Schweinfurt hatte die 8. Luftflotte zuerst zugeschlagen, und die Piloten des RAF-Bomberkommandos fanden die brennende Stadt in der Nacht leicht. Die Briten kamen zweimal, die erste Welle vor Mitternacht, die zweite einige Stunden danach. Hier wurde die operative Planung des dreimaligen Angriffs binnen fünfzehn Stunden durchexerziert, die Dresden zum Verhängnis werden sollte (24. und 24./25. 2. 44). In Augsburg war die Reihenfolge die gleiche (25. und 25./26. 2. 44). Trotz schwerster Schäden wurde die Kugellagerindustrie durch die Verwüstung Schweinfurts nicht völlig zerbrochen, da die Fabrikation ausgelagert werden konnte. Hingegen konnten die Messerschmitt-Werke in Augsburg die Arbeit nicht vor dem 9. März wieder aufnehmen.

Anfang März begann die Serie der amerikanischen Angriffe auf Berlin, mit welcher schließlich die Offensive der Royal Air Force weitergeführt wurde. Zum letztenmal flog das Bomberkommando in der Nacht des 24./25. März 1944 nach Berlin. Es wird oft übersehen, daß die RAF von dieser Nacht an bis zum Kriegsende gegen die Reichshauptstadt keinen Großangriff mehr unternommen hat, sondern nur noch die Mosquitos der »Light Night Striking Force« entsandte. Dies wurde, besonders im Februar, März und April 1945, zu einer unerträglichen Nervenbelastung für die Berliner, weil die Schnellbomber nachts bis zu dreimal und mit bis über hundert Maschinen angriffen, aber die Zeit, da nächtlich ganze Stadtviertel abbrannten, war mit dem 25. März 1944 beendet. Im Februar 1945 gingen die Amerikaner dazu über, Berlin mit Flächenbombardements zu überziehen. Vorher hatten sie meist versucht, mit ihren Teppichwürfen begrenzte Zielgebiete in dem riesigen Stadtraum zu treffen, was natürlich auch unausweichlich umfangreiche Zerstörungen in Wohnvierteln zur Folge hatte.

Der letzte Großangriff auf Berlin brachte für Dresden Alarm und für Leipzig etliche Bomben. Für Luftmarschall Harris brachte er abermals zu hohe Verluste: 72 viermotorige Flugzeuge kehrten nicht zurück, das entsprach 9,1 Prozent der eingesetzten Maschinen. In der Nacht vom 30. zum 31. März 1944 sollte Nürnberg, die »Stadt der Reichsparteitage«, eingeäschert werden; sie ging als schwärzeste Nacht in die Geschichte des Bomberkommandos ein. Der Angriff war ziemlich erfolglos und von 795 Maschinen wurden 95 abgeschossen. Eine Verlustquote von zwölf Prozent war mehr, als die RAF verkraften konnte; sie mußte vorübergehend ihre strategische Offensive gegen Deutschlands Städte einstellen. Dazu war um so mehr Grund vorhanden, als sie für die Vorbereitung der Invasion andere Aufgaben übernehmen sollte[29].

Die veränderte Luftlage wirkte sich für Dresden so aus, daß die Stadt im April nur zweimal in der Nacht und sechsmal am Tage Fliegeralarm hatte. Am 29. April trat zum erstenmal während des Krieges die Dresdner Flak in Aktion. Sie bekämpfte von 11.54 Uhr bis 11.59 Uhr eine nach dem Angriff auf Berlin versprengte und offenbar beschädigte B-17 ohne sichtbares Ergebnis.

Im Mai kam für den sächsischen Raum eine weitere entscheidende Wende des Luftkrieges. Die alliierten Luftflotten eröffneten ihre »Oil Offensive«, ihre Offensive zur Zerschlagung der deutschen Treibstoffindustrie; Hydrier- und Mineralölwerke erhielten höchste Dringlichkeitsstufe bei der Zielplanung. Die Anlagen im Ruhrgebiet und in Hamburg-Harburg lagen zwar schon lange im Bereich der Bomber, aber da sie nicht ausdrücklich an der Spitze der Zielpriorität rangierten, waren sie auch nicht nachhaltig zerstört worden. Endlich schien man auf alliierter Seite begriffen zu haben, daß die konsequente

Stillegung der deutschen Treibstoffindustrie entscheidende Auswirkungen auf die Kriegsdauer haben würde.

Das war nicht so einfach, wie es sich anhört. Selbst große Hydrierwerke, Benzinraffinerien oder Tanklager erschienen aus sechs- bis neuntausend Meter Höhe als relativ kleine Ziele. Sofern sie im Bereich von Leitstrahlen lagen, konnte durch diese Navigationshilfen der Bombenauslösungspunkt recht exakt ermittelt werden. Ohne diese funktechnische Unterstützung – die erst gegen Kriegsende bis nach Mitteldeutschland reichte – benötigten die Bombenschützen gute Sicht, die ihnen jedoch an den seltenen Tagen mit klarem Wetter oft durch künstlichen Nebel genommen wurde. Radar-Blindbombardements versprachen angesichts der kleinen zu treffenden Fläche wenig Erfolg, aber die Geräte konnten in Verbindung mit optischen Anhaltspunkten von Nutzen sein. Werke in Hafenstädten wie Hamburg oder das Werk Pölitz an der Odermündung bei Stettin zu identifizieren bot weniger Schwierigkeiten, da sich Flußmündungen und Hafenanlagen deutlich auf dem Leuchtschirm abzeichneten. Für die Flugzeugbesatzungen war es jedenfalls einfacher, eine auch nur mittelgroße Stadt zu finden, als die zwischen Feldern, Braunkohletagebauen oder Steinkohlebergwerken verstreuten Hydrierwerke. Die auf Braunkohlebasis arbeitenden Betriebe in Mitteldeutschland und im Sudetenland durften bis Anfang 1944, bis zur »Big Week«, als einigermaßen sicheres Hinterland gelten. Dabei ging die Sorglosigkeit allerdings zu weit. Die Treibstoffwerke bei Brüx wurden nur von 44 schweren Flugabwehrgeschützen verteidigt und das Hydrierwerk Schwarzheide bei Ruhland stand gänzlich ohne schwere Flak da, als die »Oil Offensive« losbrach.

Der 12. Mai 1944 markiert diese neue Etappe des strategischen Bombenkrieges. An diesem Tage starten mehr als 850 Fliegende Festungen und Liberators der 8. Luftflotte mit starkem Jagdschutz, um das »Herzstück« der deutschen Treibstoffversorgung zu zerschlagen. Mit der Absicht, die Luftabwehr über die wahren Ziele zu täuschen, haben zwei Kampfgeschwader der an der Spitze fliegenden 3. Division Befehl, in Zwickau Reparaturwerkstätten für FW-190-Jäger anzugreifen. Der Rest der Division rückt aber weiter vor nach Brüx. Die Ziele der 2. Division heißen Zeitz und Böhlen, die der 1. Division Leuna und Lützkendorf.

200 deutsche Jäger werden der Übermacht entgegengeworfen. In erbitterten Luftschlachten, teils bis auf Rammnähe herangehend, schießen sie 40 Bomber und zehn Jäger ab[30]. Sie können jedoch nicht verhindern, daß in fünf von sechs Zielen die Bombenteppiche mitten in den Werksanlagen explodieren; nur Lützkendorf kommt einigermaßen davon. Der Produktionsausfall in Brüx und Zeitz beträgt 100 Prozent, in Leuna 60 und in Böhlen 50 Prozent[31].

Im Rekordtempo wird daraufhin in Brüx der Flakschutz verstärkt und binnen zwei Monaten von 44 auf 159 schwere Geschütze heraufgeschraubt[32]. Aber noch andere Lehren werden speziell aus dem Angriff auf die Sudetenländischen Treibstoffwerke gezogen.

»Bei Beginn der Erbauung des Werkes«, schreibt General Hampe, »waren an verschiedenen Kreuzungspunkten der Werkstraßen bombensichere Hochbunker mit eingeplant worden. Nach Beendigung des Westfeldzuges 1940 wurde deren Errichtung jedoch verboten, da man es für ausgeschlossen hielt, daß feindliche Fliegerverbände in größerer Zahl nach Brüx durchstoßen könnten. Infolgedessen entstanden nur zwei trümmer- und splittersichere Schutzräume; einer unter der Werkstatt (Befehlsstelle) und einer für die Feuerwehr... Wo sich geeigneter Platz fand, wurden, größtenteils überdeckte, Deckungsgräben angelegt. Entgegen der Annahme der Optimisten erlebte auch Brüx Anfang März 1944 (gemeint sein kann nur der 12.5.44, G. B.) seinen ersten großen Luftangriff. Der Bombenteppich war Maßarbeit. Er begann etwa 50 m innerhalb der Einfriedigung der Schmalseite des Werkes und hörte 50 m außerhalb der anderen Schmalseite auf... Die damit erzielte Wirkung war die verlustreichste aller Angriffe auf Hydrierwerke. Über 750 Tote kostete er dem Werk, davon waren annähernd 300 nicht zu ersetzende Fachleute. Die größten Verluste traten in den überdachten Deckungsgräben ein... Während vorher die Werks- und Bauleitung von dem Gebietsbeauftragten mit Strafe bedroht wurde, weil sie trotz Verbot zwei Schutzräume gebaut hatte, so sollte sie nun belangt werden, weil keine weiteren gebaut und unter der Belegschaft nicht zu ersetzende Verluste an Spezialisten eingetreten waren. In aller Eile wurden nunmehr... die anfangs eingeplanten 6 Hochbunker für etwa je 500–600 Personen errichtet...«[33]

Hampe schreibt, die anderen Hydrierwerke, früher entstanden als Brüx, hätten von Anbeginn an über zunächst ausreichende Schutzräume verfügt; nach Beginn der systematischen Angriffe sei der Schutzraumbau an die erste Stelle gerückt worden und die Verluste an Belegschaftsmitgliedern hätten nahezu aufgehört.

Nach den Angriffen vom 12. Mai 1944 hätte den Verantwortlichen bewußt werden müssen, welche Standortnachteile sich für Dresden plötzlich ergaben. Die Stadt lag am Rand künftig stark bedrohter industrieller Ballungszentren. Zwar gab es in ihr, abgesehen vom Tanklager beim König-Albert-Hafen, kein »Ölziel«, aber im benachbarten Freital unterhielt die Rhenania Ossag einen kleineren Betrieb. Und Dresden selbst schien für die Alliierten interessant zu werden. Foto-Aufklärereinsätze über der Stadt wurden am 31. Mai und 7. Juli geflogen, wobei jeweils auch der Flughafen Klotzsche fotografiert wurde.

50 Kilometer nördlich, nur acht Flugminuten entfernt im Niederlausitzer Braunkohlerevier, verqualmten die Schornsteine bei Ruhland den Himmel: Brabag – Braunkohle-Benzin AG – Werk Schwarzheide direkt an der Autobahn Berlin-Dresden. Unweit davon das Aluminiumwerk Lauta.

60 Kilometer im Süden, am Fuße des steil abfallenden Erzgebirges, die neuerbauten Betriebe bei Brüx: Sudetenländische Treibstoffwerke Oberleutensdorf.

Westlich von Dresden in 90 bis 130 Kilometer Entfernung die Hydrierwerke Rositz (Deutsche Petroleum AG), Zeitz (Brabag Werk Tröglitz), Böhlen (Brabag), Leuna (IG Farben), Lützkendorf (Wintershall)[34].

Vier der Angriffe auf Dresden haben im Zusammenhang mit der weiteren Nachbarschaft dieser Industriezentren gestanden, und es wird noch im Detail nachgewiesen werden, daß Dresden als befohlenes Ausweichziel an Stelle von Brüx, Böhlen und Ruhland eingesetzt war.

Ruhland, am 12. Mai verschont, wurde am 28. Mai von starken Verbänden bombardiert, ebenso Lützkendorf. Das Wetter war abermals sonnig, und bei wolkenlosem Himmel erschienen um 14.35 Uhr die amerikanischen Formationen im Westen Dresdens. Mit Nordostkurs marschierten sie durch das Flakfeuer, das ohne erkennbare Wirkung blieb. Nachfolgende Verbände erreichten die Elbe 20 Kilometer flußabwärts. Man erkannte Rauchmarkierungszeichen von Ruhland und lauschte auf das ferne Donnern der Bombenteppiche. An diesem Tage wurde ernsthaft mit einem Angriff auf Dresden gerechnet.

Für die Brabag Schwarzheide bedeutete dies den ersten und zugleich sehr folgenschweren Angriff; auch die Schäden in Lützkendorf waren umfangreich. Schon am nächsten Tag, Pfingstmontag, gab es wieder Alarm in Dresden und Feuer frei für die Flak. Diesmal steuerte die 8. Luftflotte Betriebe der Flugzeugindustrie in Leipzig, Cottbus und Posen sowie das Hydrierwerk Pölitz bei Stettin an. Die Produktion in Pölitz brach völlig zusammen. Das Werk, das mit 47 000 Tonnen monatlich das größte Kontingent an Flugzeugkraftstoff lieferte, blieb für zwei Monate zu 100 Prozent ausgeschaltet[35].

In Dresden stellte sich der 29. Mai so dar: Der Flaksender Elefant bei der 14. Flakdivision in Leipzig-Schönau übermittelte wie üblich Luftlagemeldungen. Ein Protokoll ist erhalten, es wird im Kapitel »Flak« veröffentlicht. Vergleicht man die Meldungen von Elefant mit dem Auswertungsergebnis der 8. Luftflotte vom 29. Mai 1944 – Intops Summary No. 29 – so stößt man auf Widersprüche. Der Leipziger Flaksender bekräftigt den Eindruck, als seien Dresden und Ruhland unmittelbar bedroht. Mehrfach werden Bomber im Anflug auf oder direkt über Dresden gemeldet. Die Flak hat Feuererlaubnis, aber sie schießt in Dresden nicht, da kein feindlicher Verband nahe genug erfaßt werden kann. Zweimal befiehlt Elefant »Feuer frei! Jedoch nur auf Verbände!«; ein Ausdruck der Sorge, es könnte Munition verschwendet werden[36].

Elefant berichtet über Bombenabwürfe in Meißen, 20 Kilometer nordwestlich von Dresden, aber in Meißen fiel keine einzige Bombe. Um 12.39 Uhr meldet der Flaksender Bombenabwürfe in Ludwig Emil, also Leipzig. Intops Summary nennt dafür die Zeit von 12.28 bis 12.41 Uhr, hier besteht Übereinstimmung. Das Eindringen der Bomber in den Luftraum von Dresden findet hingegen keine Bestätigung in amerikanischen Unterlagen. Jagdbegleitschutz der nach Cottbus, Sorau und Posen fliegenden Division beobachtet eine Formation deutscher Jäger im Gebiet von Dresden[37].

Trotz guter Sichtverhältnisse war das Luftwarnsystem in Sachsen an diesem

Tage durcheinandergeraten. Im allgemeinen funktionierten die verschiedenen militärischen und behördlichen Warnsysteme einigermaßen, obwohl die gegnerischen Störmaßnahmen laufend verfeinert wurden. Der Rundfunk war für den Luftwarndienst ein unentbehrliches Instrument; er bot folgende Möglichkeiten der Information:

1. Die Reichsansage. Ungefähr seit März 1944 wurde über alle deutschen Sender die Luftlage zu jeder vollen Stunde in knapper Form angesagt.

2. Bei Annäherung feindlicher Flugzeuge schalteten die im Einflugbereich liegenden Rundfunksender ihr Programm ab. Die NSDAP hatte einen Drahtfunk eingerichtet, der sich auf Langwelle als »Örtliche Luftschutzleitung der NSDAP« meldete.

3. Die Flaksender bei den Flakdivisionen. Für Dresden zuständig war Elefant, vormals Dragoner, bei der 14. Flakdivision Leipzig. Die Meldungen kamen meist verschlüsselt und gaben die Luftlage auf lokaler Basis.

4. Die Sender bei den Jagddivisionen – ebenfalls als »Flaksender« bezeichnet – gaben Großlagemeldungen unter besonderer Berücksichtigung ihrer Sendebereiche, das heißt, sie berichteten über Einflüge ins Reichsgebiet und in die besetzten Gebiete, die an Deutschland grenzten. Standorte dieser Sender waren:

Horizont in Döberitz bei Berlin
Kreuzritter in Stade bei Hamburg
Primadonna in Arnheim/Duisburg/Wiedenbrück
Leander in Schleißheim/Pfaffenhofen, Raum München
Rosenkavalier in Wien.

Die Meldungen über die Positionsangaben der feindlichen Flugzeuge ergingen nur verschlüsselt. Hingegen wurden Zahl, Typ, Höhe und Geschwindigkeit der Flugzeuge – soweit feststellbar – unverschlüsselt durchgegeben.

5. Horizont II mit unverschlüsselten, aber weniger präzisen Angaben.

6. Die taktischen Leitungen der Flak-Gruppen oder -Untergruppen zu den einzelnen Batterien. Sie übermittelten per Telefon eine räumlich begrenzte Übersicht[38].

Am 21. Juni 1944 war die bisher größte Operation der 8. Luftflotte gegen Berlin und Industriebetriebe in seiner Umgebung im Gange, als gleichzeitig amerikanische Bomber in Richtung Ruhland flogen. 163 Fliegende Festungen näherten sich dem Hydrierwerk, dessen Flakschutz von null lediglich auf vier schwere Batterien gebracht worden war. Diese Bomberverbände der 3. Division lösten sich vom Berliner Jagdgeleitschutz und trafen westlich von Dresden auf ihre spezielle Eskorte, 65 Mustangs; bei diesem »rendez-vous«, wie es in der alliierten Fliegersprache hieß, geriet ein Teil der Verbände zu weit nach Süden und wurde beim Anflug auf Ruhland von der Dresdner Flak beschossen.

Nach amerikanischen Beobachtungen waren die Ergebnisse des Angriffs auf Ruhland ausgezeichnet; deutsche Meldungen bestätigen dies. Die Luftlagemeldung des Reichsministeriums für Rüstung und Kriegsproduktion besagt am 22. 6. 1944:

»Wetter: Infolge Leitungsstörung keine Durchgabe...

Einflüge: Am Tag (21. 6.) Angriff zahlreicher Flugzeuge auf Berlin. Bombenabwürfe vorwiegend auf Stadtmitte, den Südost- und Nordteil der Stadt, geringe Industrieschäden. Ferner Angriff eines stärkeren Verbandes auf Ruhland und Schwarzheide, etwa 1 000 Sprengbomben abgeworfen. Hydrierwerk Schwarzheide schwer getroffen.«[39]

Das Werk hatte genau vierundzwanzig Tage Ruhe gehabt, um sich von den Schäden des Mai zu erholen. Nach diesem Prinzip handelten die Alliierten während der Zeit der »Oil Offensive«; kaum hatte ein Betrieb die Schäden ausgebessert, kamen die Bomber wieder und sorgten für neue Verwüstungen.

Aber nicht die Angriffe auf Berlin oder Ruhland machten den 21. Juni 1944 zu einem besonderen Tag in der Luftkriegsgeschichte, sondern die Tatsache, daß die amerikanischen Bomber und Jäger von Ruhland nicht nach England zurückflogen. Zur Überraschung aller Beobachter in Ruhland und Dresden drehten die Verbände nicht auf einen westlichen Kurs ein. Auf der Rähnitzer Höhe, nahe beim Flughafen Klotzsche-Hellerau, standen die Freya-Geräte und Würzburg-Riesen der Nachtjägerleitstellung »Pinscher«. Es ist gut möglich, daß auf den Radarschirmen dieser größten Funkmeßstation im Dresdner Gebiet die über Hoyerswerda nach Osten abwandernden, von Düppelstörungen verschleierten Pünktchen mit Verblüffung geortet wurden.

Die Soldaten und Luftwaffenhelfer in den Flak- und Funkmeßstellungen von Dresden und Ruhland wußten damals nicht, daß sie Zeugen der »Operation Frantic II« geworden waren, der zweiten »shuttle bombing mission« der amerikanischen Luftwaffe. Die Idee lag nahe und sie war faszinierend: eine Art Bombardierungskarussell zwischen England, Rußland und Italien einzurichten. Schwere amerikanische Bomber starten in England, bombardieren hauptsächlich Ziele im Osten Deutschlands, sie landen in der Sowjetunion, werden betankt und mit Bomben beladen, starten, greifen auf dem Flug nach Italien Ziele in Ungarn, Rumänien oder Österreich an, sie landen in Süditalien, werden abermals versorgt, greifen auf dem Rückflug nach England Ziele im besetzten Frankreich an, landen auf Heimatbasen auf der britischen Insel. Die Deutschen, so überlegten die Amerikaner weiter, würden gezwungen werden, ihre Jäger noch mehr auseinanderzuziehen, um nun auch die östlichen Reichsgebiete zu schützen. Das wäre für die Invasion nützlich, aber dafür kam es nun schon zu spät.

Schließlich hatte die amerikanische politische Führung den Wunsch, Stalin zu demonstrieren, wie sehr ihr an einer Unterstützung der Sowjetunion gelegen sei. Präsident Franklin D. Roosevelt, voller Hoffnung auf eine Wandlung des Moskauer Despoten, dachte sogar daran, daß die »Frantic«-Bombardements, das erste direkte Zusammenwirken amerikanischer und sowjetischer Einheiten, den Weg für ein besseres Verständnis zwischen den beiden Nationen nach dem Krieg ebnen würden[40].

Der mißtrauische Stalin hatte sich neun Monate lang entsprechenden Vorschlägen Washingtons widersetzt. Am 2. Juni 1944 dann durfte die 15. Luftflotte von Süditalien aus die erste »shuttle mission« fliegen. Und nun, am 21. Juni, konnte die 8. Luftflotte von England her »Frantic II« durchführen.

Dabei wurden die B-17 und P-51 nahe Blaja in Polen von deutschen Jägern attackiert, die einen Bomber und einen Jäger abschossen. Die US-Verbände landeten auf den russischen Flugplätzen Poltava, Piryatin und Mirgorod. Dort wurden sie von einer deutschen He 177, die ihnen gefolgt war, entdeckt und fotografiert. In der Nacht griff die deutsche Luftwaffe Poltava an und zerstörte 47 amerikanische Bomber.

Damit erhielt die »Frantic«-Idee eine unerwartet heftige Antwort, und sie wurde schließlich in langen, unerfreulichen Verhandlungen des amerikanischen Botschafters Harriman mit Stalin, der einer – nach dem Reinfall von Poltava notwendigen – Stationierung amerikanischer Abfangjäger in der UdSSR nicht zustimmte, zu Grabe getragen[41].

Aber auch ohne Stützpunkte in Rußland war die amerikanische Luftwaffe jetzt fähig, das oberschlesische Industrierevier zu erreichen; im Gegensatz zum Ruhrgebiet hatte es bisher sicher und weit entfernt vom Schuß produzieren können. Wenn jedoch die »Oil Offensive« ein Erfolg werden sollte, mußten auch die oberschlesischen Treibstoffquellen zum Versiegen gebracht werden. Diese Aufgabe wurde der 15. Luftflotte übertragen, die am 7. Juli 1944 zum erstenmal von Foggia in Italien aus über Jugoslawien, Ungarn und die Tschechoslowakei bis in jenen äußersten östlichen Winkel des Deutschen Reiches flog. Die oberschlesischen Hydrierwerke Blechhammer Nord und Süd und Odertal wurden daraufhin laufend ebenso schwer bombardiert wie Benzinproduzenten an Rhein und Ruhr; die Bombentonnage entsprach der, die zum Beispiel auf die Rheinpreußen AG in Homberg-Meerbeck oder die Gutehoffnungshütte in Bottrop-Osterfeld abgeworfen worden war, aber dieser »Luftfeldzug« gegen Oberschlesien ist kaum bekannt.

Wenn Ostdeutschland in den Bereich der 15. Luftflotte gerückt war, so mußte das auch für das damalige Sudetenland und für Sachsen gelten. Am 21. Juli wurde der Beweis geführt. Die 15. Luftflotte griff erstmals Brüx an und stieß dabei bis an die südliche Stadtgrenze Dresdens vor. Das wurde allerdings nicht weiter beachtet. Am Tage vorher hatten die Geschwader der 8. Luftflotte über Sachsen gekreuzt, und diese Doppelbedrohung aus Westen und Süden, die künftighin gegeben war, wurde deshalb nicht recht wahrgenommen, weil am 20. Juli das Attentat auf Hitler stattgefunden hatte und alle Aufmerksamkeit auf sich zog.

Für Dresden blieben Anflüge aus dem Süden im Sommer 1944 noch die Ausnahme. Hingegen hielt die Aktivität der aus England heranstürmenden Luftstreitkräfte an, und sie konzentrierte sich auf die bekannten Betriebe

Leuna, Böhlen, Zeitz, Lützkendorf. Dabei wurden am 28. Juli US-Begleitjäger zum erstenmal in Kämpfe mit dem deutschen Turbinenjäger Me 163 verwickelt, dessen Haupterprobungs- und Einsatzplatz Brandis bei Leipzig war.

Am 8. 8. 1944 schrieb Feldmarschall Milch an den Chef des Luftwaffengeneralstabs, es müsse unter allen Umständen etwas geschehen, um den Schutz der Hydrierwerke durch Jagdkräfte zu verstärken. Er, Milch, betrachte es als einen Fehler, die aus der Produktion kommenden Jagdflugzeuge vordringlich den Frontverbänden zuzuführen, statt damit zunächst die Heimatverteidigung zu sichern. Die Jägerproduktion und ihre Zuteilung an die Front sei ohne Nutzen, wenn nicht genügend Treibstoff mehr zur Verfügung stehe. Milch schlug deshalb vor, die wichtigsten Werke durch in der Nähe stationierte Jagdverbände speziell abzusichern, nämlich Pölitz, Gruppe Gelsenberg, Leuna und Brüx. Im Juli waren nur 20 Prozent der Treibstoffproduktion für die Einheiten der Reichsluftverteidigung freigegeben worden[42].

Solche Jagdverbände speziell für den Objektschutz hätten sicher auch eine zusätzliche Verteidigung für die benachbarten Städte bedeutet. Es wurde nichts daraus. In Dresden wie überall in Deutschland hatte die Bevölkerung den Eindruck, die Engländer und Amerikaner würden nach Belieben spazierenfliegen, und man sei dem wehrlos ausgeliefert. Um Spazierflüge handelte es sich zwar noch nicht, aber die alliierte Luftüberlegenheit war erdrückend. In Dresden jedoch passierte nichts, so oft auch Alarm war.

2

Die ersten Bomben

»Diese Zeit, die wir jetzt durchmachen, ist das dramatischste, was die moderne Welt-geschichte jemals erleben kann. Spätere Zeiten werden einmal klar und deutlich sehen, daß es auf Millimeter und Sekunden ankam, und daß es auszurechnen gewesen sein mußte, warum Deutschland siegte. Es ist ein fantastischer Gedanke, sich vorzustellen, daß dies so sicher ist; denn im Augenblick sieht die Welt für uns ja ganz anders aus.«

»Leipziger Neueste Nachrichten«, 30. August 1944, Achim Fernau (PK).

Wirklich ernst wurde es am 24. August 1944. An diesem heißen Sommertag fielen Bomben auf Freital, einen Vorort Dresdens. Die Bevölkerung hielt es für ein Versehen. Das stimmt nicht. Freital stand neben Ruhland und Brüx als Hauptziel mit der Operationsnummer GQ 1612 in den Einsatzbefehlen zweier Bombergruppen der 3. Division. Zerstört werden sollten in Freital die Werksanlagen der Rhenania Ossag Mineralölwerk AG. Dort wurde ein wichtiges Spezialöl hergestellt. Das Ziel, wenn auch nicht bedeutend, war den Planern der »Oil Offensive« nicht verborgen geblieben[1].

Über der Nordsee gewann eine überwältigende Streitmacht stetig an Höhe. Mehr als 1200 Viermotorige nahten in langem Bomberstrom. Das Hauptquartier der 8. US-Luftflotte hatte alle drei Divisionen entsandt und aus ihnen vier Kampfgruppen gebildet. An der Spitze flogen die B-24 Liberator der 2. Bomberdivision, es folgten die B-17 Fliegenden Festungen der 1. Division und dichtauf die B-17 der 3. Division. Eine kleinere vierte Kampfgruppe mit den B-24 der 3. Division machte das Schlußlicht; sie sollte die Waltherwerke in Kiel angreifen, Montagewerke für Düsenjäger-Turbinen[2].

Westlich von Helgoland war der Wendepunkt für den Weiterflug mit Süd-ostkurs für alle Kampfgruppen mit Ausnahme der Kieler Verbände. Zwischen Cuxhaven und Bremerhaven passierte der Einflug die deutsche Nordseeküste, begleitet von P-51 Mustangs und P-47 Thunderbolts, während weitere Jägerschwärme an den festgelegten »Rendez-vous«-Punkten auf die Bomber warteten. »Little friends« nannten die Bomberbesatzungen mit einer Mischung aus Ironie und Dankbarkeit die Jäger; diesmal waren 626 »kleine Freunde« aufgeboten[3].

Die 2. Division erreichte unbehelligt von der deutschen Luftwaffe mit 389 Liberators ihre Ziele: Flugmotorenwerk Braunschweig-Querum, Ju-88-Reparatur- und -Montagewerk Braunschweig-Waggum, Flugplatz und Focke-Wulf-Montagehalle Hannover-Langenhagen, Benzinraffinerie Hannover-Misburg[4].

Nachdem der Bomberstrom vor Helgoland auf Südostkurs gegangen war, hatten die 1. und 3. Division diesen Kurs über 370 Kilometer unbeirrt beibehalten, bis sie sich nach Überfliegen der Elbe nordöstlich von Magdeburg getrennt hatten. Die Erste blieb auf Südostkurs, aber die Dritte bog jetzt stärker nach Osten ein, so daß mit einer Bedrohung Berlins gerechnet werden mußte.

Während des 370-Kilometer-Geradeausfluges hatten sich über Uelzen deutsche Jäger der 1. Division und ihrem Geleitschutz entgegengeworfen und sie in 25 Minuten andauernde Luftkämpfe bis nach Wittenberg verwickelt. Dort schwenkten die Festungen, abermals die Elbe kreuzend, von Südost- auf Südwestkurs zum Zielanflug auf Leuna ein. Kurz vor Merseburg flammten neue Luftgefechte auf. Andere Verbände, die Leipzig im Südosten umflogen und danach in Richtung Weimar gingen, gerieten ebenfalls an die deutsche Jagdwaffe, die Me 109, FW 190 und etliche Raketenjäger Me 163 einsetzte. Trotz der energisch vorgetragenen deutschen Jägerattacken traf die 1. Bomberdivision ihre Hauptziele, die Leunawerke, Rüstungsbetriebe bei Weimar und den Flugplatz mit Ausrüstungsdepot in Kölleda, Thüringen. Bomben wurden aber auch über sechs Ausweichziele verstreut[5].

Rüstungsbetriebe bei Weimar – damit waren die dem Konzentrationslager Buchenwald angeschlossenen und mit ihm nachbarlich eng verzahnten Gustloff-Werke und die Deutschen Ausrüstungswerke DAW gemeint. Der amerikanischen Luftwaffe erschienen sie aus folgenden Gründen wichtig:

»Es wird gemeldet, daß sie mit der Montage von Kanonen und Panzern beschäftigt sind und mit der Fabrikation von Bomben und Granaten. Neue fotografische Beweisstücke zeigen, daß das Werk mit der Produktion von V-2-Raketen beschäftigt ist.«[6]

Kriegswichtige Produktionsstätten – aber war es zu verantworten, das Leben tausender KZ-Häftlinge durch Fehlwürfe zu gefährden? Zu gefährden auch in den Betrieben, wo sie Zwangsarbeit verrichteten? Schwere Entscheidungen wie diese hatten die alliierten Luftstäbe nicht nur in diesem Fall zu treffen.

In Buchenwald wurden 364 Häftlinge getötet. Sie fielen im Werksgelände Bomben zum Opfer oder sie wurden von SS-Posten erschossen, als sie sich vor den Einschlägen in Sicherheit bringen wollten. Schäden im großen Häftlingslager entstanden nicht. Im Bericht des Standortarztes der Waffen-SS Weimar vom 27. 8. 1944 über den Luftangriff von 24. 8. 1944 an den Chef des Amtes D III, Oranienburg, heißt es:

»Der feindliche Angriff fand in der Zeit von 12.20 bis 13 Uhr statt, war ausschließlich auf die Industrieanlagen sowie Truppen-Unterkünfte gerichtet und wurde schätzungsweise in 6 bis 8 Wellen geflogen, von denen in der Mehrzahl Spreng-, gegen Ende auch Brandbomben abgeworfen wurden...«[7]

Das ist korrekt. Die Anflugstrecke von Osten nach Westen war so berechnet, daß Lager und Werksanlagen klar zu unterscheiden waren. Zuerst wurden 1 000-lb.-Sprengbomben, dann 500-lb.-RDX-Minenbomben abgeworfen, und die letzten Staffeln warfen Brandbomben. Wenn ein Präzisionsabwurf nicht möglich schien, wurde ein Zweitziel angeflogen. Als die Führungsmaschine der Führungsstaffel der 351. Bombergruppe wenige Sekunden vor der Bombenauslösung nicht richtig reagierte, wurde der Angriff abgebrochen und statt dessen ein Flugfeld bei Nordhausen bombardiert[8].

Die Auswertung der Zielfotos ergab, daß neun Bombenkonzentrationen im gesamten Zielgebiet zu sehen waren, mit Volltreffern in zehn großen Werkstattgebäuden und vier schwer beschädigten Gebäuden:

»Volltreffer im Kesselhaus, steht in Feuer am Ende des Angriffs. Im Bereich der Garagen und Lagerhäuser Volltreffer in mindestens 14 Gebäuden. Man sieht die meisten dieser Gebäude brennen, und der Schaden ist schwer. Eisenbahn-Nebengleise haben mindestens zehn direkte Treffer. Zwei Bombenkonzentrationen wurden gesehen, als sie am Eingang der unterirdischen Anlagen detonierten. Wenigstens fünf Volltreffer auf der Rampe, die zum Eingang führt. Zwei Bürogebäude im Gebiet des Gestapo-Hauptquartiers erhielten direkte Treffer, und Brandbomben liegen verstreut in diesem Gebiet. Volltreffer in zwei Kasernen des SS-Kasernenbezirks.«[9]

Zur gleichen Zeit, da die 1. Division die deutschen Jäger auf sich zog und damit offenbar erschöpfte, marschierte die 3. Division im Süden Berlins ungestört ostwärts, sie nahm über dem Spreewald Südostkurs bis in die Nähe von Cottbus. Dort nahmen die Verbände eine leichte Kurskorrektur vor, und sechs Gruppen flogen fast genau mit Südkurs weiter. Die restlichen vier Bombergruppen jedoch lösten sich mit Südwestkurs aus dem bis dahin geschlossenen Marschblock. Diese vier Pulks erschienen von 12.41–12.53 Uhr über den Hydrierwerken der Brabag in Ruhland-Schwarzheide. 135 B-17 luden bei mäßig genauem Sperr- und Verfolgungsfeuer der Flak 293 Tonnen Sprengbomben in der Mischung von 100-lb. und 500-lb. ab. Das spätere Auswertungsergebnis lautete »gut bis sehr gut«[10].

Die vorausfliegenden Verbände ließen Ruhland, dann Dresden steuerbord liegen. Durch schwachen Bodendunst sahen die Flugzeugbesatzungen die Elbe als Silberband, das sich durch das Elbsandsteingebirge schlängelt, ein willkommener Orientierungspunkt. Über Bodenbach, die Elbe überfliegend, nahmen sie erneut einen Kurswechsel vor, jetzt auf Südwest zum Anflug auf die Sudetenländischen Treibstoffwerke in Brüx. Hier waren 139 B-17 beteiligt, die zwischen 12.47 und 13.00 Uhr 311 Tonnen Sprengbomben abwarfen, mit dem Ergebnis »gut«, wie die Auswertung feststellte. Sperr- und Verfolgungsfeuer der Flak von Brüx wurden als »intensiv und genau« bezeichnet. Die 3. Division fand günstige Bedingungen vor: »Gute unbegrenzte Sicht am Himmel und Bo-

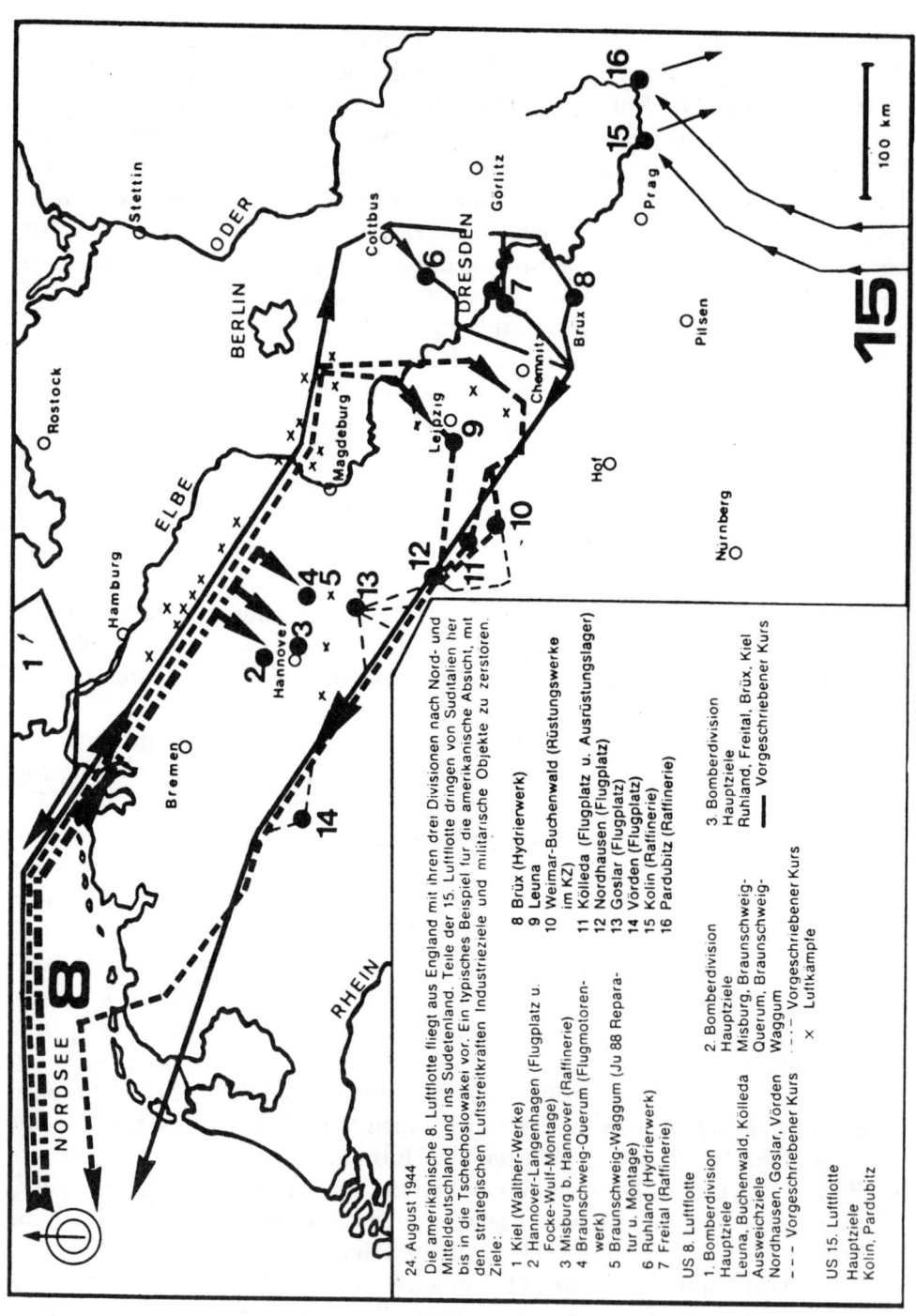

24. August 1944

Die amerikanische 8. Luftflotte fliegt aus England mit ihren drei Divisionen nach Nord- und
Mitteldeutschland und ins Sudetenland. Teile der 15. Luftflotte dringen von Südtalien her
bis in die Tschechoslowakei vor. Ein typisches Beispiel für die amerikanische Absicht, mit
den strategischen Luftstreitkräften Industrieziele und militärische Objekte zu zerstören.
Ziele:

1 Kiel (Walther-Werke)
2 Hannover-Langenhagen (Flugplatz u.
  Focke-Wull-Montage)
3 Misburg b. Hannover (Raffinerie)
4 Braunschweig-Querum (Flugmotorenwerk)
5 Braunschweig-Waggum (Ju 88 Reparatur u. Montage)
6 Ruhland (Hydrierwerk)
7 Freital (Raffinerie)

8 Brüx (Hydrierwerk)
9 Leuna
10 Weimar-Buchenwald (Rüstungswerke
   im KZ)
11 Kölleda (Flugplatz u. Ausrüstungslager)
12 Nordhausen (Flugplatz)
13 Goslar (Flugplatz)
14 Vörden (Flugplatz)
15 Kolin (Raffinerie)
16 Pardubitz (Raffinerie)

US 8. Luftflotte

1. Bomberdivision
   Hauptziele
   Leuna, Buchenwald, Kölleda
   Ausweichziele
   Nordhausen, Goslar, Vörden
   - - - Vorgeschriebener Kurs

2. Bomberdivision
   Hauptziele
   Misburg, Braunschweig-
   Querum, Braunschweig-
   Waggum
   - - - Vorgeschriebener Kurs
   × Luftkämpfe

3. Bomberdivision
   Hauptziele
   Ruhland, Freital, Brüx, Kiel
   —— Vorgeschriebener Kurs

US 15. Luftflotte
   Hauptziele
   Kolin, Pardubitz

Einflüge am 24. 8. 1944, Westen und Reichsgebiet, Angriffe auf Magdeburg, Leuna,
Weimar, Kölleda, Ruhland, Freital, Brüx.

dendunst.« Der Höhenwind war zwar etwas stärker als von den Metereologen vorausgesagt, die Flugzeuge wurden etwas »geschoben« und trafen ein wenig früher über den Zielen ein als vorherberechnet, aber das wirkte sich nicht nachteilig aus. Wichtig war, daß auf »GQ 1519« Ruhland und »GQ 1507« Brüx optisch gezielt werden konnte[11].

Innerhalb der ausgedehnten Werksanlagen waren, wie üblich, bestimmte Punktziele festgelegt, zum Beispiel in Brüx unter anderem die Destillationsanlagen, das Kesselhaus (Energieversorgung) und die Anlagen für Gaserzeugung[12]. Im Schadensbericht der Sudetenländischen Treibstoffwerke Oberleutensdorf wird die schwere bis mittlere Beschädigung aller dieser Punktziele bestätigt. Auch die Angaben über Angriffsstärke sind exakt, nur die Dauer des Angriffs wurde etwas verlängert und das Kaliber der Bomben wurde überschätzt. Aber das passierte überall und immer wieder unter dem unmittelbaren Eindruck des Geschehens[13]. In dem Bericht, der bis ins Letzte jede Zerstörung und Beschädigung meldet und mit Fotos illustriert ist, heißt es:

»Das Werk wurde in der Zeit von 12.46 h – 13.17 h von ungefähr 150 feindlichen Flugzeugen in 11 Wellen aus Nordosten angegriffen. Es wurden aus 6 000–8 500 m Höhe ca. 800 Bomben meist mittleren und großen Kalibers bis zu 1 000 kg geworfen. Das Werksgelände und die Umgebung waren vernebelt, jedoch war die Wirksamkeit der Vernebelung zu Beginn des eigentlichen Angriffes bereits stark gemindert, weil dieser erst anderthalb Stunden nach dem Nebeleinsatz (ÖLW 11.16h) erfolgte. Die Flakabwehr war in Tätigkeit, konnte aber einen zusammengefaßten Angriff nicht verhindern. Innerhalb des Werkes entstanden zahlreiche Schäden und nachstehende größere Brände... Die im Werk vorhandenen Luftschutzräume und Stollenbunker haben mehrfach Volltreffer erhalten, darunter ein Turm, dessen Decke erst 10 Tage alt war. Durch die Treffer wurden lediglich Einschläge bis zu 25 cm Tiefe verursacht, ohne daß hierbei die Eisenarmierung verletzt wurde. Die zum Schutze der Belegschaft durchgeführten Luftschutzbauten haben sich damit auf das Beste bewährt...«[14]

Im Werksgelände gab es nur einen Toten. Verglichen mit den erheblichen Verlusten am 12. Mai 1944 war dies ein außergewöhnlicher Erfolg des Bunkerbauprogramms.

Für den Angriff auf »GQ 1612« Freital waren 78 Fliegende Festungen der 486. und 487. Bombergruppe, 92. Kampfgeschwader, eingeteilt worden. Die 3. Division hatte an diesem Tage Befehl, jeweils nur einen Zielanflug zu unternehmen; Wiederholungen waren verboten. Bei Mißlingen des Erstanfluges sollten die zugewiesenen Zweitziele gesucht werden. Im Falle der Freitaler Verbände wurden die Werkstätten einer Flugzeugfabrik in Nejdek angegeben. »Last resort«, letztes Ausweichziel, war der Flugplatz Nordhausen.

Die Flugstrecke war so angelegt, daß die 486. und 487. Bombergruppe den vier auf Brüx angesetzten Gruppen bis 50 Grad 59 Minuten nördlicher Breite und 14 Grad 17 Minuten östlicher Länge folgen, jedoch dort, über Sebnitz, in

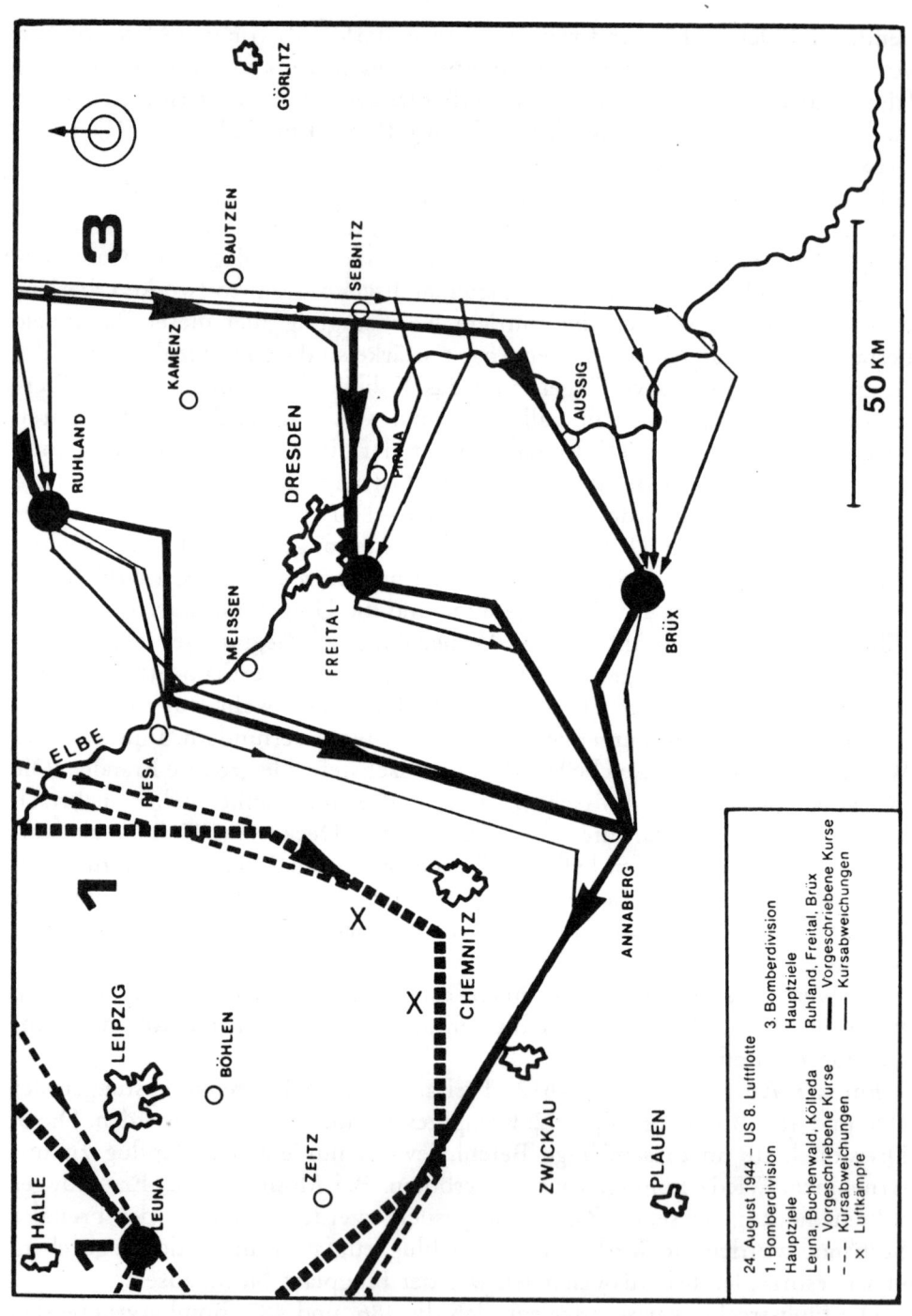

Einflüge am 24. 8. 1944, Sachsen, Angriffe auf Ruhland, Freital, Brüx.

einer scharfen Rechtskurve auf Westkurs gehen sollten. Bei genauer Navigation würde der Zielanflug nicht über das ganze Dresdner Stadtgebiet, sondern hart am südlichen Stadtrand entlang nach Freital führen, und die Bomber würden nur den südlichen Sektor der Flak schneiden[15].

Die Bemühungen der alliierten Stäbe, bei der Ausarbeitung der Flugrouten möglichst Flakzonen auszusparen, dienten der Sicherheit des fliegenden Personals. Daran wurde bis zum Kriegsende festgehalten[16].

Statt 78 B-17 hatten die beiden Freitaler Gruppen nur 65 auf den Weg gebracht. 62 davon warfen von 12.59 – 13.05 Uhr ihre Bomben aus 8 400–8 800 Meter Höhe in und um das Zielgebiet. 620 Sprengbomben von 500-lb. detonierten hauptsächlich in Birkigt, einem Ortsteil Freitals, die Masse der Bomben in Gärten, Feldern und Wiesen. Drei Maschinen klinkten wegen technischer Defekte zu spät aus[17].

Bei der Dresdner Flak wurden die Bewegungen der Amerikaner aufmerksam verfolgt. 10.55 Uhr hatte die Untergruppe Gefechtsschaltung befohlen, 11.10 Uhr Feuerbereitschaft. Eine Durchsage: »Kampfverbände über Magdeburg mit Kurs Dresden.«

11.35 Uhr öffentliche Luftwarnung. »Feindverbände südwestlich Berlin, Kurs Südost.« 11.45 Uhr Fliegeralarm, als die Spitzenverbände 100 Kilometer entfernt waren. Dann wurden sie im Osten der Stadt von den Viermeterbasen und Flugmeldefernrohren der Flakbatterien erfaßt. Die Untergruppe meldete danach: »Vier Pulks elbaufwärts.« Das waren die vier nach Brüx fliegenden Gruppen. Kurz vor 13 Uhr eröffneten die Batterien im Süden Dresdens das Feuer; mit Sicherheit die 3. Batt./schw. Flakabt. 565 Kohlenstraße und die 5. Batt./schw. Flakabt. 565 in Altfranken, vielleicht auch die Heimatflakbatterie 204/IV in Wölfnitz. Anflug und Bombenabwurf konnten aus den Flakstellungen und von neugierigen, leichtsinnigen Dresdnern bei strahlendem Sonnenschein vor blauem Himmel beobachtet werden. Die Untergruppe gab sogleich bekannt: »Bombenabwürfe in Martha Heinrich sieben.« Das war Freital[18].

Der zusammenfassende Tageseinsatzbericht der 8. Luftflotte – Intops Summary – vom 24. August 1944 meldet, die Flak in Dresden, habe »schwach und ungenau« geschossen. Und weiter:

»Freital – gute Ergebnisse. Ziel bombardiert von sechs Gruppen. Die erste Gruppe überdeckte mittleren Trefferpunkt, aber die Bombenwürfe der späten Gruppen wurden ernstlich durch Rauch gestört. Beschädigungen können nicht genau bestimmt werden, aber zwei andere Teppiche, so wird angenommen, fielen über eine Ecke des Zielgebietes.«[19]

Mit sechs Gruppen sind die sechs Staffeln gemeint, die an dem Angriff beteiligt waren und 620 Sprengbomben abwarfen. Schätzungen von deutscher Seite lagen damals niedriger. Nach dem Angriff stand über dem Gebiet eine einzelne hohe schwarze Rauchwolke, die auf einen Ölbrand und somit eine Beschädigung der Rhenania Ossag AG schließen läßt. 241 Menschen wurden getötet, die meisten in dem hauptsächlich betroffenen Freitaler Ortsteil Birkigt, wo viele Bauernhöfe, Scheunen und Stallungen samt Viehbestand vernichtet wurden. Schwere Schäden entstanden auch weiter unten am Hang in der Kleinhaussiedlung der Baugenossenschaft Groß-Dresden, und einzelne Bombenreihen fielen quer durch das Weißeritztal und den Freitaler Stadtkern in Richtung Döhlen. Zahlreiche Bomben explodierten in Alt-Coschütz und auf der Heidenschanze, ohne nennenswerten Schaden anzurichten. Obwohl Coschütz innerhalb der Stadtgrenzen lag, taten die Dresdner, als gehe sie das nichts an[20].

Die Flugmanöver der 3. Division wurden exakt nach Plan vollzogen. Kämpfe mit deutschen Jägern gab es kaum. Lediglich im Dresdner Raum mußten um 12.58 Uhr vier Me 410 von Mustangs in die Flucht geschlagen werden[21].

Über Annaberg/Erzgebirge versammelten sich die Formationen von Ruhland, Brüx und Freital zum Rückflug, den sie nach Nordwesten antraten, ab Nordhausen auf gleichem Wege wie die 1. Division. Beide Divisionen hatten, eine operative Besonderheit an diesem Tage, ihre Ziele sozusagen aus dem Rücken gepackt, aus Nordost oder Ost, um die deutsche Abwehr möglichst lange zu täuschen. Übrigens flogen Verbände der 8. und der 15. Luftflotte nur 80 Kilometer voneinander entfernt: Aus Italien kommende Bomber griffen Pardubitz und Kolin an.

Gute Sicht und der ungemein ausgedehnte Radius des überflogenen Gebietes erlaubten sorgfältige Bodenbeobachtungen. Das Interesse galt Flugplätzen, Bahnhöfen, militärischen und industriellen Anlagen, dem Bahn- und Straßenverkehr, der See- und Flußschiffahrt, getarnten Objekten, baulichen Veränderungen und allen irgendwie ungewöhnlichen Erscheinungen. Aus den 35 Meldungen seien einige herausgegriffen:

10.40 Uhr Fliegerhorst Stade passiert. Auf Rollbahn sieben Ju 88 mit laufenden Motoren.

In 5228 N–0804 O ein Flugfeld, vorher zerstört, wird repariert.

In 5344 N–0840 O Scheinanlage eines Flugfeldes.

20 einmotorige Flugzeuge auf dem Flugplatz Burg bei Magdeburg. Äußerst lange, sich kreuzende Rollbahnen.

In 5120 N–1345 O, wahrscheinlich Großenhain, im Norden von Dresden, Flugfeld mit zahlreichen verstreut aufgestellten zweimotorigen Flugzeugen[22].

Im Wehrmachtbericht hieß es am 25. August 1944 über die Luftangriffe am 24. August:

»Nordamerikanische Bomber griffen mehrere Orte in Nord- und Mitteldeutschland sowie im Sudetenland und in Böhmen an. Hierbei wurden besonders die Städte Kiel und Pardubitz getroffen. 48 feindliche Flugzeuge, darunter 43 viermotorige Bomber, wurden abgeschossen.«

Die US-Luftwaffe dagegen meldete den Verlust von 27 Bombern und drei Jägern[23].

Hilfsmannschaften aus Dresden, auch Schulklassen, wurden zu Aufräumungsarbeiten nach Freital beordert. Sie betrachteten die ersten zerstörten Häuser ihrer engeren Heimat mit Neugier. Sechs Wochen später sollten Bomben auch im Zentrum Dresdens einschlagen. Die Zeit bis dahin blieb im sächsischen Raum verhältnis mäßig ruhig.

Währenddessen bildete die Luftflotte Reich einen Schwerpunkt zur Verteidigung Mitteldeutschlands, um die Hydrierwerke und die Flugzeugindustrie zu schützen. Je nach Wetterlage sollten die Verbände der Reichsluftverteidigung geschlossen im Nord- oder im Südraum versammelt werden, um mit größtmöglicher Konzentration gegen die amerikanischen Luftflotten eingreifen zu können, doch sollte eine passende Gelegenheit abgewartet werden[24].

Schon am 11. September berichteten amerikanische Quellen über die stärkste Abwehr seit dem 28. Mai, die Zahl der deutschen Jäger wurde auf rund 400 geschätzt. Allein die 100. Bombergruppe verlor bei Annaberg/Erzgebirge binnen fünf Minuten elf Fliegende Festungen; damit wurde wieder einmal bewiesen, daß diese Gruppe zu Recht den Namen »Bloody 100th« trug[25].

Beim Anflug nach Ruhland streiften Bomber den Dresdner Luftraum und die Flak hatte Gelegenheit, durch nahezu geschlossene Wolken heftiges Sperrfeuer zu schießen. Böhlen, Lützkendorf, Ruhland und Brüx wurden an diesem Tage zwar getroffen, aber nicht ernstlich beschädigt. Die Leunawerke wurden ebenfalls nur leicht in Mitleidenschaft gezogen, aber die Schäden reichten aus, um die Produktionswiederaufnahme, die für den 20. September geplant war, auf dem 27. September zu verschieben[26].

Verzeichnen die Amerikaner also am 11. 9. 1944 starke deutsche Jagdabwehr, so ist nach deutschen Unterlagen der vorbereitete »große Schlag« am 12.9. 1944 geführt worden. Auch amerikanische Berichte melden wieder schwere Luftkämpfe und den Verlust von 23 Bombern, aber sie betonen, daß die eigenen Begleitjäger überall rechtzeitig zur Stelle waren und den deutschen Angreifern hohe Verluste zufügten[27].

Eigentlich wollte das I. Jagdkorps an diesem Tage wegen ungünstiger Wetterlage den Einsatz, von dem man sich so viel erhoffte, noch einmal zurückstellen. Das Luftflottenkommando Reich wurde jedoch durch Görings persönliches Eingreifen gezwungen, den Start zu befehlen. Die Folgen waren, wie erwartet, negativ: Vom schlechten Wetter behindert, überhastet in den Einsatz geschickt und von den Mustangs gepackt, hatte die deutsche Luftwaffe unverhältnismäßig hohe Verluste. Mit 55 Bomberabschüssen – 32 mehr als die 8. US-Luftflotte meldet – war aber keineswegs das gesteckte Ziel erreicht[28].

Angriffe in der Nähe Dresdens fanden statt auf Böhlen, Espenhain, Brüx. Nach vergeblichem Anflug auf Ruhland wurden das ostwärts davon liegende Aluminiumwerk Lauta und das dortige Kraftwerk schwer getroffen; 80 Gefallene wurden gezählt[29].

Auch am 12. September bekämpfte die Flak in Dresden den amerikanischen Einflug; am Nachmittag des folgenden Tages unternahm sie nichts über Feuerbereitschaft hinaus gegen Aufklärer. Ein bis in den Raum Dresden vorgetragener Südeinflug richtete sich gegen Pilsen, Brüx, Pisek, und am 28. September, pünktlich am Tage nach dem Anlaufen der Leunawerke, ging ein neuer Angriff auf die riesigen Werksanlagen nieder[30].

Am 17. 9. 1944 wurden die hochgesteckten Pläne der Reichsluftverteidigung durch die Luftlandung der Engländer bei Arnheim über den Haufen geworfen. Was mühselig an Flugzeugen und Personal zusammengekratzt worden war, mußte nun zum Teil für den Einsatz in Holland freigemacht werden. Die Decke in Deutschland wurde immer kürzer, wo ein Loch gestopft wurde, riß man ein anderes auf[31].

3

»Hell's Angels«

»Das Hauptziel und das für einen visuellen Angriff bestimmte Zweitziel waren durch zu $^{10}/_{10}$ geschlossene Wolken verdeckt, so daß sie nicht bombardiert werden konnten. Über Dresden jedoch war nur niedrige $^{2-3}/_{10}$ Bewölkung.«

Einsatzbericht Dresden, 303. Bombergruppe »Hell's Angeis«, 7. Oktober 1944.

Die deutsche Treibstoffproduktion, bereits erheblich zusammengeschrumpft, sollte am 7. Oktober 1944 weiter abgewürgt werden. Dazu bot die 8. Luftflotte fast ihre gesamte einsatzbereite Streitmacht auf. Geplant war der Einsatz von 1 422 viermotorigen Bombern, von denen dann 1 311 tatsächlich angriffen. Sie transportierten die Vernichtungskraft von 3 418 Tonnen Spreng- und Brandbomben und wurden von 762 Jagdflugzeugen begleitet.

Die 1. Bomberdivision war in zwei unabhängig voneinander operierende Kampfgruppen eingeteilt, deren erste das Hydrierwerk Pölitz bei Stettin anzugreifen hatte, während die zweite nach Ruhland und Brüx geschickt wurde. Böhlen, Leuna und Lützkendorf steuerte die 3. Division an, und die 2. Division sollte verschiedene Ziele in Kassel und Magdeburg bombardieren.

Die Angriffe konnten sich jedoch nicht zu voller Wucht entfalten. Nur Teilstreitkräfte bewarfen neun der zehn befohlenen Hauptziele; viele Verbände wandten sich 16 Zweit- und 25 Gelegenheitszielen zu. Das lag einerseits an der unerwartet heftigen deutschen Abwehr, andererseits an den sehr unterschiedlichen Wetterverhältnissen. Die 8. Luftflotte verlor nach eigenen Angaben 52 Bomber und 15 Jäger, davon 25 durch Flak, ein außergewöhnlich hoher Anteil[1].

Besonders erbittert wurde das Hydrierwerk Pölitz, an der Odermündung nahe der Ostsee gelegen, durch Batterien der 6. Flakbrigade gegen die 140 Fliegenden Festungen verteidigt:

»Mit einem Aufwand von etwa 40 000 8,8-cm- und 10,5-cm-Granaten schossen die Flakbatterien in 13 Minuten 18 4mot-Kampfflugzeuge aus dem Verband heraus, 8 weitere machten auf dem Rückflug eine Notlandung im neutralen Schweden... Derartige Anlässe blieben jedoch eine seltene Ausnahme und boten keinen Grund für eine optimistische Lagebeurteilung.«[2]

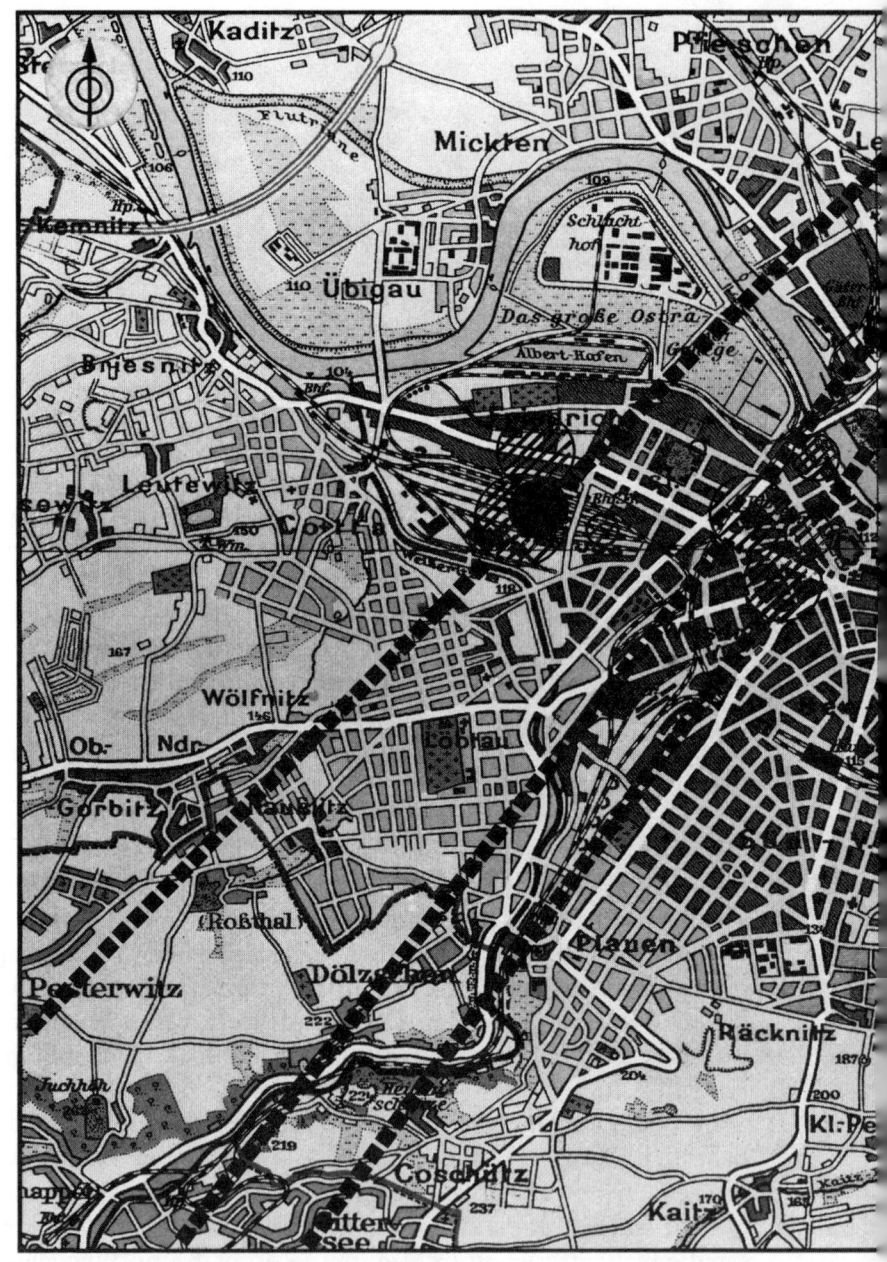

Dresden Stadtgebiet, Angriff am 7. 10. 1944, Überflug und Trefferbild.

7. Oktober 1945 Dresden Zweitziel
US 8. Luftflotte – 1. Bomberdivision
Überflug und Trefferbild
● Zielmittelpunkt
Bombenabwürfe
⊘ verstreut
⦻ konzentriert
Anflugrichtungen
– – – 303. Bombergruppe

1000 M

Von den nach Ruhland und Brüx beorderten 333 Fliegenden Festungen der 1. Division gingen nur acht verloren.

Der 1. Division wurden für den Fall schlechter Sicht über den Hauptzielen zwei Ausweichziele angeboten: für alle Bomber Dresden oder Zwickau, je nach Wetterbedingungen[3].

Bis zu einem Punkt südlich von Leipzig flog die Division in ihrem Bomberstrom. Dort trennten sich die für Brüx und Ruhland bestimmten Verbände, um ihre Zielanflugpunkte zu suchen.

Die 379. Bombergruppe flog in der A-Position des 41. Kampfgeschwaders, gefolgt von der 303. Gruppe in Position B. Die Wetter-Pfadfinder, die vorausgeeilt waren, meldeten bedeckten Himmel über Brüx, aber Oberstleutnant W. C. Sipes, Kommandierender der A-Gruppe, wollte sich selbst überzeugen, da er am Zielanflugpunkt keine Wolken im gesamten Gebiet gesehen hatte. Er fand jedoch über Brüx eine Stratusschicht vor, die eine Ecke des Zieles verdeckte. Sipes gab Befehl, als Zweitziel Zwickau anzugreifen, aber das gelang nur der Führungsstaffel; die beiden anderen Staffeln warfen ihre Bomben auf die Raffinerie Rositz und auf Gera. Vorher hatte Sipes den Kommandierenden Offizier der B-Gruppe, Oberstleutnant Walter K. Shayler, verständigt, daß das Hauptziel Brüx unter Wolken verborgen sei[4].

Shayler wählte als Zweitziel nicht Zwickau, sondern Dresden, wo »militärische Anlagen« angegriffen werden sollten. Er fand über der Stadt nur lockere Bewölkung vor, nachdem er sich auf einen Radarangriff vorbereitet hatte, und er dirigierte seine drei Staffeln optisch mit Nordostkurs über das Zentrum; 29 B-17 warfen 290 fünfhundertpfündige Mehrzweck-Sprengbomben auf Dresden, eine Maschine hatte zu früh ausgelöst. Die Fliegenden Festungen wurden von »mäßigem bis intensivem und genauem Flakfeuer« verfolgt. Der Beschuß hier und über Zeitz verursachte bei zehn Flugzeugen größere Beschädigungen. Deutsche Jäger wurden nicht gesichtet. Die 303. Bombergruppe, die sich den Kriegsnamen »Hell's Angels« verliehen hatte, kam ohne Verluste zurück auf ihre Heimatbasis Molesworth. Sie hatte die ersten Bomben auf Dresden geworfen und sie sollte ein halbes Jahr später dabei sein, als die letzten Bomben auf Dresden geworfen wurden[5].

Zur gleichen Zeit, als der Angriff auf Dresden stattfand, suchten sich die anderen ursprünglich nach Brüx befohlenen Gruppen neue Ziele. Die 91. Bombergruppe zum Beispiel fand über Freiberg, 30 Kilometer westlich Dresdens, ausgezeichnete Bodensicht vor. Eine Staffel traf das Bahnhofsviertel der mittelalterlichen Kleinstadt, eine andere aber schüttete etwa 100 Sprengbomben auf Felder, weit von der Stadt, die dritte schließlich fand erst in Wurzen bei Leipzig Gelegenheit zum Abwurf[6].

Den B-17, die Ruhland angreifen sollten, erging es nicht viel besser. Zwar herrschte, wie über Dresden, nur $^3/_{10}$ Bewölkung, aber wie in Brüx überzog auch hier der dichte Schleier anhaltend tarnender Vernebelung das in Kiefernwäldern liegende Hydrierwerk. 59 Bomber warfen ihre Lasten mit schlechtem Ergebnis ab, man beobachtete die meisten Einschläge in den Wäldern[7].

Auf dem Wege zum Zweitziel Zwickau lag zunächst einmal Dresden. Die Bombenschützen beurteilten die Sichtbedingungen ungünstig, sie meldeten Bodendunst und Wolken. Es mag sein, daß das sonnig-dunstige Herbstwetter die Luft-Bodensicht je nach dem Blickwinkel beeinträchtigte.

Zu den wenigen Staffeln, die Ruhland wirklich bombardierten, gehörte die Führungsstaffel der 384. Bombergruppe unter Oberstleutnant R. E. Thacker, aber die hinter ihm in Linie fliegenden beiden Staffeln schossen über das Ziel hinaus, das sie nicht genau identifizieren konnten. Thacker sagte den Staffelführern über Bordverständigung, er werde jetzt südlich von Ruhland kreisen, und sie sollten einen zweiten Anflug unternehmen. Er konnte die Formationen im Auge behalten und drehte abermals zwischen Ruhland und Dresden einen weiten Kreis, um auf seine Staffeln zu warten. Dennoch gelang es der 384. Gruppe nicht, sich wieder zusammenzuschließen, und Thacker machte sich mit seinen Flugzeugen allein auf den Rückmarsch, ohne Jagdbegleitschutz. Er nahm an, die Jäger seien der Masse der Bomber gefolgt, und er nahm außerdem an, die Bomber hätten Dresden angegriffen[8].

Die Änderung der ursprünglichen Angriffsplanung hatte zu einem Gedränge der zwischen Ruhland und Brüx kurvenden Verbände geführt; denn diesen 333 Bombern und ihren 214 Begleitjägern war ja die 3. Division auf dem Weg nach Böhlen, Leuna und Lützkendorf hinterhergeflogen, mehr als 400 Bomber und 240 Jäger, wobei der Zielanflug auf Böhlen kompliziertes Navigieren und Eindringen bis in das Gebiet von Chemnitz vorsah. Im westsächsischen Raum hatten sich die deutschen Jäger versammelt:

»Feindliche Reaktionen gegen eine der stärksten Bomberflotten, die jemals strategische Ziele in Deutschland angriffen, beschränkten sich in erster Linie auf einen einzigen massierten Angriff... gegen die B-17 der ersten Kampfgruppe. (Im Original falsch, gemeint ist die dritte Kampfgruppe, 3. Division, G. B.) Die Operation der deutschen Luftwaffe fand statt in Form eines begrenzten, aber konzentrierten Angriffs. Diese Art der Operation ist in den jüngsten Fällen die Regel bei der feindlichen Abfangtaktik. Ca. 40 bis 50 feindliche Flugzeuge griffen von 12.01 bis 12.09 Uhr an im Raum südwestlich von Leipzig. Feindliche Flugzeuge waren meist FW 190, einige Me 109, Me 410 und zwei Me 163. Aus den Wolken griffen sie von hinten oben und auf gleicher Höhe mit dem Bomberverband massiert an. Sie flogen in Wellen von 8 bis 10 Maschinen nebeneinander und kippten nach links und rechts ab. Einige gingen unter den Verband. Die Piloten waren angriffslustig, nur diejenigen der Me 163 schienen unerfahren zu sein... obwohl Begleitjäger in unmittelbarer Nähe waren und die feindlichen Maschinen angriffen, konnten sie doch einen Verlust von 12 B-17 bei diesem konzentrierten Angriff nicht verhindern... Jäger meldeten Kämpfe mit annähernd 150 bis 200 Feindmaschinen, meist im Raum Böhlen-Leipzig. Berührung mit annähernd 20 bis 25 Düsen- und

Raketenmaschinen wurde über ein großes Gebiet hinweg – von der Zuidersee bis Brüx – gemeldet. Daraus ergaben sich Abschußmeldungen von 3 Me 262 und einer Me 163.«[9]

Nach der Landung in Molesworth lieferte die 303. Bombergruppe die Filme mit den während des Angriffs geschossenen Zielfotos ab. Offenbar sind nur zwei Negative erhalten. Wenn man bedenkt, daß – wie allgemein üblich – auch bei den Angriffen auf Dresden solche »strike photos« gemacht wurden, Tausende insgesamt, und daß davon angeblich oder tatsächlich nur ein paar Stück in den Archiven auffindbar sind, kommt diesen verfügbaren, gestochen scharfen Bildern Seltenheitswert zu. Deshalb sollen sie näher betrachtet werden.

Die Fotos SAV 303 Hi 11 059-4 und 11 059–5 wurden von der automatischen Zielkamera der Leitmaschine der »High Squadron«, das heißt, der im Gruppenverband oben fliegenden Staffel der 303. Bombergruppe geknipst. Sie sind unmittelbar nacheinander belichtet worden und sie halten den dramatischen Augenblick fest, als die ersten Bomben, die auf Dresden abgeworfen wurden, explodieren. Es sind die Bomben der vorausfliegenden Führungsstaffel, die da im Bild als weiße und schwarze Rauchpilze erscheinen; sie liegen als Teppichwurf konzentriert mitten im Verschiebebahnhof Friedrichstadt. Drei weiße Himmels-Raummarkierer, grelle Signale, stehen am Südrand des Bahnhofsareals bei den Wagen-Reparaturwerkstätten. Eben dort beginnt der Bombenteppich, und er läuft quer über die Gleisanlagen und die Fabriken in der Hamburger Straße bis zur Bremer Straße im Norden. Er überdeckt ein Gebiet von 1 000 Meter Länge und durchschnittlich 300 Meter Breite westlich der Walterstraße und der Walterstraßenbrücke. Östlich der Brücke, die die Bahnhofsanlagen überspannt, sind einzelne Einschläge zu sehen, so daß der Teppich dort 500 Meter breit ist.

Deutlich hebt sich im Herbstsonnenlicht die vollkommen unzerstörte Stadt ab. Und es muß wenige Sekunden vor der Detonation der nächsten Bombenladung gewesen sein, als das Uhrwerk die Fotos auslöste; denn ein Zielmarkierer ist bereits auf die Innenstadt niedergegangen, etwa 300 Meter südöstlich von dem in diesem Augenblick noch unberührten Einschlagszentrum zwischen Annenstraße und Wettiner Straße. Vorn im Bild sieht man zwei schnurgerade weiße Linien, die frisch abgefeuerten Himmels-Rauchmarkierer der oben fliegenden Staffel, von der die Fotos stammen: Sie nehmen ihren Weg auf das Gleisdreieck westlich des Hauptbahnhofs am Nordausgang des Altstädter Güterbahnhofs, und sie werden begleitet von über dem Vorort Dölzschen in der Sonne aufblitzenden fallenden Bomben. Der Teppichwurf sollte sein Ziel, die Altstädter Bahnanlagen, um rund 1 000 Meter verfehlen und im Stadtzentrum einschlagen. Die Uhrzeit auf den Fotos beträgt 12.35 Uhr. Die Anflugrichtung der Staffel ist Nordost[10].

Die nach Begutachtung dieser und anderer Fotos erstellten Auswertungsberichte melden, daß drei Konzentrationen von Sprengbomben im inneren

Stadtgebiet Dresdens explodiert sind, die erste im Verschiebebahnhof, die zweite und dritte in dem dicht bebauten Wohn- und Geschäftsviertel unmittelbar nordwestlich der Hauptpost. Unter anderem wurde beobachtet:

»Eine Konzentration von ungefähr 70 Bomben fiel in den Verschiebebahnhof und benachbarte Gebäude. Eine andere Konzentration von über 100 Einschlägen in der voll bebauten Stadtmitte, 1 800 Meter ostwärts der Reparaturwerkstätten, schließt ein Nahtreffer an den Straßen- und Eisenbahnbrücken über den Fluß.

Folgende Bombeneinschläge in Eisenbahneinrichtungen sind zu sehen: Reparatur-Werkstätten 4 Nahtreffer. Güterbahnhof 2 Voll- und 3 Nahtreffer. Verschiebebahnhof mindestens 25 Treffer auf Gleise, viele zwischen Waggons. Knotenpunkt am Ostende mindestens 1 Treffer auf Hauptstrecke. Bahnhof nördlich vom Knotenpunkt 3 Nahtreffer. Hauptstrecke nördlich vom Knotenpunkt 3 Treffer. Auffahrt der Eisenbahnbrücke 1 Nahtreffer. – Mindestens 30 Einschläge erstrecken sich bis in ein Industriegebiet unmittelbar nördlich vom Verschiebebahnhof... – Der Flußhafen südostwärts der Eisenbahnbrücke erhielt 10 Treffer... – Über 80 Einschläge im Stadtzentrum sind alle auf oder sehr nahe an Gebäuden... Die Einschläge erstrecken sich nordwärts bis in eine Gegend mit modernen öffentlichen Gebäuden, von denen verschiedene Voll- oder Nahtreffer erhielten.«[11]

Die deutschen Meldungen fielen pauschaler aus: »Dresden: Wohnviertel im Stadtinnern zwischen Postplatz und Bahnhof Wettiner Straße mittelschwer getroffen. Zwei Industriewerke leicht beschädigt. Keine kulturellen Bauten wurden getroffen.« Oder: »In Dresden wurden nur einige Rüstungsbetriebe getroffen.«[12]

Gemeint ist die Firma Seidel & Naumann, die früher Fahrräder und Schreibmaschinen, im Krieg jedoch Munition herstellte. Hier gab es 51 Tote. Im Luftschutzkeller des benachbarten Bahnhofs Friedrichstadt waren 20 Tote, darunter Kriegsgefangene, zu beklagen. In dem Buch »Zerstörung und Wiederaufbau von Dresden« von Max Seydewitz wird eine Gesamtzahl von 435 Toten genannt[13].

Sie steht im Widerspruch zur Totenliste, die ausweist, daß 260 Tote geborgen und zehn Personen vermißt wurden, so daß man insgesamt mit 270 Opfern zu rechnen hatte. Die Liste befindet sich – wie zahlreiche andere Dokumente – im Besitz von Werner Ehlich. Er verrichtete zur Zeit der Luftangriffe als Rev.-Oberwachtm. d. Schutzpolizei d. Reserve Schreibdienst im innerstädtischen 6. Polizeirevier im Stadthaus in der Theaterstraße[14].

Stärkere Verwüstungen richteten konzentrierte Einschläge in dem alten, eng bebauten Viertel zwischen Fischhofplatz, Palmstraße und Wettiner Straße beim Hauptpostamt an; auch das hat die amerikanische Luftbildinterpretation richtig erkannt, ebenso die Treffer am Wettiner Bahnhof und in der Rampe der Eisenbahn-Elbbrücke. Außerdem konnten noch zahlreiche Sprengbomben gezählt werden, die zwischen Friedrichstraße – Wettiner Straße – Ostra-Allee und Elbe verstreut niedergegangen waren. Ein großer Speicher an der Elbe wurde beschädigt, darin lagernde Tabakballen fielen heraus. Im Requisitenhaus des Opernhauses in der Kleinen Packhofstraße wurden sämtliche Kulissen zur Oper »Salome« vernichtet. 65 Gebäude wurden völlig zerstört, 53 schwer und 91 mittelschwer beschädigt[15].

Die Dresdner hatten nun einen leichten Angriff von 29 Bombern erlebt, aber wir wissen jetzt, daß es beinahe ein schwerer Angriff mit zehnmal mehr Bombern geworden wäre. In den folgenden Tagen zogen sie scharenweise zu den Trümmerstätten. Sie staunten über die ausgebrannten und eingestürzten Mauern des Tierkundlichen Museums und des Gewerbehaus-Saales in der Ostra-Allee, und sie wunderten sich, daß am historischen Orangeriegebäude, »An der Herzogin Garten«, das Dach noch freischwebend hielt, obwohl ein breites Loch aus der gartenseitigen Wand herausgebrochen war. Sie sahen das Wettiner Gymnasium mit einer Bresche im linken Flügel der Vorderfront.

Im Wehrmachtbericht fand der Angriff auf Dresden berechtigterweise keine Erwähnung. Wenn alles genannt worden wäre, was an diesem einen Tage mit Bomben eingedeckt wurde, ob beabsichtigt oder nicht, wäre dies folgende Liste gewesen:

Westeinflug: Pölitz, Norddeutsche Mineralölwerke – Brabag Ruhland-Schwarzheide – Brabag Böhlen – Leuna – Lützkendorf – Gera – Raffinerie Rositz – Zwickau – Altenburg – Freiberg – Wurzen – Fritzlar – Nordhausen – Clausthal – Magdeburg – Kassel – Roßla – Merseburg – Bielefeld – Burgsteinfurt – Dresden.

Südeinflug: Raum Groß-Wien/Schwechat – Treibstoffziele in der Lobau – Budapest[16].

Die amerikanische Aktivität hielt auch über Mitteldeutschland an. Weit ausfächernde Einflüge der 15. Luftflotte von Italien aus mit Angriffen und Angriffsversuchen gegen Pilsen, Brüx, Eger, Pardubitz, Regensburg, Augsburg und andere Orte führten bis in den Dresdner Luftraum. Die Flak schoß am 16. und 23. Oktober durch dichte Wolken Sperrfeuer. Am 23. 10. 1944 wurde gemeldet:

»Gegen 12.00 Uhr Störflüge mehrerer Jäger in den Räumen von Zwickau, Dresden, Chemnitz und Leipzig.«[17]

Der Höhepunkt der alliierten »Oil Offensive« wurde in Mitteldeutschland und in der Tschechoslowakei, in Oberschlesien und Österreich erst im Winter 1944/45 erreicht. Die amerikanische 8. Luftflotte und gelegentlich auch das RAF-Bomberkommando konzentrierten sich auf die Werke in Leuna, Lützkendorf, Böhlen, Zeitz, Rositz, während die 15. Luftflotte immer wieder auf Brüx einhämmerte. Mehr als einmal geriet Dresden infolge dieser Einflüge in kritische Situationen. Wer den »Flaksender« Horizont einschaltete, hörte oft: »Besondere Warnung für Fünfzehn Süd, Martha Heinrich acht.« Dies war das Codewort für Dresden im Koordinatensystem des Luftwarnnetzes.

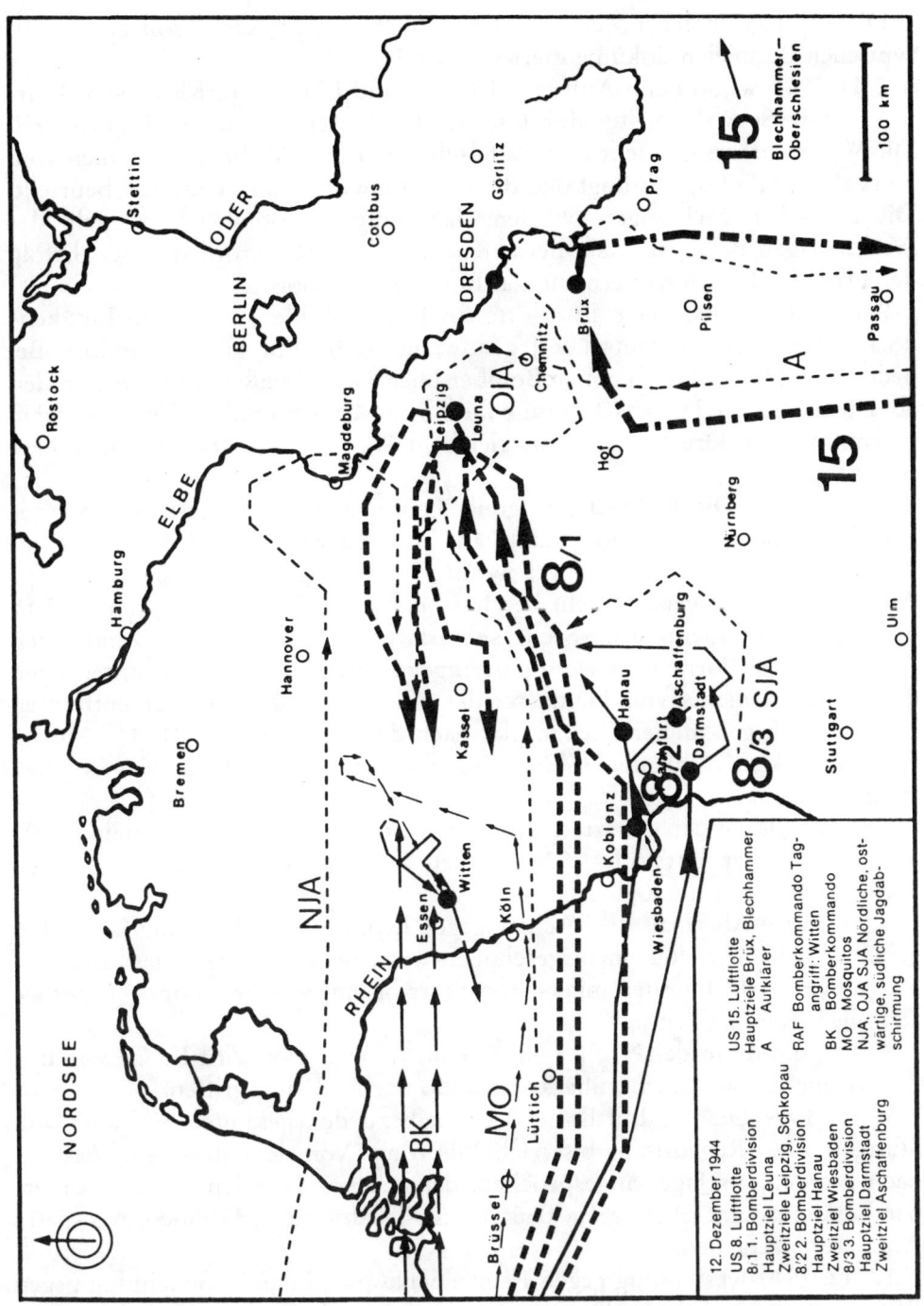

Einflüge am 12. 12. 1944, Westen und Reichsgebiet, Angriffe auf Leuna, Brüx, Aschaffenburg, Darmstadt.

Die Luftlage in jener Zeit vor der Vernichtung Dresdens soll an einigen typischen Beispielen dokumentiert werden[18].

2. 11. 1944 Schon beim Anflug auf Leuna und Lützkendorf hat die 8. Luftflotte große Schwierigkeiten durch schlechtes Wetter und starken Höhenwind. Die Wettervorhersage stellt sich als falsch heraus, die Verbände kommen vom Kurs ab, der Einflug mißlingt und die Angriffe werden als Fehlschlag beurteilt. Die deutschen Meldungen besagen, daß sämtliche Bomben außerhalb der Werksanlagen fielen, und sie berichten von einem außerordentlichen Erfolg der Flak, die 48 von 63 vernichteten Bombern abschoß.

8. 11. 1944 Anflug der 8. Luftflotte auf Leuna, Böhlen, Zeitz und Lützkendorf. Infolge starker deutscher Jagdabwehr Treffer nur in Lützkendorf. Bei bedecktem Himmel irren einige Bomber über Riesa, Meißen bis nach Dresden ab. Die ostwärtige Jagdabschirmung fliegt von Merseburg über Gera, Zwickau, Chemnitz nach Dresden und auf gleichem Weg zurück. Die Dresdner Flak schießt nicht.

25. 11. 1944 Die 8. Luftflotte greift Leuna, Zwickau, Merseburg, Schkopau, Halle, Schkeuditz und Saalfeld an. Dresden wird von 15 Mustangs mit Südkurs überflogen, weitere hart westlich; diese Jäger bilden die ostwärtige Abschirmung, sie werden nicht beschossen. Horizont meldet zwischen 12.15 und 12.25 Uhr mehrmals: »Sechs sehr starke Verbände im konzentrischen Angriff.« Diese Form der Meldung ist ungewöhnlich, aber die Erschütterungen des Bombardements von Leuna werden noch im 120 Kilometer entfernten Dresden wahrgenommen. Leuna, das nach dem Angriff vom 21. 11. Anfang Dezember wieder anlaufen sollte, wird nun voraussichtlich für vier Wochen stillgelegt sein.

Der für Dezember erwartete Ausstoß von 500 Tonnen Flugbenzin, 1 000 Tonnen Vergaserkraftstoff, 5 000 Tonnen Dieselkraftstoff und 400 Tonnen Treibgas erscheint unmöglich.

30. 11. 1944 Abermals die »Achte« gegen Leuna, dessen für Ende Dezember geplanter Anlauf weiter hinausgeschoben wird. Beim Einflug nähern sich erst 30, dann 60 B-17 Dresden mit Nordostkurs bis auf wenige Kilometer, ehe sie abdrehen. Kein Flakeinsatz.

Am 5., 6. und in der Nacht vom 6. zum 7. Dezember wird Leuna von den Amerikanern und vom Bomberkommando der RAF angegriffen.

9. 12. 1944 Die 15. Luftflotte deckt nahezu den gesamten Südraum von Stuttgart über Regensburg bis nach Pilsen ab. Von dort fliegt ein Verband nach Norden, als Jäger angesprochen, der erst vor Dresden als Bomberverband erkannt wird. Abflug via Brüx ohne Flakabwehr in Dresden, wo später Aufklärer erscheinen.

12. 12. 1944 Westeinflug gegen Leuna, Schkopau, Leipzig. Südeinflug gegen Brüx und wieder dicht an Dresden herangetragen, keine Flaktätigkeit.

In Dresden werden am 12. gesondert die Elbbrücke der Eisenbahn und die Marienbrücke fotografiert.

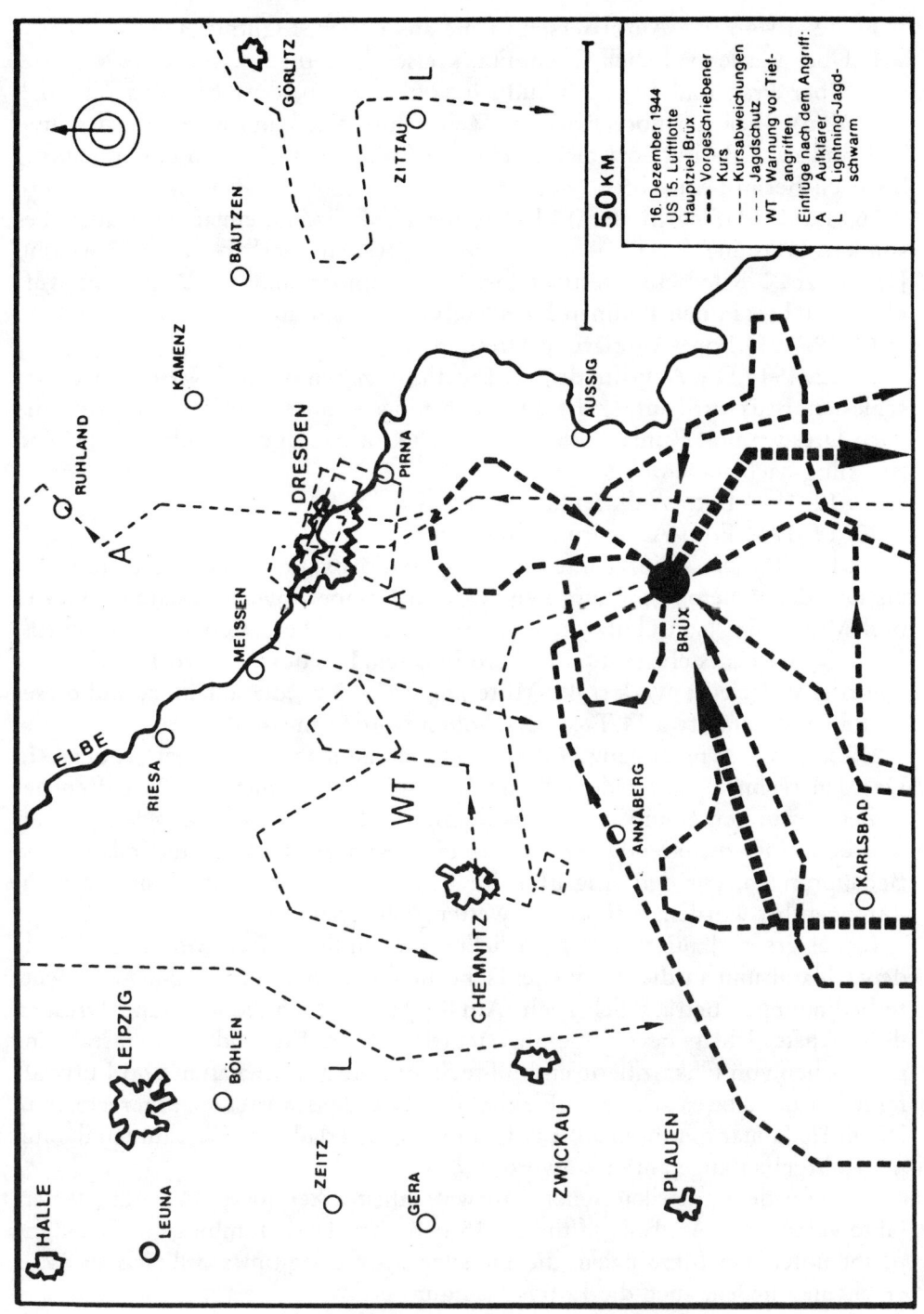

Einflüge am 16. 12. 1944, Sachsen, Angriff auf Brüx.

13. 12. 1944 Zwei Aufklärerschwärme aus Italien, Lightnings.

1. Über Marienbad nach Chemnitz, kreisend, Abflug.

2. Über Prag und Brüx bis südlich von Dresden, dort kreisend und sich teilend: a) Rückflug über Brüx, b) Weiter mit Nordkurs über Dresden und Ruhland nach Berlin, dort nicht weiter verfolgt. Erstmals wird ein Südeinflug bis nach Berlin beobachtet.

16. 12. 1944 Angriff der 15.Luftflotte auf Brüx. Zweimal wird auch besondere Warnung für Plauen, Chemnitz, Dresden gegeben durch Horizont. Jagdspitze 20 Kilometer westlich Dresden, Bomber südlich. Außerdem Aufklärertätigkeit in den Räumen Dresden, Görlitz, Zittau.

17. 12. 1944 Foto-Aufklärung Dresden.

18. 12. 1944 Die Angriffe der 15. Luftflotte gelten diesmal Wien und Oberschlesien, Brüx wird aufgeklärt. Die Lightnings von Brüx weiter mit Nordkurs nach Dresden und Ruhland, von dort nach Cottbus und Frankfurt/Oder und Rückflug nach Italien.

19. 12. 1944 Foto-Aufklärung Dresden.

20. 12. 1944 Foto-Aufklärung Dresden.

25. 12. 1944 Die »Fünfzehnte« wieder gegen Brüx. Bomberverbände kurvend bis Dresden, Chemnitz, Raum Leipzig, und Bombenabwürfe auch in Zwickau und Mittweida. Jagdschutz dicht aufgeschlossen. Die Dresdner Flak schießt nicht. In Brüx entstehen mittelschwere Schäden. Das durch die vorhergehenden Angriffe stillgelegte Werk sollte Mitte Januar 1945 wieder anlaufen, und dieser Termin wird um etwa 14 Tage verschoben werden müssen[19].

Diese Liste ist nicht ganz vollständig, aber sie mag als Beispiel genügen. In Dresden rechnete man jedenfalls im Dezember 1944 eher mit Angriffen der Italien-gestützten Bomber. Man nahm an, die Stadt sei sorgfältig fotografiert worden; eine zutreffende Annahme. Hingegen sind, trotz anderslautender Behauptungen, vor den Angriffen im Februar derartige Foto-Einsätze nicht durchgeführt worden, weil es das Wetter nicht erlaubte.

In der ersten Januarhälfte 1945 ließen die Einflüge nach Mittel- und Ostdeutschland und in die nördliche Tschechoslowakei wegen ungünstiger Wetterbedingungen beträchtlich nach. Am 16. Januar 1945 jedoch stand Dresden der nächste Schlag bevor. Geführt wurde er von England aus; er traf eine inzwischen von Flakartillerie entblößte Stadt. Die Mannschaften und Luftwaffenhelfer der letzten schweren Flakbatterie Dresdens warteten ausgerechnet an jenem 16. Januar mit ihren auf Eisenbahnwagen verladenen Geschützen darauf, ins Ruhrgebiet abgefahren zu werden[20].

Die von dem amerikanischen Luftwaffenhistoriker Joseph W. Angell verfaßte »Historical Analysis of the 14–15 February 1945 Bombings of Dresden« nennt unter den Merkmalen, die Dresden als ein legitimes militärisches Ziel erscheinen ließen, auch die Luftverteidigungskräfte:

»Dresden wurde, in Erwartung alliierter Luftangriffe, von verschiedenartigen Flugabwehrsystemen geschützt: Flugzeugabwehrkanonen und Scheinwerfern. Die Dresdner Luftverteidigung unterstand dem gemeinsamen Luftwaffen-befehlsbereich für Dresden (Korpsgebiet IV) und Berlin (Korpsgebiet III).«[21]

Die Briten und Amerikaner gingen also im Februar 1945 auf Grund der Erfahrungen im Jahre 1944 davon aus, daß Dresden verteidigt werden würde. Die Studie der US Air Force behauptet, daß es verteidigt worden ist.

Was geschah wirklich mit der Flak von Dresden?

4

Flak in Dresden

Besucht die Flakstellung Liebstädter Straße – Blaskonzert einer Werkkapelle, Besichtigung der Geschütze und Unterkünfte, Tombola, Batterie-Exerzieren, solistische Darbietungen der Luftwaffenhelfer, markenfreies Mittagessen (Löffel bitte mitbringen).

Werbezettel der schweren Heimatflakbatterie 238/IV in Dresden zum »Tag der Wehrmacht« am 19. März 1944.

Unterstellt war die Dresdner Flak dem Luftwaffenbefehlshaber Mitte/Luftflotte Reich. Das zuständige Luftgaukommando IV befand sich in Dresden-Strehlen, General-Wever-Straße, und ihm gegenüber war die Dienststelle der Flakgruppe untergebracht. Am 1. Januar 1943 wurde das Luftgaukommando IV aufgelöst und im Juni des gleichen Jahres mit dem Luftgau III Berlin vereinigt. Der Luftgau III/IV umfaßte den Raum zwischen Ostsee und Erzgebirge, etwa das Gebiet der ehemaligen DDR. Wir treffen in Dresden an die schw. Flakabt. 565 (o) – bis August 1943 schw. Flakabt. 537 – und den Stab Flakabteilung (Hei) 44/IV, mit Unterstellungsverhältnis unter die 14. Flakdivision, Gefechtsstand Leipzig-Schönau[1]. Auf einem Höhenzug im Süden Dresdens an der Kohlenstraße lag der Befehlsstand der Flakuntergruppe neben der Stellung der 3. Batt./schw. Flakabt. 565.

Anfang 1943 hatte Hitler verstärkten Flakschutz unter anderem auch für Dresden angeordnet, aber das konnte nicht von heute auf morgen in die Tat umgesetzt werden[2]. Am 13.1.1943 verfügte Dresden über drei Batterien schwere Flak mit deutschen 8,8-cm-Geschützen und vier Batterien leichte Flak. Dazu kamen neun Heimat-Sperrfeuerbatterien, die, wie der Name sagt, lediglich Sperrfeuer schießen und nur mittlere Höhen erreichen konnten; je Batterie vier französische 7,5-cm-Kanonen auf Selbstfahrlafette, Kriegsbeute von dem Feldzug 1940[3]. Was wirklich zählte, waren allein die deutschen Kanonen, zu wenige für eine Stadt von mehr als 600 000 Einwohnern.

Die unzulänglichen französischen Waffen wurden bis Mitte 1943 durch in der Sowjetunion erbeutete Flak ersetzt, deren Originalkaliber 8,5 cm auf 8,8 cm aufgebohrt worden war, damit die deutsche Munition verwendet werden konnte[4]. Die so präparierten Geschütze besaßen allerdings nicht die

Leistungsfähigkeit der berühmten deutschen »Acht-Acht«. Aus Batterien mit je sechs dieser »Russenflak«, wie sie genannt wurde, bildete man die schweren Heimatflakbatterien.

Kanonen waren da, aber Bedienungen fehlten. Am 20. September 1942 hatte Hitler befohlen, 120 000 Mann der Luftwaffe für das Ostheer freizustellen[5]. Am selben Tag noch suchte er nach Ersatz. Das Kriegstagebuch des OKW gibt Auskunft:

»Der Führer hat am 20. 9. 42 die Umbildung der Heimatflak und die Aufstellung einer Flakmiliz aus Jugendlichen angeordnet.«[6]

Soldaten sollten durch Halbwüchsige ersetzt werden. Ein Menschentausch, eine verzweifelte Idee, geboren, bevor der totale Krieg ausgerufen war, Luftwaffenhelfer hießen die Jungen.

Ohne die personelle Auffüllung mit diesen Jugendlichen hätte auch die Flak in Dresden nicht reorganisiert werden können. Wie in allen deutschen Städten wurden vom 15. Februar 1943 an 15- und 16jährige Oberschüler und Gymnasiasten auch in Dresden schulweise einberufen und der Flak zugewiesen[7].

In der Regel war es so, daß ein Stamm von rund zwanzig Unterführern und Mannschaften mit einem Offizier als Batteriechef den personellen Grundstock der Einheiten bildete und die leitenden Funktionen innehatte. Mit Ausnahme des K 3, des Ladekanoniers der schweren Geschütze – den oft russische Kriegsgefangene stellten – übten die Luftwaffenhelfer sämtliche Bedienungsfunktionen in den Meß- und Geschützstaffeln aus.

In Dresden dauerte es bis zum Sommer 1943, ehe die Heimatflakbatterien mit Entfernungsmeßgeräten ausgestattet werden konnten. Und erst im Herbst erhielten sie Radargeräte vom Typ Würzburg[8]. Die Meßstaffel einer Heimatflakbatterie bestand nun aus einem Radargerät sowie einem Malsi-Umwertegerät für elektrisches Schießen und aus einer Vier-Meter-Basis zum Entfernungsmessen mit einem Kommando-Hilfsgerät für optisches Schießen.

Besser ausgerüstet waren die aktiven Batterien. Sie hatten jede Radar, Malsi und Kommandogerät.

Beim Aufbau der Stellungen ließ man sich in Dresden von dem Gedanken leiten, daß ein Angreifer wahrscheinlich aus Nordwesten, dem Lauf der Elbe folgend, anfliegen würde[9]. Einige Angriffe bewiesen später, daß diese Konzeption richtig war, aber da hatte sie nur noch theoretische Bedeutung.

Die Flaklagekarte vom 15. Juni 1943 läßt die seit Januar in Dresden vorgenommenen Umbildungen erkennen. Es gibt noch immer nur drei Batterien mit deutscher 8,8-cm-Flak, aber aus den neun Sperrfeuerbatterien sind im Umtauschverfahren acht Heimatflakbatterien mit 8,5/8,8-cm-Geschützen geworden[10]. Obgleich die Rohrzahl damit nicht nennenswert verändert war, glaubte man wohl durch eine Verbesserung der Qualität, der Feuerkraft auf 66 Rohre Acht-Acht den von Hitler befohlenen stärkeren Flakschutz für Dresden doch erreicht zu haben.

Bestand damals aus deutscher Sicht ernstlich die Gefahr eines Angriffs auf ein so weit von England entferntes Ziel wie Dresden? Abgesehen von sporadischen Angriffen auf Berlin konzentrierte sich das Bomberkommando der Royal Air Force von März bis Juli 1943 auf die Zerstörung der Industrie des Ruhrgebietes, auf die »Battle of the Ruhr«. Während dieser Periode führten die Briten jedoch auch Operationen über lange Strecken durch, zum Beispiel gegen München, Stettin und Pilsen[11].

Pilsen war ungefähr gleich weit entfernt von den englischen Absprungbasen wie Dresden. Der Versuch, in der Nacht vom 16. zum 17. April 1943 die Pilsener Skodawerke zu bombardieren, mißlang vollständig. Die Pfadfinder markierten versehentlich eine große Irrenanstalt bei Dobrany, die sie für die Skodawerke hielten. 249 Besatzungen meldeten zwar, sie hätten das befohlene Ziel angegriffen, aber die Auswertung der Zielfotos ergab, daß nur sechs Flugzeuge die Bomben innerhalb des Drei-Meilen-Kreises abgeworfen hatten, der – um den Zielmittelpunkt gezogen – wenigstens getroffen werden mußte, sollte der Einsatz als Erfolg gelten[12].

In der Nacht des 13. zum 14. Mai wiederholte das Bomberkommando seinen Vorstoß nach Pilsen. Ungefähr zwei Meilen nördlich der Skodarüstungsbetriebe gingen die Bombenladungen sehr dicht nieder, jedoch war hier freies Gelände. Die Stadt und die Werke wurden nur vereinzelt getroffen.

Dieser Angriff war ebenfalls ein Mißerfolg, jedoch nur deshalb, weil ein Präzisionsangriff auf ein zu kleines Ziel versucht wurde. Immerhin, die Masse der Bomben war ja innerhalb des magischen Drei-Meilen-Zirkels gefallen. Die offizielle Geschichte des strategischen Bombenkrieges folgert aus diesem Ergebnis: Wäre das Ziel das Zentrum einer großen Stadt gewesen, hätte es ausgedehnte Zerstörungen gegeben[13].

Durch den Pilsener Fehlschlag wurde Bomberchef Sir Arthur Harris wieder einmal in seiner Überzeugung bestärkt, daß sich Nachtangriffe auf Punktziele nicht lohnen, daß nur mit Flächenbombardements gegen Städte wirklich erfolgreich Luftkrieg geführt werden könne.

Die Skodawerke, vordem so gut wie ungeschützt, wurden eilends in Verteidigungszustand versetzt. Die Dislozierungsunterlagen der obersten Flakkommandostellen weisen am 13. Januar 1943 in Pilsen keine schwere Flak und keine Scheinwerfer aus, sondern nur zwei Batterien leichte/mittlere Flak und sieben Sperrfeuerbatterien[14].

Unter dem Eindruck der beiden Angriffe im April und Mai verschwanden die Sperrfeuereinheiten. Siebzehn schwere Batterien gingen in Stellung, darunter zwei Eisenbahnbatterien, außerdem fuhren acht Scheinwerferbatterien und eine Nebeleinheit auf. Die leichten/mittleren Batterien wurden auf fünf plus drei Züge aufgestockt[15].

Letztlich war der Aufwand zu dieser Zeit überflüssig – Pilsen wurde nicht vor Herbst 1944 wieder attackiert, dann bei Tage von den Amerikanern. Freilich konnte das die deutsche Luftwaffe nicht wissen.

Der Fall Pilsen zeigt aber, daß die deutsche Luftabwehr bei drohender oder angenommener Gefahr Schwerpunkte bereits im Frühjahr 1943 bildete, auch bei weit im Hinterland liegenden Objekten, daß sie diese Bedrohung für Dresden nicht annahm und sich mit einer unzureichenden Flakverteidigung zufriedengab.

Am 4. Dezember 1943 erlebte Leipzig seinen ersten schweren Luftangriff. Er blieb für die Verteidigung und für den Bevölkerungsschutz von Dresden ohne Konsequenzen.

Wie sich ein Großangriff des RAF-Bomberkommandos während der Luftschlacht um Berlin für die Flak in Dresden auswirkte, soll ein Beispiel verdeutlichen. Es handelt sich um ein – lückenhaft erhaltenes – Protokoll der Meldungen, die von der Untergruppe Dresden auf der taktischen Leitung fernmündlich an die einzelnen Batterien durchgegeben wurden. Die Notizen stammen aus der schweren Heimatflakbatterie 203/IV, sie betreffen die Nacht des 1. zum 2. Januar 1944.

02.37 Uhr Vorwarnung für die Flak, Funkmeßgeräte anheizen.
02.45 Uhr Gefechtsschaltung Dresden.
02.49 Uhr Feindeinflüge in breiter Front aus westlicher Richtung. Alarm Berlin und Leipzig. Zahl der einfliegenden Feindmaschinen 500 bis 600.
02.55 Uhr Gefechtstätigkeit über Berlin.
03.07 Uhr Feuerbereitschaft Dresden.
03.09 Uhr Fliegeralarm für Dresden.
03.10 Uhr Feindmaschinen im Raum ostwärts Leipzig.
03.20 Uhr Feindmaschinen im Raum Großenhain.

Die nächsten Meldungen fehlen. Weiter geht es in den Notizen erst nach 27 Minuten.

03.47 Uhr Berlin entwarnt.
03.53 Uhr Mehrere Feindmaschinen im Abflug von Berlin mit Richtung auf Dresden. Achtung! Deutsche Nachtjäger dazwischen. Auf Erkennungssignale achten!

Diese Ankündigung findet keine Fortsetzung in den vorhandenen Notizen. Es ist möglich, daß das Protokoll abermals eine Lücke aufweist.

04.08 Uhr Entwarnung für Dresden.
04.16 Uhr Feuerbereitschaft aufgehoben.
04.21 Uhr Gefechtsschaltung und Vorwarnung aufgehoben[16].

Zu diesem Angriff auf Berlin heißt es in einer Meldung des Propagandaministeriums, Hauptreferat Luftkrieg, vom 2. 1. 1944:

»Aus dem Gau Sachsen werden Bombenabwürfe über Zwickau gemeldet,

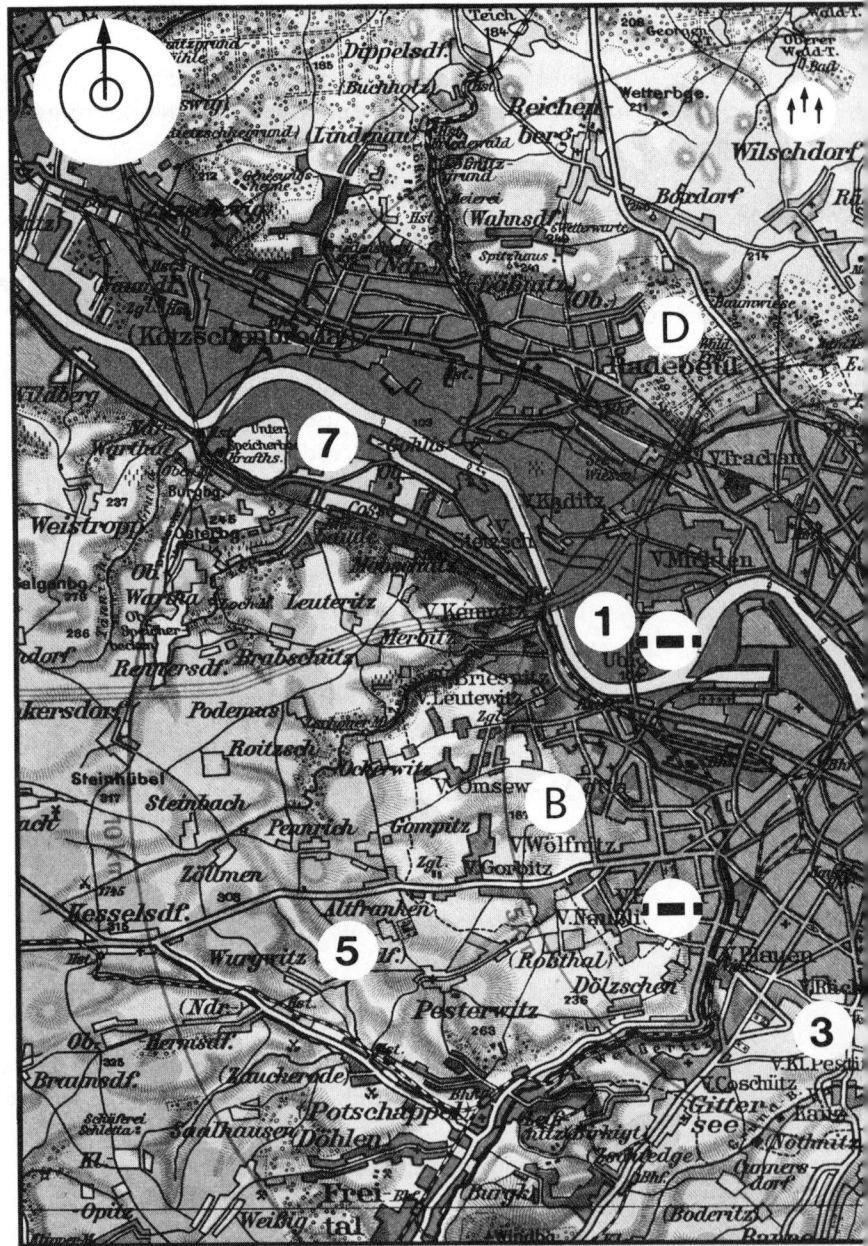

Besetzte und geräumte Batteriestellungen der schweren Flak in Dresden, Mai/Juni 1944

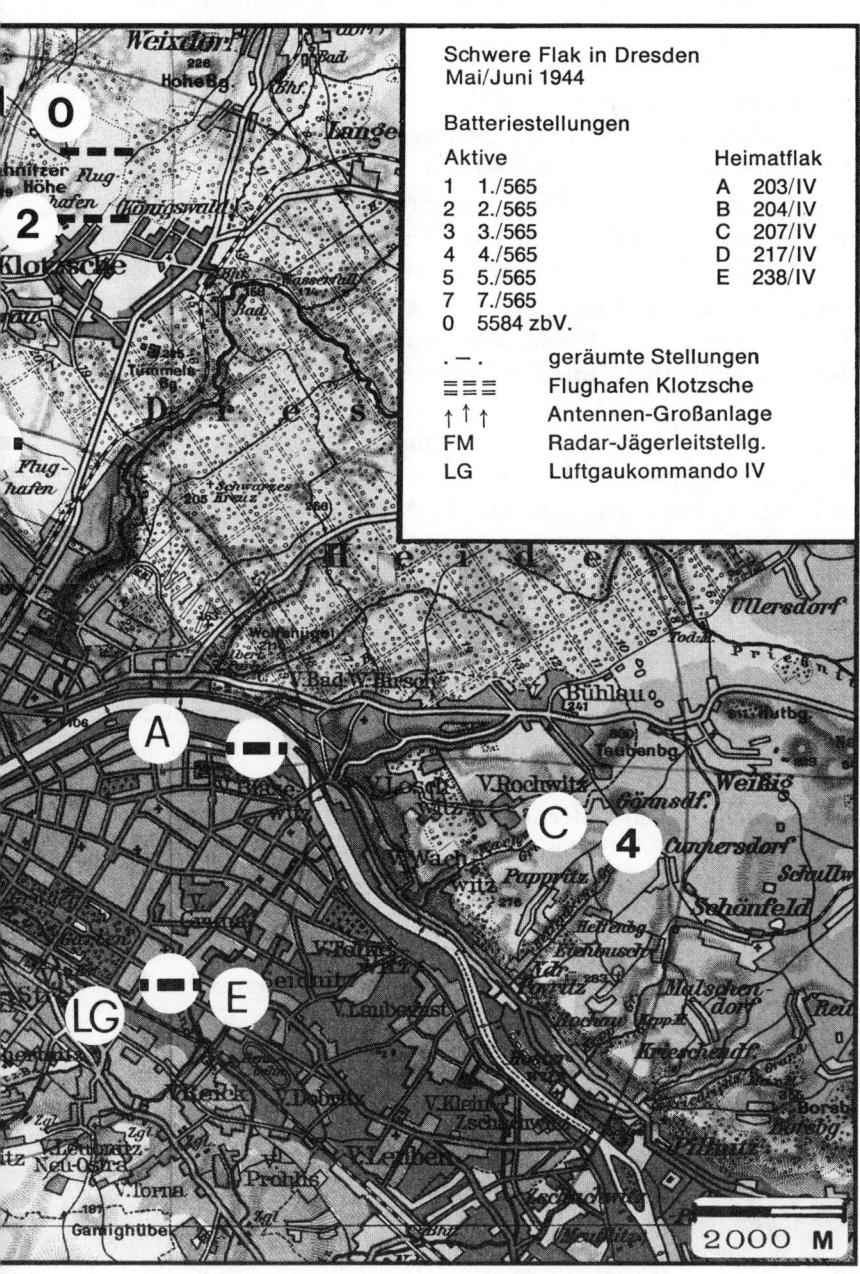

Schwere Flak in Dresden
Mai/Juni 1944

Batteriestellungen

Aktive		Heimatflak	
1	1./565	A	203/IV
2	2./565	B	204/IV
3	3./565	C	207/IV
4	4./565	D	217/IV
5	5./565	E	238/IV
7	7./565		
0	5584 zbV.		

. — .	geräumte Stellungen
≡≡≡	Flughafen Klotzsche
↑↑↑	Antennen-Großanlage
FM	Radar-Jägerleitstellg.
LG	Luftgaukommando IV

2000 M

53

irgendwelche Schadensmeldungen konnten noch nicht gegeben werden. Ein Schwerpunkt war nicht zu erkennen. Laut Kurfürst wurden die Städte Dresden und Leipzig nicht angegriffen.«[17]

Seit dem Frühjahr 1944 wurde die Dresdner Flak besser ausgerüstet. Sie hatte am 29. April erstmals Gelegenheit, auf ein feindliches Flugzeug zu schießen. Die Batterien 1./565, 3./565 und 204/ IV eröffneten das Feuer auf eine B-17, die etwa 2 000 Meter hoch und offenbar bereits beschädigt von Nord-Nord-Ost nach Süd-Süd-West die Stadt überflog. Die nach einem Angriff auf Berlin versprengte Maschine wurde von 11.54 Uhr bis 11.59 Uhr ohne sichtbare Wirkung bekämpft; sie soll aber später abgestürzt sein, wahrscheinlich auf Grund der vorher erhaltenen Beschädigungen.

Insgesamt standen zu dieser Zeit in Dresden sieben Batterien mit 50 deutschen 8,8-cm-Geschützen und fünf Heimatflakbatterien mit 28 »Russenflak«. Gegenüber dem Stand vom Juni 1943 bedeutete das eine Reduzierung der Heimatflak um 20 Rohre, jedoch eine Verstärkung der aktiven Batterien um 26 Rohre. Die leichte Flak wies noch 51 Rohre auf statt 69 im März 1944, als sie ihren Höchststand erreicht hatte. Auch auf den Flaklagekarten für Mai und Juni sind 78 schwere Geschütze notiert[18].

Einsatztage der Dresdner Flak waren der 28. Mai und der 21. Juni; an beiden Tagen berührten amerikanische Kampfverbände den Luftraum Dresden beim Anflug auf die Brabag-Hydrierwerke in Ruhland.

Am 29. Mai ergossen sich die amerikanischen Einflüge wiederum bis nach Mittel- und Ostdeutschland. Auch von diesem Tag gibt es aus Dresden ein Protokoll, das dokumentiert, wie sich die Luftlage in den Meldungen eines Flaksenders ausdrückt. Gewähr für Vollständigkeit ist nicht gegeben.

Nachdem in Dresden um 12.15 Uhr öffentliche Luftwarnung und um 12.17 Uhr Fliegeralarm ergangen war, gab der Flaksender Elefant bei der 14. Flakdivision Leipzig folgende Meldungen:

12.25 Uhr Feuer frei in allen Höhen, jedoch nur auf Verbände.

12.27 Uhr Fortsetzung von Ludwig Gustav neun nach Ludwig Heinrich acht. Außerdem vermutlich vierhundert Frösche auf Südkurs. Viele Frösche Martha Gustav, Martha Heinrich. Neue Anflüge in Konrad Heinrich, Kurs Südost. Bombenabwürfe in Martha Gustav sechs. Von Elefant. Ende.

12.30 Uhr Alarmstart von Klavier. Zwo Bücker hunderteinundachtzig nach Backhaus. Starker Verband von Fröschen Martha Gustav neun, Kurs Ost.

12.35 Uhr Achtung auch auf Frösche tief!

12.36 Uhr Ein Verband in Martha Friedrich, Kurs Südwest. Ein weiterer mit Frontbreite von Ida Heinrich neun nach Konrad Heinrich sechs, Kurs Ost.

12.37 Uhr Achtung! Achtung! Ich wiederhole: Feuer frei nur auf Verbände.

12.39 Uhr Eine neue Welle in Ida Gustav, Kurs Südost. Bombenabwürfe in Ludwig Emil.

12.42 Uhr Neuer Verband von Martha Emil nach Nordpol Friedrich.

12.46 Uhr Fortsetzung des zuletzt gemeldeten Verbandes von Nordpol Friedrich fünf nach sechs.

12.50 Uhr Ein feindlicher Verband im Anflug auf Ludwig Emil, vermutlich tief.

12.55 Uhr Abflüge von Martha Friedrich neun nach Nordpol Friedrich eins und von Nordpol Emil fünf nach Otto Emil vier. Neue Anflüge in Nordpol Cäsar und Nordpol Friedrich, Kurs Ost.

13.05 Uhr Einhundertfünfzig Frösche in Nordpol Dora, Kurs Ost. Ich berichtige: Frösche in Nordpol Dora nicht Kurs Ost, sondern Kurs West. Eine Meldung Ludwig Heinrich sieben, Kurs Südost. Rätsel. Von Elefant. Ende.

13.15 Uhr Vorentwarnung für Dresden.

13.16 Uhr In Nordpol Dora und Nordpol Emil noch einige Frösche.

13.26 Uhr Es erfolgt Unterstand beendet für Martha Heinrich.

13.28 Uhr Entwarnung für Dresden.

13.35 Uhr Wachlokal beendet. Von Elefant. Achtung! Achtung! Dreizehn Uhr fünfunddreißig, schalten ab[19].

Im Netz der Planquadrate stand Ludwig Emil für den Raum Leipzig und Martha Heinrich für den Raum Dresden; Dresden selbst war Martha Heinrich 8. Klavier ist wahrscheinlich der Flugplatz in Dresden-Klotzsche, Backhaus der in Bautzen gewesen. Unterstand hieß Feuerbereitschaft, Wachlokal Gefechtsschaltung.

Nach dem Mai-Angriff begann in Ruhland, das Anfang 1943 von schwerer Flak entblößt worden war, der Neuaufbau, aber nur vier Batterien konnten dafür abgestellt werden. Anfang August waren dort elf Batterien zusammengezogen und daraus wurden im September Großbatterien mit 78 Rohren, wobei es dann auch blieb[20].

Ungleich machtvoller nahm sich der Ring schwerer Flak aus, der als Antwort auf die Treibstoff-Offensive um Brüx gezogen und rasch verstärkt wurde. Noch im Januar 1944 gab es nur zwei Heimatflakbatterien, im Mai acht aktive plus zwei Heimatflak, sie entsprachen 44 Rohren[21].

Im Juli wuchs der Flakwall um Brüx auf 159, im September auf 226 Rohre und im November erreichte er mit 266 Rohren schwerer Flak den Höchststand des Krieges. Zum Vergleich: Berlin besaß am selben Stichtag, dem 8. 11. 1944, 368 Rohre schwere deutsche und 68 Rohre Heimatflak[22].

Was Brüx anging, so war durch den Angriff der 15. US-Luftflotte am 21. Juli 1944 bewiesen worden, daß Ziele in dieser Entfernung jetzt von Süditalien her angeflogen werden konnten. Beeindruckt vielleicht durch die Tatsache der Doppelbedrohung aus Westen und Süden entschloß sich die Flakführung zu einer gewissen Verstärkung der Dresdner Einheiten. Die Dislozierungs-unterlagen zeigen am 9.7.1944 acht statt bisher sieben Batterien deutsche 8,8-cm-Flak und vier statt bisher fünf 8,5/8,8-cm-Batterien »Russenflak«. Eine Batterie, die 203/IV, war aufgelöst und aufgeteilt worden, um Schwerpunkte mit größeren Batterien zu je acht Geschützen zu bilden. Die Rohrzahl stieg von 78 auf 84 – mehr Geschütze standen nie in Dresden. Dazu kamen 45 Rohre leichte Flak[23].

Jedoch, die relative Stärke war von kurzer Dauer. Bereits vier Wochen später sind drei Batterien mit deutscher Acht-Acht abgezogen und die Zahl von 66 Rohren – wie im Juni 1943 – ist wieder erreicht[24].

Beim Angriff auf Freital konnte die Dresdner Flak die Amerikaner nicht beeindrucken. Die Besatzungen sagten, wie bereits berichtet, am 24. August 1944 aus, das Flakfeuer sei »schwach und ungenau« gewesen[25].

Und auch das sei nochmals erwähnt, daß in Dresden am 11. und 12. September, bei Angriffen der 8. Luftflotte auf Ruhland und Lauta geschossen wurde, sowie am 7. Oktober, beim ersten Angriff auf Dresdens Stadtmitte. Die Flugwege der drei Staffeln der 303. Bombergruppe führten von Südwest nach Nordost über das gesamte Stadtgebiet, so daß die meisten der noch vorhandenen 48 schweren Geschütze feuern konnten. Mit dem Ergebnis »mäßig, genau«, wie die Besatzungen zu Protokoll gaben[26].

Die Südeinflüge gegen Brüx, Pardubitz und andere Orte in der Tschechoslowakei am 16. und 23. Oktober verzettelten sich bei dichter Wolkendecke bis nach Dresden und lösten schwache Reaktionen der Flak aus[27].

Auf der Flaklagekarte vom 22. Dezember 1944 ist zu erkennen, daß in Chemnitz kein Geschütz mehr steht. Anfang November hatte diese wichtige sächsische Industriestadt wenigstens noch fünf Heimatflakbatterien[28].

Auch in Dresden ist die Heimatflak verschwunden. Bei der Stadt findet man auf der Flaklagekarte das taktische Zeichen und nur noch die Zahlen 3/24, das heißt, drei Batterien schwere Flak mit 24 Geschützen. Keine leichte Flak, keine Scheinwerfer, Sperr- oder Nebeleinrichtungen[29].

Allerdings sind Scheinwerferbatterien für Dresden zu keiner Zeit in den Dislozierungskarten registriert, obwohl etliche 60cm-Werfer für die leichte Flak dort stationiert gewesen sind.

Schon im November 1944 hatten die Dresdner Batterien, trotz gebotener Möglichkeiten, keinen scharfen Schuß mehr auf Feindverbände abgefeuert. Das blieb auch so im Dezember, als dann der große Abzug stattfand[30].

Die Geschütze der Heimatflak sollen damals mit Teilen des Stammpersonals an die Ostfront transportiert worden sein. Bis zum Jahreswechsel wurde auch die »deutsche Acht-Acht« abgefahren, die 3. und die 4./565 und zuletzt die 7./565, deren Geschütze am 16. Januar 1945 verladen im Güterbahnhof Friedrichstadt standen, als ein amerikanischer Angriff Dresden traf.

Rund um die Stadt blieben die leeren Wälle der Flakstellungen zurück, von der Baumschule Teschendorf im westlichen Vorort Gohlis bis zu der kahlen baumlosen Höhe im Nordosten, in Rochwitz. Die zum Teil nur zeitweilig belegten Batteriestellungen hatten 1943 und 1944 folgende Standorte:

Batterien mit 8,8-cm-Flak

1./565	1943 + 44	Übigau
2./565	nur 1944	Alter Heller, dann Flugplatz Klotzsche
3./565	1943 + 44	Kohlenstraße Südhöhe
4./565	1943 + 44	Rochwitz, dann Flugplatz Klotzsche
5./565	nur 1944	Altfranken
6./565	1944, umbenannt in:	
7./565	1944, Jan. 45	Gohlis
5584 zbV	nur Juli 44	Flugplatz Klotzsche

Batterien mit 8,5/8,8-cm-Flak (Heimatflak)

203/IV	1943 + 44	Grunaer Weg, dann Vogelwiese Elbufer
204/IV	1943 + 44	Wölfnitz
207/IV	1943	Alter Heller, 1944 Rochwitz
208/IV	nur Anfang 1943	Vogesenweg Elbufer
217/IV	Ende 1943 + 44	Radebeul
221/IV	1943 + Anfang 44	Flugplatz Klotzsche
228/IV	1943 + 44	Luftkriegsschule Klotzsche
238/IV	1943 + 44	Liebstädter Straße Gruna

Die Stellungsschwerpunkte waren also im Norden, Nordwesten, Westen und Südwesten der Stadt. Der »weiche Bauch« der Luftabwehr war im Osten und Südosten, obwohl im Südosten eine nicht recht erklärliche Massierung leichter Flak feststellbar ist.

Die leichten Batterien besaßen 2-cm-Geschütze, in der Mehrzahl Sologeschütze, aber auch Vierlinge, dazu etliche 60-cm-Scheinwerfer. In Dresden gab es die 3. Batterie/leichte Flakabteilung 727, ab Mitte 1944 hieß sie 4./728. Ihre Züge lagen in Niedersedlitz, im Industriegelände, am Elbufer ostwärts der Vogelwiese, am Fliegerhorst Klotzsche.

Bei dieser Batterie, wie auch bei den Dresdner leichten Heimatflakbatterien 2/IV und 7/IV, sind heute nicht mehr alle Stellungen zu lokalisieren. Im Sommer 1943 zum Beispiel waren 2-cm-Sologeschütze auf den flachen Dächern innerstädtischer Gebäude aufgebaut, um die Eisenbahnanlagen im Westen und Südwesten und die Elbbrücken zu decken, aber auch in der Zamenhofstraße in Leuben.

Wir finden die Zweizentimeter auf dem Reichsnährstand am Hauptbahnhof, auf dem Haus der Deutschen Arbeitsfront am Wettiner Bahnhof, auf dem Tischlereigebäude der Firma Seidel & Naumann beim Verschiebebahnhof Friedrichstadt, auf dem Hochhaus am Albertplatz nahe Neustädter Bahnhof, auf der Schule nahe dem Stübelplatz. Scheinwerfer standen auf der Alten Technischen Hochschule am Hauptbahnhof und auf dem DREWAG-Haus in Löbtau sowie auf dem Hochhaus der Girokasse in Dresden-Altstadt.

1944 waren die Züge der 2/IV und 7/IV unter anderem am Grunaer Weg neben dem Gaswerk Reick – bis Juni 1943 Stellung der 203/IV – und am Langen Weg in Niedersedlitz neben dem Zeiss-Ikon-Werk in Stellung.

Scheinwerfer sah man 1944 ebenfalls am Grunaer Weg, auf dem Gebäude der Deutschen Arbeitsfront, im Ostragehege nahe DSC-Stadion und am Flugplatz Klotzsche. Das waren, wie gesagt ausschließlich 60-cm-Werfer, die in den Flaklagekarten nicht geführt wurden.

Alle Zusammenhänge über den Aufbau und den Abzug der Flak von Dresden werden nicht mehr geklärt werden können; denn es fehlen die Unterlagen. Auch im Standardwerk von Horst-Adalbert Koch, »Flak«, erfährt man nur wenig. Koch berichtet auch dies:

»4. Flakbrigade. Sept./Okt. 1944 neu aufgestellt und im Raum Pilsen-Brüx (LG XII/XIII) im Einsatz. Seit November 1944 im Raum Dresden mit Gefechtsstand Dresden-Mockritz (LG III/IV), dann vorübergehend 1945 mit nahezu allen Kräften während des alliierten Großangriffs auf Dresden erneut bei Pilsen (Ende Januar 1945) und dann vermutlich wieder nach Dresden gezogen.«[32]

Angesichts der fortschreitenden Auflösung der Flak in Dresden in den Monaten November und Dezember ist nicht verständlich, mit welchen Kräften die 4. Flakbrigade eigentlich hin- und hergezogen sein kann. Möglicherweise handelte es sich nur um den Stab, wie auch das Luftgaukommando III/IV am 1. Januar 1945 in Dresden eine Befehlsstelle einrichtete, die bis zum 2. März blieb und etwa für den alten Bereich des Luftgau IV zuständig war, ohne daß damit wieder Flak in die Stadt gekommen wäre[33].

Aber Anfang 1945 wurde die Flak ja allgemein weiter geschwächt; auch die wichtigsten Objekte, die Hydrierwerke, mußten Batterien abgeben, ebenso die noch immer stark geschützten Städte wie Bremen, Hamburg und Berlin. Aus der Reichsluftverteidigung wurden 456 schwere und 186 leichte/mittlere Batterien herausgenommen und als Erdkampfeinheiten an die Ostfront geworfen, hauptsächlich zur Panzerbekämpfung[34].

Zur Zeit der Angriffe auf Dresden von Januar bis April 1945 bedeuteten in der Nähe der Stadt allein die Flakkonzentrationen um Ruhland und Brüx bedrohliche Punkte im Koordinatensystem der Flugkarten alliierter Navigatoren. Als die Nachtangriffe am 13./14. Februar über Dresden hereinbrachen, ohne daß ein Schuß abgefeuert werden konnte, standen im acht Flugminuten entfernten Brüx 166 schwere Geschütze. Das waren genau 100 weniger als im November des Vorjahres, aber sie stellten doch eine recht stachlige, regelrechte

»Flakzone« dar. Ruhland als noch einigermaßen intaktes Werk hatte sogar einige Geschütze neu zugeteilt erhalten, es verfügte über 86 Rohre und durfte auf mehr hoffen; denn das Hydrierwerk Pölitz bei Stettin, schwer beschädigt und unmittelbar von der Roten Armee bedroht, sollte von seinen 320 schweren Geschützen 150 abgeben zugunsten der noch laufenden Werke[35].

Zur Vorbereitung auf den Endkampf zwischen Elbe und Oder mußte nun auch der Sicherung der Elbbrücken Aufmerksamkeit geschenkt werden. In den spärlich vorhandenen Dokumenten fand sich eine Meldung vom 25. 2. 45, aus der hervorgeht, daß selbst beim passiven Objektschutz Dresden nicht berücksichtigt werden konnte. Dem Adjutanten des Reichsmarschalls wurde mitgeteilt betr. Nebel und Flakschutz für die wichtigsten Elbbrücken:

»a) Nebel vorhanden: Wittenberge – Hämmerten (Stendal) – Magdeburg – Rosslau bei Dessau – Wittenberg.

  b) Nebel befohlen: Brücke Torgau, N-Kompanie wird aus zurückgeführten Personen und Gerät aus Einsatz Schlesien aufgestellt. Einsatzbereitschaft in 10-12 Tagen hergestellt.

  c) Kein Nebel-Einsatz vorgesehen für Brücke bei Dresden. (z.Z. weder Personal noch Gerät vorhanden.)[36]«

Obwohl sie über Dresden gar nicht beschossen worden sein konnten, haben amerikanische Flugzeugbesatzungen über Flakfeuer berichtet. Beim Angriff am 16. Januar 1945 wurde es als »nicht vorhanden bis schwach und recht ungenau« bezeichnet[37]. Die Briten fühlten sich bei ihren Nachtangriffen nicht gestört[38] Hingegen wollen die Amerikaner am Tage sowohl am 14. als auch am 15. 2. 45 die Flak als »nicht vorhanden bis schwach und ungenau« sowie als »schwach und ungenau« beobachtet haben[39]. In den Einsatzberichten vom 2. März 1945 ist die Rede von keinem bis wenig und ungenauem Flakfeuer, aber sogar von wenigen ungenauen Boden-Luft-Raketen[40].

Am 17. April 1945 jedoch lagen so viele Aussagen über Flakbeschuß im Zielgebiet vor, daß in Dresden wirklich wieder einige Kanonen gestanden haben müssen. Vielleicht wurde der Anflug von der 4. Batterie/schwere Flakabteilung 244 (v) bekämpft, die sich in südlicher Hanglage auf den Erdkampf vorbereitete. Denkbar ist auch, daß auf dem Marsch befindliche Batterien zwischen Dresden und dem Erzgebirge diesen weit auseinandergezogenen amerikanischen Einflug beschossen haben. Die deutschen Truppen wichen in jenen Tagen vor den aus dem Westen anrückenden Amerikanern und den aus dem Osten drohenden Sowjets in die Wespentaille zwischen den Fronten im Raum Dresden zurück[41].

Festzuhalten ist: Als es darauf ankam, war in Dresden keine Flak vorhanden; die wenigen Ausnahmen 1944 bestätigen die Regel. Aber wir können, anstatt Tätigkeitsberichte über den Einsatz der Flak in Dresden vorzulegen, ihren Weg in die Ferne an Beispielen verfolgen.

Die Luftwaffenhelfer der schweren Heimatflakbatterie 207/IV wurden im Dezember 1944 von Dresden-Rochwitz nach Zeitz verlegt. Sie gehörten dort zu einer Großbatterie im Objektschutz für das Hydrierwerk in der Nähe des Dorfes Kayna, Flakgruppe Meuselwitz. Von Zeitz kamen sie über Stellungen in Zossen und Rudow bei Berlin im April 1945 direkt auf den Flughafen Berlin-Tempelhof. Die nordostwärts des Rollfeldes am Friedhof gelegene Batterie wurde im Kampf gegen sowjetische Truppen vernichtet. Bei Straßenkämpfen in Berlin kamen Luftwaffenhelfer aus Dresden ums Leben[42].

Andere Luftwaffenhelfer waren bereits im April 1944 in den überörtlichen Einsatz gekommen. Ihre Reise ging nach Wiener Neustadt. Nach zwei Angriffen auf die Batteriestellung wurden sie herausgezogen und in die Stellung »Siggerwiesn« nördlich von Salzburg verlegt[43].

Im Juli 1944 begann sich für Teile der Luftwaffenhelfer der Dresdner 2./565 das Verlegungskarussel zu drehen. Sie landeten in einer Großbatterie bei den Leunawerken, blieben bis Dezember, wurden nach Sprendlingen bei Offenbach gefahren und besetzten im März 1945 eine Panzersperrbatterie in Wolfskehlen bei Groß-Gerau. Als die Amerikaner angriffen, wurde die Batterie überrollt[44].

Die Batterie 5./565 verlegte im August oder September 1944 von Dresden nach Borna bei Leipzig; ihr folgten im Dezember die Luftwaffenhelfer der 217/IV, die aber bald nach Kranichstein bei Darmstadt verfrachtet wurden. Im März 1945 kamen sie nach Eberswalde, dann nach Großziethen bei Berlin, wo sie entlassen wurden[45].

Die Batterien 3., 4. und 7./565 verlegten mit Stammpersonal und Luftwaffenhelfern im Dezember 44/Januar 45 an den Ostrand des Ruhrgebietes. Die 3. und 4./565 stellten mit einer RAD-Batterie in Bockum-Hövel bei Hamm eine Großbatterie. Über das Ende der 4./565 liegt folgender Bericht vom 26. April 1945 vor:

»Am Karfreitag, dem 1. April 1945, wurde die 4./565 erstmalig im Erdkampf eingesetzt. Kampfstärke 120 Mann, davon 60 Luftwaffenhelfer. Da die zum Schutz der Batterie eingesetzte Infanterie zu den angreifenden Amerikanern übergelaufen war, konnten die Amerikaner die Geschütze überlaufen.

Es blieben übrig 7 Luftwaffenhelfer und weitere 15 aus dem Troß ... Es wurde mit Urlaubern und Wehrmachtsangehörigen auf 80 Mann aufgefüllt.

Oberltn. Schotmann wurde wegen des Verlustes der Geschütze vor ein Kriegsgericht gestellt, aber freigesprochen...

Am 2.4. schlug man sich nach Unna durch und erreichte somit wieder deutsches Gebiet. Ein in der Nacht vom 2. zum 3.4. auf LKWs mit der 116. Panzerdivision (Windhunde) auf 2 km Breite unternommener Durchbruchsversuch bei Welver scheiterte. Am Vormittag des 3.4. ging es zusammen mit der 116. P.-D. wieder zurück nach Kirchspiel... Am 5. wurden Waffen empfangen und Kampftrupps aufgestellt.

Am 6.4. wurde nach Marsch nach Pelkum Quartier in der dortigen Schule bezogen. Am 7.4. früh 5 h wurde Stellung in Herringen bei Hamm bezogen, vormittags Stellungswechsel, zurück nach Pelkum. Mittags über Lerche, Kamen bis Afferde gefahren.

Sonntag, den 8.4., vormittags Waffenreinigen, nachmittags Umzug in Privatquartiere. Am 9.4. vormittags Briefe an die Angehörigen geschrieben. Mittags wurde zwischen Königsborn und Afferde Stellung bezogen. Alarmbereitschaft, die ganze Nacht über in Stellung.

Am 9.4. abends schießen sich Minenwerfer auf die Stellung ein, deshalb Befehl, am 10.4. früh zwischen 4 und 6 h Stellungswechsel zu machen. Die neue Stellung wurde eine halbe Stunde nach Fertigstellung von Polen an die Amerikaner verraten. Anderthalb Stunden nach Beendigung des Stellungsbaues Angriff der Amerikaner im Nebel, die nach ca. 35 Min. Gefecht die Stellung überrannten.

In einem Widerstandsnest in der Mitte des Abschnitts lagen auf einer Hügelnase mit ihrem Zuge die Vitzthümer Tribukait, Heber, Rüsch, Krisch, Cüppers, der Radeberger Dressler und andere.

Steudtner hat sich in einem Schützenloch mit einem MG-Schützen und einem Melder verborgen gehalten und beobachtet, wie anderthalb Stunden nach Beendigung des Gefechts 8 amerikanische Rotkreuzsoldaten zweimal Verwundetentransporte aus der Mittelstellung ausführten.

Nach Abzug der Amerikaner hat Steudtner die genannte Stellung aufgesucht und dort die gefallenen Kameraden Heber ohne Erkennungsmarke (mit Herzschuß) und Rüscher mit der halben Erkennungsmarke (mit mehreren Kopfschüssen) vorgefunden. Außerdem hat er noch Familienbilder aus der Brieftasche von Cüppers verstreut vorgefunden[46].«

Auch die Dresdner Flakbatterien 3. und 7./565 gingen bei Rückzugsgefechten aus dem Ruhrkessel in diesen Apriltagen unter[47].

So war die Flak von Dresden in den entscheidenden Wochen des Jahres 1945 im Westen und sonstwo in Deutschland zu finden – nur nicht in Dresden selbst. Sie hat allerdings niemals eine eindrucksvolle Abwehrkraft besessen. Am Verlauf der Angriffe hätte sich kaum etwas geändert, wenn noch Flak in Dresden gestanden hätte. Diese Vermutung darf gewagt werden.

5

Erwachen im Januar

Einer gegen Neun – wie lange noch?
Gegen einen Nazi für Kriegsverlängerung – neun Deutsche für Frieden. (Ergebnis einer
freien und geheimen Abstimmung in alliierten Kriegsgefangenenlagern.)

Aus einem Flugblatt, abgeworfen über Dresden am 16. Januar 1945.

Das Wetter versprach nichts Gutes am 16. Januar 1945. Vermutlich deshalb
entsandte die 8. Luftflotte nur Teile der 2. und der 3. Luftdivision nach
Deutschland. Die Bezeichnung Bomberdivision war am 1. 1. 45 in Luftdivision
geändert worden. 627 Bomber wurden aufgerufen und 578 haben wirklich
angegriffen.

Die Liberators der 2. Division sollten die Brabag-Hydrierwerke in Magde-
burg-Rothensee und in Ruhland sowie den Düsenjägerflugplatz mit seinen
Montagehallen in Alt-Lönnewitz treffen. Die Fliegenden Festungen der 3.
Division hatten Befehl, Flugzeugmotorenwerke in und bei Dessau zu bombardieren, aber, das sei vorausgeschickt, beide Ziele waren von Wolken verdeckt
und die Piloten wurden zusätzlich durch Kondensstreifen eigener Maschinen
behindert. 247 Bomber warfen ihre Lasten mittels Radar auf die Stadt Dessau
und auf die IG Farben-Werke in Bitterfeld. Ergebnisse konnten nicht beobachtet werden[1].

An der Spitze des Gesamteinfluges marschierte die 44. Bombergruppe »The
Flying Eightballs«, die zusammen mit der 491. und 392. Gruppe das 14.
Kampfgeschwader bildete. Dieses und das 20. Kampfgeschwader mit der 93.
Bombergruppe »The Travelling Circus«, der 446. Gruppe »Bungay Buckeroos«
und der 448. Gruppe war die »Ruhland-Streitmacht«. Ihr folgten die 466.
und die 467. Bombergruppe, die Alt-Lönnewitz angreifen sollten; auch die
467. Gruppe hatte einen kuriosen Spitznamen, »The Rackheat Aggies«. Vier
Gruppen flogen nach Magdeburg, aber nur einige Staffeln fanden ihr »Oil
Target«, andere wandten sich gegen die Panzerwerke in Magdeburg-Buckau[2].

Die Spitzenverbände hielten weiter Südostkurs in Richtung auf Ruhland und
Alt-Lönnewitz. Der Kommandeur der Führung haltenden 44. Bombergruppe,
Oberst Snavely, stellte sich darauf ein, das zugewiesene Zweitziel zu wählen;

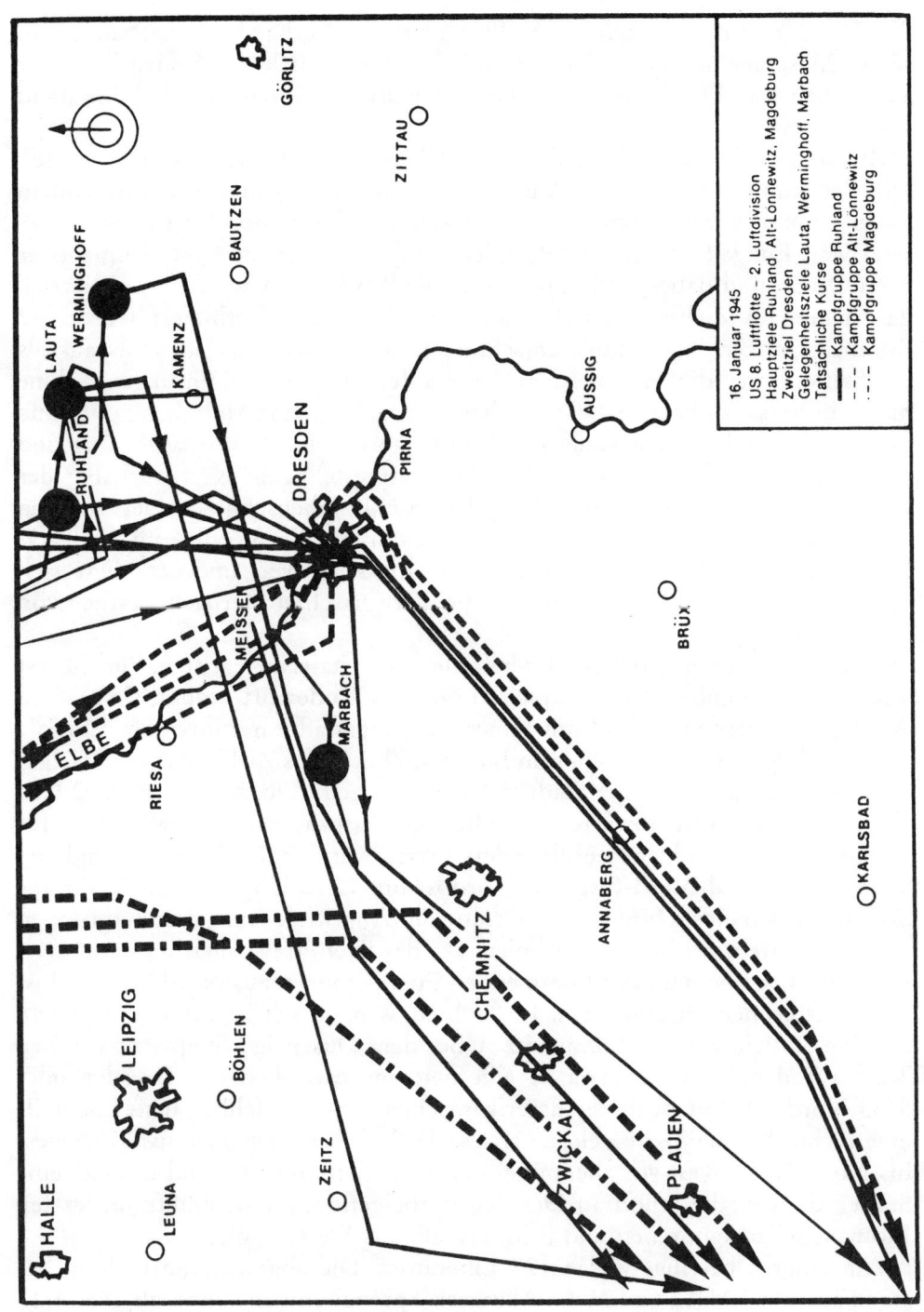

Einflüge am 16. 1. 1945, Sachsen, Angriff auf Dresden.

die Leitung mußte er seinem Stellvertreter im Verband überlassen, da in seiner Maschine schon in der Gegend von Osnabrück das Bodensichtradar ausgefallen war. Das Zweitziel trug die Operationsnummer GH 584. Sie stand für Dresden[3].

Ruhland steckte fast vollständig unter Wolken; obwohl die Flak nicht optisch schießen konnte, wurden die Amerikaner von starkem und genau liegendem Feuer empfangen, dem besonders die 44. und die 491. Bombergruppe ausgesetzt war. Einige Staffeln der folgenden Gruppen machten Ausweichmanöver nach Osten, und dabei entdeckten sie in Wolkenlöchern ein Gelegenheitsziel, das später auf Zielfotos als Aluminiumwerk Lauta identifiziert wurde. 42 Bombenschützen lösten kurz entschlossen den Abwurfmechanismus aus als die Staffelführer die Himmelsmarkierer abfeuerten. Eine Führungsmaschine hatte ein Versagen beim Abwurfmechanismus, aber beim Abdrehen von Lauta tauchte eine andere Fabrikanlage auf. Dort gelang die Bombenauslösung und acht Maschinen hatten, so wurde später festgestellt, ein Kraftwerk bei der Ortschaft Werminghoff angegriffen. Der Leitbombenschütze einer anderen Staffel von acht B-24 wurde über Lauta durch eine Störung im Zielgerät behindert. Diese Staffel flog nördlich an Dresden vorbei und entledigte sich ihrer Bomben schließlich im Notwurf bei der Ortschaft Marbach westlich von Dresden[4].

58 Bomber hatten also nicht das befohlene Zweitziel angegriffen. Für Oberst Snavelys 44. Bombergruppe jedoch erging das Codewort »tough time« zum Anflug auf Dresden. Er traf mit seiner Führungsstaffel mit direktem Südkurs anderthalb Minuten, nachdem sein Bombenschütze das Ziel optisch im Zielgerät aufgefaßt hatte, über der Stadt ein, wo seine zehn Flugzeuge um 12.12 Uhr als erste ihre Bomben abwarfen – 113 fünfhundertpfündige Sprengbomben. Da die Gruppe über Ruhland auseinandergerissen war, kamen die beiden anderen Staffeln aus Nord-Nord-Ost und Nordost um 12.15 Uhr und 12.17 Uhr ans Ziel. Innerhalb dieser fünf Minuten rollte der Angriff der fünf Bombergruppen oder 14 Staffeln zeitlich komprimiert ab; das Trefferbild allerdings war weit verstreut. Die von Ruhland kommenden Pulks drangen aus Nord bis Nordost in den Dresdner Luftraum ein. Im rechten Winkel, schräg auf sie zu, flogen nun die Staffeln aus Alt-Lönnewitz. Über dem Düsenjägerflugplatz zwischen Torgau und Falkenberg, etwa 70 Kilometer nordwestlich von Dresden oder 5133 Nord – 1313 Ost in den amerikanischen Einsatzbefehlen, hatte ebenfalls eine dichte Wolkendecke gelegen. Diese Pulks erschienen also aus Nordwest bis Nord-Nord-West vor allem über den Stadtvierteln Cotta und Löbtau; eine Staffel, die beinahe schon an Dresden vorbeigeflogen war, mußte im letzten Moment scharf eindrehen und griff deshalb aus Westen an[5].

Am Angriff beteiligt waren 127 Liberators. Die abgeworfene Ladung bestand aus 1 062 M-12 und M-64 Allzweck-Sprengbomben sowie aus 168 M-17 Containern für Brandbomben; Bomben und Behälter zu je 500-lb. Die Container enthielten 18 590 Stabbrandbomben. Zusätzlich wurden einige 100-lb.-

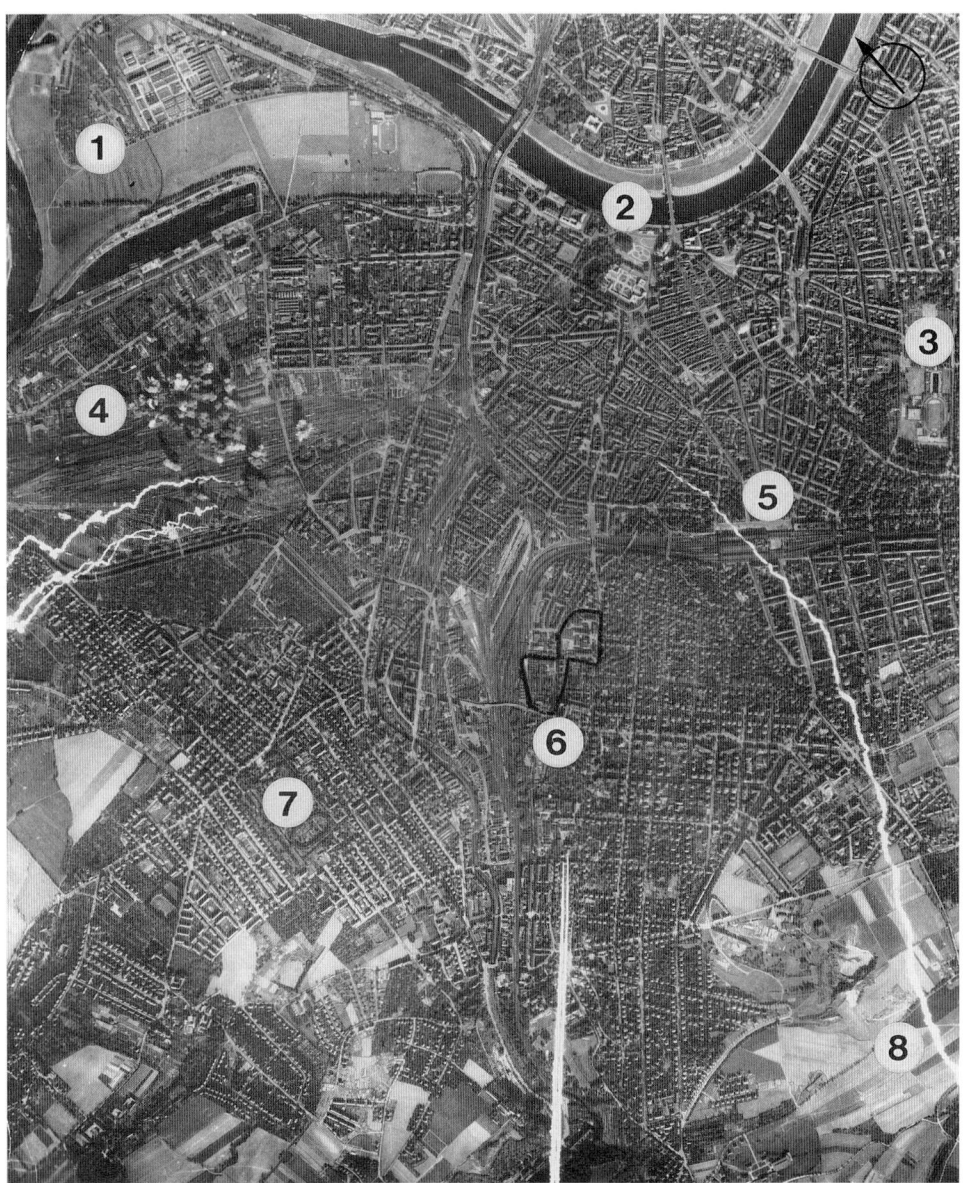

1 7. Oktober 1944, 12.35 Uhr: Der erste
Bombenteppich detoniert in Dresden. Die bis
zu diesem Augenblick unangetastete Stadt liegt
unter den Fliegenden Festungen der 303. Bombergruppe, die ursprünglich das Hydrierwerk
in Brüx angreifen sollte.
① Ostragehege mit Schlachthofinsel und König-Albert-Hafen. ② Augustusbrücke und
Elbe, die Niedrigwasser führt. Neustädter
Markt (oben). Opernhaus, Zwinger, Katholische Hofkirche, Schloß, Stadtkern mit Altmarkt (unten). ③ Sportanlagen am Großen
Garten mit Arnholdbad und Ilgen-Kampfbahn
(unten). Das Hygienemuseum (links). ④ Drei

weiße Himmels-Rauchmarkierer am Südrand
des Verschiebebahnhofs Friedrichstadt kennzeichnen das Einschlaggebiet des zuerst abgeworfenen Bombenteppichs. ⑤ Hauptbahnhof,
Wiener Platz, Prager Straße mit einem Markierer. ⑥ Altstädter Güterbahnhof, Brücke Nossener Straße. Von den Bildauswertern wurden
Betriebe beiderseits der Zwickauer Straße umrandet, in denen Rüstungsbetriebe vermutet
wurden, darunter die Brauerei Feldschlößchen.
Zwei Himmels-Rauchmarkierer sind abgefeuert; ihre Spitzen, in dieser Sekunde über der
Würzburger Straße, folgen genau dem Verlauf
der Chemnitzer Straße. ⑦ Friedhof Löbtauer
Straße. ⑧ Flakstellung 3./565 Kohlenstraße.

2   7. Oktober 1944, Zielgebiet Friedrichstadt. Die Bombeneinschläge überdecken den Verschiebebahnhof von den Wagen-Reparaturwerkstätten, wo die Markierer niedergegangen sind, bis zur Hamburger Straße mit dem Rüstungsbetrieb Seidel & Naumann, und zur Bremer Straße, unterhalb des Hafens. Rechts davon das Straßenbahndepot Walterstraße, das Krankenhaus Friedrichstadt.

3   7. Oktober 1944. Die Himmels-Rauchmarkierer bilden zwei Linien vom Chemnitzer Platz (oben) bis nach Alt-Coschütz (unten). Links daneben, über Feldern in Dölzschen, sind fallende Sprengbomben zu erkennen. Weißgerandete Bombenkrater in der Heidenschanze (links unten) stammen vom Angriff am 24. August 1944 auf Freital. Die Stellung der schweren Flakbatterie 3./565 Kohlenstraße mit dem Befehlsstand der Flak-Untergruppe am rechten oberen Bildrand.

4   7. Oktober 1944: Blick aus dem 6. Po-
lizei-Revier im Stadthaus Theaterstraße
zum ausgebrannten Tierkundlichen Museum, vormals Freimaurer-Loge, im Hintergrund.

5   7. Oktober 1944: Aufräumungsarbeiten im zerstörten »Gewerbehaus«, dahinter das Gebäude der »Dresdner Kauf-
mannschaft« in der Ostra-Allee.

6 Aufnahme der Schäden im eng bebauten Viertel um die Wettiner Straße, hier in der Palmstraße. Die Zerstörungen wurden registriert und in den Stadtplan eingetragen.

7 Viele Verbände der amerikanischen 8. Luftflotte wandten sich, wegen ungünstiger Sicht über den Hauptzielen, Zweit- oder Gelegenheitszielen zu. So auch die 91. Bombergruppe, deren Staffeln nicht das Hydrierwerk Ruhland-Schwarzheide, sondern u. a. Freiberg angriffen.

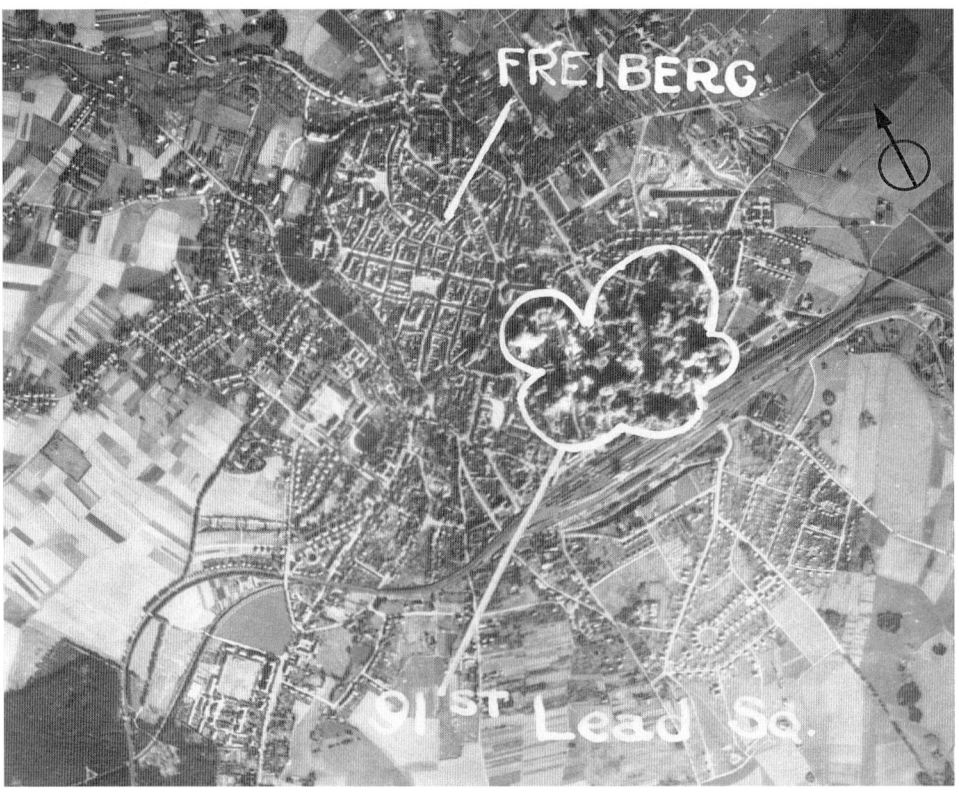

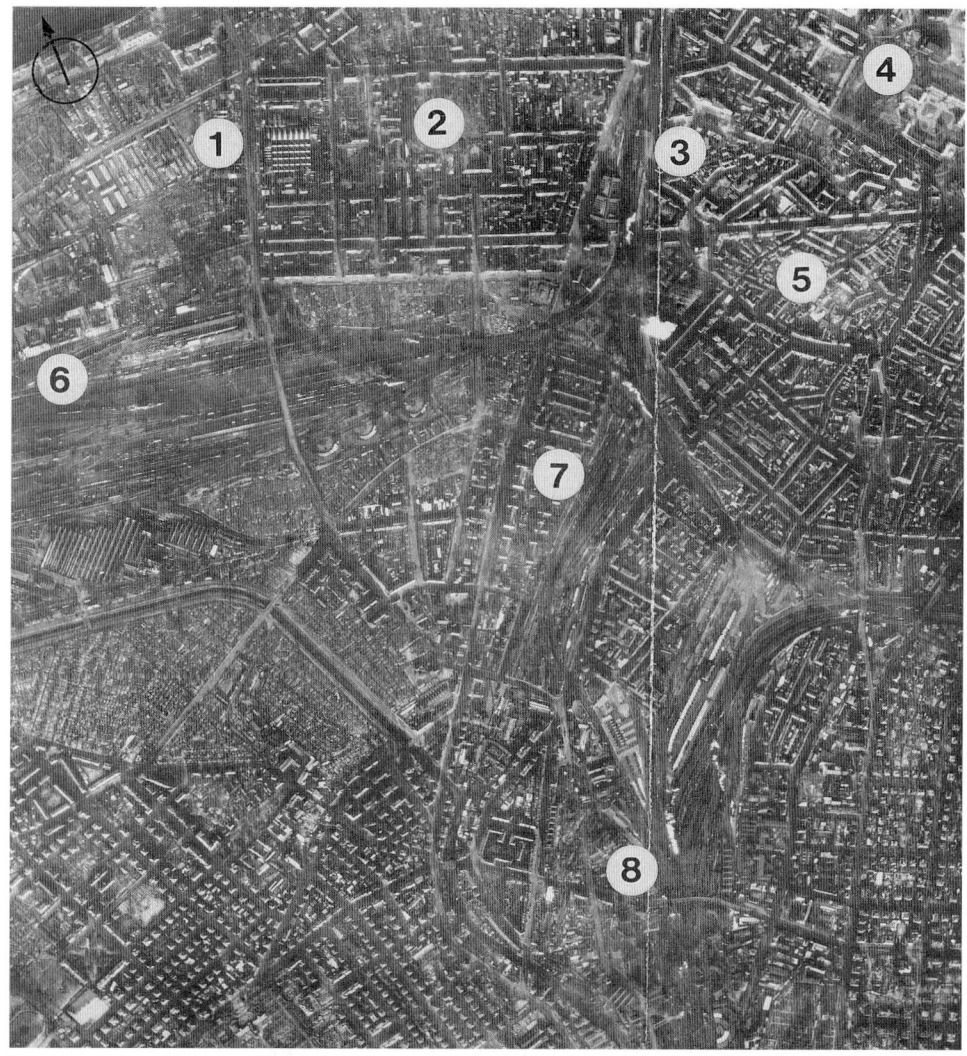

8 Intensive Foto-Aufklärung wurde im Dezember 1944 über Dresden geflogen. Diese Aufnahme vom 19. Dezember zeigt die Stadt leicht verschneit; die Schäden vom 7. Oktober sind mit bloßem Auge kaum zu erkennen.
① Ausländer-Durchgangslager Bremer Straße (links), Straßenbahndepot Walterstraße (rechts).
② Krankenhaus Friedrichstadt. ③ Wettiner Bahnhof, ④ Zwinger, ⑤ Wettiner Straße / Fischhofplatz. In diesem Dreieck lag am 7. 10. das Hauptschadensgebiet. ⑥ Verschiebebahnhof Friedrichstadt und Seidel & Naumann. Die Treffer in den Gleisanlagen sind beseitigt. ⑦ Krankenhaus Löbtauer Straße. ⑧ Güterbahnhof Altstadt.

Ab 1943 wurden zur Flak 15-
und 16-jährige Gymnasiasten
und Oberschüler als
Luftwaffenhelfer herangezogen.
Hitler hatte verstärkten
Flakschutz u. a. auch für
Dresden angeordnet, wo
Luftwaffenhelfer später bis zu
70 Prozent des
Bedienungspersonals stellten.
Auf der Vogelwiese, dem
bekannten Rummelplatz am
Elbufer, ging die schwere
Heimatflakbatterie 203/IV
mit Luftwaffenhelfern der
traditionsreichen Kreuzschule
und der Blasewitzer
Schillerschule in Stellung.

9 (oben) Entfernungsmeßgerät
Viermeterbasis in Verbindung
mit dem dahinter sichtbaren
Kommando-Hilfsgerät im
Befehlsstand II für optisches
Schießen. Im Hintergrund das
Wasserwerk Saloppe und eines
der Albrechtsschlösser.

10 (unten)
Kommando-Hilfsgerät in der
Stellung Vogelwiese. Links der
Verfasser.

11 Nach der Bekämpfung amerikanischer Verbände durch die schwere Heimatflakbatterie 207/IV in Rochwitz posieren Luftwaffenhelfer der Dreikönigsschule in Urlaubsstimmung mit Patronenhülsen. Ein Einsatz wie dieser war in Dresden noch 1944 eine Attraktion.

Soldaten sammeln für das WHW

Besucht die Flakstellung Liebstädter Straße

am Sonntag, dem 19. März 1944 von 9–18 Uhr

Blaskonzert einer Werkkapelle
Besichtigung der Geschütze und Unterkünfte
Kleinkaliber- und Luftgewehrschießen
Kinderreiten – Tierschau – Preis-Würfeln

11–13 Uhr: Markenfreies Mittagessen (Löffel bitte mitbringen)

Nachmittags:

– Batterie-Exerzieren –
Solistische Darbietungen der Luftwaffenhelfer

Große Lotterie

Tombola ⟷ Film

Preis- und Gewinn-Verteilung 17–18 Uhr

Fahrverbindung: Linien 25/115 – Sonderwagen ab Postplatz

12 Etappenleben – die schwere Heimatflakbatterie 238/IV in Seidnitz warb um Besucher und Geldspenden für das »Winterhilfswerk«.

13 (oben links) Flakbatterie 3./565 mit 8,8-cm-Geschützen. Hier an der Kohlenstraße war auch der Befehlsstand der Flak-Untergruppe.

14 (oben rechts) Die schweren Heimatflakbatterien, wie diese vor dem Gaswerk Reick, waren mit Beutekanonen ausgerüstet, der sog. »Russenflak«.

15 (rechts) Auf Stahltürmen standen die 2-cm-Geschütze der 3./727 im Industriegelände.

16 (unten) Tiefangriff von zwei Me-109 auf die Stellung Vogelwiese während einer Übung.

17 In vielen deutschen Flakbatterien wurden sowjetische Kriegsgefangene als Hilfskräfte eingesetzt. Hier die »Batterierussen« der Batterie 203/IV auf der Vogelwiese im Sommer 1943; im Hintergrund das Schützenhaus.

18 Ende Dresdner Flakbatterien nach dem Erdkampfeinsatz im »Ruhrkessel«; Geschütz »Heinrich«, 3./565, gesprengt bei Kamen am 10. April 1945.

19   Flughafen Dresden-Klotzsche, fotografiert am 7. Juli 1944. Der Autobahnverteiler nach Berlin und Bautzen wurde den alliierten Fliegern als »gute Landmarke« empfohlen. Besonders untersucht wurden die neu angelegten Abstellplätze in den Wäldern nördlich des Flughafens. Am rechten Bildrand die Luftkriegsschule Hellerau, links daneben zur Tarnung eingefärbter Teil des Flugfeldes mit Hangars. Gebäude des Zivilflughafens (unten Mitte).

20, 21 Nachtjägerleitstellung »Pinscher«, westlich vom Flughafen bei Rähnitz, mit Langstreckenradar »Würzburg Riese« (oben) und »Freya« (unten).

22 Nach dem Angriff von Liberators der amerikanischen 2. Luftdivision am 16. Januar 1945 brennen an der Magdeburger Straße Treibstoffwaggons. Im Hintergrund die Zigarettenfabrik »Yenidze«.

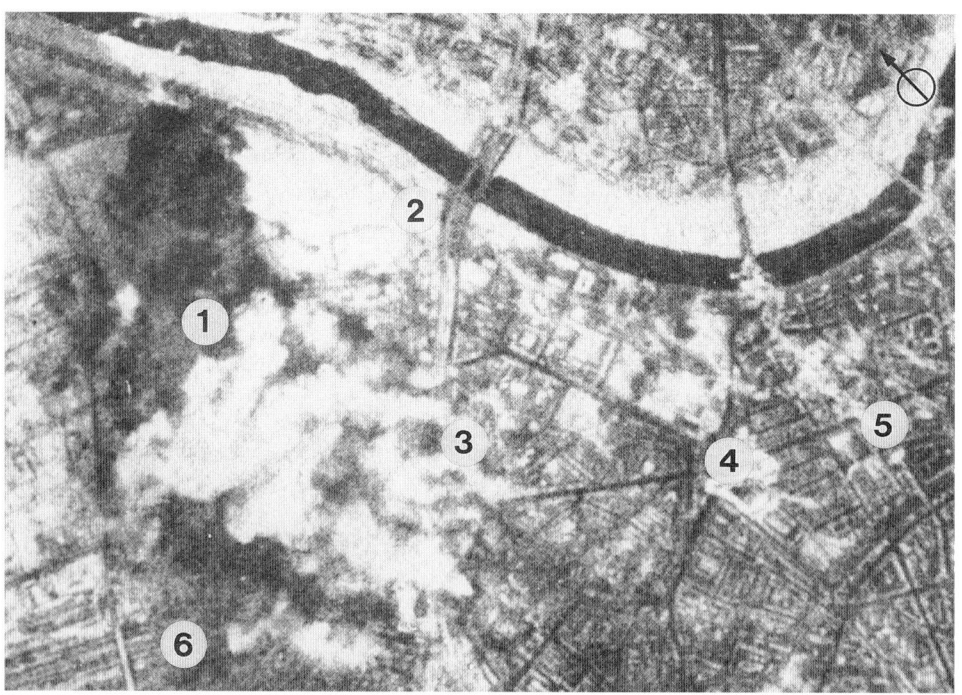

23 Aus der Sicht der Angreifer: Die verschneite Stadt im Bombenhagel. ① Qualmpilz des brennenden Treibstoffzuges an der Magdeburger Straße. ② DSC-Fußballstadion, »Yenidze«, Eisenbahn- und Marienbrücke. ③ Wettiner Bahnhof. ④ Postplatz und Zwinger. ⑤ Altmarkt und Neues Rathaus. ⑥ Verschiebebahnhof Friedrichstadt.

24 16. Januar 1945. Wahrscheinlich die letzte Aufnahme der noch unzerstörten Türme der Innenstadt – Hofkirche, Frauenkirche und Schloßturm.

25 Schwer getroffen: Gaswerk und Innerer Neustädter Friedhof, neben der Nordausfahrt des Neustädter Bahnhofs.

26 Brände im Stadtteil Cotta und im Verschiebebahnhof Friedrichstadt. Bildmitte die barocke Matthäuskirche. Sie wurde am Mittag des 14. Februar 1945 zerstört.

Leipziger Neueste Nachrichten

und Handels-Zeitung
vormals „Leipziger Nachrichten"

VERLAG, SCHRIFTLEITUNG, DRUCKEREI Leipzig C 1, Peterssteinweg 19. Postfach 17/118. Ruf 706 11, 726 11. Schriftleitung nach 21 Uhr 71500. Postscheck-Konto 505. Drahtanschrift „Neueste Leipzig". BEZUG monatige mit „Welt im Bild": durch Träger in Groß-Leipzig monatlich RM. 2,70, auswärts 2,95, halbmonatlich entsprechend; durch die Post monatlich 3,35 einschl. 56 Rpf. Post-Ueberweisungs-Gebühr plus 42 Rpf. Post - Zustellgeld. ANZEIGEN: Annahmeschluß 13 Uhr. Preisliste 81.

„LNN" ERSCHEINEN täglich außer an 2 Feiertagen. Für regelmäßiges u. pünktliches Erscheinen wird nicht gehaftet, ebensowenig für Rückgabe unverlangter Schriftstücke. Nachdruck unserer Artikel und Eigenmeldungen nur bei deutlicher Quellenangabe „Leipz. Neueste Nachr." gestattet. Die „LNN" enthalten die Bekanntgaben des Oberbürgermeisters, Land- und Polizeipräsidenten und solche des Amts- und Landgerichts, der Amts- und Staatsanwaltschaft und der Mitteldeutschen Börse zu Leipzig.

20 Pf.

SONNABEND/SONNTAG, 25./26. DEZEMBER 1943

A Nr. 359/360

Aus dem Leid wuchs immer
des deutschen Volkes höchste Kraft

PAUL VON HINDENBURG

Der Abwehrkampf der Heimat gegen den anglo-amerikanischen Luftterror bei dem heimtückischen Angriff auf die Reichsmessestadt am 4. Dezember 1943 hat manches Opfer gefordert.

Mancher von ihnen fiel in aufopferungsvollem Einsatz bei der Rettung von Menschenleben, der Bekämpfung von Bränden und sonstigen Schäden oder auf dem Wege zu seiner Einsatzstelle, wohin die Pflicht ihn rief. Ein kleiner Teil wurde in Schutzräumen vom Tode überrascht und ein Teil erlag den Folgen von Verletzungen.

Tieferschüttert steht die Reichsmessestadt vor dem Leid, das damit über viele Familien hereingebrochen ist. Aller Mitgefühl wendet sich den Hinterbliebenen zu, die durch den Verlust ihrer Angehörigen so schwer betroffen worden sind! Sie stehen nicht allein in ihrem Schmerz!

Die Leipziger Bevölkerung wird ihre Anteilnahme bekunden bei der Ehrenfeier, die zum Gedächtnis an die Opfer des Terrorangriffs am

Sonntag, dem 26. Dezember, 11 Uhr

am Völkerschlachtdenkmal stattfindet.

Kein Ort ist würdiger für diese Totenehrung als jene Stätte auf dem blutgetränkten Felde der großen Schlacht von 1813, in der die siegreiche Entscheidung im Kampfe um Deutschlands Befreiung vom fremden Joch erstritten wurde.

Was sich damals zu entwickeln begann und die zukunftsfrohe Sehnsucht vieler deutscher Herzen war, findet in dem gigantischen Ringen, in dem wir jetzt stehen, seine Vollendung. Unsere Toten, die wir heute betrauern, sind wie die Toten jener Schlacht auf geweihtem Boden für Deutschlands Freiheit und die Sicherheit seiner Zukunft gefallen. Ihr Tod ist Opfertod und Heldentod. Auch ihre Namen stehen in dem Ehrenbuch der schicksalsreichen Geschichte der Reichsmessestadt. Ihre Treue und ihr Sterben sind den Lebenden Vorbild und Mahnung! Der Feind hat Menschenleben vernichtet, Wohnungen und Kulturstätten zerstört, aber den Widerstandswillen der Leipziger Bevölkerung nicht zu brechen vermocht. Das haben das Sterben unserer Gefallenen und die Haltung der Lebenden tausendfältig erwiesen!

Der Schlag gegen unsere Stadt wurde gerade in den Tagen geführt, da das deutsche Volk sich auf das gemütstiefste und älteste aller deutschen Feste, das Weihnachtsfest, rüstete, bei dem der Sieg des Lichtes über die dunklen Mächte gefeiert wird. Das aber ist uns Symbol! Das deutsche Volk wird in seinem gerechten Schicksalskampf den Sieg über Machtgier und Vernichtungswillen seiner Feinde erringen! Aus der Nacht unserer Not wird das Licht einer schöneren Zukunft erstehen. Dafür zu kämpfen, ist Aufgabe der Lebenden. Das ist uns allen heiliges Vermächtnis unserer Toten, die wir heute betrauern.

Reichsmessestadt Leipzig, am Lichtfest 1943

MARTIN MUTSCHMANN
Gauleiter und Reichsstatthalter

WIEDERROTH
Kreisleiter V. i. A.

FREYBERG
Oberbürgermeister

27   Nach dem ersten britischen Großangriff auf Leipzig in den frühen Morgenstunden des 4. Dezember 1943 wurde den Toten eine Ehrenfeier gewidmet. Sie fand am 26. Dezember statt. Schlußfolgerungen für den Schutz der Bevölkerung Dresdens wurden aus dem Schicksal der sächsischen Nachbarstadt nicht gezogen. In Dresden gab es dann keine Trauerfeier des Gauleiters mehr, sondern nur noch Massengräber.

Der höhere ## und Polizeiführer
bei den Reichsstatthaltern und Oberpräsidenten
in Sachsen, der Provinz Sachsen, im Sudetengau,
in Schlesien und in Thüringen, im Wehrkreis IV
Az.: Allg. 9242/reh.

Dresden, am 24. September 1943
Dienststelle 2

Reichsführer!

##-Obersturmbannführer Dr. Brandt hat mir kurz die Vorgänge betr.
Schloß Grillenburg unterbreitet. Ich darf vorweg hierzu ganz
allgemein etwas sagen.

In der Zeit, während ich Ende Juli bis Anfang August 14 Tage auf
Urlaub war, haben sich zwei Dinge in Sachsen ereignet, die ich
auf das tiefste bedauere. Das erste ist die Verhaftung der Grillenburg, das zweite der Bau eines Befehlsbunkers mit Hilfe der
##-Pioniere.

Zu dem zweiten Vorgang möchte ich kurz folgendes melden:
Daß ein solcher Befehlsbunker vielleicht notwendig ist, bestreite ich nicht. Ich glaube sogar, daß er auf Grund einer Anordnung
des Führers beruht. Es wird aber von mir nicht für richtig befunden, daß dieser Bunker ausgerechnet im Garten des Gauleiters
angelegt wird, weil der größte Teil der Bevölkerung noch nicht
einmal ordnungsmäßige Luftschutzzeller hat. Nimmt man, daß man
##-Pioniere hinzuzog, meine Erkundigungen gingen dahin, daß der
Kommandeur der Pioniere zum Gauleiter befohlen wurde und für
diesen Zweck Männer abzustellen hatte. Seit ungefähr Mitte August
wird an diesem Bunker mit einem ungeheuren Menschen-, Maschinen-
und Materialaufwand gebaut, was stärkste Mißstimmung in der Bevölkerung hervorgerufen hat, meine Fühlungnahme mit dem Gaugeschäftsführer, Pg. Müller, ergab, daß dieser dringend den Gauleiter gebeten hatte, von einem solchen Bunker abzusehen mit
Rücksicht auf die Auswirkungen in der Bevölkerung. Dies, so sagt
mir Müller, sei mehrfach der Fall gewesen. Der Gauleiter hätte
jedoch entschieden, daß es dabei bleibt und hätte in durchaus
unfreundlicher Art eine andere Stellungnahme abgelehnt.

- 2 -

Demgegenüber steht fest, daß der Gau in so. Lockwitzer
Grund in einen Felsenmassiv eine ganz erstklassige bombensichere Bunkeranlage hat, die nicht allein Aufnahme der gesamten Mitarbeiter gewährleistet, sondern wahrscheinlich auch
noch weiterer Menschen, die über eine bombensichere Unterstände verfügen. Der Pg. Müller gab mir an, daß dieser Bunker
15 Auto-Minuten von der Wohnung des Gauleiters entfernt ist.

Persönlich ist mir dieser Vorgang deswegen unangenehm, weil
mein Haus unmittelbar neben dem Gauleiter liegt und durch die
Mitarbeit der ##-Pioniere der Bericht entstanden ist, daß dies
auch mein Bunker mit sei.

Ich habe diesen Vorgang leider nicht mehr verhindern können,
ganz abgesehen davon, daß ich eine unmittelbare Befehlsgewalt
über das Pionierbataillon nicht habe.

Was die Tarnung der Grillenburg anlangt, so ist mir bekannt,
daß die Fabrik für Tarnnetze alle äußeren Heeresaufträge zurückstellen müßte, um dieses Gebäude zu tarnen. Entsprechende
Anweisung des Landesbaurates Sachsen. Es wäre ein Leichtes gewesen, dieses Gebäude, was etwas isoliert liegt und bei hellen
Nächten sehr wohl zu erkennen ist, mit einem Tarnanstrich zu
versehen, der nach meiner Auffassung weit wertvoller ist als
Tarnnetze, die zwangsläufig bei Schneefällen zerreißen, ganz
abgesehen davon, daß die Grillenburg an meiner Bahn bzw. großen
geradlinigen Verkehrsstraße liegt, sondern mitten im Wald.

Wenn ich, Reichsführer, Deiner Weisung gemäß nummehr bei den
Gauleiter vorstellig werde, so halte ich mich verpflichtet,
Dich vorerst noch auf folgendes aufmerksam machen zu müssen.
Ein längerer Bericht ist bereits vor einigen Tagen an Ober-
gruppenführer Kaltenbrunner abgegangen.

Die Auflösung der Ministerien und die Einführung der Landes-
regierung hat den gesamten Sektor innere Verwaltung und damit
auch Polizei in eine durchaus unangenehme Lage gebracht. Wenn
schon der Gauleiter sich schärfstens dagegen gewehrt hat, daß
die Stabsoffiziere der Schutzpolizei und Kommandeure der Gen-

28 Die ersten zwei Seiten eines Schreibens vom 24. September 1943 an den Reichsführer-SS Heinrich Himmler. Es stammt vom Höheren SS- und Polizeiführer in Sachsen, SS-Obergruppenführer Udo von Woyrsch. Zwischen ihm und dem sächsischen Gauleiter Martin Mutschmann bestanden erhebliche Spannungen. Aus dem Text geht u. a. hervor, daß für die Bevölkerung Dresdens so gut wie keine Luftschutzvorsorge getroffen war. Dabei sollte es bis zum Kriegsende bleiben.

Der Chef der Sicherheitspolizei
und des SD

Amt III

Berlin SW 11, den
Prinz-Albrecht-Straße 8
für Rückfragen: 120038 : 331

4.Okt.1943

SD-Berichte zu Inlandsfragen

Auf Anforderung des Empfängers
und unüberprüft vorgelegt

Inhalt und Tendenzen der zur Zeit umlaufenden Gerüchte.
==

Eine Übersicht über die im September gemeldeten Gerüchte zeigt deutlich einen zahlenmäßigen Rückgang gegenüber den Vormonaten, läßt aber andererseits auch erkennen, daß der Inhalt und die Tendenzen der Gerüchte die gleichen geblieben sind.

Auf dem militärischen Sektor sind die Gerüchte, welche sich mit der Lage an den Fronten befassen, wohl deshalb zurückgegangen, weil die Bevölkerung inzwischen einen klareren Überblick über die Lage durch den Wehrmachtsbericht und andere Meldungen erhalten konnte. Die Gerüchte über die Auswirkungen des Luftkrieges haben entsprechend der geringen Anzahl der Angriffe nachgelassen, werden aber immer wieder durch Erzählungen von Umquartierten oder durch Rundschreiben von Firmen aus den Luftnotgebieten an ihre Kunden genährt.

So teilte z.B. die Firma Urner u. Croß aus Wuppertal, z.Zt. in Waltershausen/Thür., in einem für ihre Geschäftsfreunde

- 4 -

Transportmittel für ihre Habe verwandt haben sollen, welche sich mit den für die Allgemeinheit geltenden Einschränkungen und Bestimmungen nicht vereinbaren ließen. So wird beispielsweise über einzelne Gauleiter oder Minister das Gerücht verbreitet, sie hätten ihren Wohnsitz aufs Land verlegt. Eines Tages hätten vor ihrer Wohnung Möbelwagen gestanden, in welche das gesamte Mobilar verladen worden sei. Die Volksgenossen hätten sich hierüber sehr aufgeregt, in der Ortspresse sei dann eine Veröffentlichung erfolgt, wonach es ausdrücklicher Wunsch des Führers sei, daß leitende Persönlichkeiten ihr Leben in Sicherheit brächten. – Auf der gleichen Ebene liegen Gerüchte, wonach angeblich führende Persönlichkeiten alsbald die Stadt verlassen und sich mit dem Kraftwagen auf ihre mehr oder weniger weit entfernten Landsitze begeben, um morgens wieder in die Stadt zurückkehren, oder führende Persönlichkeiten würden mit ihren Familien bei Vorwarnung oder Luftalarm mit Kraftwagen aus der Stadt herausfahren, um draußen in besonderen Bunkern aufzusuchen.

Der Bau von Sonderluftschutzbunkern für führende Persönlichkeiten ist in gleicher Weise Thema von Gerüchten, welche auf eine Spaltung zwischen Führung und Volk hinzielen. Ein solches Standard-Gerücht lautet etwa, daß in einer bestimmten Stadt zum Schutze der Bevölkerung so gut wie gar nichts geschehen sei, daß aber für einzelne Prominente unter Einsatz von zahlreichen Arbeitskräften und Anwendung knappen oder normalerweise gar nicht mehr zu erhaltenden Materials (Stahlplatten u.dgl.) komfortable Luftschutzbunker gebaut würden.

29 Geheimbericht des SS-Sicherheitsdienstes vom 4. Oktober 1943, Seiten 1 und 4. Der Bau von Sonderluftschutzbunkern für Prominente wird als Gerücht gemeldet, welches »auf eine Spaltung zwischen Führung und Volk« hinziele. Im Fall des Gauleiters Mutschmann war das jedoch eine Tatsache, die auch dem SD bekannt sein mußte. Der Zusammenhang mit dem obenerwähnten Schreiben an Himmler ist auffallend, und ein Seitenhieb der SS gegen den Gauleiter ist nicht auszuschließen.

Benzin-Kautschukbrandbomben M-47 mitgeführt, eine wurde noch 1993 als Blindgänger auf dem Alten Annenfriedhof gefunden[6].

Die Angriffshöhe der Bomber betrug 7 300 bis 8 200 Meter, und aus dieser Höhe stieß eine Gruppe der 562 Begleit-Mustangs 20 Kilometer nord-nord-westlich von Ruhland durch die Wolken und beschoß den Fliegerhorst Finsterwalde. Sie meldete 25 am Boden zerstörte Flugzeuge. Luftkämpfe gab es an diesem Tag nicht. Die deutsche Luftwaffe war nicht aufgestiegen, obwohl sie nach amerikanischer Meinung durch tiefliegenden Nebel und Dunst nicht vollständig hätte an ihre Basen gebunden sein müssen.

Den zurückfliegenden amerikanischen Verbänden funkten die englischen Heimatstationen äußerst schlechte Landevoraussetzungen: dichter Bodennebel, widriges Wetter. Deshalb landeten 72 Bomber auf Flugplätzen in Frankreich; 362 P-51 der Jägerbegleitung suchten auf dem Kontinent Zuflucht. Die Rückflugstrecke hatte von Dresden über Nürnberg und Stuttgart bis nach Straßburg geführt, wo französisches Gebiet erreicht wurde. Bei Bruchlandungen von sieben Mustangs in England wurden zwei Piloten getötet. Insgesamt waren die Divisionen von 562 Jägern geschützt gewesen[7].

Wie verlief der Angriff aus deutscher Sicht? Die Dresdner, im November und Dezember beunruhigt durch die hautnah heranführenden Flüge der 8. und 15. Luftflotte, atmeten im Januar auf. In der ersten Monatshälfte hatten sie zwar zwölfmal öffentliche Luftwarnung, aber nur einmal Fliegeralarm.

Der 16. Januar 1945 war ein Dienstag mit Morgentemperaturen von minus sieben Grad. Schnee lag dick auf Dächern, Parks, Gärten und wenig befahrenen Straßen. Um 11.20 Uhr ertönte öffentliche Luftwarnung, 11.50 Uhr Fliegeralarm. Frierend stiegen die Menschen treppab in die unbeheizten Luftschutzkeller. Plötzlich zuckten sie zusammen. Motorengedröhn, langanhaltendes Donnern, schwere Erschütterungen, das Rauschen und Krachen der Bomben – es war ein grausames Erwachen. Die Hoffnung, Dresden werde weiter von Luftangriffen verschont bleiben, weil ja doch die Bomben auf Freital im August und auf die Innenstadt im Oktober nur versehentlich abgeworfen worden seien, diese Hoffnung mußte wohl jetzt als trügerisch erkannt werden. 376 Menschen fanden den Tod[8].

Der Reichsminister für Rüstung und Kriegsproduktion erstattete Meldung:

»Dresden: Erhebliche Schäden an Bahnanlagen. Strecke nach Dresden-Neustadt gesperrt. Pendelverkehr nach Plauen und Tharandt. Sämtliche Ein- und Ausfahrten vom Wettiner Bahnhof gesperrt. Im Stadtgebiet größere Häuserschäden.«[9]

Nach den geschilderten wetterbedingten Schwierigkeiten beim Anflug ist es nicht überraschend, daß die Staffeln der 2. Division recht ungeordnet und meist auseinandergezogen über Dresden eintrafen. Lage und Beschaffenheit der Abwurfstellen spiegeln das wider.

Der nördlichste und der südlichste Abwurfpunkt lagen mehr als sechs, der östlichste und westlichste knapp vier Kilometer auseinander. Die Bomben waren in einzelnen Reihen und Bündeln oder als aufgelockerte Teppiche gefallen. Nur an zwei Stellen hatten sie eine Dichte erreicht, die als »Konzentration« bezeichnet werden kann, im sogenannten »Hechtviertel« in Dresden-Neustadt und im Verschiebebahnhof Friedrichstadt, dem eigentlichen Zielmittelpunkt.

Die Kasernen in der Nachbarschaft des »Hechtviertels« wurden nicht angekratzt. Häuserschäden gab es in der Luisenstraße neben der Feuerwache, Einzeltreffer fanden sich in der Rähnitzgasse und den Reichsbahnanlagen westlich des Neustädter Bahnhofs; hingegen wurde im Gaswerk nördlich vom Bahnhof schwerer Schaden angerichtet. Die hier einschlagenden Bomben hatten auch den Inneren Neustädter Friedhof, die Lößnitz-, Friedens- und Conradstraße getroffen.

Die Einschläge im Gaswerk meldet der amerikanische Foto-Auswertungsbericht S.A.3149 vom 18. Januar 1945:

»Eine Gruppe von annähernd 20 Explosionen ist zu sehen, sie überdeckt die Städtischen Gaswerke. Ein langes, nicht identifiziertes Gebäude erhielt mindestens sechs Treffer und mehrere Nahtreffer. Von den drei sichtbaren Gasbehältern wurden einer, möglicherweise zwei getroffen, und alle drei bekamen Nahtreffer ab. Ein großer Entstehungsbrand ist zu sehen. Wahrscheinlich drei Treffer auf Straßen.«[10]

Von Übigau quer durch die Elbe nach Friedrichstadt und in den Verschiebebahnhof fielen Bombenserien, die so beschrieben werden:

»Eine Gruppe von 15 Explosionen ist in der Schiffswerft zu sehen, mit mindestens fünf wahrscheinlichen Treffern in einem großen, nicht identifizierten Gebäude und mehreren Nahtreffern an kleinen Gebäuden. Wenigstens sechs Einschläge sind in der Elbe zu sehen... Mindestens zehn verstreute Einschläge sind zu sehen im Tanklager der Deutsch-Amerikanischen Petroleum-Gesellschaft, Rhenania-Ossag Mineralölwerk A.G. etc. Eine große Explosion ist zu sehen, und es gibt einen Nahtreffer an einer Reihe von fünf Benzintanks. Mehrere kleinere Gebäude erhielten Nahtreffer...

Verschiebebahnhof: Sortiergleise – mindestens 40 Sprengbombendetonationen und viele Brandbomben sind in den Gleisanlagen zu sehen, sie verursachten eine große Explosion. Eine zweite Gruppe von Sprengbombeneinschlägen ist in dieser Gegend zu sehen, aber es können keine Trefferbestimmungen gemacht werden wegen der Rauchentwicklung, die durch die vorangegangenen Explosionen entstanden ist... «[11]

Der Verschiebebahnhof wurde auch am westlichen Ende auf der Höhe des Abrollberges getroffen, und in dem sich anschließenden Stadtteil Cotta entstanden in der Gegend um das Rathaus schwere Spreng- und Brandschäden. Die Masse der Brandbomben regnete auf Cotta und Leutewitz, ohne daß zusammenhängende Großfeuer ausbrachen.

Besonders wurden die Stadtteile Friedrichstadt, Cotta und Löbtau in Mitleidenschaft gezogen, wenn auch immer nur begrenzt und nicht mit großer

Flächenausdehnung[12]. Auf dem Turm der Löbtauer Friedenskirche erlebte der 15jährige Rudolf Burkhardt den Angriff; er war durch »Heranziehung zum langfristigen Notdienst beim SHD« als Turmbeobachter und Melder auf die »B-Stelle Friedenskirche« kommandiert worden. Er berichtet:

»Auffassen des Verbandes in Nord-Nord-Ost. Erkennen von B-24 Bombern – Hochdecker, Doppelseitenleitwerk – mit dem Feldstecher. Sichten von Rauchmarkierern. Erste Bombendetonationen ohne vorheriges Pfeifen, Niedergehen weiterer Bomben nach Pfeifen.« Die Kirche erhielt mehrere Voll- und Nahtreffer, aber die Turmbeobachter blieben unverletzt[13].

Außerdem wurden die Straßen und Gassen beiderseits der Wettiner Straße hart angeschlagen. Einzelne Bomben beschädigten Gebäude abermals, die bereits im Oktober getroffen worden waren, zum Beispiel die Wettin-Schule, den Wettiner Bahnhof oder das Eckhaus Könneritz–Maxstraße. Sieben Sprengbomben detonierten im Gelände des Elektrizitätswerkes, aber sie richteten nur Zerstörung in Werkswohnungen und Nebengebäuden an. Ein Teppichwurf, der vom Ostragehege in Nord-Süd-Richtung durch Friedrichstadt fegte, setzte auf dem Verbindungsgleis entlang der Magdeburger Straße Tankwaggons in Brand. Mitarbeiter der Firma Bramsch koppelten unter Lebensgefahr die Waggons ab und schoben sie auseinander, um ein Übergreifen der Flammen auf ihren benachbarten Betrieb zu verhindern.

Verstreute Bomben beschädigten im Altstädter Güterbahnhof Gleise und einen der langen Güterschuppen. Vor dem westlichen Einfahrtsgelände des Hauptbahnhofs ging eine Bombenreihe nieder. Es entstanden Straßen- und Häuserschäden nördlich der Hohen Brücke, welche glatt durchschlagen wurde, und die Stützmauer an den Gleisanlagen unterhalb der Bismarckstraße wurde beschädigt[14].

In der Endauswertung der Luftbilder kam das Hauptquartier der 2. Luftdivision zu dem Ergebnis, daß in Dresden folgende militärische Ziele getroffen wurden: Eisenbahnüberführungen, Mittelteil des Verschiebebahnhofs Friedrichstadt, rollendes Eisenbahnmaterial, Industrieanlagen, dicht bebaute Viertel, ein Treibstofflager, Knotenpunkte in den Gleisanlagen[15].

Das ist korrekt. Jedenfalls waren jetzt im Norden und im Westen und in der Stadtmitte Dresdens – westlich vom Postplatz – so viele Trümmerhaufen zu sehen, daß keine Ausflüge staunender Ruinenbesucher mehr stattfanden, wie noch im Oktober. Man stieß zwangsläufig irgendwo auf zerstörte Häuser.

Als am späten Abend des 16. Januar in Dresden erneut die Sirenen heulten, fürchteten diejenigen, die einigermaßen über den Luftkrieg Bescheid wußten, der amerikanische Tagesangriff sei die Einleitung für einen britischen Nachtangriff gewesen. Könnten nicht noch Brände glühen und den feindlichen Bombern den Weg weisen?

Aber das Bomberkommando hatte andere Befehle; noch stand Dresden nicht auf der Dringlichkeitsliste von Sir Arthur Harris. Die Innenstadt von Magdeburg – ihm galt der Doppelschlag Tag-Nacht-Angriff – wurde durch Flä-

Dresden Großraum, Angriff am 16. 1. 1945, Positionen der Bomberverbä

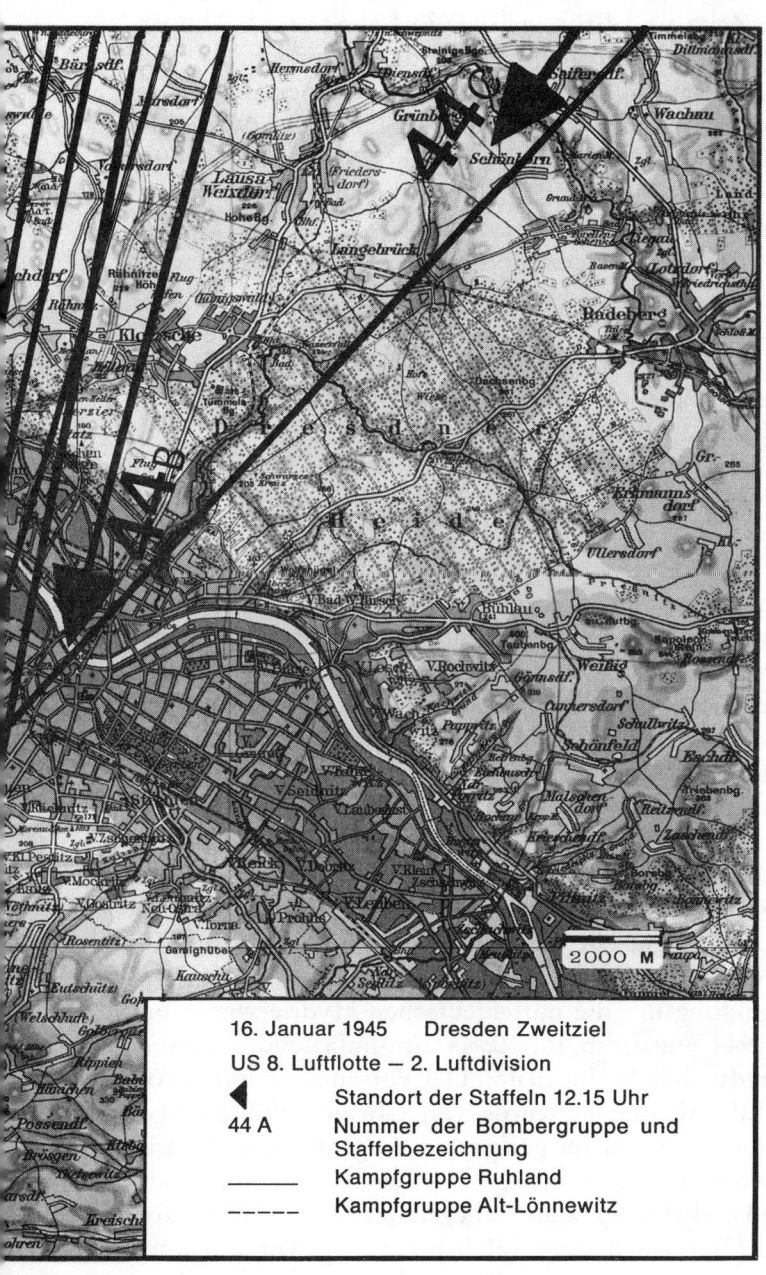

16. Januar 1945   Dresden Zweitziel

US 8. Luftflotte – 2. Luftdivision

◀   Standort der Staffeln 12.15 Uhr

44 A   Nummer der Bombergruppe und
        Staffelbezeichnung

_____ Kampfgruppe Ruhland

_ _ _ _ Kampfgruppe Alt-Lönnewitz

12.15 Uhr.

chenbrände ausgelöscht. Bei Bombardierungen in Befolgung des Programms der »Oil Offensive« entstanden besonders schwere Schäden in dieser Nacht vom 16. zum 17. Januar in Zeitz und Brüx, geringe in Leuna und Schkopau. Das Hydrierwerk Brabag Tröglitz bei Zeitz erlitt für voraussichtlich fünf Wochen teilweisen Produktionsausfall. In den Sudetenländischen Treibstoffwerken Oberleutensdorf wurden die Bahnanlagen blockiert; das Werk, das nach dem Angriff der 15. US-Luftflotte auf Brüx vom 25. Dezember 1944 Anfang Februar wieder anlaufen sollte, mußte nun wahrscheinlich bis Mitte oder Ende Februar geschlossen bleiben[16].

Das Oberkommando der Wehrmacht erwähnte am 17. 1. 1945 Dresden im Wehrmachtbericht nicht:

»Nordamerikanische Terrorverbände bombardierten am gestrigen Tage Städte in Mitteldeutschland. In der Nacht flogen die Briten erneut in den gleichen Raum sowie nach Westdeutschland ein. Bei Terrorangriffen auf Magdeburg und Dessau wurden hauptsächlich Wohngebiete zerstört.«

Daß das Hydrierwerk Brabag Schwarzheide bei Ruhland nicht getroffen worden war, geht aus dem Kriegstagebuch des OKW, Lagebuch 17. 1. 1945, hervor[17].

In den amerikanischen Einsatzberichten wurde die Untätigkeit der deutschen Luftwaffe am 16. Januar erwähnt, und es wurde hinzugefügt, Dunst und tiefliegender Nebel hätten wohl kein Hinderungsgrund für Abfangaktionen sein müssen.

Beobachtungen vom Dresdner Flughafen Klotzsche besagen, daß die schneebedeckten Start- und Landebahnen benutzbar erscheinen. Dabei wurde zwischen »Hellerau airfield« und »Klotzsche airfield« unterschieden, aber insgesamt wurden 18 größere und sieben kleine Flugzeuge gezählt[18].

Vielleicht waren die Startbedingungen doch ungünstiger, als dies aus der Höhe beurteilt werden konnte, gleichviel bedeutete die Tatsache, daß die deutschen Jäger nicht aufgestiegen waren, nur einen weiteren Beweis für ihre Schwäche. Im Hinblick auf das deutsche Luftverteidigungspotential zur Zeit der Angriffe auf Dresden sei die Lage kurz umrissen.

Nach der Schwerpunktbildung um die mitteldeutschen Hydrierwerke und um Berlin im September 1944 wurde ab 18. 10. 44 ein umfassender Versuch zur Regeneration der Tagjagdverbände eingeleitet. Der Vorschlag stammte vom General der Jagdflieger, Galland, und er wurde von Göring gebilligt. Etwa 2 000 Jäger sollten »gehortet« und erst im geeigneten Augenblick schlagartig in den Kampf geworfen werden. Die Führung war sich bewußt, daß damit vorübergehend die Tagjagd vollständig zum Erliegen kommen mußte, aber sie sah keinen anderen Weg, Bereitstellungen solchen Umfangs vorzunehmen. Am Tage X sollte dann in mehreren großen Jägerschlachten die amerikanische Jagdbegleitung niedergerungen werden. Beim darauf folgenden »großen Schlag« gegen die Bomberflotten rechnete man sich den Abschuß von 400–500

Viermotorigen und damit die Überwindung der amerikanischen Luftherrschaft aus[19].

Die Tagjäger wurden noch mehr im Raum Mitteldeutschland-Berlin konzentriert, Düsenflugzeuge Me 262 wurden erstmals sinnvoll für den Jägereinsatz freigegeben und nicht mehr nur als »Blitzbomber« angefordert. In der ersten Novemberwoche schien die Wiederbelebung der deutschen Jagdwaffe geglückt. Außerdem war beabsichtigt, Jäger des Luftwaffenkommandos West in Aufgaben der Reichsluftverteidigung einzubeziehen, sowie besondere Verbände aus – tagsüber schwerfälligen – Nachtjägern zur Jagd auf angeschossene und versprengte Bomber anzusetzen, die in die Schweiz oder nach Schweden entkommen wollten[20].

Als der Oberbefehlshaber der Luftwaffe die Aufbauphase für den »großen Schlag« für beendet erklärte, richtete er einen Aufruf an die Jagdflieger der Reichsluftverteidigung. Es war der 7. November 1944, und Hermann Göring richtete an seine Männer unter anderem diese Worte:

»Seit Monaten liegt das schwer kämpfende Heer in Entscheidungsschlachten, deren Ausgang Sieg oder Untergang bedeuten. Die Luftwaffe konnte die ihr übertragenen Aufgaben nicht erfüllen. In klarer Erkenntnis dieser Lage hatte sich unser Führer entschlossen, uns die Zeit zu geben, die erforderlich war, um unsere Waffe wieder aufzubauen und neu zu formieren. Kameraden! Die Zeit ist um. Nun gilt es, wieder anzutreten und zu beweisen, daß es gelungen ist, die deutsche Luftwaffe neu zu schmieden – stärker, einsatzfreudiger und entschlossener denn je... Jagdflieger! Es gilt. – Der bevorstehende Großeinsatz der Jagdwaffe muß die Geburtsstunde einer neuen, starken, wieder siegegewohnten Luftwaffe werden!«[21]

Hitler jedoch hatte seine Zustimmung zur Hortung von Piloten und Flugzeugen offenbar mit dem Hintergedanken gegeben, sie nicht für Luftschlachten, sondern für die Luftsicherung von Erdoperationen in Reserve zu halten. Wahrscheinlich wußte das auch der Oberbefehlshaber der Luftwaffe; denn schon am 20. 11. 44 kam nicht etwa der von ihm beschworene Großeinsatz, sondern Befehl zur Verlegung der Masse der Jagdverbände aus dem mitteldeutschen und Berliner Raum nach Flugplätzen im westlichen Reichsgebiet. Die angesammelten Kräfte sollten für die Ardennen-Offensive bereitgestellt werden. Der Himmel über Deutschland blieb offen[22].

Auch das Vorfeld war ja nicht mehr gesichert. Auf seine Grenzen zurückgeworfen, wurde das Deutsche Reich jetzt in der Substanz attackiert. Die Führung der Luftverteidigung mußte zentralisiert werden. Deshalb wurde ab 1. 12. 44 das Luftwaffenkommando West mit allen Verbänden der Luftflotte Reich unterstellt. Künftig führte das I. Jagdkorps mit Stab in Treuenbrietzen die Jagdkräfte für die Luftverteidigung des Reichsgebietes. Das Luftwaffenkommando West führte die Fliegerverbände einschließlich der Jäger für den Einsatz im Operationsgebiet des Heeres im westlichen Reichsgebiet. Wegen der Ardennen-Offensive wurden auch hier Kompromisse notwendig[23].

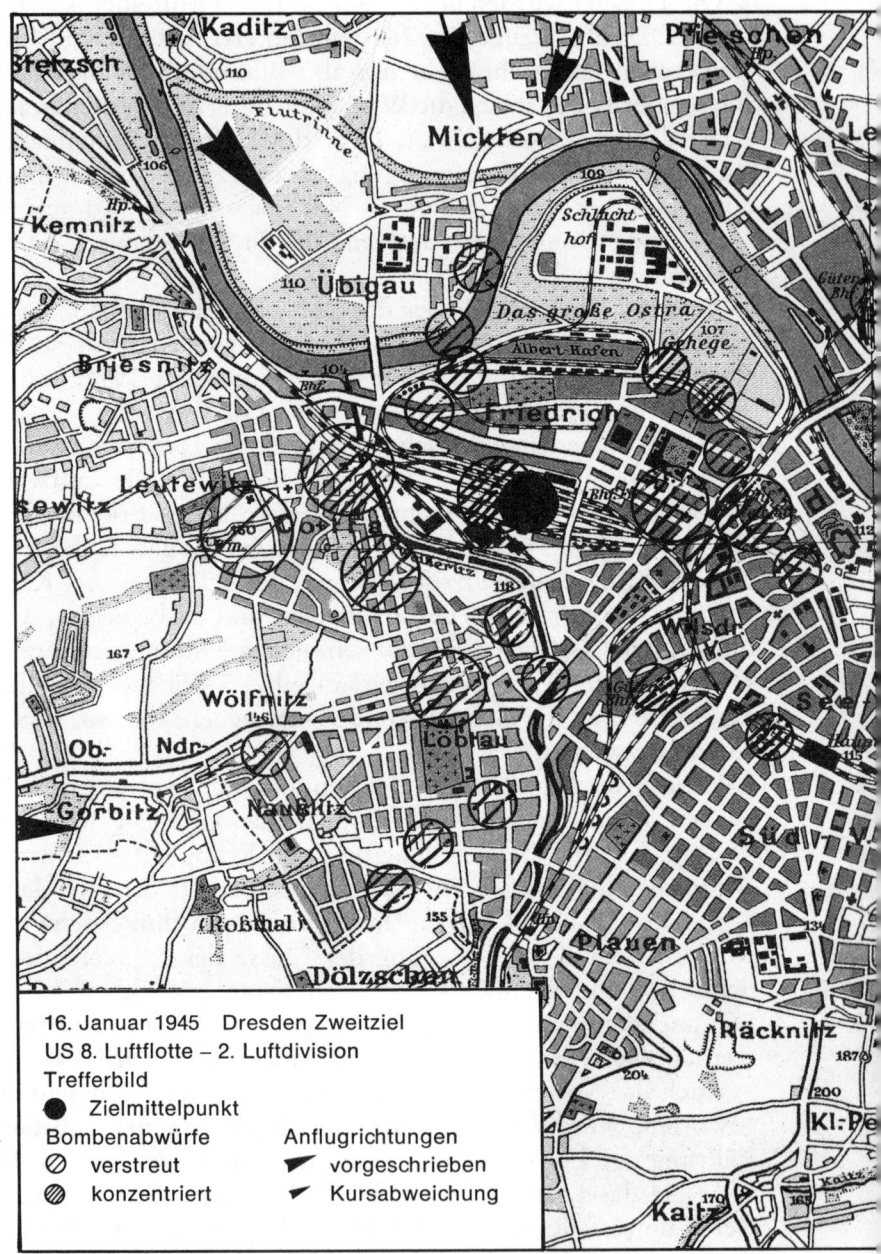

16. Januar 1945   Dresden Zweitziel
US 8. Luftflotte – 2. Luftdivision
Trefferbild
● Zielmittelpunkt
Bombenabwürfe   Anflugrichtungen
⊘ verstreut   ◣ vorgeschrieben
◍ konzentriert   ◤ Kursabweichung

Dresden Stadtgebiet, Angriff am 16. 1. 1945, Trefferbild.

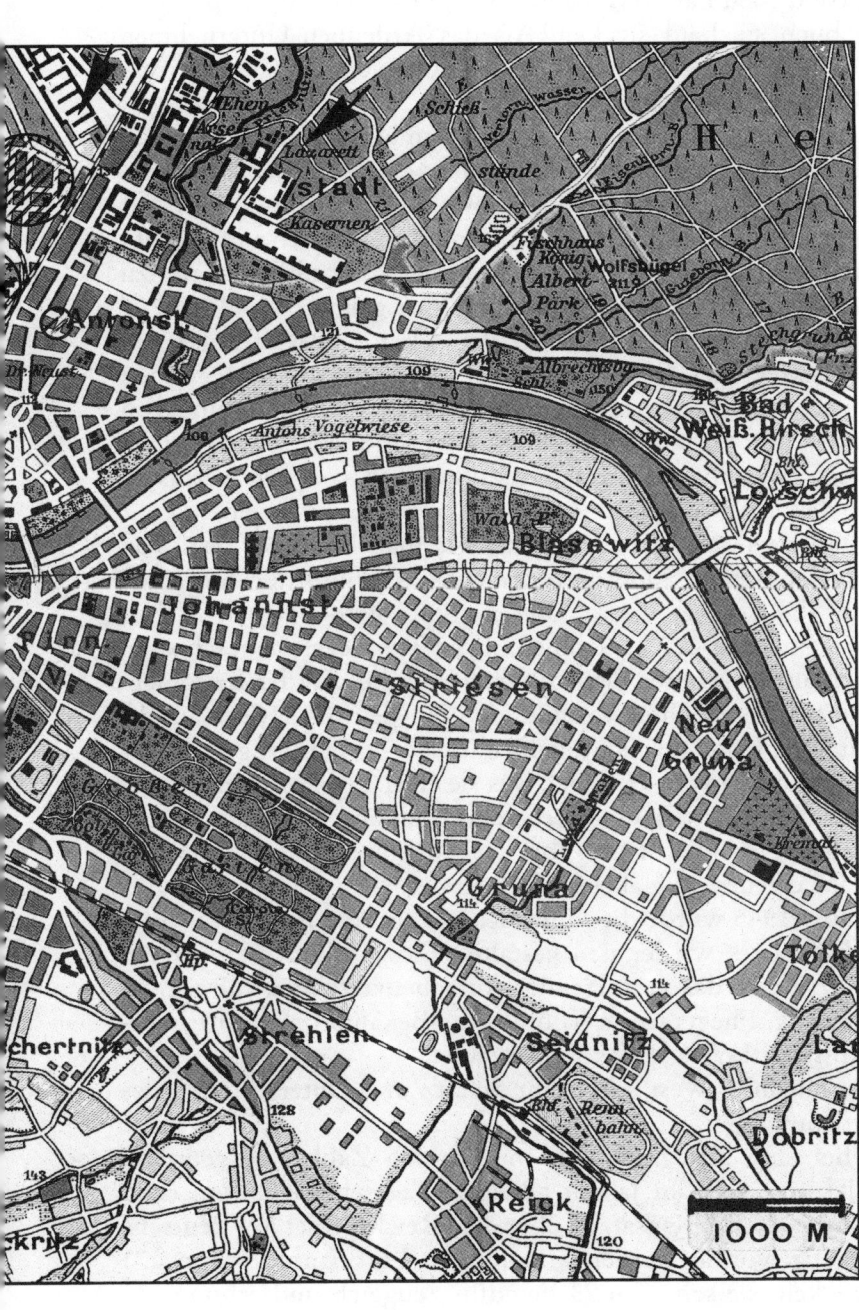

Diese Offensive, bei der Jäger der Reichsluftverteidigung zweckentfremdet eingesetzt wurden, band auch Panzerverbände, die im Osten dringend benötigt wurden. Dennoch blieb sie bald stecken. Als das Ardennen-Unternehmen erstarrt war, wurde die deutsche Jagdwaffe erst richtig »verheizt«. Im Kriegstagebuch des OKW, Lagebuch 2. Januar 1945, steht:

»Großangriff gegen die feindl. Bodenorganisation im holländisch-belgischen Raum durch eigene Flugzeuge. Am Boden wurden zerstört außer Baracken, Kfz.en usw. 463 Flugzeuge, durch Flak abgeschossen 44, zusammen 507. Auf der eigenen Seite werden rund 300 Flugzeuge vermißt; da es sich um Einsatz über feindl. Gebiet handelt, ist mit der Rückkehr der Vermißten nicht zu rechnen. Allgemeine Beurteilung: Die Überraschung ist gelungen...«[24]

So endete der letzte massierte Einsatz der deutschen Luftwaffe, der den Decknamen »Bodenplatte« trug. Er richtete sich nicht gegen die strategischen Luftflotten der Alliierten und hatte mit dem von Galland geplanten und von Göring im November des Vorjahres angekündigten »großen Schlag« nichts zu tun. Während sich die alliierten Luftstreitkräfte rasch von den Verlusten erholten, hatten die deutschen Jäger schwer an den eigenen zu tragen.

Eine ebenso groteske wie tragische Pointe stellte man hinterher fest. Von den deutschen Verlusten kamen 200 Flugzeuge auf das Konto der deutschen Flak und nur 93 auf das der Feindseite. Dieser größte Erfolg der deutschen Flak, binnen weniger Stunden 200 Maschinen, meist Tiefflieger, abgeschossen zu haben, erwies sich als ihr größtes Fiasko. Ohne Verschulden der Kanoniere freilich; sie waren nicht unterrichtet worden, daß ein deutscher Großangriff bevorstand, sie rechneten wohl gar nicht mehr mit eigenen Flugzeugen in solcher Menge, und so holten sie vom Himmel, was sie erreichen konnten. Grund für die Nicht-Information war der »Führerbefehl«, daß aus Geheimhaltungsgründen jede Dienststelle möglichst nur über die Vorkommnisse unterrichtet werden durfte, die ihr eigenes Aufgabengebiet betrafen[25].

Bereits am 26. Januar 1945 wurde die Führungsorganisation für die Luftverteidigung des Reichsgebietes wieder neu gestaltet. Einzelheiten interessieren hier nicht, nur das Ergebnis, das zu folgender Aufgabenverteilung führte:

Dem neugebildeten IX. Fliegerkorps (J) oblag die Bekämpfung von Einflügen der alliierten Luftstreitkräfte in das Reichsgebiet.

Das Luftwaffenkommando West sorgte für Schutz und Unterstützung des Heeres an der Westfront.

Dabei blieb es bis zum Kriegsende. In nüchternen Zahlen ausgedrückt bedeutete das freilich nur, daß im Januar alliierten Tageseinflügen von rund 21 000 Bomber- und 35 000 Jägereinsätzen über dem Reichsgebiet 591 deutsche Jägereinsätze entgegengeworfen werden konnten. In Luftkämpfe waren 273 Jagdflugzeuge verwickelt, sie schossen 73 Feindflugzeuge ab und erlitten 152 eigene Verluste[26].

An diesem Kräfteverhältnis änderte sich bis zu den Angriffen auf Dresden im Februar kaum etwas. Eindrucksvoller nahm sich dagegen die deutsche Nachtjagd aus, jedenfalls auf dem Papier. Die Gesamtstärke der Nachtjäger betrug am 28. 11. 1944: zweimotorige Nachtjäger, Iststärke 1087. Einsatzbereit 684. Von den speziell für die Mosquito-Nachtjagd formierten Me-262-Gruppen des NJG 11 mit 70 Strahljägern waren 47 einsatzbereit. Dieser relativ starke Bestand wurde bis 1.2. 1945 gehalten, – und er verzeichnete im Januar 919 Nachtjägereinsätze bei 47 Verlusten, also 5,1 Prozent. Abgeschossen wurden 113 Feindflugzeuge, 1,3 Prozent der Einflüge. Die Abwehrkraft konnte nur selten voll genutzt werden, vor allem, weil es an Treibstoff fehlte[27].

Am 3. Februar 1945 stieß die 8. Luftflotte wieder einmal mit allen drei Divisionen nach Mitteldeutschland vor. Etwa 800 Bomber legten die Berliner City in Schutt und Asche. Die Amerikaner nahmen an diesem blaß-sonnigen Wintermittag das Flächenbombardement gegen die Reichshauptstadt auf, wobei die 1. und 3. Division kaum auf Jagdgegenwehr stießen. Auch die nach Magdeburg entsandte 2. Division wurde nicht ernstlich gestört. Den Reichsminister für Rüstung und Kriegsproduktion interessierten vor allem die Verkehrs- und Industrieschäden. Seine Dienststelle berichtete:

»Berlin: Erhebliche Gleiszerstörungen auf dem Schlesischen Bahnhof. Schwere Schäden auf dem Anhalter und Görlitzer Bhf., Strecke Berlin-Halle gesperrt. Schwere Schäden im Reichsluftfahrtministerium. Großbrände in der Reichsbank. Wiederinbetriebnahme des Anhalter Bhfs. in etwa 4 Tagen[28].«

Während dieses Angriffs scherte eine südliche Jagdabschirmung nach Süden aus – die Masse des Einfluges flog mit Nordwestkurs ab – und erschien in 6 000 Meter Höhe über Dresden, wo sie Südwestkurs nahm.

Für nur geplante Einsätze am 2. und 12. Februar und für den ausgeführten Angriff auf Berlin am 3. Februar war Dresden als Zweitziel vorgesehen. Vorstöße bis nach Mitteldeutschland wurden am 6. und 9. Februar unternommen. Dresden stand jedenfalls seit Herbst 1944 erwiesenermaßen als Zweit- oder Ausweichziel auf den amerikanischen Ziellisten. Daß die Stadt nicht schon vor der Schicksalsnacht im Februar 1945 erhebliche Zerstörungen hinnehmen mußte, ist dem Wind und den Wolken zuzuschreiben[29].

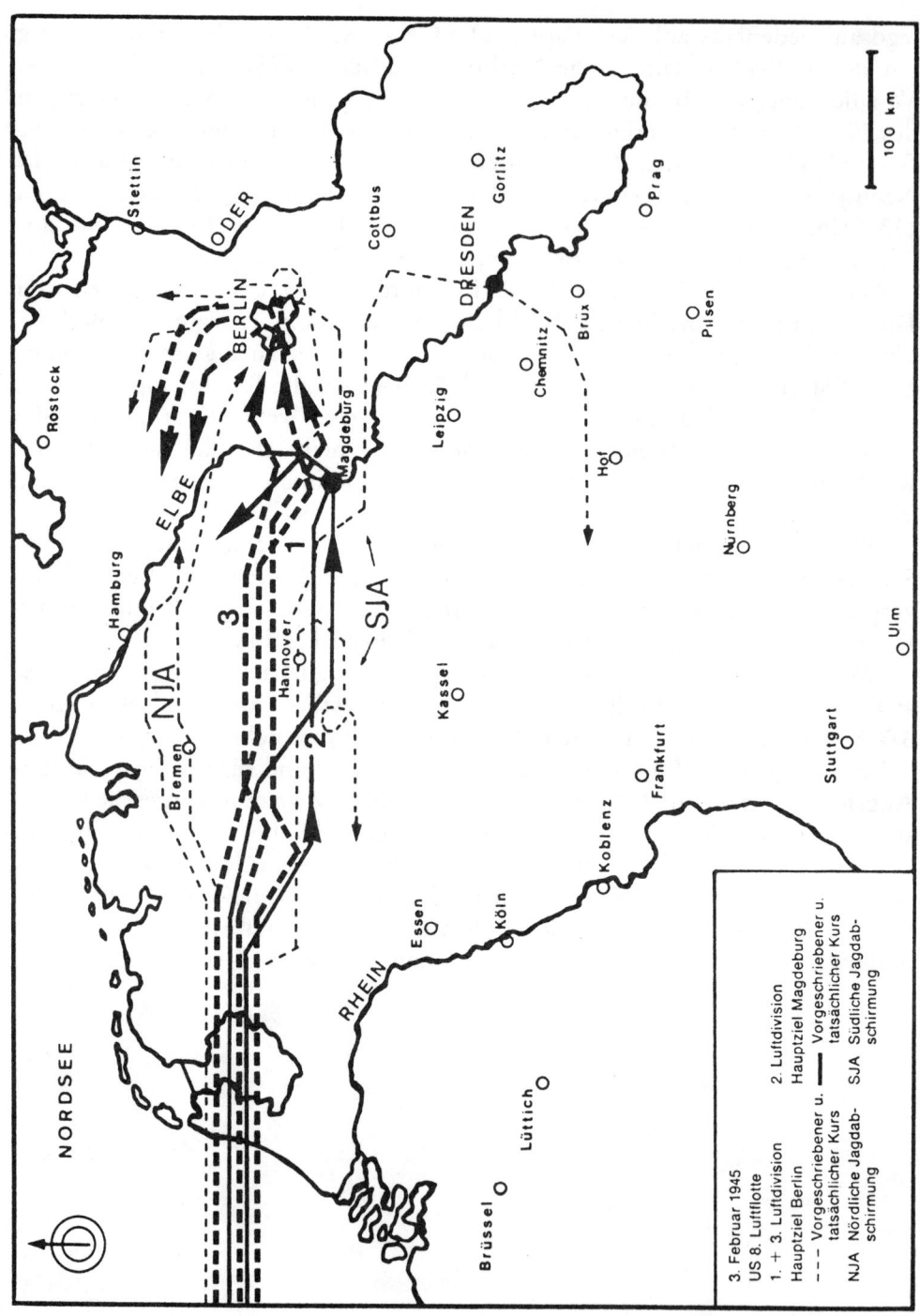

Einflüge am 3. 2. 1945, Westen und Reichsgebiet, Angriffe auf Berlin und Magdeburg.

6

Was wußte die Bevölkerung vom Luftkrieg?

Ihr Luftschutzraum ist auf der Rückseite Ihrer Eintrittskarte vermerkt. Die Garderobe wird bei Alarm nicht ausgegeben. Das Verlassen des Theaters ist bei Alarm verboten.

Opernhaus Dresden, im Programmheft Januar 1944.

Verdunkle sorgfältig – Verdunklungssünder sind schadenersatzpflichtig!

Schauspielhaus Dresden, im Programmheft März 1944.

»In Dresden haben Berliner, die bei Verwandten Unterkunft gesucht haben, die Behauptung verbreitet, in Berlin seien Anzeichen einer unbekannten Seuche vorhanden, die wahrscheinlich durch englische Flieger hervorgerufen worden sei. Unter den Kindern herrsche eine ungeheure Keuchhustenepidemie, man müsse alle Kinderkrippen und Kinderheime auflösen und die Kinder evakuieren... Da demnächst in Dresden und Umgebung Hamburger Kinder eintreffen sollen, hat man vielfach schon Sorge, diese Kinder wegen der eben genannten Ansteckungsgefahr aufzunehmen.«[1]

Solchen Unsinn erzählte man sich im Herbst 1940 in Dresden. Die V-Männer des Sicherheitsdienstes meldeten das Gerücht dem SD-Abschnitt Dresden und dieser gab es weiter ans Reichssicherheitshauptamt der SS in Berlin, wo es im Amt III bearbeitet wurde und in den »Meldungen aus dem Reich« aufging. Die »Meldungen« Nr. 130 vom 7. Oktober 1940 bringen außer dem zitierten Gerücht noch dreimal Stimmen aus Dresden; den Beispielen stellt der SD eine Zusammenfassung voran:

»Aus den Gauberichten der letzten Woche ergibt sich, daß sehr große Teile der Bevölkerung eine völlig verständnislose und geradezu unerzogene Haltung an den Tag legten, die insbesondere auch in den Stellungnahmen zur Berichterstattung der Presse und des Rundfunks zum Ausdruck kommt.«[2]

»Verständnislos und geradezu unerzogen« waren auch »die Leute« in Dresden. Da war am 27. September der Dreimächtepakt zwischen Deutschland, Italien und Japan abgeschlossen worden, da lag London unter schwerem Bombardement der deutschen Luftwaffe, da flogen die Briten schwache Angriffe gegen Berlin, Hamburg und die rheinisch-westfälischen Städte – aber der erwartete große Sprung, die Landung auf der englischen Insel, war ausgeblieben. In der SD-Berichterstattung heißt es:

»Die Leute gingen schon wieder auf andere Themen über (z. B. Dresden). Selbst das Interesse am militärischen Geschehen habe in einer bedauerlichen Weise nachgelassen. Die Bevölkerung mache sich ungern und widerstrebend mit dem Gedanken eines zweiten Kriegswinters vertraut, wobei die alltäglichen Sorgen, insbesondere um das Brennmaterial, durchaus in den Vordergrund rückten.«[3]

An die deutschen Erfolgsmeldungen zu den Luftangriffen auf England wurden jetzt offenbar kritische Maßstäbe angelegt; denn der SD registriert, eine »außerordentlich große Zahl von Volksgenossen« meckere über eine Gleichförmigkeit der täglichen Berichte. Man spreche davon, daß nach den deutschen Erfolgsbilanzen von der englischen Luftwaffe eigentlich nicht mehr viel übrig sein könne.

»Das Verhältnis der täglichen Abschußzahlen wird häufig regelrecht mies gemacht (z. B. Dresden).«[4]

Abermals werden Meldungen des SD-Abschnitts Dresden verwertet, als es darum geht, Meinungen zu der britischen Falschmeldung zu sammeln, daß Deutschland einen Landungsversuch auf der Insel unternommen habe, der mit großen Verlusten zurückgeschlagen worden sei. Die polemische Auseinandersetzung der deutschen Propaganda mit diesen Lügen habe »haltlose Teile der Bevölkerung« zu Äußerungen veranlaßt wie »es werde schon etwas daran sein«:

»Selbst die Zahl von angeblich 60 000 Ertrunkenen hat für diese Leute nicht genügt, um die Unsinnigkeit der englischen Behauptungen ins rechte Licht zu rücken (z. B. Darmstadt, Dresden, Frankfurt/Main).«[5]

Gerüchte in Dresden ein Jahr nach Kriegsbeginn. Es sollte sich später zeigen, daß das Kriegsschicksal dieser Stadt mehr und länger als das anderer deutscher Städte mit Gerüchten und Legenden verwoben bleiben würde.

Was wußten die Einwohner Dresdens wirklich vom Luftkrieg? Woher nahmen sie ihre Kenntnisse, die sich in der Fantasie zu mehr oder weniger zutreffenden Vorstellungen verfestigten?

Dieses theoretische Wissen basierte auf den Informationen von Presse, Rundfunk und Wochenschau. In lokalen und überregionalen Zeitungen, in illustrierten Zeitschriften, in Nachrichtensendungen, im Wehrmachtbericht, im Zeitspiegel und in zahllosen Kriegsberichten der Propagandakompanien fanden Kriegsverlauf und Kriegserlebnis ihren Ausdruck. Der Luftkrieg war von der ersten Stunde an regelmäßiger Bestandteil dieser Nachrichten- und Meinungsoffensive.

Obwohl Sachsen anfangs weitab vom Schuß lag, waren auch den Einwohnern der Landeshauptstadt sämtliche Begriffe und Erscheinungsformen des Luftkrieges theoretisch geläufig. In den ersten Kriegsjahren trugen Schilderungen und Fotos von deutschen Bombenangriffen und ihren Folgen zur Mehrung des Wissens bei. Auch der SD erfaßte diesen Informationswert und meldete, den Bildern über die in England erzielten Schäden werde eine eindringliche Wirkung zugeschrieben. Die Nahaufnahmen zerstörter Straßenzüge, einzelner Gebäudekomplexe seien das, was die Masse habe sehen wollen[6].

Als die Gegner den Spieß umdrehten, wurden diese Berichte spärlicher; statt dessen erschienen, sorgsam dosiert, Meldungen und Berichte über Luftkriegsschäden in der eigenen Heimat als Ansporn zu Härte und Standhaftigkeit. Wenn Kirchen und Krankenhäuser getroffen worden waren, veröffentlichte man gelegentlich auch Fotos. Mit zunehmender Heftigkeit der Angriffe kamen immer mehr Evakuierte aus Luftnotgebieten nach Sachsen, Augenzeugen mit ihren Erzählungen.

Andere Informationsquellen sprudelten unterirdisch, sie entsprangen in England, ihr Genuß war bei Zuchthaus- oder Todesstrafe verboten. Der Londoner Rundfunk widmete in seinen Sendungen in deutscher Sprache dem Luftkrieg gebührende Aufmerksamkeit. Zusätzlich sonderte der angeblich deutsche Soldatensender Gustav Siegfried eins – später Soldatensender West mit den Kurzwellensendern Calais bzw. Atlantik – subversive Propaganda ab, die mit ihrer meist exakten Wiedergabe von Luftangriffsschäden nachhaltigen Eindruck hinterließ.

Was wußten die Dresdner noch? In der Mehrzahl nur, wie man Sand in Tüten und Wasser in Eimer füllt, aber nicht, wie man wirklich Brände bekämpft. Schulung durch den Reichsluftschutzbund wurde nur wenigen zuteil, und die Selbstschutzkräfte in den Betrieben übten gelegentlich, aber ohne die rechte Überzeugung, ihre Kenntnisse einmal brauchen zu können.

Es wäre eine Arbeit für sich, die Darstellung des Luftkrieges in der NS-Propaganda zu untersuchen. Hier ist dafür kein Platz. Mit Hilfe typischer Einzelbeispiele kann lediglich skizziert werden, wie eine vom Luftkrieg nicht betroffene Bevölkerung, in unserem Fall die Dresdner, in Kenntnis gesetzt wurde.

Jubelnder Überschwang kennzeichnet die Propaganda anläßlich der Feldzüge in Polen und Frankreich mit dem überwältigenden Einsatz der deutschen Luftwaffe. Das Schlagwort »totaler Krieg« steht bereits im August 1940 in der »Berliner Illustrierten Zeitung«. Im totalen Krieg befindet sich danach die englische Bevölkerung, und die deutschen Leser sehen auf einer Zeichnung, wie die Insel zu Wasser blockiert und aus der Luft attackiert wird[7]. Als die deutschen Luftangriffe auf London überspringen, berichtet der Großdeutsche Rundfunk:

»Jeder, der mit uns hier auf diesem Platz steht, wird diese Stunde niemals vergessen. Die Stunde, in der der Feldherr des Führers nur wenige Kilometer von den Toren der englischen Hauptstadt entfernt seinen Kriegern die Befehle gab, die sie zum erstenmal an den eigentlichen Lebensnerv des Gegners heranführten. Die Besprechung ist beendet. Der Reichsmarschall diktiert einige

Zeilen zu den OKW-Berichten und begibt sich wieder zu dem Kartenbrett, das vorn auf der Brüstung des Beobachtungsstandes liegt. Auf seinem Weg kommt er bei uns vorbei. Er sieht uns. Nimmt den Mikrophonstab. Sollte er wirklich? Ja – er kommt, der Reichsmarschall kommt auf unser Mikrophon zu. Der Reichsmarschall, der eben noch die Operationen hier vom Beobachtungsstand persönlich leitete, will sprechen.

(Göring): Ich benutze die Gelegenheit, heute einige Worte ins Radio zu sagen, da es sich um einen historischen Augenblick handelt. Nach all den herausfordernden Angriffen der Engländer in den letzten Nächten auf Berlin hat der Führer sich entschlossen, einen gewaltigen Vergeltungsschlag gegen die Hauptstadt des britischen Reiches zu befehlen. Ich habe persönlich die Leitung des Angriffs übernommen und habe in diesen Abendstunden über mir draußen die sieggewohnten deutschen Geschwader gehört, die den Feinden zum erstenmal nun am hellen Tage mitten ins Herz hineinstießen. Begleitet von zahlreichen Jagd- und Zerstörergeschwadern wurde der Feind, wie es zu erwarten war, beseitigt, das Ziel erreicht, und ich bin überzeugt, daß die Erfolge dem Angriffsplan und Angriffsgeist entsprechend gewesen sein werden. Auf jeden Fall ist es die historische Stunde, in welcher zum erstenmal die deutsche Luftwaffe in das Herz des Feindes hineingeschlagen hat.«[8]

Die Tonaufzeichnung dieser Begebenheit wird im Deutschen Rundfunkarchiv aufbewahrt. Sie dokumentiert Ereignis und Stimmungssituation typisch. Es kommt ja nicht nur darauf an, was gesagt wird, sondern auch wie etwas gesagt wird. Wer sich die alte Aufnahme anhört, vernimmt die Stimme des PK-Berichterstatters gedämpft, dieser Mann erstickt fast vor Ehrfurcht, er nimmt stimmlich Haltung an, als er den Reichsmarschall nahen sieht. Göring dann spricht forsch, schneidig, militärisch abgehackt.

Was heute lächerlich erscheint, wirkte damals erregend, mobilisierend. Die meisten Deutschen haben dergleichen mit Genugtuung gehört, es hat sie in ihrer Siegeszuversicht gestärkt. Wer das SS-Blatt »Das schwarze Korps« las, der fand darin hämische Karikaturen über die Auswirkungen der deutschen Luftangriffe auf England. Die Zeitungen und die illustrierten Zeitschriften veröffentlichten Fotos von den Bombenschäden in London; Anfang 1941 bringt die »Berliner Illustrierte« ein ganzseitiges Titelfoto des brennenden London[9].

Fotos, Zeichnungen, Berichte, bald auch Bücher siegestrunkener Autoren – die Erfolge der deutschen Luftwaffe sind beweisbar und unvergleichlich. Spielfilme und Wochenschauen tragen optisch und akustisch den Eindruck, mitbeteiligt zu sein, in jede Stadt, in jedes Dorf. Kriegs-Berichterstatter fliegen bei den Luftangriffen mit, sie filmen aus der Höhe, und wie überall, so sitzen auch in den Dresdner Kinos, etwa im Capitol, U. T., Ufa und Prinzeß die Zuschauer in ihren bequemen Sesseln und blicken gebannt auf dieses nie zuvor gesehene Schauspiel: wie der Stuka über die linke Tragfläche abkippt, wie einem die Erde entgegenzurasen scheint und sich schrilles Heulen bis zur Unerträglichkeit steigert, wie die Maschine nach dem Bombenabwurf abgefangen und in die Höhe gerissen wird. Die Zuschauer sehen die Formationen der Ju 87 und Ju 88, der He 111 und Do 17, sie sehen die in Reihen fallenden oder im Schüttwurf purzelnden Bomben, und sie sehen die Einschläge. Sie sind durch die Kamera dabei beim Flug über die rauchenden Ruinen von Warschau, sie fliegen mit über unendlich viele polnische, französische, holländische, belgische, norwegische, jugoslawische Ortschaften, die von Rauch verhüllt sind oder in Trümmern liegen. Städte und Ortschaften im Bombenhagel, der Wochenschausprecher kräht mit hoher, aufgeregter Stimme, daß es wieder Volltreffer gegeben habe in London, Birmingham, Plymouth, Southampton oder Coventry. Schon 1941 kann jeder Deutsche im Kino ganze Stadtviertel betrachten, von denen nur noch Schornsteine und ausgeglühte Mauern stehen.

Wer hat da wohl in deutschen Kinos gesessen und gedacht: diese armen Engländer – oder Polen oder Franzosen – dort unten. Diese Blitze, sie bedeuten Explosionskrach, Staub, einstürzende Häuser, erschlagene Menschen, diese flimmernden Punkte, das sind doch brennende Straßenzüge; kommen die Bewohner noch aus den Kellern oder müssen sie verbrennen oder ersticken? Haben das die Zuschauer gedacht, damals, in deutschen Kinos 1939, 1940, 1941: Wurde überhaupt Mitleid empfunden und nicht erst Selbstmitleid ab 1943? Erhielt die Fantasie Anstöße? Fürchtete jemand den Gegenschlag?

Heinz Boberach kommt auf Grund seiner eingehenden Untersuchung der SD-Berichte zu dem Ergebnis, daß die Wochenschau als Propagandainstrument überragende Bedeutung gehabt habe, das nur von einem einzigen anderen übertroffen worden sei, nämlich den Reden Hitlers. Sie allein seien nach dem Urteil des Sicherheitsdienstes in der Lage gewesen, die Stimmung des Volkes nachhaltig zu verändern, wenn auch für immer kürzere Zeiträume[10].

Allerdings bleibt die Aufnahme der Wochenschau nicht gleichmäßig positiv; mit Fortschreiten des Krieges werden geringschätzige Äußerungen erfaßt. Schon im November 1940 berichtet der SD unter anderem aus Dresden:

»Eine Diskussion über einzelne Wochenschauberichte sei z. Z. nur selten zu beobachten. Fast nur ausgesprochen sensationell wirkende Bilder (z. B. Zweikampf zwischen Jagdfliegern, Abwurf von Bomben über englischem Gebiet, Versenkung feindlichen Schiffsraumes) werden von der Bevölkerung stärker beachtet. Gleichbleibend größtes Interesse wird darüber hinaus allen Aufnahmen des Führers entgegengebracht. Es sei geradezu so, daß eine Wochenschau ohne Bilder des Führers nicht für vollwertig gehalten werde. Man wolle immer sehen, wie der Führer aussehe, ob er ernst sei oder lache. Dagegen äußere man sich allgemein sehr enttäuscht, daß man seit langer Zeit im Rahmen der Wochenschau nicht auch die Stimme des Führers habe hören können.«[11]

Auch im Rundfunk bekommt man den Luftkrieg erbarmungslos und sehr dramatisch serviert, solange den anderen die Häuser angezündet werden, beispielsweise in einem PK-Bericht am 24. Juli 1941. Aber da ist schon wieder ein neues Land überfallen worden:

»Nach Moskau! Die Propeller sind angeworfen, die Motoren singen wieder ihr gewaltiges Angriffslied. Nach Moskau! Von vielen Feldflugplätzen startet unsere starke Luftmacht zum Großangriff...

Moskau, wir sind da! Sprengblitze zaubern ein Feuerwerk über Moskau, bald wird das Feuerwerk auf der Erde aber größer sein...

Da, im Moskwabogen, stehen die Hochhäuser, riesige Kästen ohne Stil und ohne Geschmack. Sie erheben sich prahlerisch über die Arbeiterviertel am Stadtrand. Das sind die Parteibauten, erstanden vom Geld der Armen, das ist der Herrensitz der Bolschewiken. Dort wurde die Verschwörung gegen uns beschlossen, da sitzt das Weltverbrechertum. Da wurden Mord und politische Verbrechen ersonnen, da paktierte das Judentum mit der Plutokratie! Heraus mit den Bomben und nichts wie dahinein – Sprengbomben, damit diese Zwingburgen des Weltelends und der Kulturschande bersten und zerbrechen, Brandbomben hinterher, damit sie ausglühen und in Asche versinken...

Ein funkelndes Etwas glitzert aus der Dämmerung, wird mehr und mehr, breitet sich aus zum Feuer... Schon schlagen Flammen aus den Fenstern. Die Zwingburg des Bolschewismus brennt... Im Wasser spiegelt sich das Flammenrot, röter als der Sowjetstern, der einstmals über dem Kreml leuchtete... Das Haus der sowjetischen Brandstifter geht jetzt selber in Flammen auf. Moskau brennt!«[12]

Zwei Jahre später zerbrechen mehr und mehr deutsche Städte unter englischen Sprengbomben und Brandbomben fallen hinterher, damit sie ausglühen und in Asche versinken.

Das erfahren auch die Dresdner aus ihren Zeitungen. Bis 1943 sind dies »Dresdner Anzeiger«, »Dresdner Nachrichten«, »Dresdner Neueste Nachrichten« und das Parteiblatt »Der Freiheitskampf«. Die Zeitungsstillegung im Rahmen der totalen Kriegsmaßnahmen überdauert nur das Organ der NSDAP; die anderen Zeitungen gehen auf in der neu gebildeten »Dresdner Zeitung«.

Berichte über Luftkriegsschäden in Deutschland sind in den Zeitungen der Landeshauptstadt Dresden in allgemeinen Wendungen gehalten. Detailliertere Angaben, so war es üblich, werden nur in den jeweils direkt betroffenen Städten gemacht, in Berlin sogar noch 1943 – in den Jahren zuvor, wenn auch nicht regelmäßig – mit Meldung der Personenverluste. Das geschah noch nach dem Angriff vom 1. März 1943, dem bisher schwersten. Am 3. März stand im »Berliner Lokal-Anzeiger«, daß zunächst 89 Tote und 231 Verwundete gemeldet worden waren, und daß sich ihre Zahl auf 191 Tote und 268 Verwundete erhöht habe. Bis zum 7. März war die Zahl der Toten auf 486 gestiegen und die der Schwerverwundeten auf 377, wie der »Berliner Lokal-Anzeiger« berichtete, der auch eine offizielle Trauerfeier für sechs gefallene Luftwaffenhelfer auf dem Dahlemer Waldfriedhof nicht überging[13].

Wahrscheinlich hielt der Propagandaminister diese Menschenverluste noch für tragbar genug, um sie der Bevölkerung zumuten und damit Gerüchten die Basis entziehen zu können. Sie waren für eine Millionenstadt von der

Ausdehnung Berlins nicht so hoch, daß sie Panik auslösen konnten, und nicht so niedrig, daß sie zu bagatellisieren waren, sondern Haßgefühle gegen die »Meuchelmörder« wecken konnten. Allerdings waren dies die letzten Angaben über Menschenverluste, die in Berliner Zeitungen veröffentlicht werden durften. Die endgültige Totenzahl für den 4. März betrug dann nämlich 709, darunter 118 Ausländer[14].

Im Sommer 1943 ließ Goebbels die Presse genau Buch führen über zerstörte Kirchen und Kulturgebäude in Köln, Mainz, Essen, Dortmund, Düsseldorf, Mannheim, Karlsruhe, München, Nürnberg, Kassel, Bremen, Lübeck, Rostock und Berlin. Obwohl die schwersten Schäden noch bevorstanden, war das schon eine lange Liste. Dresden war nicht dabei, aber seine Einwohner wurden einbezogen in die Mobilisierung der Gefühle, die – so hieß es – im Schrei nach Vergeltung gipfelten. Europa kenne die Verbrecher, die ihrer gerechten Strafe nicht entgehen könnten.

Die Serie der Vernichtungsangriffe gegen Hamburg war Gesprächsthema noch in den entlegensten Ecken des Reiches. Der Sicherheitsdienst meldete, die Tatsache, daß eine große Stadt nach der anderen dem Erdboden gleichgemacht werde, liege wie ein Alpdruck auf allen Volksgenossen und trage sehr wesentlich dazu bei, das Gefühl der Unsicherheit und Ausweglosigkeit zu verstärken[15]. Am 2. August 1943 hieß es in einem SD-Bericht:

»Die verschiedenen Terrorangriffe britisch-amerikanischer Bomberverbände auf Hamburg haben bei der Bevölkerung des gesamten Reichsgebietes eine ausgesprochene Schockwirkung ausgelöst. Die von den umquartierten Volksgenossen verbreiteten Erzählungen über die Auswirkungen der Schäden in Hamburg haben die allenthalben vorhandene Furcht weiter verstärkt.«[16]

Die Umquartierten, wie die Ausgebombten und Evakuierten amtlich genannt wurden, sollten in der Folgezeit mehr als bisher zu Informanten der ahnungslosen Dresdner werden. Ihre Erzählungen taugten freilich gar nicht zur Vorbereitung auf den Ernstfall. Diese Menschen, denen gerade das Haus über dem Kopf abgebrannt war, standen zu sehr unter dem Eindruck des Schreckens, als daß sie umsichtige Ratschläge geben konnten. Im Gegenteil, sie trugen durch ihre Schilderungen dazu bei, die Furcht vor Angriffen zu erhöhen.

Von der Intensität und Vernichtungsgewalt der »Operation Gomorrha«, der Angriffe auf Hamburg, überrascht, entschloß sich Propagandaminister Goebbels zu einem dramatischen Schritt. Als Gauleiter von Berlin forderte er Frauen und Kinder auf, die Reichshauptstadt zu verlassen, weil er für Berlin das Schicksal Hamburgs befürchtete. Das war am 1. August, und die Kunde verbreitete sich unverzüglich überall im Lande. Am 5. August legte der SD einen Geheimbericht vor, in dem es heißt:

»In den übrigen Reichsteilen ist die Anordnung des Gauleiters und Reichsministers Dr. Goebbels zunächst als Gerücht bereits am Sonntag und Montag verbreitet worden, später wurden dann durch Reisende, Telegramme und

Telefongespräche nähere Einzelheiten bekannt (die Zahl der von Berlin aus geführten auswärtigen Gespräche betrug am 3. 8. gegenüber sonst 60 000 über 380 000, hauptsächlich Blitzgespräche).«[17]

Die vom Sicherheitsdienst erfaßte Schockwirkung im gesamten Reichsgebiet löste einen Schwall neuer Gerüchte aus. Am 16. 8. meldete der SD unter anderem auch aus Dresden:

»Die starke Anfälligkeit für Gerüchte hält an. Die Gerüchte über den Reichsmarschall sind auf Grund der Bildveröffentlichungen schlagartig verstummt, dafür verbreitete sich das Gerücht von einem anglo-amerikanischen Ultimatum mit der Forderung nach Rücktritt der deutschen Regierung bis 15. 8., widrigenfalls Berlin, Leipzig, München und andere deutsche Großstädte ›ausradiert‹ würden wie Hamburg... Nicht nur, daß dieses Gerücht in weiten Kreisen Glauben fand, es wird – den Meldungen zufolge – darüber diskutiert, ob durch einen Regierungswechsel in Deutschland ›noch etwas zu retten sei‹...«[18]

Aber die Schockwirkung veranlaßt nun offenbar auch viele Dresdner, den Luftkrieg nicht nur als eine Sache zu betrachten, die andere angeht, sondern sich ernstlich Gedanken darüber zu machen, wie man sich besser schützen könne. Es ist ihnen wohl bewußt geworden, daß ihre Stadt über keine Bunker und Sicherheit versprechenden öffentlichen Luftschutzräume verfügt. Besorgt wenden sie sich an den Reichsluftschutzbund, und am 27. September 1943 sieht sich der Landesgruppenführer Sachsen des RLB, Generalmajor a.D. Schroeder, genötigt, eine Antwort zu geben. In der »Dresdner Zeitung« greift er die Beschwerden auf:

»›Schon viermal habe ich Anträge an das Polizeirevier und an den Reichsluftschutzbund abgeschickt! Geschehen ist bisher noch nichts! Eine Antwort habe ich auch nicht erhalten!‹ – Wie oft bekomme ich ähnliche Klagen von Besuchern zu hören. Ich kann aber nur antworten: ›Ja, mein Freund, wenn du nichts Besseres weißt als jetzt in der Kriegszeit wegen kleinerer Arbeiten Anträge an Behörden zu stellen! Damit wirst du nicht sobald zum Ziel zu kommen!‹

Nicht schreiben, sondern sich selbst helfen. Das muß heute ... besonders im Luftschutz, die Richtlinie sein! Das geht nicht, meinst du? Doch es geht schon, recht gut sogar, man muß nur erst einmal entschlossen anfangen... Da soll zum Beispiel eine Erdanschüttung als Splitterschutz hergestellt werden. Da heißt es zuerst einmal, die arbeitsfähige Luftschutzgemeinschaft zusammentrommeln; der Sonnabendnachmittag ist dafür recht geeignet. Kein Material? Hier stehen doch an zwei Bäumen, die längst keiner Stütze mehr bedürfen, kräftige Baumpfähle. Reisig läßt sich aus dem in der Kriegszeit wild durcheinandergewachsenen Gebüsch in Mengen herausschneiden. Die Pfähle eingeschlagen! Zweige als Faschinen dazwischengeflochten und nun Erde dagegen geschüttet! Der Schubkarren dient zum Heranholen von Bauschutt aus der Nachbarschaft, wenn die Erdmengen im Garten nicht ausreichen. Und siehe da, in ein oder zwei Nachmittagen ist die Arbeit getan, und der Luftschutzraum ist verstärkt und allen Anforderungen gewachsen, ohne daß nutzloses Papier verschrieben worden ist!«[19]

Selbst wenn man ihm zugute hält, daß er nicht über die verlangten Baustoffe verfügen konnte, ist diese forsch-bagatellisierende Antwort des RLB-Führers Schroeder nicht dem Ernst der Lage und der Dringlichkeit eines Schutzraumbauprogramms angemessen. Die Bevölkerung wird über die wahren Gefahren im Unklaren gelassen, wenn ihr eingeredet wird, Baumpfähle, geflochtene Zweige und Erdanschüttungen könnten den Keller so verstärken, daß er »allen Anforderungen gewachsen« sei. Rezepte, die 1940 kaum noch tauglich waren, werden in der Zeit, da es 4 000pfündige Minenbomben hagelt und da Feuerstürme entfacht werden, angeboten.

Als habe es Hamburg nicht gegeben, werden die Dresdner beruhigt. Sogar Göring zeigt sich durch Hamburg aufgeschreckt, und er läßt im Herbst 1943 Merkblätter drucken und in den Haushaltungen verteilen. Sie enthalten in knapper Darstellung alles Wissenswerte über die Schutzmaßnahmen, die jeder einzelne Volksgenosse für sich selbst und die jede Hausgemeinschaft treffen sollte, auf dem Hausboden und in der Wohnung, im Luftschutzraum und im Treppenhaus, in Hof und Garten. Nützliche Ratschläge werden für die Brandbekämpfung gegeben, vor allem die Furcht vor den Phosphorbrandbomben sollte genommen werden:

»Habt keine Furcht vor Phosphor! Die Gerüchte über das Abregnen von Phosphor sind falsch. Der geringe Zusatz von Phosphor in der Phosphorbrandbombe dient nur als Zündmittel für die Brandmasse. Diese kann mit Wasser und Sand – wie jede Stabbrandbombe – gelöscht werden, da die beim Einschlag der Bombe starke Feuererscheinung schnell nachläßt.«[20]

Wenn das auch richtig war, was half es schon. In der Praxis sah alles ganz anders aus. Nur unerschrockene, besonnene Männer und Frauen, die bereits bei leichteren Angriffen Erfahrungen als zivile Selbstschutzkräfte gesammelt hatten, konnten vielleicht mit den immer dichter fallenden Brandbomben noch fertig werden. Von den Evakuierten hörten die Dresdner freilich nur, daß man damit nicht fertig werden könne.

Auch die Presseberichte über das »Weiterleben nach dem Terror«, die manchmal bebildert erschienen, vermittelten keine Praxisnähe; sie wurden durch aufmunternde Veröffentlichungen – »Wir haben ihn! Dramatischer Augenblick auf dem Flakturm an der Vierlingsflak« – psychologisch abgefangen.

Wenn sie auch kein Wissen besaßen, das auf eigener Erfahrung beruhte – eines wußten die Dresdner: daß ihr Gauleiter Martin Mutschmann, genannt König Mu, sich im Garten seiner Villa in der Comeniusstraße einen großen soliden Privatbunker bauen ließ. Darüber wurde viel geredet und geschimpft, und man sah es allgemein als charakteristisch für Mutschmann an, daß er den Schutz der Bevölkerung vernachlässigte, für sich selbst aber Beton und

Stahl herbeischaffte. Der Gauleiter galt als gewöhnlich, rücksichtslos und herrschsüchtig, er genoß weder Respekt, noch Vertrauen, über ihn wurde spöttisch und gehässig gesprochen.

Es kam der Tag, an dem Hitler sich endlich wieder einmal über den Bombenkrieg äußerte, ein Thema, das er nur ungern anschnitt. Hitler sprach am Vorabend des 9. November 1943, anläßlich der Erinnerungsfeier für den Marsch auf die Feldherrnhalle, in der »Hauptstadt der Bewegung« München:

»Das, was mich dabei heute schmerzt, sind ausschließlich die Opfer unter den Frauen und Kindern; überhaupt die Opfer in der Heimat. Was mir weh tut, das ist, daß diese Menschen ihr Hab und Gut verlieren. Was demgegenüber weitaus belangloser ist, das sind die Schäden an unserer Industrie. Sie verhindern nicht im geringsten das fortwährende Steigern unserer Rüstungsleistungen. Was mich gar nicht bewegt – wenn ich von den Menschenopfern absehe, vom Verlust einzelner Menschen –, das sind die Schäden an unseren Städten. Denn darüber soll man sich im klaren sein: Die bauen wir wieder auf und schöner als jemals zuvor, und zwar in kürzester Zeit (Beifall). Wenn es einem Volk möglich ist, einen Kampf gegen die ganze Welt zu führen, wenn es einem Volk möglich ist, in einem Jahr sechs oder acht Millionen Kubikmeter Beton in Festungen hineinzubauen oder zehn Millionen, wenn es einem Volk möglich ist, Tausende an Rüstungsfabriken zu bauen – dann wird es uns auch möglich sein, jedes Jahr zwei oder drei Millionen Wohnungen herzustellen. In knapp drei Jahren sind die Wohnungen restlos wieder da, da können sie zerstören, soviel sie wollen (Beifall)...[21]«

Hitler wirkte wie eine Droge. Man fragte nicht, ob nicht ein paar tausend Kubikmeter Beton genügten, um Dresden die fehlenden Luftschutzbauten zu geben. Man war wie im Rausch, überall im Reich. Eine Erfahrung bestätigte sich: Auch in schwieriger Lage gelingt es dem Führer, sein Volk wieder aufzurichten. Die Meldungen des Sicherheitsdienstes spiegeln es wider:

»Die bisher vorliegenden Meldungen über die Aufnahme der Rede des Führers in München sind aus allen Reichsteilen völlig übereinstimmend. Es habe... den Volksgenossen einen großen Auftrieb gegeben, daß der Führer trotz der kritischen Lage an der Ostfront nach München gekommen war, um vor der alten Garde zu sprechen. Die frische und energische Sprechweise des Führers, die Souveränität, mit welcher er die großen politischen Zusammenhänge aufzeigte, und die gewaltige Siegeszuversicht, die aus allen seinen Äußerungen sprach, hätten die Volksgenossen überzeugt, daß der Führer, entgegen den vielen umlaufenden Gerüchten, noch ganz ›der Alte‹ sei. Die Kraft und die Gläubigkeit des Führers hätten allen Volksgenossen wieder frischen Mut gegeben. Nach den Meldungen hat in allen Reichsteilen die kurze, aber eindeutige Ankündigung der Vergeltung gegen England den größten Widerhall von allen Ausführungen des Führers gefunden...«[22]

Zehn Tage nach der Rede Hitlers wurde die neu geweckte Gläubigkeit auf eine harte Probe gestellt. Als am Abend des 18. November die Sirenen

heulten, verkündeten sie den Auftakt der »Battle of Berlin«, der Zermür-
bungsluftschlacht um die Reichshauptstadt. Trotz dieser Hauptaufgabe war
das RAF-Bomberkommando stark genug, Seitenhiebe auszuteilen. Mit Leipzig
wurde am 4. Dezember 1943 zum erstenmal eine sächsische Großstadt in Brand
geworfen. Tausende von Obdachlosen wichen nach Dresden aus, sie schilderten
ihre frischen Eindrücke und in Dresden fragte man sich nun doch, ob man
auch an die Reihe kommen würde. Die Weihnachtsausgabe der »Leipziger
Neuesten Nachrichten« hatte einen Trauerrand und ein Eisernes Kreuz auf der
Titelseite; in den geprüften Städten Nord- und Westdeutschlands und in Berlin
verzichtete man längst auf solche Ehrenbezeigungen. Gauleiter Mutschmann,
Oberbürgermeister SS-Gruppenführer Freyberg und NSDAP-Kreisleiter Wiederroth riefen »am Lichtfest 1943« auf zur Trauerfeier für die Opfer des
»heimtückischen Angriffs auf die Reichsmessestadt«:

»Der Schlag gegen unsere Stadt wurde gerade in jenen Tagen geführt, da das
deutsche Volk sich auf das gemütstiefste und älteste aller deutschen Feste, das
Weihnachtsfest, rüstete, bei dem der Sieg des Lichtes über die dunklen Mächte
gefeiert wird...«[23]

Die Trauerfeier wurde als »Großveranstaltung« aufgezogen. In Dresden,
vierzehn Monate später, reichte es nur noch zu Massengräbern und Scheiterhaufen. Diesen Unterschied ins Auge gefaßt, lohnt es, das Leipziger Toten-
gedenken des 26. Dezember 1943 zu betrachten:

»In den späten Morgenstunden des zweiten Weihnachtsfeiertages wallte
Leipzigs Bevölkerung hinaus zu dem gewaltigen Denkmal der Völkerschlacht.
Die unteren und oberen Dammwege vor dem Denkmal sind bald angefüllt von
dunklen Menschenmauern. Oben an der Michaels-Terrasse sind zwei riesige,
schwarz umkleidete, mit dem Eisernen Kreuz geschmückte Pylonen errichtet.
Die Flammen in den Pfannen lodern hell gegen den düsteren Dezemberhimmel.
Zu Füßen der Terrasse liegt der gewaltige, den Gefallenen gewidmete Kranz.
Auf der Terrasse selbst nehmen rechts und links die Hinterbliebenen der
Gefallenen Platz, die meisten mit Kranz- und Blumenspenden in den Händen;
in der Mitte haben sich hervorragende Vertreter aller Gliederungen der Partei,
des Staates, der Wehrmacht und der Stadt versammelt. Tiefer Ernst liegt über
den Gesichtern der Menschen. Aber es ist keine Trauer, die sich willenlos
dem Schmerz über das Erlittene hingibt, aus den Mienen leuchtet vielmehr
jene trotzige Entschlossenheit, die aus dem Leid neue Kraft schöpft, und auf
den herb zusammengepreßten Lippen liegt ein unausgesprochenes »Nun erst
recht!«. Dieses »Nimmer sich beugen, kraftvoll sich zeigen« war denn auch
der Grundakkord, der durch die Ehrenfeier sieghaft klang[24].«

Die Dresdner nahmen Anteil am Schicksal der Leipziger, ihnen waren sie
landsmannschaftlich verbunden, was im nahen Leipzig geschehen war, zählte
doch mehr als das Leid im fernen Ruhrgebiet oder in Berlin. Die Schilderungen
der Ausgebombten wirkten intensiver noch als die PK-Berichte in Presse und

Rundfunk. Auch der »Zeitspiegel« des Großdeutschen Rundfunks informierte 1943 mit 52 Reporagen über die Luftangriffsfolgen im Reich:

»Der Zeitspiegel war nach jedem Terrorangriff in der Lage, sofort der Welt Bericht zu erstatten über das wahre Ergebnis der feindlichen Luftüberfälle, durch die zwar Häuser zerstört, Sachgüter beschädigt, Leben vernichtet, aber die Herzen der deutschen Menschen nicht gebrochen werden konnten.«[25]

»Unsere Mauern brechen – unsere Herzen nicht!« An dieser Parole hielt die Propaganda bis zum Ende fest. Sie sollte aussagen, daß Entschlossenheit, Trotz und grimmige Zuversicht die deutschen Männer, Frauen und Jugendlichen erfüllen, wenn auch »alles in Scherben fällt«, wie es in einem nationalsozialistischen Kampflied hieß.

Dennoch war in Dresden die Meinung weit verbreitet, der Stadt komme, mochte Europa in Trümmer sinken, eine Sonderrolle zu, sie sei eine Ausnahme, *die* Ausnahme. Diese trügerische Hoffnung spukte sogar in den Köpfen derjenigen, die es besser wissen mußten. Die seltsamsten Gründe für eine Aussparung Dresdens aus dem allgemeinen Schicksal wurden gesucht, gefunden und der wechselnden Situation angepaßt. Das ist nicht erstaunlich in einer Zeit, in der eine systematisch desorientierte Bevölkerung jedes Gerücht begierig aufgriff, in der sie sich aus Furcht an jeden Strohhalm klammerte. Auch noch nach den ersten Luftangriffen, eigentlich bis zur Vernichtungsnacht, waren viele Leute davon überzeugt, daß Dresden nicht wie andere deutsche Städte zerstört werden würde, weil

a) eine Tante oder sonstige Verwandte Churchills hier wohne, genauer gesagt, im Schweizer Viertel; weil b) früher viele Engländer in der Stadt gewohnt oder sie besucht und dabei ihre herrlichen Bauwerke und Kunstschätze bewundern gelernt hätten; weil c) die wahrscheinlich doch siegreichen Feinde das unzerstörte Dresden als Sitz ihres gemeinsamen Hauptquartiers benötigten; weil d) Dresden nach einer Niederlage an die Tschechen abgetreten werde; weil e) Dresden und Prag zu offenen Lazarettstädten erklärt worden seien. Dies sei freilich ganz im Geheimen dank Schweizer Verbindungen geschehen, wofür man Verständnis haben müsse, denn wenn das bekannt würde, würden Hunderttausende versuchen, hier Zuflucht zu finden. Bestätigt werde das aber durch den unauffälligen Abzug der Flak.

So tuschelten die Dresdner hinter vorgehaltener Hand, bogen sich die Sachen zurecht, glaubten daran, bezweifelten es, ahnten im Innersten wohl, daß sie sich einer Selbsttäuschung hingaben. Sie konnten es sich einfach nicht erklären, warum sie bisher glimpflich davongekommen waren, während Tag und Nacht breitere Spuren der Verwüstung kreuz und quer durch Deutschland gepflügt wurden. Unerklärliches ist besonders quälend, und so legten sie sich Erklärungen zurecht, paßten die Wirklichkeit eigenem Wunschdenken an, hin- und hergerissen zwischen Furcht und Hoffnung. Das lange, bange Warten auf den großen Schlag ließ in den verwirrten Menschen fast so etwas wie einen Anspruch auf Unberührbarkeit für ihre Heimatstadt entstehen, einen unlogischen und nach allen Luftkriegserfahrungen unbegründeten Anspruch, der allein auf einer vagen Hoffnung beruhte.

Was wußten die Dresdner vom Luftkrieg? Eine ganze Menge und doch viel zu wenig; in jedem Fall waren es Informationen aus zweiter Hand. Gerüchte, Mutmaßungen, Erzählungen, richtige und falsche Meldungen, aber keine ausreichenden eigenen Erfahrungen. Als sie beginnen, ihre ersten Erfahrungen mit den Bomben zu machen, sind es für viele zugleich die letzten.

7

Wie wurde die Bevölkerung vor Luftangriffen geschützt?

»Ich mußte zwar mit einem Großangriff auf Dresden rechnen, aber dann hoffte ich wieder, daß Dresden nichts geschehen würde.«

Gauleiter Martin Mutschmann.

1941 schrieben die Schüler der vierten Klasse der Dresdner Kreuzschule eine Chronik der Ereignisse an ihrem Gymnasium während der ersten Kriegsjahre. Darin ist ein anschaulicher Bericht über Luftschutz-Vorbereitungen enthalten:

»Es war natürlich schon vor dem Kriege ein Luftschutzkeller da, doch der war noch sehr mangelhaft. Da mußte nun schnell Abhilfe geschaffen werden, vor allen Dingen auch wegen der Alumnen, die ja hier in der Schule wohnen. So waren zu Beginn des Krieges und während der Kohleferien manche Schüler der oberen Klassen Tag und Nacht abwechselnd als Brandwachen in der Schule. Sie schliefen im Arztzimmer, in dem sich jetzt das Turnlehrerzimmer befindet. Auch wurden sie manchmal von einem Lehrer aufgesucht, der nach dem Rechten sah. Doch sonst war man auch nicht müßig, zum Beispiel die Verdunklung war ja so eine Sache für sich. Es war eine schwierige Sache, in dem großen Schulgebäude an den vielen Klassen-, Gang- und den sonstigen Zimmerfenstern überall eine richtige Verdunkelungsmöglichkeit zu schaffen. Erst wurden nur einfache Papierrollen vor die Fenster gemacht. Aber während der Kohleferien wurden in den Klassenzimmern Schnapprollos, die durch Holzleisten richtig an den Fenstern gehalten wurden, angebracht. Diese sind auch jetzt noch da. Manchmal bleiben einige Gangfenster, die ebenso verdunkelt werden, gleich die ganze Nacht über verdunkelt, da es ja eine riesige Arbeit ist, immer das ganze Schulhaus vorschriftsmäßig zu verdunkeln.

Außerdem wurde der Keller ausgebaut, gasdichte Türen eingesetzt und vor den Luftschutzkellerfenstern Schutzschlösser aus Holz und Ziegelsteinen gegen Splitter angebracht. Nach den Kohleferien erhielten die Klassen ihre neuen Aufenthaltsräume zugewiesen, in die sie bei einem Alarm gehen müßten. Damit dies im Ernstfalle auch klappte, fanden einige Probealarme statt. Voll

Freude, daß eine Stunde ausfiel, stiegen wir klassenweise in den Keller hinunter und gingen in unsere Aufenthaltsräume. Wir sollten uns natürlich ganz still verhalten, aber bei der langen Zeit, die wir unten stehen mußten, war das nicht der Fall. Kaum drehte der Lehrer den Rücken, begannen wir, uns etwas mehr »zu bewegen«. Dadurch brach von einer alten Gipsfigur, die dort herumstand, die Hand ab. Nach einem Donnerwetter von Herrn Dr. Költzsch verhielten wir uns – nach unseren Begriffen – ruhig. Wenn aber Herr Rektor oder ein Herr vom Ministerium kontrollieren kam, war alles mucksmäuschenstill.

Herr Dr. Herrmann, der Luftschutzwart unserer Schule, hatte immer viel zu tun. Er teilte die Feuerlöschtrupps ein, die hauptsächlich aus Alumnen bestanden, weil diese in den Schulen wohnen und so auch nachts da sind. Bei den Proben eines »Feueralarms« habe ich einmal zugesehen. Im Keller wurde angetreten und die Feuerlöschtruppführer meldeten Herrn Dr. Herrmann. Es waren auch Herr Rektor und Herr Gebauer mit im Keller. Darauf marschierten die Trupps mit ihren Feuerpatschen, Eimern, Schläuchen, Schaufeln, Pumpen und Einrißhacken bewaffnet in den »Garten« in der Carusstraße. Herr Dr. Herrmann trug die »Brandbomben« in Form von Zündhölzern. Bevor jedoch die Löschtrupps an die Arbeit gingen, gab Herr Dr. Herrmann erst noch einige Erklärungen. Man muß zwei Fälle bei der Bekämpfung von Brandbomben unterscheiden: 1. Wenn die Bombe noch daliegt, ohne gezündet zu haben, dann nicht sehr nahe herangehen, mit Deckung vorrücken, wegen der Sprengladung der Feuerbomben, falls sie gerade explodiert. Und dann Sand auf die Bomben werfen. 2. Ist sie in Entzündung begriffen, die Bombe mit Sprühstrahl bespritzen, weil sie bei vollem Strahl auseinandersprüht und der Brandherd vergrößert wird. Gegen Rauch die Gasmaske aufsetzen. Auch sollen nicht viel Leute mitgehen. Nach diesen Belehrungen wurde die erste Übung gemacht. Herr Dr. Herrmann entzündete den Brandsatz, der allein, ohne Nahrung zu finden, auf der Erde lag. Die Löschtrupps hatten ihre Eimerketten gebildet und spritzten nun zur Anschauung erst mit vollem Strahl auf die »Bombe«, die deshalb breit auseinanderspritzte. Darauf wurde sie mit Sprühstrahl abgelöscht. In der 2. Übung war der Brandplatz unter Holzwolle – die von Frau Rektor freundlichst gespendet war – und Bretter gelegt, die »Bombe« hatte also genügend trockene Nahrung. Als das ganze Bauwerk brannte, setzten die Löschtrupps mit ihren Spritzen ein und wir waren erstaunt, wie schnell das Feuer abgelöscht war. Natürlich konnten die Löschtrupps nicht umhin, sich einmal vollzuspritzen, dabei war lustiges Geschrei. Nachdem die Löschtrupps wieder angetreten waren, zog alles hinüber in die Schule. Herr Rektor und alle anderen waren mit dem Ergebnis zufrieden. Auf dem Boden, der entrümpelt war, fand so eine Übung auch statt, nur daß man da nicht zu viel spritzen konnte, weil es sonst durch die Decke getropft wäre.

Wir sind auch durch Filme belehrt worden, die wir vom Reichs-Luftschutz-Bund aus sahen. Auch mußten wir die Gasmasken mitbringen und gingen in einen Luftschutzfilm. Ein Herr vom RLB hielt einen Vortrag ...«[1]

Die Luftkriegswirklichkeit war dann ganz anders. Bei den bisher untersuchten Angriffen auf Freital und Dresden waren die Menschenverluste außerordentlich hoch, mißt man sie an der Menge der eingesetzten Flugzeuge und Bomben. Das war ebenso ungewöhnlich wie das Massensterben während der großen Nachtangriffe, aber wegen des quantitativen Abstandes ist es nicht weiter beachtet worden. Dennoch: Fast neunhundert Tote bei den genannten drei Angriffen von zusammen 218 Flugzeugen, die knapp 500 Tonnen Bomben abgeworfen hatten – dieses Ergebnis lag weit über dem Durchschnitt in anderen deutschen Städten.

Ein Vergleich aus der Fülle der möglichen Beispiele mag genügen. Im Spätsommer 1943 fanden drei kurz aufeinander folgende Angriffe des RAF-Bomberkommandos auf Berlin statt, und zwar in den Nächten des 23./24. August, des 31. August/1. September und des 3./4. September. Insgesamt warfen rund 1 400 Viermotorige 4 000 Tonnen Bomben ab; 1 600 Menschen fanden den Tod[2]. Das heißt, etwa siebenmal soviel Flugzeuge und achtmal soviel Bombentonnage wie in Dresden verursachten weitaus geringere Verluste. Nach Dresdner Maßstab hätten es in Berlin achttausend Tote sein müssen, wobei, es sei wiederholt, nur die bisher untersuchten Tagesangriffe auf Dresden gemeint sind.

Diese drei schwächeren Sprengbombenattacken und die nächtlichen Feuer-Flächenangriffe sind in ihren Dimensionen kaum vergleichbar. Gerade deshalb muß auffallen, daß die Verlustzahlen trotzdem in unübliche Höhe geschnellt sind. Gewiß, die Toten waren Opfer der Luftangriffe, aber sie sind auch stumme Zeugen für die sträfliche Vernachlässigung des zivilen Bevölkerungsschutzes in Dresden.

Im fünften Kriegsjahr werden auf dem Dresdner Adolf-Hitler-Platz vor der Gemäldegalerie zwei rechteckige Gruben ausgehoben. Die Arbeit wird von Männern in schwarzen Jacken und Hosen verrichtet. Die Hosen haben breite gelbe Längsstreifen, die Jacken haben am rechten Ärmel eine gelbe Binde. Die Männer werden bewacht, es sind Strafgefangene.

Hier entstehen Baugruben für öffentliche Luftschutzanlagen. Allerdings handelt es sich nicht um Bunker, sondern um bessere Schutzgräben, überdacht, leicht betoniert, Unterstände mit kleinen Entlüftungsrohren. Die schwächlichen, mit Erde und Gras abgedeckten Bauten ragen leicht über Pflasterniveau. Sie können keinem Nah-, geschweige denn einem Volltreffer standhalten, würden aber Schutz vor Luftdruck, Splittern und Brandbomben bieten. Vor allem aber sind das Aufstiegsschächte aus einem System unterirdischer Gänge und Stollen, die dort enden.

Beim ersten Nachtangriff riß eine schwere Sprengbombe den nordwestlichen platzseitigen Flügel der Gemäldegalerie weg, und ein Steinhagel ging auf die nähere Umgebung nieder. Der Unterstand fing den Druck ab. Hunderte von Stabbrandbomben verzichten wirkungslos hier sowie auf dem kunstvoll gemusterten Pflaster des weiten Adolf-Hitler-Platzes zwischen Gemäldegalerie, Oper, Italienischem Dörfchen, katholischer Hofkirche und Schloß. Aber Tausende fielen auf die Gebäude und setzten sie sofort und rettungslos in Brand, und beim zweiten Angriff wirbelten neue Ladungen hinterher.

Es ist nun zu fragen, ob die verantwortlichen Machthaber in Gau und Gauhauptstadt ihre Fürsorgepflicht gegenüber der Bevölkerung erfüllt haben. Haben diese Männer alles in ihren Kräften Stehende getan, um die ihnen anvertrauten mehr als sechshunderttausend Menschen zu schützen? Wie waren sie, die Privilegierten, über die drohenden Gefahren informiert, und welche Quellen haben ihnen zur Verfügung gestanden, damit sie sich über die Auswirkungen des Luftkrieges ein zutreffenderes Bild machen konnten als die Volksgenossen? Wer waren die Verantwortlichen?

An erster Stelle ist Martin Mutschmann zu nennen, Gauleiter von Sachsen, Reichsstatthalter und Reichsverteidigungskommissar; durch diese Ämterkonzentration und die damit verliehene Machtfülle, so sollte man denken, auch höchster Wächter über den Schutz der Bevölkerung in seinem Gau und Land, insonderheit in der Landeshauptstadt Dresden.

Aber Mutschmann vertrat im Kreis der Verantwortlichen nur eine Seite, die der Partei und des Reiches. Die NSDAP spielte zwar die führende Rolle, füllte sie jedoch nicht mehr überall voll aus. Ihr war in der SS ein machtvoller Konkurrent erwachsen, der auch die Polizei beherrschte, und der jeweilige Polizeiverwalter war als örtlicher Luftschutzleiter eingesetzt, in Dresden zunächst der Polizeipräsident SS-Brigadeführer Pflomm, in den letzten Kriegsmonaten sein Nachfolger, SS-Brigadeführer Oberhaidacher.

Wenn auch an der Spitze des zivilen Luftschutzes Hermann Göring stand, der Reichsminister der Luftfahrt und Oberbefehlshaber der Luftwaffe, so waren doch für die Durchführung der Luftschutzaufgaben fünf Luftschutzträger zuständig, die in eigener Verantwortung die vom RdL. mit Unterstützung der Luftgaukommandos gegebenen Anordnungen in die Tat umsetzten. Der wichtigste Luftschutzträger war die Schutzpolizei, die auch für die sichere Unterbringung der Bevölkerung zu sorgen hatte[3].

Die Dresdner Polizeipräsidenten Pflomm beziehungsweise Oberhaidacher unterstanden nicht dem Gauleiter Mutschmann – sie konnten ihm aber auch nichts befehlen –, sondern dem Führer des SS-Oberabschnitts Elbe. Auch dieser unterstand dem Gauleiter nicht, aber auch er konnte ihm nichts befehlen.

Die Oberabschnittsführer waren im September 1939 zu Höheren SS- und Polizeiführern ernannt worden, zum Beispiel: »Der Höhere SS- und Polizeiführer bei den Reichsstatthaltern und Oberpräsidenten in Sachsen, der Provinz Sachsen, im Sudetengau, in Schlesien und in Thüringen, im Wehrkreis IV.« Er residierte in Dresden A 1, Devrientstraße 2. Der Oberabschnittsführer hatte es also jeweils mit mehreren Gauleitern zu tun, in Dresden der SS-Obergruppenführer Udo von Woyrsch, der nach manchen Streitigkeiten von Himmler kaltgestellt wurde. Ihm folgte am 15.Februar 1944 der SS-Gruppenführer und

Generalleutnant der Polizei Ludolf von Alvensleben, in Dresden bekannt aus den Jahren 1934/35 als Leiter des SS-Abschnitts III Dresden[4].

Mitverantwortung für die Sicherheit der Bevölkerung trug der Reichsluftschutzbund, der in Sachsen lange Zeit vom Landesgruppenführer Generalmajor a. D. Schroeder geleitet wurde. Mitverantwortung trug für die kommunale Seite der Dresdner Oberbürgermeister, SS-Gruppenführer Dr. Nieland.

Die zwei tragenden Säulen des zivilen Luftschutzes aber sind der Gauleiter und der Polizeipräsident gewesen. Nur wenn sie sich gegenseitig ergänzten und nicht rivalisierend Machtkämpfe um Einflußsphären veranstalteten, konnte es zum Erfolg kommen. Der Gauleiter, Reichsstatthalter und Reichsverteidigungskommissar war zwar nicht der »örtliche Luftschutzleiter«, wie schon erwähnt, aber er hatte sich auch seinen taktischen Luftschutzapparat aufgebaut, nämlich die »örtliche Luftschutzleitung der NSDAP«, die den Drahtfunk bediente und über ihn Anweisungen bei Fliegeralarm gab. Sie war in Dresden mit dem Polizeipräsidenten in der gemeinsamen Befehlsstelle im Keller des Albertinums untergebracht.

Alle Überlegungen zum Schutz der Zivilbevölkerung hatten davon auszugehen, daß Bombenabwürfe auf Wohn- und Industrieviertel zu erwarten waren. Wenn man sie schon nicht verhindern konnte, mußte versucht werden, ihre Auswirkungen zu mildern. Diese Binsenweisheit wurde in Deutschland ungenügend beachtet; denn das, was geschah, genügte nicht.

Mit Kriegsbeginn wurden, wie im ganzen Reich, auch in Dresden die vorgeschriebenen Luftschutzmaßnahmen durchgeführt. Der zivile Luftschutz wurde aufgerufen, Verdunklung angeordnet; in Wohn- und Geschäftshäusern, Betrieben und öffentlichen Gebäuden wurde mit dem Ausbau von Luftschutzräumen begonnen. Meist hatten sie nur provisorischen Charakter, aber für den Anfang schien das zu genügen und man fragte sich, wozu überhaupt. Die Deutschen vertrauten den Versprechungen der Führung, daß der Luftraum zuverlässig geschützt sei und feindliche Flugzeuge im mörderischen Abwehrfeuer zerschellen müßten.

Die psychologische Ausgangslage für Schutzraumbau, Sandsackfüllen und nächtliche Probealarme war also ungünstig. Die zuständigen Reichsbehörden ließen die Zügel schleifen. Zwar wurden die weiß leuchtenden Bänder der Autobahnen dunkel eingefärbt und die Hamburger Binnenalster wurde mit schwimmenden Holzverkleidungen getarnt, aber im großen und ganzen war – mit Ausnahme einiger Einheiten beim Werkluftschutz – der Luftschutz in Deutschland mangelhaft auf den Krieg vorbereitet. Das ist um so auffallender, da doch im Kalkül der eigenen Führung der Luftkrieg eine überragende Rolle spielte. Auch noch als die Luftoffensive gegen England eröffnet wurde, blieben Schutzraumbau, Personalstand, Ausbildung und Ausrüstung in Deutschland vernachlässigt[5].

Spät erst wachte man bei den zuständigen Stellen auf, nach den britischen Angriffen auf das Ruhrgebiet im Sommer 1940, der Antwort auf den Feldzug im Westen, mit für damalige Begriffe nicht unerheblichen Verlusten unter der Bevölkerung, sowie nach den ersten Angriffen auf Berlin, die von der RAF während der deutschen Bomberoffensive gegen England gestartet wurden – erst danach entschloß sich das Luftfahrtministerium zum Handeln. Ein »Führersofortprogramm« zur Planung des Baues von bombensicheren Bunkern wurde aufgestellt. Verwirklichen sollte es in Berlin der Generalbauinspektor für die Reichshauptstadt, im übrigen Deutschland die Organisation Todt[6].

Wahrscheinlich hing die Vernachlässigung des Schutzes der Zivilbevölkerung mit Hitlers Blitzkriegskonzept zusammen. Joachim Fest schreibt in seiner Hitler-Biographie, die Blitzkriegsidee sei ein Rezept der Gesamtkriegsführung gewesen, das die spezifischen Schwächen und Vorzüge der deutschen Lage in Rechnung stellte und ingeniös zu einer neuartigen Eroberungspraxis verband. Hitler habe diesem Konzept so sehr vertraut, daß er auf die Alternative des großen Krieges in keiner Weise vorbereitet war. Ja, er lehnte auch Vorschläge einer prinzipiellen Umstellung der Wirtschaft auf die Bedürfnisse eines anhaltenden, total geführten Krieges wiederholt ab. Die industrielle Gesamtproduktion ging 1940 gegenüber dem Vorjahr leicht zurück. In Erwartung eines rasanten Blitzkriegserfolges in der Sowjetunion wurde vor dem Winter 1941/42 sogar die Produktion militärischer Güter gedrosselt[7].

Hitlers Einstellung war grundsätzlich aggressiv. Für überrumpelnde Blitzkriege schien die Verwendung wertvollen Materials für zivile Schutzbauten entbehrlich. Als England 1940 unerwartet und mit sehr langem Arm bis nach Berlin zurückschlug, begriff Hitler, daß der Krieg länger dauern würde. Der »Führerbefehl« ordnete konkrete Maßnahmen für das Luftschutzbauwesen an, die in 81 Städten sofort eingeleitet werden sollten. Im mitteldeutschen Raum gehörten Leipzig, Halle und Leuna dazu, Dresden nicht, wo auch keine öffentlichen Schutzbauten errichtet wurden[8].

Zwei bombensichere kriegswichtige Betriebe gab es in Dresden, das Goehle-Werk und die Firma Ernemann (Zeiß-Ikon-Kameras). Das Goehle-Werk in der Großenhainer Straße glich äußerlich beinahe einem Bunker, über seinen Fenstern waren schräge Flächen zum Abweisen von Brandbomben vorgezogen. Bei Ernemann war eine Treppenhaus-Schutzanlage gebaut worden, wie u. a. auch bei den Wanderer-Werken in Chemnitz und in Chemnitz-Schönau, das heißt, die Treppenhäuser selbst oder von ihnen abgetrennte Geschoßpodeste wurden stabil genug errichtet, um den Zerknall von 500-kg-Bomben auszuhalten[9].

Wenn in Dresdner Wohnhäuser irgendwo sichere Luftschutzräume eingebaut wurden, entstanden sie allein dank privater Initiative. Das Musterexemplar eines Luftschutzkellers befand sich im Wohn- und Verwaltungsgebäude der Firma Bramsch in der Friedrichstraße. Unter der Kellerdecke waren kreuzweise Eisenträger eingezogen und durch Mauerpfeiler abgestützt worden. Es gab eine Gasschleuse, stählerne gummiabgedichtete Türen und Fensterblenden, Notausstiege, eigenes Telefon zum Werkluftschutzraum, eine kleine Sanitätsstation. Und es darf als typisch für die Stimmung in Dresden gelten, daß dieser vorbildliche LS-Raum noch 1943 belächelt wurde: warum dieser Aufwand, wo doch nichts passieren würde, die Bauherren seien wohl übertrieben ängstlich. Später sollte sich zeigen, daß dieser Keller drei in Entfernungen von fünf bis fünfundzwanzig Metern zugleich detonierenden 500-lb.-Sprengbomben standhielt, ohne daß einer der Insassen Verletzungen erlitt. Ein LS-Raum wie dieser war und blieb die Ausnahme.

Die politische Führung wurde über zahlreiche Kanäle von den verheerenden materiellen und psychologischen Auswirkungen der Luftangriffe unterrichtet. Zum Kreis der Empfänger dieser nur für den Dienstgebrauch oder zur persönlichen Information bestimmten geheimen oder vertraulichen Materialien gehörte Gauleiter Martin Mutschmann, dem sie entweder in dieser Stellung oder in seiner Eigenschaft als Reichsstatthalter oder als Reichsverteidigungskommissar zugingen.

Eine wichtige Quelle für Hintergrund- und Stimmungsinformation waren die bereits erwähnten Berichte und Analysen des Sicherheitsdienstes der SS. Ein Kreislauf der Meldungen über Bombenschäden entstand durch die verschiedenen Ebenen der Berichterstattung. Die Polizeipräsidenten als örtliche Luftschutzleiter meldeten den letzten Stand ihrem jeweiligen Befehlshaber der Ordnungspolizei. Dieser unterrichtete den Chef Hauptamt Ordnungspolizei in Berlin, der aus den Einzelberichten seine tägliche »Lagemeldung des Chefs der Ordnungspolizei« zusammenstellte.

Wie wir gesehen haben, gab es noch andere Meldeapparate, so den des Reichspropagandaministers, die »Abteilung Pro/Hauptreferat Luftkrieg/Luftkriegsmeldedienst«, oder auch die speziellen Berichte, die an den Rüstungsminister Speer abgingen und hauptsächlich Schäden in der Treibstoffindustrie und im Verkehrswesen erfaßten. Gesondert gesammelt wurden aber auch Meldungen über Schäden an kirchlichen Gebäuden, an Justizgebäuden u.a. mehr.

Speer hatte wohl keine Illusionen hinsichtlich der Luftschutzbauten. Nach Stalingrad sagte er, durch die Atlantikwallbauten, Ostbefestigungen und so weiter sei das Baugeschehen im Reich fast zum Erliegen gekommen. Heute seien die Ostbefestigungen wichtiger als Bauten im Reich, damit spare er Menschen, Treibstoff. Ihm entgegnete Feldmarschall Milch: »Der einzige Rohstoff, der in absehbarer Zeit niemals zu ersetzen ist, ist Blut.«[10]

Wir wissen heute, daß es im Dritten Reich keineswegs die organisatorische Geschlossenheit gab, die nach außen hin hergestellt schien; nicht zuletzt durch ungeklärte Zuständigkeiten herrschte oft erhebliches Durcheinander. So ist es, rückschauend betrachtet, nicht weiter erstaunlich, daß keine zentrale Stelle für die überregionale koordinierte Einleitung und Durchführung von Hilfsmaßnahmen nach Luftangriffen existierte. Bombardierte Städte mußten mit den ersten Schwierigkeiten allein fertigwerden, ehe sie mit Unterstützung von auswärts rechnen konnten.

Erst im Januar 1943 wurde ein »Interministerieller Luftkriegsschädenausschuß« gegründet, aber nicht etwa, was doch nahegelegen hätte, beim Reichsminister der Luftfahrt, nein, beim Reichsminister für Volksaufklärung und Propaganda. Der agile Dr. Goebbels übernahm den Vorsitz und schuf sich – wenn auch kein eigenes neues Machtinstrument – so doch einen Apparat, über den er Einfluß ausüben konnte in einem Bereich, der ihn eigentlich nichts anging, sieht man vom propagandistischen Abfangen der Luftkriegsfolgen und seinen Erfahrungen als Gauleiter von Berlin ab. Allerdings standen die echten Prüfungen Berlins zu diesem Zeitpunkt noch aus.

Der Interministerielle Luftkriegsschädenausschuß – künftig auch ILA genannt – nahm im Sommer 1943 endlich sein Quartier in einer Villa am Großen Wannsee in Berlin. Er wurde mit Nachrichten- und Verkehrsmitteln ausgerüstet und empfing die Schadensmeldungen, die unmittelbar nach Luftangriffen aus den bombardierten Städten einliefen. Die Mitglieder des Ausschusses hatten Vollmacht, alle ihnen notwendig erscheinenden Hilfsmaßnahmen anzuordnen, und sie konnten dabei auf die erforderlichen Einrichtungen zurückgreifen: Motorisierte Hilfszüge mit Verpflegung, Bekleidung, dringend benötigten Gegenständen des täglichen Bedarfs, Küchenschiffe, Wehrmachtküchenzüge, Lazarettzüge, Werkstattzüge und anderes mehr. Notfalls konnte der ILA sogar Wehrmachtlager beschlagnahmen. Auch die Dresdner erhielten, wie wir sehen werden, Überlebenshilfe[11].

Dieser ILA, dem, wie der Name sagt, Vertreter der meisten Reichsministerien, aber auch der Wehrmacht, der Partei und ihrer Gliederungen angehörten, gab sogenannte »LK-Mitteilungen« heraus. Sie betrafen alle möglichen Probleme und Anordnungen des Luftkrieges und Luftschutzes. Zum Beispiel heißt es in der LK-Mitteilung Nr. 43 vom 20. September 1943, die an die Mitglieder des ILA, die Reichsverteidigungskommissare, die Reichspropagandaämter, die M.-Beauftragten gerichtet ist:

»Der Reichsminister der Luftfahrt und Oberbefehlshaber der Luftwaffe hat seine nachgeordneten Dienststellen durch Geheimerlasse vom 18. 8. und 7. 9. 43 angewiesen, für besonders brandgefährdete Stadtteile sofort Fluchtwege und nahegelegene Aufnahmeräume, wie Grünanlagen, große freie Plätze, Parks, große Gärten, Friedhöfe, Sportplätze u. ä. zu erkunden und diese Fluchtwege und nahe gelegene Aufnahmeräume in geeigneter Weise zu kennzeichnen, so daß sie bei Tag und Nacht sichtbar sind. Er hat weiter angeordnet, daß weiße Richtungspfeile auf der Fahrbahn, der Gehbahn sowie in Augenhöhe an den Häusern oder sonst geeigneten Stellen möglichst groß und auffallend mit Leuchtfarbe oder ähnlicher gut sichtbarer Farbe anzubringen sind. Die Richtungspfeile sollen mindestens 50 cm breit und 3 m lang sein. Innerhalb des Pfeiles soll mit schwarzer Farbe auf dem weißen Untergrund der Name des Platzes aufgemalt sein, auf den die Pfeilrichtung hinführt. Die Richtungspfeile sollen in ausreichender Zahl, zum mindestens aber an allen Straßenecken mit Abzweigungen angebracht werden...«[12]

So geschah es auch in Dresden, wenn auch nicht »in ausreichender Zahl«. Als Hauptaufnahmeräume waren das Ostragehege, der Große Garten und die Elbwiesen vorgesehen.

1943 wurde in Dresden ein Bauamt für Luftschutz gegründet[13]. Systematisch wurden in den meisten Straßen mit Reihenbebauung Mauerdurchbrüche von Keller zu Keller vorgetrieben und nur schwach wieder vermauert, um Eingeschlossenen Fluchtwege offenzuhalten. Neue Entrümpelungsaktionen in Böden und Kellern fanden statt, und das Gebälk in den entleerten Dachböden wurde mit einer weißen Flüssigkeit bestrichen, die das Holz gegen Entzündung imprägnieren sollte. Tüten mit Löschsand und Behältnisse mit Wasser sollten aufgestellt werden. Wertvolle Skulpturen im Zwinger erhielten ein schützendes Sandsackpolster. Ein umfangreicheres Vorhaben bestand in der Errichtung von Löschwasserzisternen unter Bahnbögen und von Löschwasserteichen auf dem Altmarkt, dem Seidnitzer Platz, in der Sidonien- und der Bismarckstraße neben dem Hauptbahnhof und von unterirdischen Zisternen, z.B. vor dem Rathaus und am Pirnaischen Platz. Zum Vergleich: Dortmund besaß 134 solcher Wasserreservoire[14].

Die umfangreichste Aktion begann Ende 1943. Nach den Flächenbränden in Hamburg wurde der Vorschlag diskutiert, durch unterirdische Verbindung der inneren Rettungswege in brennenden Wohnblocks neue Fluchtwege zu erschließen. Dank der Mauerdurchbrüche konnten die Schutzrauminsassen von Keller zu Keller klettern, bis sie einen freien Hauseingang fanden. War jedoch die Ausdehnung des Flächenbrandes zu groß, blieben die Flüchtenden in ihrem gesamten Häuserblock vom Feuer eingeschlossen.

Es schien naheliegend, von einer Verknüpfung der inneren Kellergänge mit neuen äußeren Fluchtwegen die Rettung zu erhoffen. Diesem Gedanken folgend mußte man Tunnel unter den Straßen anlegen, von einer Straßenseite zur anderen, und die vor dem Feuer flüchtenden Menschen könnten dann unter dem ganzen brennenden Stadtviertel weiterlaufen oder kriechen, bis sie an einem Ausstieg ankamen, der auf einem offenen Platz endete.

Theoretisch klang das einleuchtend. In Dresden machte man sich an die Arbeit, die Wohnblocks des eng überbauten Stadtzentrums durch unter den Straßendecken minierte und ausgemauerte Gänge zu verbinden. Diese Gänge führten im nördlichen Teil der Altstadt in Richtung Elbe, und sie endeten in Aufstiegschächten auf dem Neumarkt, dem Postplatz und dem Adolf-Hitler-Platz; von dem letzten war bereits die Rede. Die Fliehenden sollten außerhalb des eventuellen Trümmerbereichs an die Oberfläche klettern können. Im Osten, Süden und Westen der Altstadt gab es keine eigenen Aufstiegschächte. Dieser Bereich entlang der Ring-Straßenbahn von der Könneritz- über die Ammonstraße zum Hauptbahnhof und weiter im Halbkreis bis zur Elbe zurück sollte insgesamt unterirdisch so von Straße zu Straße verknüpft werden, daß irgendwo freie Hauseingänge zur Verfügung stehen würden[15].

Es ist nicht bekannt, wie viele Häuserblocks des Stadtkernes tatsächlich miteinander verbunden worden sind. Merkwürdigerweise ist über diese Möglichkeit des Entkommens in der Öffentlichkeit nicht gesprochen worden, obwohl doch die Miniertätigkeit Anlaß zu Gerüchten hätte geben müssen. Sie muß sich also weitgehend unbemerkt abgespielt haben; denn wo etwas sichtbar wurde, wie am Adolf-Hitler-Platz, da entstand Gesprächsstoff.

Immerhin steht fest, daß es dieses System unterirdischer Fluchtwege gegeben hat, wenn auch sein Umfang ungeklärt bleiben muß. So oder so – was der Bevölkerung als Ersatz für Bunker angeboten wurde, sollte sich als Todesfalle erweisen.

Mit den – wegen der zu berücksichtigenden Versorgungsleitungen – sehr schwierigen Tiefbauarbeiten war die Kapazität des Luftschutz-Bauamtes erschöpft. Aber ehe das Amt damit beginnen konnte, mußte es private Aufträge des Gauleiters ausführen, die allerdings als dienstlich dringend erforderlich eingestuft worden waren, von ihm selbst, wie man leicht verstehen wird.

Von Mutschmanns privatem Luftschutzbunker im Garten seines Grundstücks in der Comeniusstraße war bereits die Rede. Diese etwa 100 Meter lange und 30 Meter breite Anlage wurde mehrere Meter unter der Erde eingegraben. Ihre Stahlbetondecke sicherten zusätzlich vier Lagen Eisenbahnschienen. Der in mehrere Räume aufgeteilte Bunker war mit Belüftungs- und Nachrichteneinrichtungen und natürlich mit Stromversorgung ausgestattet. Einen zweiten Bunker, von dem die Bevölkerung weniger wußte, ließ sich der Gauleiter in seinem Refugium errichten, dem Jagdschloß Grillenburg im Tharandter Wald unweit von Dresden. Schließlich besaß die Gauleitung als Dienststelle einen bombensicheren Ausweichbefehlsstand in einem ländlichen Vorort im Süden der Stadt, im Lockwitzgrund und einem Felsenkeller der Obstkelterei Donath. Der Gartenbunker aber war es, der die Dresdner erregte[16].

Es konnte gar nicht ausbleiben, daß der Sicherheitsdienst von diesen Aktivitäten des Gauleiters erfuhr. Die Meldungen erreichten offenbar Himmler. Er beauftragte den SS-Obersturmbannführer Dr. Brandt aus seinem Persönlichen Stab, beim zuständigen Höheren SS- und Polizeiführer nachzuhaken. Brandt schrieb also am 21. 9. 1943 an SS-Obergruppenführer Udo von Woyrsch in Dresden und dieser antwortete ihm am 24. September, er habe in einem längeren Schreiben Stellung genommen und er bitte, es dem Reichsführer-SS zu übergeben[17].

Udo von Woyrsch benutzte die Gelegenheit, um seinem Chef einen teils von Tatsachen bestimmten, teils intriganten und mit viel denunziatorischen Klatsch angereicherten Brief zukommen zu lassen. Er schreibt:

»Reichsführer! ... In der Zeit, während ich Ende Juli bis Anfang August 14 Tage auf Urlaub war, haben sich zwei Dinge in Sachsen ereignet, die ich auf das tiefste bedaure. Das erste ist die Vertarnung der Grillenburg, das zweite der Bau eines Befehlsbunkers mit Hilfe der SS-Pioniere.

Zu dem zweiten Vorgang möchte ich kurz folgendes melden. Daß ein solcher Befehlsbunker vielleicht notwendig ist, bestreite ich nicht. Ich glaube sogar, daß er auf Grund einer Anordnung des Führers beruht. Es wird aber von mir nicht für richtig befunden, daß dieser Bunker ausgerechnet im Garten des Gauleiters angelegt wird, weil der größte Teil der Bevölkerung noch nicht einmal ordnungsmäßige Luftschutzkeller hat. Hinzu kam, daß man SS-Pioniere hinzuzog. Meine Erkundigungen gingen dahin, daß der Kommandeur der Pioniere zum Gauleiter befohlen wurde und für diesen Zweck Männer abzustellen hatte. Seit ungefähr Mitte August wird an diesem Bunker mit einem ungeheuren Menschen-, Maschinen- und Materialaufwand gebaut, was stärkste Mißstimmung in der Bevölkerung hervorgerufen hat. Meine Fühlungnahme mit dem Gaugeschäftsführer, Pg. Müller, ergab, daß dieser dringend den Gauleiter gebeten hatte, von einem solchen Bunker abzusehen mit Rücksicht auf die Auswirkungen in der Bevölkerung. Dies, so sagt mir Müller, sei mehrfach der Fall gewesen. Der Gauleiter hätte jedoch entschieden, daß es dabei bleibt und hätte in durchaus unfreundlicher Art eine andere Stellungnahme abgelehnt.

Demgegenüber steht fest, daß der Gau im sog. Lockwitzer Grund in einem Felsenmassiv eine ganz erstklassige bombensichere Unterkunft hat, die nicht allein Aufnahme der gesamten Mitarbeiter gewährleistet, sondern wahrscheinlich auch noch weitere Menschen, die über keine bombensicheren Unterstände verfügen. Der Pg. Müller gab mir an, daß dieser Bunker 15 Auto-Minuten von der Wohnung des Gauleiters entfernt ist.

Persönlich ist mir dieser Vorgang deswegen unangenehm, weil mein Haus unmittelbar neben dem des Gauleiters liegt und durch die Mitarbeit der SS-Pioniere das Gerücht entstanden ist, daß dies auch mein Bunker mit sei...

Was die Tarnung der Grillenburg anbelangt, so ist mir bekannt, daß die Fabrik für Tarnnetze alle anderen Heeresaufträge zurückstellen mußte, um dieses Gebäude zu tarnen. Entsprechende Anweisung des Landesbauamtes Sachsen. Es wäre ein Leichtes gewesen, dieses Gebäude, was etwas isoliert liegt und bei hellen Nächten sehr wohl zu erkennen ist, mit einem Tarnanstrich zu versehen, der nach meiner Auffassung weit wertvoller ist als Tarnnetze, die zwangsläufig bei Schneefällen zerreißen, ganz abgesehen davon, daß die Grillenburg an keiner Bahn bzw. großen gradlinigen Verkehrsstraße liegt, sondern mitten im Wald...[18]«

Soweit betrifft der Brief von Woyrschs an Himmler Luftschutzbelange; die folgenden zwei Drittel des Textes geben Auskunft über jenen versteckten Machtkampf zwischen SS und Partei, der ja nicht nur in Sachsen zu beobachten gewesen ist. Daraus wird ersichtlich, wie außerordentlich gespannt das Verhältnis zwischen v. Woyrsch und Mutschmann gewesen ist.

Steht schon zwischen den Zeilen des Berichtes über Mutschmanns Gartenbunker und die Tarnung des Jagdschlößchens Grillenburg der Vorwurf, all dieser Aufwand diene nur der persönlichen Sicherheit des Gauleiters, der – so muß man schließen – offenbar ein großer Feigling ist, so kommt nun noch die Verdächtigung hinzu, Mutschmann in seiner Eigenschaft als Reichsstatthalter widersetze sich Anordnungen des Reichsführers-SS.

Auf dem Marsch zum Multifunktionär war Himmler am 25. 8. 43 zum Reichsminister und Preußischen Minister des Innern und zum Generalbevollmächtigten für die Reichsverwaltung ernannt worden. Als Chef der Deutschen Polizei war er bislang dem Reichsinnenminister Frick formell unterstellt gewesen, jetzt aber – und das war der Sinn der Neugliederung – ging der Befehlsstrang direkt von ihm aus. Mutschmann sah seinen Einfluß als Reichsstatthalter und Reichsverteidigungskommissar auf die innere Verwaltung gefährdet. Folgt man den Ausführungen v. Woyrschs, dann war es ein Ministerialrat Schulze, der als rechte Hand des Gauleiters es verstanden hat, diesen davon zu überzeugen, daß er sich unter keinen Umständen die polizeilichen Angelegenheiten aus den Händen nehmen lassen dürfe. Ungünstig beeinflußt werde der Gauleiter auch durch seinen Referenten Demuth und »die Persönlichkeit im Vorzimmer des Statthalters, ein Regierungsrat Schramm«. Diese Leute arbeiten angeblich mit folgendem Ziel zusammen: »Es wurde jede Möglichkeit benutzt, um die Belange der Polizei und in Sonderheit der Ordnungspolizei einzuschränken und den verantwortlichen Offizieren aus der Hand zu nehmen.«[19]

Der Führer des SS-Oberabschnitts Elbe entrollt in seinem Brief eine düstere Szenerie dunklen Ränkespiels um den Gauleiter, wobei er diesen einbezieht und dann doch wieder rehabilitiert – aber nach dem Vorfall mit dem Bunker und dem Schlößchen Grillenburg ist er ohnehin genügend bloßgestellt. Zweck des Ganzen sei aber, die Polizei in die Gewalt dieses Ministerialrates Schulze zu zwingen; der sei ein »ungeheuer gewandter Mann, der bedauerlicherweise auch einen sehr großen Anklang im Reichsministerium des Innern gefunden hatte, wobei nicht unerwähnt bleiben darf, daß er mit der Niederschrift unrichtiger Aktenvermerke nicht gespart hat... Trotzdem ich nach wie vor den Gauleiter Mutschmann für einen unbedingt anständigen Mann halte, ist die Volksstimmung ausschließlich gegen ihn gerichtet, und ich führe das darauf zurück, daß sich in seiner Umgebung ein Personenkreis aufhält, der als durchaus abwegig zu bezeichnen ist...[20]«

Zuletzt hat v. Woyrsch aber noch einen Pfeil im Köcher, den er nach der Bemerkung, Mutschmann sei wohl anständig, aber seine Umgebung abwegig, genüßlich abschießt:

»Diesen Brief möchte ich nicht abschließen, ohne vielleicht auch auf die Persönlichkeit von Frau Mutschmann hinzuweisen, die leider etwas mehr redet, als sie verantworten kann, und der die straffe Zusammenfassung von SS und Polizei zuzüglich der inneren Verwaltung in Deiner Hand etwas unheimlich ist. Ob diese Einstellung auf die von ihr wenig beachteten Vorschriften über bewirtschaftete Dinge zurückzuführen ist, lasse ich dahingestellt. In diesem Zusammenhang scheint sie sich mit einer anderen Dame hier in Dresden, die auf engste bzw. verwandtschaftliche Verbindung zum Führer bei jeder Gelegenheit hinweist, auch in der negativen Beurteilung meiner Person eins zu sein...[21]«

Die wichtigste Aussage in diesem Brief des SS-Obergruppenführers von

Woyrsch an Himmler ist für unser Thema, daß im September 1943 in Dresden »der größte Teil der Bevölkerung noch nicht einmal ordnungsmäßige Luftschutzkeller hat«. Diese Feststellung ist zwar ebenso richtig wie jene, daß der Gauleiter die Volksstimmung gegen sich hat, aber was hatte eigentlich von Woyrsch als oberster Polizeibefehlshaber in Sachsen unternommen, um die Bevölkerung besser zu schützen? Ihm unterstand schließlich die für die sichere Unterbringung der Bevölkerung in erster Linie zuständige Schutzpolizei, und daß diese Unterbringung nicht gewährleistet war, interessierte ihn nur im Zusammenhang mit persönlichen Differenzen zwischen ihm und dem Gauleiter. Es ist nicht ausgeschlossen, daß er sogar die Gestapo und den SD eingeschaltet hat, nicht, um gegen Mutschmann zu ermitteln, sondern um ihn in Mißkredit zu bringen; denn im Oktober 1943 lesen von Himmler über Goebbels bis Bormann und Lammers alle, die es wissen dürfen, in den »SD-Berichten zu Inlandsfragen«:

»Der Bau von Sonderluftschutzbunkern für führende Persönlichkeiten ist in gleicher Weise Thema von Gerüchten, welche auf eine Spaltung zwischen Führung und Volk hinzielen. Ein solches Standard-Gerücht lautet etwa, daß in einer bestimmten Stadt zum Schutze der Bevölkerung so gut wie gar nichts geschehen sei, daß aber für einzelne Prominente unter Einsatz von zahlreichen Arbeitskräften und Anwendung knappen Materials (Stahlplatten u. dgl.) komfortable Luftschutzbunker gebaut würden.«[22]

Die Verbindung zwischen dem Brief, den von Woyrsch im September schrieb, und diesem SD-Bericht vom Oktober liegt auf der Hand, obwohl der SD-Abschnitt Dresden als Quelle nicht genannt ist. Der Bericht tut so, als erfasse er ein infames Gerücht, das auf eine Spaltung von Führung und Volk hinziele, mit anderen Worten: Wenn das wahr wäre, wenn jemand wirklich Sonderbunker bauen ließe, dann würde er das Volk gegen die Führung aufbringen.

Gauleiter Mutschmann dürfte zu den Empfängern der SD-Berichte gehört haben, und es ist durchaus möglich, daß er diesen ihn indirekt belastenden Bericht gelesen hat.

Gerüchte – nach dem Angriff auf Leipzig am 4. 12. 1943 schwollen sie in Dresden an. Die Verantwortlichen in Sachsen aber hatten durch die ersten praktischen Erfahrungen Zeit für einen Lernprozeß, als dessen Ergebnis sie Schlußfolgerungen für Dresden hätten ziehen können, nein, müssen. Mutschmann hatte sich gebrüstet, am Angriffsort zur Stelle gewesen zu sein:

»Ich habe mich noch am frühen Morgen des Terrorangriffes an Ort und Stelle überzeugen können, wie sie (die Leipziger) trotz ihrer inneren Erschütterung sofort in nicht verzagendem Mut darangingen, Tote und Verletzte zu bergen, Brände zu löschen und zu retten, was nur zu retten war. Ich habe dann später bei meinen fast täglichen Besuchen in Leipzig gesehen, wie stark und gefaßt die Haltung unserer Leipziger war...«[23]

Mutschmann sprach auch von Erfahrungen, die gesammelt wurden. Erfahrungen für den Luftschutz, für die Sicherheit der Bevölkerung? Ihm waren andere Erfahrungen zuteil geworden:

»Wir können erst nach solchen Erfahrungen wie in Leipzig richtig beurteilen, wie oberflächlich und falsch das Wort vom wurzellosen und heimatlosen Großstädter war. Der Beweis ist jetzt endgültig erbracht, daß der Großstädter genauso verbunden mit seiner Heimat ist wie der Landmensch... Wir haben weiterhin... bestätigt bekommen, daß sich gerade der einfache Mensch am besten in das Unausweichbare, in die größeren und höheren Gesichtspunkte einfügt.«[24]

Vielleicht ist dies ein Schlüsselsatz für das unglaublich laxe Verhalten Mutschmanns in der Zukunft und im Falle Dresdens: Was kommt, das kommt, und die Leute werden sich schon fügen, wenn sie es als Schicksal nehmen, das sie ohnehin nicht ändern können. Unter Berufung auf »größere und höhere Gesichtspunkte« haben Tote noch jedesmal leichter gewogen.

Noch ehe der Umfang der Menschenverluste in Leipzig genau feststand, erhielten die Gauleiter die LK-Mitteilung Nr. 72 vom 18. Dezember 1943, in der mitgeteilt wurde:

»In einzelnen Städten wurden nach Luftangriffen die Toten zunächst auf öffentlichen Plätzen aufgebahrt und zur Besichtigung durch die Bevölkerung zwecks Identifizierung freigegeben. Es ist vorgekommen, daß Tote tagelang an diesen Stellen liegenblieben, weil sie noch nicht identifiziert waren. Der psychologische Eindruck solcher Maßnahmen ist ein außerordentlich ungünstiger. Die vom Reichsminister der Luftfahrt und Oberbefehlshaber der Luftwaffe und vom Chef der Sicherheitspolizei gegebenen Weisungen sehen ausdrücklich vor, daß die Toten nicht dort aufgebahrt werden dürfen, wo das gesamte Publikum ständig Zutritt hat. Im allgemeinen ist es zweckmäßig, die Toten sofort auf Friedhöfe und in Friedhofshallen, auf Sportplätze außerhalb der Stadt oder dergleichen überzuführen und solche Leichen, deren Identifizierung nicht nach 24 Stunden gelungen ist, nach Fotografierung und Entnahme von Stoffproben beizusetzen.

Es empfiehlt sich, für den Abtransport der Toten ständig je nach Bedarf einige Fahrzeuge abzustellen, die nur für diese Aufgabe herangezogen werden, da nach Beendigung der Transporte eine gründliche Säuberung der Fahrzeuge notwendig ist. Der Transport der Toten wird zweckmäßigerweise durch die Leichenbergungstrupps vorgenommen, die im allgemeinen mit entsprechender Schutzkleidung, Gummihandschuhen usw. versehen sind. Jede Leiche ist vor ihrem Abtransport mit einem Leichenzettel zu versehen, auf dem, soweit das möglich ist, die Personalien vermerkt sind, auf jeden Fall aber die Fundstelle genau anzugeben ist.

Die Beisetzung der Leichen darf nicht ohne entsprechende Beteiligung der mit der Identifizierung und Todesfeststellung beauftragten Dienststellen (Kriminalpolizei und Staatsanwaltschaft) erfolgen.«[25]

Die Papierberge wuchsen weiter. Die Gauleiter hatten sich wiederholt mit

Querelen über die Zuständigkeit bei der Unterrichtung und Betreuung der Bevölkerung während des Fliegeralarms durch den Drahtfunk zu beschäftigen. Schließlich siegte die Partei über die Luftwaffe; die Organisation und Durchführung des Drahtfunks wurde am 15. 2. 44 auf die Gauleiter übertragen, unter der Bedingung, daß die von der Luftwaffe jeweilig gemeldeten militärischen Luftlagetexte wortgetreu durchgegeben werden mußten[26].

Maßgebend für diese Regelung war die Ansicht, daß der Drahtfunk in erster Linie ein Mittel der politischen Führung sei und daher dem Gauleiter zur Verfügung stehen müsse. Im Tiefkeller des Dresdner Albertinum konnte die örtliche Luftschutzleitung jetzt mit klarer Kompetenz arbeiten.

Dennoch hielten die Zwistigkeiten zwischen Gauleitern und Luftwaffenführung an. Im Frühjahr 1944 wurde der Flugmeldedienst umorganisiert; bisher ein selbständiger Bestandteil der Luftnachrichtentruppe, war er seitdem der Jägerführung unterstellt. Der Hauptgrund dafür war die Absicht, die der Jägerführung zur Verfügung stehenden Funkmeßgeräte auch für den Flugmeldedienst zu nutzen, der bis dahin – es klingt kaum glaublich – nur auf Wahrnehmungen mit Auge und Ohr angewiesen war. Nach dieser Umstrukturierung dauerte es einige Zeit, bis die Unterrichtung des zivilen Sektors sichergestellt war, aber es war eine Zeit ständiger Klagen, vor allem wegen der oft zu spät ausgelösten Alarmierung, die von der Luftwaffe ausging[27].

So wird immer wieder die Mitverantwortung des Gauleiters für den Luftschutz bewiesen.

Im Februar 1944 konnte Mutschmann – sicherlich befriedigt – feststellen, daß sein Widersacher Udo von Woyrsch abgelöst wurde. Die wahren Gründe sind nicht bekannt. Aus einem Brief des Chefs SS-Personalhauptamt, SS-Gruppenführer Maximilian von Herff, vom 18. 2. 1944 geht hervor, daß der Höhere SS- und Polizeiführer Elbe offenbar den »an ihn gestellten Anforderungen nicht mehr entspricht«.[28] Himmler baute ihm die Brücke, er solle von sich aus »auf Grund seines schlechten Gesundheitszustandes um seine Enthebung bitten«, was nur als Vertuschungsversuch verstanden werden kann[29].

Es muß ein regelrechter Rausschmiß des Dresdner SS-Befehlshabers gewesen sein; denn von Woyrsch war zutiefst gekränkt und reagierte geradezu hysterisch, woraufhin Himmler ihm am 23. 2. 1944 schrieb:

»Lieber Udo! Von SS-Obergruppenführer Berger höre ich, daß Du in Dresden bleiben willst und die mir unverständliche Äußerung getan hast, Du möchtest nicht nach Hause, da Deine Dienstenthebung eine Schande für Dich und Deine Familie sei. Du verkennst völlig, daß – solange es eine deutsche Armee gibt – Generale ernannt und in zeitweilige oder dauernde Pension geschickt worden sind. Die Pensionierung hatte in der größten Zahl der Fälle nichts mit Ehre oder Unehre zu tun, sondern war einfach der Vollzug des notwendigsten Rechtes, das jeder Oberbefehlshaber einer soldatischen Organisation haben muß, die Kommandeurstellen nach Fähigkeit, Eignung und nach den praktischen Bedürfnissen zu besetzen...«[30]

Himmlers neuer Mann in Sachsen, SS-Gruppenführer Ludolf von Alvensleben, richtete an seinen Chef ein Schreiben, das nicht erhalten ist. Ihm antwortete der Reichsführer-SS fernschriftlich:

»Lieber Alvensleben! Ihren Brief vom 23. 2. erhalten. Seien Sie Gauleiter Mutschmann gegenüber bis zum äußersten korrekt. Jeden schwierigen Fall haben Sie mir jedoch fernschriftlich zu melden und Gauleiter Mutschmann zu gleicher Zeit mitzuteilen, sie hätten von mir den Befehl, mir alle Zweifelsfragen zu unterbreiten, da ich sie dann dem über Gauleiter Mutschmann und über dem Reichsführer-SS stehenden gemeinsamen Führer zur Entscheidung vorlegen wollte.«[31]

Wie es scheint, ist Alvensleben sogleich mit der gespannten Situation zwischen SS und Gauleitung konfrontiert worden. Möglich ist, daß die Abberufung seines Vorgängers damit zu tun hatte. Der zur Vorsicht ermahnte Alvensleben schickte Himmler am 5. April 1944 einen Erfahrungsbericht, in dem es heißt:

»Persönlich ist Gauleiter Mutschmann zu mir jetzt sehr freundlich; sachlich aber ist eine Zusammenarbeit unendlich schwer. Er läßt sich von irgendwelchen Menschen seiner Umgebung Unwahres gegen die SS oder ihre Führer berichten und unterstellt dies dann als wahr und läßt sich bei Unterhaltungen darüber nur von persönlichen, aber nie von sachlichen Dingen leiten. Ich bin, wie Sie es, Reichsführer, mir befohlen haben, äußerst korrekt, gehe irgendwelchen Anschuldigungen sofort auf den Grund und beweise ihm dann die Haltlosigkeit derartiger Äußerungen. Aber, Reichsführer, ich bin der Hoffnung, daß ich die Verhältnisse hier selber meistern kann... Ich bin nur froh, daß ich die zweijährige Schule bei Ihnen, Reichsführer, als Chefadjutant durchgemacht habe! Sonst würde ich hier in Sachsen sehr bald den ›politischen Tod‹ finden...«[32]

Selbstverständlich ging es bei den Auseinandersetzungen der verfeindeten Brüder SS und Partei in Dresden nicht darum, daß sich um den Gauleiter ein antifaschistisches Zentrum gebildet hatte, durch dessen Einfluß die SS politisch ausgeschaltet werden sollte. Es war der nackte Machtkampf. Und die Vorgänge in Dresden, so lückenhaft sie sich rekonstruieren lassen, unterstreichen doch, was Helmut Heiber mitteilt, daß sich zum Beispiel ein Gauleiter gegenüber der Willkür des SS- und Polizeiapparates durchsetzen konnte; im Fall Mutschmann nur, um eigene Willkür desto uneingeschränkter zu praktizieren. Ganz offensichtlich wagte sich Himmler an Mutschmann nicht heran, er trieb Beschwichtigungspolitik[33].

Mutschmann seinerseits hielt es nach dem Attentat auf Hitler am 20. Juli 1944 für angezeigt, dem nun mit noch mehr Machtbefugnis ausgestatteten Himmler eine Ergebenheitsadresse zu senden. Damit nicht genug, biederte er sich durch Denunziation von Wehrmachtdienststellen seines Reichsverteidigungsbezirks an:

»Der Führer hat Sie in einer von Verrätern heraufbeschworenen erneuten Schicksalsstunde des Reiches zum Befehlshaber des Heimatersatzheeres ernannt. Ich darf Ihnen zu diesem erneuten Vertrauensbeweis meine herzlichen Glückwünsche zugleich im Namen des Gaues Sachsen übermitteln... Ich darf Sie... gleich heute auf Dinge aufmerksam machen, die ich immer wieder mit banger Sorge beobachtet habe, die aber bei dem Geist, der bisher in der höchsten Stelle des OKWs herrschte, kaum eine Änderung fanden. Es grenzte oft an Sabotage, wenn man im Gau beobachten konnte wie im Ersatzheer immer mehr Etappen geschaffen wurden und wie eine Dienststelle nach der anderen sich verlagerte und ausbreitete... Ich bin überzeugt, daß Sie nach den Ereignissen der vergangenen Woche bald Veranlassung finden werden, entsprechende Säuberungsmaßnahmen durchzuführen...«[34]

Mutschmann schlägt Himmler vor, die Wehrersatzdienststellen zu überprüfen und personell auszukämmen. Die Wehrersatzinspektionen hält er für »völlig überflüssig«, die Wehrbezirkskommandos seien zu sehr »aufgebauscht«. Eine weitere große Sorge bereite ihm die Behandlung und Überwachung der Kriegsgefangenen, deren Kommandeur im Wehrkreis IV seine, Mutschmanns, Hinweise in den Wind geschlagen habe und es an Aufmerksamkeit und Strenge durch die ihm unterstellten Wachmannschaften fehlen lasse. Zahlreiche Ausbrüche aus den Kriegsgefangenenlagern, die Ermordung von Bewachungsmannschaft, Diebstähle und Einbrüche seien die Folge. Aber auch der Generalbevollmächtigte für den Arbeitseinsatz, Pg. Sauckel, dränge auf eine besonders humane Behandlung, damit die Arbeitskraft der Kriegsgefangenen voll ausgewertet werde. Mutschmann schreibt, nach seiner Beobachtung bewirke diese Behandlung das Gegenteil. Schließlich gibt er noch seinem »Erschrecken« Ausdruck:

»Als ich kürzlich in der Presse eine Notiz darüber las, daß die Amerikaner und Engländer im besetzten Teil der Normandie die Juden wieder groß herausgestellt haben, bin ich tatsächlich erschrocken darüber, daß es in Frankreich und in dem Festungs- und Operationsgebiet überhaupt noch Juden gibt, nachdem wir die Militärgewalt dort besitzen bzw. besessen haben. Ich habe schon vor Jahren Pg. Bormann den Vorschlag gemacht, den Führer zu bitten, alle Juden aus Europa zu entfernen oder sie in Arbeitslagern zusammenzufassen. Solange noch ein Jude in Europa lebt, werden Partisanen, Verbrecher und Saboteure immer im Rücken unserer Fronten Führer besitzen.«

Mutschmann endete seinen Brief an Himmler vom 25. Juli 1944 mit der Entschuldigung, er habe diese Dinge sofort unterbreiten müssen, obwohl er wisse, daß der Reichsführer-SS in diesen Tagen noch genügend Aufgaben vor sich habe. Aber die Soldaten an der Front sollten sehen, daß »in der Heimat eine gründliche Etappenbereinigung erfolgt«.[35]

Bereits am 31. Juli antwortet Himmler, er freue sich über die Anregungen, die absolut seinen eigenen Erfahrungen entsprächen, und er werde sich um die Wehrersatzinspektionen wie um das Kriegsgefangenenwesen kümmern. Und weiter:

»Was die Judenfrage in Europa anlangt, so war das totale Abfahren der

Juden aus Frankreich wegen der sehr mißlichen Verhältnisse mit dem dortigen Wehrmachtbefehlshaber äußerst schwierig. Aus Ungarn haben wir bis jetzt 450 000 Juden abgefahren und gehen jetzt an den Abtransport der zweiten Hälfte heran. Seien Sie versichert, daß ich gerade in diesem entscheidenden Augenblick des Krieges die notwendige Härte, so wie bisher, besitze.«[36]

Die Treuebekundung des Gauleiters und die freundliche Antwort des Reichsführer-SS, der ihn kameradschaftlich grüßt, gehen durch- bzw. abschriftlich an die SS-Obergruppenführer Jüttner und Dr. Kaltenbrunner als Hauptamtchefs sowie an SS-Gruppenführer von Alvensleben als Mutschmanns Gesprächs- oder Streitpartner. Der aber schreibt zweieinhalb Monate später in Erweiterung eines Berichtes über das gesundheitliche Ergehen seiner Familie in einem handschriftlichen Privatbrief:

»Mein Reichsführer... Von Dresden und den Verhältnissen in Sachsen ist eine ganze Menge zu berichten. Das darf ich später einmal mündlich nachholen. Man kann hier mit den Menschen, die immer nur Schlechtes denken, klatschsüchtig und gehässig sind, die tollsten Erfahrungen machen. Einer ist des anderen Teufel! Wieviel ruhiger und menschlich zuverlässiger kann man da zum Beispiel in Holstein leben! Mit dem Gauleiter stehe ich mich gut. Er bringt mir das nötige Vertrauen entgegen und ist allen Wünschen zugänglich. Andererseits ist er in seinem Haß, wenn er Menschen ablehnt, unerbittlich. Das geht soweit, daß er es ablehnt, noch jemanden zu empfangen, der mit Menschen verkehrt, die er nicht mag. Dies bringt mich in ständige Schwierigkeiten. Bin ich zum Beispiel mit Nieland zusammen, so schnappt der Gauleiter ein. Verkehre ich aber mit Nieland nicht fleißig, wird er böse. Ziehe ich mich dann wie in den letzten Monaten, stark von allem Verkehr zurück, dann ist es auch nicht recht.

Ja, mein Reichsführer, Höherer SS- und Polizeiführer in Sachsen zu sein, ist hohe Schule! Nur gute Nerven muß man haben und gesund sein. Sie, armer Reichsführer, haben so viel Arbeit, Sorgen und Mühen. Könnten Sie sich doch auch einmal richtig ausruhen.«[37]

Der von Alvensleben erwähnte unerbittliche Haß Mutschmanns richtete sich nicht nur gegen Einzelpersonen, sondern nahm als Rassenhaß pathologische Formen an. Wahrscheinlich war er tatsächlich »erschrocken«, als er erfuhr, daß es im besetzten Frankreich überhaupt noch Juden gab. Sein Judenhaß brach auch in seinen Reden aus ihm heraus. Es mag ein Beispiel genügen, da der Inhalt des Briefes an Himmler kaum noch zu übertreffen ist. Beim Neujahrsappell 1945 sagte Mutschmann zu seinen Mitarbeitern in der Gauleitung in Dresden:

»Der Jude, der die grausamsten Kampfmethoden erfunden hat, hat sich zum Grundsatz gemacht, aus Deutschland eine Steppe zu machen... Wenn die Judenpest nach Deutschland hereinkäme, dann hieße das Qualen, Hunger, Elend, Schändung... Wenn wir zusammenhalten, können wir nicht unterliegen. In diesem Kampfe darf es keine Sentimentalitäten mehr geben...«[38]

Die zitierten Äußerungen, Briefe und Fernschreiben haben mit dem Thema Luftkrieg direkt nichts zu tun. Sie helfen aber zur Charakterisierung der Männer beizutragen, die in Dresden die Macht ausübten. Das Dauergezänk, in das sie verwickelt waren, entsprang zum großen Teil persönlicher Rivalität samt Neid und Eitelkeit, es galt der Sicherung von Einflußsphären. Hinter der Fassade aus pompösen Uniformen und respekt- und furchteinflößenden Titeln ging es, wie so oft im Reich der Diktatoren, recht kleinkariert zu.

Im letzten Kriegswinter bestand nun gar keine Aussicht mehr auf wirkungsvolle Luftschutzbauarbeiten. Um überhaupt etwas zu tun, wurden auf verschiedenen Plätzen Splitterschutzgräben angelegt. Auf dem Bismarckplatz am Hauptbahnhof entstand zum Beispiel so eine Anlage im Zickzackmuster, ein erbärmlicher Zufluchtsort, falls die Unterkellerung des Hauptbahnhofs überfüllt sein sollte. Aber nicht einmal diese vorhandenen unterirdischen Räume waren bombensicher. Die Gänge waren nur teilweise abgestützt, es gab keine Entlüftungsanlage und keine Notausstiege in diesem Luftschutzraum für 2 000 Personen[39].

Im Wettiner und im Neustädter Bahnhof war die LS-Raumsituation noch miserabler; zum Glück lagen diese Bahnhöfe dann am Rande des Nachtangriffssektors. Der Wettiner Bahnhof hatte allerdings am 7. 10. 1944 und am 16. 1. 1945 schwere Beschädigungen davongetragen. Im Neustädter Bahnhof brannte am 13. 2. 1945 lediglich die Fahrkartenausgabe in der Eingangshalle aus und umfangreichere Schäden entstanden im Güterbahnhof. Auch in den diversen kleineren Personenbahnhöfen sowie in den Verschiebe- und Güterbahnhöfen Dresdens waren keine ausreichenden Luftschutzeinrichtungen für die dort Beschäftigten und die Reisenden geschaffen worden. Die Verluste im Friedrichstädter Bahnhof und im benachbarten Rüstungswerk Seidel & Naumann waren erheblich, wie wir gesehen haben. Zwischen dem Verschiebebahnhof Friedrichstadt und der Berliner Straße am nördlichen Rand waren lediglich Schutzgräben angelegt worden.

Das warf ein grelles Licht auf die Gefährdung der Menschen in dieser Stadt, ob sie nun Einwohner, aus luftbedrohten Gebieten Zugezogene, ob sie Durchreisende, Urlauber, Verwundete in den Lazaretten oder zwangsweise nach Dresden verfrachtete Kriegsgefangene und ausländische Arbeitskräfte waren. Nur einige hundert oder tausend Privilegierte aus Partei, Staat, Wehrmacht, SS und Polizei und Stadtverwaltung konnten Luftangriffen gelassen entgegensehen, was ihre persönliche Sicherheit betraf: im Tiefkeller des Neuen Rathauses, im Befehlsstand unter dem Albertinum, in den in Felsenkellern gesicherten Ausweichbefehlsstellen der Gauleitung im Lockwitzgrund und der SS-Führung bei der Mordgrundbrücke oder in Mutschmanns Gartenbunker.

Der Bevölkerung wurde die Höhe der Verluste des Oktoberangriffs verschwiegen. Als ein Teil der Opfer auf dem äußeren Matthäusfriedhof beigesetzt wurde, hielt Mutschmann die Trauerrede. Dabei beging er die Taktlosigkeit, den Hinterbliebenen zu erklären, achtzig Prozent der Gefallenen hätten die

Anordnungen für das Verhalten bei Luftangriffen nicht befolgt und seien selber schuld an ihrem Tode[40].

Was hätte in Dresden eigentlich getan werden können, um ohne enormen Aufwand an Material und Arbeitskräften wenigstens einige Festpunkte relativer Sicherheit zu schaffen, wenn man sich schon damit abfinden mußte, daß keine Bunker gebaut werden konnten?

Es bleibt ein großes Fragezeichen, warum die Verantwortlichen nicht die naturgegebenen oder baulich vorhandenen Möglichkeiten erkannt und genutzt haben. Es gab große, starkwandige, alleinstehende Gebäude, die Tausenden hätten Zuflucht bieten können, wenn man in ihnen nur genügend große öffentliche Luftschutzräume eingerichtet hätte. Zum Beispiel in Dresden-Neustadt das Japanische Palais. Etwa 500 Meter bis zum Neustädter Bahnhof. Wurde es als Ausweichmöglichkeit für Reisende und Flüchtlinge ausgebaut? Keineswegs. Das Palais mit seinen starken Mauern lag einsam und verschlossen am Kaiser-Wilhelm-Platz. Dann waren da die festungsartigen Ministeriumsgebäude am Neustädter Elbufer, wie hingestellt, um die Menschen aus den umliegenden Gassen und das Publikum aus dem Zirkus Sarrasani – er spielte am 13. Februar 1945 – schützend aufzunehmen. Die Chance wurde nicht genutzt.

Das Albertinum wurde als Befehlsstelle mehrfach erwähnt; es war bombensicher, aber für die Öffentlichkeit gesperrt. Ist es aber wirklich nicht möglich gewesen, die Brühlsche Terrasse, Überrest der alten Befestigungsanlage mit Gängen und Kasematten, auszubauen? Und mit Lüftung, Abstützungen, Versorgungseinrichtungen auszustatten? Man hätte so einen von mehreren Seiten betretbaren ausgedehnten Komplex für vielleicht zehntausend Bewohner der Innenstadt dort anlegen können, wo sie am dichtesten besiedelt war. Warum machte man nicht den 2500 Quadratmeter großen Tiefkeller im Neuen Rathaus der Öffentlichkeit zugänglich? Dort überlebte der Stab einer SS-Abteilung dank Frischluftanlage, Dieselaggregat für Strom, Sanitätsraum, Telefon, Ausstiegschächten, während im öffentlichen Luftschutzraum des Rathauses die Menschen sterben mußten[41].

Warum improvisierte man nicht? Nutzte die Tiefkeller der Brauereien nicht besser? Hat keiner daran gedacht? Warum stopfte man die Stadt voll mit Verwundeten, obwohl sämtliche Erfahrungen aus bombardierten Städten lehrten, daß unterschiedslos alles gefährdet war? Warum setzte man alle Hoffnung in das unerprobte und weithin unbekannte Projekt unterirdischer Fluchtgänge unter Häuserblocks des Stadtkernes?

Ganz gleich, wie schön, berühmt und wie militärisch unbedeutend die alte Residenzstadt war, ganz gleich, welche Gerüchte umliefen und welche Gründe man sich ausrechnete, es gebe keinen Anlaß für Luftangriffe – auf die Prophylaxe hätte nicht verzichtet werden dürfen. Was es auch war, gedankliche Trägheit, Illusionismus, Kompetenz- und Machtstreitigkeiten, Mangel an Material oder einfach Menschenverachtung, es kostete Zehntausende das Leben, die Schutz nicht fanden, als sie ihn suchten.

Damit sollen nicht die Akzente verschoben werden. Die unmittelbare Ursache des Massensterbens war natürlich der Bombenabwurf, aber es hätten nicht so viele Menschen sterben müssen, wären rechtzeitig wirkungsvolle Schutzmaßnahmen ergriffen worden. Andere Städte, die öfter und schwerer als Dresden attackiert worden sind, hatten prozentual weitaus geringere Verluste. Unter anderem war das auf ihre besseren Luftschutzeinrichtungen zurückzuführen.

Kurz nach Kriegsende wurde Gauleiter Martin Mutschmann auf der Flucht vor der Roten Armee von der Bevölkerung erkannt. Es war in Tellerhäuser, einem Dorf im westlichen Erzgebirge. Herbeigerufene sowjetische Soldaten mußten ihn davor bewahren, gelyncht zu werden. Bei einer Vernehmung wurde er gefragt, was er von den Luftangriffen auf Dresden halte.

Mutschmann; »Es ist furchtbar, was da in einer Nacht für Werte zerstört wurden. Dresden war eine an Kunstschätzen und vielen anderen Dingen unendlich reiche Stadt. Das ist nun fast alles kaputt. «

Frage: »An die Menschenopfer denken Sie wohl gar nicht? Sie rechnen anscheinend nur in Sachwerten?«

Mutschmann: »Menschen sind natürlich auch sehr viele umgekommen. Aber ich meinte nur, die Kunstschätze kann man nicht mehr ersetzen.«

Frage: »Wie konnte es zu den großen Menschenverlusten kommen?«

Mutschmann: »Dresden war auf einen Luftangriff nicht genügend vorbereitet. Ich habe mich zwar um den Bunkerbau bemüht, aber ich bekam von oben her keine Arbeitskräfte und kein Material, Zement und so weiter. Man hat mir Vorwürfe gemacht, weil ich mir in meinem Haus in der Stadt und auf meinem Besitz in Grillenburg Bunker habe bauen lassen. Das waren aber reine Privataufträge, die ich aus privaten Beständen ausführen lassen konnte. Ein Bunkerbau für die ganze Stadt wurde nicht durchgeführt. Ich mußte zwar mit einem Großangriff auf Dresden rechnen, aber dann hoffte ich doch wieder, daß Dresden nichts geschehen würde. Nach den Luftangriffen warf man mir vor, ich hätte in Berlin energischer auftreten müssen und einfach bei einer weiteren Verweigerung von Luftschutzbauten die Verantwortung ablehnen sollen. Da hätte ich jedoch dem Führer meinen Posten als Gauleiter zur Verfügung stellen müssen, und das tut man doch wegen so etwas nicht.«[42]

Mutschmann ist nachträglich wegen dieser Aussage beschuldigt worden, er habe sich herausreden wollen, er habe gelogen[43]. Aber wozu? Das Eingeständnis seines Versagens liegt vor – er mußte zwar mit einem Großangriff rechnen, aber dann hoffte er doch wieder, daß nichts geschehen würde.

Nur diese Hoffnung blieb ihm gegenüber der viel größeren Wahrscheinlichkeit des Angriffs, die für ihn fast Gewißheit sein mußte. An diese Hoffnung, Dresden werde davonkommen, klammerte er sich, obwohl er besser informiert war als die Bevölkerung und aus anderen Gründen; denn der Gauleiter wußte, daß mit den ersten Bombenteppichen seine dumpfe Tatenlosigkeit und skrupellose Leichtfertigkeit im zivilen Luftschutz offenkundig werden mußte. Aber dann dürfte er sich beruhigt haben mit seiner in Leipzig gemachten Erfahrung, daß die Leute sich in »das Unausweichbare«, in die, wie er es nannte, »größeren und höheren Gesichtspunkte« einfügen würden.

Die Namen der Verantwortlichen sind genannt worden. Die Frage nach dem Informationsstand dieser Verantwortlichen in Sachen Luftkrieg kann so beantwortet werden, daß sie umfassend informiert gewesen sind, daß sie aber aus ihrem Wissen keine ausreichenden Konsequenzen gezogen haben. Sie haben sich gegenseitig mißtrauisch belauert, waren in Kompetenzstreitigkeiten verwickelt und brachten zum Schutz der Zivilbevölkerung keine effektive Zusammenarbeit zustande. Einen ständig wachsenden Luftkrieg-Aktenberg verwaltend, aber nicht geistig verarbeitend, hielten sie den Luftkrieg, was Dresden betraf, anscheinend nur für Papierkrieg.

8

Die längste Nacht

»So erklärte z. B. in einer Predigt ein Geistlicher in Fulda, daß die gewaltigen Leistungen unserer Technik, Wissenschaft und Industrie, vor denen man eine geradezu religiöse Ehrfurcht hätte, dereinst vernichtet würden. Wo sich heute die gewaltigen Hochbauten unserer Städte emporreckten, würde dereinst ein Gewirr von Säulenresten und Trümmern zu finden sein. Die Drähte unserer Hochspannungsleitungen würden in Fetzen herunterfallen, Lokomotiven verrosten. Neben den Resten der Eisenbahnschienen würden zertrümmerte Flugzeuge wie tote Vögel auf der Erde liegen. «

Der Chef der Sicherheitspolizei und des SD. Berichte zur innenpolitischen Lage, Nr. 23, vom 1. Dezember 1939.

Am 8. Dezember 1939, drei Monate nach Kriegsausbruch, ließ das britische Luftfahrtministerium ein Informationspapier über Ziele im Raum Dresden anfertigen. Mit der Operationsnummer D. 46 wurde unter der Kategorie »Schiffsausrüstungen« ein Werk in Niedersedlitz, im Südosten Dresdens, registriert. »Das Ziel«, so heißt es, »sind die Sachsenwerke Licht und Kraft A.G.«, und es handele sich um Hersteller von Apparaten für den U-Bootbau.

Ein paar Bilder von den Fabrikanlagen sind offensichtlich einem Firmenprospekt entnommen. Eingang in die Zielakte fand ferner eine Landkarte des Gebietes. Sie war nicht auf dem neuesten Stand, denn die Autobahn aus Richtung Chemnitz führte nördlich der Elbbrücke nur bis Radebeul. Die hier anknüpfende Autobahn nach Berlin ist nicht einmal als Trasse eingezeichnet

Von dieser Karte gibt es eine Ausschnittvergrößerung mit Niedersedlitz als Mittelpunkt der Meilenkreise, die stets um das Ziel gezogen wurden. Der Flußlauf der Elbe ist dunkel getuscht worden. Die primitive Zielkarte beweist ihren Ursprung im Frühstadium des Krieges auch durch die Warnung, daß Krankenhäuser, die mit einem roten Kreuz in einem Kreise gekennzeichnet seien, gemieden werden müßten[1].

Diese Zielunterlagen wurden nicht benötigt, und als die Angriffe stattfanden, waren die Sachsenwerke kein Ziel. Erst im dritten Kriegsjahr ging die RAF daran, ihren Informationsstand zu aktualisieren. Am 17. April 1942 machte eine Mosquito der 1. Foto-Aufklärungseinheit bei klarem sonnigen Wetter

Luftaufnahmen von Dresden und spezielle Aufnahmen vom Flughafen Klotzsche, ohne daß Fliegeralarm gegeben wurde. Fotos des inneren Stadtgebietes wurden zu einer gestochen scharfen Zielkarte zusammengeklebt. An den Rand geschrieben sind Hinweise auf markante Anlagen, Gebäude und Eisenbahnstrecken, wie Winterhafen, Opernhaus, Verschiebebahnhof Friedrichstadt, Strecke nach Prag und Wien, und so weiter[2].

Der Foto-Interpretationsbericht des Flughafenbildes gibt Auskunft über Lage und Größe sämtlicher Gebäude und Einrichtungen, über Beschaffenheit des Rollfeldes, Treibstofflager, Straßen und Bahnanschlüsse, Munitionslager, fehlende Nachtlandeeinrichtungen, über die Luftkriegsschule und die Errichtung dieses neuen an Stelle des alten Heller-Flugplatzes. Sichtbar belegt war der Flughafen an diesem Tag mit 91 Flugzeugen, darunter vier Ju 52 und fünf Ju 88[3].

An diesem Tag versucht das Bomberkommando die M.A.N.-Werke in Augsburg anzugreifen – im Tiefflug, mit zwölf der neuen Lancaster-Bomber. Sieben wurden abgeschossen. Daraufhin verzichtete das Bomberkommando für lange Zeit auf Tages-Langstreckenangriffe.

Am 7. Mai 1942 startete eine Maschine der 1. Foto-Aufklärungseinheit, die modernste Mosquito-Version MK IV, zur bis dahin längsten Aufklärungsmission der RAF. Der Rundflug verlief von England nach Dresden und weiter über Pilsen nach Regensburg, aber überall herrschte ungünstiges Wetter und der Einsatz blieb ohne Ergebnis[4].

Nach den verfügbaren Unterlagen ist Dresden erst am 6. September 1943 wieder von einem Ende zum anderen fotografiert worden, wahrscheinlich in Zusammenhang mit der Planung für die »Schlacht um Berlin«, in die ja auch Ziele wie Leipzig und Stettin mit einbezogen werden sollten. Die Mosquito DZ473 erledigte ihren Auftrag, und aus den mitgebrachten Luftbildern wurde im November 1943 eine neue Foto-Stadtkarte zusammengeklebt.

Diese Fotomontage war es, die im Februar 1945 als Zielkarte verwendet werden mußte, weil sich keine der normalerweise benutzten Spezialzielkarten für Dresden fand[6].

Dennoch wäre es ein Irrtum anzunehmen, es seien nicht genügend fotografische Unterlagen über Dresden vorhanden gewesen, als der Nachrichtenabteilung des Bomberkommandos Anfragen für die Ausarbeitung des Angriffsplanes zugingen. Schon an Hand des nicht mehr vollständigen Materials lassen sich außer den Fotoeinsätzen von 1942 und 1943 sieben weitere fotografische Aufklärungseinsätze für 1944 nachweisen. Dazu kommt die luftbildliche Ausbeute der amerikanischen Angriffe am 7. 10. 44 und 16. 1. 45. Allerdings dauerte es oft sehr lange, bis die Fotos in der Zentralen Bildauswertungsstelle in Medmenham ausgewertet wurden, wenn die Objekte nicht von unmittelbarem Interesse für die Zielplanung waren.

Dresden und der Flughafen Klotzsche wurden am 31. Mai 1944 abermals

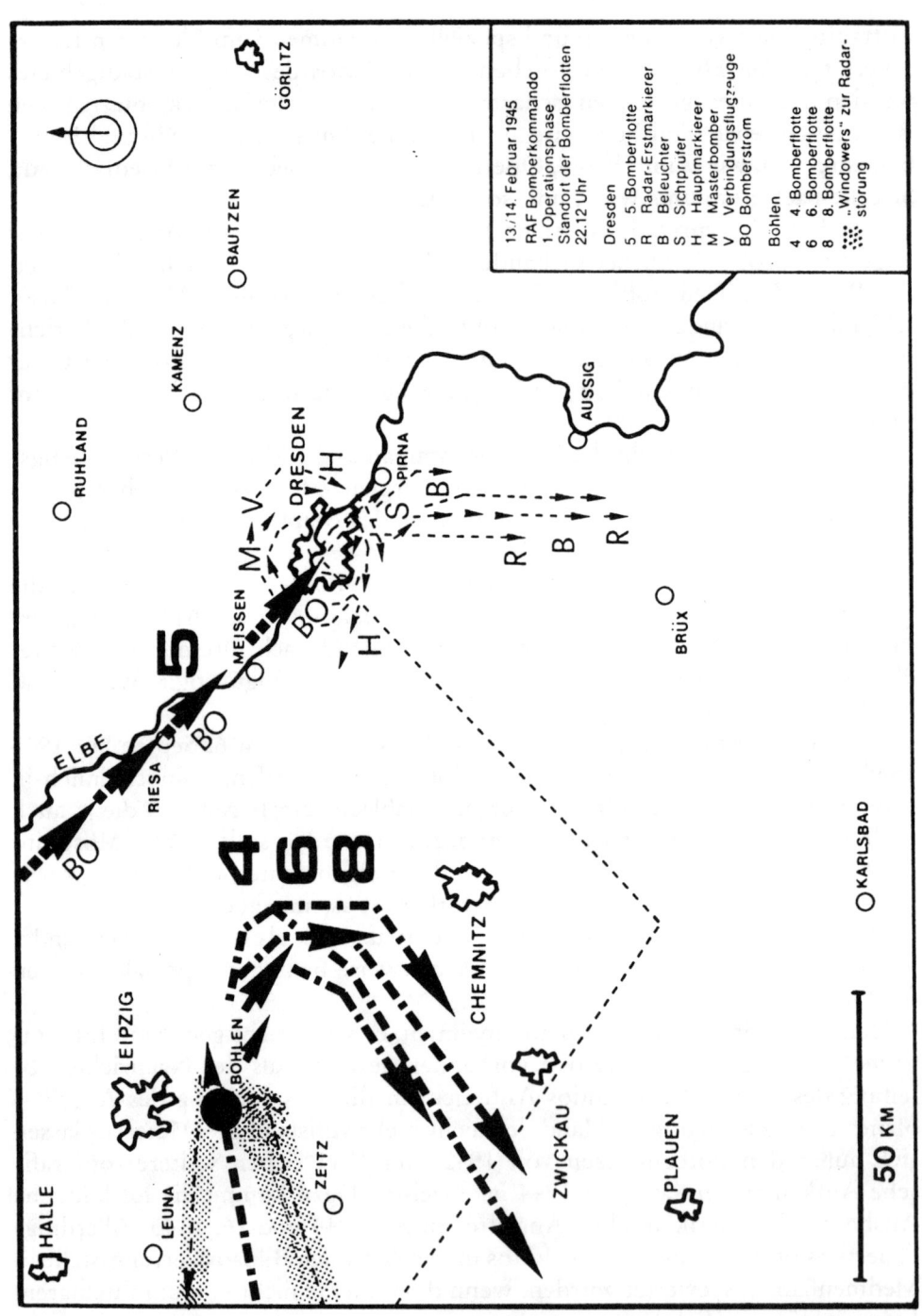

Einflüge am 13./14. 2. 1945, Sachsen, Angriffe auf Dresden und Böhlen, Positionen der Bomberverbände um 22.12 Uhr.

fotografiert. Der bald darauf angefertigte »Air Activity Report 257« verzeichnet unbefriedigende Ergebnisse für die Flughafenbilder[7].

Die Stadtbilder hingegen waren ausgezeichnet, aber sie fanden erst im Februar 1945 gebührende Aufmerksamkeit, als begonnen wurde, über Einzelziele im Raum Dresden »Tactical Target Dossiers« anzulegen. Der erste Dossier galt dem Öltanklager in Friedrichstadt; er bestand aus genauen technischen und zum Erkennen wichtigen Daten und aus zwei Fotos: 1. Lage des Tanklagers im Stadtgebiet, 2. Ausschnittvergrößerung mit den Depots der Deutsch-Amerikanischen Gesellschaft, der Rhenania-Ossag, des Benzol-Verbandes und der Olex[8].

Erst im April 1945 ist auf Grund von Aufklärerfotos des 7. Juli 1944 der »Tactical Target Dossier« über Elbebrücken im Raum Dresden angefertigt worden. Verzeichnet sind die Brücken in Torgau, Riesa, Meißen, Cossebaude-Niederwartha und die Eisenbahnbrücke in Dresden. Diese ist in einem Stadtfoto markiert, und es gibt eine Ausschnittvergrößerung einer am 12. Dezember 1944 angefertigten Aufnahme, zusammen mit einer Postkartenansicht[9].

Es war eine Mosquito der 544. Foto-Aufklärungsstaffel, die am 7. Juli 1944 über Dresden ihre Schleifen zog und auch den Flughafen Klotzsche wieder fotografierte. Aber es dauerte bis zum 14. November 1944, ehe der detaillierte Auswertungsbericht vorlag. Die besondere Aufmerksamkeit der Bildbetrachter hatte den verstreuten Abstellplätzen und splittersicheren Boxen in den Waldflecken im Norden des Rollfeldes gegolten. Daß als Landkarte des Dresdner Raumes keine neuere als die von 1939 oder früher vorlag, verrät der Hinweis: »Eine Autobahn (nicht auf der Karte verzeichnet), die eine 3/4 Meile im Westen des Flughafens verläuft, gibt eine gute Landmarke ab.«[10]

Die amerikanische 8. Luftflotte hielt ab 29. September 1944 spezielles Ziel-Informationsmaterial über Dresden bereit[11].

Im Dezember 1944 erhöhte sich die Aufklärerarbeit über Dresden. Von Einsätzen am 12., 16., 17., 19. und 20. 12. 44 ist Material auffindbar. Diese Bilder wurden in Medmenham gesammelt. Wahrscheinlich hat die von Italien aus operierende 15. Luftflotte ihre eigenen Aufklärereinsätze geflogen. In Kapitel III ist davon die Rede, wie oft gerade im Dezember 1944 Lightnings der 15. Luftflotte in den Raum Dresden vorgestoßen sind[12].

Aus der Masse der amerikanischen Angriffsfotos vom 7. 10. 44 und 16. 1. 45 und der Aufklärerfotos vom Dezember 44 interessierten die Royal Air Force besonders jene, die das südwestliche Stadtgebiet mit den Eisenbahnanlagen zeigen. Immer wieder und aus unterschiedlichen Himmelsrichtungen aufgenommen, erscheinen die sich aus schmalem Schaft wie ein ausladender Baum entwickelnden Gleis- und Bahnhofsanlagen des von den Alliierten so genannten »Eisenbahnzentrums Altstadt« mit den vier Lokschuppen und der Nossener Brücke auf den Bildern. Von Plauen im Süden bis nach Löbtau im Westen und dem Gleisdreieck westlich des Hauptbahnhofs im Norden schimmern die mit Waggons gut belegten, von kleinen weißen Dampffähnchen der

Lokomotiven geschmückten Schienen im blassen Winterlicht. Östlich davon wurden die Gebäude der Feldschlößchenbrauerei augenscheinlich besonders untersucht; sie sind zum Teil extra umrandet. Aus einer Eintragung vom März 1945 geht hervor, daß vermutet wurde, hier und in benachbarten Fabriken werde für die Flugzeugindustrie gearbeitet[13].

Auf den Bildern vom Dezember liegt die große Stadt noch wie unangetastet mit ihren kompakten Häuserflächen und den zahlreichen Würfelhäufchen der einzeln stehenden Häuser, manchmal mit dünnem Schnee auf Dächern und Grünflächen oder auf den Feldern der höher gelegenen Vororte. Die Schäden des Oktoberangriffs werden aus der meist großen Höhe verschluckt, man muß wissen, wo sie zu suchen sind, um sie überhaupt zu erkennen, und im Gleiskörper des Friedrichstädter Bahnhofs sind sie behoben.

Unwirklich in ihrer schwarz-weißen Kalligrafie erscheinen die wenigen auffindbaren Luftbilder vom Angriff des 16. Januar 1945 – lange schwache Schatten, makellos weiße, dick verschneite Flächen, in den Straßen eingedunkelt, und wieder das Altstädtische Reichsbahngelände mit den weißen Linien der Lagerschuppendächer[14].

Fotos in Fülle also, um den angeordneten schweren Schlag gegen Dresden vorzubereiten und die Zielpunkte festzulegen. Dennoch umfaßte dann der eingezeichnete Zielsektor für den ersten Nachtangriff nicht das südwestliche Stadtgebiet, das so ausdauernd fotografiert worden war; erst der zweite Angriff bezog diese Stadtteile mit ein.

Am Nachmittag des 13. Februar 1945 herrschte auf den Flugfeldern des Bomberkommandos der Royal Air Force der eingespielte und doch angespannte Betrieb wie vor jeder großen Einsatznacht. Diesmal war als Hauptziel Dresden vorgesehen, das zweimal, mit einem Zeitintervall von drei Stunden, angegriffen werden sollte. Ausgangslage der Planung war der Einsatz von 1407 Flugzeugen. Davon sollten 805 Lancaster-Bomber Dresden bombardieren. An den Start kamen insgesamt 1281 Maschinen. Von diesen wiederum konnten 101 nicht die befohlenen Aufträge ausführen, so daß später die Besatzungen von 1180 Flugzeugen erfolgreiche Einsätze melden konnten, davon 772 Bomber und neun Mosquitos gegen Dresden[15].

Damit sind wir den Ereignissen vorausgeeilt, die in diesem Kapitel – soweit möglich – chronologisch dokumentiert werden sollen.

Für die erste Phase der Angriffsoperation standen etwa 700 Maschinen der Typen Mosquito, Lancaster, Halifax, Liberator und Fortress startbereit. Die amerikanischen Viermotorigen gehörten zur 100. Gruppe, einer Spezialeinheit; sie waren vollgepackt mit elektronischem Gerät und mit Stanniolstreifen. Ihr Auftrag lautete, mittels ausgeklügelter Funkstörungen einen »Mandrel Screen«, einen für die deutsche Radarkette undurchdringlichen Vorhang vor den Aufmarsch der Luftstreitmacht zu hängen, aber auch in den Bomberströmen mitzufliegen, den deutschen Funkverkehr zu stören und Stanniolstreifen abzuwerfen[16].

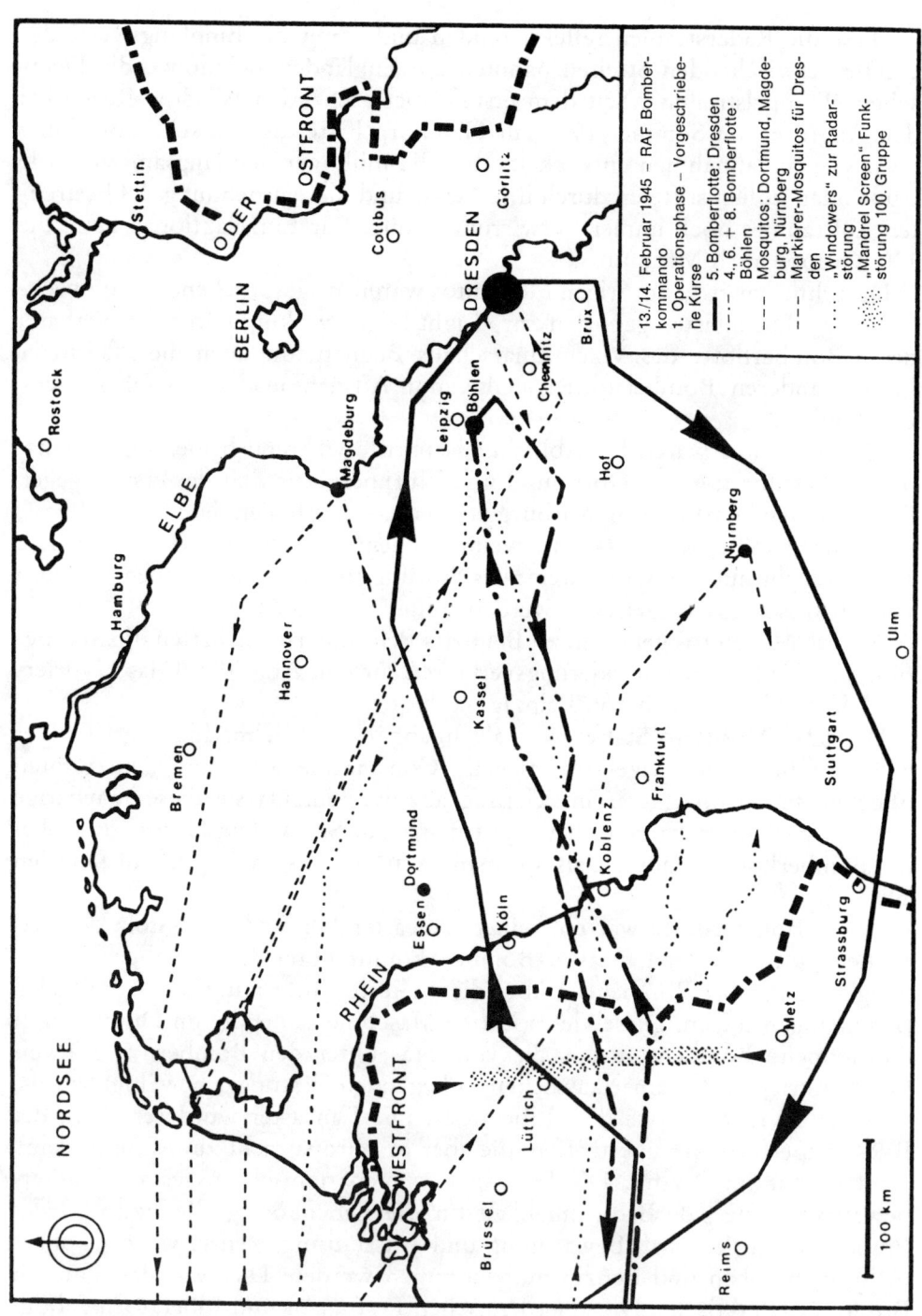

Einflüge am 13./14. 2. 1945, Westen und Reichsgebiet, 1. Nachtangriff auf Dresden.

Diese die Radarstrahlen reflektierenden und somit die Empfangswerte der Geräte verwischenden Streifen nannten die Engländer »window«, die Deutschen »Düppelstreifen«. Seit dem ersten überraschenden Window-Regen bei den Angriffen im Sommer 1943 auf Hamburg hatte die deutsche Forschung zwar Gegenmaßnahmen entwickelt, aber die millionenfach langsam zur Erde trudelnden Folien stifteten durch ihre Masse und die Ausdehnung des bestreuten Luftraumes noch immer Verwirrung genug. Für Einzelaktionen hatte die 100. Gruppe auch Mosquitos.

Die schnellen zweimotorigen Mosquitos waren ausgesprochene Mehrzweckflugzeuge. Die meisten gehörten zur »Light Night Striking Force« im Verband der 8. Bomberflotte des Vizeluftmarschalls Bennett, die auch die Pfadfinder für die anderen Bomberflotten stellte, mit Ausnahme der »unabhängigen« Fünften[17].

100 Mosquitos waren für Ablenkungsangriffe während beider Operationsphasen bestimmt; gegen Dortmund und Nürnberg zur Zeit der ersten, gegen Bonn und eine Raffinerie in Misburg bei Hannover zur Zeit der zweiten Phase. Magdeburg sollte, wie Dresden, zweimal angegriffen werden, wobei die erste Attacke nicht nur den Charakter eines Störungsunternehmens haben, sondern von 61 Mosquitos vorgetragen werden sollte[18].

Andere Mosquitos gehörten zu Bennetts Pfadfindern. Sie hatten die Markierungsarbeit im Höhenmarkierungsverfahren für den Angriff auf das Hydrierwerk in Böhlen, südlich von Leipzig, zu leisten[19].

Die 627. Mosquito-Staffel war als unabhängige Zielmarkierungselite der 5. Bomberflotte des Vizeluftmarschalls Constantine attachiert. Die Piloten pflegten die Zielmarkierer im Tiefflug abzuwerfen. Da sie diese schwierige Technik perfekt meisterten, hatte Luftmarschall Sir Arthur Harris, der Chef des Bomberkommandos, sie als Speerspitze für den ersten Angriff auf Dresden ausersehen[20].

Die 5. Bomberflotte war ein reiner Lancaster-Verband. Der Stolz der britischen Luftfahrt, der Lancaster-Bomber, konnte unter den damaligen Bedingungen die größte Bombenlast über die weiteste Entfernung unter optimalen Bedingungen tragen. Diese viermotorige Maschine schleppte im Durchschnitt die doppelte Bombentonnage, die vom Star unter den Bombern des Zweiten Weltkrieges, der amerikanischen »Fliegenden Festung«, bewältigt wurde, zweimal soviel auch wie die »Liberator«. Die Lancaster wurde erst von der B-29 »Superfortress« übertroffen, die aber in Europa nicht zum Einsatz kam, sondern nur im Pazifik. Die Lancaster war spartanisch ausgestattet, unterbewaffnet, ohne jede Bequemlichkeit für die siebenköpfige Besatzung. Jedes Pfund, das an Personal, Bewaffnung und Ausstattung gespart wurde, konnte mehr an Bomben und Benzin mitgenommen werden. Dies war der Sinn der Briten fürs Praktische. Die amerikanischen Festungen und Liberator benötigten zehn Mann Besatzung, fünf davon als ständige Bordschützen; allerdings waren sie als Tagbomber konstruiert.

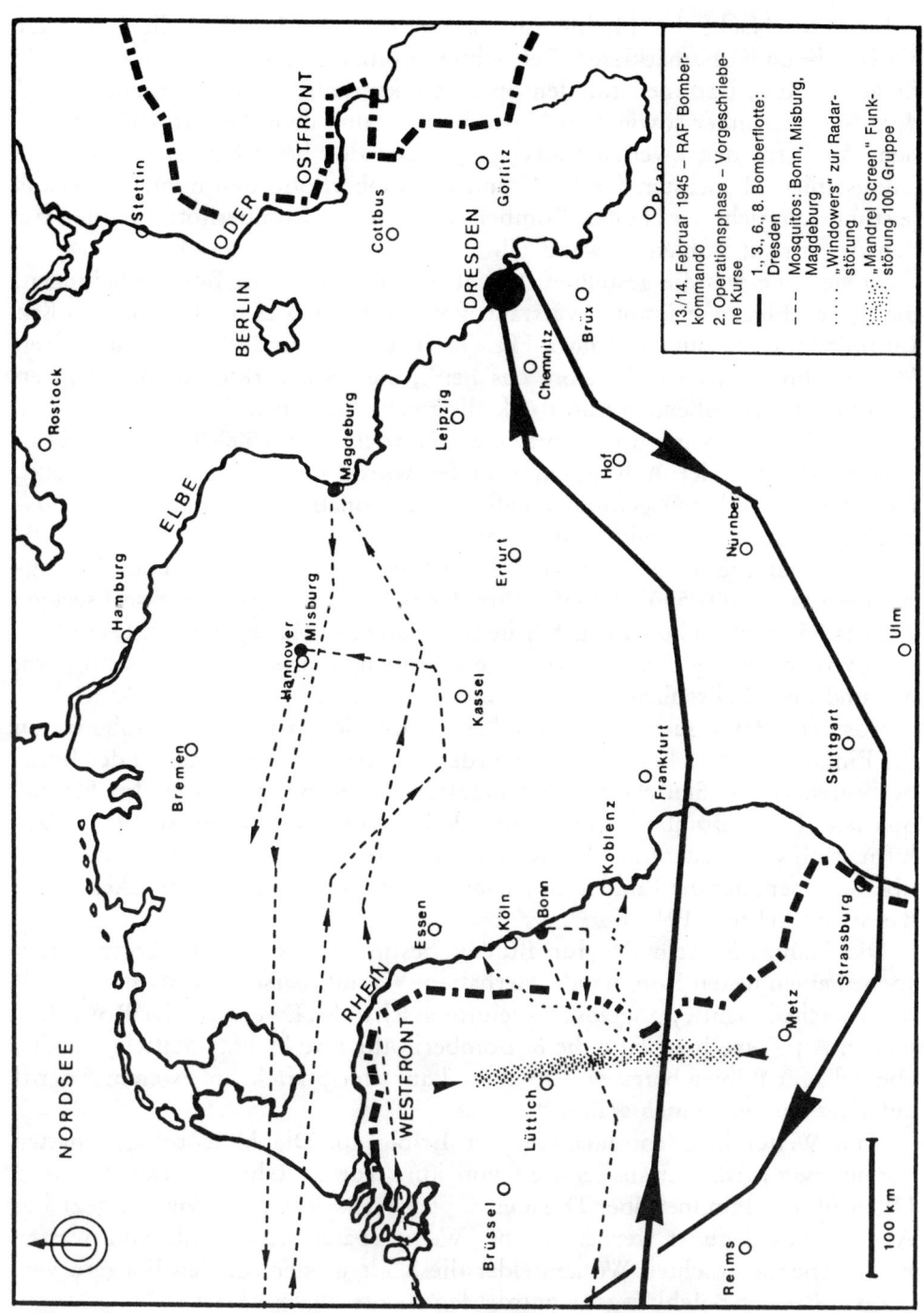

Einflüge am 13./14. 2. 1945, Westen und Reichsgebiet, 2. Nachtangriff auf Dresden.

In dieser Nacht des 13. bis zum 14. Februar 1945 sollten die Lancaster als Blind- und Erstmarkierer, Beleuchter, Bomber, Pfadfinder und sogar als fliegende Relaisstationen für den Sprechfunkverkehr zwischen England und dem Masterbomber sowie dem Masterbomber und dem Angriffsverband dienen. Auch für den zweiten Schlag gegen Dresden hatte Harris die hochleistungsfähigen Lancaster der 1., 3. und 6. Bomberflotte bestimmt. Die etwas leistungsschwächeren Halifax-Bomber der 4. und 6. Bomberflotte wurden für den Angriff auf Böhlen verwendet[21].

So vielfältig wie die gestellten Aufgaben waren auch die Bombenladungen, die in den Flugzeugrümpfen verstaut wurden. Da gab es die badeofengroßen Luftminen in der dünnwandigen HC-(high capacity) und der dickwandigeren MC-(medium capacity) Version; das heißt, die erste wirkte nur durch ihren enormen, niederreißenden Luftdruck, die zweite hatte mehr Durchschlagskraft. Diese Minenbomben wurden mit einem Gewicht von 4 000-lb. und 8 000-lb. produziert, aber der Achttausendpfünder wurde nur sehr selten eingesetzt. Experten hatten herausgefunden, daß seine Detonationskraft die des Viertausendpfünders nicht wesentlich übertraf[22].

Außerdem gab es Spreng- und Minenbomben zu 2 000 Pfund, Sprengbomben zu 1 000, 500 und 250 Pfund sowie die unscheinbare sechseckige 4-lb.-Stabbrandbombe – die gefährlichste Waffe bei Massenabwurf. Dazu kam ein pyrotechnisches Arsenal von roten, grünen, weißen Feuerwerkskörpern, mit und ohne Fallschirm.

Aus dem Hauptquartier des Bomberkommandos in High Wycombe waren die Einsatzbefehle gekommen; sie wurden von den Hauptquartieren der Bomberflotten an die Staffeln auf den Feldflugplätzen weitergeleitet. Im Hauptquartier der 5. Bomberflotte in Swinderby hatte am 16. Januar 1945 Vizeluftmarschall Constantine das Kommando von Vizeluftmarschall Cochrane übernommen, der die Einheit zu jenem Präzisionsinstrument entwickelt hatte, das sie im Februar 1945 war[23].

Die Halifax-Staffeln der für Böhlen bestimmten 4. Bomberflotte hatten soeben einen neuen Kommandeur erhalten. Vizeluftmarschall Carr hatte Vizeluftmarschall Whitley abgelöst. Vizeluftmarschall McEwen von der Royal Canadian Air Force befehligte die 6. Bomberflotte; ihre Halifax-Staffeln standen ebenfalls für Böhlen bereit, während die Lancaster-Staffeln am zweiten Angriff auf Dresden teilnehmen sollten[24].

Vom Wetter hing entscheidend der Erfolg ab. Die Meteorologen hatten vorausgesagt, daß nur in der Zeit von kurz vor 22 Uhr bis etwa 2 oder 3 Uhr früh der Himmel über Dresden soweit frei sein werde, daß ein gezielter Angriff durchgeführt werden könne. Wenig später würden die von Westen heranziehenden dichten Wolkenfelder die Stadt wieder vor den Fliegern verbergen. Bei der Befehlausgabe wurde den Besatzungen erklärt:

»Dresden, die siebtgrößte Stadt Deutschlands – und nicht viel kleiner als Manchester – ist auch die größte bebaute Fläche, die noch nicht bombardiert wurde. Mitten im Winter, mit Flüchtlingsströmen in westlicher Richtung und mit Truppen, die unterzubringen sind, werden Quartiere dringend gebraucht, nicht nur für Arbeiter, Flüchtlinge und Truppen, sondern auch für die aus anderen Landesteilen verlegten Verwaltungsdienststellen. Früher bekannt für sein Porzellan, hat sich Dresden zu einer äußerst wichtigen Industriestadt entwickelt, und wie jede andere Großstadt verfügt es vielfältige Telefon- und Eisenbahneinrichtungen. Daher ist es besonders geeignet, die Verteidigung jenes Teiles der Front zu steuern, der von einem Durchbruch Marschall Konjews bedroht ist.

Mit dem Angriff ist beabsichtigt, den Feind dort zu treffen, wo er es am meisten spüren wird, hinter einer teilweise schon zusammengebrochenen Front gilt es, die Stadt im Zuge weiteren Vormarsches unbenutzbar zu machen und nebenbei den Russen, wenn sie einmarschieren zu zeigen, was das Bomberkommando tun kann«[25].

Die Flugrouten waren so berechnet, daß bekannte Gefahrengebiete vermieden wurden, wenn die Piloten exakt Kurs hielten. Flakzentren wie Köln, das Ruhrgebiet, Kassel, Leuna sollten umflogen werden. Um so erstaunlicher ist, daß der Abflug der 5. Bomberflotte von Dresden zunächst direkt nach Süden angeordnet war bis zu einem Punkt nahe Brüx, wo die Staffeln Westkurs nehmen sollten[26].

Das Bomberkommando hatte Brüx, dessen Ausschaltung im Winter 1944 der 15. amerikanischen Luftflotte aufgetragen war, erstmalig und letztmalig am 16. Januar 1945 angegriffen, und es mußte über die dort vertretene Flak Bescheid wissen. In Brüx standen am 13. 2. 1945 noch 166, und auf die Böhlen anfliegenden Verbände warteten 189 Rohre schwere Flak[27].

Die Luftlinie nach Dresden und zurück betrug etwa 2 000 Kilometer. Durch die für notwendig gehaltenen Täuschungsmanöver und Kursänderungen erhöhte sich jedoch die Entfernung für den Hinflug auf 1 300 und für den Rückflug auf 1 400 Kilometer, so daß eine Gesamtflugstrecke von etwa 2 700 Flugkilometern herauskam. Für die Besatzungen bedeutete das – bei korrektem Kurshalten – mindestens zehn Flugstunden in Kälte und Enge, zur Hälfte über feindlichem Gebiet. Das war es, was die Männer verständlicherweise vor dem Start beschäftigte, und weniger die Frage nach dem Sinn gerade dieses Einsatzes.

An die Navigation und die Funkverbindungen wurden höchste Anforderungen gestellt. Nur die Verwendung des neuen Langstrecken-Navigationsgerätes LORAN in den Leit- und Markierungsmaschinen gab eine Sicherheit, daß das richtige Ziel gefunden und daß dann auch das Ziel richtig ausgeleuchtet und markiert werden würde[28].

Allerdings mußten sich die Bombenschützen mit dem erwähnten, aus Einzelaufnahmen zusammengesetzten Luftbild der Stadt begnügen, in das mit weißer Tinte der Zielsektor eingezeichnet worden war. Er schnitt, vom DSC-Fußballstadion im Ostragehege ausgehend, ein viertelkreisförmiges Stück aus

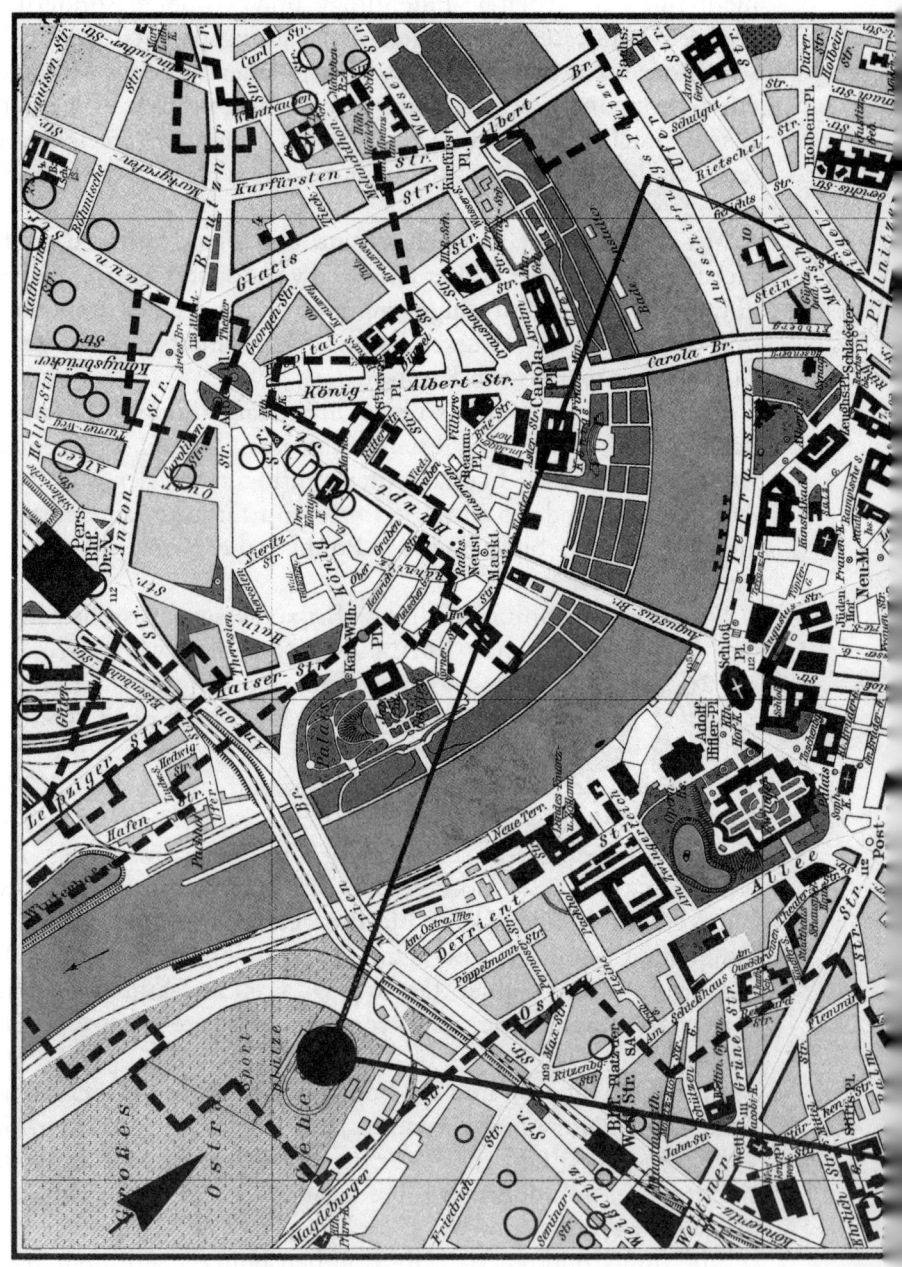

Dresden Innenstadt, 1. Nachtangriff am 13./14. 2. 1945, Zielsektor und Schadensgeb

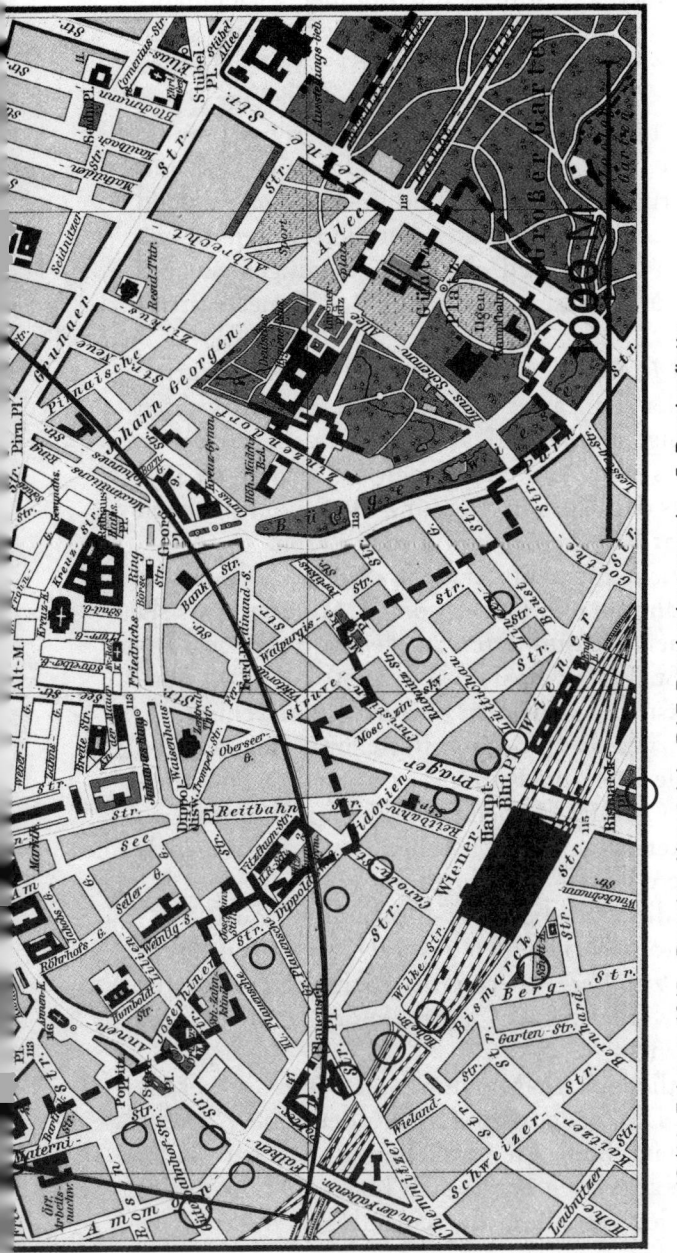

13./14. Februar 1945 Dresden Hauptziel RAF Bomberkommando 5. Bomberflotte
Trefferbildkarte nach dem 1. Nachtangriff

Das Stadtgebiet wurde ungefähr innerhalb der unterbrochenen Linien in unterschiedlicher Dichte mit Bomben belegt. In einigen Stadtvierteln entwickelte sich aus Flächenbränden Feuersturm; dennoch blieben zahlreiche Gebäude erhalten. Erst der 2. Nachtangriff führte zur Ausweitung des Angriffsgebietes und zur Katastrophe. (Vgl. Karte 15 mit den Schäden nach beiden Nachtangriffen.)
Kleine Kreise: Verstreute Bombenabwürfe. Viertelkreis: Zielsektor des 1. Angriffs.

▲ Vorgeschriebene Anflugrichtung.

der Innenstadt von Dresden heraus. Die beiden Schenkel des Kreissektors waren je 2 160 Meter lang. Das Fußballstadion war der Markierungspunkt für den ersten Angriff, und von hier aus sollten die Bomben gleichmäßig über den Sektor verteilt werden. Ungefähr in der Mitte des Zielgebietes stand der Schloßturm – Längengrad 13° 44′ 15″, Breitengrad 51° 3′ 3″. In den Zielfoto-Auswertungskarten war als Zielpunkt der Altmarkt eingetragen[29].

Es war zwischen 17.30 Uhr und 18.00 Uhr, als die für Dresden bestimmten 245 Lancaster der 5. Bomberflotte, bis zum äußersten aufgetankt und mit Bomben beladen, von ihren Fliegerhorsten abhoben. Sie flogen über England nach Süden, ordneten sich zum Bomberstrom und überquerten den Kanal. Nach Erreichen der französischen Küste und der Somme gingen sie auf dem 50. nördlichen Breitengrad auf Ostkurs, den sie 220 Kilometer strikt beibehielten.

Die Halifax-Bomber der 4. und 6. Bomberflotte waren ebenfalls gestartet. Sie folgten vorläufig dem Weg der Lancaster-Formationen. Diese drehten bei Erreichen des 5. östlichen Längengrades auf Nordostkurs, sie zogen an Lüttich vorbei, trafen nordostwärts von Aachen auf den 6. Längengrad und überflogen die Frontlinie. Abermals den Kurs in Richtung Ost ändernd, ließen sie zwischen Köln und Solingen das Ruhrgebiet im Norden liegen.

Die 5. Bomberflotte war jetzt nicht mehr hinter dem »Screen A« der 100. Gruppe verborgen, die ab 20.05 Uhr für die Dauer von 65 Minuten intensiv Funkstörung betrieb. Ihre Maschinen patrouillierten auf dem 6. östlichen Längengrad zwischen Malmedy und St. Privat. Später, von 21.50 bis 23.00 Uhr, wurde genau nördlich davon Funkstörung mit dem »Screen B« inszeniert.

Stellen wir uns noch einmal vor, wie die 5. Bomberflotte am 5. Längengrad nach Nordost abbiegt, als wolle sie Ziele im Ruhrgebiet angreifen, so haben wir den Punkt, an dem, weiter auf Ostkurs bleibend, die Halifax-Bomber sich vom gemeinsamen Flugweg trennten. Nach Durchstoßen des Störungsnebels auf dem 6. Längengrad nahmen sie ebenfalls Nordostkurs[30].

Inzwischen waren gegen 20 Uhr die acht Markierer-Mosquitos der 627. Staffel und die Masterbomber-Mosquito nach Dresden gestartet. Sie flogen direkt von Nordwest nach Südost, aber, zur Vergrößerung der Schwierigkeiten für die deutsche Luftabwehr, ihr Kurs verlief parallel zu jenem der 61 Mosquitos, die nach Magdeburg entsandt waren.

Um 21 Uhr befanden sich sämtliche RAF-Maschinen der ersten Operationsphase über dem Reichsgebiet. Das bedeutete, daß die deutsche Abwehr mit acht tatsächlichen oder vorgetäuschten Angriffskeilen zu rechnen hatte. Von Nord nach Süd auf der Karte abgelesen ergibt sich für 21.00 Uhr in der Rekonstruktion die folgende Standortverteilung der eingeflogenen Verbände und Einzelmaschinen:

1. Fünf Mosquitos beginnen Störangriff auf Dortmund.

2. Acht Markierer-Mosquitos und der Masterbomber im Raum Bielefeld-Osnabrück mit Südostkurs.
3. 61 Mosquitos nach Magdeburg mit Südostkurs im Raum Bielefeld-Osnabrück parallel zu den Markierern.
4. Spitzenverbände der 5. Bomberflotte nach Dresden nördlich Göttingen mit Ost-Nord-Ostkurs.
5. Sieben Mosquitos für Störangriff auf Nürnberg im Raum Aachen mit Ost-Süd-Ostkurs.
6. Spitze der 4. und 6. Bomberflotte nach Böhlen im Raum Marburg, Kurs Nordost.
7. »Windowers«, die Böhlener Angriffsgruppe zur Täuschung begleitend.
8. »Windowers« zu Täuschungsmanövern in den Raum Mainz-Mannheim[31].

Der Blick nach oben war durch dichte Wolkenfelder verdeckt, so daß von deutscher Seite nur mit Radar und akustisch geortet werden konnte. Außerdem dauerte um 21 Uhr die »Mandrel«-Störung durch die 100. Gruppe noch an, und man mußte damit rechnen, daß plötzlich neue Verbände aus dem elektronischen Störnebel auftauchten.

Immerhin war der Reichsluftverteidigungsführung klargeworden, daß ein »dicker Hund« nach Mitteldeutschland marschierte, wobei nicht zu erkennen war, inwieweit die beiden Bomberströme als Teile einer gemeinsamen Aktion angesprochen werden mußten, oder ob sie sich aufspalten würden.

Die dramatische Entwicklung soll nun auf Grund gesicherter Meldungen dokumentiert werden. Wo Erläuterungen nötig sind, werden sie in Klammern hinzugefügt, als Kommentar des Verfassers[32].

21.15 Uhr Die Dresdner Luftschutzpolizei wird vorgewarnt.
21.30 Uhr Die Dresdner Luftschutzpolizei bezieht Posten.
21.37 Uhr In der Telefonzentrale der Örtlichen Luftschutzleitung – künftig ÖL genannt – im Dresdner Albertinum geht die Meldung ein: »Schnelle Kampfflugzeuge überfliegen mit Nordostkurs die Linie Dessau-Gardelegen.«
(Richtig erkannt. Auf Heimatkurs gehende Mosquitos des Magdeburg-Angriffs, der um 21.30 Uhr begann.)
21.39 Uhr Uhr Fliegeralarm für Dresden.
21.40 Uhr Der ÖL wird »Fliegergeräusch über der Stadtmitte« gemeldet. (Da noch kein feindliches Flugzeug Dresden erreicht hat, kann es nur ein eigenes gewesen sein.)
21.40 Uhr Der ÖL wird gemeldet: »Bomberverbände aus dem Raum Halle mit Ostkurs.« (Richtige Erfassung der 5. Bomberflotte, die zur Elbe fliegt.)
21.53 Uhr ÖL meldet: »Schwerer Kampfverband im Raum Chemnitz-Freiberg. « (Falschmeldung als Folge der Täuschungs- und Störmaß-

nahmen. Gemeint waren die neun Mosquitos für Dresden, die sich tatsächlich aber noch weiter südwestlich befanden.)

21.54 Uhr Vorzeitiger Angriffsbeginn in Böhlen, geplant war 22.00 Uhr, durch 4. und 6. Bomberflotte.

21.55 Uhr Alarmstart in Klotzsche, Nachtjäger Messerschmitt Bf 110 der V./NJG5.

21.56 Uhr Die neun Mosquitos 24 Kilometer südlich Chemnitz.

21.59 Uhr Meldung an die ÖL: »Feindliche Kampfverbände im Raum Dresden-Pirna, kreisend.« (Gemeint waren immer noch die neun Mosquitos, die irrtümlich für die schweren Bomber der Hauptstreitmacht gehalten wurden.)

22.02 Uhr ÖL meldet: »Feindliche Kampfverbände nehmen Kurs auf Bischofswerda.« (Höhepunkt der Verwirrung. Die ostwärts Dresden gelegene Stadt Bischofswerda wurde nicht angeflogen. Eventuell berührten die Nachtjäger im Steigflug das Gebiet.)

22.03 Uhr Die Beleuchter und Erstmarkierer der 5. Bomberflotte treffen über Dresden ein. Sie beginnen mit dem Abwurf grüner Markierungsbomben und weißer Leuchtkaskaden, sogenannter Christbäume, die gut gezielt die Stadt und das Elbtal ausleuchten.

22.03 Uhr Sofort und richtig notiert man in der ÖL: »Der Lotsendienst stellt fest, daß der Angriff Dresden gilt.«

22.04 Uhr Der Sender »Horizont« bei der 1. Jagddivision in Döberitz bei Berlin meldet: »Der Verband schneller Kampfflugzeuge von Martha Heinrich 1 nach Martha Heinrich 8, kreisend. Die Bomberspitze in Nordpol Friedrich, Otto Friedrich 3, Kurs Ost-Nord-Ost.« (Auf Grund der falschen Meldungen aus Sachsen hält auch Döberitz zu dieser Zeit die Bomber für die Mosquitos und umgekehrt.)

22.05 Uhr Die ÖL erhält die Meldung: »Weiße Kaskaden schweben über Blasewitz und über der Stadtmitte.«

22.05 Uhr Die Mosquitos beginnen im Tiefflug mit dem Abwurf roter Zielmarkierer über dem Fußballplatz im Ostragehege.

22.06 Uhr Die ÖL warnt über Drahtfunk: »Achtung! Achtung! Achtung! Die Spitzen der großen feindlichen Bomberverbände haben ihren Kurs geändert und befinden sich jetzt im Anflug auf das Stadtgebiet. Es ist mit Bombenabwürfen zu rechnen. Die Bevölkerung wird aufgefordert, sich sofort in die Luftschutzräume zu begeben. «

22.06 Uhr Die ÖL empfängt die Meldung: »Starke Bomberverbände im Raum Halle-Leipzig.« (Richtig erfaßt. Der Angriff auf Böhlen dauert an, die rückwärtige Begrenzung der nach Dresden fliegenden 5. Bomberflotte verläßt diesen Luftraum in Richtung Elbe.)

22.07 Uhr Die Tiefflug-Zielmarkierung wird fortgesetzt.

22.07 Uhr Die ÖL meldet: »Erste Bombenabwürfe über der Stadt.« (Markierer wurden für Bomben gehalten.)

22.08 Uhr Die ÖL notiert: »Berlin fragt an, ob die Befehlsstelle der Ordnungspolizei Hilfe braucht. Die Masse der Bomber bewegt sich immer noch im Raum Dresden-Leipzig, Dessau-Aschersleben.« (Die beiden letzten Standorte beruhten auf Täuschung.)

22.09 Uhr Diese Zeit wird von einigen deutschen Beobachtern als Bombenabwurfsbeginn genannt.

22.11 Uhr ÖL: »Die Flugzeuge wechseln ihren Kurs.« (Eine Meldung ohne Aussage.)

22.11 Uhr In tausend Meter Höhe kreist der Masterbomber in seiner Mosquito über der erhellten Stadt. Über UKW-Sprechfunk fordert er die aus Nordwest anfliegenden Bomber auf: »Masterbomber an Plate-rack-Verband: Beginnen Sie mit dem Angriff und bombardieren Sie das rote Licht der Zielmarkierer nach Plan. Bombardieren Sie das Licht der roten Zielmarkierer nach Plan.«

22.12 Uhr Ende des Angriffs auf Böhlen, 320 Halifax-Bomber gehen auf Heimatkurs.

22.12 Uhr Der Masterbomber wiederholt: »Masterbomber an Plate-rack-Verband: Bombardieren Sie die konzentrierten roten Zielmarkierer nach Plan, sobald Sie wollen.« Er rief die Verbindungs-Lancaster Nummer 1, die mit den Bombern in Verbindung stand: »Fordern Sie die Maschinen im oberen Höhenbereich auf, bis unter die mittlere Wolkendecke herunterzugehen.« Der Masterbomber hatte keine Scheinwerfer und keine Flak beobachtet.

22.13 Uhr Nach zehnminütiger sorgfältiger Präparation durch Beleuchter und Markierer beginnt jetzt, zwei Minuten vor der geplanten Zeit, tatsächlich der Bombenabwurf auf Dresden.

22.14 Uhr Die ÖL notiert: »Weitere Bombenabwürfe über Stadtmitte.«

22.15 Uhr Die ÖL warnt die Bevölkerung abermals: »Achtung! Achtung! Hier spricht die Örtliche Luftschutzleitung. Bombenabwürfe über dem Stadtgebiet. Volksgenossen, haltet Sand und Wasser bereit!« (Das war die letzte Meldung der ÖL, die über Drahtfunk nach außen gegeben werden konnte. Danach wurden bis auf eine Telefonleitung alle Nachrichtenverbindungen unterbrochen.)

22.15 bis Während des Angriffs kommentiert der Masterbomber wei-
22.20 Uhr ter die Bombenabwürfe, und der Hauptmarkierer schaltet sich ein: »Hauptmarkierer an Masterbomber: Die Bomben scheinen jetzt ausgezeichnet zu fallen. Ende.« »Ja, Hauptmarkierer. Es sieht recht gut aus.« »Hallo, Plate-rack-Verband. Die Bombenwürfe liegen gut. Greifen Sie an und zielen Sie wie vorgesehen nach den roten Zielmarkierern. Achtung, einer hat zu spät ausgelöst! Einer hat sehr weit vom Zielpunkt entfernt abgeworfen.« »Masterbomber an Hauptmarkierer: Wenn Sie wollen, können Sie jetzt nach Hause fliegen. Danke.« ... »Gute Arbeit, Plate-rack-Verband. Die Bomben-

würfe liegen ausgezeichnet.« ... »Hallo, Plate-rack-Verband: Versuchen Sie, den roten Schein herauszufinden. Die Bomben fallen jetzt wahllos. Suchen Sie, wenn möglich, den roten Schein heraus, und bombardieren Sie dann nach Plan!«

22.21 Uhr »Masterbomber an Verbindungsflugzeug eins: Geben Sie nach Hause durch: Ziel erfolgreich angegriffen. Stop. Hauptplan. Stop. Durch Wolkendecke. Stop.«

22.28 Uhr Es fallen nach britischen Angaben die letzten Bomben. Dennoch notiert man in der ÖL: »Neue Verbände im Anflug, erneut Bombenabwürfe.«

22.30 Uhr Alle Verbände der 5.Bomberflotte sind auf dem Rückflug. Die ÖL und andere Beobachter in Dresden stellen das Angriffsende um 22.35 Uhr fest.

22.37 Uhr Meldung der ÖL: »Wieder neuer Anflug auf Dresden.« Trotzdem erfolgt die Einstellung der Luftlagemeldungen, und es erfolgt die Vorentwarnung. (Es gab keinen neuen Anflug zu dieser Zeit.)

22.40 Uhr Vorentwarnung.

23.28 Uhr Entwarnung.

Die Zeitdifferenz zwischen britischen und deutschen Quellen über das Ende des Angriffs kann zugunsten der britischen Angaben entschieden werden; denn diese wurden exakt in den Logbüchern notiert von Soldaten, die darin Übung hatten und die keinem Schock ausgesetzt waren. Die deutschen Berichte besagen nichts anderes, als daß alle möglichen akustischen und optischen Wahrnehmungen auch noch über das tatsächliche Ende der Bombenabwürfe hinaus sinnestäuschend nachgewirkt haben: angeschlagene Häuser stürzten polternd zusammen, das Feuer fraß sich knisternd und prasselnd seinen Weg, Blindgänger, von nachrutschendem Schutt oder von Flammen erfaßt, detonierten, Langzeitzünderbomben gingen mit Getöse hoch.

Die 5. Bomberflotte war auf keinen Widerstand gestoßen. Keine Scheinwerfer hatten Lichtgitter in den Himmel gestellt, keine Flak hatte gefeuert; zu Luftkämpfen mit den in Klotzsche aufgestiegenen Nachtjägern war es nicht gekommen.

Dennoch hatte die V./NJG5 eine Bf 110 verloren, angeblich durch die eigene leichte Flak des Flugplatzes, die, beim Herannahen der Bomber nervös geworden, auf die in geringer Höhe kreisende Maschine geschossen habe. Gegen diese Darstellung stehen andere Aussagen, daß es, wie in der Stadt, so auch in Klotzsche, keine Flak, gleich welchen Kalibers, mehr gegeben habe[33].

Die Messerschmitt könnte, über der Stadt Höhe gewinnend, in die in dichten Schauern niedergehenden Stabbrandbomben geraten und so zum Absturz gebracht worden sein. Auf diese Weise verlor die 5. Bomberflotte eine, die einzige Lancaster[34].

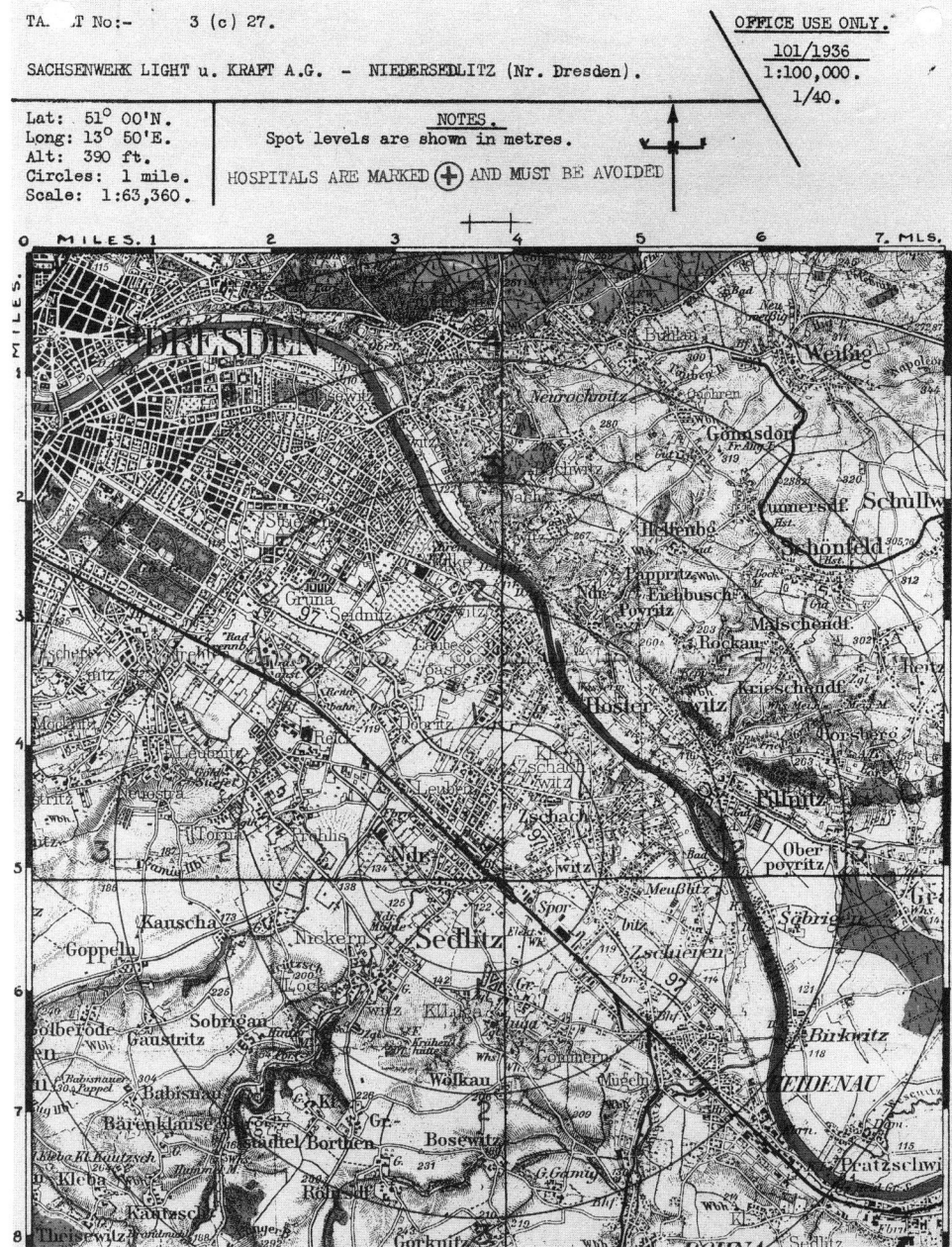

TA. T No:- 3 (c) 27.

SACHSENWERK LIGHT u. KRAFT A.G. - NIEDERSEDLITZ (Nr. Dresden).

OFFICE USE ONLY.
101/1936
1:100,000.
1/40.

Lat: 51° 00'N.
Long: 13° 50'E.
Alt: 390 ft.
Circles: 1 mile.
Scale: 1:63,360.

NOTES.
Spot levels are shown in metres.

HOSPITALS ARE MARKED ⊕ AND MUST BE AVOIDED

30 Die erste Zielkarte von Dresden erhielt das RAF-Bomberkommando im Dezember 1939. Im Mittelpunkt der um das Ziel geschlagenen Meilenkreise liegt das Sachsenwerk, ein Rüstungsbetrieb in Niedersedlitz, acht Kilometer südöstlich der Stadtmitte. Es wurde später nicht angegriffen. 1939 wurde noch darauf hingewiesen, daß Treffer in Krankenhäuser vermieden werden müßten; deshalb seien sie in der Karte durch ein Kreuz gekennzeichnet.

District Target Map
No. G. 82

DRESDEN
(GERMANY)

Illustration No.
D.T.M. G. 82/1

31 Für die Angriffe auf Dresden in der Nacht des 13./14. Februar 1945 stand dem Bomberkommando diese Zielkarte zur Verfügung. Sie entspricht nicht den sonst üblichen, grafisch überarbeiteten Zielkarten, sondern beruht auf Luftfotos, die, im September 1943 von einer Mosquito aufgenommen, im November 1943 zu einer Mosaikkarte zusammengesetzt wurden. Der Zielsektor des ersten Nachtangriffs ist weiß eingezeichnet; er schneidet, vom DSC-Fußballstadion im Ostragehege ausgehend, ein viertelkreisförmiges Stück aus der Innenstadt heraus.

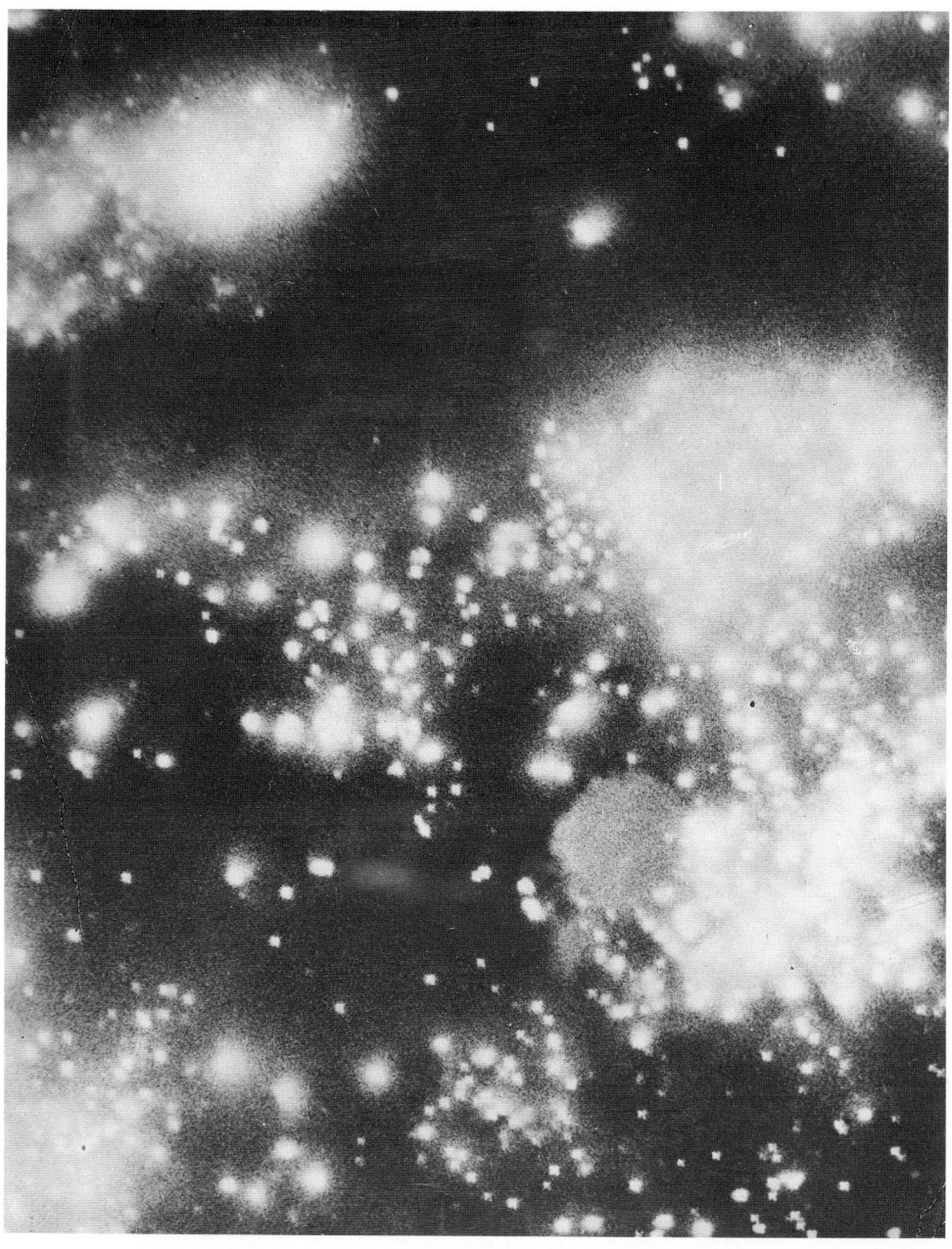

32 Bereits während des ersten Nachtangriffs wurden durch die massenhaft abgeworfenen Stabbrandbomben zahllose Einzelbrände entzündet, die sich rasch zu Großfeuern ausdehnten. Wo sie sich zu Flächenbränden entwickelten, entstand der berüchtigte Feuersturm.

13./14. Februar 1945. Während des zweiten Nachtangriffs kreiste eine Lancaster in 4 800 Meter Höhe über der brennenden Stadt, die von 01.30 bis 01.35 gefilmt wurde. Die Abbildungen 33, 34 und 35 sind aus diesem Film.

33 (oben) Dies ist der weithin aufleuchtende Lichtblitz einer explodierenden »Luftmine«, eines viertausendpfündigen »Wohnblock-Knackers«.

34 (unten) In Sekundenschnelle schießt über der Einschlagstelle ein Rauchpilz empor, der wie ein kleiner Atombombenpilz aussieht.

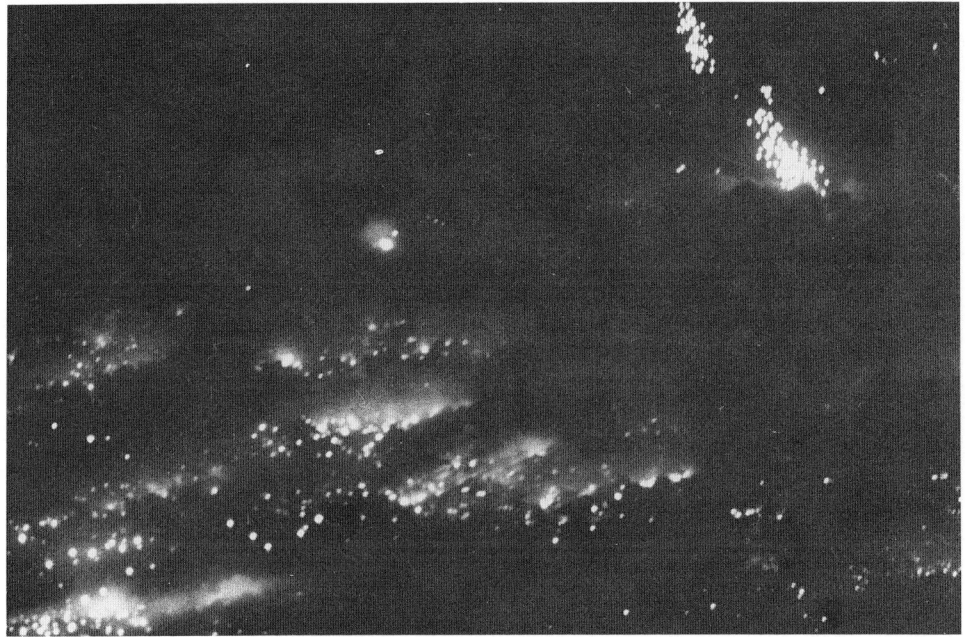

35 (oben) Im Stadtgebiet wüten riesige Flächenbrände. Die von den nachfolgenden Bom berwellen abgeworfenen Himmels-Markierer, sie sogenannten Christbäume, versinken in den Rauchmassen.

36 (unten) Der Feuersturm, wie ihn die Flugzeugbesatzungen erlebten. Aus dem rot und weiß glühenden Hexenkessel der verbrennenden Stadt quellen kilometerhohe Rauchgebirge, gespenstisch von Leuchtbomben angestrahlt.

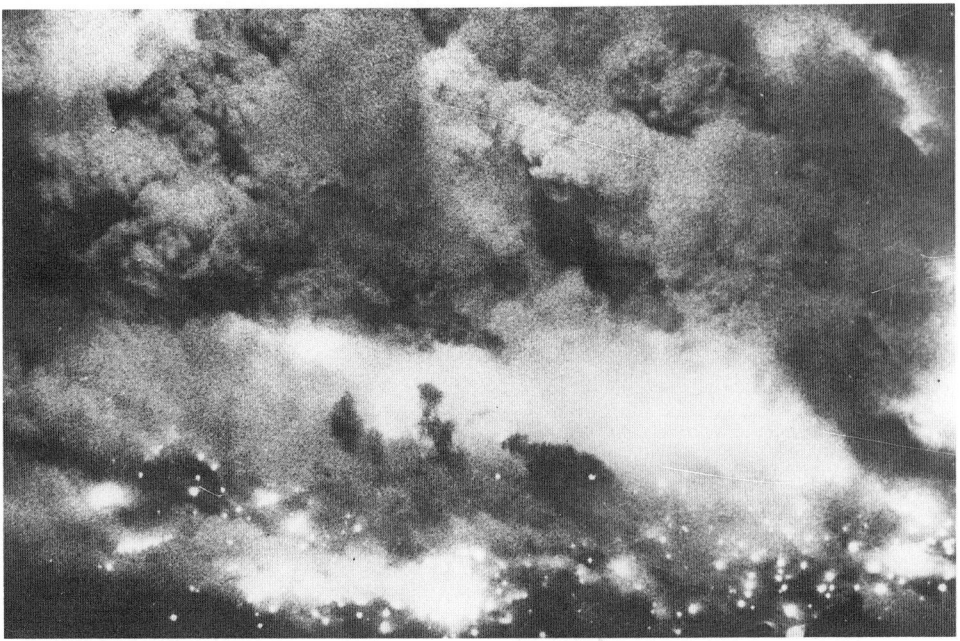

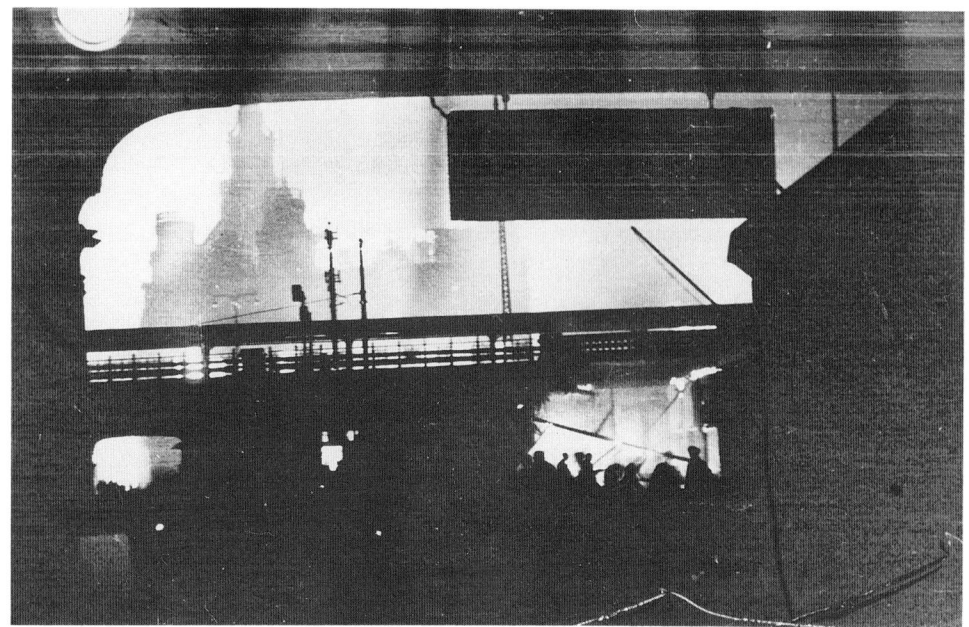

37 Brände nach dem 1. Nachtangriff in der Umgebung des Hauptbahnhofs. Blick zum Eckhaus Wiener Platz / Prager Straße.

38 Alte Technische Hochschule am Bismarckplatz gegen 23.45 Uhr.

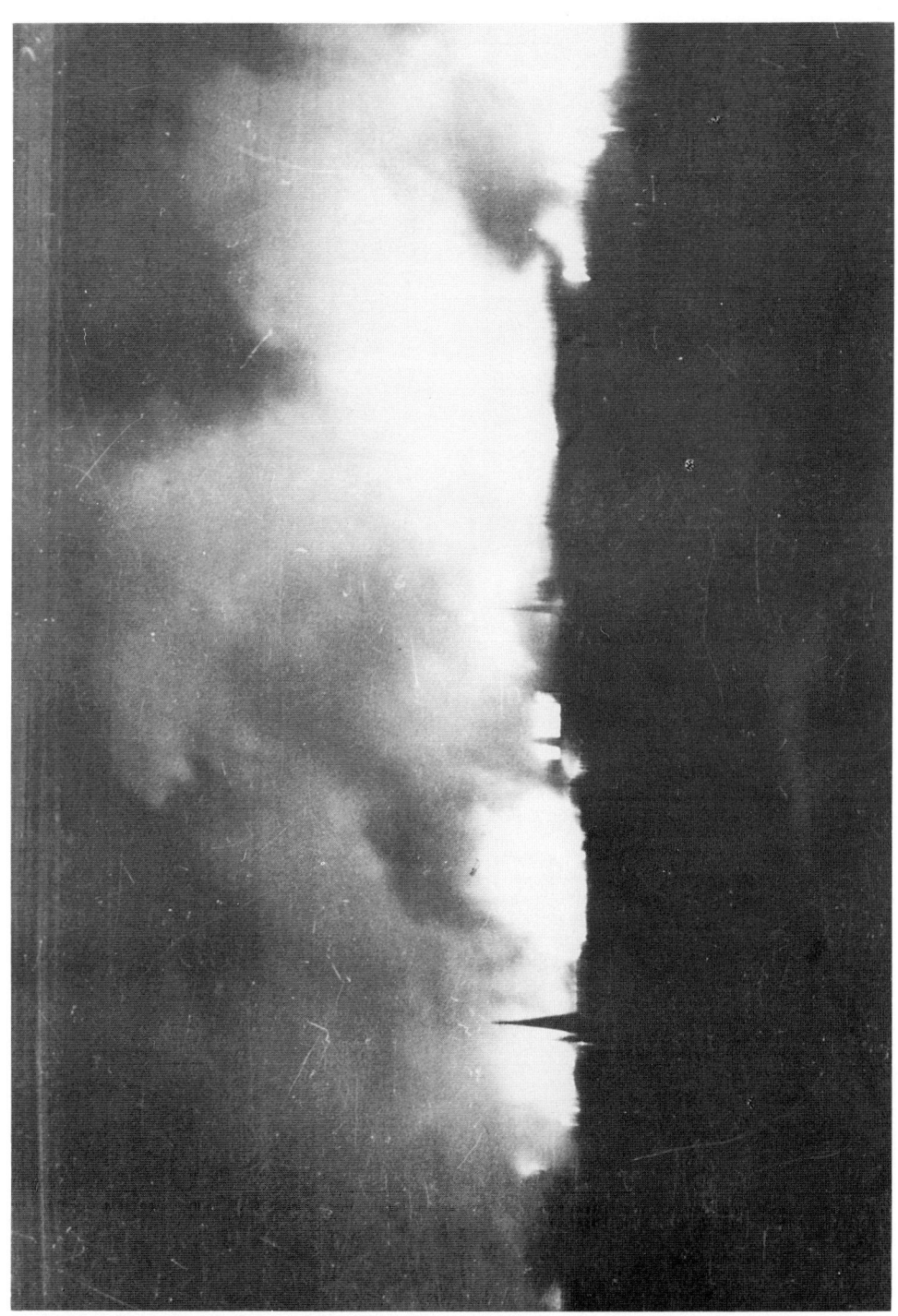

39 Nach dem 2. Nachtangriff wüten Feuerstürme. Blick in Richtung Wiener Straße – Stadtmitte, links der Turm der Englischen Kirche.

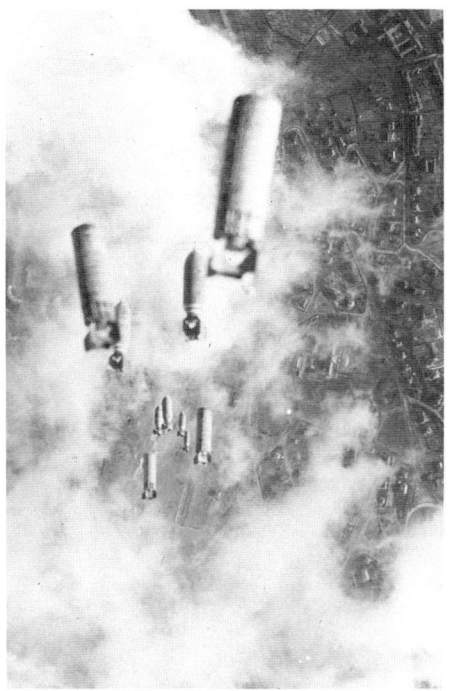

40 14. Februar 1945. Gelegentlich aufgerissene Bewölkung beim amerikanischen Angriff am Mittag nach dem britischen Doppelschlag. Die Bombenlast: sechs 500-Pfund-Sprengbomben und vier der zylindrischen 500-Pfund-Zerfallbehälter für Stabbrandbomben pro Fliegende Festung.

41 15. Februar 1945. Diesmal war die Wolkendecke geschlossen, der Angriff verstreute sich weit. Jedes Flugzeug warf 16 Sprengbomben zu 250 Pfund ab. Ursprüngliches Ziel war die Benzinraffinerie Böhlen.

42 Aschermittwoch 1945 in Dresden. Im Luftschutzkeller des Hauses links überlebte der Verfasser mit seiner Familie.

Der Bomberstrom ging in eine leichte Rechtskurve, sich zunächst mit Süd-, dann mit Südwestkurs von dem Geflirr tausendfach aufsprühender Brandherde fortschlängelnd. Der kritische Wendepunkt bei Brüx wurde umschifft, ohne daß Verluste durch die dortige Flak eintraten. Die Bomber nahmen ihren Rückweg über die Tschechoslowakei und Süddeutschland, bevor sie über Frankreich nach Nordwesten strebten, von woher die Lancaster des zweiten Schlages einflogen.

Zwischen den beiden Angriffen sollten sich, nach dem Plan des Bomberkommandos, im begrenzten Zielsektor die Brände voll entfalten und zum Feuersturm entwickeln. In die Löscharbeiten sollte der zweite Angriff hineinschlagen; jede Brandbekämpfung würde ausfallen und die Stadt könnte unbehindert niederbrennen. Auch hoffte Sir Arthur Harris im Hauptquartier in High Wycombe, die deutschen Nachtjäger würden ihr Benzinkontingent verbraucht haben, wenn sie zur Bekämpfung der Einflüge der ersten Operationsphase aufgestiegen wären[35].

Aus der Sicht der Angreifer – wie hat die 5. Bomberflotte ihren Befehl ausgeführt? War es ihr gelungen, ihre Bombenlasten gleichmäßig über den viertelkreisförmigen Sektor der Innenstadt zu verteilen?

Nach der exakten Markierung erfolgte ein nicht minder exaktes Bombardement. Das Zielgebiet wurde, vom Markierungspunkt DSC-Stadion ausgehend, im Norden von einer 2 160 Meter langen Linie begrenzt, die durch folgende geographische Punkte verlief: Elbe – Neustädter Markt – Finanzministerium – rechtes Elbufer – linkes Elbufer in der Mitte zwischen Carolabrücke und Albertbrücke.

Von dort verlief der viertelkreisförmige Zirkelschlag über die Kreuzungen Ziegelstraße/Pillnitzer Straße – Johann-Georgen-Allee/Johannesstraße zum Georgplatz und weiter zum Ferdinandplatz, zur Kreuzung Prager Straße/Struvestraße – zum Plauenschen Platz und zur Falkenbrücke. Diese Linie beschreibt die östliche, südöstliche und südliche Begrenzung.

Die westliche Linie des gleichschenkligen Dreiecks ging ebenfalls vom Fußballplatz aus, verlief über Wettiner Platz – Freiberger Straße – Kreuzung Ammonstraße/Güterbahnhofstraße auf die Gleisanlagen neben der Falkenbrücke[36].

Tatsächlich wurde der gesamte Zielsektor, dessen größte Breite 2 500 Meter betrug, dicht mit Bomben belegt, wenn auch nicht so dicht, daß er lückenlos in Brand geriet. Besonders im westlichen Bereich und im Viertel um Neumarkt und Albertinum überstanden viele Häuser den ersten Angriff.

Die Abwürfe haben sich nach Norden verschoben, das heißt, es wurde ein größeres Gebiet der Neustadt getroffen, obwohl sie auf der Zielkarte nur im Elbuferbereich angeschnitten war. Verstreute Bombenreihen trafen bis zu 1 000 Meter zu weit nördlich auf.

Daß viele Bombenserien nach Südosten über den Zielsektor hinausschießen würden, ist sicherlich einkalkuliert gewesen; denn die Anflugrichtung der

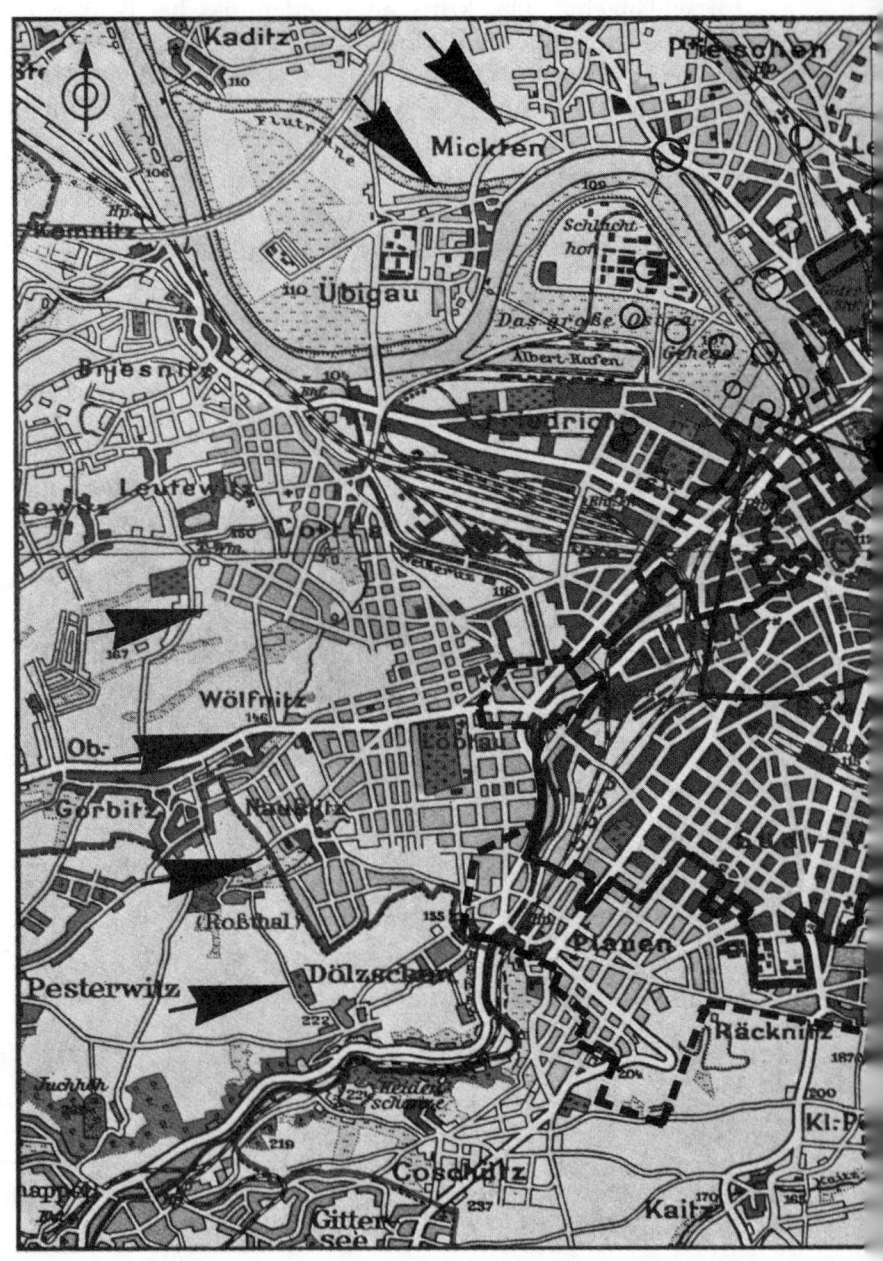

Dresden Stadtgebiet, 13./14. 2. 1945, Schadensgebiet nach beiden Nachtangriffen.

13./14. Februar 1945   Dresden Hauptziel
RAF Bomberkommando 5. + 1., 3., 6., 8. Bomberflotte
Karte der bei den zwei Nachtangriffen verursachten Schäden im Stadtgebiet.
Innerhalb der durchgehenden Linie: 75–100% zerstört.
Innerhalb der unterbrochenen Linie: 25–75% zerstört.
Kreise: Verstreute Bombenabwürfe.
Viertelkreis: Zielsektor des 1. Angriffs.
In Johannstadt und Striesen blieben im Totalschadensgebiet einige Häusergruppen erhalten.
Vorgeschriebene Anflugrichtungen:
◄ 1. Angriff   ► 2. Angriff

1000 M

meisten Lancaster war Südostkurs. Die Überschreitung betrug hier bis zu 1 000 Meter, aber etliche Bombenladungen fielen noch weiter ostwärts von der Innenstadt an der Brücke »Blaues Wunder«, in Loschwitz, Blasewitz, Reick und Striesen. Die Abweichung erreichte bis zu 5 000 Meter; der Masterbomber hatte es gerügt. Allgemein jedoch wurde etwa die Linie erreicht, die hier durch die damalige Straßenbahn 26, die »Stadtrundbahn«, befahren wurde, nämlich Sachsenplatz – Güntzstraße – Stübelplatz – Lennéstraße. Westlich der Bürgerwiese traten die Schadensstellen mehr zum Zentrum hin zurück, ungefähr entlang der Struvestraße.

In Richtung Süden gab es wenige den Zielsektor überschreitende Einschläge. So brannten zum Beispiel das Feuerversicherungs-Eckhaus Prager Straße/Wiener Platz bis zur Lüttichaustraße, in den Gleisanlagen des Hauptbahnhofs das Stellwerk an der Hohen Brücke, am Bismarckplatz die Alte Technische Hochschule.

Die westliche Zielflächenbegrenzungslinie wurde nicht nennenswert nach Westen überschritten; eher war eine leichte Verschiebung der Konzentration nach Osten, zum Stadtkern, erkennbar.

Ein großes Problem ist bei den meisten Angriffen das zu frühe Auslösen der Bomben gewesen, das oft dazu geführt hatte, daß die Einschläge bis in die Vororte oder auf freies Land »zurückgekrochen« waren. Dafür gab es manchen Grund – Störung durch deutsche Jäger oder Flak, Furcht vor dem Flug durch die Flaksperren, Sichtbehinderung durch Scheinwerfer, Nebel, Dunst, Wolken, unruhiger Flug bei schlechtem Wetter, falsch gesetzte Markierungen, Nervosität oder Angst der Besatzungen. In Dresden fielen alle diese Gründe weg. Nur vereinzelt gingen zu früh ausgelöste Spreng- und Brandbomben westlich vom DSC-Stadion nieder[37].

Noch 1943 galt es als Erfolg, wenn die Bomben irgendwo innerhalb eines Kreises von drei Meilen um den Zielpunkt einschlugen.

Mit dem Präzisionsbombardement von Dresden wurde deutlich, welcher Fortschritt seither in der Angriffstechnik gemacht worden war. Allerdings mußten zu den technischen Möglichkeiten die Fertigkeiten der Männer des Bomberkommandos, die günstigen meteorologischen Bedingungen und das Fehlen jeglicher Abwehr kommen, um diesen Angriff über eine so weite Entfernung zum Präzisionsbombardement werden zu lassen. Die Zielmarkierungs-Mosquitos konnten in Höhen zwischen 280 und 1 000 Meter operieren; die Anflughöhe der Bomber konnte auf 3 400 bis 5 400 Meter zwischen die Wolkenschleier herabgesetzt werden.

Nach diesem Nachtangriff hätte Dresden so ausgesehen, wie viele bombardierte deutsche Städte bereits 1943 ausgesehen haben – angeschlagen, aber nicht ausradiert. Erst durch den Doppelschlag wurde Dresden in einer Nacht so verwüstet, wie andere Städte durch Dutzende von Angriffen verwüstet worden sind.

Über den zweiten Angriff liegen weniger deutsche Originaldokumente und

Detailangaben vor als über den ersten, obwohl oder weil er schwerer war und der Stadt den Todesstoß versetzte. So soll wenigstens versucht werden, die Kulmination des Infernos in das nüchterne Schema der Zeittafel zu pressen.

Diesmal rollten 550 Lancaster an den Start, von denen 529 Dresden bombardierten. Beteiligt waren die 1., 3. und Teile der 6. Bomberflotte. Die Pfadfinder der 8. Bomberflotte führten die Kampfverbände an, und die 8. Bomberflotte stellte auch die Zielmarkierer im Höhenmarkierungsverfahren und die Beleuchter, die, über den gesamten Bomberstrom verteilt, für die ständige Erneuerung der an Fallschirmen herniedersinkenden Leuchtkaskaden sorgten.

Abermals zauberten die Störflugzeuge der 100. Gruppe einen funktechnischen Hexensabbat in den Äther. Von 23.25 bis 00.30 Uhr schirmten sie in Nord-Südrichtung hinter der Frontlinie im Westen den Himmel ab. Eine Viertelstunde nach Mitternacht stießen 16 Mosquitos durch den unsichtbaren »Mandrel-Vorhang« zu einem Ablenkungsangriff auf Bonn.

Die Hauptstreitmacht folgte bei ihrem Einflug zunächst fast genau der Route, die die 5. Bomberflotte genommen hatte. Sie flog knapp südlich vom 50. Breitengrad nach Osten, behielt dann aber diesen Kurs über den 5. und 6. Längengrad hinaus über eine Entfernung von 600 Kilometern bei. Zugleich schwärmten »windowers«, Stanniolstreifen abregnende Flugzeuge der 100. Gruppe, in den Raum Köln-Koblenz aus. Nachtjäger kontrollierten den süddeutschen Luftraum[38].

Dennoch: verglichen mit den sich vielfach überschneidenden Einflugrouten, den falsch gelegten Fährten, den Täuschungs- und Tarnmanövern während der ersten Operationsphase war diesmal für die Deutschen die Luftlage leichter zu analysieren. Der ungefähr 200 Kilometer lange Bomberstrom, der stur seinen Ostkurs beibehielt, war trotz der Ablenkungseinflüge nicht auf den Radarschirmen zu verfehlen. Eine authentische Meldung der deutschen Luftraumüberwachung ist erhalten geblieben. Sie wurde um 00.52 Uhr in der Telefonzentrale der Örtlichen Luftschutzleitung im Dresdner Albertinum aufgeschrieben – wo also, wie zu folgern ist, die Telefonverbindung zur Außenwelt trotz des draußen tobenden Feuersturmes noch nicht ganz unterbrochen war. Die Meldung heißt:

»Die Spitze eines neuen Bomberverbandes erreichte Bamberg. Sie nahm Nordostkurs. Außerdem wurden aus der Gegend Mainz-Aschaffenburg starke Bomberverbände gemeldet, die Ostkurs eingeschlagen hatten.«[39]

Die Meldung ist ein Beweis, daß die Hauptgefahr erkannt wurde. Die Bomberspitze war wirklich zwischen Schweinfurt und Bamberg auf Nordostkurs eingedreht und die rückwärtige Begrenzung des Einfluges befand sich im Raum Mainz. Welche Standorte hatten die anderen Einflüge in diesem Moment, 00.52 Uhr?

Die Mosquitos von Bonn waren abgeflogen. Neun Mosquitos standen kurz vor Magdeburg, das den zweiten Angriff erwartete. Sieben Mosquitos überflogen den Raum Münster; sie sollten, nach einem Täuschungsflug bis Kassel, nordwärts fliegen, und 01.30 Uhr die Raffinerie in Misburg bei Hannover angreifen.

Das verlief planmäßig. Um 01.30 Uhr wurde in der Örtlichen Luftschutzleitung Dresden notiert:

»Schnelle Kampfflugzeuge überfliegen die Linie Eger-Plauen mit Nordostkurs.«

Vermutlich waren das Nachtjäger, die den Bomberstrom südlich abgesetzt begleiteten, denn Mosquitos flankierten die Bomber als Begleitschutz und Radarpatrouille; vielleicht waren es auch durch »window« verursachte Täuschungen[40]. Die Angriffsstreitmacht jedenfalls marschierte nach Gera, ging dort auf Ost-Nord-Ostkurs zum direkten Zielanflug über 120 Kilometer nach Dresden, und schon aus dieser Entfernung sahen die Piloten am Horizont ein rötliches Glimmen, das beim Näherkommen größer und größer wurde und als Feuersäule unter ihnen stand. Sie brauchten nur darauf zuzuhalten. Dresden war sein eigenes Markierungs-Leuchtfeuer geworden.

Um sieben Minuten nach ein Uhr hatten die Sirenen geheult, aber nur in den Vororten; in der Innenstadt war die Alarmanlage ausgefallen. Der Beginn des zweiten Angriffs wurde in der Örtlichen Luftschutzleitung 01.16 Uhr registriert. 01.22 Uhr heißt es, und das wieder erstaunlich exakt, im Polizeibericht; denn die ersten Leuchtbomben der Blindbeleuchter flammten um 01.23 Uhr über den gewaltigen Rauchmassen auf[41].

01.28 Uhr traf der Masterbomber ein, zwei Minuten später sein Stellvertreter. Beide Offiziere stellten fest, daß sie den Zielpunkt – das war der Altmarkt – nicht identifizieren konnten. Der Feuersturm, der im Kern und im östlichen Teil des Stadtzentrums wütete, spie eine kilometerhohe Rauchwolke aus, die nach Südosten abzog und diesen Teil der Stadt verschleierte.

Im Sprechfunkgespräch zwischen dem Masterbomber und seinem Stellvertreter fiel nun die Entscheidung, die dazu führte, daß dem Schicksal Dresdens der Stempel des Außergewöhnlichen aufgedrückt wurde. Sollten sie den Angriff, da sie ihn nicht genau nach Plan ablaufen lassen konnten, auf das bereits in Flammen stehende Gebiet konzentrieren, um hier ein Höchstmaß der Vernichtung zu erzielen? Oder sollten sie die Bombardierung ausdehnen auf die Stadtviertel im Osten, Süden und Westen des Flächenbrandes? Die Entscheidung fiel zugunsten der Ausdehnung des Angriffs.

Die Flugzeugbesatzungen beobachteten massenhafte Brände südlich der Elbe und kleinere Feuer nördlich des Flusses. Die Markierung begann pünktlich mit Leuchtkaskaden, aber den Fliegern erschien sie kaum notwendig, da das bebaute Stadtgebiet im Licht der Brände klar sichtbar war. Dann wurden grüne Zielmarkierer gesetzt, und der Masterbomber befahl, die Bomben zwei Sekunden nach Überfliegen der grünen Markierer auszulösen. Später wurden rote Markierer über den bereits brennenden Stadtvierteln abgeworfen mit der Anweisung, auf diese roten Leuchtpunkte zu zielen. Gegen Ende des Angriffs hatten die Flächenbrände eine solche Intensität erreicht, daß es schwierig

134

wurde, die Markierer überhaupt noch zu erkennen. Die letzten Instruktionen, die der Masterbomber ab 1.42 Uhr gab, lauteten, »die Mitte der Feuer« zu bombardieren[42].

Im Fall Dresden bedeutete das nicht eine Verzettelung, wie so oft, wenn die bombardierte Fläche sehr umfangreich war. Diesmal bedeutete es Ausweitung bei gleichzeitiger Konzentration.

Um 01.30 Uhr fielen die ersten Bombenreihen wie angewiesen links von der brennenden Innenstadt. Das heißt, daß in den ersten Minuten die Stadtviertel Friedrichstadt und Löbtau getroffen wurden.

Die nächsten Bomberwellen verlagerten ihre Abwürfe auf die Südvorstadt. Jetzt geriet auch der Hauptbahnhof in den Bombenhagel, mit allen furchtbaren Folgen für die Flüchtlinge, die sich dort drängten. Weiter im Süden flammten Brände bis nach Plauen, Räcknitz und Zschertnitz auf, im Südosten gerieten viele Villen in Strehlen in Brand.

In der nächsten Angriffsphase wanderten die Einschläge in das Gebiet rechts von dem großen Flächenbrand. In Johannstadt und Striesen wurde eine außerordentliche Konzentration der Brandbomben erreicht, im Großen Garten detonierten Dutzende von Sprengbomben, und Tausende von Brandbomben versprühten im Gras und zwischen den hierher geflüchteten Menschen. Breite Schneisen der Zerstörung wurden in Gruna und Reick geschlagen, und sogar noch in den Vierteln Blasewitz und Loschwitz standen einzeln und reihenweise Wohnhäuser in Flammen[43].

Niedriger als die Bomber fliegend dirigierte der Masterbomber sorgfältig die heranbrausenden Wellen der Lancaster über die noch nicht brennenden oder nur von Einzelbränden gesprenkelten Stadtviertel. Soweit sie in Windrichtung lagen, waren die Bombeneinschläge gut zu erkennen. Glitzernden Streifen glichen die dicht nebeneinander gelegten Brandbombenteppiche. Ein Feuerball erhellte die Umgebung und im grellen Licht der Leuchtkaskaden schoß ein dunkler Rauchpilz empor, der die Form eines kleinen Atombombenpilzes annahm, wenn eine der schweren Luftminen explodierte. Damals konnte noch niemand diesen Vergleich ziehen, aber das ist der Eindruck, den man hat, wenn man heute den Film betrachtet, der während des zweiten Nachtangriffs gedreht wurde.

Die Lancaster »Y« der 463. Staffel kreiste von 01.28,5 bis 01.37 Uhr in 4 800 Meter Höhe über Dresden und brachte eines der schaurigsten Dokumente des Krieges mit. Der Film zeigt die vom Feuer eingefaßten Straßen, die am Himmel erstrahlenden und in die gigantischen Rauchgebirge hineinsinkenden »Christbäume«, er zeigt die durch starke Kälte auf dem Negativ entstandenen bizarren Formen, die ihrerseits wie irgendwelche rätselhaften Erscheinungen des nächtlichen Luftkrieges wirken. Die Flughöhen lagen für die Pfadfinder-Lancaster der 8. Bomberflotte zwischen 2 400 und 6 300 Meter. Die 1., 3. und 6. Bomberflotte flogen 4 800 bis 7 000 Meter hoch[44].

Im Norden warteten die Nachtjäger auf Starterlaubnis. 18 Bf 110 waren diesmal einsatzbereit. Ihre rechtzeitige Alarmierung ist ein Beweis, daß die deutschen Jägerleitzentralen die zeitweilige Verwirrung, die während der ersten Operationsphase geherrscht hatte, überwunden hatten. Aber der Startbefehl kam nicht. Die Besatzungen saßen in ihren Maschinen und mußten dem Angriff tatenlos zusehen. Außerdem ließ der Kommandant des Flughafens Klotzsche die Leuchtpfade regelmäßig ein- und ausschalten, um Transportflugzeugen, die er aus Breslau erwartete, Landesignale zu geben. Die Piloten fühlten sich wie auf dem Präsentierteller[45].

Die letzten Bomben fielen um 01.55 Uhr. Erstaunlich genug, daß in diesem Chaos der deutsche Polizeibericht fast auf die Minute die gleiche Zeit angibt. In den Ortschaften rund um Dresden wurde um 02.15 Uhr Entwarnung gegeben[46].

Enger als die Flugzeuge der 5. Bomberflotte kurvten die Maschinen der 1., 3., 6. und 8. Bomberflotte nach Südwesten weg, aber auch sie holten weit nach Süddeutschland aus, vorbei an Nürnberg, Stuttgart und Straßburg, bis sie endlich in Richtung England eindrehten. Sie ließen ein loderndes Stadtgebiet zurück, das auf ihren Zielkarten gar nicht in seinem ganzen Umfang abgebildet war. Die Brandfläche maß etwa 7 000 Meter von Ost nach West und 5 000 Meter von Nord nach Süd. Über die Opfer wird noch zu sprechen sein. Dresdens längste Nacht war vorüber[47].

Die Gesamtverluste der RAF betrugen in dieser Nacht lediglich sechs Flugzeuge. Drei davon gingen verloren, als sie über Dresden, von Stabbrandbomben über ihnen fliegender eigener Maschinen durchsiebt, zum Absturz gebracht wurden; eine Lancaster beim ersten, zwei beim zweiten Angriff. Die britische Fernnachtjagd beansprucht zwei Abschüsse deutscher Nachtjäger für sich[48].

In Dresden wurden drei Absturzstellen registriert. Ein englisches Flugzeug in der Nordstraße hatte fünf Tote an Bord. Beim Wasserwerk Tolkewitz auf den Elbwiesen wurde ein Flugzeug unbekannten Typs aufgefunden mit fünf Toten. Ferner heißt es:

»Ein englisches Flugzeug Albertplatz abgestürzt, ein Mann tot, Verbleib der übrigen unbekannt.«[49]

Die vor dem Hochhaus am Albertplatz liegenden Trümmer mit zwei Motoren waren vermutlich Überreste einer Lancaster[30].

Was in dieser Nacht in Dresden geschehen ist, hat sich tief in die Erinnerung derer eingegraben, die es miterlebt haben. Diese menschlichen Erfahrungen machen den eigentlichen Stoff des Dramas aus; hier wurde nur der Rahmen gezimmert, wurde nur militärisches Material verarbeitet. Auf menschliches Leid wird später eingegangen.

Dresden – das war der gewaltigste konventionelle Brandbombenangriff auf dem europäischen Kriegsschauplatz mit den größten Feuerstürmen. Aber die Statistik verrät Seltsames: die Gesamttonnage an Explosivbomben war größer als die der Brandbomben. 1 477,7 Tonnen Minen- und Sprengbomben und 1 181,6 Tonnen Stabbrandbomben wurden abgeworfen, was einer Menge von rund 650 000 Stück entsprach. Das Verhältnis ist 55 Prozent Spreng- zu 45 Prozent Brandmunition, während es bei früheren Brandangriffen des Bomberkommandos etwa 35:65 betrug. Aber es wurden 529 schwere Luftmi- nen abgeworfen in Dresden, und das erklärt die Gewichtsverschiebung. Die Einzelheiten sind in den Anmerkungen nachzulesen[51].

Der Zusammenbruch der Nachrichtenübersicht für den Raum Dresden spiegelt sich in der Eintragung des Kriegstagebuches des Oberkommandos der Wehrmacht wider, Lagebuch vom 14. Februar 1945:

... in der Nacht ein zweimaliger Angriff gegen Dresden mit je 200 Bombern und 80 Moskitos. In der Presse wird der Angriff gegen das bisher verschonte Dresden damit begründet, daß den Russen geholfen werden soll. Ferner 300 Flugzeuge gegen 2 Hydrier-Werke in Mitteldeutschland. Kurze Unruhe schaffte die falsche Meldung vom Absprung von 1000 Fallschirm-Jägern westlich Dresden. Kleinere Angriffe gegen Magdeburg und Hannover. Dagegen nur 27 eigene Nachtjäger.«[52]

Im Kriegstagebuch der I./NJG 1 heißt es unter dem 13./14. 2. 1945:

»... zweimaliger Angriff auf Dresden. Wegen angeblicher schlechter Jagd- möglichkeiten kein Einsatz...«[53]

Auch die gegenseitige Lageunterrichtung der Wehrmachtführung litt kurz- fristig unter Kommunikationsschwäche. In den geheimen Tagesberichten der Wehrmachtführung vom 13. 2. 1945 meldet der Luftwaffenführungsstab, Ic, die Angriffe als schwer, die Zahl der angreifenden Flugzeuge zu niedrig; wegen Ausfalls der Fernsprechleitungen könnten noch keine Angaben zu den Schäden gemacht werden.[54]

Aber bereits in zwei Nachtragsmeldungen wird detailliert berichtet. Daraus ist zu folgern, daß die Nachrichtenverbindungen rasch wieder aufgebaut werden konnten. Darin heißt es u. a.:

»Zweimaliger schwerer Terrorangriff auf das gesamte Stadtgebiet, mit Schwerpunkt Wohn- und Geschäftsviertel der Innenstadt. Zahlreiche Brände, Feuerstürme in der Innenstadt. Schwere Häuserschäden im Stadtgebiet.«

Gemeldet werden die völlig und teilweise zerstörten Stadtteile, die meisten getroffenen öffentlichen Gebäude von Bedeutung, vom Zwinger bis zum Opernhaus, vom Innenministerium bis zu den Verkehrs- und Wehrmachtanla- gen sowie Schäden in wichtigen Werken der Rüstungsindustrie, z. B. Clemens Müller (Sondergeräte), Ika (opt. Geräte), Ernemann (Zünder, opt. Geräte), Mas Baldeweg (Flugzeugausrüstung) usw., 500 000 Obdachlose werden geschätzt. Außerdem:

»Personenverluste: voraussichtlich sehr hoch, vor allem durch den 2. Angriff, als große Teile der Bevölkerung aus der Stadt flüchteten.«[55]

Am 14. 2. 45 wird in der Morgenmeldung nur noch knapp referierend auf Dresden eingegangen.[56]

9
Aschermittwoch

»Was würde die Kölnerin wohl heute zur Lage der Dresdnerin sagen? ›Reg dich nicht auf, liebe Dresdnerin! Betonbunker, Panzersperren und Sprenglöcher an allen Brücken haben wir schon im Frieden kennengelernt. Die Schutzmaßnahmen haben uns am Rhein stets sehr beruhigt und es uns ermöglicht, in Sicherheit vorm Feinde zu leben. Deshalb, liebe Dresdnerin, gewöhn' dich an alles, was Männer für dich tun. Vaterlandsliebe fängt im starken Herzen an. Laß es dir nicht von Schwarzhörern, Angsthasen und Gerüchtemachern schwach schwätzen.‹ «

Aus: »Taktik für Hausfrauen«. In: »Der Freiheitskampf«, Dresdner NSDAP-Organ, gedruckt am Abend des 13. Februar 1945 für die Ausgabe vom 14. Februar 1945.

Am Vormittag des 14. Februar 1945 – Aschermittwoch – hing über der Weite des Elbtales eine schmutzfarbene Rauchdecke, die von einem mäßigen Nordwestwind angelüpft wurde. Schwelbrände fraßen sich knisternd durch verschüttete Straßen, nachdem die rasende Gewalt der nächtlichen Feuerstürme erlahmt war. Der grau verhangene Himmel verstärkte den Eindruck der Trostlosigkeit. Hier und da kletterten Obdachlose und Rettungstrupps über Steingebirge oder sie tasteten sich durch Hitze ausstrahlende hohle Fassadenschluchten vorwärts.

Gab es in diesem fünfzehn Quadratkilometer großen Massengrab überhaupt noch ein Ziel? Die Frage muß bejaht werden, wenn sie vom nüchtern-militärischen Standpunkt aus beantwortet werden soll. Das Ziel lag im Westen der Stadt, kaum von Rauch verhüllt, denn es war nachts nicht getroffen worden: der Verschiebebahnhof Friedrichstadt mit seinen ausgedehnten Gleisanlagen, Lokomotiv- und Lagerschuppen, Stellwerken und Werkstätten.

Diesem 2 000 Meter langen und 700 m breiten Areal, in dem viele hundert Güterwagen und Dutzende von Lokomotiven standen, sollte der amerikanische Tagesangriff gelten; vermutlich auch dem südlich anschließenden Komplex der Güterbahnhofsanlagen Dresden-Altstadt. Die offizielle amerikanische Version nennt jedenfalls den »Dresden marshalling yard«, den Dresdner Verschiebebahnhof, als Ziel, und wir werden sehen, inwieweit sie mit den Tatsachen übereinstimmt.

Dieser Angriff hatte ursprünglich den Auftakt der drei Schläge auf Dresden bilden sollen, aber er mußte wegen schlechten Wetters vom 13. auf den 14. Februar verschoben werden. Mehr vielleicht als anderswo hat das Wetter im Fall Dresden eine schicksalsschwere Bedeutung gehabt. Bei den Nachtangriffen hatte jene mehrere Stunden anhaltende wolkenarme Zone entscheidend dazu beigetragen, daß die Stadt so gründlich zerstört werden konnte. Andererseits verhinderten dicke Wolken, daß Dresden am Mittag des 13. Februar von 1200 bis 1400 amerikanischen Bombern angegriffen wurde[1].

Am 13. Februar hatten ab 21.30 Uhr in den Hauptquartieren der US-Bombergruppen in England die Fernschreiber gerattert und die Telefone geklingelt. Die 305. Bombergruppe zum Beispiel war vom Hauptquartier des 40. Kampfgeschwaders angewiesen worden, für den nächsten Tag 39 B-17 bereitzustellen; vier davon sollten mit Radar ausgerüstet sein. An den Start gehen sollten 36 Bomber, das heißt, drei Staffeln mit je zwölf Bombern. Die Zahl 39 wurde vorgegeben, um drei Maschinen als Reserve bereit zu halten.

Gleichzeitig wurde die Bombenladung genannt. Jede Fliegende Festung mußte sechs 500-lb.-RDX-Bomben und vier 500-lb.-Container mit Brandbomben aufnehmen[2]. Die dünnwandige RDX-Sprengbombe hatte eine stärkere Sprengwirkung als die General-Purpose-(GP-)Mehrzweckbombe. Der M-17-Behälter faßte 110 Stabbrandbomben. Er zerlegte nach einer vorbestimmten Falldauer, und die Brandbomben wurden so in ein begrenzteres Zielgebiet hineingebracht, als dies beim Schüttwurf möglich war, der sie weit verstreute[3].

Bei allen für Dresden bestimmten B-17 war die Bombenladung gleich, nur, daß in geringerer Zahl auch GP-Sprengbomben mitgenommen wurden. Die Radarflugzeuge sollten Himmels-Rauchmarkierer an Bord nehmen. Die 1. Luftdivision würde an diesem Tage 678,3 Tonnen Sprengbomben und 400 Tonnen Brandbomben abwerfen, davon auf Dresden – das sei vorausgeschickt – 474,5 und 296,5 Tonnen[4]. Hier fällt der relativ hohe Anteil der Brandmunition auf. Das Verhältnis von 60:40 war ungewöhnlich für die amerikanischen Strategischen Luftstreitkräfte.

Selbst bei dem schweren Angriff auf die Berliner Innenstadt am 3. Februar 1945 mit seinen erheblichen Brandschäden betrug das Verhältnis Spreng-Brandmunition 90:10[5]. Das änderte sich im Laufe des Februar drastisch, als die 8. Luftflotte ihre Flächenangriffe gegen Berlin fortsetzte. Es kam zu Mischungsverhältnissen 50:50 und 60:40 am 26. Februar, und sogar 40:60 am 18. März[6]. Ein hoher Brandbombenanteil war aber in der Regel ein Indiz, daß Wohnviertel angegriffen werden sollten. Gegen Gleisanlagen und Brücken richteten Brandbomben nichts aus.

Auf den Flugfeldern der 8. Luftflotte nahm das Bodenpersonal seine nächtliche Arbeit auf. Die Gruppenkommandeure erhielten um 01.50 Uhr die Einsatzbefehle; zufällig war das die Zeit, in der in Dresden der zweite Angriff des Bomberkommandos beendet wurde. Um vier Uhr früh, noch war es stockdunkel, fanden die Einsatzbesprechungen statt. Der Start wurde für sieben, dann für acht Uhr angeordnet; natürlich differierte die Startzeit von Gruppe zu Gruppe, damit die große Menge der Flugzeuge Zeit hatte, sich zu versammeln und zum Einflug zu ordnen[7].

Geplant war der Einsatz von 1 377 Fliegenden Festungen und Liberator. Es starteten 1 327 und angegriffen haben dann 1 293. 857 P-51-Mustangs waren für den Begleitschutz bestimmt, teilgenommen haben 784. Acht P-51 dienten als Wetter-Pfadfinder und drei Mosquitos als fliegende Funkstörstationen.

An erster Stelle sollte die 1. Luftdivision mit zwölf Bombergruppen nach Dresden fliegen, gefolgt von der 3. Division, die mit zwölf Gruppen den Verschiebebahnhof in Chemnitz angreifen sollte. Die Liberator der 2. Division wurden mit zwölf Gruppen gegen das Hydrierwerk in Magdeburg entsandt. Eine Straßen- und eine Eisenbahnbrücke bei Wesel sollten zwei kleinere Verbände der 3. Division zerstören. Der verantwortungsvolle Auftrag, als Spitzenverband die gesamte Streitmacht anzuführen, wurde der 398. Bombergruppe, 1. Luftdivision, zuteil. Für den Angriff auf Dresden war diese Marsch- und Gefechtsordnung befohlen:

1. Kampfgeschwader
1 A: 398. Bombergruppe – 1 B: 91. Bgr. – 1 C: 381. Bgr.

41. Kampfgeschwader
41 A: 379. Bombergruppe – 41 B: 303. Bgr. – 41 C: 384. Bgr.

40. Kampfgeschwader
40 A: 305. Bombergruppe – 40 B: 92. Bgr. – 40 C: 306. Bgr.

94. Kampfgeschwader
94 A: 401. Bombergruppe – 94 B: 457. Bgr. – 94 C: 35. Bgr.[9]

In dieser Reihenfolge sollte der Angriff durchgeführt werden. In der Nachrichten-Auswertungs- und Operationszusammenfassung Nr. 290 vom 14. 2. 1945 wird als »assigned target«, als zugewiesenes Ziel, der »marshalling yard« – Verschiebebahnhof – bezeichnet; so meldet es das Hauptquartier der 8. Luftflotte[10].

Hingegen schickte das Hauptquartier der den Angriff ausführenden 1. Luftdivision dem Hauptquartier der 8. Luftflotte unter dem Datum 25. Februar 1945 den Einsatzbericht über den Angriff auf Dresden am 14. Februar 1945. Darin heißt es zu den zugewiesenen oder befohlenen Zielen:

»Primary target – visual – center of built up area of Dresden.
Secondary targets – visual – M/Y Chemnitz.
H2X – center of Dresden.

Last resort – any military objective positively identified as being in Germany and east of the current bomb line.«[11]

Zur Erklärung: das Hauptziel ist bei Bodensicht, wenn optisches Zielen möglich ist, das Zentrum des bebauten Gebietes von Dresden. Das bedeutet doch wohl nichts anderes als die Stadtmitte.

Je nach Wetterlage werden zwei Zweitziele angeboten. Ist Dresden von Wolken verdeckt, aber Chemnitz sichtbar, dann soll der Verschiebebahnhof in Chemnitz optisch angegriffen werden. Sind beide Städte von Wolken verdeckt, soll mittels H2X Radar das Zentrum von Dresden angegriffen werden.

Letzte Zuflucht, das heißt Notziel: jedes militärische Ziel, das klar als in Deutschland und ostwärts der augenblicklichen Bombardierungslinie befindlich erkannt ist. Gemeint ist die Sicherheitsbombenlinie entlang der Westfront.

Der Verschiebebahnhof in Dresden wird also überhaupt nicht genannt. Zwei Berichte aus zwei Hauptquartieren – zwei unterschiedliche Aussagen.

Wenn man die Einsatzberichte der Bombergruppen prüft, findet man noch andere Angaben über die zugewiesenen Ziele. Die 91. Gruppe meldet nur allgemein die »Stadt Dresden«, die 379. Gruppe allerdings »Verbindungs- und Verkehrseinrichtungen in der Stadt Dresden«. Kaum genauer nimmt es die 303. Bombergruppe, die am 7. 10. 1944 die ersten Bomben auf Dresden geworfen hatte. Ihre Hauptziele sind »militärische Ziele in der Stadt Dresden«, die Zweitziele sind bei Bodensicht »der Verschiebebahnhof in Chemnitz«, bei Radaranflug »militärische Ziele in Dresden«[12]

Die anderen Gruppen erwähnen lediglich »Dresden, Germany«, als zugewiesenes Ziel, und nicht den Verschiebebahnhof – den sie dann aber als tatsächlich angegriffenes Ziel melden[13].

Die 1. Luftdivision gibt nicht oder nur undeutlich zu erkennen, was in Dresden wirklich bombardiert werden sollte. Wir werden sehen, was geschah.

Zunächst wollen wir einen Blick auf die vorgeschriebene Flugroute werfen. Sie beginnt bei Erreichen des Kontinents wie so oft über der Zuidersee und verläuft weiter nach Osten bis zum 8. Breitengrad. Dort geht die 2. Division auf Eigenkurs, während die 1. und 3. Division Südostkurs nehmen, der über eine fast gerade Strecke von 325 Kilometer beibehalten wird. Zwei leichte Knicke sind als navigatorische Kontrollpunkte in die Route eingeschaltet, die zwischen Bielefeld und Minden, Kassel und Göttingen, Gotha und Erfurt bis etwa nach Probstzella geht. Für kurze Zeit wird jetzt auf Ostkurs eingeschwenkt. Bei Bodensicht müßten die Beobachter linkerhand die Talsperre Hohenwarte erkennen, vorn, quer zur Flugrichtung, die Autobahn nach Leipzig bei Schleiz, und sie müßten das Wasser der Saaletalsperre aufblitzen sehen.

Die 1. Division dreht nun weiter ein nach Nordosten, während die im Anschluß folgende 3. Division ihren Zielanflugpunkt zum Angriff auf Chemnitz erreicht. Der Kurs der 1. Division ändert sich abermals. Bei Überfliegen der

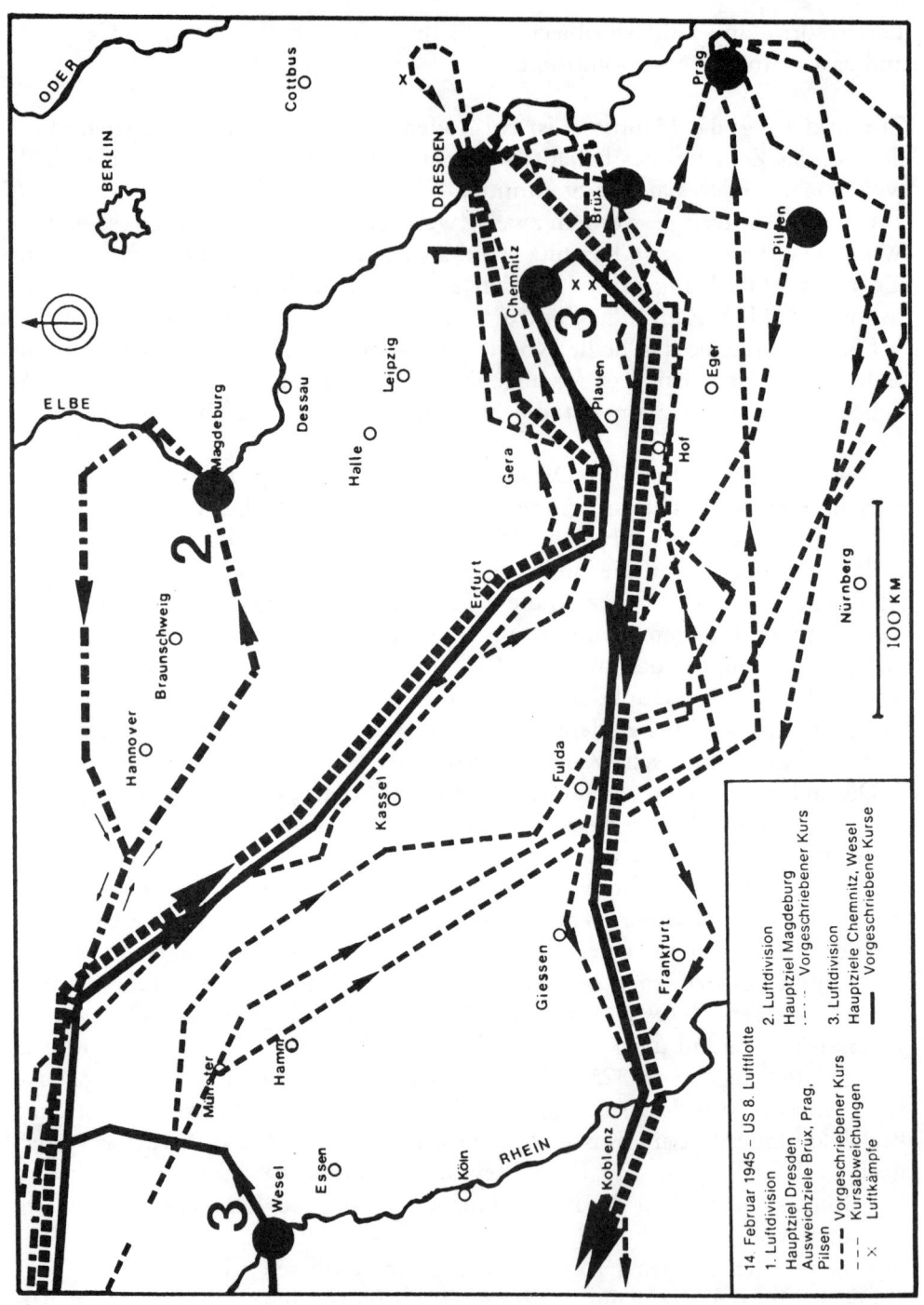

Einflüge am 14. 2. 1945, Reichsgebiet, Angriffe auf Dresden, Chemnitz, Magedeburg.

142

Autobahn nach Dresden zwischen Gera und Meerane ist ihr Zielanflugpunkt erreicht, und die Navigatoren könnten sich bei guter Bodensicht an dieser Autobahn orientieren, die sie mit dem vorgeschriebenen Anflugkurs, nämlich 75 Grad, ans Ziel führen würde. Die Flugstreckenkarten zeigen, daß nach Bombenabwurf eine 90 Grad Rechtskurve zu fliegen und bei Pirna Südwestkurs einzuschlagen ist, der – die Flakzone bei Brüx vermeidend – entlang dem Erzgebirge bis in den Raum Joachimsthal beibehalten wird, wo sich die beiden Divisionen von Dresden und Chemnitz treffen und den Rückflug mit Westkurs über Wasserkuppe und Vogelsberg gemeinsam antreten; den Rhein werden sie südlich von Koblenz überfliegen[14].

So war es geplant, aber es kam anders. Daß ein Drittel der 1. Division Dresden nicht fand, daß den Einwohnern dadurch 300 Tonnen Bomben erspart blieben, ist unter anderem einer riesigen Wetterfront zu danken, die bereits über Holland dem Führungsverband, der 398. Bombergruppe, den Weg verlegte[5].

Der diensthabende Divisionskommandeur in der Leitmaschine informierte den Kommandeur der ihm folgenden 91. Bombergruppe, daß er südlich vom befohlenen Kurs fliegen würde, um die Wolken zu umgehen. Der Navigator in der Führungsmaschine der 91. Gruppe machte seinen Gruppenführer darauf aufmerksam, daß man sich auf diesem neuen Kurs Flakbeschuß aussetzen werde; der aber entschloß sich, lieber dem Divisionskommandeur zu folgen als die Marschordnung zu verlassen. Ebenso verhielt sich die in dritter Position fliegende 381. Bombergruppe, womit das 1. Kampfgeschwader – Rufzeichen »Swordfish Able« – 50 Kilometer vom Kurs abgewichen war und auf ihn nicht wieder zurückfinden sollte. »The Ragged Irregulars« – »Die rauhen Freischärler« –, der Südstaaten-Kriegsname der 91. Gruppe, schien auf das ganze Geschwader zuzutreffen[16].

Die Führung des Bomberstromes ging auf die in vierter Position befindliche 379. Gruppe über, die natürlich auch die bedrohlichen Wolkentürme vor sich sah, sie aber nicht umschiffte, sondern überflog. Die Maschinen kletterten von der vorgeschriebenen Flughöhe 7 500 Meter auf 9 300 Meter, und die gesamte Streitmacht behielt diese Höhe bis über das Ziel bei. Trotz dichter Bewölkung während des Fluges und einiger Schwierigkeit beim Festlegen des Zielanflugpunktes trafen neun Bombergruppen der 1. Luftdivision eng aufgeschlossen über Dresden ein[17].

Die Abweichler aber waren vom Pech verfolgt. Noch über Holland fiel in der Leitmaschine und der stellvertretenden Leitmaschine das Gee-Gerät wegen mangelnder Reichweite und deutscher Störtätigkeit aus. Über Münster wurde die 91. Bombergruppe, wie erwartet, von Flak beschossen; es gab Schäden und Verwundete. Die Kursabweichung betrug jetzt 75 Kilometer, und in dieser Distanz von 50 bis 75 Kilometer südwestlich vom befohlenen Kurs wurde die Strecke bis Schweinfurt zurückgelegt, wo man, um der Flak auszuweichen, nach Süden ausscherte, was 100 Kilometer Abweichung bedeutete. Schwie-

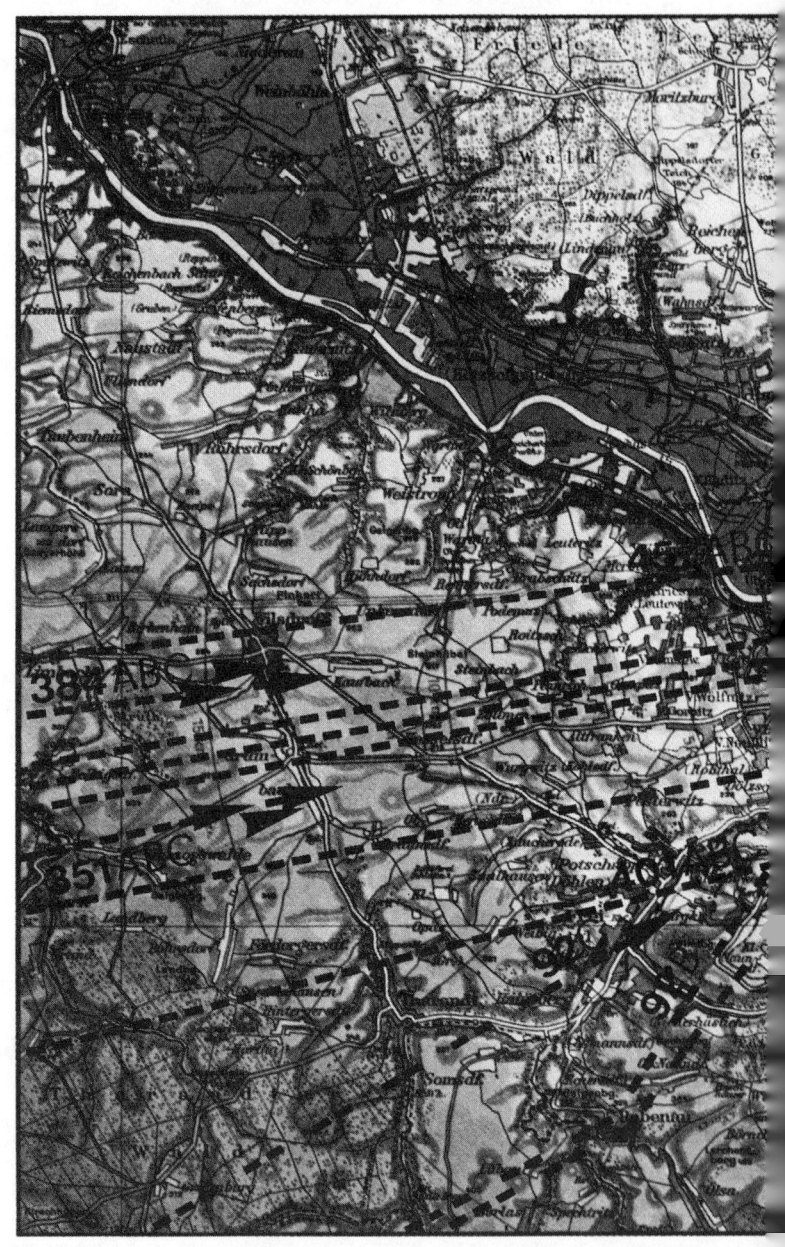

Dresden Großraum, Angriff am 14. 2. 1945, Positionen der Bomberverba[

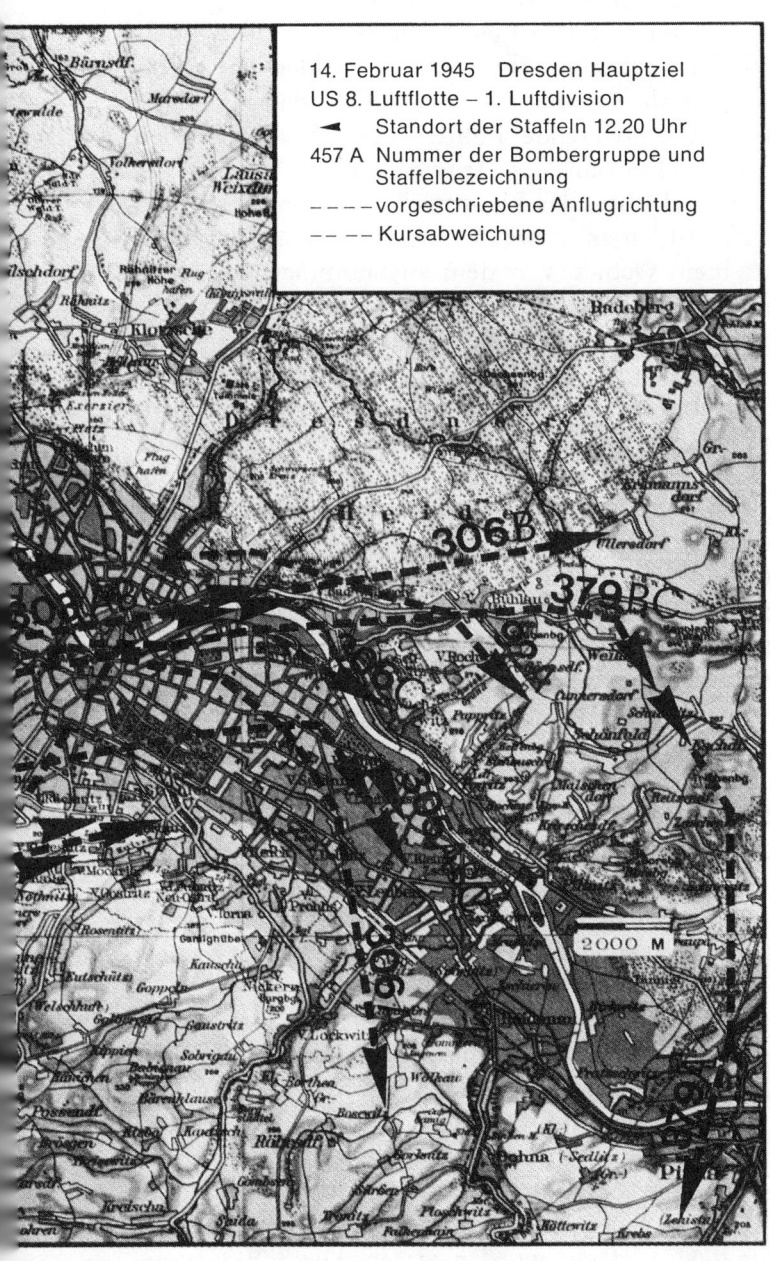

14. Februar 1945   Dresden Hauptziel
US 8. Luftflotte – 1. Luftdivision
◄   Standort der Staffeln 12.20 Uhr
457 A Nummer der Bombergruppe und
       Staffelbezeichnung
– – – –vorgeschriebene Anflugrichtung
– – – –Kursabweichung

12.20 Uhr.

145

rigkeiten bei der Bodenorientierung entstanden, weil es dem Radar nicht gelang, genügend Reichweite zu entfalten; später fiel das Radargerät in der Führungsmaschine völlig aus[18]. Im Einsatzbericht heißt es:

»Die Führung ging auf die stellvertretende Leitmaschine über, die Verbindung mit den Wetter-Pfadfindern aufnahm. Ihr wurde gemeldet, das Sicht-Ausweichziel sei von Wolken verdeckt, aber es sei möglich, das Hauptziel planmäßig zu erreichen. Der stellvertretende Führer, der mit fehlerhaftem Gerät arbeitete, begann einen Anflug auf das Ausweichziel (Chemnitz, G. B.), aber sein Radar-Beobachter glaubte, das Hauptziel (Dresden, G. B.) auf dem Leuchtschirm identifiziert zu haben. Beim Anflug auf das Ausweichziel brachen die Wolken auf in einem Gebiet, von dem angenommen wurde, es handele sich um die nähere Umgebung des Hauptzieles. Der Entschluß wurde gefaßt, einen Radar-Anflug auf dieses Ziel zu versuchen. Ungefähr drei Minuten vor dem Ausklinken der Bomben fiel das Radargerät der stellvertretenden Leitmaschine vollständig aus, aber der Bombenschütze sah durch ein Wolkenloch zu seiner Rechten ein bebautes Gebiet, von dem er umständehalber annahm, es handele sich um das Hauptziel. Er wendete und machte einen 30- bis 40-Sekunden-Anflug auf das Ziel, mit guten Ergebnissen. Es stellte sich heraus, daß es sich dabei um Prag handelte...

Die 91. folgte der 398. Gruppe und bombardierte dasselbe Ziel, außer der Führungsstaffel, die ein nicht identifiziertes Ziel mit Radar bombardierte. Die Führungsstaffel und die im Verband unten fliegende Staffel der 381. Gruppe erkannten ihre starke Kursabweichung und bombardierten Brüx. Die obere Staffel bombardierte ein Gelegenheitsziel, von dem angenommen wird, daß es Pilsen war.«[9]

Der Sprechfunkverkehr zwischen den Abweichlern und den auf korrektem Kurs Gebliebenen war nicht unterbrochen. »Swordfish-Able«-Kommandeur als Divisionsführer, weit davon entfernt, wirklich zu führen, gab dem Spitzenverband der Hauptstreitmacht, der 379. Bombergruppe, die Erlaubnis, als erste Gruppe Dresden anzugreifen. Zu dieser Zeit war der Kommandeur immer noch der Meinung, er befinde sich, wenn auch etwas verspätet und abgewichen, auf dem Weg nach Dresden; tatsächlich näherte er sich Prag.

Der Angriff auf Dresden begann um 12.17 Uhr. Exakt den befohlenen Anflugkurs Ost-Nord-Ost einhaltend, erschien die 379. Bombergruppe mit 37 Fliegenden Festungen über der Stadt. Der Himmel war zu 7/10 bewölkt, aber ausreichend breit aufgerissen, um optisches Zielen zu erlauben; allerdings nicht so lange, daß die Bombenschützen den zugewiesenen Zielpunkt erkennen konnten. So beobachteten sie zahlreiche Brände in der Stadt und die Rauchschleier erschwerten die Sicht. Sie vermuteten, daß diese Brände in der Nacht zuvor von der RAF entfacht worden waren. Die 379. Gruppe konnte ihre Bomben im westlichen Teil der Stadt abwerfen, im allgemeinen in den Eisenbahnanlagen und in benachbarten Wohn- und Industrievierteln. Die Angriffshöhe betrug zwischen 8 600 und 9 100 Meter[20].

Zwei Minuten später hatten sich die Bewölkungsverhältnisse durch starken Höhenwind so verändert, daß die 303.Gruppe, die bereits bekannten »Hell's Angels«, eine fast geschlossene Wolkendecke unter sich sah. Man mußte mit Radar zielen, und die Ergebnisse konnten, bis auf »einige Treffer in der Stadt«, nicht beobachtet werden[21].

Der genaue Fahrplan geriet jetzt etwas durcheinander, das heißt, die Verbände kamen nicht mehr in der vorausberechneten »Schlachtordnung« über dem Ziel an, sondern in so dichten Pulks, daß sich einzelne Staffeln gegenseitig behinderten. Zum Beispiel wurde die Führungsstaffel der 305. Gruppe – sie nannte sich »Can Do« – durch eine Formation der 379. Gruppe beim Zielanflug durcheinandergebracht und regelrecht zersprengt. Der Staffelführer konnte acht seiner zwölf Maschinen wieder um sich sammeln und er entschied, als Gelegenheitsziel Brüx anzugreifen[22].

Die 384., 92., 306. und 401. Bombergruppe melden übereinstimmend, daß sie mit Radar anfliegen mußten und daß nur gelegentlich Sichtunterstützung beim Ausfindigmachen des Zieles möglich war[23].

Die 457. Gruppe – »The Fireball Outfit« – löste ihre Bomben zu spät aus. Sie konnte jedoch die Einschläge 3 000 Meter vom eigentlichen Zielpunkt entfernt, und zwar 2 500 Meter links und 1 600 Meter darüber hinaus, wahrnehmen. Das getroffene Stadtviertel wird beschrieben als »ein Industriegebiet in Dresden-Neustadt mit Teilen eines Verschiebebahnhofs«. Davon zurückgerechnet, müßte der zugewiesene Zielpunkt am östlichen Ende des Friedrichstädter Verschiebebahnhofs gelegen haben[24].

Zwei Minuten danach, um 12.22 Uhr, war die Wolkendecke wieder vollkommen dicht, und die 351.Bombergruppe konnte nach ihrem Radaranflug nur feststellen: »Das Ziel war vollkommen von Wolken verdeckt.«[25]

Wahrscheinlich wegen dieser schlechten Sichtverhältnisse hatte die untere Staffel der 306. Gruppe den Bombenauslösungspunkt verpaßt. Sie flog um 12.19 Uhr weiter nach Osten, machte im Raum Bischofswerda eine 180-Grad-Drehung, wählte einen neuen Zielanflugpunkt im Nordosten von Dresden und flog praktisch mit Gegenkurs von 239 Grad zurück. Ihre Bomben explodierten 12.30 Uhr. Es waren die letzten des Mittagsangriffs[26]. Dieser zweite Anflug sollte die Staffel eine B-17 kosten:

»Die Reaktion der Luftwaffe an diesem Tag war erstaunlich schwach und fast völlig unwirksam. Das Wetter dürfte das feindliche Eingreifen nicht ernstlich behindert haben... Von ca. 60 bis 75 Einmotorigen, die vom Begleitschutz im allgemeinen Gebiet von Berlin-Chemnitz gesichtet wurden, sind wahrscheinlich nur 3 Feindmaschinen (FW 190) an die Bomber herangekommen. Eine untere Staffel verlor während eines zweiten Zielanfluges im Gebiet Dresden einen Bomber bei einem kurzen Angriff von drei Feindmaschinen. Abgesehen von einem unwirksamen Angriff einer Me 262 gegen einen früh zurückfliegenden Bomber über der Zuidersee blieben andere Bomberverbände von feindlichen Flugzeugen verschont. Nur eine der beiden Begleitjäger-Gruppen war in Kampfhandlungen von Bedeutung verwickelt. Von 12.15 bis 12.20 Uhr begegnete eine Gruppe P-51 ca. 12 FW190 in 5 400 bis 6 000 Meter Höhe. Sie befanden sich südlich von Chemnitz auf Südkurs. Außerdem 12 bis 20 FW 190 und Me 109 in demselben Gebiet in 9 000 Meter Höhe...«[27]

Über den Flakbeschuß in Dresden wurde richtig ausgesagt, er sei »nicht vorhanden«, und falsch, er sei »schwach, ungenau« gewesen. Flugblätter wurden auf Dresden und Prag abgeworfen.

311 Fliegende Festungen strebten von Dresden auf dem geplanten Flugweg gen Westen. Zu ihnen stießen die 124 Bomber, die Gelegenheitsziele angegriffen hatten, und eben wegen der verstreuten Ziele gestaltete sich der Rückflug ziemlich ungeordnet. Dazu trug auch das Wetter bei, das schlechter war, als bei der Einsatzbesprechung angekündigt. Deshalb mußten die Maschinen auf extrem große Höhen gehen und länger da bleiben als erwartet. Dies veranlaßte 106 Flugzeuge, beim Rückflug wegen Treibstoffmangel auf dem Kontinent zu landen. Die Jagdunterstützung erhielt ein Lob: sie sei während der ganzen Zeit ausgezeichnet gewesen[28].

In Dresden waren mehr als 1 800 Sprengbomben und 136 800 Stabbrandbomben binnen dreizehn Minuten eingeschlagen. Nach Aussagen der Flugzeugbesatzungen und Auswertung der Angriffs-Luftfotos wurde in Intops Summary festgestellt:

»Dresden – nicht identifizierbare bis mäßige Ergebnisse.

Infolge einer Wolkendecke von $^5/_{10}$ bis $^{10}/_{10}$ Dichte und der Feuer, die die RAF in der Nacht vom 13./14. Februar verursachte, konnten die meisten... Bomben nicht geortet werden. Von 27 abgeworfenen Konzentrationen wurden elf geortet... Drei Teppiche wurden beobachtet, die in dem Verschiebebahnhof Dresden-Friedrichstadt explodierten... Die Hauptmasse der Bomben fiel quer über den Mittelteil des Verschiebebahnhofs und in ein Fabrikgelände unmittelbar am Nordrand des Bahnhofs.

Zwei, möglicherweise drei Konzentrationen konnten im Rangierbahnhof Labtau (Löbtau, G.B.), 1,6 Kilometer südöstlich des Friedrichstädter Verschiebebahnhofs im Mittelteil der Stadt, beobachtet werden... Hohe Wahrscheinlichkeit, daß in dem dicht bebauten Industriegelände neben dem Ost- und Westrand der Bahnhöfe schwerer Schaden angerichtet wurde. Drei Sprengbomben-Teppiche fielen auf Kackmitz (gemeint ist vermutlich Räcknitz, G. B.), 2,4 Kilometer südwestlich vom Stadtzentrum entfernt.«[29]

Das ergab die Auswertung der Angriffsfotos. Fünfundvierzig Minuten nachdem die letzte Fliegende Festung verschwunden war, tauchte eine Mosquito der 542. Foto-Aufklärungsstaffel der RAF über den qualmenden Trümmern auf. Ihre Kameras schossen 108 Bilder, die als Einsatz 106G/4289 in der Zentralen Bildauswertungsstelle in Medmenham sofort ausgewertet wurden. Der am 15. Februar vorgelegte Sofort-Auswertungsbericht Nr. K. 3742 lautet:

»Teile der westlichen Außenbezirke von Dresden sind auf den Abzügen weitgehend von Dunst verhüllt, und Rauch, der nach Nordosten zieht, verdeckt die mittleren und westlichen Stadtteile. Jedoch ist durch Wolkenlöcher der Haupt-Verschiebebahnhof und ein Teil der Stadt zu sehen, und es ist augenscheinlich, daß bedeutender Sachschaden entstanden ist. Zahlreiche Feuer brennen heftig, sie haben einen Lokomotivschuppen ergriffen, das Hauptgüterlager und viele Waggons in dem dicht belegten Bahnhof. Mehrere große Industriegebäude in unmittelbarer Nachbarschaft sind auch brennend zu sehen, und es gibt auch viele Brandstellen mitten unter den Öltanks zwischen dem Verschiebebahnhof und der Elbe. Anderswo sind so viele ausgebrannte Häuserblocks zu sehen, daß es augenscheinlich ist, daß die Brände einen Teil der Stadt bereits zerstört haben...«[30]

Die amerikanischen und britischen Auswertungsergebnisse stimmen weitgehend mit den Tatsachen überein. Die schwersten Zerstörungen durch den Tagesangriff entstanden in Friedrichstadt. Daß die Gleisschäden in den Bahnanlagen nicht lähmend wirkten, hatte zwei Gründe: erstens bot die Ausdehnung des Areals Möglichkeiten für Umleitungen. Zweitens hatte der starke Brandbombeneinsatz zur Folge, daß die Zahl der Sprengtrichter zu gering war – nur sie konnten die Gleisanlagen zerfetzen. So gerieten zwar viele Waggons, mehrere Reichsbahngebäude, Schuppen, Kohlen- und Warenlager in Brand, aber substantiell war der Bahnhof nicht getroffen.

Wohnhäuser, Fabriken und Werkstätten in seiner Nähe fielen dem Feuer um so leichter zum Opfer. Beschädigt wurden vor allem die Friedrich-, Wachsbleich-, Schäfer-, Berliner, Bremer, Vorwerk- und Walterstraße. Die Rüstungsbetriebe entlang der Hamburger Straße, zum Teil am 7. 10. 1944 angeschlagen, gingen in Flammen auf. Hohe Personenverluste wurden aus dem Ausländerlager in der Bremer Straße gemeldet. Das Ostragut, die Matthäuskirche und das katholische Krankenstift mit seiner Kapelle brannten ganz oder zum Teil aus. Im Stadtkrankenhaus Friedrichstadt gab es Schäden durch Feuer und Detonationswirkung. Zahlreiche Bomben fielen auf das Gelände der Fabrik Bramsch, den Inneren Katholischen Friedhof und ins Ostragehege, bis hin zum Fußballstadion, dem Markierungspunkt des ersten Nachtangriffs. So sah es nördlich vom Verschiebebahnhof aus.

Von seiner westlichen Ausfahrt liefen die Spreng- und Brandbombeneinschläge über den Flügelweg und das Reichsbahn-Ausbesserungswerk bis in die Mündung des betonierten Flußbetts der Weißeritz und in die Einfahrt des König-Albert-Hafens. Trotz der im Bericht K. 3742 erwähnten vielen Brandstellen mitten unter den Öltanks entstanden im Tanklager Bremer Straße keine nennenswerten Schäden.

Südlich vom Verschiebebahnhof Friedrichstadt, in Löbtau, wurden unter anderem die Löbtauer, Cottaer, Fröbel- und Petersstraße, zahlreiche Lager- und Werkstattgrundstücke sowie Kleingärten mit Bomben überschüttet. Mit dem »Rangierbahnhof Löbtau« sind die im Dezember so ausdauernd von Aufklärern fotografierten Bahnhofsanlagen Dresden-Altstadt gemeint.

Nun ist bereits klar geworden, daß die Beobachtungslage am Vormittag des 14. Februar für die Bomberbesatzungen schlecht war, und daß auch die zur Auswertung zur Verfügung stehenden Angriffs- und Aufklärerfotos keine genauen Erkenntnisse brachten. Soviel wußte man aber in jedem Fall – die Zerstörungen mußten ungeheuer sein.

Deshalb beginnt auch der Foto-Auswertungsbericht S. A. 3207 mit den Worten:

»Bei Beginn des Angriffs sind in den südlichen Wohn- und Geschäfts-Stadtvierteln von Dresden zahlreiche Brände zu sehen. Spreng- und Brandbomben überdeckten eben dieses Gebiet...[31]«

Und auf der zu diesem Bericht gehörenden Trefferbildskizze sind die stärksten Bombeneinwirkungen beiderseits der nach Süden führenden Bahnlinie eingezeichnet. Dieses Gebiet wird im Westen etwa begrenzt von der Tharandter Straße, es umschließt beide Ufer der Weißeritz, den südlichen Teil der Zwickauer und Chemnitzer Straße und den westlichen Teil der Würzburger Straße, es reicht im Süden bis zum Chemnitzer Platz, im Norden bis zum Alten Annenfriedhof und im Osten wird es bis nach Räcknitz und Zschertnitz angegeben, allerdings nur noch in aufgelockerter Schraffur. Weitere Abwurfstellen sind – außer den bekannten in Friedrichstadt – westlich und östlich vom Neuen Annenfriedhof markiert, der zwischen der Kesselsdorfer und der Wallnitzstraße in einem bereits am 16. Januar getroffenen Gebiet liegt[32].

Hier entstanden die stärksten Schäden im Badweg und in der Bünaustraße, aber auch weiter draußen wurden Zerstörungen registriert.

Was die Güterbahnhofsanlagen Dresden-Altstadt betrifft, so muß festgestellt werden, daß sie und die westlich und östlich benachbarten Industrie- und Wohnviertel bereits beim zweiten Nachtangriff sehr schwere Zerstörungen erlitten. Auch die Treffer neben und unter der Nossener Brücke, die über die Gleise führt, wurden bei diesem Nachtangriff erzielt. Dennoch ist es richtig, daß bei dem Tagesangriff am 14. Februar in die restlos ausgebrannten oder noch in Flammen stehenden Stadtviertel erneut Bomben einschlugen, wenn auch nur in aufgelockerten Serien.

Spätere Aufklärerfotos verraten, daß die in Räcknitz und Zschertnitz gemeldeten Abwürfe zwischen Bergstraße und Räcknitzhöhe, zwischen Räcknitzhöhe und Zelleschem Weg und zwischen Zelleschem Weg und Reichenbachstraße heruntergekommen sein dürften. Sie lassen außerdem erkennen, daß südlich und westlich der Dresdner Stadtgrenze mehrere Abwurfstellen in freiem Gelände, auf Feldern und Wiesen sichtbar sind. Es handelt sich um Sprengbombentrichter von einem Dutzend bis zu fast hundert Stück. Die Masse der in Räcknitz vermuteten Bombenteppiche könnte hier, weiter im Süden, aufgetroffen sein[33].

Übrigens hatte die 457. Bombergruppe ganz gut beobachtet, wo ihre zu spät ausgelösten Bomben niedergingen. Es handelte sich um die Leipziger Vorstadt, ein gemischtes Wohn-, Industrie- und Eisenbahnviertel nordwestlich vom Neustädter Bahnhof.

Die in der Nacht obdachlos gewordenen Menschen, die in die westlichen Stadtviertel geflüchtet waren, fühlten sich durch die Bombardierung am Mittag des 14. Februar regelrecht verfolgt. Aber wie so oft, der Schein trügt, denn der Angriff auf dieses Gebiet hätte ja, wäre es nach Plan gegangen, schon am Mittag des 13. stattfinden sollen.

Diejenigen Staffeln der 1. Luftdivision, die Dresden nicht gefunden hatten, erzielten in Brüx und Prag recht wirkungsvolle Ergebnisse. Zum Gelegenheitsziel Brüx meldet Intops Summary, 25 B-17 hätten mit gutem Ergebnis angegriffen, zwei Bombenkonzentrationen seien im mittleren und östlichen Teil des Werkes explodiert. In den Bereichen der Destillationsanlage, der Kühltürme und des zentralen Öllagers habe es Treffer gegeben[34].

Die deutsche Meldung zu Brüx lautet:

»Schwerpunkt: Hydrierwerke Maltheuren. Brände im Zwischentanklager; ferner getroffen Bau 405, Öllager, vier Kühltürme und Werkstätten. Dachstuhlbrände in Dampfkesselfabrik Übigau, Brüx, Zentralwerkstätte des Schachtes Julius-III und Autoschuppen des E-Werkes. Magazin der Wasserwerke ausgebrannt. 7 Baracken total... Gleisanlagen der Reichsbahn vorübergehend nicht benutzbar; Eisenbahn-Dienstgebäude mittel. Straßenbahn Brüx–Oberleutensdorf durch Zerstörung einer Notbrücke unterbrochen. 1 Schwerverwundeter.

Johnsdorf (Krs. Brüx):

270 Stabbrandbomben. 28 Gebäude, 10 Scheunen, 9 Stallungen total. Anzahl der Obdachlosen wird mit 162 angegeben.«[35]

Zum Angriff auf Prag berichten die Amerikaner, 62 B-17 hätten 103,5 Tonnen Spreng- und 49 Tonnen Brandbomben mit mäßigem bis gutem Ergebnis abgeworfen. Sie lokalisierten zwei Bombenteppiche in einer Wohngegend etwa zwei Kilometer südöstlich der Stadtmitte und östlich vom Verschiebebahnhof, einen weiteren 3,5 Kilometer südlich und einen zusätzlichen in einer Vorstadtgegend etwa 4 Kilometer südwestlich der Stadtmitte[36].

Die deutsche Meldung zu Prag gibt detailliert Auskunft:

»Anzahl der Abwurfmittel, Schäden und Personenverluste ändert sich wie folgt: 365 Spreng-, 7400 Stab- und 200 Phosphorbrandbomben. Stadtteile Königsl. Weinberge, Werchowitz, Musl und Smichow getroffen. 62. Pol-Revier, Kulissenlager des Nationaltheaters, 1 Kino, russ. Museum, Emmauskirche, Glasverarbeitung der Fa. Richter, Betriebsgebäude des Smichower Bahnhofs und 40 Straßenbahnwagen total. Ministerium f. Wirtschaft u. Arbeit, Landeskrankenhaus, Deutsche und Tschechische Kinderklinik, Entbindungsanstalt, Res.-Laz. IX und 1 Wasserversorgungsanlage schwer. Weiterhin Gleisschäden an Straßenbahn. Wasser- und Gasleitungen beschädigt; Versorgung teilw. f. 2 Tage unterbrochen.

41 Häuser total, 64 schwer, 179 mittel und 383 leicht.

309 Gefallene, 439 Schwer- und 978 Leichtverwundete. 101 Personen werden noch vermißt. Die Anzahl der Obdachlosen wird mit 2420 angegeben.«[37]

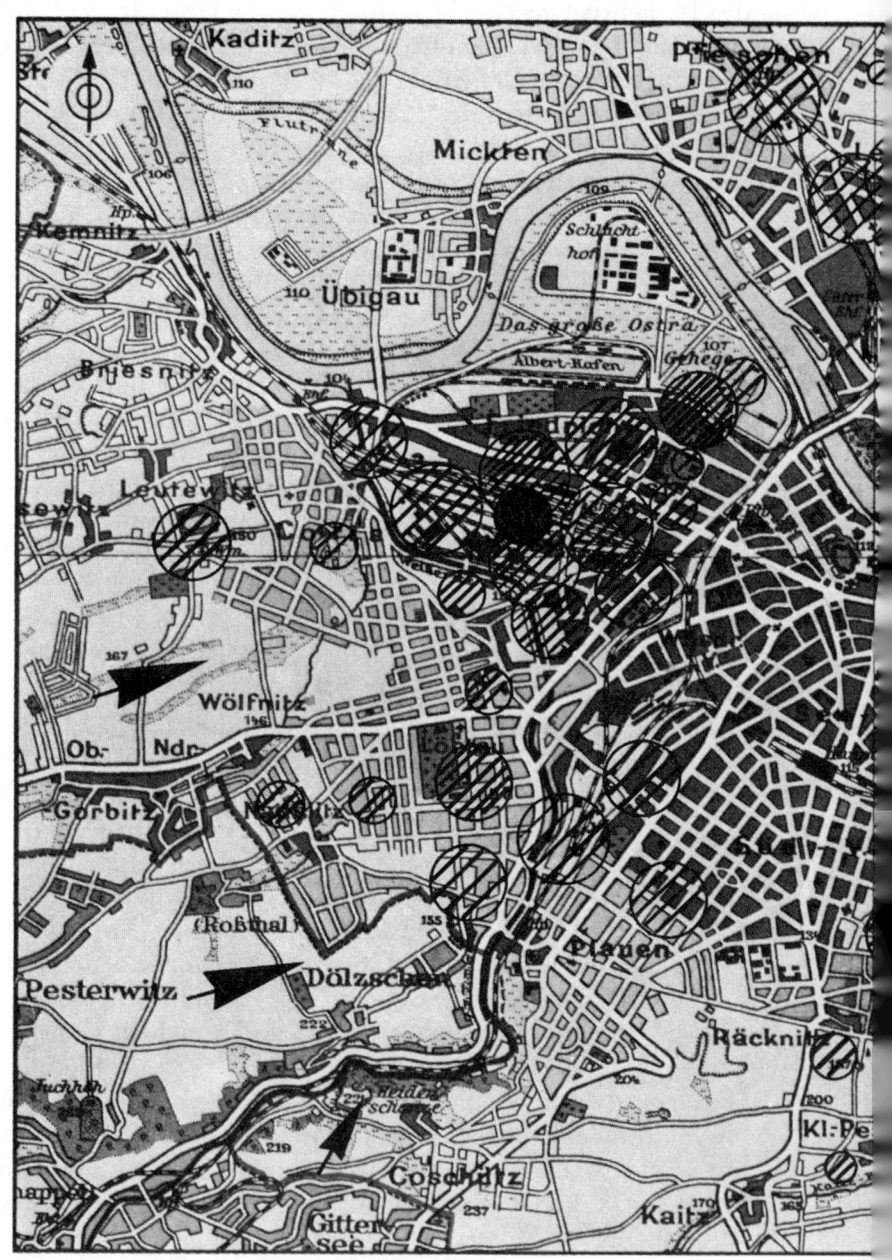

Dresden Stadtgebiet, Angriff am 14. 2. 1945, Trefferbild.

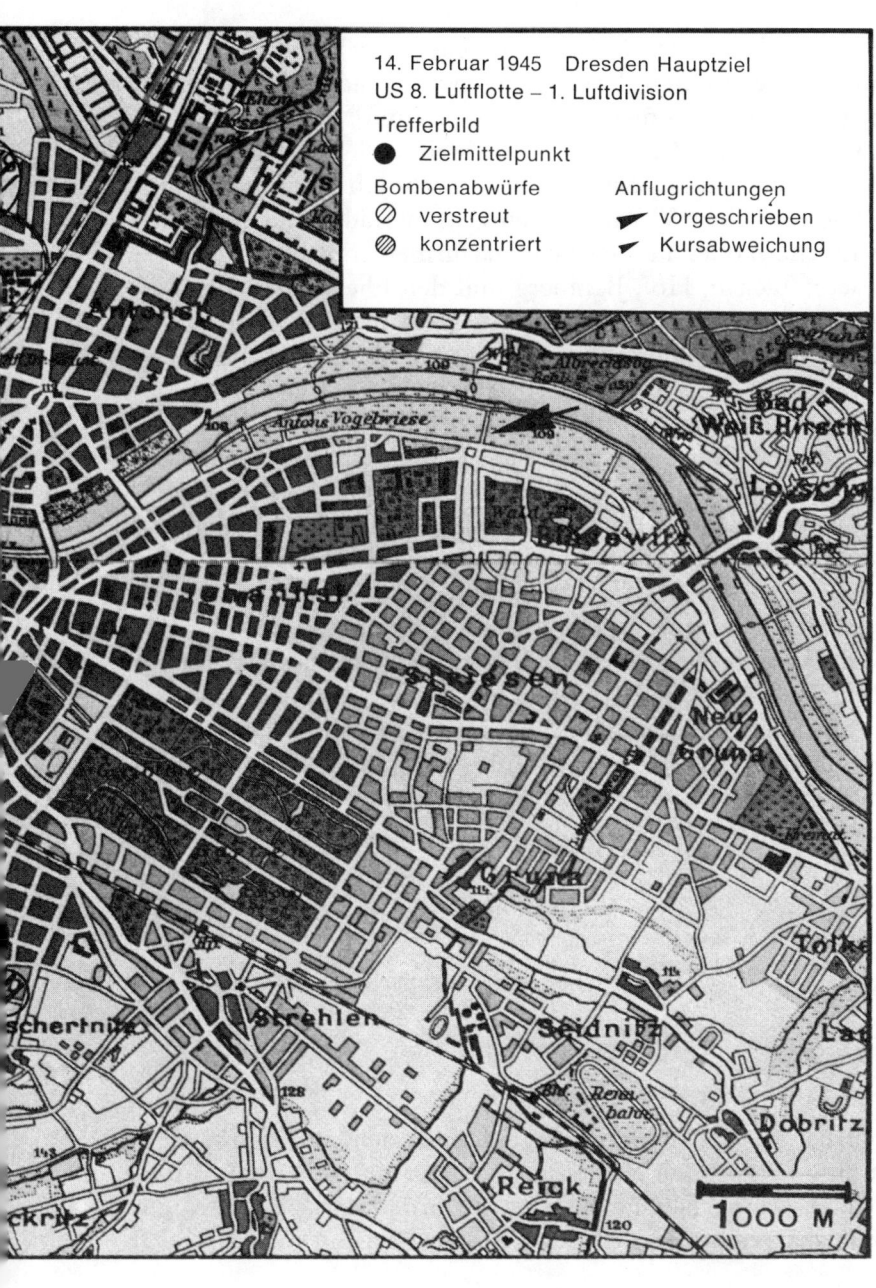

14. Februar 1945 Dresden Hauptziel
US 8. Luftflotte – 1. Luftdivision

Trefferbild
● Zielmittelpunkt

Bombenabwürfe   Anflugrichtungen
⊘ verstreut   ➤ vorgeschrieben
⊘ konzentriert   ➤ Kursabweichung

Und das alles nur, wenn man so will, weil eine riesige Wetterfront über Nordwestdeutschland einen Teil der Bomber auf fehlerhaften Kurs gezwungen hatte.

Auch die restlichen Verirrten der 1. Division seien erwähnt. Zwölf bombardierten Pilsen und 25 verstreuten ihre Ladungen über nicht identifizierten Gelegenheitszielen, wahrscheinlich meist über freiem Land[38].

Der Angriff der 3. Division auf Chemnitz wurde kein voller Erfolg. Nur 294 von 441 B-17 fanden die Stadt, und sie warfen im Blindbombardierungsverfahren per Radar ab. Die restlichen Viermotorigen griffen Städte und Städtchen an, die sie in Wolkenlöchern oder auf den Leuchtschirmen entdecken konnten: Sonneberg, Schneeberg, Tachau, Hof, Bamberg und den Fliegerhorst Eger.

Die 2. Division mußte an Stelle des Hydrierwerkes in Magdeburg meist nach Radar das allgemeine Stadtgebiet angreifen, wobei sich die Bomben verzettelten[59].

In der Nacht des 14. zum 15. Februar versuchte Sir Arthur Harris seine Taktik des Doppelschlages oder, in Kombination mit dem amerikanischen Angriff, des dreifachen Schlages zu wiederholen. Er hatte Chemnitz das gleiche Schicksal wie Dresden zugedacht, aber das Wetter hatte sich anhaltend verschlechtert, so daß – nach dem Mißerfolg des amerikanischen Tagesangriffs – auch die zwei Nachtangriffe des Bomberkommandos auf die sächsische Industriestadt nicht die gewünschte Zerstörungskraft entfalteten.

Während diese Operationen in vollem Gange waren, läuteten am 14. Februar bereits um 20.45 Uhr bei den Bombergruppen der 8. Luftflotte die Telefone, um die Zahl der am nächsten Tag benötigten Flugzeuge und die Zusammensetzung der Bombenladungen bekanntzugeben. Von der 1. Luftdivision wurden 360 fliegende Festungen verlangt, die einheitlich mit je 18 Sprengbomben zu 250-lb. beladen werden sollten. Bei den Radarmaschinen kamen die Himmels-Rauchmarkierer dazu[41].

Nachspiel

Aus dem am 15. Februar 02.45 Uhr fernschriftlich einlaufenden Einsatzbefehl für die 1. Division ging hervor, daß abermals ein langer Flug bis nach Mitteldeutschland bevorstand, wenngleich mit einer nicht ganz so starken Streitmacht wie am Vortag, weil ja über hundert Maschinen der Division in Frankreich gelandet waren.

Hauptziel sollte bei Bodensicht das Treibstoffwerk in Böhlen sein. Nach dem vermuteten Mißerfolg des Bomberkommandos zwei Nächte zuvor schien ein Wiederholungsangriff erforderlich. Als Ausweichziel für optischen und

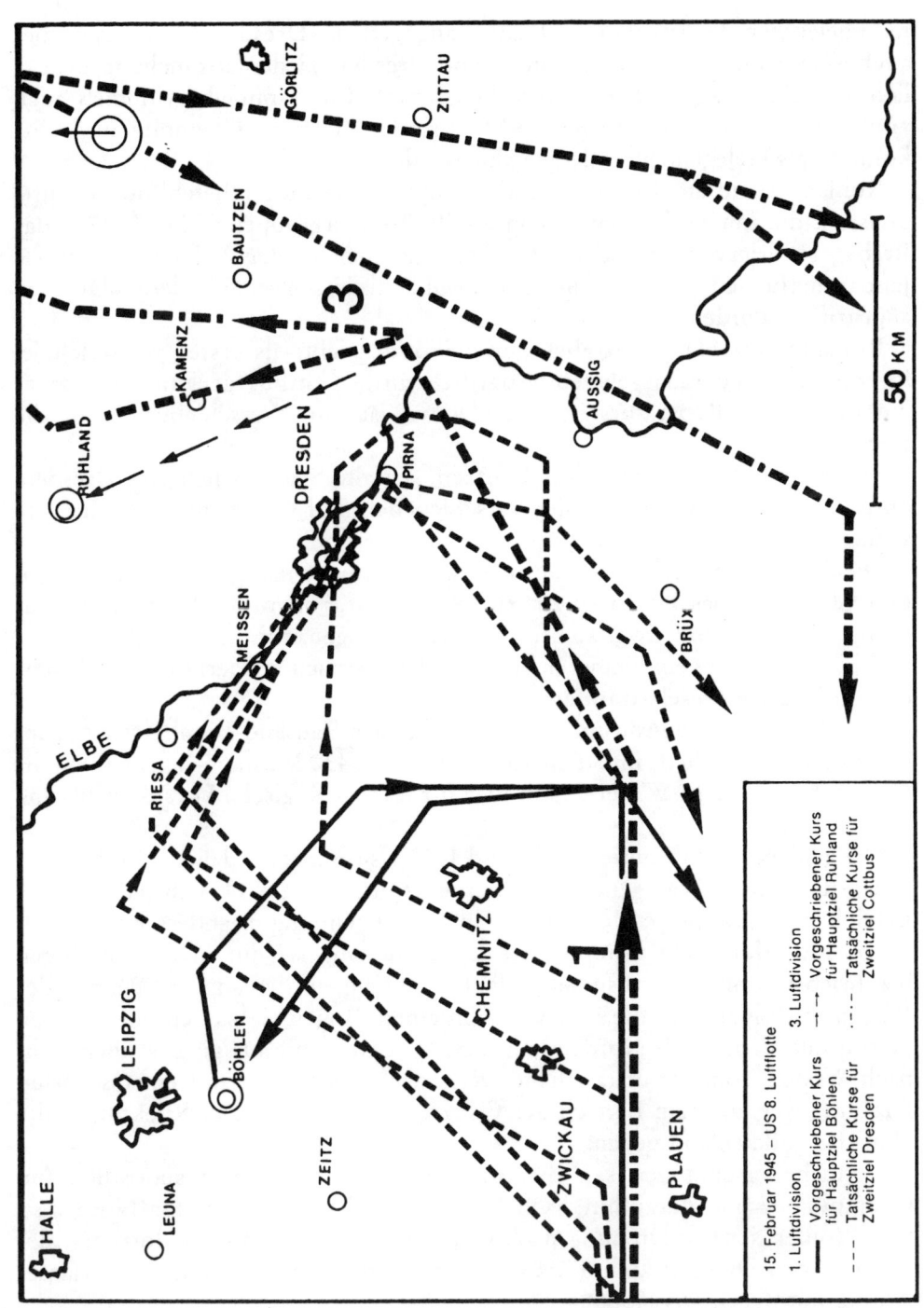

Einflüge am 15. 2. 1945, Sachsen, Angriffe auf Dresden und Cottbus.

radargeleiteten Angriff wurde Dresden angegeben. »Dresden, Germany«, aber auch »Zentrum des Industriegebietes von Dresden«, jedenfalls nicht ausdrücklich Verkehrsanlagen oder Verschiebebahnhof. Ein Sammelbegriff hieß auch »militärische Ziele in Dresden«. »Militärische Ziele« in Chemnitz und Jena konnten als Gelegenheitsziele gewählt werden[42].

Ruhland stand am 15. Februar als Hauptziel im Einsatzbefehl der 3. Luftdivision, die mit voller Stärke von zwölf Bombergruppen – 459 B-17 – das Brabag-Hydrierwerk ausschalten sollte, nachdem es der 2. Division am 16. Januar mißlungen war; wie erinnerlich, war statt dessen unter anderem Dresden angegriffen worden.

Ruhland war Hauptziel aber nur bei Bodensicht; als erstes Ausweichziel für optische und radargeleitete Angriffe wurde Cottbus genannt, und zwar die Lokomotiv-Reparaturstätten, anderswo ist vom Verschiebebahnhof die Rede.

Das zweite Ausweichziel war Bautzen, die alte Stadt östlich von Dresden: optisch oder für Radar stand der Verschiebebahnhof von Bautzen als Zielvorschlag auf der Liste[43].

Die 2. Division sollte auch an diesem Tag wieder nach Magdeburg fliegen und versuchen, das Hydrierwerk zu treffen, unter allen Umständen; denn es wird als Haupt- und Zweitziel für die 372 B-24 genannt.

Schließlich sollte ein kleinerer Verband den Versuch wiederholen, die Eisenbahnbrücke bei Wesel zu unterbrechen[44].

Die 3. Division wurde mit der Führung der Tausend-Bomberstreitmacht betraut, ihr folgte die 1. und dann die 2. Division. 430 Mustang-Jäger sollten für Geleitschutz und 20 Wetter-Pfadfinder für meteorologische Vorausaufklärung sorgen.

Die geplanten Flugrouten der 3. und 1. Division zeigen, daß am 15. Februar genau der gleiche Weg genommen werden sollte wie am 14. Februar; erst bei Erreichen der Talsperre Hohenwarte in Thüringen ging es anders weiter.

Die fürderhin recht komplizierte Linienführung sei nur in großen Zügen beschrieben. Immer vorausgesetzt, die Hauptziele würden angegriffen, war der Weg nach Ruhland für die 3. Division in einem Bogen südöstlich um Dresden herum und dann nach Norden angelegt. Von Ruhland aus ging es aber nicht nach Westen, sondern erstaunlicherweise nach Osten und mit einer scharfen Drehung weg aus dem Bereich der Ostfront nach Süden. Der Rückflug sollte über das Sudetenland gehen.

Ähnlich verschlungen sah die Strecke nach Böhlen aus: südöstlich um Chemnitz herum, daraufhin nach Norden, Zielanflugkurs sogar Nordwest, über Böhlen scharfe Drehung nach Osten bis Grimma, dort Südostkurs, der westlich von Dresden zum Südkurs wird bis zum Sudetenland; gemeinsamer Abflug mit der 3. Division[45].

Vielleicht haben die schlechten Erfahrungen des Vortages, als ein Viertel der 1. Division sich bis nach Prag verirrte und das nicht einmal merkte, die

Operationsabteilung der 8. Luftflotte alarmiert und veranlaßt, diese auf der Karte kunstvoll wirkenden Kursfiguren zu entwerfen, die ja erhebliches navigatorisches Können voraussetzten; denn diese Kurse, die beim Zielanflug in Süd-Nord-Richtung verliefen, boten größere Sicherheit, daß nicht versehentlich Städte bombardiert wurden, die bereits von sowjetischen Truppen erobert worden waren. Der am Mittwoch auf Dresden unternommene Zielanflug von West nach Ost war, in Anbetracht der Frontnähe, doch ziemlich riskant. Es ist kein Fall bekannt, daß später noch Angriffe auf Ziele nahe der Ostfront in allgemeiner West-Ost-Richtung geflogen wurden, mit Ausnahme Berlins, das allerdings als Fläche schwerlich verfehlt werden konnte.

Die Marsch- und Gefechtsordnung für die auf Böhlen angesetzte 1. Luftdivision war ursprünglich so aufgestellt:

41. Kampfgeschwader
41 A: 303. Bombergruppe – 41 B: 384.Bgr. – 41 C: 379. Bgr.
40. Kampfgeschwader
40 A: 92. Bombergruppe – 40 B: 306. Bgr. – 40 C: 305. Bgr.
94. Kampfgeschwader
94 A: 401. Bombergruppe – 94 B: Teile der 457. und 351. Bgr.
1. Kampfgeschwader
1 A: Teile der 91. und 398. Bombergruppe –
1 B: Teile der 381. und 398. Bombergruppe[46]

Nach den Pannen vom Mittwoch wurde das 1. Kampfgeschwader also nur mit Teilverbänden und als Schlußlicht eingesetzt. Aber wie am Vortag, so gingen auch diesmal die Berechnungen der Stäbe nicht auf. Abermals spielte das Wetter Schicksal.

Das begann schon beim Start. Die Sicht war außerordentlich schlecht. Dichter Nebel und Bodendunst verursachten Unfälle, drei Bomber stürzten beim Start ab. Nur 19 Fliegende Festungen der 384. und nur fünf der 379. Gruppe konnten abheben. Auf den Flugfeldern der 92. und der 306. Gruppe war die Sicht so eingeschränkt, daß keine Maschine starten konnte. Insgesamt gelang es 219 Bombern, den Flug anzutreten, aber neun mußten umkehren, so daß schließlich 210 angriffen statt 360, begleitet von 141 Mustangs[47].

Nach diesen Anfangsschwierigkeiten bewältigten die zusammengeschmolzenen Gruppen der 1. Division den Flug hinter den Kondensstreifen der 3. Division ohne weitere Zwischenfälle. Der Kontinent blieb unter einer gleichmäßig dichten Wolkendecke verborgen, die bis 3 000 Meter heraufreichte. Rechtzeitig wurden die vorausgeeilten Wetter-Pfadfinder gefragt, wie es im Zielgebiet aussehe. Die Antwort war, sie könnten ihren Standort selbst nicht ganz genau bestimmen; mit Sicherheit sei aber das gesamte Gebiet, in dem sich das Hauptziel Böhlen befinde, zu $^{10}/_{10}$ bewölkt. Es werde deshalb vorgeschlagen, das Zweitziel Dresden anzugreifen, denn es sähe so aus, als sei dort die Bewölkung $^7/_{10}$ bis $^{10}/_{10}$[48].

Die Gruppen der 1.Division vollführten daraufhin die verzwickten Manöver nicht, die für den Anflug auf Böhlen erforderlich gewesen wären, sondern gingen sogleich auf Nordostkurs, der sie über Mittweida und Waldheim bis in den Raum Oschatz brachte, wo sie Südostkurs nahmen und in Höhen zwischen 8 200 und 9 200 Metern über Dresden eintrafen. Allerdings blieb auch hier der Himmel in 3 000 Meter Höhe von einem festen Wolkentuch überzogen. Kein Stück Erde war sichtbar und alle Verbände mußten mit Radar zielen. Die ersten Bomben detonierten 11.51 Uhr, und das war genau die Minute, in der auch die 3. Division ihren Angriff begann, ebenfalls auf ein Ausweichziel, auf Cottbus[49]. Zu dieser Zeit schoben sich die Bomberströme in nur 50 Kilometer Entfernung jeweils in entgegengesetzter Richtung aneinander vorbei.

Ereignislos wie der Flug verlief auch der Angriff auf Dresden, wenn man von den Störungen absieht, die zur täglichen Erfahrung der Besatzungen gehörten. Das waren zum Beispiel immer wieder gegenseitige Behinderung der Staffeln durch zu enges fliegen, dadurch erzwungene Ausweichmanöver, die wiederum Kursabweichungen und Aufsplitterung der Formationen hervorriefen. Oder: der Staffelführer der im Verband unten fliegenden Staffel der 401. Bombergruppe löste versehentlich seine Himmels-Rauchmarkierer und Bomben vier Minuten zu früh aus. In den anderen Bombern hielt man das für das übliche Angriffssignal, so daß die Ladungen von elf B-17 verfrüht niederrauschten. 197 zweihundertfünfzigpfündige Sprengbomben müssen um 11.52 Uhr irgendwo zwischen Meißen und Weinböhla explodiert sein. Andererseits befürchtete der Radar-Offizier der Führungsstaffel der 401. Gruppe, daß es bei ihm durch einen Fehler auf dem Leuchtschirm zu einem etwas verspäteten Abwurf gekommen sei, dem sich auch die obere Staffel anschloß. Wenn man in Betracht zieht, daß tatsächlich Bomben bis in die östlichen Stadtteile und die südöstlichen Vororte und Dörfer und sogar in Pirna gefallen sind, erscheint das gut möglich[50].

Insgesamt war es, bis auf die Schwierigkeiten beim Start, für die 1. Division ein ruhiger Einsatz. Major Booska, der am 15. 2. 1945 die 384. Bombergruppe kommandierte, gab hinterher dem Nachrichten-Offizier Major Dolan zu Protokoll:

»It was the smoothest bomb run I have ever been on.«[51]

Das mag so gewesen sein. Wie aber sahen die Ergebnisse aus? Während der zehn Minuten von 11.51 bis 12.01 Uhr waren auf Dresden und die nähere Umgebung immerhin etwa 3 700 Sprengbomben gefallen. Bisher verschonte Stadtviertel wurden getroffen.

Dennoch hat sich dieser Angriff der geplagten Bevölkerung kaum eingeprägt. Rückblickend auf die Erlebnisse während der vorangegangenen Stunden empfand man das Zehnminutenbombardement als relativ unerheblich.

Was an diesem Donnerstag geschah, war für die Amerikaner nicht nur eine

Operation mit schlechten Ergebnissen, es war ein kompletter Fehlschlag. Keine einzige Bombe fiel auch nur in die Nähe des »Dresdner Verschiebebahnhofs«, der nach den maßgeblichen amerikanischen Quellen das Ziel gewesen sein soll. In der »Historical Analysis of the 14–15 February 1945 Bombings of Dresden« geht Joseph W. Angell sogar davon aus, daß durch die Angriffe der 8. Luftflotte am 14. und 15. Februar der Eisenbahnverkehr in Dresden auf Wochen hinaus lahmgelegt worden sei; eine Behauptung, mit der wir uns noch beschäftigen werden[52].

Wenn am 15. Februar etwas beschädigt wurde, dann waren es Wohnhäuser, aber nirgendwo entstand schwerer Schaden. Spürbare Auswirkungen gab es allenfalls in Dresdens Südvorstadt, wo besonders die Gegend um das Landgericht am Münchner Platz getroffen wurde. In den Zellen des festungsartigen Gerichtsgebäudes saßen zahlreiche politische Gefangene; einige, die zum Tode verurteilt waren, konnten aus den teilweise eingestürzten Gefängnisflügeln klettern und durch ein in die Außenmauer gebombtes Loch entfliehen[53].

Westlich davon, in Plauen, verzettelten sich die Abwürfe, ebenso ganz entgegengesetzt im Norden am Rand der Dresdner Heide im Waldschlößchen-Viertel und in Loschwitz. Viele hundert Sprengbomben detonierten weiträumig in den locker bebauten östlichen Stadtteilen Gruna, Laubegast und Tolkewitz. Aufklärerfotos vom April verraten, daß Felder und Wiesen in Dresdens Umgebung von zahllosen Bombenkratern zernarbt sind, vor allem im Südosten, Süden und Südwesten. Etliche Bombentrichterballungen zwischen Ackerflächen und Dörfern im Südosten stammen von 250-lb.-Sprengbomben, und sie können, ja müssen am 15. Februar heruntergekommen sein, denn irgendwo müssen die Bomben dieses Tages geblieben sein, die sonst so wenig bemerkt wurden. Die Fehlwürfe des 2. März und 17. April mit Zweihundertfünfzig- und Dreihundertpfündern liegen andernorts um Dresden herum. Die weiteste Zielabweichung zum Verschiebebahnhof Friedrichstadt betrug 18 Kilometer, als Sprengbomben in der Pirnaer Südvorstadt einschlugen. Gemeldet wurde: »Terrorangriff auf die Hermann-Göring-Siedlung am 15. Februar 1945. 300 Sprengbomben, 47 Tote, viele Verletzte. 12 Totalschäden an Wohngebäuden, 39 mittelschwere Schäden und 270 leicht beschädigte Gebäude«[54].

Die Umleitung des Angriffs von Ruhland auf Cottbus hatte für die Stadt an der Spree böse Folgen. Es entstanden beträchtliche Zerstörungen in Wohnvierteln und Bahnanlagen. Im Bahnhof und im Frauenzuchthaus waren hohe Menschenverluste zu beklagen. Viele Bomben streuten in Dörfer der Umgebung[55].

Die deutsche Luftwaffe hat am 15. 2. 1945 jede Gegenwehr unterlassen. Nach amerikanischer Ansicht war sie vermutlich durch Dunst und Nebel an den Boden gefesselt. Aber der Treibstoffmangel hat ebenso viel dazu beigetragen. Mustang-Begleitjäger der 3. Division stellten im Osten Dresdens eine Hs 129, deren Abschuß sie meldeten. Südlich von Dresden entdeckten sie fünf deutsche Düsenjäger, aber es kam zu keinem Kampf. Tiefangriffe der

15. Februar 1945 Dresden Zweitziel
US 8. Luftflotte – 1. Luftdivision

Trefferbild
● Zielmittelpunkt

Bombenabwürfe   Anflugrichtungen
⊘ verstreut   ▼ vorgeschrieben
⦸ konzentriert   ◄ Kursabweichung

Dresden Stadtgebiet, Angriff am 15. 2. 1945, Trefferbild.

160

Mustangs galten »Verkehrseinrichtungen im Nordosten von Dresden und im Raum Karlsbad-Eger«.

Nach – falschen – Aussagen der Besatzungen soll die Flak in Dresden »schwach und ungenau« geschossen haben. Die Amerikaner büßten elf Bomber und einen Jäger ein, ohne schon am Abend des 15. 2., als Intops Summary abgeschlossen wurde, die Gründe dafür zu kennen. Bodenbeobachtung war nur an vier Stellen möglich. Im Gebiet von Böhmisch-Leipa und Niemes wurden Pferdegespanne mit Flüchtlingen und Haushaltsgut auf der Flucht nach Westen beobachtet[56].

Am 15. 2. hieß es im Wehrmachtbericht über den Tag und die Nacht zuvor:

»Mitteldeutschland und der sächsische Raum, das Münsterland und Südostdeutschland waren bei Tag und Nacht das Angriffsziel anglo-amerikanischer Terrorbomber. Durch mehrere Angriffe wurde die Stadt Chemnitz besonders schwer getroffen. Umfangreiche Schäden entstanden vor allem in Magdeburg und erneut in Dresden, wo unersetzliche Bau- und Kunstdenkmäler vernichtet sind.«

Der Wehrmachtbericht am 16. meldete nichts über den Angriff auf Dresden vom 15. Februar[57].

Am Nachmittag des 15. Februar fotografierte eine Mosquito der 542. Foto-Aufklärungsstaffel abermals das Stadtgebiet von Dresden, aber nach der Landung stellte sich heraus, daß nur eine Kamera funktioniert hatte. Nur 35 Abzüge standen zur Verfügung. Die Ergänzung des Auswertungsberichtes K. 3742 war am 18. Februar fertig. Darin heißt es, Rauch und Dunst verschleierten die Bilder, aber: »Dennoch ist zu erkennen, daß der Stadt Dresden sehr großer Schaden zugefügt worden ist..., und große durch Feuer verwüstete Flächen sind zu sehen. Die hauptsächlich betroffenen Gebiete machen das Herz der Stadt aus, die Altstadt am Südufer der Elbe. Neustadt am Nordufer ist etwas weniger in Mitleidenschaft gezogen, während eine weitere große zerstörte Fläche ostwärts der Altstadt und im Norden des Großen Gartens im Stadtviertel Johannstadt zu sehen ist. Verstreute und stellenweise schwere Auswirkungen der Schäden in Wohngebieten sind im Osten dieses Gebietes bis in den Vorort Loschwitz...

Innerhalb des beschriebenen Gebietes sind die Schäden an öffentlichen und Verwaltungsgebäuden sehr schwer, inbegriffen eine Anzahl nicht identifizierter Industriegebäude, von denen einige noch brennen. Andere Schäden schließen einen der Haupt-Eisenbahnhöfe ein und zwei Brücken über den Fluß. Von letzteren ist die Carolabrücke durchschlagen und vermutlich unbenutzbar, die Augustusbrücke ist durchschlagen, gleichwohl vermutlich teilweise benutzbar, und wahrscheinlich ist die Eisenbahnbrücke über den Fluß beschädigt. Zusätzlich sind die in der Stadt gelegenen Kasernen schwer in Mitleidenschaft gezogen.«

Als noch brennende Gebäude wurden erkannt: die Brauerei Waldschlöß-chen, nicht identifizierte Fabriken westlich der Altstadt, der Schlachthof[58].

Ein anderer Aufklärereinsatz am 15. Februar richtete sich gegen den Flughafen Klotzsche. Ein Foto von funktechnischen Einrichtungen in etwa zwei Kilometer Entfernung vom westlichen Flughafenrand und direkt nördlich des Dorfes Wilschdorf fand bei der Auswertung besonderes Interesse, aber damit ließ man sich Zeit bis zum 15. März[59].

Am Freitag, dem 16. Februar, lag zwar über dem Stadtgebiet noch immer eine Dunstschicht, aber sie wurde nur noch von einzelnen Schwelbränden mit Rauch gespeist. Vom Flughafen Klotzsche startete am frühen Nachmittag eine Maschine – vermutlich ein Fieseler »Storch« – zu einem Aufklärungseinsatz über Dresden. Der Beobachter, Oberst Wenz, brachte eine Serie im Tiefflug gemachter einmaliger Luftaufnahmen zurück in die Luftkriegsschule 1 Dresden.

Die noch vorhandenen 17 Fotos mit der Kennung L.K.S. 1 F46/45 beginnen mit der Nummer 27 und enden mit der Nummer 53. Wie viele es insgesamt waren, ist nicht bekannt[60].

Das in der Reihenfolge erste Foto mit der Bildnummer 27 zeigt den weniger beschädigten Neustädter Stadtbezirk Pieschen mit dem Elbhafen. Im Fluß liegt halb gesunken ein Lastkahn, aus dem weißlicher Rauch weht. Der Pilot flog dabei elbabwärts in Richtung Nordwesten, er drehte dann wahrscheinlich ein in eine Linkskurve und ging auf Gegenkurs Ost-Süd-Ost. Auf den Bildern 28, 29 und 30 ist die schwer getroffene Friedrichstadt zu sehen mit den Bahnhöfen und dem Stadtkrankenhaus.

Mit Bild 31 erreicht der Aufklärer wieder die Elbe. Hauptmotiv ist der noch aus mehreren Stockwerken qualmende große Speicher in der Devrientstraße. Die Ruinen von Zwinger, Schloß, Opernhaus, Hotel Bellevue, Italienischem Dörfchen sind auf Bild 32 klar zu sehen. Mit Bild 34 geht es weiter: Brühlsche Terrasse und verwüstete Innenstadt und geborstene Frauenkirche. Vom Flug elbaufwärts zeigen die – unvollständigen – Fotos die leergebrannte Altstädter Elbfront, ehe auf den Fotos 41 und 42 in Johannstadt wieder intakte Häuser zu finden sind.

Der Pilot muß danach eine weitausholende Rechtskurve geflogen sein, offenbar ohne daß Oberst Wenz fotografiert hat; denn das nächste Bild mit der Nummer 43 ist vom beschädigten Gaswerk Reick, aus dessen Kohlenhalden noch Flammen schlagen.

Vorhanden ist dann Bild 46: in Strehlen das beschädigte Luftgaukommando IV und das ausgebrannte Pädagogische Institut. Der Hauptbahnhof – Bild 48 – wurde aus besonders niedriger Flughöhe aufgenommen. Einzelheiten sind zu erkennen; für den, der als Augenzeuge dort dabei war, sogar die zum Abtransport hingelegten Toten auf der Bismarckstraße.

Die Maschine scheint mit Nordwestkurs weiter in Richtung Wettiner Bahnhof geflogen zu sein. Das nächste existierende Foto trägt die Nummer 51, ein Blick über die Innenstadt unter der Dunstglocke, aber man findet auch heraus, daß Wasserdampf über den Kühltürmen und rauchende Schornsteine darauf hindeuten, daß im Kraftwerk West bereits wieder gearbeitet wird. Bleibt als letztes vorliegendes Foto die Nummer 53 mit Sicht über die westliche Friedrichstadt, den Hafen und den Schlachthof[61].

Am 16. und 17. Februar schwiegen in den Vororten Dresdens die Sirenen. Kein feindliches Flugzeug war in der Nähe. Hastig bemühte man sich um die Reparatur der Alarmanlagen in den nicht total zerstörten Stadtvierteln. Vom 18. bis 27. Februar gab es dann täglich Fliegeralarm, oft mehrmals am Tage und nachts. Die Ziele der Briten und Amerikaner waren unter anderem Böhlen, Zeitz und Leipzig, außerdem rollte die allnächtliche Mosquito-Offensive gegen Berlin, das am 26. Februar den ersten 1 200-Bomberangriff der 8. Luftflotte erlitt[62].

Der Februar 1945 brachte im Reichsgebiet mit nur 15 abgeschossenen Feindflugzeugen einen absoluten Tiefstand der Luftverteidigung durch die Tagjagd. Bei 760 deutschen Jägereinsätzen gingen 30 Maschinen verloren[63].

Kein Wunder, daß am 14. 2. 1945 im KTB des OKW lediglich notiert werden konnte:

»146 Jäger gegen Einflug der 8. USAAF mit allen Verbänden und 700 Begleitjägern. 2 Abschüsse, 20 Verluste.«[64]

Beteiligt an Luftkämpfen im mitteldeutschen Raum waren FW 190 und Bf 109 der Jagdgeschwader 300 und 301. Sie hatten vor allem über Sachsen Verluste, z. B. bei Dresden I./301, bei Leipzig II./301 und bei Chemnitz II./300[65].

Die Nachtjagd stand besser da. Sie verzeichnete 772 eigene Einsätze mit 47 Verlusten, aber sie konnte 181 abgeschossene Feindmaschinen melden; das waren mehr als im Januar, und trotzdem nur 1,2 Prozent der eingeflogenen Nachtbomber[66].

Immerhin lassen es die Erfolge der deutschen Nachtjagd erklärlich erscheinen, daß das RAF-Bomberkommando nicht davon ausgehen konnte, über Deutschland spazierenfliegen zu können. In Prozenten waren die verlorenen Flugzeuge unbedeutend, aber 181 Maschinen mit ihren Besatzungen – dazu kamen die Flakverluste – waren eine Menge, die daran erinnerte, daß weiter Vorsicht geboten erschien.

10

Aus deutscher Sicht

»Wir machen keine Mitleidskampagne...«

*Aus: »Der Tod von Dresden. Ein Leuchtzeichen des Widerstandes.« In: »Das Reich«,
4. März 1945.*

Was geschah in Dresden zwischen dem ersten und dem zweiten Nachtangriff?
Und wie ging es weiter? Die vorliegenden Berichte widersprechen sich zum
Teil, aber das ist typisch für den Fall Dresden. Wegen der Unterschiede
in den Sachberichten erscheint es angebracht, das vorhandene Material zu
dokumentieren und abschließend eine Bewertung zu versuchen.

In dem amtlichen Werk »Dokumente deutscher Kriegsschäden« gibt der
ehemalige Geschäftsführer des Interministeriellen Luftkriegsschädenausschusses, Theodor Ellgering, seine Version der Stunden zwischen 22.30 und 01.30
Uhr. Falsche Zahlen- und Zeitangaben bleiben hier unberücksichtigt, um nicht
korrigierende Einfügungen vornehmen zu müssen, die nur verwirren. Ellgering
schreibt:

»Es entstanden sehr schwere Schäden durch Sprengbomben sowie zahlreiche
Brände, deren Bekämpfung programmäßig anlief. Alle in Dresden verfügbaren
Einheiten der Wehrmacht, dazu sehr starke Einheiten der Feuerschutzpolizei
und der Luftwaffe, insgesamt etwa 3 000 Einsatzkräfte mit ausreichendem
Gerät, waren planmäßig und wirkungsvoll zum Einsatz gebracht worden. Es
begann die Räumung der Altstadt, die Bergung von Menschen und Material.
Den Bränden rückte die in großer Zahl vorhandene Feuerwehr energisch zu
Leibe, so daß kurz nach Mitternacht eine gewisse Aussicht bestand, einen
Flächenbrand und damit eine unbegrenzte Ausweitung der Katastrophe zu
verhindern. Die Kranken eines schwer getroffenen Krankenhauses wurden
durch Sanitätskolonnen zum Elbufer hinuntergeschafft, und die ausgebombte
Bevölkerung wanderte planmäßig in die vorgesehenen Auffangräume. Das
waren in der Hauptsache der Große Garten, der Zoologische Garten und die
Elbanlagen. Die durch zahlreiche Brände hell erleuchtete Stadt war wie ein

Ameisenhaufen in Bewegung, als kurz nach Mitternacht ein zweiter Angriff herangetragen wurde...[1]«

Programmäßig – planmäßig – wirkungsvoll, bis der zweite Angriff jedes Bemühen zunichte machte. Ganz anders als bei Ellgering liest es sich bei Hans Rumpf, dem Generalinspekteur der Feuerschutzpolizei:

»Die Feuerlöschkräfte, obwohl über 1 000 Mann stark und bestens ausgerüstet und geführt, waren einem solchen Wüten gegenüber von vornherein völlig machtlos. Die Unterstützungskräfte der Regimenter und aller Nachbarstädte, einschließlich des hart umkämpften Berlins, kämpften sich auf vereisten Straßen durch die Nacht heran. Die Bilder, die sich ihnen boten, erfüllten selbst die in der äußeren und inneren Not von hundert Brandnächten hart gewordenen Männer dieser Einheiten mit Entsetzen und Grauen. Die unter dem Bombenhagel und den Zerstörungsbränden zusammenbrechenden Straßenzüge versperrten die Fluchtwege ins Freie und überantworteten viele Tausende dem Feuertod. Es erhob sich ein rasender Feuersturm, dessen übernatürlicher Sog viele Flüchtende widerstandslos in die Flammen riß...[2]«

Rumpf beschreibt den Feuersturm:

»Die Erscheinungsform eines solchen Naturereignisses können die normalen Eigenschaften der Atmosphäre bis zu einem Grade verändern, daß in ihr organisches Leben nicht mehr möglich ist und erlischt... Die einzelnen Feuerherde schließen sich zusammen, die erhitzte Atmosphäre schießt wie in einem Riesenkamin nach oben, die längs des Erdbodens angesaugte und nachstürzende Frischluft erzeugt einen Orkan, der wiederum auf weithin die kleineren Brände anfacht und in seinen Bann zieht. Die Wirkung der heißen Luftsäule einer solchen riesigen Fackel über einer brennenden Stadt wurde von den Fliegern bis in 4 000 m Höhe als stürmisch und unangenehm empfunden...[3]«

Ein sachkundiger Beobachter war unterwegs in den angezündeten Straßen Dresdens, der Leiter des Instandsetzungsdienstes, Georg Feydt:

»Ich persönlich bin 35 Minuten nach Beendigung des ersten Angriffs durch die Innenstadt gegangen. Das Charakteristische eines sich langsam entwickelnden Flächenbrandes, der durch die von Sprengbomben eingeschüchterte, im Keller sitzende Bevölkerung nicht gelöscht wird, ist es ja gerade, daß er sich sehr langsam entwickelt und erst dann schlagartig in Erscheinung tritt, wenn an Zigtausenden kleinen Einzelbrandstellen der Brand sich so weit ausgebildet hat, daß er die Dachhaut durchschlägt und urplötzlich meist gleichzeitig das dritte und vierte Stockwerk der Häuser in großer Ausdehnung in Brand steht[4].«

David Irving hat ermittelt, daß die örtliche Luftschutzleitung keine Meldungen über Lage und Entwicklung der Brände erhielt, da nacheinander die Verbindungen durch Fernschreiber, Telefon, Funk und zuletzt auch durch Melder ausfielen:

»In Dresden sollte nun die fast unmittelbare Zerstörung der Telefonverbindungen das Schicksal der Stadt besiegeln. Da Dresden nur über eine eigene

Feuerwehr von kaum tausend Mann und wenige seinem direkten Befehl unterstehende Löschgeräte verfügte, war es auf die sofortige Hilfe von außen angewiesen. Kurz nachdem die ersten Bomben auf Dresden gefallen waren, setzte jedoch die Stromversorgung für die Telefonvermittlung aus. Hinzu kam, daß das Notstromaggregat im Gebäude durch eine eingestürzte Mauer zerstört worden war und nicht mehr repariert werden konnte... Es war weder möglich, Berlin über die Luftangriffe zu informieren, noch Meldungen von den sächsischen Beobachtungsposten an den Divisionsstab des Jagdkommandos in Döberitz bei Berlin weiterzugeben. Nur aus den bei Dresden liegenden Städten trafen unmittelbar nach den ersten Angriffen Verstärkungen ein; der Schein am Horizont sprach für sich selbst. Um 1 Uhr kamen aus ganz Sachsen die örtlichen Löschzüge in Dresden an und drangen bis in die Außenbezirke der Stadt vor. Die elektrischen Sirenen konnten für den zweiten Angriff keinen Alarm geben. Im Bericht der alliierten Luftkommandeure heißt es nüchtern: ›Die Löschtrupps und die Luftschutzverteidigung der Stadt wurden durch den Doppelschlag überwältigt.‹ Es liegen keine genauen Zahlenangaben über alle in der Stadt eingesetzten Löschtrupps vor. Das Schicksal der meisten von ihnen geht deutlich aus einem Beispiel hervor: Kurz nach 1 Uhr traf der Löschzug ein, der von dem dreißig Kilometer entfernten Bad Schandau nach Dresden geschickt worden war. Von diesen Feuerwehrleuten gab es keine Überlebenden. Sie kamen alle im zweiten Luftangriff um[5].«

Irving trifft die Feststellung, der Feuersturm habe seine größte Gewalt in den drei Stunden zwischen den Angriffen erreicht, und die Löschtrupps hätten nichts mehr tun können, um ihn einzudämmen oder unter Kontrolle zu bringen.

Der Dresdner Luftschutzpolizist Alfred Birke war seit 1940 dienstverpflichtet beim Sicherheits- und Hilfsdienst, der späteren Luftschutzpolizei, und er war für den Ernstfall gründlich vorbereitet worden. Der Verfasser konnte Birkes Aufzeichnungen überprüfen und bearbeiten:

»Als die Angehörigen einer Bereitschaft der Dresdner Luftschutzpolizei am Abend des 13. Februar 1945 die Meldung ›keine besonderen Vorkommnisse‹ erhielten, beschlossen sie, sich auf ihre Feldbetten zu legen. Ihr Nachtquartier war die Zoo-Gaststätte am Rande des Großen Gartens. Bei Luftgefahr mußten sie zur Fahrzeughalle auf dem Wiesengelände zwischen Bürgerwiese, Blüherpark, Ilgen-Kampfbahn und Arnholdbad eilen. Dort standen siebzig Wagen einsatzbereit: Funk- und Gerätewagen, Omnibusse, Sanitätswagen, Lkw und Pkw. Vom Zoo aus konnten die Männer die Fahrzeughalle mit einem Bus binnen weniger Minuten erreichen. Ihre Arbeit hatten sie oft geprobt. Jeder nimmt seinen Posten ein, die Wagen werden ins Freie gefahren, über Telefon oder Funk gibt die örtliche Luftschutzleitung aus dem Tiefkeller des Albertinums die nötigen Befehle...«[6]

Sofort nach der Alarmierung fahren die Luftschutzpolizisten zur Fahrzeughalle, die schon nach den ersten Bombeneinschlägen mitsamt dem gesamten

Fahrzeugpark in Flammen aufgeht. Birke geht zurück zur Unterkunft im Zoo. Er übernimmt einen Wagen und versucht, zur Befehlsstelle im Albertinum durchzukommen...:

»Die Villen an der Bürgerwiese brennen bereits bis ins Erdgeschoß. So komme ich nicht weiter, aber ich muß hier durch, wenn ich zum Albertinum will. Ich biege in die Anlagen der Bürgerwiese ein, fahre auf Parkwegen und auf dem Rasen, erkenne einen Teich zu spät, der Wagen kippt nach vorn, im letzten Augenblick kann ich ihn abfangen. Im Schein des Feuers, behindert durch die in Rot getauchten Qualmwolken erreiche ich den Georgplatz. Flammen schlagen aus den geschlossenen Häuserfronten, aus der Kreuzschule, der Waisenhausstraße. Im Schrittempo steuere ich den Adler in die breite Ringstraße... Nicht ein lebendes Wesen, dem ich begegne. Am Pirnaischen Platz liegen drei nackte Leichen, eine Frau und zwei Kinder. Ich passe auf, will nicht über sie fahren. Endlich lichtet sich der Rauch ein wenig, die Feuersbrunst tritt zurück. Das Viertel hinter der Frauenkirche ist wohl nicht so sehr in Mitleidenschaft gezogen. Noch wenige Meter, und ich stelle den Wagen an der Längsfront des Albertinums ab. Unweit des Eingangs parken noch fünfzehn andere Pkw[7].«

Alfred Birke ging in das Albertinum, um sich im Tiefkeller zu melden. Man empfing ihn nicht eben freundlich. Wo er jetzt herkomme? Warum nicht früher? Wo der ihm zugewiesene Funkwagen sei? Und so weiter. Birke begriff:

»Die haben keine Ahnung, was draußen wirklich los ist. Er faßte im Bewußtsein, als einziger Bescheid zu wissen, seinen Mut zusammen und sagte, daß man es hier unten wohl habe rumpeln und donnern hören, daß man aber anscheinend nicht das Ausmaß der Verheerungen kenne... Warten Sie im Nebenraum, sagte man ihm. Dort erfuhr er, daß alle Telefonverbindungen bis auf eine unterbrochen waren. Über diese Leitung kam die Kunde von einem neuen Anflug auf Dresden...«[8]

Nur wenige Originaldokumente aus Dresden sind erhalten. Deshalb kommt einem Meldezettel der Feuerwehr die Bedeutung einer Rarität zu. Daraus geht hervor, daß am 13. 2. 1945 der 3. Zug der 1. F.-u.E.-Bereitschaft Dresden ausgerückt ist und ab 22.30 Uhr den Dachstuhlbrand im Restaurant »Italienisches Dörfchen« am Adolf-Hitler-Platz bekämpft hat. Um 23 Uhr mußten die Männer abbrechen. Eine Notiz auf dem Einsatzbericht sagt, weshalb:

»Während der Brandbekämpfung Einsatzbefehl – Reichsstatthalterwohnung erhalten. «

Zusammenfassend ist festzuhalten, daß die Berichte nicht in allen Punkten auf einen Nenner zu bringen sind. Während Ellgering den Eindruck suggeriert, die Einsatzkräfte hätten die Lage in den Griff bekommen, meint Rumpf, sie seien von vornherein völlig machtlos gewesen. Wimmelt es laut Ellgering in der Innenstadt zwischen den Nachtangriffen wie in einem Ameisenhaufen, so fallen Birke die menschenleeren Straßen auf. Ellgering setzt den Höhepunkt

des Feuersturmes nach dem zweiten Angriff an, Irving davor. In der Schlußmeldung des Befehlshabers der Ordnungspolizei heißt es:

»1. Angriff fast über das ganze Stadtgebiet. Feuersturm bereits nach $^1/_2 - ^3/_4$
Stunde[10].«

Die Nachrichtenverbindungen innerhalb der Stadt wurden zwar bald nach
Einsetzen der Bombenabwürfe unterbrochen, aber es stimmt nicht, daß es
unmöglich gewesen sei, Berlin zu informieren. Nachricht ging an verschiedene
Dienststellen heraus, unter anderem an den Interministeriellen Luftkriegsschädenausschuß – möglicherweise via Gauleitung-Propagandaministerium –, und
vom Ausschuß wurde sofort ein Beobachter in Marsch gesetzt, der kurz nach
dem zweiten Angriff in Dresden eintraf. Die Einleitung des ersten Angriffs ist
gemeldet worden, sonst wäre nicht aus Berlin die Frage gekommen, ob der
Befehlshaber der Ordnungspolizei Dresden Hilfe brauche.

Der BdO. Dresden selbst berichtet, daß die Nachrichtenverbindungen während des zweiten Angriffs ausgefallen sind:

»Hauptpostamt, Telegrafenamt und alle nachrichtentechnischen Mittel der
Pol. bereits während des zweiten Angriffs ausgefallen.«[11] Die Benutzung des
Wortes »bereits« deutet allerdings darauf hin, daß der erste Angriff gemeint
war.

Durch die Zerstörung der Nachrichtenverbindungen in der Stadt selbst aber
scheint die Befehlsstelle im Albertinum etwa ab 22.20 Uhr keinen Überblick
mehr über die Lage draußen gehabt zu haben. Vor allem hatte man im
Tiefkeller keine Ahnung von der Intensität der Großbrände, da ja die Zeit
des Bombardements relativ kurz gewesen war. Auch in den nicht betroffenen
Stadtvierteln hatten die Menschen noch nicht recht begriffen, daß sich eine
Katastrophe anbahnte.

Die Dresdner Luftschutzpolizei büßte schon beim ersten Angriff den
größten Teil ihres Fuhrparks ein. Noch während des Angriffs rückte die Feuerwehr aus und begann die Brandbekämpfung. Auch Löschtrupps der Betriebe
und der Zivilbevölkerung nahmen, spätestens nach der Vorentwarnung 22.40
Uhr, den Kampf mit den Flammen auf. Feuerwehren aus der Umgebung eilten
herbei, verharrten aber zum Teil an der Peripherie, weil sie darauf warteten,
an die richtigen Einsatzstellen gelotst zu werden oder weil der zweite Angriff
begonnen hatte.

Nach alldem kann keine Rede davon sein, daß die Dinge, wie Ellgering
behauptet, programmäßig verliefen. Es herrschte vielmehr ein heilloses Durcheinander. Einzelne Feuerlöscherfolge waren Tropfen auf den heißen Stein des
sich entwickelnden Flächenbrandes, der in zwei, drei Hitzezentren bereits
nach dem ersten Angriff den Feuersturm auslöste. Die Menschen, unerfahren
wie sie waren, blieben oft bis zum Tode im Keller, obwohl nach dem ersten
Angriff ein Entkommen durchaus möglich gewesen wäre. Diese Scheu, die
Luftschutzräume zu verlassen, erklärt die menschenleeren Straßen, die Birke
beobachtete. Wenn es – so Ellgering – wie in einem Ameisenhaufen wimmelte,

dann höchstens dort, wo Häuser geräumt und Möbel geborgen wurden, wo sich Menschen aufrafften, die engen brennenden Schluchten innerstädtischer Gassen und Straßen zu verlassen.

Viele Menschen entflohen den Großbrandvierteln nicht nur strahlenförmig in die Vororte, sondern auch in die amtlich ausgewiesenen Auffanggebiete, was ihnen beim zweiten Angriff zum Verhängnis werden sollte.

Über Verlauf und Auswirkung des zweiten Angriffs gibt es keine Unstimmigkeiten. Jeder Hilfsversuch wurde durch die Glut paralysiert. Der Bericht des Luftschutzpolizisten Birke deckt sich mit Berichten anderer sachkundiger Augenzeugen oder Auswerter, deshalb sei daraus stellvertretend zitiert. Birke erlebte, wie erwähnt, den zweiten Angriff im Befehlsstand des Albertinums, das jetzt auch im Bombenhagel lag:

»Man ruft nach mir. Ich werde einem Major vorgestellt, der vor einer Stunde hier eintraf. Seine vier motorisierten Hilfs- und Sanitätsbereitschaften warten, von Frankenberg kommend, auf der Autobahn zwischen Dresden und Wilsdruff auf Einsatzbefehl. Der Wagen des Majors und die anderen Pkw sind vor dem Albertinum zerstört. Wenn mein Wagen noch in Ordnung ist, soll ich den Major und einen Feldwebel auf die Autobahn bringen und die einzelnen Züge an ihre Einsatzstellen lotsen. Ich wittere eine Gelegenheit, in die Nähe meiner Wohnung zu kommen.

Im Freien verschlägt es mir den Atem. Ringsum ein prasselndes, loderndes Flammenmeer, wir können uns kaum noch verständigen. Ich schreie nach dem Major, der einen Meter von mir entfernt ist, den ich aber in den erstickenden Rauchwolken nicht mehr sehen kann, ich fasse ihn am Ärmel und führe ihn zu meinem Wagen, der, es ist ein Wunder, unversehrt am Fuße des jetzt im Dachstuhl brennenden Albertinums steht. Schnell steigen wir ein, es fehlt an Sauerstoff, die Augen schmerzen. Der alte Adler springt tatsächlich treu und brav an, ich wende und fahre zur Carolabrücke. Elbaufwärts, elbabwärts Feuer und nochmals Feuer. Sogar die steinerne Albertbrücke scheint von Flammen umschlossen...

Auch die Neustädter Seite brennt. Wir sind im Feuerschein des Zirkus Sarrasani, als es unvermittelt dunkel um uns wird, ein ohrenbetäubendes Poltern und Knirschen, gleich wird es wieder hell. Neben uns schaukelt ein Teil der kupfernen Zirkuskuppelverkleidung...«[12]

Birke lenkte das Auto um Trümmerberge herum oder über glühenden Schutt. Am Albertplatz, wo die Flammen zurücktraten, am Neustädter Bahnhof, wo es nur vereinzelt brannte, begegnete er hastenden, fliehenden Menschen. Die westlichen Viertel der Neustadt lagen bis auf wenige Brandstellen im Dunkel, nur flackernd beleuchtet vom Riesenfeuer der anderen Stadtteile. Durch unzerstörte Straßenzüge erreichte man die Autobahnauffahrt. Die Frankenberger Bereitschaften standen noch an Ort und Stelle. Ausgebombte irrten auf der Autobahn, in frischer Luft, entlang den haltenden Fahrzeugen, zu Hunderten herum. Der Major ließ sich nun wieder in die Stadt fahren, um Einsatzmöglichkeiten zu erkunden; die Wagen ließ er zurück. Von der Höhe aus glich die Stadt einem feuerspeienden Vulkan. Details waren nicht zu erkennen. Birke rollte glatt durch zum Neustädter Bahnhof und über die Marienbrücke, und abermals überwältigte ihn das Entsetzen über die zu beiden Seiten der Elbe brennende Stadt:

»Den Straßenbahnschienen folgend biege ich in die Ostra-Allee ein. Es gelingt, über Steinbrocken und glimmende Balken bis zum Zwinger vorzustoßen. Dicke uralte Baumriesen versperren zersplittert die Straße. Reste eines verkohlten Lastwagens, Bombenkrater vor dem Schauspielhaus, im Zwingerwall. Ich kann nicht weiter. Wir steigen aus. Ich erkläre meinen Fahrgästen den Weg zum Adolf-Hitler-Platz. Sie sollen versuchen, am Zwingerteich vorbei durchzukommen. Ihr Ziel ist dort, wo hinter dem Zwinger aus dem Opernhaus die Flammen hoch zum Himmel schießen. Der Major sagt, ich solle ein paar Minuten warten, sie kämen gleich zurück. Die beiden verschwinden im dicken Qualm.«[13]

Birke wartete neben seinem Wagen am Zwingerteich. Trotz der enormen nervlichen Belastung betrachtete er genau das niederbrennende Dresden – den Zwinger, das Schauspielhaus, den Postplatz, und er wußte, daß hinter diesem Vorhang aus Rauch und Feuer alles dem Untergang geweiht war. Er wartete lange und vergeblich. Der Major und der Feldwebel kamen nicht zurück. In abenteuerlicher Fahrt gelang es Birke, mit dem Wagen aus dem Feuerkreis auszubrechen, aber nun trieb ihn sein Pflichtgefühl wieder in die örtliche Luftschutzleitung, in seine Befehlsstelle im Albertinum. Obwohl er weit ausholend über die Südhöhe fuhr, konnte er in der Flammenwand nicht eine Lücke finden. Er hatte jedes Zeitbewußtsein verloren und nicht bemerkt, daß der Tag angebrochen war:

»Das Tageslicht ist allerdings getrübt durch schwarze und schwarzgraue Rauchwolken, die hoch in den Himmel wachsen. Sogar die Sonne scheint bläßlich, aber sie trägt einen grauen Schleier, den Trauerschleier des Dresdner Aschermittwochs. Mein Bemühen, die Dienststelle zu unterrichten, ist aussichtslos. Und so fahre ich die unterwegs aufgelesenen Opfer dieser Katastrophe in meine Wohnung. Während sich meine Frau und meine Tochter um die Unglücklichen bemühen, falle ich aufs Bett. Aber um die Mittagsstunde werde ich wachgerüttelt. Der nächste Angriff beginnt.«[14]

Diesen wie den zweiten Nachtangriff überlebte der fünfzehnjährige Christian Just im Freien. Als Schüler des Staatlichen Gymnasiums Dresden-Neustadt hielt er sich zur Flüchtlingsbetreuung auf dem Neustädter Bahnhof auf, als die Sirenen heulten. Just eilte nach Hause in die Zirkusstraße 11, halbwegs zwischen Grunaer und Pirnaischer Straße, erreichte gerade noch rechtzeitig den Keller. Trotz zahlreicher Bombeneinschläge blieb das Haus stehen, wie Just bei einem Kontrollgang feststellte:

»Im 4. Stock lief ich schnell durch unsere Wohnung: kein Feuer; dann auf den Dachboden – nunmehr ohne Ziegel -: auch kein Feuer. Wir waren glimpflich davongekommen! Aber das Hinterhaus Zirkusstraße 15 brannte von oben bis unten lichterloh. Und so weit man sehen konnte – von unseren Fenstern hatten wir eine gute Aussicht in Richtung Stadtmitte – flackerten überall Brände auf. Es wurden mehr, die Brände wurden größer, und auf einmal begannen Funken zu fliegen, durch die zerbrochenen Scheiben in die Wohnungen. Ich habe die Gardinen herabgerissen und die zerfetzten Verdunklungsvorhänge, die ins Freie flatterten.

Mit einem Mal aber wurde klar: ganz Dresden brennt. Ich bekam es mit der Angst zu tun. Ich sagte zu meiner Mutter, wenn alles brennt, können wir unser Haus nicht allein retten. Da machten wir uns auf den Weg mit wenigen Habseligkeiten mehr zufälliger Art. Als wir aus dem Haus traten, sahen wir, daß tatsächlich schon alle anderen Häuser der Zirkusstraße in den obersten Stockwerken brannten. Wir gingen in Richtung Johann-Georgen-Allee... Großer Garten bis zum ›Bau‹. Es waren viele Menschen unterwegs, auch ein Auto. Der Bau war ein Stück Ödland zwischen Albrecht- und Lennéstraße, auf dem mit dem Bau eines Parteihauses begonnen worden war, was aber nicht weiter vorankam wegen des Krieges. Wir gingen zu den dort lagernden Steinquadern und setzten uns zwischen sie, meine Mutter und ich.

Da saßen wir nun mit vielen anderen, die hier Zuflucht gesucht hatten. Die Steine schützten ein wenig vor dem Wind, und die brennenden Häuser der Albrechtstraße und der Johann-Georgen-Allee sorgten für eine erträgliche Temperatur...

Auf einmal hörten wir von der Südvorstadt ganz entfernt Sirenengeheul: Fliegeralarm. Ich weiß nicht, wann es war; ich hatte keine Uhr. Aber ich weiß noch, wie manche Menschen leise aufschrieen: »Nein! Nicht noch einmal!« Und dann begann das, was sich mir als das Inferno von Dresden eingeprägt hat: Motorengedröhn, das Rauschen der herabgleitenden Bomben, das ohrenbetäubende Krachen der Detonationen, einen Augenblick Stille, und dann wieder dasselbe, und wieder, und wieder und immer wieder! Manchmal beginnt das Rauschen im Hochton, hört in der Mittellage auf, und dann dauert es eine Weile bis man in der Ferne die Explosionen hört. Oft aber beginnt das Fauchen in der Mittellage, wird immer tiefer und endet mit berstendem Krachen nicht allzuweit entfernt. Und manchmal hört man nur einen kurzen, tiefen Orgelton, und dann zerreißt ein schreckliches Getöse einem fast das Trommelfell; wenige Augenblicke später prasseln Erdbrocken und sonst etwas auf den Rücken. Und es hört nicht auf und hört nicht auf. Aus der Angst wird Todesangst und endlich die Erwartung, daß ein Treffer der Qual ein Ende bereitet.

Auf einmal sahen wir, daß der Wind glühende Funken unter den Steinen hindurchblies. Sollten wir jetzt noch hier verbrennen? Irgendwie waren auch die Explosionen leiser geworden. Oder krachten nur noch Spätzünder? Ich sagte jedenfalls zu meiner Mutter, gehen wir doch dahin, wo sie die Erde ausgeschachtet haben.

Es wurde kalt – von den herabgebrannten Häusern kam keine Wärme mehr – und fing an zu regnen. Der Angriff war inzwischen wirklich vorbei. So gingen wir in Richtung Großer Garten. An einer großen Platane lehnte ein Stück Bauzaun, unter das wir uns setzten. Im Blickfeld hatten wir das Ausstellungsgelände mit dem Heimatkraftfahrzeugpark, wo in Abständen Explosionen orangefarbene Stichflammen zum Himmel schickten...«

Christian Just versuchte dann mit seiner Mutter wieder zur Zirkusstraße durchzukommen, sie fanden nur noch Trümmer und Tote. Daraufhin machten sie sich auf die Suche nach dem Vater, der beim Alarm in die Bürgerwiese gegangen war:

»Den ganzen Weg: Johann-Georgen-Allee, Albrechstraße, Bürgerwiese (die Straße an den Tennisplätzen entlang) lagen überall Tote, Tote, Tote; auch um die Steinreihen herum, wo wir während des 2. Angriffes gelegen hatten. Viele Tote waren durch explodierende Bomben scheußlich zugerichtet, manchen nur die Kleider vom Leib gerissen, mitunter die nackten Körperteile dunkel gerötet. Mitten auf dem Weg lag ein dunkler, formloser Haufen, obenauf etwas mit langen Haaren; daran allein war zu erkennen, daß dies eine tote Frau war. Mehr kann ich nicht beschreiben. Ich habe zwar hingesehen, mir aber die Bilder nicht eingeprägt. Mein Vater war jedenfalls nicht darunter.

Auf der Bürgerwiese stand eine lange Reihe von Luftschutzfahrzeugen des SHD (Sicherheits- und Hilfdienst). Ich glaube, sie waren nach dem 1. Angriff von auswärts gekommen. Die Mannschaften – wenigstens ein großer Teil – lagen tot um die Fahrzeuge herum.

Gleich uns war eine lange Prozession von Menschen unterwegs, die mit mehr oder weniger Gepäck die zerstörte Stadt verließen. Als wir in Strehlen zu unseren Bekannten kamen, erkannten sie uns zunächst nicht: ›Wer sind sie denn?‹ Wir sagten unseren Namen, und die Menschen erschraken. Wir mußten furchtbar ausgesehen haben. Die Leute machten warmes Wasser, damit wir uns waschen konnten, und gaben uns auch etwas zu Essen. Mein Vater aber war nicht dort.

So machten wir uns auf den Rückweg, auf den gleichen Straßen, die wir gekommen waren. Wir schauten wieder nach den Toten, aber meinen Vater sahen wir nicht... Dann beschlossen wir, uns auf den Weg nach der Heimat meiner Mutter zu machen, nach Schirgiswalde, einem kleinen Städtchen südlich Bautzen.

Wir suchten einen Weg, der uns möglichst nur über breite Straßen führte: Johann-Georgen-Allee, Lennéstraße, Stübelplatz, Güntzstraße, Sachsenplatz (hier lagen auf der Straße ebenfalls Tote; Tote sah ich auch in einem zerstörten Straßenbahnwagen), Albertbrücke, von da auf der Neustädter Seite hinab zu den Elbwiesen. Etwa 250 m nach der Brücke, elbaufwärts, war eine Abteilung Sodaten mit Grabwerkzeugen angetreten. Plötzlich spritzten diese auseinander und warfen sich auf den Boden. Einer begann sogar, ein Schützenloch auszuheben. Da warfen auch wir uns nieder. Und schon begann es von neuem:

Motorengedröhn, Fauchen stürzender Bomben, Explosionen. Die Einschläge schienen mir aber weiter weg zu sein... Irgendwann war auch das vorbei. Die Soldaten standen auf und wir gingen weiter. Die Elbwiesen entlang bis zum Waldschlößchen, dann den Schienen der Linie 11 folgend bis nach Bühlau... und dann nach Weißig. Dort warteten wir an einer Sperre der Feldgendarmerie, die alle Fahrzeuge anhielt, auf eine Fahrgelegenheit nach Bautzen. Endlich kam ein LKW mit einem Geschütz auf der Ladefläche und eines angehängt, der an die Front nach Lauban wollte und auf dem noch Platz für uns war. So verließen wir das zerstörte Dresden.«

Justs Vater wurde am 20. Februar aus einem Keller an der Bürgerwiese tot geborgen[15].

Am Nachmittag des 14. Februar stand fest, daß die Gebäude des NSDAP-Blattes »Der Freiheitskampf« die Angriffe überdauert hatten. Der Verlags- und Druckereikomplex am Wettiner Platz, die einzeln noch stehenden Häuser, die Jakobikirche und das Elektrizitätswerk ragten wie Felsen aus dem Rauch, der von den frischen Feuern des Mittagsangriffs aus der Schäferstraße heranwehte; in der Wettiner Straße und ihren Seitengassen nebelten Schwelbrände. Aber was nutzte eine Druckerei ohne Strom, eine Redaktion ohne Fernschreiben und Telefonverbindungen, wer dachte überhaupt an eine Zeitung, während die Stadt ausbrannte und überall unter den glühenden Trümmern Menschen in Todesangst darauf warteten, geborgen zu werden. Andererseits gab es Hunderttausende, die nicht ausgebombt waren, und nochmals Hunderttausende, die obdachlos und hilfsbedürftig waren.

Im südostwärts von Dresden gelegenen Pirna, wo aus den höheren Luftschichten Asche und angesengtes Papier herniederrieselten, fand der Gaupropagandaleiter Walter Elsner in der Druckerei Heinrich Ostermanns Erben einen arbeitsfähigen Betrieb vor. Dort wurde noch am 14. Februar die erste Zeitung nach der Vernichtung Dresdens hergestellt, ein DIN-A4-Blatt »Kurznachrichten für die vom Luftkrieg betroffene Bevölkerung«. Enthalten ist der Wehrmachtbericht vom gleichen Tag, in dem es lapidar heißt:

»Die Briten richteten in der vergangenen Nacht Terrorangriffe gegen das Stadtgebiet von Dresden.«[16]

Enthalten sind ferner drei militärische Erfolgsmeldungen, ein halbamtlicher Hinweis, ein Wort des Führers an die Jugend und dieser Aufruf:

»Dresdner Volksgenossen! In kurzen Abständen haben sich die Luftgangster Dresden zum Ziel ausgesucht. Die Gegner des deutschen Sozialstaates setzen in ihrem teuflischen Haß alles daran, soviel wie möglich zu zerstören. Wir müssen diesem Haß unseren unterschütterlichen Willen zum Leben entgegensetzen; unseren festen Glauben an die schicksalhafte Gerechtigkeit, die wir aber durch den Einsatz unserer ganzen Kräfte selbst erkämpfen und verteidigen müssen. Bewahrt in dieser Stunde Disziplin und Ruhe! Es sind alle Maßnahmen veranlaßt, die möglich sind, um den Obdachlosen zu helfen und sie zu verpflegen.

Volksgenossen! In diesen ernsten Stunden gerade muß der Führer gewiß sein, daß er sich auf uns verlassen kann. Helft alle mit, damit er dessen sicher ist, daß sich Dresden auch diesmal der Größe des deutschen Schicksals würdig zeigt.«[17]

Den Ausgebombten wurde in den »Kurznachrichten« mitgeteilt:

»Wo kannst Du Dich hinwenden? Die Angriffe der Luftgangster in den Abendstunden des 13. und in den Morgenstunden des 14. Februar 1945 waren von einer noch nie dagewesenen Abscheulichkeit. Sie haben wiederum bewiesen, daß es den von Juden aufgepeitschten Kriegsverbrechern nur darauf ankommt, deutsche Kulturgüter zu zerstören und das deutsche Volk zu schädigen. Die Führung und die Behörden haben den festen Willen, im Rahmen der Möglichkeiten zu helfen.

Wer ausgebombt ist und sich noch in Dresden aufhält, begibt sich am besten an die Peripherie der Stadt. Dort wird er durch Posten der Partei weitere Auskunft und Hilfe erhalten. Helft alle mit, durch besonnenes Verhalten so schnell wie möglich Ordnung in das durch die Kriegsverbrecher zerstörte Leben zu bringen.«[18]

Vermutlich ist auf Grund dieser Aufforderung das Gerücht entstanden, es sei befohlen worden, Dresden vollständig zu evakuieren.

Bereits am Morgen des 14. Februar gingen die ersten Schadensmeldungen und Hilferufe aus Dresden heraus. Sie lassen sich nur bruchstückhaft dokumentieren, beweisen aber, daß Dresden eben nicht vollständig von der Außenwelt abgeschnitten war, sondern daß es Nachrichtenstränge nach Berlin stets gegeben hat oder daß sie sofort wieder installiert werden konnten.

Der Befehlshaber der Ordnungspolizei Dresden meldet am Morgen des 14. dem Chef der Ordnungspolizei Berlin unter anderem:

»Vorläufiger Bericht: Schwerer Terrorangriff auf Dresden. Bombenabwurf auf Dresden von 22.09 bis 22.35 Uhr. Im gesamten Stadtgebiet schwere Sprengbomben und große Feuer, besonders im Bereich der Innenstadt. Getroffen: Opernhaus, katholische Hofkirche, Japanisches Palais, Hygienemuseum, Reichsbahndirektion, verschiedene Krankenhäuser, Ausstellungspalast, Taschenberg-Palais... Mindestens 3 000 Sprengbomben und 25 000 Brandbomben angenommen. Hilfskräfte von außerhalb angefordert. Kasernengelände Albertstadt: Schützenkaserne, Adolf-Hitler-Kaserne, Heeres-Versorgungsamt, Vorratslager, Munitionslager. Verbindungen nach außerhalb auch unterbrochen. Ein sogar noch heftigerer Angriff von 01.24 bis 01.48 Uhr, hauptsächlich Sprengbomben, einige schwersten Kalibers. In der rasenden Feuersbrunst, die entstand, muß die fast vollständige Zerstörung der Stadt erwartet werden. Reichs-Unterstützung in größtem Umfang sofort und dringend erbeten.«[19]

Der Reichsführer-SS antwortete umgehend:

»Ich habe Ihren Bericht erhalten. Die Angriffe waren offensichtlich sehr schwer, doch jeder erste Luftangriff vermittelt immer den Eindruck, daß die Stadt vollständig zerstört worden ist. Ergreifen Sie sofort alle notwendigen Maßnahmen. Ich sende Ihnen sofort einen besonders fähigen SS-Führer für

Ihre Dienststelle, der Ihnen in der gegenwärtigen schwierigen Lage nützlich sein könnte. Alles Gute.«[20]

SS-Gruppenführer von Alvensleben muß daraufhin erneut einen Hilferuf an Himmler gesandt haben, der aber nicht erhalten ist. Jedenfalls schickte Himmler folgende Antwort:

»Reichsführer-SS
Höheren SS- und Polizeiführer Elbe
SS-Gruppenführer von Alvensleben, Dresden
Mein lieber Alvensleben! Fernschreibbericht vom 15. 2. erhalten.

1. Genehmige Verlegung der Dienststelle lediglich in einen Vorort von Dresden. Weiter weg darf Dienststelle nicht sein. Dies würde einen miserablen Eindruck machen.

2. Jetzt gibt es nur eiserne Standhaftigkeit und sofortiges Anfassen, um überall Ordnung zu schaffen. Ihr müßt dafür sorgen, daß Strom, Wasser und Transportwesen sofort wieder in Ordnung kommen. Bin bereit, Ihnen auch noch SS-Obergruppenführer Hildebrandt zu Hilfe zu schicken, so daß Sie einen Kameraden haben, der Ihnen in verschiedenen anderen Orten außerhalb Dresdens wirksam werden kann. Seid mir ein Muster und Vorbild an Ruhe und guten Nerven!«

Die Nachricht ist abgeschickt: 15. 2. 1945 RF/M, sie ging nachrichtlich dem Chef Hauptamt Ordnungspolizei und dem Chef Reichssicherheitshauptamt zu. Handschriftlich ist vermerkt: »Gruf v. A. hatte über die Schäden des Luftangriffs aus Dresden berichtet.«[21]

Inzwischen war aus Dresden abermals ein Bericht nach Berlin abgegangen, der auszugsweise unter dem Datum des 15. 2. 1945 vorliegt:

»Vorläufiger Bericht aus dem Luftschutzort Dresden: Neuerlicher Angriff 14/2/45 von 12.15 bis 12.25 Uhr. Genauere Einzelheiten noch nicht feststellbar, weil alle Nachrichtenverbindungen und die meisten Polizeireviere lahmgelegt sind. Spreng- und Brandbomben. Mittelschwerer Angriff; insbesondere wurden abgestellte Wehrmachtzüge mit Munition usw. getroffen zwischen Güterbahnhöfen Dresden-Neustadt und Pieschen.«[22]

Was geschah unterdessen und später, um den Verschütteten und den erschöpften Überlebenden zu helfen? Bergungs- und Rettungsmannschaften waren auf dem Weg nach Dresden. Sie rückten teils schon am Vormittag des 14. Februar ein, ohne einen organisierten Versuch zur Hilfe unternehmen zu können. Erst später am Tage sollen die in den Kasernen in Dresden-Neustadt stationierten Soldaten herangeführt worden sein. Diese Kasernen lagen auf dem östlichen Elbufer; dort begann das »rückwärtige Frontgebiet«, in dem kein Kommandeur von sich aus Truppenbewegungen veranlassen durfte[23].

Da aber schon vor dem Mittagsangriff des 14. 2. Soldaten in der Stadt gesehen worden sind, wurden sie vielleicht auf eigene Veranwortung einiger Offiziere eingesetzt. Ellgering hatte ja behauptet, daß Truppen sofort nach dem ersten Angriff herangezogen worden seien – Unstimmigkeiten auch hier[24].

43   Am Mittag des 14. Februar 1945 fotografierte eine Mosquito der 542. RAF-Aufklärungsstaffel Dresden. Dies ist das einzige noch verfügbare Bild aus der mitgebrachten Serie. Im Verschiebebahnhof Friedrichstadt und seiner Umgebung sind nach dem Angriff der amerikanischen 1. Luftdivision Brände ausgebrochen, aber die Gleisanlagen sind nur unerheblich zerstört.

Am 16. Februar 1945 nachmittags beorderte die Luftkriegsschule Dresden 1 einen Aufklärer über die Stadt, um die Schäden zu erfassen. Aus dieser im Tiefflug aufgenommenen Luftbildserie stammen die Abbildungen 44–54.

44 Schwere Sprengbombeneinschläge schleuderten Schlamm auf die Carolabrücke. Vorn das Königsufer. Mitte rechts: Brühlsche Terrasse, Albertinum. Hinten: Reichsbank, Ringstraße Pirnaischer Platz.

45 Terrassenufer, Brühlsche Terrasse, Augustusbrücke, Ruine der Frauenkirche, Türme von Rathaus und Kreuzkirche.

46 Vorn: Italienisches Dörfchen, Hotel Bellevue. Mitte: Katholische Hofkirche, Schloß, Gemäldegalerie, Opernhaus. Hinten: Zwinger, Schauspielhaus.

47 (oben) Der große Speicher in der Devrientstraße brennt noch. Feuerwehren versuchen Wasser aus der Elbe zu pumpen.

48 (unten) Der Hauptbahnhof.

49 Leergebrannte Häuser so weit das Auge blickt. Vorn: Elbe, Terrassenufer. Mitte: Marschallstraße, Mathildenstraße. Hinten links: Johanneskirche.

50 Stadtteil Johannstadt, links: Bundschuhstraße, Bönischplatz. Rechts: Elisenstraße. Mitte quer:
Blumenstraße.

51 Johannstadt. Vorn: Hindenburg-Ufer (Käthe-Kollwitz-Ufer). Links: Hertelstraße, Ausgebombte bergen ihren Hausrat. Hinten: Pfotenhauerstraße, Trinitatis-Friedhof. – Deutlich zu
erkennen sind die Auswirkungen einer schweren »Luftmine«, der Krater am Straßenrand unten
rechts (s. Pfeil). Der Luftstoß deckte weiträumig Dächer ab und zersplitterte Fenster. Andere
Minenbomben gingen in der Nachbarschaft nieder (s. Pfeile).

52   Im Gaswerk Reick brennen noch die Kokshalden. Der große, mit Tarnfarbe gestrichene Gasbehälterbau ist unbeschädigt, die zwei kleineren Gasometer sind ausgebrannt. Dahinter ein Barackenlager. Von links oben nach rechts unten verläuft die Winterbergstraße, darüber die leeren Geschützwälle der abgezogenen Flakbatterie 238/IV, Liebstädter Straße.

53 Das Stadtkrankenhaus Friedrichstadt trug hauptsächlich beim Mittagsangriff am 14. Februar Brandschäden davon; sie sind links und rechts im Bild sichtbar. Vorn: Friedrichstraße, alter katholischer Friedhof. Hinten: Verschiebebahnhof Friedrichstadt.

54 Rauch von Schwelbränden, Dunst und niedrige Wolken hängen über dem Panorama
Dresdens am Nachmittag des 16. Februar 1945. Der Aufklärer fliegt über die Löbtauer Straße; das
Luftbild zeigt die Innenstadt aus südwestlicher Richtung. Mitte: Wettiner Bahnhof, Jakobikirche,
Kraftwerk West (Kühlturm in Betrieb). Hinten von links nach rechts: Die Elbe mit Eisenbahn-
und Marienbrücke, Opernhaus, Augustusbrücke, Katholische Hofkirche, Schloß; flußaufwärts
Carola- und Albertbrücke.

55 Nach den Angriffen – Zwinger mit Kronentor und Langgalerie, dahinter die Sophien-
kirche.

56 Die Trümmer der Frauenkirche mit dem zerstörten Luther-Denkmal.

57 Frauenkirche in Trümmern. Rechts die Glaskuppel der Kunstakademie.

Unter den ersten, die in Dresden eintrafen, um das Ausmaß des Schadens zu prüfen, war General Erich Hampe. Ihn interessierten vor allem die Gleisanlagen, denn er befehligte technische Truppen, die eigens für die Reparatur zerbombter Eisenbahnanlagen und -einrichtungen aufgestellt worden waren. Hampe, der mit seinem Adjutanten aus Berlin kam, entsetzte sich im Hauptbahnhof über das schrecklichste Blutbad, das er je gesehen hatte. Er mußte einen leitenden Reichsbahnbeamten aus Berlin kommen lassen, um das Chaos zu entwirren und die notwendigsten Maßnahmen besprechen zu können, wie der Verkehr wieder in Gang gebracht werden sollte[25].

Bald konnte »Der Freiheitskampf« wieder erscheinen. In der NS-Zeitung stand am 17. Februar, dem Tag der Verhängung des Ausnahmezustands über Dresden, auf Befehl des Gauleiters sei bereits eine Anzahl von Plünderern unmittelbar nach ihrer Ergreifung an Ort und Stelle standrechtlich erschossen worden. »Wo Plünderer entdeckt werden«, heißt es weiter, »sind sie sofort den Parteibeauftragten zu übergeben. Gauleiter Mutschmann wird zum Schutze der so hart betroffenen Menschen seines Gaues keinerlei Milde walten lassen. Es geht um den Bestand der Gemeinschaft. Wer sich an ihr versündigt, verdient nur den Tod.«[26]

Die gleiche Strafe erwartete auch »Gerüchtemacher«, die »die Geschäfte des Feindes besorgen«. Bis zum 10. März wurden durch die Schutzpolizei, insbesondere durch einen speziellen Streifendienst, 79 Plünderer festgenommen. Eine größere Anzahl von ihnen war bis dahin hingerichtet worden[27].

In Dresden stationierte alliierte Kriegsgefangene, so heißt es, seien erst eine Woche nach den Angriffen zu Bergungsarbeiten herangezogen worden. Der Verfasser hat jedoch britische Kriegsgefangene bereits am 15. Februar in den Gleisanlagen beim Hauptbahnhof gesehen, wo sie nahe der Falkenbrücke an der Behebung der hier schweren Sprengbombenschäden arbeiteten. Am 16. sah der Verfasser britische Kriegsgefangene am Postplatz und in der Fürstenstraße, einmal bei der Schuttbeseitigung, das andere Mal beim Einsammeln von Toten.[28]

An dieser Stelle sei es erlaubt, von eigenen Erlebnissen zu berichten. Nachdem wir die Schäden in unserer Wohnung in der Friedrichstraße soweit beseitigt hatten, daß wir sie wieder betreten konnten, nachdem wir uns im Luftschutzkeller dauerhaft für die Nächte eingerichtet hatten, bin ich am frühen Nachmittag des 15. Februar von Friedrichstadt aus zum Hauptbahnhof gegangen. Das heißt gegangen bis zur Ammonstraße, dann war alles verschüttet. Auf den Bahngleisen, über die Schwellen stolpernd, kam ich weiter voran. Ich wollte wissen, was aus Klassenkameraden geworden war, die in der Nähe des Hauptbahnhofs wohnten und wie es im Bahnhof selbst aussah, in dem ich in den letzten Wochen so oft zur »Flüchtlingsbetreuung« eingesetzt war.

Auf dem Weg dorthin entdeckte ich nur wenige Tote, erinnerlich vor allem ein ausgebranntes Sanitätsfahrzeug auf dem Plauenschen Platz, davor liegend der Sanitäter und eine Frau; ein Mann mitten auf der Hohen Brücke, eine Frau in der Kohlschütter Straße.

In der Bismarckstraße aber, unter der Gütergleisrampe des Hauptbahnhofs, waren die Leichen aufgeschichtet. Ordentlich, Leib für Leib, lagen sie da, fertig zum Abtransport. Leichen jeden Alters und in jedem nur denkbaren Zustand. Nackt und bekleidet, verkrampft und gestreckt, blutverkrustet und fleckenlos, verstümmelt und äußerlich unverletzt. Kinder, die weniger Platz brauchten, zwischen die Erwachsenen gezwängt. Dicke Flüchtlingsfrauen in ihren schwarzen Wolltüchern und Wollstrümpfen. Frauen, ungeschickt hingepackt, bis zur Hälfte entblößt. Männer wie schlaffe graue Säcke. Männer in langen weißen Unterhosen, verdreht, verschränkt, mit und ohne Schuhe. Gesichter mit offenen und geschlossenen Augen. Gelegentlich spießte ein Arm in die Luft oder ein Körper konnte, wegen angezogener Beine, nicht so holzscheitartig eingepaßt werden. Ein wahnwitziges Monument, eine lange Barrikade. Diese Toten waren noch kenntlich. Später, auf den Pferdefuhrwerken, waren sie es nicht mehr.

Trotz des erlittenen Schocks startete ich am nächsten Tag mit meinem jüngeren Bruder zur Anton-Graff-Straße, um nach guten Familienfreunden zu suchen. Die Strecke war Friedrichstraße, Ostra-Allee, Postplatz, Wallstraße – diese war nur kletternd zu passieren –, Ringstraße, Georgplatz, Bürgerwiese, Lennéstraße/Großer Garten, Stübelplatz, Canalettostraße, Fürstenplatz. Ich wartete angsterfüllt auf neue Leichenberge, ging in der frisch erstarrten Vernichtung in hochgespannt-abwehrbereiter seelischer Erwartung – aber der erneute Schock blieb aus. Überall kletterten Menschen über die Geröllmassen, man kam sich nicht so allein vor. Tote fand ich erst in der Kreuzschule, wo ein Junge in der Vorhalle lehnte, und in der Bürgerwiese, wie hingeworfen zwischen Gasmasken, Helmen, Koffern, Decken, kaputten Fahrrädern und Autos. Unsere Freunde hatten überlebt. Wir wanderten zurück über die Fürstenstraße – wo die britischen Kriegsgefangenen Leichen zusammentrugen – bis zur Vogelwiese. Ich untersuchte meine alte Flakstellung, in der ich als Luftwaffenhelfer stationiert gewesen war und bemerkte, daß Geschütz »Anton« einen Treffer im Deckungswall hatte – aber die Stellung war ja leer.

Auf dem langen Weg übers Hindenburgufer zum Terrassenufer herrschte nur spärlicher Verkehr. Ich suchte nach der Kuppel der Frauenkirche. Sie fehlte. Wir warfen einen Blick durch die Bogenöffnung in der Brühlschen Terrasse in die zur Frauenkirche führende Münzgasse. An deren Ende türmten sich die Gesteinsbrocken des Kuppelbaues. Ungeachtet der deprimierenden Eindrücke dieses 16-Kilometer-Marsches durch die totale Verwüstung gab mir dieser Anblick den Rest, begriff ich wohl erst jetzt die Bedeutung des Bombardements in seiner vollen Tragweite.

Aus den eigenen Beobachtungen ziehe ich den Schluß, daß auf den von mir durchschrittenen Straßen und Plätzen und Grünanlagen bis zum 16. Februar erste Bergungsarbeiten stattgefunden haben müssen. Anders war die Situation in schwer zugänglichen oder völlig verschütteten Straßen, wo Tote erst nach Tagen oder Wochen entdeckt wurden. Nach Anlaufen der Kellerräumung wurden die Leichen oder menschliche Reste vorübergehend wieder in Straßen hingelegt. Scharfer Chlorkalkgeruch strömte aus den Trümmern[29].

Folgt man den Ausführungen des ILA-Geschäftsführers Ellgering, dann ist der nach Dresden entsandte Beauftragte des ILA am Abend des 14. Februar wieder in Berlin eingetroffen. In seiner ausführlichen Berichterstattung wies er auch darauf hin, daß sämtliche Befehls- und Ausweichstellen ausgefallen seien. Die Stadtverwaltung selbst sei außerstande, irgendwie zur Hilfeleistung beizutragen. Arbeitsfähig sei nur der Befehlsstand des Höheren SS- und Polizeiführers auf dem Weißen Hirsch[30].

Daraufhin, so Ellgering, sei er von Goebbels mit der Leitung der Hilfsmaßnahmen beauftragt worden, und er habe weitgehende Vollmachten erhalten. Vermutlich ist er am 15. 2. nach Dresden gefahren, um die Hilfe zu organisieren. Obwohl er viele zerstörte Städte gesehen hatte, war sein Eindruck vom Ausmaß der Vernichtung niederschmetternd, und in der Erinnerung mag ihm das eine oder andere Detail durcheinandergeraten sein. Zum Beispiel, wenn er schreibt, im Hauptbahnhof sei »keiner mit dem Leben davongekommen« oder »an allen Ecken und Kanten« seien noch Bomben mit Langzeitzünder explodiert, so daß man »nirgendwo seines Lebens sicher« gewesen sei. Beide Behauptungen sind falsch[31].

Richtig war aber seinerzeit Ellgerings Schlußfolgerung, daß die gesamte Hilfe von außen herangetragen werden müsse. Er bestätigte damit die schon in den ersten Meldungen an Himmler vom SS-Gruppenführer von Alvensleben ausgesprochene dringende Notwendigkeit der Unterstützung von seiten des Reiches in größtem Umfang, auf die der Reichsführer-SS beschwichtigend geantwortet hatte. Ellgering berichtet:

»Am Stadtrand wurde nach meinem Vorschlag auf dem Gelände einer Obstmosterei, die über einen guten Felsenkeller verfügte, eine neue Befehlsstelle eingerichtet. In einer großen Holzbaracke, die durch Wehrmacht und Reichspost mit den notwendigen Nachrichtenmitteln ausgerüstet wurde, begann die Arbeit, deren Ergebnisse in täglichen Einsatzbesprechungen ausgewertet wurden. Zur Verbesserung des Nachrichtenapparates wurde einer unserer eigenen motorisierten Funktrupps bei der Befehlsstelle stationiert, so daß die Verbindung mit Berlin einwandfrei funktionierte.«[32]

Es kann sich nur um den Ausbau des bereits 1943 nachweisbaren Ausweichbefehlsstandes der Gauleitung im Lockwitzgrund handeln. Die angekurbelten Hilfsmaßnahmen konnten nicht vor dem 16. oder 17. Februar wirksam werden:

»Alles, was irgendwie bereitgestellt werden konnte an eigenen Hilfsmitteln des Ausschusses, an Transportkommandos, an Hilfskommandos der Wehrmacht, der OT und der Partei, an Betreuungspersonal und Hilfsmitteln der NSV, an Arzneimitteln für die zahllosen Verwundeten, an Verpflegung, Bekleidung... wurde auf unsere Veranlassung..., zum Teil aus großer Entfernung, herantransportiert.« Der Zustrom der Fahrzeugkolonnen sei nicht abgerissen; innerhalb kurzer Zeit habe jeder Bedürftige wenigstens eine warme Suppe bekommen, und nach drei Tagen habe man täglich 600 000 Portionen Warmverpflegung ausgegeben. Gleichzeitig seien Auffangstellen für die Obdachlosen am Stadtrand eingerichtet worden, um sie zu verpflegen und weiterzuleiten, aber: »Dabei ergaben sich insofern Schwierigkeiten, als die Flüchtlinge sich weigerten, sich in östlich der Elbe gelegene Kreise umquartieren zu lassen. Die Furcht vor den Russen veranlaßte sie, auf eigene Faust nach Westen zu marschieren, so daß in den westlich Dresden gelegenen Kreisen erhebliche Unterbringungsschwierigkeiten entstanden.«[33]

Das schlimmste Problem war die Bergung und Beerdigung der Toten. Nach zehn Tagen grausiger Arbeiten seien, so Ellgering, etwa 10 000 Tote in Massengräbern beigesetzt gewesen:

»Wir standen trotz dieser doch gewiß primitiven Bestattungsart vor der Notwendigkeit, das Tempo weiter zu beschleunigen, denn infolge des milden Wetters begannen die Leichen in Verwesung überzugehen. Dadurch verbreitete sich über der völlig zerstörten Innenstadt ein pestilenzartiger Gestank. Es war deshalb aus gesundheitspolizeilichen Gründen dringend notwendig, die Leichenbergung zu beschleunigen. Der von vielen Seiten gemachte Vorschlag, die Toten in den städtischen Grünanlagen – also an Ort und Stelle – zu beerdigen, war aber nach Ansicht der Hygieniker wegen Gefährdung der Trinkwasserversorgung nicht durchführbar. Um den Ausbruch von Seuchen zu vermeiden, wurde die Altstadt zum Sperrgebiet erklärt... Es blieb keine Wahl mehr, als die... Genehmigung zur Verbrennung der Leichen zu geben, die auf dem Altmarkt stattfand, wo aus Eisenträgern riesige Roste gebaut wurden, auf denen jeweils etwa 500 Leichen zu Scheiterhaufen aufeinandergeschichtet, mit Benzin getränkt und verbrannt wurden[34].«

Ellgering kommt zu dem Urteil, daß die Hilfsmaßnahmen des Interministeriellen Luftkriegsschädenausschusses trotz aller Einschränkungen noch so umfangreich und wirksam waren, daß durch sie – »und nur durch sie« – ein unvorstellbares Chaos in Dresden habe vermieden werden können[35].

Dies sei so weitergegeben, wie es mitgeteilt wird. Damit wird der Anspruch erhoben, daß der ILA die Leit- und Koordinierungsstelle für sämtliche Hilfs- und Bergungsmaßnahmen gewesen ist, der alle anderen Kräfte nur zugearbeitet haben: Wehrmacht, Luftschutzpolizei, Technische Nothilfe, Organisation Todt, Reichsarbeitsdienst, Feuerwehr, Zwangsarbeiter, »fremdvölkische Hilfswillige«; es würde bedeuten, daß der Gauleiter, der Höhere SS- und Polizeiführer, der Polizeipräsident, der Stadtkommandant und so weiter Ellgerings Anordnungen ausgeführt haben.

Aber davon abgesehen – welche Arbeit wurde da geleistet in der ausgeglühten Stadt. Während die einen nach Toten gruben und sie ans Tageslicht förderten, notierten andere, wie viele es waren. Sie begutachteten Art und Umfang der

Schäden in der Industrie mit Ausblick auf die Wiederaufnahme der Produktion, falls dies überhaupt möglich erschien. Sie zählten sämtliche zerstörten Wohn-, Wirtschafts- und öffentlichen Gebäude, die Kirchen und Krankenhäuser, die Museen und Markthallen, die Hotels und Reserve-Lazarette. Sie wurden beim Registrieren durch den Angriff am 2. März unterbrochen und sie mußten feststellen, wo neue Schäden entstanden waren. Sie zählten die gesunkenen Elbdampfer, Lastkähne und Wohnschiffe, die zerstörten Lokomotiven und Eisenbahnwaggons und sie schrieben auf, welche Hilfskräfte eingesetzt waren. Sie notierten zum Beispiel, daß von 66 Pferden der Fahrbereitschaft der Schutzpolizei 44 getötet worden waren. Und sie zählten immer weiter die Toten aus den Luftschutzkellern oder das, was als verschmorte klumpige Masse übriggeblieben war.

Es dauerte dreieinhalb Wochen, dann war das Chaos sortiert. Unter Verwertung der vorher abgegebenen, nur unvollständig erhaltenen Meldungen ist es dank dieser erst zwanzig Jahre später wiederentdeckten Buchführung der Schlußmeldung des Höheren SS- und Polizeiführers möglich, die Schäden zu dokumentieren. Man weiß daher auch ziemlich genau, welche auswärtigen Hilfs- und Bergungskräfte in Dresden zwischen 13. 2. und 10. 3. 1945 eingesetzt waren. Sie stellten den Hauptteil der Hilfsmannschaften, da die örtlichen dezimiert waren[36].

Die Tragödie von Dresden ist nachträglich durch manche Schilderung unnötig ausgeschmückt worden. Darauf wird noch eingegangen werden, aber ein Beispiel gehört hierher:

»Wochen hindurch hatte man die Toten geborgen. Gummihandschuhe fehlten. Es fehlte überhaupt an allem. Mit den ungeschützten Händen mußten Leichen angefaßt werden. Aber jetzt, nach Wochen, hatten sie nichts Menschenähnliches mehr an sich... Trupps mit Flammenwerfern wurden eingesetzt... Wo diese Trupps auftauchten, rannten die Lebenden fluchtartig davon. Rauchwolken stiegen zwischen den Trümmern empor, fürchterlich riechende Rauchwolken, die den Verbrennungsgeruch auf dem Altmarkt noch übertrafen. Mit Flammenwerfern wurden Keller ausgeräuchert, bis nichts mehr übrigblieb. Auch Tische, Stühle, Koffer, Taschen mit Dokumenten verbrannten zu Asche. Niemals wird festgestellt werden können, wer und wie viele Tote in den Kellern lagen... Aber auch diese neue Art der Totenvernichtung reichte nicht aus... Man sah sich gezwungen, ganze Viertel und Straßenzüge abzuriegeln. Das geschah durch hohe feste Mauern... So wurden viele Straßen einfach zugemauert. Vielleicht sind es 50, vielleicht 75 Prozent aller Toten, die geborgen wurden. Alle anderen liegen noch heute unter den Trümmern Dresdens und hier werden sie bis zum Jüngsten Gericht ruhen.«[37]

Diese Schilderung stammt aus dem Buch »Der Tod von Dresden« von Axel Rodenberger, das einmal großes Aufsehen erregt hat. Der Text ist noch unter dem Eindruck des Geschehens geschrieben worden. Deshalbwohl enthält diese erste zusammenfassende Darstellung der Februar-Angriffe viele Fehler; sie sollte als eine auf wahren Vorkommnissen beruhende Erzählung verstanden werden. Die Voraussetzungen für einen Tatsachenbericht werden nicht erfüllt, weil sich Tatsachen mit Hörensagengeschichten und falschen Behauptungen vermischen, vor allem aber nicht, weil die entscheidenden alliierten und deutschen Dokumente noch nicht greifbar waren. Dennoch wurde die Arbeit von anderen Autoren herangezogen, und sie wurde auszugsweise auch in die amtlichen »Dokumente deutscher Kriegsschäden« aufgenommen[38].

Gegen Rodenbergers Buch wäre weniger einzuwenden, wenn es von Anfang an etwa als zusammengefaßte Wiedergabe persönlicher Eindrücke vorgestellt und mit dem Hinweis versehen worden wäre, daß es keinen Anspruch auf historische Exaktheit erhebt. Die Erzählung erschien zuerst im »Grünen Blatt« – und von diesem journalistischen Genre führt der Weg dann bis in die Geschichtsbücher, so auch noch 1973 in das »Schwarzbuch der Weltgeschichte[39].«

Übertreibungen dramatisieren das ohnehin Schreckliche überflüssig: »... die den Verbrennungsgeruch auf dem Altmarkt noch übertrafen.« Das Furchtbare genügte nicht. Es mußte übertroffen werden. Wie gesagt, man könnte immer wieder einhaken, aber das sei auf knappe Beispiele beschränkt. So widerspricht Georg Feydt Rodenberger:

»Die meisten Keller waren nicht eingestürzt, sondern es war das Charakteristische eines Flächenbrandes, daß die Keller heiß und ausgebrannt waren, aber fast zu 99 Prozent begehbar... Gummihandschuhe fehlten nicht, sondern waren in so ausreichendem Maße vorhanden, daß sie sogar die Zivilbevölkerung in einer Drogerie kaufen konnte... Trupps mit Flammenwerfern waren nirgends vorhanden. Es ist sinnlos, in einem Keller zu versuchen, Leichen mit Flammenwerfern zu verbrennen. Man hat wohl in Hamburg derartige Versuche gemacht, sie scheiterten aber am dabei auftretenden Sauerstoffmangel.«[40]

Korrigiert werden muß auch Rodenbergers Behauptung, ganze Viertel und Straßen seien durch hohe feste Mauern zugemauert worden. Das ist 1943 in Hamburg geschehen, wo Schilder warnten: »Sperrgebiet. Betreten nur mit schriftlicher polizeilicher Genehmigung erlaubt.« In Dresden wurden vor einigen Seitenstraßen Trümmersteine übereinandergeschichtet, um das Betreten zu verhindern. Viele Gassen der Innenstadt waren durch niedergebrochene Fassaden mannshoch verschüttet, sie mußten nicht vermauert werden; notfalls konnte man aber auf Kletter- und Trampelpfaden in sie eindringen. Bei der Leichenbergung stieß man nach Bergmannsart unterirdisch von Keller zu Keller vor; es war nicht nötig, jedes Haus einzeln von der Straße her zu betreten oder freizuschaufeln. Nur dann, wenn durch Explosionseinwirkung oder Schuttdruck Kellerdecken eingestürzt waren, mußten neue Einstieglöcher gesucht werden.

Während der Zeit der Leichenverbrennung auf dem Altmarkt war der Zugang zum Stadtkern um den Markt herum vorübergehend gesperrt. Die Totenbergung ging weiter und sie ist, im Gegensatz zu der Behauptung, 25 oder

50 Prozent der Toten würden bis zum Jüngsten Gericht unter den Trümmern ruhen, nach dem Kriegsende fortgesetzt worden[41].

General Hampes Gleisbautruppen hatten Erfolg. Zunächst waren sämtliche Strecken unterbrochen, der Verkehr konnte nur notdürftig von den Vororten aus aufrechterhalten werden, aber nach einigen Tagen funktionierte wenigstens über die Elbe hinweg wieder eine Eisenbahnverbindung[42].

Die Menge der bei den drei Hauptangriffen am 13. und 14. Februar eingesetzten britischen und amerikanischen Bomber ist anfangs deutscherseits ebenso unter- wie überschätzt worden. In der ersten Verwirrung rechnete das OKW mit 200 schweren Bombern je Nachtangriff und 80 Mosquitos. Das war für den zweiten Angriff entschieden zu niedrig. Dafür ist angenommen worden, der Tagesangriff sei von allen drei amerikanischen Divisionen ausgeführt worden, aber das hätte mindestens 1200 Bomber bedeutet und war viel zu hoch gegriffen. Als tatsächlich Berlin von den drei Luftdivisionen am 18. März angegriffen wurde, erging an das OKW nur Kunde von einem 200-Bomber-Angriff[43].

In deutschen Büchern wurden für jeden Nachtangriff tausend Viermotorige genannt. Auch der Geschäftsführer des Interministeriellen Luftkriegsschädenausschusses kam zu diesem Ergebnis. M. Czesany meint, der zweite Nachtangriff sei von 1350 US-Bombern der Typen Fortress und Liberator ausgeführt worden. Er schrieb dies, obwohl seit dem Krieg bekannt war, daß die Amerikaner in Europa keine Nachtangriffe flogen. Dennoch wurde noch 1970 daran festgehalten[44].

Die oft zitierte Schlußmeldung des Höheren SS- und Polizeiführers Elbe überrascht durch die erreichten Annäherungswerte bei der Schätzung der Flugzeuge, die an den Angriffen teilnahmen. Für jeden Nachtangriff nennt die Meldung 500 Maschinen, tatsächlich waren es 243 und 529. Für den Tagesangriff am 14. 2. wird zu wenig angenommen, nämlich 150 statt 311 Maschinen, aber am 15. 2. kommt die Schlußmeldung mit geschätzten 150 Bombern der Einsatzzahl 210 schon näher[45].

Angesichts der Verwüstungen in Dresden ist es verblüffend, daß bei den Nachtangriffen mit 570 000 Stabbrandbomben gerechnet wurde, und daß 650 000 wirklich abgeworfen wurden. Die Zahl der Luftminen ist mit 100 geschätzten zu gering, es waren 529, dafür sind die 7 500 Sprengbomben stark übertrieben, und die gemeldeten 4 500 Flammstrahlbomben gab es gar nicht. Diese Flammstrahlbomben tauchen fälschlich auch für die Tagesangriffe am 14. und 15. 2. auf, aber am 14. überrascht doch wieder eine Annäherung: 1 500 Sprengbomben werden angegeben statt 1 800. Völlig daneben liegt die Stabbrandbombenzahl: 50 000 heißt es in der -Schlußmeldung, aber ungefähr 137 000 waren es[46].

Fehlbewertet wurde der 15. 2.: obwohl keine Brandbomben abgeworfen worden waren, setzte man 35 000 plus 500 Flammstrahlbomben auf die Liste, dazu 900 Sprengbomben. Richtig ist, daß rund 3 700 Sprengbomben niedergingen, aber, wie früher erwähnt, relativ schwache und sehr viele in freiem Gelände.

Der Bericht stellt fest: »Der gemeldete Abwurf von Flüssigkeitsbrandbomben und Benzinkanistern (Zusatztanks) bei eingehender Nachprüfung nicht bestätigt.« Schon damals wußte man also, daß keine Phosphorbomben verwendet worden sind.

Insgesamt beweist die Schlußmeldung, daß ihre Verfasser ihr Handwerk verstanden haben. Dennoch wußten auch sie sich verschiedene Ergebnisse der Angriffe nicht zu erklären:

»Die beiden Nachtangriffe müssen teilweise im Tiefangriff erfolgt sein, da in den Gebieten mit der offenen Bauweise die Häuser reihenweise mit Spreng- und Brandbomben belegt wurden und auf den Straßen verhältnismäßig wenig Sprengbombentrichter vorhanden sind.«[47]

Das ist gut beobachtet; dennoch sind Tiefangriffe nicht durchgeführt worden. Die Dichte der Vernichtung entstand durch die Konzentration der Flugzeuge beim Bombenabwurf auf die vorgeschriebenen Zielgebiete. Es gab nachts nicht viele Fehlwürfe auf außerhalb der Zielsektoren liegende Stadtviertel. Hinzu kam dies: die Masse der Explosivmunition bestand aus Minenbomben von 4 000-lb. Gewicht. An Stelle eines solchen »Wohnblockknackers« hätten acht Fünfhundertpfünder mitgenommen werden können, und dann wären auf den Straßen mehr Trichter zu sehen gewesen.

Die Stadtviertel, die von amerikanischen Teppichwürfen getroffen worden waren, hatten eine ungleich stärkere Beschädigung der Straßen, Plätze und Freiflächen durch Bombenkrater aufzuweisen als die nur von den Briten beworfenen Gebiete. Das war die Folge des stärkeren Sprengbombeneinsatzes durch die 8. Luftflotte, aber auch der Taktik des Abwurfs im Verband und des Verzichts auf »Superbomben«. Die Amerikaner verfügten über keine den Vier- oder Achttausendpfundminen vergleichbaren Bomben, und sie hätten derartige Kaliber mit ihren Fliegenden Festungen und Liberators auch nicht transportieren können. In Dresden hatte die US Air Force bis einschließlich des Angriffs vom 2. März 1945 lediglich 250- und 500-lb.-Sprengbomben verwendet. Erst am 17. April 1945 wurden auch Tausendpfünder abgeworfen, in geringem Umfang[48].

Die NS-Propaganda griff den Fall Dresden nicht oder nur zögernd auf. Goebbels konnte sich wohl nicht recht entscheiden, ob er in Presse, Funk und Wochenschau daraus etwas machen sollte. Was er schließlich für die Mund- und Flüsterpropaganda für richtig hielt, wird später dargestellt werden; in der amtlichen Sprachregelung hielt er sich zurück bis Anfang März. Da erschien, und das war ungewöhnlich, ein sehr langer Artikel in der Goebbels-Wochenzeitung »Das Reich« von Rudolf Sparing. Die Schlagzeile gab bereits die Marschrichtung an: »Der Tod von Dresden. Ein Leuchtzeichen des Widerstandes.«

Ungewöhnlich war auch die Schonungslosigkeit, mit der die Folgen des Vernichtungsbombardements beschrieben wurden:

»Die drei Luftangriffe auf Dresden... haben... die radikalste Vernichtung eines großen, zusammenhängenden Stadtgebietes und im Verhältnis zur Zahl der Einwohner und der Angriffe die weitaus schwersten Verluste an Menschenleben hervorgerufen. Eine Stadtsilhouette von vollendeter Harmonie ist vom europäischen Himmel gelöscht. Zehntausende, die unter ihren Türmen werkten und wohnten, sind in Massengräbern beigesetzt, ohne daß der Versuch einer Identifizierung möglich gewesen wäre... In den inneren Stadtbezirken gibt es nur die vollkommene Zerstörung, keine Gebäudeteile oder Einzelhäuser, die halbwegs wieder instand zu setzen wären. Daher ist dieses weite Gebiet menschenleer, hier gibt es nur Tote – und Lebende nur, um Tote zu bergen und Vermißte zu suchen. Es ist eine einfache Wahrscheinlichkeitsrechnung, wie sich bei dieser Sachlage Frauen, Kinder und Greise einerseits, Soldaten und Wehrpflichtige andererseits auf die Gesamtzahl der Toten verteilen.«[49]

In dem Artikel wurde eine europäische Gemeinsamkeit beschworen, die in künstlerischer Hinsicht in Dresden ihren Ausdruck gefunden habe. Aber wer sonst als Hitler hatte Europa diese Gemeinsamkeit aufgekündigt? Dresden habe eine Treuhänderschaft über seine kulturellen Schätze ausgeübt, heißt es im »Reich«, es sei ein von dieser Stadt gelieferter abendländischer Gemeinbesitz gewesen. Doch es soll kein falscher Eindruck entstehen:

»Wir machen keine Mitleidskampagne, wir rücken die Kriegführung des Feindes nur in das Licht eines Feuers, das er selbst entzündet hat. Er will uns von der einen Seite her, durch Massenmord, zur Kapitulation zwingen, damit dann am verbleibenden Rest, wie sich die andere Seite ausdrückt, das Todesurteil vollstreckt werden kann. Gegen diese Drohung gibt es keinen anderen Ausweg als den des kämpfenden Widerstandes. Nur Blinde können ihn nicht sehen, nur Schwache, die sich bereits selbst aufgegeben haben, sich scheuen, ihn bis zu Ende zu gehen. Aus der brennenden Stadt wurden die Blinden an der Hand Sehender herausgeführt, und keiner, der sein Leben den Flammen abgewonnen hatte, dachte daran, es in die Elbe zu werfen.«[50]

Nein, wegwerfen sollte er es erst, wenn er in die letzte Schlacht zog, um das Leben und die Herrschaft der Naziführer verlängern zu helfen. Das war der gewöhnliche Sinn dieses sonst ungewöhnlichen Artikels in der Wochenzeitung »Das Reich«.

11

Phosphor – Tiefangriffe

Fama crescit eundo.

Das Gerücht wächst, indem es sich verbreitet.
(Nach Vergil, Aeneide.)

Beispiel 1
»Aus Kanistern floß Benzin und Phosphor wie Regen herab, und von den sich schnell entzündenden, lichterloh brennenden und zusammenstürzenden Häusern liefen die Flammen wie wandernde Fackeln auf die Straßen, setzten den Asphalt in Brand und brachten selbst die Straßenbahnschienen zum Glühen... beauftragten ihre Bombergeschwader... glühenden Phosphor auszugießen und schließlich die trotz Bomben und Phosphorbränden noch nicht Umgekommenen mit Bordwaffen abzuschießen.«[1]

Beispiel 2
»Die nicht gehfähigen Schwerkranken wurden von uns in den Garten getragen, wo wir uns sicherer wähnten als im Haus. Aber wie groß war unser Entsetzen, als wir merkten, daß die Flieger, die unsere Schwestern in ihren weißen Häubchen erspähten, obwohl sie doch deutlich sahen, daß es sich um ein Krankenhaus, um medizinische Schwestern handelte – in langsamem Tiefflug niedergingen und die Schwestern und die von ihnen betreuten Kranken beschossen.«[2]

Beispiel 3
»Am 14. Februar... entluden 1100 amerikanische Flugzeuge ihre Bomben über Dresden... Dieser Angriff war fast noch blutiger als die beiden vorangegangenen. Während die Häuser der Vororte zerstört wurden, beschossen Jagdbomber im Tiefflug Straßen und Gehöfte der umliegenden Dörfer.«[3]

Tiefangriffe bei Nacht, Abregnen von Phosphor, amerikanische Tiefangriffe am Tage und dabei ein fast noch größeres Blutbad – das sind, neben den gigantischen Flüchtlings- und Totenzahlen, die hartnäckigsten Legenden im Zusammenhang mit dem Untergang Dresdens. Sie sind entstanden, wie es üblich und wohl unvermeidlich ist: aus Gerüchten. Einer hat es dem anderen erzählt, einer hat es dann aufgeschrieben, und daraufhin hat es einer beim anderen abgeschrieben. Wer macht sich schon Mühe, zum eisernen Bestand gehörende Geschichten zu überprüfen?

Daß sie dereinst entstehen konnten, ist nur allzu verständlich. Die Angriffe hatten die Stadt und die Menschen darin mit der Elementargewalt eines Naturereignisses überwältigt. Und wie nach einem Vulkanausbruch oder einem Erdbeben die Aussagen der Überlebenden oft fantastisch klingende Details enthalten, so gibt es auch in den Augenzeugenberichten aus Dresden die unerhörtesten Schilderungen. Sie sind grauenhaft, sie sprengen die Vorstellungskraft und sie beschreiben Dimensionen des Schreckens und des Leides, die alle weiteren Fragen und eine sachliche Analyse kleinlich erscheinen lassen. Diese Aussagen sollen nicht herabgewürdigt werden; denn es ist ja so: das Schreckliche, es ist zum großen Teil geschehen, es wurde durchlebt und durchlitten. Wenn wir dies akzeptieren, muß es aber auch erlaubt sein, die Wucherungen zu beschneiden. Im Interesse der Wahrheit.

Denn – als gelte es das Grauen zu steigern, als sei das nötig – aus dem Schock des Erlebens wuchsen Legenden. Wer sich daranmacht, sie zu demontieren, sieht sich heftigem Widerspruch ausgesetzt und der Verdächtigung, er wolle die Dinge verharmlosen. Die meisten Leute, die glauben, etwas Bestimmtes gesehen zu haben, beharren darauf. Offenbar wächst mit dem Zeitabstand nicht die Bereitschaft, einen vor Jahrzehnten gewonnenen Eindruck als falsch zu erkennen und anzuerkennen; eher verfestigt er sich in der Erinnerung.

Die Schwierigkeit, an den Dresden-Legenden zu rütteln, besteht darin, daß sie auf einer Basiswahrheit aufbauen, nämlich auf den persönlichen Eindrücken, die einige wüste, die Existenz und das Leben bedrohende Stunden hinterlassen haben. Wer sich retten konnte, wer die Flammenwände, den Feuersturm, die zahllosen ihm unbekannten optischen und akustischen Erscheinungen hinnehmen mußte, der ist verständlicherweise hinterher bereit, seine subjektiven Wahrnehmungen zu verteidigen. Er glaubt eben tatsächlich, er sei des Nachts von Bordschützen mit Maschinengewehren beschossen worden, und er hat den Phosphor als feurig sprühenden Schleier sich auf Häuser und Straßen senken sehen:

»Der Phosphorregen, dieser Teufelssaft, floß in nicht enden wollenden Strömen von oben herab. Tonnen hingen am nachtdunklen Himmel. Oder waren es Fallschirme, an denen der Tod zur Erde langsam herabsank? Aus windmühlenartigen Flügeln spritzte brennender Phosphor. Wo er auftraf, erstarben Mensch, Tier und Pflanze.«[4]

»Und da sieht Heinz Buchholz, wie an seinem Fenster eine braune, zähflüssige Masse herunterläuft... Da sieht auch der Lagerleiter die grünlich schimmernde Masse, die zu Boden tropft. ›Phosphor, Kinder!‹, ruft er erschrocken...«[5]

Die Luftkriegskampfmittel verwirrten auch kampferprobte Männer, so daß sie Wahrnehmungstäuschungen erlagen. Als zum Beispiel der Beauftragte des ILA in Dresden eintraf, wütete dort der Feuersturm. Dieser doch sicher in Luftangriffen erfahrene und im Luftschutz gründlich ausgebildete Mann behauptete später, er habe gesehen, wie die Elbe »im Toben der Elemente mit meterhohen Wellen« ging[6].

Der Luftschutzpolizist Birke, dessen Bericht nüchterner Prüfung standhält und der mehrmals belehrt worden war, in welcher Form die sogenannte Phosphorbombe eingesetzt wird, beharrte gegenüber dem Verfasser darauf, folgende Wahrnehmung gemacht zu haben: an riesigen Fallschirmen seien große Wannen herniedergeschwebt, und aus ihnen sei flüssiger Phosphor, sich in der Luft entzündend, brennend auf die Stadt geregnet. Diese Wannen habe man später am Elbufer gefunden[7]. Birke wiederholte also das soeben schon zitierte Gerücht.

Der Feuersturm tobte mit all seinen Phänomenen, aber weder sind meterhohe Wellen auf der Elbe möglich gewesen, noch die phosphorträufelnden Fallschirmwannen.

Da die Phosphorbombe – zu Recht und zu Unrecht – eine so große Rolle spielte, sei ihre Anwendung kurz beschrieben. Nach einem Angriff auf Berlin in der Nacht vom 7. zum 8. September 1941 meldete der Gau Mark Brandenburg am 8.9. um 11.30 Uhr aus dem Kreis Potsdam an die Parteikanzlei:

»Es wurden erstmalig eine Art Brandbomben abgeworfen, die mit Phosphor gefüllt sind. Sie haben insofern eine gefährliche Wirkung, als daß sie nach dem Löschen sofort wieder anfangen zu brennen.«[8]

Am selben Tage schickte das Reichspropagandaamt Kiel ein Fernschreiben und beschrieb einen Blechkanister mit den Maßen 14 zu 30 zu 10 Zentimeter, dessen Flüssigkeit in trockenem Zustand gummiartige Form annehme und zu brennen beginne[9].

Im Lagebericht des Berliner Polizeipräsidenten vom 8.9.1941 um 15 Uhr über die vergangene Angriffsnacht heißt es, als neues brandstiftendes Mittel seien mit Phosphor gefüllte Kanister abgeworfen worden. Bis zum 12.9. hat man die meisten Aufschlagstellen lokalisiert. Dabei stellte sich heraus, daß die bereits bombenerfahrenen Berliner den unbekannten Brandkanistern beherzt zu Leibe gerückt waren, so daß alle Brände im Entstehen gelöscht werden konnten[10].

Reichlich einen Monat vorher hatten die Berliner Bekanntschaft mit der neuen Minenbombe gemacht. Seit dem Frühjahr in Nord- und Westdeutschland abgeworfen, konnte sie jetzt bis nach Berlin transportiert werden. Der Viertausendpfünder detonierte im Garten des Grundstücks Plehmpfad 80 in Köpenick und zerstörte durch Luftdruck drei Einfamilienhäuser. Zehn Personen wurden getötet, bis auf zwei befanden sie sich nicht im Luftschutzraum. Flugblätter fragten: »Deutsche Massengräber – warum?«[11]

Bei dem Angriff mit erstem Phosphoreinsatz gelang es dem Bomberkom-

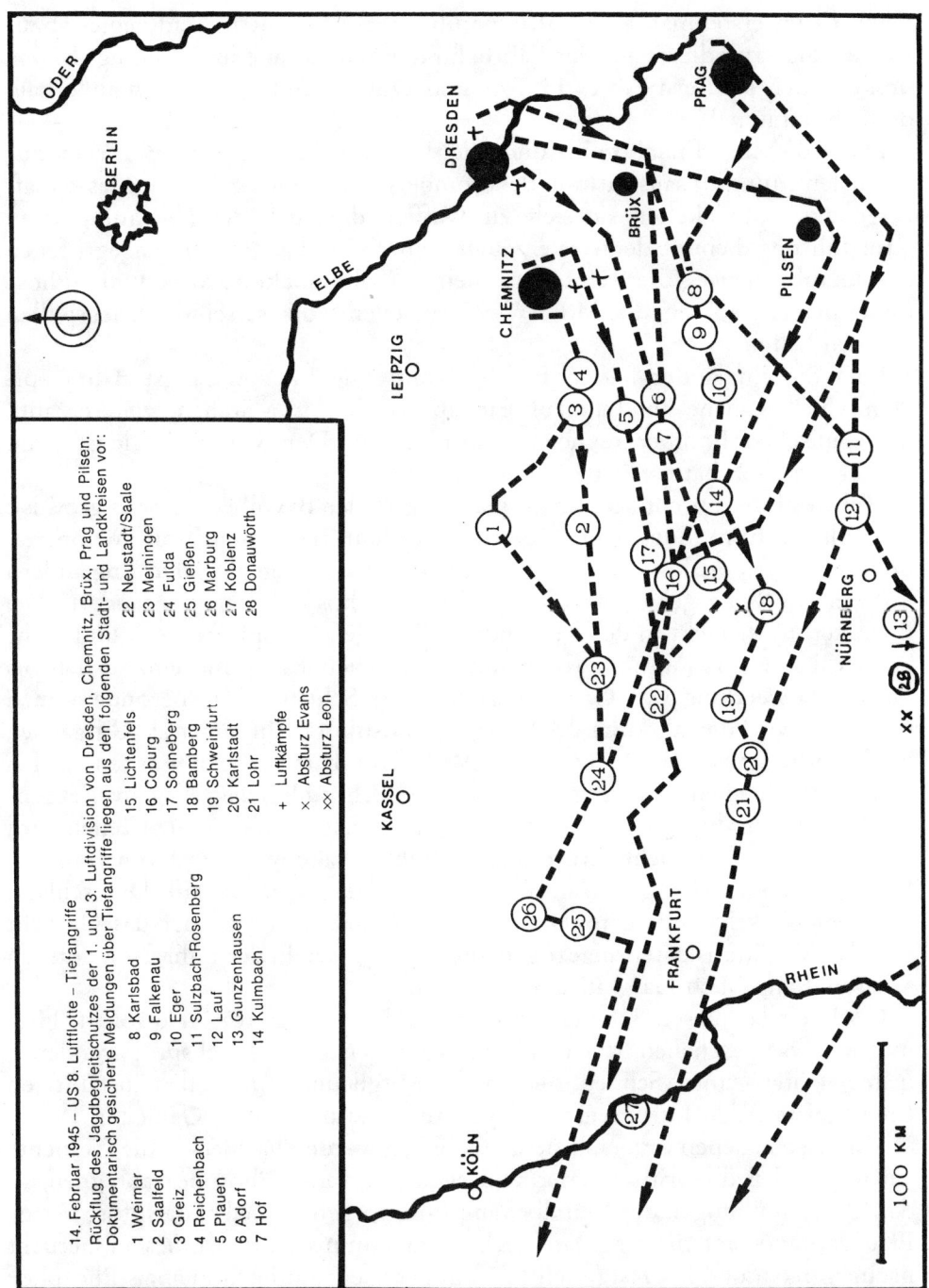

14. Februar 1945 – US 8. Luftflotte – Tiefangriffe

Rückflug des Jagdbegleitschutzes der 1. und 3. Luftdivision von Dresden, Chemnitz, Brüx, Prag und Pilsen. Dokumentarisch gesicherte Meldungen über Tiefangriffe liegen aus den folgenden Stadt- und Landkreisen vor:

1 Weimar	8 Karlsbad	15 Lichtenfels	22 Neustadt/Saale
2 Saalfeld	9 Falkenau	16 Coburg	23 Meiningen
3 Greiz	10 Eger	17 Sonneberg	24 Fulda
4 Reichenbach	11 Sulzbach-Rosenberg	18 Bamberg	25 Gießen
5 Plauen	12 Lauf	19 Schweinfurt	26 Marburg
6 Adorf	13 Gunzenhausen	20 Karlstadt	27 Koblenz
7 Hof	14 Kulmbach	21 Lohr	28 Donauwörth

+ Luftkämpfe
× Absturz Evans
×× Absturz Leon

189

mando zum erstenmal, eine Luftmine über dicht bebautem Stadtgebiet abzuwerfen. Sie explodierte auf der Fahrbahn der Sellerstraße im Wedding. In den umliegenden Häusern gab es 13 Tote und 27 Verwundete, sämtlich außerhalb der Schutzräume[12].

Die 4 000-lb.-Minenbombe und die Phosphorbombe sollten fortan zur normalen Munitionsausstattung des Bomberkommandos gehören. Massenhaft eingesetzt, entwickelten sie sich zu Waffen, die auch der psychologischen Kriegführung dienten; denn sie erzeugten Furcht und gaben den Angegriffenen das Gefühl auswegloser Unterlegenheit. »Wohnblockknacker« und »Phosphorkanister« sollten die Moral des deutschen Volkes, seinen Kriegswillen brechen helfen.

Und die Engländer hatten Erfolg damit. Die Phosphorangst nahm epidemische Ausmaße an. Landauf, landab wurde das Märchen weitererzählt, die englischen Bomber regneten Phosphor ab. Der Sicherheitsdienst beim Reichsführer-SS hatte es auch erfahren:

»Obwohl die Furcht vor einem Gaskrieg in der Bevölkerung sehr groß ist, hat sich die Einstellung zum Gaskrieg seit dem Terrorangriff auf Wuppertal und dessen Auswirkungen, insbesondere der neuerdings von den Engländern im ganzen Reichsgebiet dabei angewandte ›Phosphorregen‹, geändert. Die Bevölkerung erblickt in der Anwendung flüssigen Phosphors mehr und mehr bereits den Übergang zum Krieg mit chemischen Kampfmitteln, so daß bis zu der Anwendung von Gas kein allzuweiter Schritt sei, insbesondere auch deswegen, weil die Wirkung des flüssigen Phosphors schlimmer als Giftgas sei, da davon weitaus mehr Menschen in Mitleidenschaft gezogen würden, als bei einem tatsächlichen Gasangriff, was die angeblich zahlreichen Augenverletzungen bzw. Erblindungen in Wuppertal erkennen ließen. In einzelnen Teilen wird auch bereits das Gerücht verbreitet, der Führer habe in einem Utimatum von England die Einstellung des Phosphorkrieges verlangt, andernfalls Deutschland mit dem Gaskrieg antworte. Dabei wird vereinzelt auch wieder das Gerücht von den Munitionskisten angezogen, die ›nur auf Befehl des Führers‹ zu öffnen seien und angeblich Gasgranaten enthielten.«[13]

Goebbels las diesen SD-Bericht vom 1. Juli 1943. Er reagierte sofort. Hier mußte etwas geschehen, um Panik zu verhindern. Der Reichspropagandaminister richtete einen Schnellbrief an die Mitglieder seines eben installierten Interministeriellen Luftkriegsschädenausschusses und an die Gauleiter:

»In verschiedenen luftgefährdeten Gebieten werden hartnäckig die Gerüchte verbreitet, daß die britisch-amerikanischen Flugzeuge Phosphor abregnen, so daß alle Bemühungen der Brandbekämpfung vergeblich seien, da sofort riesige Flächenbrände entstünden. Das Reichsluftfahrtministerium ist diesem Gerücht nachgegangen und hat festgestellt, daß in Deutschland noch niemals Phosphor abgeregnet oder abgeblasen wurde. Die Gerüchte gehen auf eine Täuschung der Bevölkerung zurück. Wenn nämlich ein Phosphorkanister hart aufschlägt, spritzt die Masse mitunter 30 m hoch. Außerdem haben die Engländer z.B.

bei Barmen Zielmarkierungsbomben mit bunten kaskadenartig in der Luft herausfallenden Leuchtstäben abgeworfen; diese sehen wie glühende Tropfen aus.«[14]

Eine völlig korrekte Erklärung. Trotzdem meinte Goebbels im Juli 1943 noch, schriftliche Veröffentlichungen zu diesem Thema seien nicht angebracht, jedoch solle Mundpropaganda angewandt werden. Nach den schweren Brandangriffen auf Hamburg und Berlin aber, nur wenige Wochen später, sah sich das Luftfahrtministerium zur Flucht nach vorn genötigt. Eine Aufklärungskampagne begann mit Mitteilungsblättern, Zeitungsartikeln und Vorträgen von Luftwaffenärzten[15]. In besonders gefährdeten Städten wurde auf Sportplätzen und größeren Freiflächen die Bekämpfung von Phosphor- und anderen Brandbomben öffentlich demonstriert, in Berlin zum Beispiel auf den Trabrennbahnen Karlshorst und Mariendorf, im Lustgarten, auf dem Hertha-Sportplatz und andernorts. Immer wieder wurde der Bevölkerung erläutert, daß die »Phosphorangst« die Wirkung erhöhen solle. Tatsächlich aber werde Phosphor als Brandmasse gar nicht benutzt, sondern er diene lediglich als Zündmittel für die Brandmasse, einer durch Kunstharz verdickten Benzin-Benzolmasse. Der »Berliner Lokal-Anzeiger« bemerkte dazu, als habe er einen deutschen Erfolg zu melden, früher habe der Feind Gummi genommen, aber wegen Rohstoffmangels müsse er auf Kunstharz ausweichen[16].

Noch am Jahresende 1944, bei einem öffentlichen Vortrag in Leipzig, beruhigte der beratende Hygieniker beim Chef des Sanitätswesens der Luftwaffe, Prof. Rose, es gebe keine Phosphorbomben in dem Sinne, daß ihre Masse aus festem oder flüssigem Phosphor bestünde. Dies wäre auch unrentabel, da man damit nur ein Drittel der durch Harz zu gewinnenden Hitze erzeuge; man nehme Phosphor nur zum Entzünden der Harzmasse. Phosphorverbrennung, womit mancher »gedankenlos renommiere«, sei selten, sie komme nur vor im unmittelbaren Detonationsbereich. Auch sei kein einziger Fall bekannt, daß ein Luftangriffsopfer an Sauerstoffmangel gestorben sei, selbst Verschüttete nicht. Bei Flächen- und Großbränden stürze die Luft sturmartig mit solcher Mächtigkeit in die Zone verdünnter Luft über dem Brandherd, daß Sauerstoffmangel nie eintreten könne.

Und dann sprach Professor Rose eine Warnung aus, die, wäre sie beachtet worden, wäre sie mit Plakaten und Handzetteln publik gemacht worden, sechs Wochen später in Dresden Tausenden das Leben gerettet hätte: Rose sagte, die eigentliche Gefahr bei Bränden bildeten die giftigen Gase, die in den Rauchschwaden auftreten, Kohlenoxyd und Leuchtgas. Dagegen schütze die Gasmaske nicht. Da Kohlenoxyd geruchlos sei, könnten Vögel im Luftschutzraum als einzige Wesen signalisieren, daß es gefährlich wird: »Wenn Hänschen vom Stengel kippt, ist es Zeit, den Luftschutzkeller zu verlassen.« Rose riet:

»Den Keller eines brennenden Hauses sollen alle, auch die nicht zum Löschen eingesetzten Personen, verlassen!«[17]

Bezeichnenderweise setzten die Gerüchte vom » abgeregneten« Phosphor nicht schon 1941 ein, sondern erst 1943, als die RAF zu ihren neuen Beleuchtungs und Markierungstechniken mittels farbiger Leuchtbomben überging, die sie bis 1945 verfeinerte und ergänzte. Außerdem verwendete das Bomberkommando in Dresden zum Teil eine verbesserte Version der Thermitstabbrandbombe. Sie entzündete sich beim Aufschlag mit einer meterlangen Stichflamme, die allerdings rasch schrumpfte, aber dies konnte schon zu einiger Verwirrung führen[18].

Das Feuerwerk am Himmel, die Hölle auf Erden, sie genügen zur Erklärung, warum die Dresdner an Phosphor glaubten, auch als keine einzige leergebrannte Bombenhülse gefunden wurde.

Sie glaubten und sie glauben auch an Tiefangriffe, und nicht nur sie allein. Die Erzählungen von den Hunderten herabstoßender Bomber und Jäger, die alles, was sich da noch bewegt, mit Bordwaffen niedermähen, die Erzählungen vom Blutbad im Großen Garten und vom Massaker auf den Elbwiesen durch fliegende Menschenjäger ist bisher unbestrittener und scheinbar unantastbarer Bestand der Nachkriegsliteratur über Dresden.

Ehe darauf eingegangen wird, sei eine persönliche Bemerkung eingeschoben. Ich habe am 15., 16. und 17. Februar 1945 und auch in den folgenden Wochen die Stadt nach allen Richtungen durchquert. Und ich möchte an dieser Stelle eine andere, oft erzählte und gedruckte Geschichte entkräften. Dresden, so liest man, habe fünf Tage oder sieben Tage und sieben Nächte gebrannt; zehn Tage ist die längste Frist, die genannt wird[19]. Das klingt zwar dramatisch, aber es stimmt nicht.

Dresden brannte natürlich in der Angriffsnacht vom Dienstag zum Mittwoch lichterloh, es brannte weiter am Mittwoch. Die Amerikaner entfachten neues Feuer, und auch in der zweiten Nacht leuchtete der Himmel noch rot. Am Donnerstag aber waren die Großbrände erloschen, Schwelbrände verbreiteten nachts einen rötlichen Schein. Auf den in Kapitel X ausgewerteten Luftbildern des deutschen Aufklärers ist deutlich zu erkennen, daß am Freitag, dem 16. Februar, über dem Stadtgebiet nur noch vereinzelt Rauchschleier von Schwelbränden hängen[20]. Man kann wohl sagen, daß Dresden drei Nächte und drei Tage gebrannt hat. Genügt das nicht? Müssen es sieben sein?

Wir haben damals im Elbtal nahe beim Ostragehege gewohnt, nachts am Rande des Zielgebietes, tags mitten drin. Keiner von uns hat Bordwaffenfeuer gehört im Anschluß an die Bombenwürfe. Ebensowenig war das unverwechselbare Geräusch über die Dächer röhrender Tiefflieger zu hören. Im Gegenteil, die plötzliche Stille nach dem Poltern, Krachen, Jaulen und Hämmern der Bombenteppiche, nach dem an- und abschwellenden Dröhnen der Motoren wirkte so, als sei man in einem schallisolierten Raum eingesperrt. Während der zahllosen Gespräche, die wir Übriggebliebenen und weiter im Schutt unserer halb zerstörten Wohnungen Hausenden über die Angriffe führten, war nicht die Rede von Tiefangriffen. Keiner der vielen Ausgebombten, die vorübergehend zu uns stießen, hat je davon berichtet, welche erlebt zu haben.

Allerdings haben wir eines von Anfang an gewußt: unser Luftschutzwart hatte die Mosquitos gesehen, die zur Einleitung des ersten Nachtangriffs ihre Markierungen im Tiefflug setzten. Die aber haben nicht geschossen.

Hier ist die Entstehungsgeschichte der Legende. Deutlich unterschieden werden müssen zwei Behauptungen, die von Tiefangriffen bei Nacht und die von Tiefangriffen am Tag. Urheberschaft als Autor für die nächtliche Version darf jener Rudolf Sparing beanspruchen, der in der Wochenzeitung »Das Reich« vom 4. März 1945 den Artikel »Der Tod von Dresden« veröffentlichte. Darin heißt es:

»Um Mitternacht erschien am glutroten Himmel des Elbtals eine zweite britische Luftflotte und richtete mit Sprengbomben und Bordwaffen unter den Menschenmassen auf den Grünflächen ein Blutbad an, wie es bis dahin allenfalls die Fantasie eines Ilja Ehrenburg hätte ersinnen können.«[21]

Hans Rumpf brachte dies nach dem Krieg als erster ins Spiel, 1952, ausgestattet mit der Autorität des Fachmanns:

»Da schlug gut drei Stunden später eine zweite Angriffswelle..., diesmal vorwiegend mit Spreng- und Splitterbomben und Bordwaffen der Tiefflieger, in das Chaos der dunkel zwischen den leuchtenden Feuerfeldern liegenden Rettungsinseln mitten unter die dort zusammengedrängten Menschenhaufen...«[22]

Danach finden wir es bei Rodenberger:

»Ein Totentanz entsetzlichen Ausmaßes hatte begonnen. Dieses Grauen schien nach menschlichem Ermessen keiner Steigerung mehr fähig zu sein. Und doch stieg es noch bedeutend, als die Flugzeuge mit Bordkanonen und Maschinengewehren auf die noch Lebenden und die bereits Getöteten zu schießen begannen. Immer wieder kamen neue Flugzeuge oder wendeten die alten zu neuerlichen Tiefangriffen. Dazwischen fielen die Bomben neuer Verbände...«[23]

Auch der Kreuzkantor Rudolf Mauersberger wird als Augenzeuge angeführt, bei Seydewitz:

»Ich rannte zurück... auf die Johann-Georgen-Allee, wo inzwischen Tiefflieger in die hockende Menge hineingeschossen hatten. Ein grauenvolles Bild... Auf der Tiergartenstraße schossen die Tiefflieger ebenfalls in die Menge...«[24]

Aber Mauersberger stand unter einem Schock, er war besinnungslos gewesen. Die ihm das erzählten waren ebenfalls schwersten seelischen Belastungen ausgesetzt und vollkommen verstört. Auf der Tiergartenstraße befand sich Alumneninspektor Gebauer mit einigen Kreuzchorsängern auf der Flucht, als er von Bombensplittern – und nicht durch MG-Feuer – verwundet wurde[25].

Die Erzählungen über nächtliche Tiefangriffe sind inzwischen in keinem ernstzunehmenden Beitrag mehr vorgebracht worden. Zu fragen ist, weshalb nächtlicher Bordwaffenbeschuß in Dresden unmöglich war und wie es trotzdem zu Aussagen von Augenzeugen kommen konnte, die ihn beobachtet haben wollen. Aus folgenden Gründen konnten nachts keine Tiefangriffe stattfinden:

1. Bei einem Flug bis zu einem so entfernten Ziel wie Dresden hätte der Treibstoff nicht ausgereicht, um langsam herunterzugehen, zu kreisen, zu schießen und wieder Höhe zu gewinnen.

2. Es wäre absolut »unökonomisch« gewesen, die wertvollen Viermotorigen den Gefahren nächtlicher Tiefflüge über unbekanntem Territorium auszusetzen. Die Lancaster war ein Langstreckenbomber und für Bordwaffenangriffe denkbar ungeeignet.

3. Die eingesetzten Mosquitos waren Markierungsmaschinen und als solche für Tiefangriffe nicht verwendbar, und auch ihnen hätte der nötige Treibstoff gefehlt. Sie bestanden aus den Typen Mark IV, XX und 25, alles reine Bomberversionen, die keine Bewaffnung aus Maschinengewehren bzw. -kanonen mitführten. Nur vier Mosquitos der 141. Staffel begleiteten als Fernnachtjäger die Lancasters während des zweiten Nachtangriffs bis nach Dresden; sie blieben stets in Flughöhe des Bomberstromes[26].

4. Es wäre praktisch nicht möglich gewesen. Ein Feuersturm tobte. Und auf diese Rauch- und Feuersäule steuerten die Besatzungen des zweiten Bomberstromes zu; sie entfesselten neue Rauch- und Staubwolken und Flächenbrände. Und in diesen brodelnden Hexenkessel sollen sie hineingetaucht sein, um Menschen zu beschießen, dicht über den brennenden Quadratmeilen dahinrasend?

Zu erinnern ist an die in Kapitel X zitierte Äußerung des Generalmajors Rumpf, daß die Auswirkungen der heißen Luftsäule von den Fliegern bis in 4 000 Meter Höhe als stürmisch und unangenehm empfunden wurden. Umso unverständlicher ist seine oben zitierte Behauptung nächtlicher Tiefangriffe.

Die Auswirkungen des Feuersturmes auf in nur 1 500 bis 2 500 Meter Höhe fliegende schwere Bomber des Typs B-29 »Superfortress« schildert William Craig. Es war beim Nachtangriff auf Tokio am 9. März 1945:

»Während sich das Feuer ausbreitete und verstärkte, kamen die Bomber über dem Zielgebiet in Schwierigkeiten. Die heftigen Aufwinde des in der Stadt tobenden Wirbelsturms zerrten an den Flugzeugrümpfen und drohten sie auseinanderzureißen. Statt sich um die Geschosse der Flugabwehrkanonen zu sorgen, hatten die Piloten alle Hände voll zu tun, um ihre schweren Maschinen unter Kontrolle zu halten. Die Turbulenz schleuderte die B-29 in Sekunden Hunderte Meter weit empor und wieder hinab...«[27]

Wir können bei dem Gerücht von nächtlichen Tiefangriffen sogar den Zipfel der Wahrheit ergreifen, der uns zur Aufklärung hinführt. Viele Dresdner, die nach dem Fliegeralarm noch nicht im Keller waren, haben wahrscheinlich die in 300 bis 1 000 Meter Höhe über die Stadt jagenden Mosquitos gesehen, die ihre roten Zielmarkierungen über dem DSC-Fußballstadion im Ostragehege absetzten.

Die Maschinen fegten über das Friedrichstädter Krankenhaus, und vielleicht hatte sie jene Krankenschwester schemenhaft wahrgenommen, die in der Erinnerung glaubte, sie sei beschossen worden.

Im Unterschied zu den Einflügen bei Nacht waren Tiefangriffe bei Einflügen am Tage durchaus üblich, seit die Amerikaner über genügend Langstreckenjäger und zufriedenstellende Zusatztanks verfügten, also seit Februar 1944. Dabei ging es anfangs um Tiefangriffe zur Vorbereitung der Invasion im Rahmen der Unternehmen JACKPOT (Angriffe auf Flugfelder) und CHATTANOOGA (Angriffe auf Verkehrsziele), hauptsächlich Eisenbahnen in Frankreich, Belgien und Holland. Der erste CHATTANOOGA-EXPRESS gegen Ziele in Mitteldeutschland und Norddeutschland wurde nicht vor dem 21. Mai 1944 auf die Reise geschickt, dann aber gleich mit durchschlagender Wirkung. 552 Mustangs, Thunderbolts und Lightnings streiften in Baumwipfelhöhe über der norddeutschen Tiefebene bis in den Raum Berlin. Sie meldeten Angriffe auf 225 Lokomotiven, von denen 91 zerstört sein könnten, sie feuerten auf Bahnhöfe, Eisenbahnanlagen, Brücken, Flußschiffe, aber auch auf zahlreiche Flugplätze, und sie beanspruchten die Vernichtung von 102 Flugzeugen am Boden[28].

Damit war eine gefährliche Version des Luftkrieges weit ins Innere Deutschlands getragen worden: Luftüberfälle, mit denen man sonst nur in Frontnähe rechnen mußte. Aber die Alliierten nahmen den deutschen Begriff »Heimatfront« eben wörtlich. Die Ausdehnung des rückwärtigen Frontgebietes war bis in die Mitte des Reiches verlegt worden – vom Gegner. Er bestimmte, daß die Fronten nicht nur dort sein sollten, wo sie die Deutschen hingetragen hatten, sondern in Deutschland selbst.

Mit den Massentiefangriffen am 21. 5. 1944 verstärkte sich das Gefühl des Ausgeliefertseins bei der Bevölkerung. Goebbels stand vor der stets aktuellen Frage: verschweigen oder den Spieß umdrehen und laut anklagen. Er entschied sich für das Letzte, selbstverständlich unter Auslassung der militärischen und wehrwirtschaftlichen Schäden. »Neue Mordmethoden der USA-Luftgangster«, entrüstete sich daraufhin die Presse. »Bis in die Nähe der Reichshauptstadt drangen die amerikanischen Mordgesellen vor und griffen mehrfach sonntägliche Spaziergänger mit Bordwaffen an.« Einzelne Dörfer und Objekte wurden genannt, zum Beispiel:

»Ausflüglerzug Bernau-Eberswalde, drei Fahrgäste getötet«, oder »Straße Lindenberg-Schwanebeck Lkw in Brand geschossen«, oder »Das Bahnauto Neuruppin-Wildberg auf der Straße angegriffen, fünf Tote, sechs Schwerverletzte«, und so weiter. Das Fazit: »Es war eine regelrechte Menschenjagd, bei der Mord zum militärischen Grundsatz erhoben wurde.«[29]

Wichtiger als das Anstacheln der Empörung blieb aber doch der Eindruck, daß die deutsche Luftabwehr nicht einmal diese in niedrigster Höhe eingeflogenen Jäger abschlagen konnte.

Auch bei den Einflügen ihrer strategischen Luftflotten setzten die Amerikaner, sooft es die Lage erlaubte, einen Teil der Begleitjäger als Tiefflieger ein. Dies geschah stets auf dem Rückflug und nur dann, wenn keine deutschen Jäger in der Nähe der Bomber waren. Erste Aufgabe der Langstreckenjäger war und blieb der Schutz der Bomber.

Für die Operationen der 8. Luftflotte am 14. Februar 1945 sind Tiefangriffe angeordnet gewesen und durchgeführt worden. Allerdings, und das ist entscheidend, sie fanden nicht im Gebiet von Dresden statt, sondern, wie gewohnt, auf dem Heimflug. Diese These soll bewiesen werden.

Gehen wir auf das Buch »Der hochrote Hahn« von 1952 zurück, in dem Rumpf nächtliche Tiefangriffe beschrieb. Für den Tag begnügte er sich mit der Nennung enormer Bomberzahlen und der Bemerkung, nach dem Grauen der Nacht habe es nicht mehr viel bedeuten wollen, daß neue Angriffe begannen[30].

Rodenberger ist, soweit erkennbar, der erste Autor, der die Behauptung aufstellt, nicht nur in der Nacht, sondern auch bei dem dritten Angriff am Mittag sei mit Bordwaffen auf die Menschen geschossen worden, die aus der brennenden Stadt flüchteten. Czesany nahm es auf: »Der dritte Angriff galt nur den Überlebenden und den auf der Landstraße Flüchtenden.«[31]

Und bei Seydewitz heißt es:

»Dann flogen die Flieger über die Elbwiesen, die schwarz von Menschen waren, die sich aus der brennenden Stadt gerettet hatten, und schossen dort im Tiefflug am hellichten Tage in die Menschen hinein. Aber damit hatten die Herren vom Oberkommando der anglo-amerikanischen Luftwaffe immer noch nicht genug. Am nächste Tage wurde der Mord an den Dresdnern fortgesetzt[32].«

Diese Lesart ist Allgemeingut geworden. David Irving hat über den Mittagsangriff am 14. Februar geschrieben:

»Aber nicht die Bomber machen diesen Angriff so fürchterlich, daß er sich unauslöschlich in die Erinnerung von Hunderttausenden einprägt. Es sind die Begleitjäger vom Typ Mustang, die dem dritten Vernichtungsschlag gegen Dresden den Stempel unmenschlicher Grausamkeit aufdrücken. Noch während die Bomben fallen, stürzen sie sich aus großer Höhe mit heulenden Motoren nach unten und machen Jagd auf die flüchtenden Menschen. Sie haben Befehl, die Verwirrung auf den Ausfallstraßen bis zur Panik zu steigern. Und sie führen diesen Befehl mit gnadenloser Perfektion aus. Die Elbwiesen gehören zu dem bevorzugten Jagdrevier der Tiefflieger. Immer wieder heulen sie heran, lassen ihre Bordkanonen in das Gewimmel der Menschen und Fahrzeuge hämmern...«[33]

Dieser Bericht aus der »Neuen Illustrierten« erschien, unwesentlich umgeschrieben und gekürzt, in Irvings Buch »Deutschlands Städte starben nicht«. Ergänzt um die Sätze:

»Wie auf den Elbwiesen, so ist es auch im Großen Garten, so ist es vor allem auch in den Außenbezirken der brennenden Stadt an der Elbe, wo sich in endlosen Kolonnen die Treckfahrzeuge vorwärtsschieben. Das sind die ›Truppenverbände‹ und ›Marschkolonnen‹, die nach den Berichten der Piloten angegriffen worden sein sollen.«[34]

Merkwürdig nur – in den Berichten der Piloten findet sich nichts darüber.

Aber sehen wir weiter. In Irvings Buch »Der Untergang Dresdens« ändert sich an der grundsätzlichen Aussage nichts. Als Zeugen werden jetzt auch »britische Kriegsgefangene« genannt, aber in den Quellenangaben wird daraus ein ehemaliger Kriegsgefangener. Hinzu kommt ein deutscher Augenzeuge. Neu aufgenommen ist die Mitteilung, die amerikanischen Jäger hätten die im Süden an den Großen Garten angrenzende Tiergartenstraße mit Bordwaffen beschossen, wo die Überlebenden des berühmten Kreuzchores Schutz gesucht hätten. Als Quelle ist Seydewitz angegeben, aber dieser Tiefangriff soll ja laut Seydewitz bei Nacht stattgefunden haben.

Um seine Beschreibung zu untermauern, führt Irving als amerikanische Bestätigung für die Tiefangriffe in Dresden das Nachrichtenbulletin der 20. Jagdgruppe vom 14. 2. 1945 an. Daraus entwickelt er seine eigene Schilderung:

»Für diesen Einsatz, den 260. in ihrer Geschichte, wurde die Jagdgruppe in zwei Gruppen unterteilt, die mit ›A‹ und ›B‹ bezeichnet wurden... Die Jäger der Gruppe ›B‹ durften sich nicht aus der Sichtweite der Bomber entfernen, sondern sollten alle Versuche der deutschen Tagesjäger vereiteln, die Pulks zu sprengen. Die Piloten der Gruppe ›A‹ sollten befehlsgemäß sofort nach dem Bombenangriff auf die Stadt Dresden im Sturzflug bis dicht über die Dächer heruntergehen und die ›Gelegenheitsziele‹, wie es euphemistisch hieß, mit Bordwaffen angreifen. Die nach oder aus der zerstörten Stadt marschierenden Truppenkolonnen sollten unter Maschinengewehrbeschuß genommen, Lastwagen mit Bordkanonen beschossen sowie Lokomotiven und andere Transportziele mit Raketen zerstört werden.«[35]

Als der amerikanische Angriff zu Ende ging, seien die 37 P-51 der Gruppe »A« der 20. Jagdgruppe zusammen mit den A-Gruppen der anderen drei über Dresden eingesetzten Jagdgruppen im Tiefflug über die Stadt gerast:

»Nach Augenzeugenberichten schienen die meisten Piloten erkannt zu haben, daß die sichersten Angriffsflüge entlang den Elbufern durchgeführt werden konnten. Andere griffen den Verkehr auf den aus der Stadt führenden Straßen an, die mit Menschenkolonnen verstopft waren. Aus der A-Gruppe der 55. Jagdstaffel flog eine P-51 so tief, daß sie in einen Wagen raste und explodierte. Die anderen Jagdpiloten waren jedoch über die wenigen vorhandenen Angriffsmöglichkeiten enttäuscht...«[36]

Irving schreibt, die Tiefangriffe hätten 12.23 Uhr begonnen; daran wird noch erinnert werden müssen. Irvings Angaben sind die Interpretation einer amerikanischen Veröffentlichung – die teils recht freie Interpretation aus »King's Cliffe. The 20th Fighter Group«, wo es im Bulletin über die Mission No. 260 am 14. 2. 1945 heißt, daß Tiefangriffe geflogen wurden und daß dabei eine Mustang auf dem Boden explodiert ist. Außerdem steht dort:

»Kurz nach Verlassen des Zieles ging die A-Gruppe bis auf Bodennähe herunter, um feindliche Verkehrsziele anzugreifen, aber sie fand nur wenige Ziele.«[37]

Aus diesem einen mageren Satz konstruiert Irving seine doch recht ausführlichen Darstellungen, die den Eindruck erwecken, als hätten die Piloten gar nicht gewußt, was sie zuerst beschießen sollen angesichts der Menschenmassen auf den Elbwiesen und den Straßen. Hingegen heißt es im Originaltext ausdrücklich, daß sie wenige Ziele fanden.

Entscheidender noch ist die Frage, wo und wann die Tiefangriffe eigentlich stattfanden. »Kurz nach Verlassen des Zieles«, heißt es generalisierend im Bulletin. Über dem Ziel befanden sich die Jäger gestaffelt in 7 300 bis 9 700 Meter Höhe. Nirgendwo steht, daß sie – so Irving – »befehlsmäßig sofort im Sturzflug dicht bis über die Dächer heruntergehen« sollten. Das wäre auch ganz unüblich gewesen. Ein allmähliches Absinken auf 1 000 Meter war die Norm.

Wo also gingen die Mustangs herunter? Irving hat angenommen, daß die 20. Jagdgruppe tatsächlich nach Dresden geflogen ist. Infolgedessen verlegt er seine Schilderung und auch den Absturz der tieffliegenden Maschine in die Elbestadt. In Wahrheit flog die 20. Jagdgruppe nicht nach Dresden – sondern nach Prag! Und mit ihren Tiefangriffen begann sie erst 170 Kilometer westlich von Prag.

Das soll im Detail bewiesen werden. Dokumentiert wird als erstes die Befehlsausgabe oder Einsatzbesprechung für die 20. Jagdgruppe am 14. Februar 1945. Die hier wesentlichen Stellen lauten:

»Heute hat die 20. Gruppe eine besondere Aufgabe. Sie fliegt Geleitschutz für die ersten zwei Gruppen der ersten Welle B-17 der 1. Division von der deutschen Grenze bis zum Ziel Dresden. Das Ziel ist der Verschiebebahnhof. Unsere Bomber sind Vg 1-1 + 1-2 – vertikale rote Streifen –, ›W‹ + ›A‹.

Heute Großeinsatz. 1300 schwere Bomber nehmen teil...

Tieffliegerangriffe beim Rückflug nach Entscheidung des Gruppenführers, aber keine Tiefangriffe auf Flugplätze. Wichtige Ziele: Verkehrseinrichtungen. Auf Eisenbahnflak ist besonders zu achten. Es sind 90-Grad-Anflüge zu machen – Angriffe in Reihe vermeiden.

Kampffront: Das Ziel liegt etwas über 110 Kilometer vor den russischen Angriffsspitzen. Es ist darauf zu achten, die russischen Linien nur im alleräußersten Notfall zu überfliegen – die Linie so hoch wie möglich überfliegen – keine feindseligen Manöver machen – Nationalitätskennzeichen zeigen. Gleiche Lage an der Westfront – unmittelbar an der deutschen Grenze...

Feindreaktion: Es wird angenommen, daß eine Schlechtwetterfront über den russischen Linien den taktischen Einsatz der deutschen Luftwaffe schwierig macht. Die Maschinen dürften deshalb versuchen, die Bomberverbände abzufangen. Sollten feindliche Maschinen kommen, wird die Spitze des Bomberstromes wegen der Einflugtiefe die Wucht des Angriffs treffen. Die B-24 könnten mit den Verteidigungskräften des Berliner Raumes in Berührung kommen. Dem Hunnen stehen ungefähr 400 Maschinen zur Verfügung, aber es ist nicht wahrscheinlich, daß er mehr als 200 einsetzen kann, selbst wenn er die größten Anstrengungen unternimmt. Düsenjäger dürften einzeln, in Paaren und möglicherweise in Verbänden erscheinen – sowohl beim Ein- als auch beim Rückflug. Es ist bekannt, daß einige im Gebiet von Hannover, andere im Raum nordöstlich von Frankfurt, wieder andere im Raum München operieren. Zusatztanks nur bei anhaltenden Angriffen des Gegners abwerfen. Es wird angenommen, daß der Feind angreift, um unsere Jäger zu veranlassen, die Tanks abzuwerfen und dann den Jagdschutz frühzeitig abzubrechen...«[38]

Dies ist also der Befehl, in dem angeblich angeordnet worden ist, die Verwirrung auf den Dresdner Ausfallstraßen bis zur Panik zu steigern, der Befehl, der mit gnadenloser Perfektion ausgeführt wurde. Er enthält kein Wort davon. Ein in der Geschichte des strategischen Luftkrieges so außergewöhnlicher Plan wie der, praktisch in die letzten fallenden Bomben hinein mit Tiefangriffen Menschen im bombardierten Objekt zu jagen, wäre in irgendeiner Form Gegenstand der Einsatzbesprechung gewesen. Um Irrtümern vorzubeugen: hier ist die Rede von den strategischen Langstreckenjägern, nicht von Jagdbombern, die in Frontnähe bombardierten und schossen. Hier geht es um diesen Einsatz am 14. 2. 1945 in Dresden und um die dem amerikanischen Geleitschutz angehängten Beschuldigungen.

Wie begann der Tag für die 20. Jagdgruppe auf ihrem englischen Flugfeld King's Cliffe? Routinemäßig mit langen Fernschreiben aus dem Hauptquartier des 67. Jagdgeschwaders, dem die Gruppe unterstellt war. Das Hauptgewicht in diesem Einsatzbefehl 1622 A lag auf der genauen Zuordnung der Jäger zu ihren Bombern, auf der Abstimmung der Marschordnung; Listen mit Zeitangaben und Kursanweisungen. Als äußerste Eindringtiefe für diesen dann für wirksam erklärten »Plan B« galt der 14. östliche Längengrad, der knapp ostwärts von Dresden verläuft[39].

Die 20. Jagdgruppe war mit 69 P-51 Mustangs auf dem Weg nach Dresden. Ihre Formationen bestanden aus drei Staffeln, der 55., 77. und 79. Jagdstaffel. Diese Staffeln wiederum waren in »A« und »B« eingeteilt, so daß die drei A-Staffeln zusammen die A-Gruppe der 20. Jagdgruppe bildeten, und entsprechend die drei B-Staffeln die B-Gruppe der 20. Jagdgruppe. Das klingt etwas umständlich, kann aber nicht übergangen werden, da es zum Verständnis der Einsatzberichte der einzelnen Staffeln nötig ist, die analysiert werden sollen[40].

Die 20. Jagdgruppe flog, wie gesagt, an der Spitze des gesamten mächtigen Einfluges an diesem Tag, und sie eskortierte die beiden Bomberspitzenverbände der 1. Luftdivision, die 398. und die 91. Bombergruppe. Die Jäger nahmen Sichtkontakt mit den Bombern auf, aber diese waren von ihrem vorgeschriebenen Kurs abgewichen und zu weit nach Süden abgekommen. Jetzt hatten sie Mühe, das zugewiesene Ziel Dresden zu finden. Wie bekannt ist, fanden sie die Stadt auch nicht, sondern suchten zu weit südlich. Zu den zwei Spitzenverbänden hatte sich noch die 381. Bombergruppe gesellt, die sich über der dichten Wolkendecke ebenfalls verfranzt hatte; auch sie wurde von der 20. Jagdgruppe unter ihre Fittiche genommen[41].

Während die Bomberbesatzungen rätselten, wo sie eigentlich umherflogen und schließlich »eine Stadt an einem Fluß« bombardierten, bestand für die Mustang-Piloten kein Zweifel, daß es sich um Dresden handeln müsse. Statt dessen griffen, daran sei erinnert, diese drei Bombergruppen Prag, Brüx, Pilsen und etliche nicht identifizierte Gelegenheitsziele an.

Die 55. B-Staffel war die erste über dem Ziel. Uhrzeit 12.25 Uhr, Höhe 7 600 Meter. Die Jäger der A-Staffel erreichten Prag fünf Minuten später, 9 300 Meter hoch. Gemeinsam nahmen sie mit den Bombern Westkurs. Die A-Formation sank langsam von 9 300 auf 8 300 Meter, und in dieser Höhe erreichte sie einen Punkt nordöstlich von Karlsbad. Während nun Hauptmann Fruechtenicht mit seinen B-Flugzeugen bei den Bombern blieb, entschied der Führer der A-Staffeln, Major Gatterdam, daß es nun an der Zeit sei, die vorgeschlagenen Tiefangriffe durchzuführen. Im Einsatzbericht der 55. Staffel, 20. Jagdgruppe heißt es wörtlich: »Gingen herunter auf 3 300 Meter, um Ziele zu suchen.«[42]

Über dem Fichtelgebirge, dem Frankenwald und den südlichen Ausläufern des Thüringer Waldes begann die Jagd. Westlich Eger wurde eine Lokomotive aufgespürt und zerstört. Drei bis fünf Güterwagen beschädigt, das war die magere Beute eines Überfalls auf Nebenbahnlinien in der Umgebung von Sonneberg. Auf Landstraßen konnten zwei Lastkraftwagen zusammengeschossen werden. Und dabei passierte es:

»Vermißt im Einsatz Leutnant Leon. Sein Schiff zerschellte am Boden während des Tiefangriffs. Raste entweder in den angegriffenen Lastwagen oder auf diesem ereignete sich eine Explosion, die ihn erfaßte.«[43]

Es geschah wirklich. Aber nicht in Dresden, sondern bei Buchdorf, wenige Kilometer nördlich von Donauwörth. Leutnant Leon hatte gegen 13.30 Uhr das Fahrzeug des Obersten Freiherr von Oer, Chef des Remonteamts Bergstetten angegriffen und diesen tödlich getroffen. Dabei streifte er ein Schneegatter, und sein Flugzeug explodierte am Boden – 320 Kilometer von Dresden entfernt[44]. Übrig blieben elf Mustangs der 55. A-Staffel, die südwärts ausschwärmten. Während der vergeblichen Suche nach geeigneten Bodenzielen entdeckten sie eine Me 262. Das war 13.50 Uhr in der Gegend von Stuttgart. Die Mustangs flogen 1 000 Meter hoch, die Messerschmitt in gleicher Höhe. Hauptmann Brown machte eine Linksdrehung, gab Vollgas und eröffnete auf große Distanz das Feuer. Der Düsenjäger ging sofort im Sturzflug außer Reichweite, Brown und Leutnant McNeel hatten keine Chance, ihn einzuholen, aber sie beanspruchten, daß ihnen die Beschädigung der Me 262 zuerkannt werde. Die 55. A-Staffel nahm Heimatkurs[45].

Die Jäger waren immer gezwungen, die Bewegung der schwerfälligen Bomberverbände mitzumachen oder durch S-Kurvenfliegen auszugleichen, und dabei wurden sie mit auf den falschen Zielanflugkurs gezogen. Deshalb erreichten auch die 23 Mustangs der 77. Staffel nicht Dresden. Zu den plangemäß begleiteten Bombergruppen, der 398. und 91., war eine dritte gekommen, ebenfalls an ihrem dicken roten senkrechten Strich auf dem Seitenleitwerk als zum 1. Kampfgeschwader gehörig zu erkennen. Der Buchstabe »L« im schwarzen Dreieck wies sie als 381. Bombergruppe aus. Abgesondert griff sie Brüx und dann Pilsen an, gedeckt von der 77. A-Staffel. Die B-Staffel flog mit nach Prag. Als Uhrzeit über den Zielen wird 12.25 Uhr gemeldet, Flughöhe 8 600 Meter. Major Nichols kehrte mit der B-Staffel aus dem Abflug heraus noch einmal um und suchte versprengte Bomber, fand aber keine. Die Piloten des Jagdschutzes gaben später zu Protokoll: »Bomberformation sehr, sehr schlecht.«[46]

Oberstleutnant Montgomery, Führer der A-Staffel und der gesamten 20. Gruppe – er hatte Major Meyer abgelöst, der umkehren mußte –, entschied sich für Tiefangriffe im Raum Fulda. Die Piloten spürten drei westwärts fahrende Personenzüge auf und schossen die Lokomotiven zusammen. Ein vierter Zug in dieser Gegend dampfte Richtung Nordost, auch seine Lokomotive wurde zerstört und die Wagen wurden beschädigt. Zu spät erkannte ein Pilot, daß es sich um einen Rot-Kreuz-Transport handelte. Aber er meldete seinen Irrtum, der in die Protokolle Aufnahme fand und auch im Gesamtbericht des 67. Jagdgeschwaders nicht verschwiegen wird:

»Ein Pilot feuerte aus Versehen auf einen Lazarettzug, nachdem die Lokomotive zerstört worden war.«[47]

20. Jagdgruppe, 79. Staffel – die zwölf Mustangs des A-Pulks tauchten um 12.28 Uhr in 9 700 Meter Höhe über Prag auf. Die B-Formation schirmte rückwärtig und sehr hoch ab, auf 10 300 Meter war sie geklettert; 12.41 Uhr schwenkte sie als letzte über Prag auf Westkurs.

Hauptmann Reichard, Führer der 79. A-Staffel, ließ seine Maschinen langsam um 3 700 Meter sinken, so daß er in 6 000 Meter Höhe um 13.30 Uhr den Raum nordwestlich Coburg erreichte. Dort erst ließen sich die zwölf Mustangs binnen einer Viertelstunde bis knapp über den Erdboden durchfallen. 13.45 Uhr sichteten sie zwei Züge, einer nach Norden, einer nach Süden fahrend. Die Ortsbestimmung lautet »im Süden von Neustadt«. Im näheren und weiteren Umkreis gibt es viermal ein Neustadt zur Auswahl bei Coburg, Bayreuth, Weiden oder Marburg. Darauf kommt es hier nur insofern an, als festzuhalten ist, daß nicht Neustadt in Sachsen gemeint sein kann, was man noch in eine territoriale Beziehung zu Dresden hätte bringen können.

Die beiden Eisenbahnzüge bestanden jeder aus ungefähr 15 Güterwaggons und Plattformwagen, die mit Lkw beladen waren. Jeder Zug hatte am Schluß einen Flakwagen angehängt, aber die Kanoniere waren so überrascht, daß sie das Feuer zu spät eröffneten. Die 55. A-Staffel meldete eine Lokomotive zerstört, eine beschädigt, und einen Lkw auf Güterwagen zerstört. Sie flog nach England zurück[48].

Nur der Vollständigkeit halber sei angefügt, daß vier weitere Mustangs der 20. Gruppe zwei P-38 Lightning-Aufklärer eskortierten, die Fotos von Berlin machen sollten. Als sie dort um 13.33 Uhr in 9 300 Meter Höhe eintrafen, fanden sie die Stadt vollkommen von Wolken verdeckt. Die Lightnings suchten nach einem Loch, und dabei gerieten sie im Dunst außer Sicht. Die Mustangs konnten sie weder finden, noch Funkkontakt aufnehmen, sie kehrten um[49].

Wegen der schweren Vorwürfe, die insonderheit gegen die 20. Jagdgruppe erhoben worden sind, mußten deren Einsätze so genau rekonstruiert werden. Nach dem gleichen Schema spielten sich die Einsätze der anderen Geleitschutz-Jagdgruppen ab. Zur Beweisführung, daß auch sie keine Tiefangriffe auf die Bombenflüchtlinge in Dresden unternommen haben, sollen Stichworte genügen.

356. Jagdgruppe, 62 P-51, 359., 360. und 361.Jagdstaffel. A- und B-Staffeln etwa 12.15 Uhr über dem Ziel, diesmal wirklich Dresden und die Meldung: »Höhe 8 500 Meter... Brände im Zentrum der Stadt zu sehen.« Die A-Gruppe entdeckte zehn bis zwölf FW190 südlich von Chemnitz, Höhe 6 000–6 800 Meter, mit Südkurs. Sie jagte »vor die Spitze der Bomber, die wir zu begleiten hatten«, nahm die Verfolgung auf und verwickelte die deutschen Jäger in Luftkämpfe, beanspruchte neun Abschüsse. Die B-Gruppe sah die FWs zwischen Dresden und Chemnitz, blieb aber bei ihren Schützlingen von der 379. und 303. Bombergruppe.

Die Piloten der A-Staffeln hätten demnach im Raum Dresden gar keine Tiefangriffe unternehmen dürfen, da sie in Luftkämpfe verwickelt waren, und sie taten das auch nicht. Mit Westkurs gingen sie ständig und offenbar mit hoher Geschwindigkeit tiefer. Sie waren bereits um 13 Uhr in der Gegend von Marburg. Dort beschossen sie einen Zug mit mehr als 30 geschlossenen Güterwagen, der einen Flakwagen in der Mitte führte; eine Mustang wurde von der Eisenbahnflak beschädigt. Um 13.15 Uhr jagten die A-Staffeln schon rund 50 Kilometer nordöstlich Frankfurt/Main. Ein Zug hielt unter Dampf, Fahrtrichtung Ost, 15 bis 20 Wagen, einige beladen mit Rot-Kreuz-Fahrzeugen, andere mit getarnten Armeefahrzeugen. Auch dieser Transport wurde angegriffen[50].

359. Jagdgruppe mit 55 Mustangs, 368., 369., 370. Staffel. Die Gruppe verlor bei Arnheim einfliegend eine Maschine. Sie war zwischen 12.18 und 12.30 Uhr in 9 000 Meter Höhe über Dresden und hielt sich an die ihrem Schutz anvertrauten Bombergruppen Nr. 384, 305 und 92. Beim Zielanflug gerieten die Führungsstaffel der 305. und die 379. Bombergruppe kollisionsgefährlich nahe aneinander. Bei Ausweichmanövern splitterte der Verband auf, und die Führungsstaffel hatte Mühe, sich mit einem Teil ihrer Bomber wieder zusammenzuschließen. Sie nahm als Ausweichziel Brüx und kam dort für zehn bis zwölf Minuten in schweres Flakfeuer, das erhebliche Beschädigungen verursachte.

Auf diese Weise mit nach Brüx verschlagen – dessen Flakzone unbedingt vermieden werden sollte – empfing auch die A-Staffeln der 359. Jagdgruppe konzentriertes Flakfeuer. Das war genau die Zeit, in der die Staffeln angeblich in Dresden Tiefangriffe machten. Um 12.35 trafen Flaksplitter über Komotau den Ölkühler der P-51 von Oberstleutnant Roy Evans, dem stellvertretenden Führer der Gruppe. Er befahl Leutnant Guggemos, ihn als Rottenflieger allein nach Hause zu begleiten, verlor jedoch schnell an Höhe. Unterwegs attackierten drei Mustangs der 356. Jagdgruppe die beiden; offenbar hielten sie die jetzt stark qualmende Maschine Evans' und seinen Begleiter für Gegner – was nicht so selten vorkam –, aber Guggemos vertrieb sie durch einen vehementen Gegenangriff. Dann suchte er den weitergeflogenen Evans, den er aber nicht mehr fand. Der war unterdessen aus seinem Flugzeug ausgestiegen und wurde bei Scheßlitz, etwa 12 Kilometer nordöstlich von Bamberg, mit einem gebrochenen Bein gefangengenommen.

Die A- und B-Gruppen erreichten den Raum Coburg-Sonneberg, 8 500 bis 10 000 Meter hoch. Dann erst trennte sich die Tieffliegergruppe, fand im Raum Gießen schließlich zwei Verkehrsziele und meldete zwei Lokomotiven zerstört, zwei Güterwagen beschädigt[51].

63 Mustangs der 383., 384. und 385. Jagdstaffeln bildeten die 364. Jagdgruppe. Sie geleitete die 306. und die 405. Bombergruppe. Beim Zielanflug in 9 700 Meter Höhe stießen die A-Staffeln auf mehr als zwölf FW 190; sie meldeten einen Abschuß, die übrigen Focke-Wulfs flüchteten in die Wolken und blieben verschwunden.

Nach diesem Luftkampf im Zielgebiet mußten die A-Maschinen bei den Bombern ausharren, sie lösten sich von ihnen erst um 13 Uhr in 9 000 Meter Höhe südlich von Plauen. Tiefangriffe wurden zwischen Coburg und Koblenz geflogen, mit dem Erfolg »Eine Lokomotive zerstört, fuhr nach Norden, zog 15 Waggons mit Alteisen. Eine Lokomotive zerstört und 15 Güterwagen von 25 beschädigt, fuhren Richtung Süden.« Insgesamt aber war der Schienen- und Straßenverkehr dünn, und die Piloten der 364. A-Gruppe berichteten, daß sie fast alles, was sie sahen, auch angegriffen haben, und das war nicht viel. Die Bomberformationen beurteilten sie als »sehr schlecht«, auseinandergezogen mit vielen Nachzüglern[52].

Die drei Staffeln der 352. Jagdgruppe hatten mit 67 P-51 die beiden letzten Bombergruppen der 1. Division nach Dresden zu begleiten, und sie waren damit zugleich für die rückwärtige Sicherung des Einfluges verantwortlich. Sie meldeten ereignislose Eskorte bis zum Ziel, Bombenergebnisse wegen Bewölkung unbeobachtet.

Auf dem Rückflug, etwa eine Stunde nach Angriffsende, nahmen die Staffeln ab 13.30 Uhr Erdziele aufs Korn. Mustangs der 328. und 487. Staffel griffen Eisenbahnabstellgleise an, sie zerstörten eine Lokomotive und beschädigten 20 Güterwagen, Gegend nicht exakt bestimmbar. Andere Maschinen beschossen westwärts fahrende Züge ostwärts von Nürnberg, dies waren Mustangs der 486. Staffel, sie zerstörten eine Elektro-Lok und beschädigten acht Güterwagen. Die 328. Staffel meldete noch Tiefangriffe auf stehende Züge nördlich von Meiningen, eine Lokomotive zerstört, Güterwagen beschädigt.

Die bisher genannten Jagdflugzeugzahlen beziffern den geplanten Einsatz von 316 P-51 für den Begleitschutz nach Dresden und zurück. Tatsächlich wurden nur 281 Einsätze geflogen[53].

In den lückenlosen vorliegenden amerikanischen Originaldokumenten gibt es keinen einzigen Hinweis auf Tiefangriffe in der Stadt Dresden am 14. Februar 1945. Wenn die Jagdflieger mit ihren Bordwaffen massenhaft ausgebombte Menschen in der brennenden rauchverschleierten Stadt und auf den Ausfallstraßen niedergemäht hätten, wäre dies etwas so Außergewöhnliches gewesen, daß sie nach der Landung bei den »briefings« ihren Nachrichtenoffizieren davon Mitteilung gemacht hätten, obwohl oder gerade weil kein Befehl dafür vorgelegen hat.

Wie streng – oder stur – sich die Piloten an ihre Befehle hielten, zeigt die Tatsache, daß sie keine Tiefangriffe auf Flugplätze unternahmen; es war ja untersagt worden. Andererseits, wenn sie – versehentlich oder nicht – Rot-Kreuz-Züge beschossen hatten, dann meldeten sie das, obgleich es ihnen keine Erfolgspunkte brachte. Alles in allem bedauerten sie den Mangel an geeigneten Zielen.

Nun wird gegen die Einsatzberichte im Fall Dresden argumentiert, sie seien nicht verläßlich; denn rühmens- und berichtenswert seien diese Untaten nicht gewesen, man habe sie verschwiegen.

Aber das ist eine Verdächtigung im Nachhinein, mit Abstand zu den Ereignissen. Was in die Akten der militärischen Bürokratie geriet, war zunächst einmal unter Verschluß. Warum sollte dort nicht die Wahrheit festgehalten sein? Bei Falsch- oder Unterlassungsaussagen der Piloten hätten sich 120 bis 130 A-Staffel-Piloten der auf verschiedenen Flugplätzen stationierten Jagdgruppen insgeheim verständigen müssen, ihre ohne Befehl unternommene Jagd zu verschweigen. Oder die in den Archiven eingeordneten Berichte hätten unter Fälschung aller Zeit- und Ortsangaben gesäubert werden müssen, ein ziemlicher Aufwand. Wofür? Aus der Sicht der US-Luftwaffe bestand dafür keine Notwendigkeit.

Die Spur der Tiefflieger ist auch in den geheimen deutschen Schadensberichten zu verfolgen. Die Lagemeldungen des Chefs der Ordnungspolizei Berlin, die alle eingehenden Polizeiberichte aus dem Reich und den besetzten Gebieten erfaßten, hielten auch noch so geringfügige Bombenabwürfe und Tiefangriffe fest. Für den 14. Februar 1945 zum Beispiel:

»Karlsbad:
8 Sprengbomben sowie 130 Stabbrandbomben. 2 Schwer- und 2 Leichtverwundete. Keine zusätzl. Schäden.
Schlackenwerth und Lessau (Krs. Karlsbad):
Bordwaffenbeschuß auf fahrenden Zug mit Rückgeführten und auf 1 Behelfsheim. Lok. schwer, 1 Eisenbahnwagen in Brand geraten. 1 Gefallener, 3 Schwer- und 4 Leichtverwundete.

Kreis Falkenau:
Bordwaffenbeschuß auf Güterzug Strecke Falkenau-Königwerth. Lok. schwer. 1 Schwer- und 1 Leichtverwundeter. Ferner Bordwaffenbeschuß auf Güterzug der Strecke Falkenau-Mariakulm. Lok. schwer. 1 Gefallener und 1 Schwerverwundeter.
Ziditz (Krs. Falkenau):
1 Güterzug mit Bordwaffen beschossen. Lok. schwer. 1 Leichtverwundeter.«[54]

Noch etwas fällt auf. Im Wehrmachtbericht wurde wiederholt Mitteilung gemacht von Tiefangriffen auf die Zivilbevölkerung, sogar mit Angabe der betroffenen Gebiete. Voraussetzung dafür war offensichtlich, daß Tiefflieger in großer Zahl erhebliche Verluste verursacht hatten. Die sich beim Heimflug routinemäßig entwickelnde Jagd auf »Gelegenheitsziele« fand kaum Erwähnung; Namen bombardierter Städte wurden ebenfalls nur genannt, wenn die Schwere des Personen- und Sachschadens dies unvermeidlich erscheinen ließ. Über Tiefangriffe in der fraglichen Zeit heißt es im Wehrmachtbericht vom 9. Februar 1945:
»Anglo-amerikanische Tiefflieger und Bomberverbände trafen mit ihren Angriffen in Westdeutschland und am Oberrhein wieder hauptsächlich die Zivilbevölkerung.«[55]
Am nächsten Tag wird gemeldet:
»Tiefflieger terrorisierten im westlichen und südwestlichen Reichsgebiet durch Bordwaffenbeschuß die Zivilbevölkerung.«[56]
In den Wehrmachtberichten vom 11. und 12. Februar werden abermals Tiefangriffe gegen die Zivilbevölkerung gemeldet, in dem vom 13. Februar nicht. Am 14. hingegen werden Angriffe von Tieffliegern und Bombern auf Orte im Ober- und Mittelrheingebiet sowie im Münsterland erwähnt. Das ist der Bericht, in dem der Satz steht: »Die Briten richteten in der vergangenen Nacht Terrorangriffe gegen das Stadtgebiet von Dresden.«[57]
Von Tiefangriffen ist im Zusammenhang mit Dresden also keine Rede, ebensowenig im Bericht des OKW vom 15. Februar, in den ja die Meldung von Tiefangriffen auf die ausgebombte Zivilbevölkerung am Mittag des 14. Februar hätte Aufnahme finden müssen. Am 15. werden überhaupt keine Tiefangriffe gemeldet, auch nicht am 16., weil die, die stattgefunden hatten, dem OKW nicht als erheblich galten. Erst am 17. bringt der Wehrmachtbericht wieder eine Meldung, daß die Zivilbevölkerung am 16. Februar Verluste erlitt, und zwar im westlichen und südlichen Reichsgebiet[58].
Vielleicht hatte das OKW, könnte man einwenden, in dem allgemeinen Durcheinander nicht alle Meldungen aus Dresden empfangen. Fragen wir deshalb nach den geheimen Berichten von SS und Polizei, die im Lauf mehrerer Wochen in der »Schlußmeldung« zusammengefaßt wurden. Die Bergungsmannschaften hatten zahlreiche Tote im Freien gefunden, auch in den

Auffanggebieten für Obdachlose auf den Elbwiesen und im Großen Garten. Wann und wodurch sind sie ums Leben gekommen? In der »Schlußmeldung« des Befehlshabers der Ordnungspolizei Dresden heißt es:

»Nach bisherigen Feststellungen ist der überwiegende Teil der Gefallenen in den LS-Räumen und außerhalb durch mittelbare oder unmittelbare Brandeinwirkung sowie durch Verschüttung umgekommen. Auch durch den Abwurf von Minen- und Sprengbomben, insbesondere während des 2. Nachtangriffs auf Straßen und Plätze sowie Grünanlagen, sind hohe Personenverluste eingetreten.«

An anderer Stelle erwähnt die »Schlußmeldung«, bei allen Angriffen sei »Bordwaffenbeschuß festzustellen« gewesen[59]. Das sagt jedoch nichts aus über »Menschenjagd auf Ausgebombte«; denn dies wäre unvergleichlich mehr gewesen, und es wäre mit Zeit- und Ortsangabe ausdrücklich berichtet worden.

Außerdem, so korrekt die »Schlußmeldung« ist, einige Irrtümer schlichen sich ein, wie das bereits am Beispiel der »Flammenstrahlbomben« und der Vermutung gezeigt wurde, die beiden Nachtangriffe müßten teilweise im Tiefflug erfolgt sein[60]. Aber nächtliche Tiefflüge scheiden aus und für den 15. Februar wird nirgendwo einer beansprucht. So bleibt als Diskussionsbasis der Mittag des 14. Februar. Bezeichnenderweise wurden die mehr spekulativen Angaben der »Schlußmeldung« nicht übernommen in die Lagemeldung Nr. 1404 des Chefs der Ordnungspolizei Berlin, die im übrigen den Text der Dresdner Meldung umfassend wiedergibt[61].

Die verbreitete Überlieferung war auch am Jahrestag der Zerstörung 1978 in einer Dresdner Zeitung zu lesen, und es wird bis heute verbreitet:

»Als am Mittag des 14. Februar bei dem Tagesangriff der US-Luftwaffe gegen 300 Mustang-Jäger im Tiefflug über die Straßen flogen und mit Maschinengewehren auf fliehende Ausgebombte und anrückende Rettungskolonnen schossen...«[62]

Seltsam genug: das ist kein Gegenstand der Nazi-Propaganda gewesen. Ist es vorstellbar, daß Goebbels sich so etwas hätte entgehen lassen? In seinem Wochenblatt »Das Reich« wurde aber Mitternacht als Zeitpunkt eines Bordwaffenblutbades bezeichnet, nicht Mittag[63].

Tiefangriffe – ja oder nein? Schrumpft die Frage nicht zur Bedeutungslosigkeit zusammen angesichts der Zehntausenden von Toten und der Verwüstung der Stadt?

Die Antwort lautet ebenfalls – ja und nein. Gemessen am Gesamtgeschehen ist es untergeordnet. Aber wenn die beschriebenen Bordwaffenangriffe auf die Ausgebombten in Dresden wirklich stattgefunden hätten, wäre das nichts anderes gewesen, als wenn Schiffbrüchige abgeschossen worden wären. Daß damals Legenden entstehen konnten ist, es sei wiederholt, verständlich. Weniger verständlich ist, daß sie, nicht sorgfältig genug überprüft, ungefiltert in Riesenauflagen publiziert und oft reißerisch ausgeschmückt worden sind. Die Schwelle zum Sensationellen wurde damit überschritten.

Fassen wir zusammen. Weder unter den deutschen, noch unter den alliierten Dokumenten aus dem Krieg konnte eine Bestätigung dafür gefunden werden, daß Hunderte oder auch nur Dutzende von Tieffliegern zahllose Bombenflüchtlinge niedergemetzelt haben. Auch die »Geheimen Tagesberichte der deutschen Wehrmachtführung« melden kein Wort davon aus Dresden[64].

Über anderslautende Aussagen wurde bereits informiert. Es bleibt also ein Widerspruch zur Überlieferung offen. Was könnte zur Erklärung beitragen? Wie in Kapitel IX erwähnt, fotografierte am 14. Februar ab 13.15 Uhr eine Mosquito aus niedriger Höhe die brennende Stadt. Vielleicht wurde sie gesehen. Möglich ist auch, daß Ausgebombte und Flüchtlinge, die aus der toten Stadt weitergezogen waren, später irgendwo in Sachsen oder im Sudetenland beschossen worden sind, daß sich Eindrücke aus Dresden mit dem Schrecken auf der Landstraße mischten.

Der Verfasser bemühte sich seit Erscheinen der ersten Auflage dieses Buches weiter um Aufklärung. Das Resultat fand Eingang in die Taschenbuchausgabe. Unabhängig davon befaßten sich Dr. Helmut Schnatz, Koblenz, und Dr. Karl H. Mistele, Bamberg, mit diesem Problem. Beide waren bei ihren luftkriegshistorischen Arbeiten auf ähnliche Unstimmigkeiten zwischen Aktenlage, Forschung und Erlebnisberichten gestoßen, und daraufhin interessierte sie auch Dresden. Mistele untersuchte Luftkriegs-Überlieferungen unter volkskundlich-psychologischem Aspekt; er ist leider 1989 gestorben. Schnatz, Autor des Werkes »Der Luftkrieg im Raum Koblenz 1944/45«, recherchierte die Frage der Tiefangriffe in Dresden neu. Ich danke ihm, daß er mir seine Ergebnisse zur Verfügung stellte, die sich übrigens mit meinen decken[65].

Aus dem Rahmen der Aussagen zu Tiefangriffen fällt jene, die einen Bordwaffenbeschuß des Altstädter Rangierbahnhofs durch zwei Mustangs bereits zwischen zehn und elf Uhr schildert, deutlich vor dem Mittagsangriff. Erinnert sei noch einmal an die tatsächliche Angriffszeit der Bomber von 12.17 – 12.30 Uhr[66]. Eine Erklärung dafür findet sich nicht.

Zur fraglichen Zeit der Tiefangriffe, 12.30 bis etwa 12.45 Uhr, hielten sich viele Menschen im Freien auf, Ausgebombte, Flüchtlinge, Suchende, Hilfskräfte. Sie befanden sich überall in den noch betretbaren Gegenden der Stadt, eben auch auf den Elbwiesen. Christian Just, dessen beobachtungsscharfer Bericht in Kapitel X wiedergegeben wird, erinnert sich:

»Von Tieffliegerangriffen am 14. 2., in der Nacht oder am Tage, habe ich nichts bemerkt. Dabei habe ich den Tagesangriff von der Albertbrücke elbaufwärts am rechten Elbufer erlebt. Auch von den Menschen, z. B. Soldaten um uns herum, hörte ich hinterher keine entsprechenden Bemerkungen. Und noch etwas: am Sachsenplatz kam uns aus der Neustadt ein Klassenkamerad entgegen, der zur Mathildenstraße wollte. Er kam natürlich nicht durch, kehrte um und stieß auf uns, während wir noch in Deckung lagen. Auch dieser Klassenkamerad..., der zur Zeit während dieses Angriffs über die Albertbrücke und am Elbufer entlang gelaufen ist, hat uns nichts davon erzählt. Und Feindflugzeuge im Tiefflug, das wäre schon erzählenswert gewesen«[67].

Keine Tiefangriffe, jedoch zwei Tiefflieger hat Julius Artur Rietschel wahrgenommen, Großneffe des bekannten Bildhauers Ernst Rietschel. Er schrieb in einem Brief vom 20. 2. 45, sie seien auf der Straße nach Seidnitz gewesen, als der dritte Angriff kam, »den wir in einem Gang, miserablen Haus bzw. Kellereingang vorbeigehen ließen. Danach flogen noch einmal 2 Tiefflieger über uns beide, die aber nicht mehr schossen, weil jedenfalls keine Munition mehr.« In einem Brief vom 17. 3. 45 wiederholt er seine Angaben, allerdings heißt es jetzt: »Auf dieser Strecke (nach Seidnitz, G.B.) gehe ich mit Mutter alleine und ein Bomber kam angefolgen ganz tief über uns. Ich bin einfach stehen geblieben, ich hatte einfach keine Lust, mich vor einem Amerikaner in den Dreck zu legen«[68].

Rietschel gibt eine ziemlich ausgedehnte Schilderung seiner Beobachtungen während aller drei Angriffe. Einen Massentiefangriff, den er zwischen Elbe und Seidnitz nicht hätte übersehen können, beschreibt er nicht, ebensowenig die die folgenden vier Augenzeugen. Vielleicht kommen wir der Lösung näher, wenn wir in Betracht ziehen, daß es nur einen kurzen Überflug weniger tief fliegender Maschinen gab, die das Elbtal zwischen Waldschlößchen und Blauem Wunder kreuzten und einige Feuerstöße abgaben. Hier wäre auch eine konkrete Anknüpfung an die Bemerkung der »Schlußmeldung« vorhanden, daß »Bordwaffenbeschuß« festzustellen gewesen sei[69].

Der damalige Oberleutnant Wolfgang Paul, nicht ausgebombt in Blasewitz, hatte sich zum Hauptbahnhof durchgeschlagen und war zur Zeit des Tagesangriffs wieder auf die Hüblerstraße zurückgekehrt. Dort hörte er Maschinengewehrfeuer und entdeckte Jagdflugzeuge – es könnten zwei oder drei gewesen sein –, die sehr tief im Elbtal entlangflogen[70].

Von Radebeul, wo sie dienstverpflichtet war, zu ihrem Wohnhaus in Oberloschwitz lief Hanna Möller. In der Höhe des Waldschlößchens suchte sie unter Bäumen auf den Elbwiesen Deckung vor dem Tagesangriff. Plötzlich hörte und sah sie ein feuerndes Flugzeug niedrig über der Elbe; ein Soldat zog sie in ein Loch auf der Wiese[71].

Frau Ilse Klamka, ausgebombt am Comeniusplatz, befand sich zur entsprechenden Stunde, vom Großen Garten kommend, auf dem Weg nach Laubegast in der Gegend der Salzburger Straße. Da tauchten Tiefflieger auf, sie hörte Schüsse und suchte in Panik mit ihrer Familie Schutz unter einer kleinen Brücke des Niedersedlitzer Flutgrabens. Frau Klamka weiß nicht, wie viele Flugzeuge es waren. Sie ist danach weiter nach Laubegast gelaufen[72].

Karlheinz Vater, ausgebombt im Alumnat der Kreuzschule, war aus der Innenstadt ebenfalls durch den Großen Garten geflohen, und er hatte die Bodenbacher Straße erreicht. Auf der weiten Freifläche zwischen Landgraben und Bärensteiner Straße erlebte er den Mittagsangriff und sah, wie Rauchmarkierer durch die Wolken zischten und Bombenteppiche im Westen der

Stadt niedergingen. Nachdem das Donnern der Einschläge aufgehört hatte ging er weiter, hörte jedoch erneut Motorengeräusch und beobachtete jenseits der Felder zwei tieffliegende Jäger. Er dachte: endlich kommen unsere, zumal er FW 190 erkannt zu haben glaubte. Vater ging deshalb auch nicht in Deckung, sondern verfolgte den Weg der Maschinen, die über Laubegast, Blasewitz stadteinwärts rasten, ohne einen Schuß abzugeben. Ihnen auf der Spur fegte ein dritter Jäger heran, der mehrere Feuerstöße abgab. Die Menschen an der Bodenbacher Straße warfen sich hin, erhoben sich aber bald, da die Jagdflugzeuge nach diesem Überflug nicht wieder auftauchten[73].

Auswirkungen des Schießens hat keiner der vier Augenzeugen wahrgenommen.

Das Fazit dieser Untersuchung lautet: Massentiefangriffe haben nicht stattgefunden. Die Toten auf den Elbwiesen und im Großen Garten waren Sprengbomben zum Opfer gefallen. Nach dem Mittagsangriff am 14. Februar 1945 erschienen mindestens drei Jagdflugzeuge tief fliegend über Dresden, wovon eines mit Sicherheit feuerte. Mit großer Wahrscheinlichkeit waren es amerikanische Begleitjäger, die deutsche Jäger verfolgten; Luftkämpfe verlagerten sich oft aus größeren Höhen bis in Bodennähe, und Luftkämpfe mit deutschen Verlusten sind im Raum Dresden – Chemnitz zweifelsfrei nachweisbar. Auch an den Abschuß eines B-17 Bombers beim Zweitanflug auf Dresden durch deutsche Jagdflugzeuge sei erinnert. Bei einer Verfolgungsjagd in Bodennähe können Geschoßgarben auch am Boden einschlagen, und es ist ganz natürlich und psychologisch verständlich, daß Menschen im Freien Maschinengewehrsalven als auf sich selbst abgefeuert erleben. Akzeptiert man die These der Verfolgungsjagd, wird man auch verstehen, warum es darüber keine Kriegsdokumente gibt – so etwas war Fliegeralltag –, warum aber auch die Augenzeugen so unterschiedliche Beobachtungen gemacht haben[74].

12

Flüchtlinge – Tote

Das Wesen jedes Leids hat zwanzig Schatten, die aussehn wie das Leid, doch es nicht sind: Das Aug' des Kummers, überglast von Tränen, zerteilt ein Ding in viele Gegenstände. (Bushy)

Shakespeare, König Richard II.

Die Frage nach den Toten von Dresden hat jahrzehntelang Debatten ausgelöst und nicht nur die Gemüter derjenigen bewegt, die seinerzeit die Angriffe überlebten. Wie viele Tote waren es? 25 000 oder 400 000? Werden zu niedrige oder zu hohe Zahlen genannt? Und was bedeuten sie, in Beziehung gesetzt zur Zahl der sich gerade in der Stadt aufhaltenden Menschen? Wie viele Einheimische und Flüchtlinge waren in der Nacht vom 13. zum 14. Februar 1945 in Dresden, 700 000 oder die doppelte Menge? Die Antwort liegt meist bei über einer Million.

Während es für die Zahl der Toten auf der Grundlage der Meldungen des BdO. eine Ausgangsgröße gibt, konnte die Zahl der Flüchtlinge, die sich in jener Nacht in Dresden aufhielten, nicht vergleichbar festgestellt werden. Man kann jedoch Berechnungen vornehmen, die zu vernünftigen Annäherungswerten führen. Sie lauten anders als die Ergebnisse, die bisher verbreitet worden sind:

»1 130 000 Menschen beherbergte diese Großstadt in ihren Mauern, als ihr Untergang kam...«[1]

Warum nicht 1 100 000 oder 1 500 000? Willkürliche Schätzungen beherrschen die Literatur. Was wir zuverlässig wissen, ist dies: mit Beginn der sowjetischen Januaroffensive strömten Hunderttausende von Osten nach Westen, per Bahn, zu Fuß und mit Pferdewagen. Für die Flüchtlinge, die aus Ober- und Niederschlesien kamen, war Dresden die erste große und noch dazu intakte Stadt auf ihrem Zug ins Ungewisse. Die Stadt- und Landbevölkerung aus dem Osten hatte kaum Erfahrungen mit Fliegeralarm, geschweige denn mit Luftangriffen; das Häusermeer schreckte sie nicht ab, im Gegenteil, hier hoffte sie auf Verpflegung, Ruhe, Wärme, Unterkunft und Hilfe.

Für die städtischen Behörden, für die Dienststellen der Partei, die NS-

Volkswohlfahrt, das Rote Kreuz war diese in gewaltigen Schüben anrollende Völkerwanderung eine bedrohliche Lawine. Alle verfügbaren Kräfte wurden zur Flüchtlingsbetreuung kommandiert, auch zahlreiche Schüler im Tag- und Nachteinsatz. Viele Schulen wurden geschlossen und als Notaufnahmelager oder Reservelazarette eingerichtet. Oberstes Gebot aber mußte es sein, die »Rückgeführten« – so die offizielle Bezeichnung – aus der ohnehin überfüllten Stadt wieder herauszubringen, so schnell wie möglich. Unter Einspannung der Feldgendarmerie wurde versucht, die auf der Autobahn und den Landstraßen heranziehenden Trecks um Dresden herumzuleiten. Das gelang nur zum Teil. Viele Pferdefuhrwerke zuckelten in die Stadt hinein. Wer mit der Eisenbahn kam, landete in der Stadt, und er wurde in den geräumten Schulen, den noch nicht anderweitig belegten Gasthöfen und Tanzsälen und im Ausstellungspalast am Großen Garten vorübergehend einquartiert, während Soldaten unter anderem in Kinos auf der Prager Straße gesammelt wurden.

Alle Anstrengungen waren darauf gerichtet, die ratlosen Menschen von den Bahnhöfen weg in diese Notunterkünfte oder in die Vororte zu treiben, wo vielleicht noch ein paar verstaubte Wirtshaussäle frei waren. Niemand sollte sich länger als drei Tage in Dresden aufhalten, die Stadt sollte keine Auffang-, sondern Durchgangsstation sein. Jeder neu eintreffende Transport erhielt auf den Bahnhöfen erste Hilfe, heißen Tee, Suppe, mit Fett bestrichene Brote, und er wurde oberflächlich registriert; Soldaten und Zivilisten im wehrpflichtigen Alter wurden allerdings genau unter die Lupe genommen, dafür sorgten ständige Streifen von Feldgendarmerie, Hitlerjugend, SS, Polizei und Bahnpolizei. Die Anordnungen für die Flüchtlinge lauteten, weiter nach Westen auszuweichen, auch nach Süden in Richtung Erzgebirge und Sudetenland. Aber die Organisation, die dies hätte durchsetzen können, war selbst zu schwach, und so blieben viele Flüchtlinge, die nicht mehr weiterfahren konnten oder wollten, in Dresden hängen.

Wären es siebenhunderttausend gewesen, hätte das eine Verdoppelung der Einwohnerzahl bedeutet. Auch fünfhunderttausend sind ausgeschlossen; für solche, noch dazu plötzlich eingedrungene Massen gab es keine Unterkünfte in Dresden. Wo hätten sie wohl stecken sollen? Die Autoren so mancher Berichte über die Angriffsnacht finden den Raum für die Flüchtlinge im Freien.

Sie hätten »zu Zehntausenden in Kälte und Nässe auf allen freien Plätzen, im Großen Garten, auf den Elbwiesen gelagert... man schätzte gegen 700 000 Flüchtlinge«[2].

Oder es überfluten »500 000 Schlesier« die Stadt: »Straßen und Plätze waren mit Fuhrwerken der Flüchtlinge verstopft. Grünflächen waren in riesige Lager verwandelt.«[3] Diese Zahl wird zwar von anderen Autoren für zu hoch gehalten, aber: »So waren die Straßen... von einer wogenden Masse vollgestopft. Die Grünflächen und Elbwiesen glichen einem Heerlager mit Wagenburgen, weidenden Pferden, kampierenden Familien.«[4]

Luftschutzingenieur Georg Feydt schrieb bereits 1953 gegen diese Fantastereien an, ohne Erfolg. Er bestreitet die Flüchtlingszahl von einer halben Million und berichtet über seine eigenen Beobachtungen:

»Ich kann mir jedoch kein friedlicheres und ruhigeres Bild vorstellen, als Dresden am Nachmittag des 13. 2. 1945. Zwar versammelten sich auf einigen Straßen, wie beispielsweise in der Lennéstraße und vor dem Ausstellungspalast einige Fahrzeuge, die auch einmal die Länge von 200 bis 300 m in Kolonne hatten, jedoch... Straßen und Plätze einer Großstadt wie Dresden, verstopft von Fuhrwerken und Flüchtlingen, klingt doch etwas anders... Stehen auf dem Schloßplatz, ausgerechnet vor dem Fenster meines Dienstzimmers, die Planwagen der Trecks. Ich habe dort niemals Planwagen stehen sehen.«[5]

Feydt hatte keine Chance, mit seinen Korrekturen, die in einem Fachblatt erschienen waren, gegen die vorherrschende Meinung durchzudringen.

Ich möchte hier wieder eine persönliche Bemerkung einschieben. Am 13. Februar 1945 bin ich um 21 Uhr am Hauptbahnhof gewesen. Im Bahnhof mit seinem trüben Verdunklungslicht schob sich eine unübersichtliche Menschenmasse langsam hin und her, und die Wartesäle waren wie üblich zum Bersten voll. Auf dem Wiener Platz standen Menschengruppen, aber weder an diesem Abend, noch in den Tagen und Nächten vorher kampierten im Freien auf Straßen und Plätzen, auf den Elbwiesen und im Großen Garten Zehntausende. Trecks mit Pferdegespannen rasteten natürlich im Freien, aber niemals in solchen Zusammenballungen, daß die Straßen verstopft gewesen wären. Außerdem hätten es doch, um auf eine halbe Million Flüchtlinge oder mehr zu kommen, Hunderttausende sein müssen, die unter offenem Himmel umherirrten. Ich bin damals mit zur Flüchtlingsbetreuung herangezogen worden, und ich weiß, wie es in den Bahnhöfen, im großen Ausstellungspalast und in den zu provisorischen Quartieren umgestalteten Schulen aussah[6].

Vom Hauptbahnhof besitzen wir Zahlen. In seinen völlig unzureichenden Luftschutzräumen sollten etwa 2 000 Personen Platz finden können. Dort waren aber, weil man nicht wußte, wohin mit ihnen, Flüchtlinge mit ihrem Gepäck untergebracht worden[7].

Beim zweiten Nachtangriff rückte auch der Hauptbahnhof in den Bombenhagel. Wenn man annimmt, daß statt 2 000 Personen 6 000 eng aneinandergepreßt in den unterirdischen Gängen Zuflucht gesucht hatten, dann ist das hoch gegriffen. Vielleicht hatten sich anderswo im Bahnhof, in Diensträumen, Toiletten, unter Waggons und Treppen auch Menschen versteckt, bis die Flammen sie verjagten. Es waren ja nicht nur Flüchtlinge in den Bahnhöfen, sondern auch Soldaten und Reichsbahnbeamte, NSV-Helfer und Rot-Kreuz-Schwestern, freilich zu dieser späten Stunde keine Berufstätigen und Reisenden im Vorortverkehr. Etwa 750 Personen sind im Hauptbahnhof getötet worden[8].

In dem kleineren Neustädter Bahnhof dürften im Durchschnitt 3 000 Flüchtlinge gewesen sein. Der Wettiner Bahnhof schied als Station für Evakuierungszüge aus.

Das sind 9 000 Flüchtlinge in den Bahnhöfen, neu eingetroffen oder vorübergehend dort untergekrochen. Hinzu kann man 6 000 Treckende rechnen, die mit Pferdefuhrwerken gekommen waren, jedoch über das gesamte Stadtgebiet verstreut und nicht im Zentrum zusammengedrängt, wie es die Erzählungen suggerieren. Die Masse der Flüchtlinge traf in Dresden aber mit der Eisenbahn ein. Wenn in den Notunterkünften dann noch 85 000 Personen untergebracht gewesen wären, hätten wir 100 000 Ostflüchtlinge erfaßt.

Wo bringen wir die übrigen 400 000 oder 600 000 unter? In Privatquartieren?

1939 hatte Dresden 630 000 Einwohner. Im Gegensatz zu den bombengefährdeten Städten, deren Bevölkerung durch Ausbombung und Evakuierung schrumpfte, wird in Dresden für das Jahr 1944 eine Zunahme der Einwohner auf 700 000 festgestellt[9].

Die Zahl der Abgänge und zeitweilig Abwesenden – Gefallene, Gestorbene und Einberufene, Dienstverpflichtete – wurde also nicht nur ausgeglichen, sondern um 70 000 übertroffen, vor allem durch Zuzug aus bombenbedrohten Städten. Ob die nach Dresden verschleppten »Fremdarbeiter« mitgezählt worden sind, ist nicht bekannt. Dazu kamen die Kriegsgefangenen in ihren Lagern. Ende 1944 trafen bereits einige tausend Flüchtlinge aus dem Osten ein, die meist in Haushaltungen oder Notunterkünften aufgenommen werden konnten.

Anfang Februar 1945 jedenfalls war Dresden eine überfüllte Stadt. Als die große Flucht einsetzte, gab es kaum noch unterbelegte Wohnungen, aufnahmefähige Hotels, Pensionen, Gasthöfe. Schulen wurden als Hilfslazarette gebraucht. Nicht vergessen werden sollte, daß bei den Angriffen im Oktober 1944 und Januar 1945 einige hundert Wohnungen zerstört oder schwer beschädigt worden waren.

Es müssen nun noch einmal Zahlen sprechen. 1941 besaß Dresden rund 233 000 Haushaltungen, davon 194 000 Familienhaushaltungen, und zwar mit knapp drei Personen je Haushalt[10].

Wenn wir den Höchstzahlen folgen, sind nach unserer Rechnung 400 000 bis 600 000 Flüchtlinge noch unterzubringen. Das wäre nur möglich gewesen, wenn man in jeden Dresdner Haushalt – in jeden – mehrere Personen zusätzlich hineingestopft, wenn man Zwangseinquartierungen größten Stils vorgenommen hätte. Oder man hätte neue Barackenlager errichten müssen, riesige Bretterstädte für die Heimatlosen. Nichts dergleichen ist geschehen. Da die Flüchtlinge aber nicht zu Hunderttausenden auf der Straße gestanden haben, kann nicht eine halbe Million in dieser einen Nacht in Dresden gewesen sein. Und es geht um diese Nacht vom 13. zum 14. Februar 1945.

Anders sieht es aus, wenn wir uns die Ostflüchtlinge vorstellen, die nacheinander durch Dresden geschleust worden sind. Über die Wochen verteilt, geraten wir leicht an eine halbe und bald an eine Million Menschen. Auch kann die Frage, ob sich in jenen Februartagen im »Ballungsgebiet Dresden« einige hunderttausend Flüchtlinge aufgehalten haben, vorbehaltlos bejaht werden. Im Rahmen der »Reichsumquartierungsplanung« wurde Dresden nicht in seinen Stadtgrenzen, sondern als Ballungsraum betrachtet:

»Dresden hat eine Million Einwohner, der Ballungsraum zieht sich von Meißen bis Pirna entlang der Elbe.«[11]

Das KTB des OKW enthält keine genaue Information. Am 16. Februar 1945 wurde festgehalten:

»Im Transportwesen sind durch den Ausfall von Cottbus und Dresden neue Schwierigkeiten zu verzeichnen. Hier sind noch einige hunderttausend Flüchtlinge abzutransportieren.«[12]

In der Stadt Dresden selbst dürften in der Angriffsnacht ungefähr 200'000 Ostflüchtlinge gewesen sein. Diese Zahl ist ebenso eine Schätzung wie 500 000, aber sie ist realistischer. Sie entsteht durch eine Verdoppelung der 100 000 Personen, die wir uns in den Bahnhöfen und Notquartieren ausrechnen können, das heißt, sie kalkuliert ein, daß 100 000 doch im Stadtgebiet irgendwie Unterschlupf gefunden haben.

1939 hatte Dresden, es sei wiederholt, 630 000 Einwohner, 1944 waren es 700 000. Dazu 200 000 neue Flüchtlinge plus, um alle Eventualitäten einzubeziehen, 50 000 Menschen, unter denen man sich früher hängengebliebene Flüchtlinge, die Verwundeten in Sanatorien, Lazaretten, Reserve- und Hilfslazaretten und die Kriegsgefangenen vorzustellen hat, sowie die Soldaten auf der Durchfahrt, die in den Kinos in der Prager Straße gesammelt wurden. Tatsächlich ergibt das 950 000 Menschen in Dresden für den 13. Februar 1945, das sind 320 000 mehr als 1939.

In den Berichten über die Angriffe auf Dresden spielt das Flüchtlingsproblem von Anfang an eine Rolle. Die Gerüchte sickerten nach Berlin und weiter ins Ausland. »Svenska Morgonbladet« berichtet am 17. 2. »privat aus Berlin«, die Zahl der Toten und Verletzten – man spreche von hunderttausend – sei deshalb so hoch, weil sämtliche Kinos, Gaststätten und Kirchen von Flüchtlingen überfüllt gewesen seien, die nicht mehr in die Luftschutzräume hineingekonnt hätten:

»Während des Angriffs hielten sich 2,5 Millionen Menschen in Dresden auf... Außerdem habe keine der größeren Nachbarstädte Hilfsexpeditionen schicken können, da die Zufahrtsstraßen nach Dresden durch Flüchtlingstrecks, Bauernwagen und Handkarren, abwechselnd mit Militärtransporten, verstopft waren. Amerikanische Tiefflieger hätten sie mit Maschinengewehren bestrichen. Die getroffenen Militärautos sperrten jetzt die Straßen.«[13]

Ein Bericht, von den unvermeidlichen Anzeichen der Panik verwirrt. Weder hielten sich 2,5 Millionen in der Stadt auf, noch konnten keine Flüchtlingstransporte durchkommen, da die Zufahrtsstraßen durch treffsicher zusammengeschossene Kolonnen versperrt waren. Als Quelle stand ein einziger Augenzeuge zur Verfügung! Aber bis zum 20. Februar waren mehr Augenzeugen in Berlin eingetroffen. Am 25. Februar heißt es in einem Korrespondentenbericht von »Svenska Dagbladet«, es sei gewiß nicht übertrieben, wenn man sage, daß sich »in den letzten Wochen an die 200 000 Flüchtlinge« in Dresden aufhielten, dessen eigene Bevölkerung etwa 700 000 zähle[14].

In dem früher erwähnten Artikel aus der Wochenzeitung »Das Reich« vom 4. März 1945 heißt es zur Flüchtlingsfrage:

»An jenem Abend mag die Stadt rund eine Million Menschen in ihren Mauern gehabt haben, neben ihren über 600 000 ständigen Einwohnern einige hunderttausend bombengeschädigte und Umquartierte sowie Flüchtlinge aus den beiden schlesischen Nachbargauen.«[15]

Als Totenzahlen waren »Zehntausende« im ›Reich‹ genannt worden, was die kursierenden Gerüchte nicht übertraf. Denn die Entwicklungsgeschichte der Totenlegende von Dresden beginnt bald nach den Angriffen. Müssen nicht unter diesem riesigen Trümmerfeld achtzig-, einhundert-, vielleicht zweihunderttausend Menschen begraben sein?

Im März hat man einen groben Überblick, aber die ihn haben, die Verantwortlichen von Polizei, SS und Partei, sind zum Schweigen verpflichtet. Nur in ihren Meldungen sprechen sie Klartext. Diese Meldungen bekommen jedoch nur ein paar Leute auf höchster Ebene zu Gesicht. Die Öffentlichkeit hat keine Anhaltspunkte; sie ist auf Vermutungen angewiesen. Gerüchte treiben die Zahl nach oben, und es wird abermals übertrieben, als reiche die blutige Realität nicht.

Unmittelbare Auswirkung auf die Totenzahl hatte die zu hoch geschätzte Flüchtlingszahl. Schon am 16. 2. berichtete der Berliner Korrespondent von »Dagens Nyheter« über die Verluste:

»Das große Gesprächsthema in Berlin ist heute nicht mehr die Nähe der Front, sondern – Dresden... Man kann sich lediglich an Berichte von Reisenden halten, und diese stimmen darin überein, daß Dresden seit Dienstag abend ein einziges brennendes Inferno sei, in dem die Menschen zu mehreren Zehntausenden den Tod fanden... Nach allem, was man hört, müssen die Opfer an Menschenleben unerhört sein. Durch keine Stadt waren in den letzten Wochen so viele Ostflüchtlinge ›geschleust‹ worden wie durch Dresden...«[16]

Hier entspricht noch alles den Tatsachen, aber schon am nächsten Tag veröffentlichte ›Svenska Morgonbladet‹ die oben genannte Zahl von 2,5 Millionen Menschen in Dresden. Kräftig im Sog der Gerüchte treibend heißt es außerdem:

»In Berlin erfährt man vertraulich, daß Dresden bei den vier aufeinanderfolgenden Angriffen so vollständig zerstört wurde, daß ein Befehl zur Totalevakuierung erlassen werden mußte. Die Zahl der Todesopfer war bedeutend größer, als man angenommen hatte. Gegenwärtig spricht man von 100 000 Toten.«[17]

Die Gerüchte wuchern weiter. Zehn Tage nach den Angriffen ist in ›Svenska Dagbladet‹ zu lesen:

»Wie viele Menschen ihr Leben lassen mußten, weiß niemand mit Sicherheit..., aber nach Angaben, die einige Tage nach der Zerstörung gemacht wurden, liegt die Zahl näher bei 200 000 als bei 100 000... Das erklärt sich daraus, daß unerhört viele keine Gelegenheit hatten, einen ordentlichen Schutz zu suchen, oder sich nicht darum kümmerten...«[18]

Es ist übrigens der gleiche Bericht, in dem von 200 000 Flüchtlingen die Rede war, womit sich eine Identität der Totenzahl mit der Flüchtlingszahl aufdrängt. Die Beweisführung bietet sich vor allem für die Fantasiezahlen an – je größer die Flüchtlingszahl, desto wahrscheinlicher die unvorstellbare Totenzahl. So ist von Anfang an die Legende von den sechsstelligen Totenzahlen ursächlich verknüpft mit den zu hoch geschätzten Flüchtlingszahlen.

Die in all den Büchern und Artikeln angestellten Schätzungen über die Toten von Dresden ergeben eine wild gezackte Fieberkurve. Abermals stößt man auf Rodenbergers Buch, wenn man sucht, wo aus dem Krieg stammende Erzählungen und Gerüchte zum erstenmal in der Form von Tatsachen publiziert wurden. Da ist zu lesen von Leichenfeldern, die man kaum mit den Augen erfassen kann, da gleichen die Elbwiesen einer Mondlandschaft, die eine schwarzgraue Leichenmasse bedeckt, soweit die Augen blicken. Da entsteht unterhalb der Brühlschen Terrasse ein Damm aus aufgetürmten Toten und auf dem Schloßplatz türmt man die Toten zu Bergen, im Zwingergraben und im Zwingerteich schwimmen Leichen. Dann läßt der Autor die Wahl zwischen mehreren Gesamtverlustzahlen, dabei einen ominösen Bericht zitierend:

»Der stellvertretende Leiter des Propagandaamtes diktierte seiner Sekretärin in einem Bericht nach Berlin wörtlich:

›Die Zahl der schätzungsweise bei den Angriffen ums Leben gekommenen Menschen wird mit 350 000 bis 400 000 geschätzt. In Dresden befand sich in dieser Nacht über eine Million Menschen. Die ursprüngliche Einwohnerzahl betrug etwa 670 000; ein Drittel aller Menschen, die in dieser Nacht in der Stadt waren, ist ums Leben gekommen.‹

Die Schweizer Zeitschrift ›Flugwehr und Technik‹ schreibt dagegen: ›Bei den drei großen Angriffen auf Dresden wird die Zahl der Toten von zuverlässiger Seite mit 100 000 angegeben.‹

Bei dieser Meldung wird vermutet, daß nur die Opfer unter den Einwohnern Dresdens gezählt wurden, ohne die Flüchtlinge zu berücksichtigen. Im Manstein-Prozeß soll der britische Verteidiger Paget von einer Viertelmillion Opfern gesprochen haben.«[19]

Der »wörtlich diktierte« Bericht des stellvertretenden Leiters des Propagandaamtes Sachsen ist als Quelle in keinem Archiv greifbar; er wurde gleichwohl von anderen Autoren für bare Münze genommen.

Unbeachtet blieb auch diesmal der Einspruch von Georg Feydt, sieht man von einer scharfen Entgegnung Rodenbergers in der Zeitschrift »Ziviler Luftschutz« ab.

Feydt schreibt, die Zahl der Toten dürfte 50 000 nicht überschritten haben und nennt bis zum 6. Mai 1945 als amtliches Bergungsergebnis 39 773 Gefallene, ohne jedoch die Quelle zu bringen oder ein amtliches Dokument nachzuweisen. Im Oberkommando der Wehrmacht rechnete man mit »schätzungsweise 60 000« Toten, und diese Zahl taucht auch 1952 in dem Buch von Rumpf auf; sie sollte weite Verbreitung finden[20].

Feydt widerspricht auch Rodenbergers Behauptung, die Angriffe auf Dresden hätten die Wirkung der Atombomben auf Hiroshima und Nagasaki übertroffen; dieser Meinung begegnete man auch später noch. Wenn man, so Feydt, von den Leichenfeldern, die das Auge nicht fassen konnte, lese, werde man daran erinnert, daß auf der gesamten Länge der Ringstraße, beginnend von der Einmündung der Marienstraße bis zur Staatsbank an der Elbe, 180 bis 200 Tote in Abständen nebeneinander gelegen haben. Ebenso verweist Feydt die Zustände auf den Elbwiesen, den Leichendamm unterhalb der Brühlschen Terrasse und die Totenberge auf dem Schloßplatz – damals Adolf-Hitler-Platz – in das Reich der Fabel[21].

Zehn Jahre nach den Angriffen werden folgende Verluste zur Diskussion gestellt:

»Die erste Zahl der Opfer, die um die Welt ging, lautete 300 000 bis 400 000... Sie stand in dem Bericht des Dresdner Gaupropagandaamtes und wurde in der Panik der ersten Wochen nach dem Angriff ermittelt, unter jener Überschätzung, die die Beobachter aller Luftangriffe erfaßte. Auch das soeben in deutscher Sprache erschienene Buch des Engländers F. J. P. Veale, ›Der Barbarei entgegen‹, gibt die Toten von Dresden mit 300 000 bis 500 000 an, andere, zum Beispiel schweizerische Untersuchungen, mit 100 000. Der englische Kriegsgeschichtler Fuller spricht dagegen nur von 25 000 Toten. Nach offiziellen deutschen Unterlagen werden in ›Bilanz des Zweiten Weltkrieges‹ als vorsichtige Schätzung 80 000 angegeben. In anderen deutschen Schilderungen, wie in Thorwalds Buch ›Es begann an der Weichsel‹ werden Zahlen zwischen 40 000 und 45 000 genannt.«[22]

Czesany hat in seinem Buch »Nie wieder Krieg gegen die Zivilbevölkerung« 1961 und 1964 repetiert, was Rodenberger und Veale geschrieben hatten: »Die Schätzungen bewegen sich zwischen 100 000 und 400 000 Toten...« Er bezog sich auf einen 1960/61 erschienenen Prospekt des Referats Fremdenverkehr beim Rat der Stadt Dresden, in dem von 35 000 identifizierten Toten die Rede ist, und er folgerte, daß die Gesamtzahl ein Mehrfaches betragen habe[23]. Wie es zu dieser falschen Angabe in dem Prospekt – der keinesfalls »die amtliche Bekanntmachung des Rates der Stadt Dresden« ist – kommen konnte, ist nicht mehr festzustellen. Tatsache ist, daß die Dresdner Behörden sonst ausnahmslos von etwa 35 000 Toten als Gesamtverlust berichten, das heißt identifizierte, nicht identifizierte und vermißte Personen.

So zackt sie weiter aus, die Fieberkurve des Schreckens: 300 000 Tote in der Zeitschrift »Aktuell«, 1962[24]. 250 000 in dem durchweg seriösen Geschichtswerk »Der Zweite Weltkrieg in Bildern und Dokumenten«, im gleichen Jahr erschienen, und diese Zahl wird dem State Department in Washington zugeschrieben, obwohl die Amerikaner, wenn überhaupt, von 25 000 Gefallenen ausgehen[25]. Verglichen mit der unübersehbaren Menge ihrer Kriegs- und Luftkriegsliteratur sind Amerikaner und Engländer bei der Angabe von Totenzahlen zurückhaltend. Nicht einmal in der offiziellen britischen Luftkriegsgeschichte wird eine Schätzung gewagt. Der Australier Firkins nennt 30 000 Tote[26].

1963 erschien Irvings Buch. Die von ihnen publizierte Zahl von 135 000 Toten wurde wenig später durch nun endlich aufgefundene Originaldokumente aus der Kriegszeit außer Kraft gesetzt wurde. Die neue Zahl lag so tief unter den bisherigen Schätzungen, daß die von DDR-Autoren vertretenen 35 000 Toten der Wahrheit am nächsten zu kommen scheinen.

Seydewitz verbreitet bereits 1955, daß es 35 000 gezählte Opfer gewesen seien, aber er räumt ein, gewiß sei die Zahl noch um einige tausend höher anzusetzen[27]. Die Fieberkurve springt allerdings im gleichen Jahr schroff nach oben, als der stellvertretende Vorsitzende des Ministerrats der DDR, Hans Loch, in einer flammenden Anklage die ehemaligen Alliierten der UdSSR des Mordes an 300 000 Dresdnern anprangert:

»... da legten zu einer Zeit, wo – wie der Armeegeneral J. Petrow das in seinem Artikel in der ›Prawda‹ vom 1. April 1955 im einzelnen nachwies – nicht die geringste militärische Notwendigkeit mehr dafür bestand, amerikanische Bomber die schutzlose und offene Stadt Dresden planmäßig in wenigen Stunden in Schutt und Asche, dabei mehr als 300 000 friedliche Menschen, Greise, Frauen und Kinder hinmordend und neben den kommunalen Einrichtungen, Industriebetrieben, Kraftwerken, Straßen und Elbbrücken unersetzliche Werke der Kultur zerstörend.«[28]

Wenn man bedenkt, mit welcher Vehemenz und mit welchen Anschuldigungen gegen die Autoren solche Zahlen in der DDR zurückgewiesen wurden, wenn sie aus westlichen Publikationen stammten, wirkt es schon recht seltsam, daß das vom stellvertretenden Ministerratsvorsitzenden der DDR veröffentlichte Fantasieprodukt niemals dementiert worden ist. Dresden ist auch nicht zur »Offenen Stadt« erklärt worden, wie Loch bewußt fälschlich behauptet.

Am nachdrücklichsten trat Walter Weidauer 1965 für eine Endzahl von 35 000 Toten ein. Ein Jahr später lieferte ihm der Zufall den Beweis, daß seine These der Wirklichkeit am nächsten kommt[29]. Irving revidierte daraufhin seine Zahlen am 7. Juli 1966 in einem Leserbrief an die »Times«:

»Die Bombardierung Dresdens 1945 ist in den letzten Jahren von einigen Leuten als Beweis dafür herangezogen worden, daß konventionelle Bombenangriffe verheerender sein können als Nuklearschläge. Andere wieder haben versucht, falsche Lehren daraus zu ziehen. Daran habe ich selbst keine geringe Schuld: in meinem Buch ›Der Untergang Dresdens‹, 1963, erkläre ich, daß die Verlustschätzungen in dieser Stadt zwischen 35 000 und 200 000 schwankten.

Die höhere Zahl schien nicht absurd zu sein, wenn man die Umstände in Rechnung setzte. Ich hatte drei Jahre lang versucht, deutsche Dokumente ans Licht zu bringen, die Angaben über das Ausmaß des Schadens erhalten, aber die ostdeutschen Behörden waren nicht in der Lage, mir zu helfen. Vor zwei Jahren trieb ich Papiere auf, die angeblich Auszüge eines Berichtes des Polizeipräsidenten waren. Sie kamen aus einer privaten ostdeutschen Quelle. Diese ›Auszüge‹ gaben die abschließende Zahl der Toten mit ›einer Viertel Million‹ an. Es ist jedoch inzwischen klar, daß diese Statistik wahrscheinlich 1945 gefälscht worden war.

Die ostdeutschen Behörden... haben mir jetzt die Kopie eines elfseitigen ›Schlußberichtes‹ überlassen, der vom regionalen Polizeichef ca. einen Monat nach den Angriffen auf Dresden geschrieben wurde. Die Authentizität dieses Dokumentes steht außer Zweifel. Kurz gesagt, der Bericht zeigt, daß die Verluste in Dresden fast das gleiche Ausmaß hatten wie diejenigen der schwersten Angriffe auf Hamburg 1943.

Der Autor des Dokumentes, der Höhere SS- und Polizeiführer war, das sollte erwähnt werden, verantwortlich für Zivilschutzmaßnahmen in Dresden. Seine Zahlenangaben sind viel niedriger als die von mir zitierten. Die ausschlaggebende Stelle heißt:

›Bis 10. 3. 1945 früh festgestellt; 18 375 Gefallene, 2212 Schwerverwundete, 13 718 Leichtverwundete. 350 000 Obdachlose und langfristig Umquartierte.‹ Die Gesamtzahl der Toten, ›hauptsächlich Frauen und Kinder‹, dürfte 25 000 erreichen; weniger als 100 Tote waren Wehrmachtangehörige. Von den bis dahin geborgenen Toten waren 6 865 auf einem der Plätze der Stadt verbrannt worden. Insgesamt 35 000 Menschen standen auf der Vermißtenliste.

Die allgemeine Authentizität des Berichtes ist zweifelsfrei, weil innerhalb einiger weniger Tage, nachdem ich den ersten erhielt, mir noch ein zweiter deutscher Bericht aus der Kriegszeit zuging, diesmal aus einer westlichen Quelle. Er wiederholt genau die Zahlen, die in dem oben erwähnten ersten Bericht enthalten sind...

Ich habe kein Interesse daran, falsche Legenden zu fördern oder zu verewigen, und ich glaube, es ist wichtig, daß in dieser Hinsicht die Tatsachen zurechtgerückt werden. «[30]

Der Nachrichtenagentur Associated Press war diese Revision bedeutend genug für eine 31-Zeilen-Meldung[31]. Irvings Buch war jedoch inzwischen über die halbe Welt verbreitet und damit auch die von ihm akzeptierte Zahl von 135 000 Toten. Seine Korrektur fand kaum Beachtung. Insbesondere wird sie von Leuten übergangen, die Irving als Zeugen für die höheren Verluste benennen. Seit den 80er Jahren ist er allerdings wieder zu höheren Zahlen zurückgekehrt.

1967 mußte AP melden, daß der Vernichtungsangriff auf Dresden eine neue Kontroverse ausgelöst hatte. Der ›Sunday Express‹ habe in seiner Leserbriefrubrik ausschließlich Zuschriften zu einer Stellungnahme von Lord Boothby abgedruckt, der in der Woche vorher die Bombardierung Dresdens als den »heimtückischsten Akt der ganzen britischen Geschichte« bezeichnet habe[32]. In einem neuen Brief an das Blatt erklärte Lord Boothby, innerhalb einer

Woche habe er tausend Zuschriften erhalten, davon hätten zu seiner Überraschung 800 seinen Standpunkt unterstützt. Einige davon stammten von Vätern britischer Kriegsgefangener, die bei den Angriffen umgekommen seien. Lord Boothby hatte unter anderem geschrieben, gemessen an der Zahl der Toten sei die Bombardierung Dresdens schlimmer gewesen als der Abwurf der Atombombe auf Hiroshima. Ihm entgegnete der Historiker Alan Taylor, es stehe inzwischen fest, daß in Dresden nicht 250 000 bis 300 000 Menschen getötet worden seien, sondern nur 25 000. Außerdem sei die Bombardierung Dresdens wie die anderer deutscher Städte im Rahmen eines systematischen Planes erfolgt, den deutschen Widerstand zu brechen, als er noch sehr beachtlich gewesen sei[33].

Im Januar 1967, als diese Debatte stattfand, war die Zerstörung Dresdens im Gespräch, weil das staatlich unterstützte National-Theater in London erwog, ein Stück von Rolf Hochhuth aufzuführen, das Winston Churchill vorwarf, die Bombardierung sanktioniert zu haben; es handelte sich um das Stück »Soldaten«.

1970 gedachte man nicht nur in Deutschland des 25. Jahrestages der Zerstörung Dresdens. Das amerikanische Magazin »Time« meinte, die Zahl der umgekommenen Zivilisten liege irgendwo zwischen 35 000 und 135 000[34]. Die Wochenzeitung »Christ und Welt« versah einen ganzseitigen Artikel mit der Schlagzeile: »Noch heute weiß niemand genau, wieviel Menschen dabei starben: 100 000 oder 400 000?«[35].

In der DDR hielt man generell an 35 000 Toten fest; um so mehr fallen Ausnahmen auf, wenn zum Beispiel in einem Gedenkartikel 1970 in einem Dresdner Blatt diese Zahl als bei weitem nicht ausreichend bezeichnet wird, oder wenn der Berliner Rundfunk (Ostberlin) im Januar 1973 behauptet, das Flächenbombardement habe über 130 000 Tote gefordert. In sowjetischen Geschichtswerken wurden mehr als 120 000 oder 135 000 Bombenopfer genannt[36].

Verlassen wir das Reich der Vermutungen und Legenden. Ehe die Wahrheit im trostlosen Stil der amtlichen Meldungen zutage tritt, sei ein Blick auf ein umstrittenes Papier geworfen, das in seiner ursprünglichen, nicht verfälschten Form allerdings einen Sinn ergibt.

Am 22. März 1945 erließ der Höhere SS- und Polizeiführer Elbe einen Tagesbefehl. Er enthielt eine Personen- und Sachschadenaufstellung der vier Februar-Luftangriffe:

»Tagesbefehl Nr. 47 (D. Höh. SS- und Pol-Fhr. Elbe, Befehlsstand der Ordnungspolizei), Dresden, 22. 3. 1945.

Um den wilden Gerüchten entgegentreten zu können, folgt nachstehend kurzer Auszug aus der Schlußmeldung des Polizeipräsidenten von Dresden über die vier Luftangriffe...«

Nach Angaben über die Sachschäden heißt es weiter:

»Bis zum 20. 3. 45 abends wurden 20 204 Gefallene, überwiegend Frauen und Kinder, geborgen. Es ist damit zu rechnen, daß die Gesamtzahl der Gefallenen bis auf 25 000 ansteigen wird. Da die Gerüchte die Wirklichkeit weit übertreffen, kann von den tatsächlichen Zahlen offen Gebrauch gemacht werden.«

Dazu gehörte auch die Mitteilung, daß auf dem Altmarkt 6 865 Opfer der Angriffe verbrannt wurden. Die Unterschrift stammte vom Chef des Stabes, Oberst der Schutzpolizei Grosse[37].

Der inzwischen verstorbene Reservist Werner Ehlich, in Kapitel III bereits als damaliger Angehöriger der Dresdner Schutzpolizei zitiert, bekam diesen Befehl in die Hände und schrieb ihn ab; er besaß die handschriftliche und die maschinengeschriebene Fassung aus dem Krieg.

Zu seiner Überraschung kursierte mit dem Datum des 23. März eine neue Fassung des Tagesbefehls. »Ich konnte mich selbst von der Fälschung des Tagesbefehls Nr. 47 überzeugen«, berichtet Ehlich. »Den Zahlen der Todesopfer war einfach eine Null angehängt worden. So wurden aus den angekündigten 25 000 Toten gleich 250 000.«[38]

Original wie Fälschung existieren nur als Abschriften, die Fälschung mit unkorrekter Dienststellenbezeichnung: »Der höhere Polizei- und SS-Führer« heißt es statt richtig »Der Höhere SS- und Polizeiführer Elbe«. Die Fälschung ist leicht zu durchschauen. Im Original werden 20 204 Gefallene gemeldet, eine kaum faßliche Zahl; dennoch ist es nicht unvorstellbar, daß diese Leichenberge in den fünf Wochen seit den Angriffen geborgen werden konnten.

Aber 202 040 geborgene Tote? Divisionen hätten eingesetzt werden müssen, um sie einzusammeln, aus den Kellern zu holen, unter den Trümmern vorzuziehen, um die Massengräber auszuheben und zu füllen. Hunderte Lastkraftwagen wären erforderlich gewesen, um sie abzutransportieren, nicht nur Pferdefuhrwerke. Weder standen die Männer, noch die Fahrzeuge zur Verfügung.

Allein diese Überlegungen sollten genügen, um die Haltlosigkeit der in dem Papier genannten Zahlen erkennen zu lassen. Die Plumpheit der Fälschung verrät auch die Zahl 68 650 für die Leichen, die auf dem Altmarkt verbrannt worden sein sollen. Streicht man die Null, ergibt sich exakt die Zahl, die im originalen Tagesbefehl Nr. 47 und in der »Schlußmeldung« angegeben wird: 6 865.

Auch hier müßte die Vorstellungskraft ausreichen, um gewahr zu werden, daß nicht 68 650 Menschen auf einem 100 mal 125 Meter großen Platz eingeäschert werden konnten, einem Platz, der zur Hälfte mit Löschwasserbecken überbaut war, wodurch noch weniger Fläche für die grausige Arbeit des Anfahrens, Auslegens, Zählens der Leichen, der Identifizierungsversuche, der Aufschichtung und des Verbrennens zur Verfügung stand. Und für diese Einäscherung hatten die Beteiligten nicht einmal drei Wochen Zeit, sie wurde nämlich erst um den 20. Februar begonnen und sie war Ende des Monats oder Anfang März beendet.

Der bekannte Dresdner Fotograf Walter Hahn hat diese Szenen unter Lebensgefahr im Bild festgehalten.

Ein letztes Argument gegen die Fälschung. In ihr heißt es ebenso wie im Original:

»Da die Gerüchte die Wirklichkeit weit übertreffen, kann von den tatsächlichen Zahlen offen Gebrauch gemacht werden.«[39]

Das ist der Schlüsselsatz. Er ist logisch und glaubhaft. Und er gibt dem ganzen ungewöhnlichen Tagesbefehl einen Sinn: es ist ausnahmsweise erlaubt, Totenzahlen, die tatsächlichen Zahlen, unter der Bevölkerung zu verbreiten, um den Gerüchten von hunderttausend und mehr Toten entgegenzuwirken. In der Fälschung mit 202 040 Toten ist dieser Satz unsinnig geworden; denn die Gerüchte übertreffen ja diese angebliche Wirklichkeit nicht mehr.

Warum könnte der Befehl gefälscht worden sein? Die Bereitschaft war groß, überdimensional Entsetzliches zu glauben. Wenn man also den Gerüchten nicht widerspräche, wenn man sie einzuholen oder gar zu überholen trachtete? Zumal die neutrale Presse das Ausland auf nie gehörte Verluste vorbereitet hatte. Auch der Artikel im »Reich« vom 4. März gewinnt hier an Bedeutung.

Es ist vorstellbar, daß Goebbels selbst den Trick mit der zusätzlichen Null ersann und ihn über SS-Gruppenführer von Alvensleben oder Gauleiter Mutschmann an den Polizeioberst Grosse weiterleiten ließ. Vielleicht war Grosse auch ahnungslos, aber wenn die amtliche Fälschung von Goebbels kam, dann mit dem Vorsatz, die anglo-amerikanischen Luftkriegsführung zu einem Zeitpunkt anzuklagen, da im neutralen Ausland und in London und Washington selbst kritische Fragen nach dem Sinn der wahllosen Flächenbombardements laut wurden. Es wäre für Goebbels ein Abwägen des propagandistischen Nutzeffektes gewesen. Brachte er die Zahl 250 000 in Umlauf, konnte die Quantität des Grauens in propagandistische Qualität umschlagen und sich gegen England und die Vereinigten Staaten richten.

Was war ihm wichtiger? Das deutsche Volk zu schockieren oder die Welt? Warum nicht beides versuchen; denn es konnte ja auch die als Flüsterpropaganda weitergereichte Saga vom viertelmillionenfachen Blutopfer zu Dresden als Vehikel der von den Naziführern genährten Endzeitstimmung genutzt werden. Seht die entmenschten Feinde! Das Schicksal Dresdens wollen sie ganz Deutschland bereiten! Wenn wir uns nicht gemeinsam dagegen stemmen, werden wir gemeinsam untergehen! So stand es ja auch im »Reich«.

Und es war, als rufe er von Walhall herab, als Joseph Goebbels drei Wochen nach den Angriffen auf Dresden auf einer »Massenkundgebung« in Görlitz sprach. In einem Saal war eine zusammengewürfelte Schar von Soldaten, Politischen Leitern, Hausfrauen, Rot-Kreuz-Schwestern, Volkssturmkindern und -greisen versammelt, und ihnen rief der Minister zu, es werde jetzt kein Pardon mehr gegeben. Er prophezeite in der Frontstadt an der Neiße:

»Jene Divisionen, die jetzt schon zu kleinen Offensiven angetreten sind und in den nächsten Wochen und Monaten zu Großoffensiven antreten werden, sie werden in diesen Kampf hineingehen wie in einen Gottesdienst. Und wenn sie ihre Gewehre schultern und ihre Panzerfahrzeuge besteigen, dann haben sie nur ihre erschlagenen Kinder und geschändeten Frauen vor Augen, und ein Schrei der Rache wird aus ihren Kehlen emporsteigen, vor dem der Feind erblassen wird...«[46]

Im Zusammenhang mit den Verlusten in Dresden wurde in jenen Tagen in Kreisen der Führung ein Vergeltungsplan erörtert. Offenbar war es Hitlers Idee, die Toten von Dresden durch die Erschießung alliierter Flieger zu rächen. Beim Nürnberger Kriegsverbrecherprozeß kam es zu folgender Aussage des Angeklagten Hans Fritzsche:

»Dr. Goebbels erklärte in der hier mehrfach erwähnten 11-Uhr-Vormittagskonferenz, in Dresden seien 40 000 Todesopfer zu beklagen. Damals wußte man noch nicht, daß die Zahl eine erheblich höhere war. (Im Gegenteil, sie war erstaunlich gut geschätzt. G.B.) Dr. Goebbels fügte an die Mitteilung; nun müßte aber mit diesem Terror so oder so ein Ende gemacht werden, und Hitler sei fest entschlossen, die gleiche Zahl englischer, amerikanischer und russischer Flieger in Dresden erschießen zu lassen, wie Einwohner in Dresden ums Leben gekommen wären. Er wandte sich dann an mich und forderte mich auf, diese Aktion vorzubereiten und anzukündigen. Es kam zu einem Zwischenfall. Ich sprang auf und weigerte mich. Dr. Goebbels brach die Konferenz ab, er holte mich in sein Zimmer, und es kam zu einer sehr erregten Aussprache, an deren Ende ich ihn wenigstens so weit hatte, daß dieser Plan nicht durchgeführt werden sollte.«[41]

Das mag für unsere Zwecke genügen als Beleg dafür, daß im Propagandaministerium mit 40 000 Toten gerechnet wurde. Dort kannte man die Meldungen des Dresdner Polizeipräsidenten und ist wahrscheinlich durch eine auf die Erfahrungen in anderen Städten gestützte Hochrechnung zu dieser akzeptablen Zahl gekommen. Aus dem Plan der Vergeltungserschießungen im Ruinenmeer wurde zum Glück nichts, und Fritzsche versuchte sich das als Verdienst anzurechnen. Schließlich seien dann auch Goebbels und dessen Staatssekretär Naumann gegen die Massenexekution gewesen. Hans Fritzsche wurde gefragt, ob er wisse, welchen Standpunkt Martin Bormann in dieser Sache eingenommen habe. Er antwortete:

»Nach den mir bekanntgewordenen Schilderungen hatte er zuerst den Plan und den Gedanken Hitlers zur Erschießung dieser 40 000 unterstützt, hat aber nachher unter Einwirkung von Goebbels und Naumann die gegenteilige Haltung eingenommen und mitgearbeitet, Hitler von dem Plan abzubringen.«[42]

Die amtlichen Dokumente mit Totenzahlen sind unvollständig, weil ein Teil Lagemeldungen verlorengegangen oder noch nicht aufgefunden ist. Den ersten verfügbaren Hinweis gibt es in der Lagemeldung Nr. 1396 des Chefs der Ordnungspolizei Berlin über Luftangriffe auf das Reichsgebiet vom 14. März 1945. Sie enthält vom Befehlshaber der Ordnungspolizei Dresden einen Nachtrag über die Februarangriffe. Darin heißt es:

»In den LS-Räumen des Hauptbahnhofs etwa 750 Gefallene (meistens Flüchtlinge)... bisher etwa 12 000 Gefallene geborgen. Die Verluste der Schutzpolizei und der Feuerschutzpolizei betragen etwa 200 Gefallene und 150 Vermißte.«[43]

Dieser Nachtrag ist vom BdO. Dresden mit Sicherheit bereits Anfang März verfaßt worden; er lief dann erst fernschriftlich – wahrscheinlich vom Ausweichquartier Eilenburg – nach Berlin und wurde dort jedenfalls erst am 14. März in die Übersicht aufgenommen. Am 15. März beendete der BdO. Dresden die Zusammenstellung jenes abschließenden Berichtes, der das wichtigste Beweisstück für die niedriger liegenden Totenzahlen ist. Da es sich um ein Dokument von außerordentlicher Bedeutung handelt, soll seine Auffindung kurz geschildert werden.

Zuerst veröffentlicht wurde es bei Weidauer in der zweiten Auflage seines Buches »Inferno Dresden«. Der Autor schreibt, nach einem Vortrag, den er 1965 in Bad Schandau gehalten habe, sei eine Frau Jurk zu ihm gekommen und habe ihm das Dokument gebracht. Es stamme aus dem Nachlaß ihres Schwiegervaters, dessen Diktatzeichen »Ju.« es trägt und der auch der Verfasser war. Max Jurk war beim BdO. Dresden Mitarbeiter von Wolfgang Thierig, Oberst der Schutzpolizei, der das Schriftstück »im Auftrag« unterschrieben hatte. Auf diese »Schlußmeldung über die vier Luftangriffe auf den LS-Ort Dresden am 13., 14. und 15. Februar 1945« ist in vorhergehenden Kapiteln schon hingewiesen worden; sie umfaßt elf engzeilig beschriebene Schreibmaschinenseiten, eine einzigartige Bestandsaufnahme[44].

In den Wirren der letzten Kriegswochen gingen anscheinend sämtliche anderen Exemplare verloren. Das gleiche gilt für die Lagemeldung des Chefs der Ordnungspolizei Berlin, in welcher die Schlußmeldung aus Dresden aufgegangen war. Doppelte Buchführung, und trotzdem nur spärliche Hinterlassenschaft. Der Zufall wollte es, daß im Bundesarchiv Koblenz Dr. Boberach das Ergänzungsstück unter 25 000 Akten des Reichsfinanzministeriums entdeckte. Es ist die Lagemeldung Nr. 1404 des Chefs der Ordnungspolizei Berlin vom 22. März 1945. Unwesentlich gekürzt enthält sie den zwölf Tage vorher verfaßten und unterzeichneten Text. Auch die Totenzahlen stimmen überein. Der Beweis war erbracht, daß das von Weidauer vorgelegte Dokument, die Schlußmeldung, echt ist. Darin heißt es unter Abschnitt E. Personenschäden:

»Bis 10. 3. 1945 früh festgestellt: 18 375 Gefallene, 2 212 Schwerverwundete, 13 718 Leichtverwundete. 350 000 Obdachlose und langfristig Umquartierte. Aufgliederung der Personenschäden nach Geschlechtern m. Rücksicht auf bestehende Schwierigkeiten (Abwanderung großer Teile der Bevölkerung, Überführung eines großen Teils der Verwundeten nach außerhalb, vollkommene Verkohlung bzw. starke Verwesung der Leichen) noch nicht bzw. überhaupt unmöglich. Überwiegend handelt es sich aber um Frauen und Kinder. Nach Angaben der Kripo im Laufe der Zeit möglich, etwa 50 % der Gefallenen zu identifizieren. Nach den bisherigen Feststellungen ist der überwiegende Teil

58 Ruine der Frauenkirche. Im Vordergrund: Rest des Glocken- und Uhrenturmes. Im Hintergrund: Die Reste des Chores.

59 Die bekannteste Gasse der alten Innenstadt war die Webergasse zwischen Altmarkt und Wallstraße, im Volksmund »Freßgasse« genannt.

60 Februar 1945 – über den Neumarkt ist eine Bergungskolonne in die notdürftig freigeräumte Moritzstraße eingerückt, um in den Kellern der Innenstadt nach Toten zu suchen.

61 Das Neue Rathaus an der Ringstraße mit dem durch Brand und Minenbombeneinwirkung besonders stark beschädigten Ostflügel.

62 Ausgebrannter Straßenbahnwagen an der Kreuzung Moritzstraße – König-Johann-Straße. Es handelt sich um einen der sog. »großen Hechtwagen« der Linie 11, der gerade noch bis zu seiner Haltestelle gekommen war, als die Sirenen am 13. Februar heulten.

63 Ausgebrannte Züge in der Haupthalle des Hauptbahnhofs.

64 Soldaten bei Aufräumungsarbeiten in der Prager Straße.

65, 66, 67 Zwischen Prager Straße und Bürgerwiese lag der Moltkeplatz, wo diese Opfer des Feuersturmes gefunden wurden. Vergebens hatten sie Schutz vor der Hitze in einer Litfaßsäule und hinter dem Brunnenrand gesucht.

68 Sie fanden keine Rettung im Löschwasserbecken.

69 Mit Pferdefuhrwerken brachte man die Toten zum Altmarkt, wo sie verbrannt wurden.

70 Brennender Scheiterhaufen mit Opfern der Bombenangriffe.

71 Die Toten wurden in langen Reihen hingelegt, registriert und – soweit möglich – identifiziert.

Der Höhere SS- und Polizeiführer Elbe
in den Gauen Halle-Merseburg, Sachsen   Eilenburg, den 15. März 1945
_____ und in Wehrkreis IV
- Befehlshaber der Ordnungspolizei -   /Ju.
BdO IV: L XI - 231 Er. - 7/45 geheim.

Betr.: Schlußmeldung über die vier Luftangriffe auf den LS-Ort Dresden
am 13., 14. und 15. Februar 1945

An
     V e r t e i l e r ! (nur im Entwurf.)

- Stand vom 10.3.1945 8,00 Uhr.

A. Allgemeines:
  I. Dauer der Alarme und der Angriffe sowie Zahl der Feindmaschinen.
     1. Angriff (13.2.45) ÖLW: —, Fliegeralarm: 21,55 Uhr, Vorentwarnung:
        22,40 Uhr, Entwarnung: 22,51 Uhr. Zeit des Bombenabwurfes:
        22,09 bis 22,35 Uhr. Etwa 500 Feindflugzeuge.

     2. Angriff (14.2.45): ÖLW: —, Fliegeralarm: 01,07 Uhr, Vorentwarnung:
        Entwarnung: —. Vor- und Entwarnung infolge des völligen Aus-
        falles der Großalarmanlage und sämtlicher nachrichtentech-
        nischer Mittel während des 2. Angriffes unmöglich.
        Zeit des Bombenabwurfes: 01,22 bis 01,54 Uhr.
        Etwa 500 Feindmaschinen.

     3. Angriff (14.2.45): Durch Ausfall der Großalarmanlage, der Kraftfahr-
        sirenen und sämtl. Nachrichtenmittel Warnung der Bevölke-
        rung unmöglich. Zeit des Bombenabwurfes: 12,15 bis 12,25 Uhr.
        Etwa 150 Feindmaschinen.

     4. Angriff (15.2.45): Warnung der Bevölkerung aus den unter 3 genann-
        ten Gründen wiederum nicht möglich. Zeit des Bombenabwurfes
        12,10 bis 12,50 Uhr. Zahl der Feindflugzeuge etwa 100.

- 9 -

2. Wehrmachtgebäude bzw. -anlagen:
   Total zerstört: Wehrmacht-Kommandantur (Taschenberg-Palais),
   Dienstgeb. d. SA-Standarte Feldherrnhalle, Gerokstr., Wehr-
   kreis-Veterinäruntersuchungsstelle IV (Bautzner Str.), Wehr-
   machtbüchsrei Blockhaus (Neustädter Markt), Heeresaufnahme-
   zirkelstelle u. Orthopädische Versorgungsanstalt Bedarfstr. 24,
   Wehrmacht-Unterkunft Drei-Kaiser-Hof, Kraftfahrpark Lennéstr.
   (Ausstellungspalast), Versorgungsärztl. Untersuchungsstelle
   Canaletostr.
   Schwer besch.: LGK III, Heeresverpflegsamt Fabrikstr. 13,
   21 Res.-Lazarette total zerstört, mehrere schwer besch. Das
   Gef.-Lazarett Gasthof Wölfnitz mittelschwer besch.

D. Gesamtzahl der Brände: Großbrände 74, Mittelbrände 2461, Kleinbrände 2.303. Großbrände meist Flächenbrände. F. Gebiet Ab-
   schnittskommando Mitte (Altstadt, Wilsdruffer Vorstadt, See-
   vorstadt, Pirnaische Vorstadt, Johannstadt) ein einziger Flächenbrand, da diese Stadtteile nach dem 2. Angriff ein einziges
   Flammenmeer bildeten.

E. Personenschäden: Bis 10.3.1945 früh festgestellt: 18.375 Gefallene,
   2.212 Schwerverwundete, 13.718 Leichtverwundete. 350.000 Obdachlose u. langfristig Unquartierte. Aufgliederung der Personenschäden nach Geschlechtern u. Rücksicht auf bestehende Schwierigkeiten (Abwanderung großer Teile der Bevölkerung, Überführung
   eines großen Teils der Verwundeten nach auswärts, vollkommene
   Verkohlung bzw. starke Verwesung der Leichen) noch nicht bzw.
   überhaupt unmöglich. Überwiegend handelt es sich aber um Frauen
   und Kinder. Nach Angaben der Kripo im Laufe der Zeit möglich,
   etwa 50% der Gefallenen zu identifizieren. Nach bisherigen Feststellungen ist der überwiegende Teil der Gefallenen in den LS-Räumen u. außerhalb durch mittelbare oder unmittelbare Brandeinwirkung sowie durch Verschüttung umgekommen. Auch durch Abwurf von
   Minen- u. Sprengbomben insbesondere während des 2. Nachtangriffes
   auf Straßen u. Plätze sowie Grünanlagen, sind hohe Personenverluste eingetreten. Die Gesamtzahl der Gefallenen einschl. Ausländer wird auf Grund der bisherigen Erfahrungen u. Feststellungen
   bei der Bergung nunmehr auf etwa 25.000 geschätzt. Unter den Trümmermassen, insbes. d. Innenstadt dürften noch mehrere Tausend Gefallene liegen, die vorläufig noch nicht geborgen werden können. Genaue Feststellungen der Gefallenenzahl erst möglich, wenn
   durch Vermißtennachweis u. Meldeämter der Polizei festgestellt, welche Personen Dresden verlassen haben. Beim Vermißtennachweis und
   der Stadtverwaltung liegen z.Zt. etwa 35.000 Vermißtmeldungen vor.
   Unter den Gefallenen sind bisher etwa 100 Wehrmachtangehörige festgestellt. Meldungen hierüber in den Wehrmachtdienststellen oder in
   den Kasernen liegen noch nicht vor. Die Zahl der Gefallenen Weh-
   machtangehörigen wird verhältnismäßig niedrig sein infolge des
   Ausgehverbotes.

   Personenschäden bei der Ordnungspolizei:
                                gefallen   vermißt   verwundet
   aktive Schutzpol.einschl.
   Reserve   31   77   24
   LS-Polizei einschl.
   FE-Dienst   171 x   300 xx   132
   x einschl. 129 zurückgeführte Ukrainer,
   xx einschl. 99 LS-Pol.-Angeh. aus Schlesien.

---

72   Die Schlußmeldung des Höheren SS- und Polizeiführers über die Februar-Luftangriffe auf Dresden ist das wichtigste Beweisstück dafür, daß die Totenzahlen weit niedriger waren als meist behauptet wurde. Bis zum 10. März waren 18 375 Gefallene festgestellt worden. Die Gesamtzahl wurde damals auf 25 000 geschätzt; sie erhöhte sich jedoch auf mindestens 35 000.

der Gefallenen in den LS-Räumen und außerhalb durch mittelbare oder unmittelbare Brandeinwirkung sowie durch Verschüttung umgekommen. Auch durch Abwurf von Minen- und Sprengbomben insbesondere während des 2. Nachtangriffs auf Straßen und Plätze sowie Grünanlagen, sind hohe Personenverluste eingetreten. Die Gesamtzahl der Gefallenen einschl. Ausländer wird auf Grund der bisherigen Erfahrungen und Feststellungen bei der Bergung nunmehr auf etwa 25 000 geschätzt. Unter den Trümmermassen, insbes. d. Innenstadt, dürften noch mehrere tausend Gefallene liegen, die vorläufig überhaupt nicht geborgen werden können. Genaue Feststellung der Gefallenenzahl erst möglich, wenn durch Vermißtennachweis u. Meldeämter der Polizei feststeht, welche Personen Dresden verlassen haben. Beim Vermißtennachweis und der Stadtverwaltung liegen z. Z. etwa 35 000 Vermißtenmeldungen vor. Unter den Gefallenen bisher etwa 100 Wehrmachtangehörige festgestellt. Meldungen hierüber in den Wehrmachtdienststellen oder in den Kasernen liegen noch nicht vor. Die Zahl der gefallenen Wehrmachtangehörigen wird verhältnismäßig niedrig sein infolge des Ausgehverbots.

Personenschäden bei der Ordnungspolizei

aktive Schutzpolizei, einschließlich Reserve	gefallen	vermißt	verwundet
	31	77	24
LS-Polizei, einschl. FE-Dienst	171*	300**	132

* einschließlich 129 zurückgeführter Ukrainer.
** einschließlich 99 Ls-Pol.-Angeh. aus Schlesien[46].«

Abschnitt H. Besondere Vorkommnisse:
»1. Bergung der Gefallenen, soweit nicht verschüttet, mußte durch Kräfte des örtl. LS-Leiters erfolgen, ebenso die Überführung nach den Friedhöfen. Mit Rücksicht auf die schnell fortschreitende Verwesung und bestehende außerordentliche Schwierigkeiten bei der Bergung, sowie Mangel an geeigneten Fahrzeugen zur Überführung auf Friedhöfe mit Zustimmung des Gauleiters und der Stadtverwaltung auf dem Altmarkt insgesamt 6 865 Gefallene eingeäschert. Die Asche d. Gefallenen wurde auf einen Friedhof überführt. Bergung von herrenlosem Luftschutz- und Reisegepäck einschl. Wertsachen wird gleichfalls vom örtl. LS-Leiter durchgeführt.
2. Plünderer: Von der Schutzpolizei, insbes. durch eingesetzte Streifen, bisher 79 Plünderer festgenommen. Eine größere Anzahl bereits hingerichtet. Vorstehender Bericht wird nach Abstimmung der Unterlagen mit der Kreisleitung d. NSDAP erstattet.«[47]
Die nächste Totenzahl befindet sich in dem erwähnten Tagesbefehl Nr. 47

vom 22. (oder 23.) März 1945: 20 204. Sie ist durch kein Originaldokument gesichert, sondern durch die Abschrift Ehlichs, kann aber akzeptiert werden, da für den Stichtag 31. März wieder eine präzise Quelle vorliegt die Lagemeldung Nr. 1414 des Chefs der Ordnungspolizei Berlin vom 3.April 1945. Dort heißt es:

»BdO. Dresden – Nachtrag. 13./15. 2. Dresden. Die Zahl der geborgenen Gefallenen beträgt nach dem Stand vom 31. 3. 45: 22 096 Personen.«[48]

Das ist die letzte zur Zeit bekannte amtliche Meldung aus dem Krieg. Die Bergung und Registrierung der Opfer wurde bis zum Kriegsende fortgesetzt, aber ab Mitte April ließ die Intensität nach, weil immer weniger Arbeitskräfte zur Verfügung standen. Schließlich war Dresden seit dem 14. 4. 1945 »Festungsbereich«, und es wurden Schützengräben und Panzersperren errichtet.

Seydewitz und Weidauer bringen Zahlen der identifizierten und nicht identifizierten Toten, die auf den Dresdner Friedhöfen, meist in Massengräbern, beigesetzt worden sind. Diese Angaben der Friedhofsverwaltungen zugrundegelegt, kam eine von der neuen Stadtverwaltung eingesetzte Untersuchungskommission 1946 zu dem Ergebnis, daß man bis zum 8. Mai 1945 mit etwa 32 000 geborgenen Luftkriegstoten zu rechnen habe. Nach allgemeinen Erfahrungen schätzte man, daß bei der Enttrümmerung noch 3 000 Opfer gefunden werden könnten[49].

Als Basis galten folgende Angaben: Der Friedhofsobergärtner Zeppenfeld nannte 28 746 auf dem Heidefriedhof beigesetzte Tote. Er nahm an, die Asche von 9 000 auf dem Altmarkt eingeäscherten Toten sei darunter gewesen; tatsächlich wurden auf dem Altmarkt 6 865 Leichen verbrannt, so daß die Zahl entsprechend niedriger sein müßte. Gezählt wurden die Köpfe der Todesopfer. Seydewitz berichtet, daß Leichen ohne Kopf nicht mitgezählt werden konnten, auch nicht die im Feuersturm Verbrannten, von denen nichts als ein Häufchen Asche übriggeblieben war. Weidauer bezog sich anfangs ebenfalls auf die Angaben Zeppenfelds, meinte jedoch 1977, diese hätten sich durch inzwischen aufgefundene Dokumente als sehr stark übertrieben herausgestellt, ohne jedoch diese Dokumente offenzulegen. 3 666 Tote wurden auf dem Johannisfriedhof beerdigt und auf anderen Friedhöfen etwa 1 000 Opfer der amerikanischen Angriffe, ohne den auf Freital[50].

Zu berücksichtigen ist ferner, daß unter den als Bombenopfer bezeichneten Toten auch Personen waren, die damals eines natürlichen Todes gestorben sind, und zwar Einwohner Dresdens und durchziehende Flüchtlinge. Andererseits sind von der Friedhofsverwaltung nicht sämtliche Opfer der Luftangriffe erfaßt worden, weil es Angehörige gab, die ihre Familienmitglieder selbst bargen und in Erbbegräbnissen bestatten ließen, ohne sie direkt als Luftkriegsopfer auszuweisen. Es mag sich dabei auch um später ihren Verletzungen Erlegene handeln, die privat gepflegt worden waren.

Für die Mehrzahl der Toten jedenfalls gibt es Belege – Listen, die auf den Polizeirevieren geführt wurden, Straßenbücher und Kennzettel, die bei der Bergung ausgeschrieben wurden. Für einige tausend Tote existieren keine Kennzettel, Bergungsberichte und Eintragungen in den Straßenbüchern, so daß die höchste im Dresdner Rathaus in der Urkundenstelle eingetragene Karteinummer 31 102 ist[51]. Weidauer schreibt:

»Nach dem 8. Mai 1945 sind, mit dem Stand von 1966, bei der Enttrümmerung 1858 Leichen gefunden worden. Nur bei vier Funden war es unmöglich, aus den verkohlten Resten die Zahl der Personen genau zu ermitteln. Insgesamt dürften das aber, nach den vorliegenden Bergungsberichten, bestimmt nicht mehr als hundert Personen gewesen sein. Die weitverbreitete Annahme, daß viele Zehntausende so vollständig verbrannt oder zerfetzt worden seien, daß eine Unterscheidung der einzelnen menschlichen Körper – und damit ihrer Anzahl – nicht mehr möglich war, findet in den gewissenhaft durchgeführten Feststellungen bei der Bergung von Opfern nach dem 8. Mai 1945 keine Stütze.«[52]

1973 behauptet Hans Dollinger in seinem »Schwarzbuch der Weltgeschichte« über Dresden:

»Etwa eine Viertelmillion Menschen starben in diesem Inferno, das waren um vieles mehr als die rund hunderttausend Toten von Hiroshima und die 40 000 Toten von Nagasaki, zu denen allerdings die Überlebenden, welche später an den Folgen der Strahlen starben, hinzugerechnet werden müssen...«[53]

Die Höhe der Luftkriegsopfer wurde, aus verständlichen Gründen, oft überschätzt. Hans Rumpf schreibt:

»So ging nach den Großangriffen auf Hamburg 1943 lange Zeit die Zahl von 100 000 Bombenopfern im Lande um. Erst sechs Jahre nach Kriegsende konnte sie glaubhaft auf 40 000 reduziert werden. München hat 6 250 beurkundete Luftkriegstote, aber in der Öffentlichkeit hält sich hartnäckig die anfangs voreilig genannte Zahl 25 000. Die Gesamtverluste der durch 17 Angriffe schwer heimgesuchten Stadt Heilbronn stehen heute mit 7 500 Toten ziemlich fest, doch will die ursprüngliche Zahl von 16 000 Opfern allein für den schweren Brandangriff am 4. Dezember 1944 nicht weichen.«[54]

Nach dem heftigen Tagesangriff auf Berlin am 3. Februar 1945 sprach das Kriegstagebuch des OKW, Lagebuch am 4. 2., von »erheblichen Personalverlusten«. Zwei Tage später hieß es dort, 500 Verwundete und 1 500 Vermißte seien zu verzeichnen. Ohne daß eine weitere Zahl gemeldet worden wäre, wurde am 13. 2. 1945 eingetragen, daß nach abschließender Feststellung bei dem Angriff nur 1 300 Tote und 1 600 Verwundete zu beklagen gewesen seien. Übrigens war auch dieser Angriff auf eine mit Flüchtlingen überfüllte Stadt geflogen worden, und die ersten Schreckensberichte ließen vermuten, daß unter ihnen Tausende Opfer zu suchen seien. Endgültig wurden 2 893 Tote festgestellt[55].

Auch der Angriff vom 3. 2. 1945 auf Berlin geriet in den Strudel der Gerüchte. 6000 Tote nennt die West-Berliner Zeitung »Telegraf« 1948. Bis 1955 haben sie sich verzehnfacht: von 60 000 Toten weiß das SED-Zentralorgan »Neues Deutschland« zu berichten; zwei Jahre später sind es für die »Berliner

Zeitung« (Ost-Berlin) noch 50 000. Antony Verrier und David Irving kommen auf 25 000 Tote für diesen einen Angriff[56].

Was Dresden betrifft, so ist die Bereitschaft, neue Erkenntnisse gelten zu lassen, bei vielen Leuten einfach blockiert. Die alten falschen Zahlen geistern weiter durch die Publikationen und Diskussionen. Der Dramatiker Rolf Hochhuth behauptete in einer Sendung des Deutschen Fernsehens über Churchill am 2. Dezember 1974 unter fälschlicher Berufung auf Irving, es habe in Dresden mehr als 202 000 Tote gegeben[57].

Der 30. Jahrestag der Zerstörung im Februar 1975 brachte eine Menge falscher Angaben. Die Totenzahl 135 000 wurde in der »Süddeutschen Zeitung« genannt[58].

Die Hamburger Zeitung »Die Welt« bezweifelte die 35 000 Toten, ging bis zu »250 000 oder gar 400 000«, verstieg sich bei der Schätzung der Flüchtlinge auf »600 000 bis 800 000«, was einen späten Rekord an Übertreibung darstellt. Das Blatt beruft sich, ebenso fälschlich wie Hochhuth, auf Irving bei Nennung der 202 000 Gefallenen. Irving aber hatte zu dieser Zahl aus dem gefälschten »Tagesbefehl« geschrieben, anscheinend habe Goebbels dahintergesteckt, der absichtlich ein Gerücht über die Zahl der Toten in Dresden in Umlauf setzen ließ, »die jede im Bereich des möglichen liegende Verlustziffer weit übersteigt«[59].

Dem »Welt«-Artikel antwortete ein ehemaliger sächsischer Verwaltungsbeamter, die von der Polizei genannte Zahl der Toten sei nur die der gezählten Leichen gewesen. Nach einiger Zeit seien die Toten in den Kellern liegengelassen und die Trümmer eingewalzt worden. So habe sich die Zahl »nicht unter 300 000« nach »vorsichtiger Überprüfung« ergeben[60].

Mit der zeitlichen Entfernung zum Ereignis hörte die Kontroverse nicht auf, und auch nach dem Ende der DDR setzt sie sich im vereinten Deutschland fort. 1992 zum Beispiel erklärte der ehemalige Erste Generalstabsoffizier beim Stab des Verteidigungsbereiches Dresden in einem Gedächtnisbericht, am 30. April 1945 sei aus dem Führerbunker in der Reichskanzlei fernmündlich der Befehl gekommen, möglichst schnell die Zahl der Bombenopfer in Dresden »zur Vorlage beim Führer« zu melden:

»Unter Rücksprache mit der Polizei, Stadtverwaltung und Luftschutzleitung wurde dem Führerbunker daraufhin gemeldet: 35 00 voll identifizierte, 50 000 nicht identifizierte, bei denen aber z. B. Eheringe, Metallschmuck gefunden worden waren, was später zur Identifizierung hätte dienen können und 168 000 Bombenopfer, bei denen es nichts mehr zu identifizieren gab«[61].

So die Erinnerung des damaligen Majors Matthes, mit einer neuen Größenordnung für die nicht mehr identifizierbaren Toten. Zur Lage in Berlin nur dies: sowjetische Truppen hatten den Führerbunker bereits eingekreist, sie standen im Lustgarten, in der Leipziger Straße, im Tiergarten und an der Weidendammbrücke. Hitler traf Vorbereitungen für seinen Selbstmord, den er am 30. April um 15.30 Uhr vollzog.

Bei Zeitungen und Fernsehanstalten gingen nach Gedenkbeiträgen anläßlich der Zerstörung Dresdens Briefe ein, in denen, oft in erregter Form, protestiert wurde, wenn die Totenzahl vermeintlich zu tief angesetzt worden war. Bei Berichten über andere schwer bombardierte Städte passierte das nur selten, aber meist im Fall Dresden. Auch der Verfasser mußte diese Erfahrung machen, obwohl er auf der Grundlage arbeitete, die verfügbaren Dokumente und Berichte zu zitieren, zu vergleichen und zu interpretieren.

Viele Vorwürfe liefen darauf hinaus, Kriegsverbrechen der Alliierten sollten verharmlost werden. Das ist Unsinn. Alle zur Diskussion gestellten Zahlen werden genannt. Jeder Leser kann sich sein eigenes Urteil bilden.

Solange der abschließende Bericht des Befehlshabers der Dresdner Ordnungspolizei noch nicht entdeckt worden war, hieß es zurecht, niemand könne etwas auch nur annähernd Zutreffendes über die Verluste sagen, da ja dieser Bericht verlorengegangen sei. Als dann dieser Bericht – die »Schlußmeldung« – ans Tageslicht kam, dazu dessen Abschrift in der Berliner Zentrale und die dort aufbewahrten Nachtragsberichte bis 31. März 1945 – da wurden die Akten mit der Bemerkung abgetan, auch der Polizeichef habe keinen Überblick gehabt oder er habe die Zahlen nach unten gedrückt, um sein Versagen beim Schutz der Bevölkerung zu vertuschen. Gleichzeitig wurde mit dem gefälschten Tagesbefehl argumentiert, aber darin hätte doch der BdO. sein eigenes Versagen dramatisch bloßgestellt, wenn er 202 000 geborgene und 250 000 erwartete Tote nannte.

Wer noch immer von 200 000 oder 300 000 Opfern spricht, der unterstellt, daß circa 165 000 oder 265 000 Leichen in den Kellern liegengeblieben sind. Was wurde aus ihnen bei der Trümmerberäumung und beim Neuaufbau? Wurden sie alle »eingewalzt«?

Wer die Zerstörung Dresdens miterlebt hat – und der Verfasser gehört dazu –, dem erscheinen 35 000 Tote zu wenig. Dennoch akzeptiere ich die Möglichkeit, daß diese Zahl der Wahrheit am nächsten kommt, mag sie auch um einige tausend höher gewesen sein. In jedem Fall setzt sie eine Größenordnung. Sie entspricht etwa derjenigen der vier Hamburger Vernichtungsangriffe vom Sommer 1943, das sind 40 000 Tote. In der »Schlußmeldung« wurden 35 000 Vermißte registriert. Es ist nicht bekannt, wie viele davon für immer vermißt geblieben sind und somit den Toten zugerechnet werden müssen, und wie viele sich später wieder eingefunden haben.

Ein wichtiges Urteil über die Verluste stammt von Hans Brunswig. Er war Major der Feuerschutzpolizei und hat fast alle Angriffe auf Hamburg miterlebt und in Wort und Bild dokumentiert. Er war u. a. auch in Bremen, Kiel, Lübeck, Rostock, Hannover im Einsatz. Mit diesen Erfahrungen sah Brunswig Dresden. In seinem Buch »Feuersturm über Hamburg« schreibt er:

»Der Berichterstatter, der Dresden aus seiner Studienzeit gut kannte, war am 14. 4. 1945 in Dresden ... Er hat die Hauptschadensgebiete zusammen mit dem Feuerschutzpolizei-Offizier beim Stabe des BdO. abgefahren und mit ›Hamburger Augen‹ betrachtet. Die baulichen Schäden waren mit Sicherheit erheblich geringer als 1943 in Hamburg. Die Zahl der Toten wurde damals bereits mit 30 bis 35 000 angegeben. Es war eine begründete Schätzung nach der Zahl der bis dahin geborgenen Gefallenen (31. 3. 1945: 22 096 Personen) ... Wir können heute als sicher annehmen: die Verluste in Dresden 1945 waren nicht höher als in Hamburg 1943, aber sie wogen in diesen letzten Wochen des Krieges besonders schwer, denn sie trafen eine unvorbereitete und sich seit Jahren in Sicherheit wiegende Bevölkerung sowie tausende von Flüchtlingen aus dem Osten. Weder für die Rüstungswirtschaft, noch für den Verkehr hatte Dresden besondere Bedeutung – es war ganz sicher kein ›militärisches‹ Ziel ...«[62].

Nach all diesen im Grunde widerwärtigen und makaberen Berechnungen muß wohl ins Bewußtsein gerufen werden, daß es Menschen waren, die gestorben sind, ob in Warschau, Rotterdam, Coventry, London, Belgrad, Leningrad, Berlin, Köln, Hamburg, Kassel, Stuttgart, Dresden, Pforzheim und anderswo, daß es Einzelschicksale waren, jedes mit seinem unverwechselbaren Ende, nur durch die Massenhaftigkeit in die Anonymität verbannt.

Georg Feydt hat über den Kellertod in der Form sachlicher Information geschrieben, grausig genug. Wir erfahren dabei zugleich, wie es geschehen konnte, daß das als unterirdisches Rettungssystem gedachte Tunnelnetz unter dem Dresdner Stadtkern zur Todesfalle wurde.

»Durch die teilweise ansteigenden Fluchtkanäle, ja schon dadurch, daß nach oben in die Gebäude führende Zugänge zu den inneren Rettungswegen durch neu hinzukommende, verspätete oder aus anderen Wohnblocks über die Straße flüchtende Personen nicht wieder verschlossen werden, entsteht eine schornsteinähnliche oder fuchskanalähnliche Wirkung, welche Hitze und Rauchgas in bestimmter Richtung in Bewegung setzt. Auf diese Weise sind in Dresden weit über 100 Schutzraumbelegschaften in völlig unzerstörten Schutzräumen durch Heißluft, welche aus derartigen Rettungswegen von Brandherden in tieferliegenden Wohnblocks her eindrang, gedämpft und geröstet worden. Die Todeserscheinungen waren stets klare Fälle von Hyperthermie. In den Schutzräumen selbst jedoch waren keinerlei Brandwirkungen festzustellen, außer den Flugaschespuren und am Mauerwerk der Verbindungsgänge deutlich feststellbare Auswirkungen sehr hoher Temperaturen.«[63]

Hinzu kam das Verhalten der Menschen in den Kellern. Bei den Fluchtversuchen brach Panik aus und Todesangst:

»Ich selbst habe drei Fälle dieser Art genau beobachtet. Einmal hatten sich gegenseitig über 50 Personen in einem Fluchtkanal samt Gepäck derartig verklemmt und verkrallt, daß selbst die Leichen gewaltsam voneinander gelöst werden mußten. In einem anderen Falle (Moritzstraße) war die Belegschaft eines öffentlichen Luftschutzraumes mit weit über 200 Personen daran zugrunde gegangen, daß derjenige, der versucht hatte, eine Stahltür im Querschnitt von 60 × 80 cm zu öffnen, um der Belegschaft die Flucht zu ermöglichen, von drei bis vier Personen offensichtlich in den Ausstiegschacht heruntergerissen worden war und diesen versperrte. Die nachdringenden Menschenmassen gestatteten jedoch kein Zurückziehen des leblosen Körpers, und die Flucht in anderer Richtung war durch vordringendes Feuer in den Kellerräumen abgeschnitten. Die gesamte Belegschaft wurde als Kellerbrandleichen geborgen, wobei die im Fluchtkanal verklemmten fünf Personen noch sehr gut erhalten waren, da sie gegen die Strahlungswärme durch die davorliegenden Körper geschützt wurden. Im dritten Falle war eine Luftschutztür an der Ecke zweier zusammenstoßender Wohnblocks durch von beiden Seiten kommende Schutz-raumbelegschaften nicht zu öffnen gewesen, so daß rechts und links dieser Tür etwa 30 Personen zusammengebrochen und durch Hyperthermie getötet aufgefunden worden sind...«[64]

13

Zum viertenmal als Ausweichziel getroffen

»Schweigen wurde schon immer als Gold bezeichnet. In den Tagen der schweren Terrorangriffe gilt dieses Sprichwort doppelt. Ist es notwendig, daß du jedem Nachbarn erzählst, was bei dem Terrorangriff vernichtet wurde oder – noch schlimmer – was stehenblieb? Schweige, schweige, schweige!«

»Der Freiheitskampf«, Dresdner NSDAP-Organ, 3./4. März 1945.

Nach dem schweren Angriff auf Berlin am 26. Februar holte die 8. Luftflotte am 2. März 1945 zu ihrem nächsten großangelegten Vorstoß in den Kern des Reichsgebietes aus. Alle drei Luftdivisionen wurden in Marsch gesetzt, 1167 Bomber mit einem Begleitschutz von 666 Jagdflugzeugen. Die 1. Division erhielt drei Hauptziele zugewiesen: die Hydrierwerke in Rositz und Böhlen und eine Flakbatterie, die zum Objektschutz von Böhlen gehörte. Nur diese Flakbatterie – vermutlich eine Großbatterie – wurde von allen darauf angesetzten Flugzeugen bombardiert. Die Einschläge überdeckten mindestens sechs Geschützstände und ein Munitionslager[1].

Wie üblich spürten dem Bomberstrom Wetter-Pfadfinder voraus. Bereits beim Anflug auf Böhlen und das nicht weit entfernte Rositz erkannten sie, daß das Wetter nicht auf ihrer Seite war. Bestand eben noch Hoffnung, optisch zielen zu können, so sorgte die sich rasch verändernde Wolkenbildung dafür, daß beim Eintreffen über den Hauptzielen die Sicht zur Erde versperrt war. Deshalb griffen nur wenige Verbände die Hydrierwerke an. Die Masse der Bomber nahm Südkurs. 255 B-17 drehten ein auf Chemnitz. Sie luden ihre brisanten Lasten über der Innenstadt, über dem Dorf Reichenhein und nördlich davon auf freies Gelände ab. Vier Staffeln fanden nur Gelegenheitsziele, zum Beispiel die Kleinstädte Penig und Saalfeld und eine Eisenbahnbrücke bei Jocketa im Nordwesten von Chemnitz. Weit nach Süden flog eine Gruppe des Jagdschutzes; in Prag fegte sie über den Flugplatz Ruzyne, ohne großen Schaden anzurichten[2].

Die Liberators der 2. Division wurden nach Magdeburg entsandt. Für ihre Besatzungen war es mittlerweile fast schon zur Routine geworden, daß sie dort die Brabag in Rothensee anzugreifen hatten. Eine kleinere Abteilung sollte die Kruppsche Panzerfabrik in Buckau bombardieren. Die Wetterverhältnisse über Magdeburg zwangen zu einem genau umgekehrten Verfahren: 257 B-24 wandten sich gegen Buckau und nur 38 gegen Rothensee. Dabei detonierten die meisten Bomben je dreiviertel Kilometer nördlich und südöstlich der Panzerfabrik[3].

Die Vorbereitungen der 3.Luftdivision für den nächsten Einsatztag begannen am 1. März um 16.42 Uhr mit der Alarmierung der Kampfgeschwader-Hauptquartiere, die drei Minuten später ihre Bombergruppen alarmierten. Ein Fernschreiben folgte dem anderen mit Anordnungen über die Zusammenstellung und Flugordnung der Geschwader und Gruppen. Angaben über Ziele liefen 21.50 Uhr ein, ab 21.54 Uhr viele Einzelheiten über Angriffshöhe, Zeitkontrolle, Treibstoffzuladung und so weiter. Um 22.30 Uhr bekam die Division den Einsatzbefehl Nr. 599 für den Plan A. 22.35 Uhr wurde der Alternativplan B abgesagt und 22.40 Uhr endgültig gestrichen. So ging es weiter die ganze Nacht: Informationen über Bombenbeladung, Flugzeiten, Flugrouten, Flugblattmitnahme, Korrekturen zu diesen und jenen Anordnungen, Flugstreckenänderungen. 02.04 Uhr gab das Divisionshauptquartier den Einsatzbefehl Nr. 599 an die Bombergruppen weiter und sechs Minuten danach neue Zielinformationen. Ergänzungen für den Einsatzbefehl ergingen bis 03.25 Uhr, um 04.32 Uhr erfuhren die Gruppen die Wettervorhersage und um 04.50 Uhr wurde Anhang 3 zum Einsatzbefehl nachgereicht. Um fünf Uhr früh schließlich war der vorbereitende Fernschreibverkehr, war die Organisation beendet[4].

Anderthalb Stunden später meldeten die Bombergruppen den Start der ersten Flugzeuge. Insgesamt 455 Fliegende Festungen hoben ab, und 431 von ihnen sollten am Abend des 2. März den »durchgeführten Einsatz« bestätigt erhalten[5].

Die 3. Luftdivision hatte ihre vier Kampfgeschwader mit zwölf Bombergruppen aufgeboten. Die Hauptziele hießen Ruhland und Alt-Lönnewitz. Das Hydrierwerk Schwarzheide gehörte zu den wenigen Treibstoffwerken in Deutschland, die noch produzieren konnten, es versorgte vorrangig die Heeresgruppe Mitte an der Ostfront. Die operative Gliederung des Angriffs sah vor, daß die ersten sechs Gruppen die Wassergasanlage zerstören sollten; sie machten immerhin die Hälfte der Bomber aus. Zwei Gruppen sollten die Raffinerie herauspicken und stillegen. Jede B-17 hatte 20 Sprengbomben zu 250-lb. an Bord.

Der Flugplatz Alt-Lönnewitz gehörte zum System der speziell für Me-262-Strahljäger ausgebauten Fliegerhorste im mitteldeutschen Raum. Wenn die alliierten Flieger überhaupt noch etwas von der deutschen Luftwaffe fürchteten, dann Überfälle durch Me 262. Vier Bombergruppen sollten Alt-Lönnewitz zerschmettern, die ersten drei die Hangars, die letzte und im Gesamteinflug in 12. Position fliegende Gruppe die Reparaturhallen. Entsprechend dem Auftrag war hier die Bombenladung anders als bei den Ruhland-Verbänden: Jede B-17 trug acht 500-lb-Sprengbomben und vier 500-lb-Zerfallbehälter, in jedem von diesen steckten 110 Stabbrandbomben.

Konnten die Hauptziele nicht wie befohlen mit Bodensicht angegriffen werden, waren als Zweitziele für einen radargeleiteten Angriff die Verschiebebahnhöfe in Dresden zugewiesen[6]. Allerdings wird an anderer Stelle als Zweitziel für optische und radargeleitete Angriffe »Die Stadtmitte von Dresden« angegeben[7].

Für den Fall, daß der Anflug auf Dresden mißlang, wurden zwei letztmögliche Ziele in Plauen angeboten, die Sprengstoffabrik Sächsische Zellwolle AG oder die Auto-Union-Werke. Genehmigt waren auch Angriffe auf jede militärische Einrichtung, die eindeutig als in Deutschland und zehn Meilen ostwärts der gegenwärtigen Bombenlinie befindlich identifiziert werden kann. Der Sicherheitsabstand im Osten betrug ebenfalls zehn Meilen, hier natürlich nach Westen gerechnet, und zwar ab 12. östlichem Längengrad. Diese den Russen gegenüber einzuhaltende Sicherheitszone verlief ziemlich weit von der Ostfront entfernt, etwa von Rostock über Magdeburg, Halle und Plauen nach Süden. Sie war nicht identisch mit der während der Konferenz von Jalta diskutierten Bombardierungsgrenzlinie, sondern bedeutete eine zusätzliche Vorsichtsmaßnahme. Ausdrücklich wurde vermerkt, daß die Rheinbrücken nicht angegriffen werden dürfen[8].

Die 3. Luftdivision flog diesmal hinter der 1. und 2. Division als dritter Marschblock in der langen Kolonne der 8. Luftflotte. Sie hatte folgende Marsch- und Gefechtsordnung einzuhalten:

Verbände mit Ziel Ruhland oder Dresden:
93. Kampfgeschwader
93 A: 385. Bombergruppe – 93 B: 34. Bgr. – 93 C: 490. Bgr.
13. Kampfgeschwader
13 A: 390. Bombergruppe – 13 B: 100. Bgr. – 13 C: 95. Bgr.
45. Kampfgeschwader
45 A: 388. Bombergruppe – 45 B: 96. Bgr.

Verbände mit Ziel Alt-Lönnewitz oder Dresden:
4. Kampfgeschwader
4 A: 487. Bombergruppe – 4 B: 447. Bgr. – 4 C: 94. Bgr. – 4 D: 486. Bgr.[9]

Der Weg führte entlang der alten Bomberstraße Zuidersee – Dümmer See – Steinhuder Meer – Celle – Elbe. Mit einem Anflug auf Berlin mußte gerechnet werden, aber die Divisionen trennten sich jetzt vom gemeinsamen Anmarsch zum individuellen Zielanflug, in Umkehrung der Devise »getrennt marschieren, vereint schlagen«.

Die Verbände der 3. Division erhielten bereits beim Überfliegen der Elbe von den weit voraus aufklärenden Wetter-Pfadfindern Meldung, daß die Hauptziele von Wolken verdeckt seien. »Kodak control«, das Deckwort dafür, habe »unschätzbare Hilfe« bei der Wettervorhersage gegeben, berichtete später überschwenglich eine Bombergruppe[10]. Der Divisionskommandeur entschied, daß das Zweitziel Dresden angegriffen werden solle.

Nun hatten die Piloten während des ganzen bisherigen Fluges Wolken unter sich gehabt, und die Navigatoren waren nicht in der Lage, Bodenkontrollpunkte zu sehen. Dies erschwerte die Navigation ebenso wie ein von den Meteorologen in England nicht angekündigter starker Höhenwind, mit dem Ergebnis, daß der Bomberstrom streckenweise vom Kurs abwich. In der Kolonne vermerkte man es »mit Bestürzung«, daß der Divisionskommandeur S-Kurven flog, als man sich den Flakzonen näherte; seine »Unfähigkeit, Kurs zu halten« zwang die nachfolgenden Verbände, die Schlangenlinien mitzuvollziehen[11].

Die Kombination der Hauptziele Ruhland und Alt-Lönnewitz mit dem Zweitziel Dresden ähnelte, ebenso wie die Einflugroute, dem Plan vom 16. Januar 1945. Im Unterschied zu damals war heute aber die deutsche Jagdwaffe aufgestiegen. Mit weit unterlegenen Kräften nahm sie den Kampf auf. Amerikanische Quellen berichten:

»Strategische Feindmaschinen in mittlerer Stärke aus dem Gebiet Berlin-Leipzig versuchten Abfangoperationen im Raum Magdeburg-Leipzig... Nur einer vergleichsweise geringen Anzahl feindlicher Maschinen gelang es, an die Bomber heranzukommen, von denen sechs mit Sicherheit den Feindmaschinen zum Opfer fielen.«[12]

Das betraf den Gesamteinflug. Die 3. Division meldete:

»Die ersten Angriffe wurden ostwärts von Dessau nahe Wittenberg versucht, als die Bomber mit Südkurs nach Dresden flogen. Die im Verband unten fliegende Staffel hing leicht nach. Sie verlor drei Bomber bei Angriffen von 15 bis 20 Einmotorigen (hauptsächlich FW 190) gegen 10.15 Uhr nördlich von Dresden nahe Ruhland. Die feindlichen Maschinen griffen in geschlossener Formation aus Richtung 6 auf gleicher Höhe mit den Bombern an. Im Luftkampf mit diesen Feindmaschinen und anderen, die in demselben Raum konzentriert waren, zerstörten zwei unserer Jagdgruppen 30 aus einer geschätzten Gesamtzahl von 50 bis 75 am Luftkampf beteiligten Feindjägern. Von diesen feindlichen Flugzeugen setzten kleinere Formationen von je drei Maschinen unwirksame und sporadische Angriffe vom Zielanflugpunkt bis zum Rückflugsammelpunkt fort.

Ein zweiter lockerer Verband von mehr als 50 Einmotorigen wurde von 10.10 bis 10.40 Uhr von zwei anderen Gruppen P-51 im Raum Magdeburg in Kämpfe verwickelt... Infolge der Wolkendecke hatten die feindlichen Jäger offenbar Schwierigkeiten beim Sammeln gehabt. Sie sind nie an die Bomber herangekommen. Unsere Jäger erwischten sie in 4 200 bis 4 500 Meter Höhe.

Eine Gruppe von 24 Me 109 versuchte, in Ketten zu je vier über dem Fliegerhorst Magdeburg durch ein Wolkenloch Höhe zu gewinnen. Die Führer

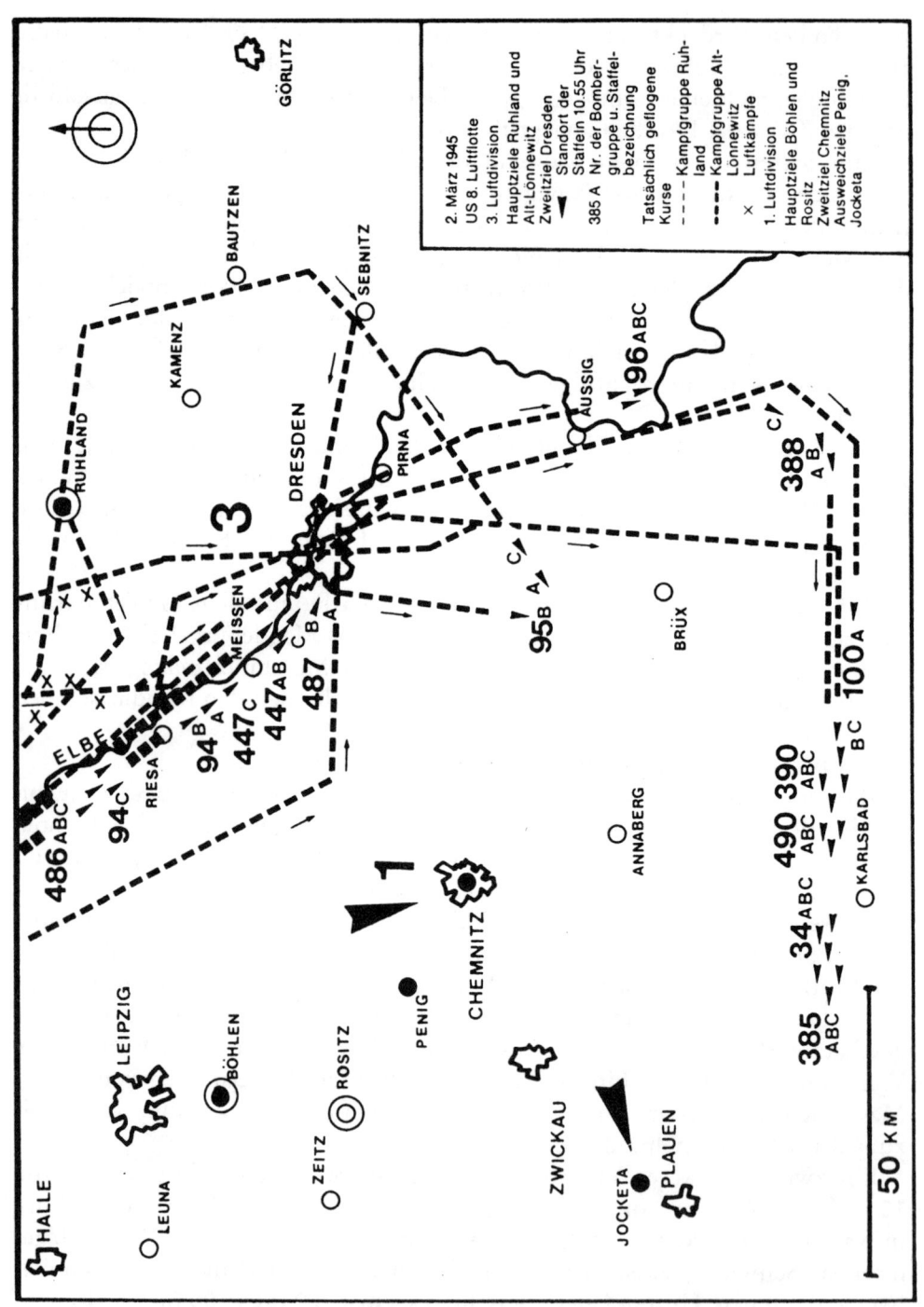

Einflüge am 2. 3. 1945, Sachsen, Angriff auf Dresden, Positionen der Bomberverbände um 10.55 Uhr.

dieser Ketten wurden als erfahren und ziemlich aggressiv bezeichnet, während die von ihnen geführten Piloten ganz unerfahren zu sein schienen. Für den 20- bis 30minütigen Kampf in mittlerer Höhe bis Bodennähe meldeten die beiden P-51-Gruppen 26 Abschüsse.«[13]

Von deutscher Seite waren im mitteldeutschen Raum die Jagdgeschwader 300 und 301 im Einsatz. Sie meldeten zahlreiche eigene Verluste entlang der Flugstrecke des Bomberstromes, u. a. in den Räumen Magdeburg, Niemegk, Torgau, Dresden, Aussig und Prag[14].

Betroffen von der deutschen Attacke war vor allem der Spitzenverband der 3. Luftdivision, die 385. Bombergruppe, und es war ihre hier erwähnte und im Verband unten fliegende Staffel, die drei Flugzeuge verlor. Der nachfolgende Verband, die 34. Bombergruppe mit dem Wappenspruch »Valor to Victory«, wurde ebenfalls angegriffen, hatte aber keine Verluste; er meldete auch den Anflug eines einzelnen Düsenjägers, der jedoch abgebrochen wurde, als die Bordschützen das Feuer eröffneten[15].

Diese Jägerüberfälle trugen zur Desorganisation des bereits durch Höhenwinde und fehlende Bodensicht aufgelockerten Aufmarsches bei. Befohlen war für den Anflug auf das Zweitziel Dresden eine Achse von Nordwest nach Südost. Tatsächlich kamen die meisten Verbände aus Nordwesten, einige aber auch aus Norden, Osten und Westen. Obwohl sie von deutschen Jägern gerupft worden war, erschien die 385. Bombergruppe wie vorgesehen als erste über Dresden, wo sie um 10.27 Uhr ihre Bomben auslöste[16].

Für die ersten fünf Bombergruppen waren die Abwurfzeiten 10.27/28 Uhr und 10.30/31 Uhr. Innerhalb dieser wenigen Minuten entluden 170 Fortress zirca 3 400 Sprengbomben auf die unter Wolken vollständig verborgene Stadt. Unter Berücksichtigung der Erschwernisse während des Anflugs war das eine gute fliegerische Leistung, die damit zu erklären ist, daß sich diese Verbände angesichts drohender Jägergefahr enger zusammengeschlossen hatten. Dichtgedrängt, wie Landsknechtskarrees in der Schlacht, behielten sie ihren Gruppenformationsflug bei, das heißt, die Pulks reihten sich zum Zielanflug nicht wie üblich hintereinander für den staffelweisen Abwurf ein, sondern sie lösten die Bomben alle auf einmal gruppenweise; ein zeitsparendes Verfahren[17].

Mit der »Bloody-100th«-Bombergruppe aber begann das Auseinanderbröckeln. Eine ihrer Staffeln kam allein über Dresden an. Die dahinter in sechster Position fliegende 95. Bombergruppe hatte die Orientierung so sehr verloren, daß ihr Radar-Leitnavigator seinen tatsächlichen Standort Ruhland für Dresden hielt. Zwei Staffeln bombardierten daher irrtümlich das ursprüngliche Hauptziel; die dritte Staffel hielt die Bomben zurück, flog mit den beiden anderen über Kamenz und Bischofswerda bis in die Gegend von Sebnitz, wo sie sich einen neuen Zielanflugpunkt ausgerechnet hatte, und dann griff sie quer zur allgemeinen Anflugrichtung mit West-Nord-Westkurs an. Vorher war schon aus genau entgegengesetzter Richtung eine im Westen zu weit abgekommene Gruppe mit Ostkurs nach Dresden zurückgeflogen[18].

Der Angriff zog sich über 35 Minuten hin. Nach dem kompakten Beginn traten Pausen ein, und erst gegen 11 Uhr, mit Eintreffen der Alt-Lönnewitzer Verbände, entwickelte sich nochmals ein schweres Dauerbombardement, als etwa 140 Bomber in sieben Minuten durchmarschierten. Deutlich sind also drei Angriffsschwerpunkte zu unterscheiden: von 10.27 bis 10.31 Uhr, dann nach einer neunminütigen Pause von 10.40 bis 10.44 Uhr sowie nach einer Zwölfminutenpause von 10.56 bis 11.03 Uhr. Bei Flughöhen zwischen 6 100 und 8 000 Meter hatten die Verbände oberhalb einer fast gänzlich geschlossenen Wolkendecke, die bis 4 000 Meter hinaufreichte, ringsum unbegrenzte ausgezeichnete Sicht[19].

Hingegen sahen sie nicht, was sie nun eigentlich getroffen hatten. Auch die sofort nach der Landung ausgewerteten Angriffsfotos zeigten »nichts als Wolken«. Etliche Leitflugzeuge hatten zwar die Ausrüstung, um Fotos vom Radarschirm aufzunehmen, aber in den Intelligence-Berichten liegt keine Bildauswertung vor[20].

Die Dürftigkeit der fotografischen Ausbeute erhellt der Foto-Interpretationsbericht jener Staffel der 95. Bombergruppe, die als Einzelverband Dresden angriff:

»SAV 95 B-1516 Bild Nummer 22 zeigt genügend Gelände, um den Standort der Staffel zu bestimmen als dieses Foto gemacht wurde. Das Flugzeug flog in einer Richtung von 215 Grad. Ein Autobahn-Kleeblatt, $^3/_4$ Meilen NNW vom Stadtzentrum, und verschiedene Straßen sind sichtbar. Es ist schwierig zu sagen, wo die Bomben der 95 B gefallen sind, weil nur diese 22. Aufnahme Erdoberfläche zeigt. Dennoch war das voller Wahrscheinlichkeit nach irgendwo in der bewaldeten und locker bebauten Wohngegend $3^1/_2$ Meilen nördlich des Stadtzentrums von Dresden.«[21]

Obwohl keine zuverlässigen Erkenntnisse darüber vorlagen, wo die Bomben eingeschlagen waren, wurde in den abschließenden Einsatzberichten der 3. Luftdivision übereinstimmend behauptet, der Dresdner Verschiebebahnhof sei von allen Gruppen – mit Ausnahme zweier in Ruhland abwerfender Staffeln – bombardiert worden. Ergebnisse habe man nicht beobachten können. Vorsichtiger ist Intops Summary. Das Hauptquartier der 8. Luftflotte meldet unbestimmter – und damit richtiger –, das Ziel sei »Dresden« gewesen[22].

Die übliche Gleichsetzung von Absicht und Ausführung in den Berichten dieser Art endete oft in Fehlbewertungen in der luftkriegshistorischen Literatur, und auch hier wurde das Ziel »Verschiebebahnhof« festgeschrieben. Mit ebensowenig Berechtigung wie für den 15. Februar, aber mit Möglichkeiten für Fehlschlüsse wie sie die »Historical Analysis« beging[23].

Besatzungsaussagen über die Flak in Dresden reichen von »nichts« bis »schwaches ungenaues Sperrfeuer« sowie »einige wenige ungenaue Boden-Luft-Raketen«. Es muß sich freilich um Sinnestäuschungen der Beobachter gehandelt haben. Ein über Ruhland getroffener Bomber versuchte die russischen Linien zu erreichen[24].

Mit Ausnahme der vorübergehend fehlorientierten 95. Bombergruppe voll-zogen alle Verbände den Abflug vom Ziel zum Sammelpunkt planmäßig. Sie strebten über dem Osterzgebirge südwärts, erreichten bei Aussig wieder die Elbe, und sie überquerten bei Leitmeritz abermals den Fluß, der sich dort durch das Böhmische Mittelgebirge zwängt. Hier aber flogen sie nun auf dem Breitengrad der Hydrierwerke von Brüx, und es war den Piloten und Navigatoren eingeschärft worden, das immer noch für gefährlich angesehene Flakzentrum zu meiden. Also mußten sie noch weiter nach Süden steuern, ehe sie auf Westkurs einschwenken durften, den sie geradlinig eine 400 Kilometer lange Strecke bis zum Vogelsberg westlich von Fulda einhielten[25].

225 Mustangs schützten die Division auf dem Rückflug. Die Bomberbesat-zungen bescheinigten ihnen, daß sie ihre Aufgabe erfüllt hätten; an einer Stelle heißt es sogar, die Jagdflieger hätten sich außergewöhnlich, beinahe blutdürstig geschlagen[26].

406 Fortress haben Dresden angegriffen, was bedeutet, daß mehr als 6 000 Sprengbomben abgeworfen worden sind, davon ungefähr 4 800 zu 300- und 250-lb. Während der letzten Angriffsphase regneten mit 1 200 Fünfhundert-pfündern auch 63 000 Stabbrandbomben auf die Stadt. 40 Flugblattcontainer verstreuten ihr Papier zur psychologischen Kriegführung, das allerdings, vom steifen Nordwestwind gepackt, weit übers Land segelte[27].

In der schon oft zitierten »Schlußmeldung des Höheren SS- und Polizei-führers« wird der 2. März nur pauschal erwähnt. Als Schaden wird konkret lediglich ein Volltreffer im Kesselhaus der Hafenmühle gemeldet, die dadurch stillgelegt wurde. In den »Geheimen Tagesberichten« heißt es:

»Dresden: 10.25 Uhr zahlr. Sprb. und Brb. Schwerer Angriff mit Schwer-punkt auf Neustadt, Altstadt und Niedersebnitz (gemeint ist Niedersedlitz, G. B.) Getroffen wurden außerdem die Leipziger Vorstadt, das Industrie-gebiet im Norden und die Stadtteile Striesen, Radebeul, Coswig, Dobritz und Gruna. Schwere Schäden im Waldschlößchenviertel. Verkehrsschäden: Bahnhof Dresden-Neustadt, Personenbahnhof: Schwere Gleisschäden. Bahn-hof Dresden-König-Albert-Hafen: Bahnhofsanlagen Elbufer Altstadt kurz vor der Marienbrücke schwer getroffen. Industrieschäden und Personenverluste bisher nicht gemeldet.«

Und im Nachtrag:

»Dresden: Verkehrsschäden: Bhf. Dresden-Neustadt Personenbahnhof: Schwere Gleisschäden. Bhf. Dresden-Neustadt Güterbahnhof, Bhf. Dresden-Wettinerstr., Bhf. Dresden-König-Albert-Hafen mittelschwere Gleisschäden. Strecke Dresden – Leipzig, Dresden – Görlitz, Dresden – Neustadt, Dres-den – Klotzsche kurzfristig unterbrochen. Eisenbahnbrücke Tannenstraße und Eisenbahnbrücke über die Elbe Dresden – Neustadt getr.«[28].

Die Gleisschäden wurden in diesem Bericht zweifellos überschätzt, d. h. sie wurden aus Dresden übertrieben berichtet. Wirklich schwer waren sie lediglich im Bereich der Marienbrücke. Einzelne Meldungen der Gauleitung

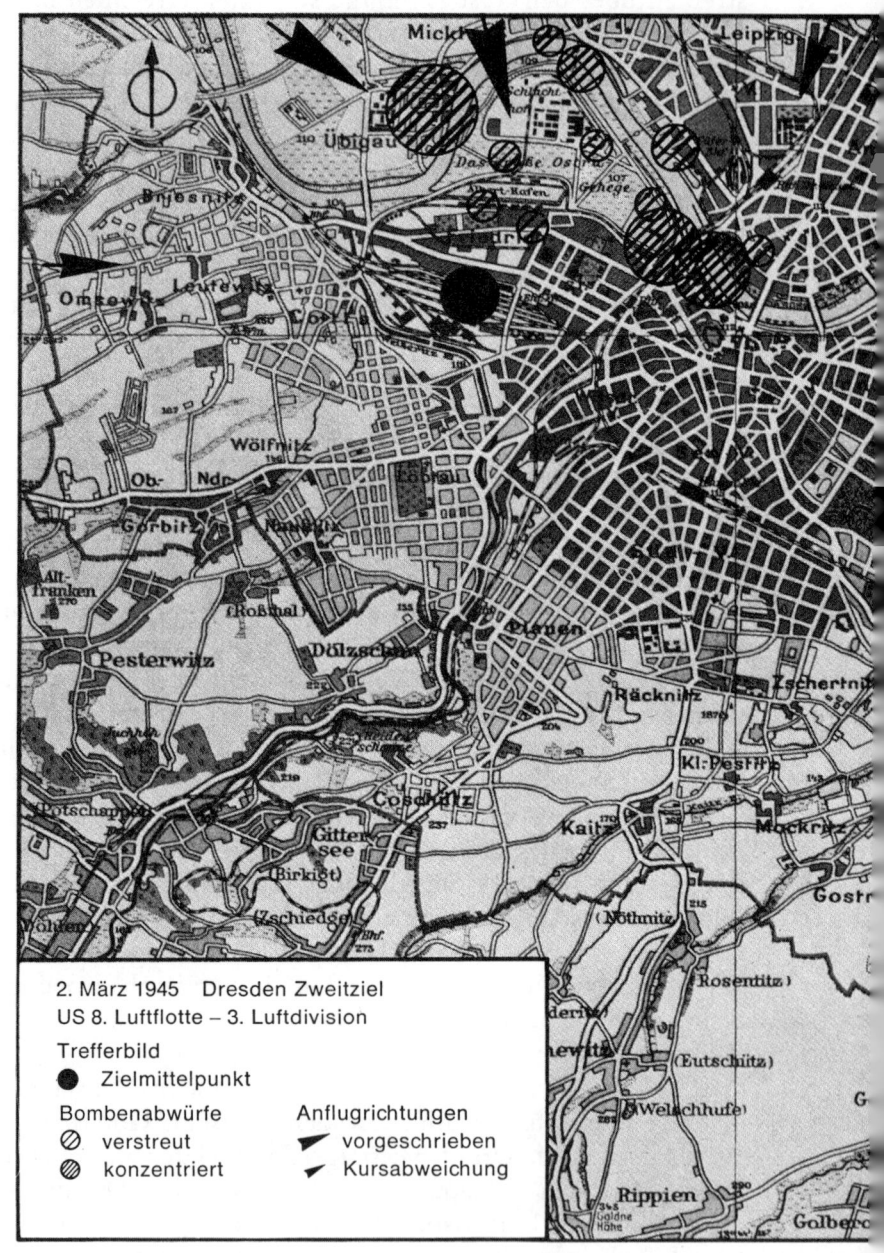

Dresden Stadtgebiet, Angriff am 2. 3. 1945, Trefferbild.

oder des Polizeipräsidiums über die Schäden sind bis auf einen Nachtragbericht unauffindbar. Darin wird mitgeteilt:

»2. 3. 45 Dresden. Angriff ist als schwer zu bezeichnen. Keine zusätzlichen Abwurfmittel. Schwerpunkt Dresden-Nord. Hier große Brände. Marienbrücke schwer, nur teilweise befahrbar. Lazarettschiff ›Leipzig‹ auf der Elbe Volltreffer am Heck. Befehlsstelle SAK Nord durch Volltreffer total; hier zwei Verschüttete. SS-Pionierkaserne getroffen.«[29]

Der Angriff war der schwerste, den die amerikanische Luftwaffe bisher auf Dresden unternommen hatte; er übertraf mit der Zahl der Flugzeuge, der Bombentonnage und der Dauer den Schlag vom 14. Februar. Dennoch fand er kaum Beachtung in der einschlägigen Literatur, er war nicht in Verbindung zu bringen mit der Katastrophe vom Februar, und damit verglichen mußte er zur Nebensache verkümmern. Dokumente über die Personenverluste liegen nicht vor, aber die Zahl der Toten ist mit Sicherheit niedriger als bei allen früheren Angriffen, mit Ausnahme des 15. Februar vielleicht. Bei der Dresdner Bevölkerung hat dieser 2. März 1945 keinen stark nachwirkenden Eindruck hinterlassen, es sei denn, sie war selbst betroffen durch Ausbombung.

Das ist einfach zu erklären. Die zunächst gewaltig erscheinende Masse von 6 000 Sprengbomben verteilte sich über ein großes Gebiet. Die Bombenteppiche explodierten zwar konzentriert, aber die Abwurfstellen lagen weit auseinander. Eine Auswertung des Trefferbildes rechtfertigt die Annahme, daß die Leitbomber der Gruppen oder Staffeln ihre weißen Rauchmarkierer abfeuerten und damit das Signal zum Abwurf gaben, sobald auf ihren Radarschirmen der Flußlauf der Elbe deutlich sichtbar war, umgeben von der Schattierung der bebauten Fläche, den Strängen der Straßen und Eisenbahnlinien. Freilich, das waren nur Schatten. Aber der Flußlauf muß die wichtigste Orientierungsschlangenlinie gewesen sein; denn viele Bombenteppiche gingen in seiner Nähe nieder, zerrissen seine Uferlandschaft oder verschwanden, weiß aufgischtend, aber ohne Spuren, in seinem Wasser.

Offenbar gelang es nur der 447. Bombergruppe, aus dem Radarbild die Lage des Verschiebebahnhofs Friedrichstadt herauszulesen. Diese Gruppe flog den Eisenbahnkomplex aus Nordwest an und dann über ihn hinweg, aber sie flog nördlich abweichend, und sie löste ihre Ladung zu früh, die in Übigau einschlug, 1 500 Meter vom eigentlichen Ziel entfernt[30].

Weiter stadteinwärts wurde diesmal das die Elbe überspannende Brückenpaar Eisenbahn- und Marienbrücke von mehreren Voll- und Nahtreffern beschädigt. Die Brücken waren am 12. Dezember 1944 von einem Aufklärer fotografiert worden. Genaue Angaben über die Konstruktion und die Maße aber lagen ebenso wie Fotos erst im April 1945 vor, als der »Tactical Target Dossier« 5113 E für den Raum Dresden fertiggestellt wurde[31].

Es kann also kein Zusammenhang zwischen diesen Unterlagen und den Treffern vom 2. März bestehen. Nimmt man einen 700 Meter langen und 500 Meter breiten Streifen mit den Brücken und ihren Auffahrten in der Mitte, dann sind in diesem begrenzten Raum ungefähr 100 Sprengbomben eingeschlagen, allein am 2. März. Die Teppichwirkung ist auf Luftfotos klar abzulesen. Es müssen zwei Staffeln aus verschiedenen Bombergruppen hier abgeworfen haben, ob gezielt oder zufällig, sei dahingestellt. In diesen Geländestreifen gehören auf der Neustädter Seite Kai-, Hafen- und Uferanlagen sowie das Japanische Palais mit seinem Park; das Palais, am 13./14. 2. 1945 ausgebrannt, erlitt jetzt Sprengschäden. Nicht in diesen Streifen, aber zum Wirkungsbereich der Teppiche, gehören die in der Leipziger Straße angerichteten Spreng- und Brandschäden sowie Dachstuhlbrände am Kaiser-Wilhelm-Platz.

Auf der Altstädter Seite umfaßt der untersuchte Geländestreifen Kai- und Uferanlagen, das DSC-Fußballstadion – Markierungspunkt des ersten Nachtangriffs –, Nebenbahngleise, Lagergelände, die Zigarettenfabrik »Yenidze« und den größten Kühlspeicher Deutschlands. Die Firma »Kristalleisfabrik und Kühlhallen Dresden«, im Februar beschädigt, erhielt zwei Volltreffer und brannte teilweise aus[32].

Obwohl die Brücken für den rollenden Verkehr gesperrt werden mußten, reichten die Schäden für eine längere Totalblockade nicht aus. Im März wurden in den Zufahrten der Straßenbrücke Panzersperren errichtet. Die Detonationskraft der am 2. März benutzten 250- und 500-Pfund-Sprengbomben war nicht stark genug, um die soliden Brückenbauwerke zum Einsturz zu bringen oder im Gefüge zu erschüttern.

Einzelne Bombenreihen fielen isoliert, zum Beispiel am Schlachthof. Ein größeres zusammenhängendes Abwurfgebiet erstreckte sich von den Kasernen in der Carola-Allee im Norden Dresdens quer durch das Waldschlößchenviertel, über die sanft abfallenden Wiesen südlich davon bis ans Elbufer, in den Fluß hinein und auf der Blasewitzer Seite wieder über die Elbwiesen. Einige Wohnhäuser wurden zerstört. Das Wasserwerk Saloppe, direkt am Strom gelegen, mußte den Betrieb einstellen. In seinem Rohrbrunnenfeld und in der im Wasser befindlichen Sickergalerie von 1 300 Meter Länge stellte man 140 Bombeneinschläge fest; sie stammten, bis auf wenige aus der Februarnacht, vom 2. März.

Auf dem Dresdner Stadtplan oder den alliierten Luftfotos muß man nun immer weiter im Südosten und immer an der Elbe entlang suchen, will man die anderen betroffenen Stadtviertel finden: Tolkewitz, Laubegast, Hosterwitz, Kleinzschachwitz und südlich davon Lockwitz. Überall landeten die meisten Bomben im freien Gelände, diese Viertel sind offen bebaut und sie haben gelegentlich schon ländlichen Charakter. Das Lazarettschiff »Leipzig« wurde linkselbisch in Kleinzschachwitz beschädigt und auf Grund gesetzt; neben der »Dresden« war es das Flaggschiff der »Weißen Flotte« gewesen, die im Krieg grau angestrichen worden war. Gegenüber, auf der rechten Elbseite in Hosterwitz, hagelte der größte Teil dieses Bombenteppichs in das Gelände des Wasserwerkes. Allein in der Grundwasseranreicherungsanlage wurden 142

Krater gezählt. Unweit davon beschädigte im Keppgrund Detonationsdruck das idyllische Keppschlößchen[33].

Der Zielirrtum der Bombenschützen betrug vom Verschiebebahnhof Friedrichstadt nach Hosterwitz elf Kilometer und zum Dorf Borsberg, das fast vollständig zerstört wurde, 14 Kilometer. Um ein Haar wäre auch die letzte unversehrte Schloßanlage Dresdens durch dieses Blindbombardement getroffen worden – Schloß Pillnitz. Bomben vernichteten die Gartenbauschule und die Forschungsanstalt und das alte Hofgärtnerhaus; im Schloßpark wurden mehrere Gewächshäuser und das Orangeriegebäude getroffen. Schon außerhalb der Stadtgrenze Dresdens entstanden Schäden in Birkwitz, gegenüber von Heidenau. Das Maximum der Distanz zum eigentlichen Ziel waren verstreute Abwürfe in Jessen, einem dörflichen Ausläufer im Norden von Pirna: 18 Kilometer. Ganz woanders, nämlich im Norden, in Klotzsche, waren leichte Schäden zu verzeichnen.

Dresden war zum viertenmal als Zweitziel angegriffen worden. Die Verschiebebahnhöfe wurden nicht getroffen. Und die Beschädigungen an Brücken waren nicht so schwer, wie anfangs angenommen. Außer leichten Industrieschäden gab es mittelschwere Zerstörungen in Wohnvierteln und unbedeutende in Kasernen. Die Bombenmasse fiel ins Freie, in Gärten, auf Straßen, Elbwiesen, Felder und in die Elbe[34].

Nach dem gefährlichen Beginn blieb der März ein unruhiger Monat für die Dresdner. Sie befürchteten einen erneuten Angriff, als gleich am 3. März die 8. Luftflotte ihren Versuch wiederholte, Ruhland zu zerschlagen. Dies scheiterte abermals am Wetter; statt Dresden war diesmal Chemnitz als Zweitziel bestimmt worden, und so war der von Motorengebrumm erfüllte Himmel der ganze Schrecken, dem kein Bombendonner folgte. Eine Spitfire der amerikanischen Foto-Aufklärereinheiten hatte den Auftrag, Dresden zu fotografieren[35].

Am 15. März griff erstmals die 15. Luftflotte von Italien aus in die Kampfhandlungen um Ruhland ein. Oft war sie bis nach Brüx gekommen, zuletzt Ende Dezember 1944, aber nach dem Schlag des RAF-Bomberkommandos am 16. 1. 1945 konnten die Treibstoffwerke zunächst einmal von der Zielliste gestrichen werden. Nur dieses Werk in Ruhland-Schwarzheide entging immer wieder der Totalvernichtung, deshalb mußte am 17. März wieder die 8. Luftflotte hingeschickt werden. Das Ergebnis war immer noch nicht zufriedenstellend. Von 1 000 in Schwarzheide detonierenden Sprengbomben trafen nur 60 die Brabag, verursachten leichte Beschädigungen im Werk und mittlere an zwei Baracken ausländischer Arbeiter. Die weitere Umgebung wurde verstreut beworfen: in Spremberg 135 Sprengbomben auf Gut Wadelsdorf, wo schwere Waldschäden entstanden. 90 Sprengbomben in Finsterwalde, 50 in Kirchhain, 200 in Werenzhain – das war die Bilanz des 17. 3. 1945, aber nicht die Stillegung des Hydrierwerkes[36].

Es wurde nun der 15. Luftflotte in Italien überlassen, Ruhland endgültig zu zerschlagen. Jedesmal wurde dabei Dresden überflogen, und jedesmal duckten sich die Menschen in den Luftschutzkellern, wenn sie das Dröhnen der Bomber und das ferne Rumpeln der Bombenteppiche hörten, dennoch erleichtert, daß sie verschont worden waren. 22. März. 136 fliegende Festungen gegen Ruhland:

»Schwarzheide. Auf Brabag 5 massierte Sprengbombenabwürfe. Schwere Schäden im Werk, vermutl. keine Personenverluste. Auf Lauta-Werk aber erhebl. Anzahl Sprengbomben. Kraftwerke (Kessel- und Turbinenhaus) und 100 000-V-Station getroffen. Erhebl. Schäden. Verschiedene Verwaltungsgebäude getroffen. Einzelne Bomben: Hirschfelde (Zittau), Reichenau, Spremberg, Trattendorf, Kolkwitz.«[37]

23. März. Noch einmal 157 B-17. Die erste Schadensmeldung hieß:

»Schwarzheide. 15 massierte Abwürfe auf das Werk. Brabag Werk brennt. Keine Personenverluste.«[38]

Als man gezählt hatte, wurde gemeldet:

»Schwarzheide. 3 000 Sprengbomben. 1 800 Ort, 1 200 Brabag. Reichsstraße 169 beschädigt, Berlin-Ruhland-Senftenberg. 81 Sprengb: Klettwitz.«[39]

Im Kriegstagebuch des OKW wurde notiert:

»Von Süden 600 Bomber gegen Verkehrsziele bei St. Valentin und Teile gegen Wien sowie gegen Schwarzheide, wo das Hydrierwerk zu 100 % ausfiel.«[40]

Elf Angriffe hatten die Amerikaner seit Mai 1944 auf dieses Ziel unternommen, das so beziehungsreich für die Luftlage in Dresden war, ohne es vollständig zerschmettern zu können. Jetzt endlich war es gelungen. Die Treibstoffversorgung der Heeresgruppe Mitte versiegte.

Während am 23. März die Bomber nach Italien zurückflogen, erschien aus England ein Aufklärer der 14. Staffel, 7. Foto-Gruppe der 8. Luftflotte, und nutzte die gute Bodensicht, um Dresden zu fotografieren. Die Amerikaner setzten damit die umfangreiche Aufklärungsaktion der Briten fort, die erst am 16. und 22. März günstige Wetterverhältnisse vorgefunden hatten, um die Zerstörungen der Februarangriffe endlich voll erfassen zu können. Einen Monat hatten sie darauf warten müssen, und inzwischen waren am 2. März neue Schäden dazugekommen. Die 544. Foto-Aufklärungsstaffel der RAF brachte diesmal genügend Bildmaterial mit. Es dauerte aber noch bis zum 19. April, ehe der vollständige siebenseitige Auswertungsbericht K. 4171 abgeschlossen wurde[41].

Mit der Vorlage dieses Berichtes konnte nun auch der Night Raid Report No. 837 über die Nachtoperationen des Bomberkommandos am 13./14. Februar 1945 fertiggestellt werden[42].

Zwischendurch gewannen plötzlich die am 15. Februar vom Flughafen Klotzsche fotografierten Luftaufnahmen Interesse. Der Auswertungsbericht G. 2846 vom 16. März erkennt etwa zwei Kilometer westlich des Flugfeldrandes und direkt nördlich des Dorfes Wilschdorf eine Antennenanlage, die als Funkfeuer bezeichnet wird. Sie ist nicht identisch mit der Jägerleitstellung

»Pinscher«, die auf der benachbarten Rähnitzer Höhe mit zwei Würzburg-Riesen und zwei Freya-Geräten stand[43]. Aber zurück zum Auswertungsbericht K. 4171, der mit den Worten beginnt:

»Der Schaden in der Stadt Dresden ist konzentriert und stark, und es wird geschätzt, daß 85 % der voll überbauten Fläche zerstört sind. Die Altstadt, welche den größeren Teil dieses Gebietes einschließt, ist fast vollständig ausgelöscht, und die Mehrheit der Gebäude in den inneren Vorstädten ist ausgebrannt. In den äußeren Vororten sind jedoch wenige Gebäude von den Angriffen in Mitleidenschaft gezogen worden, und es gibt praktisch keinen verstreuten Schaden.«[44]

Der Bericht geht ausführlich auf Einzelheiten ein, aber hier soll er nur auszugsweise erwähnt werden:

»Eine sehr große Zahl von Industrieunternehmen in der Stadt ist zerstört oder schwer beschädigt worden, aber die in den äußeren Industriegebieten sind davongekommen... Öffentliche Einrichtungen in der Stadt sind ziemlich schwer betroffen...

Der Schaden an den Gleisen in den Verschiebebahnhöfen der Stadt ist zum Zeitpunkt der Fotografie repariert gewesen. Nur ein oder zwei Gleise bleiben blockiert durch einige wenige ausgebrannte Waggons. Schaden an den Eisenbahneinrichtungen ist jedoch ziemlich ausgedehnt... Verbindungen sind auch unterbrochen durch Schäden an einer Reihe von Brücken...

Die öffentlichen Gebäude der Stadt sind zumeist konzentriert in der fast völlig zerstörten Altstadt und entlang des Flußufers in Neustadt, infolgedessen erlitt eine sehr große Zahl davon Beschädigungen oder wurde vernichtet... Unter den öffentlichen Gebäuden von Interesse, die zerstört oder beinahe zerstört sind, befinden sich die Kathedrale und das Opernhaus, das Japanische Palais, Palais und Schloß, der Zwinger, Albertinum und Kunstmuseum und eine Anzahl anderer weniger gut bekannter Gebäude. In allen bis auf einen oder zwei Fälle stammen die Schäden vom Feuer, und die Gerippe der Gebäude sind stehengeblieben...«[45]

64 Einzelobjekte sind von den Bildauswertern in Medmenham untersucht und mit fünf Schadenskategorien benotet worden. Der Auswertungsbericht stellt fest:

»Die beiden Einsätze umfassen zusammen die Gesamtheit der Stadt, mit Ausnahme eines sehr kleinen Stückes der Wohngegend ostwärts vom Großen Garten. Die stereoskopische Erfassung des äußersten Westens der Stadt mit dem Verschiebebahnhof ist unvollständig.«[46]

Insgesamt zeugt der Bericht eher von vorsichtiger Beurteilung, ausgenommen die Brückenschäden, die überschätzt wurden.

Als am 24. März 1945 Dresden abermals von Süden her überflogen wurde, stießen die Bomber aus Italien bis nach Berlin vor, und sie nahmen die gleiche Strecke zurück. Es war der am weitesten nach Norden vorgetragene Einsatz der 15. Luftflotte und ihr einziger Angriff auf die Reichshauptstadt. Er traf südliche Stadtteile und wurde wahrscheinlich nur deshalb unternommen, damit die »Fünfzehnte« auch einmal über diesem magischen Ziel »Big B« gewesen war:

»Fortress haben den tiefsten Vorstoß in der Geschichte der 15.Luftflotte unternommen, um das wichtigste Ziel innerhalb unserer Reichweite anzugreifen... Sparsamer Treibstoffverbrauch, geringes Laufenlassen der Motoren vor dem Start, schnelle Versammlung in der Luft, langsamer Steigflug, direkte Route zum Ziel und wachsame Besatzungen erlaubten den 1 500-Meilen-Rundflug nach Berlin. Fünf Jagdgruppen waren den Fortress zugewiesen, um starken Schutz über dem Zielgebiet und aufgelockerte Begleitung beim Hin- und Rückflug zu gewährleisten.«

150 fliegende Festungen, 214 Mustangs und 58 Lightnings waren beteiligt; drei Bomber und ein Jäger gingen verloren. Der zugewiesene Zielmittelpunkt in Berlin waren die »Marienfelde Daimler-Benz Panzer-Fabriken«[47].

Tatsächlich erhielt die Fa. Daimler-Benz AG. Sprengbombentreffer. Sprengbomben gingen ebenso nieder in der Fritz Werner AG., im Oceaner Werk AG und auf den S-Bahnhof Marienfelde, sodann auf etliche Wohnhäuser und in Kleingartenkolonien.

Im benachbarten Berlin-Mariendorf wurden folgende Fabriken durch Sprengbomben getroffen:

Siemens-Apparatebau, Fa. R. Stock & Co., Fa. Malick & Walkow, Demag Motorenwerke, Chemische Werke, Fa. Th. Sonnenschein. Sprengbomben fielen auch in die Trabrennbahn Mariendorf, in Gartenland und in die Kolonie »Heimaterde« des Laubengeländes Buckow-West[48].

Der Ansturm aus dem Westen ließ währenddessen nicht nach. Die deutsche Luftwaffe hatte dem kaum etwas entgegenzusetzen. In vereinzelten Verzweiflungsattacken warf sich die Jagdwaffe den feindlichen Bomberströmen und Jägerschwärmen in den Weg, sie erlitt in der Luft und auf ihren Plätzen tödliche Verluste. Kombiniert mit dem Treibstoffmangel führte dies zum Kollaps.

Dennoch prahlte Goebbels' Staatssekretär Dr. Werner Naumann am 23. März 1945 auf einer Kundgebung der NS-Führerschaft von München im Hofbräuhaus:

»Wir haben ein Flugzeug, das ist mit weitem Abstand das allerbeste in der Welt. Das Flugzeug ist nicht nachgeahmt und hat keinen Konkurrenten, weder im Westen, noch im Osten. Dieses Flugzeug wird in Deutschland in Serie hergestellt. Die Zahl spielt keine Rolle. Es ist damit zu rechnen, daß die Serie immer größer wird. Die Produktion dieses Flugzeuges kann nicht gestört werden, weil sie zum größten Teil unterirdisch erfolgt. Ich werde mit der Zweizweiundsechzig nicht den deutschen Himmel von den feindlichen Fliegern freikämpfen, aber ich kann mit einem drei- oder viermaligen Einsatz von Me Zwei-zweiundsechzig in einem Monat – wenn es gut geht und ich tausend solcher Maschinen zur Verfügung habe – in den drei- oder vier Einsätzen in einem Monat tausend viermotorige Bomber abschießen. Das ist möglich. Die Männer, die den Mut dazu haben, um sich in die Maschine zu setzen, sind Gottlob in Deutschland noch da.«[49]

Die Wirklichkeit sah anders aus. Wenn es einmal glückte, einige der tatsächlich überlegenen Me-262-Düsenjäger starten zu lassen, wenn sie bis zu den Viermotorigen durchstießen, dann hatten die wagemutigen Piloten des Jagdgeschwaders 7 und des vom General der Jagdflieger Galland geführten Jagdverbandes 44 noch Erfolge. Aber die Hindernisse begannen bereits bei der Startvorbereitung. Wegen Treibstoffknappheit rollten die Me 262 nicht aus eigener Kraft auf die Piste; sie wurden herausgezogen, und in dieser Zeit kreisten Propellerjäger über dem Platz, um sie vor Tiefangriffen zu schützen[50].

Im März wurden die »Blitzbomber« des Kampfgeschwaders 54 auf Jagdaufgaben umgestellt. Mit der Verlegung der I./KG 54 (J) von Giebelstadt nach Brandis, Zerbst und Alt-Lönnewitz sollte ein »Strahljägerschwerpunkt« für den Großraum Berlin aufgebaut werden. Weiträumige amerikanische Angriffe am 10. April zerstörten die Düsenjägerflugplätze Oranienburg, Brandenburg, Burg, Parchim und Rechlin so gründlich, daß die Maschinen des JG 7 und des KG 54 (J) in den Raum Prag verlegt werden mußten, wo sie prompt von den Langstreckenjägern der Amerikaner aufgespürt und bekämpft wurden. Ebenso erging es den Me 262 des JV 44, die von Brandenburg nach München überführt worden waren und von dort aus die letzten Luftkämpfe ausfochten[51].

14

Der »vergessene« Angriff

»Städte liegen an Verkehrsknotenpunkten, sie müssen daher bis zum äußersten verteidigt und gehalten werden.«

Bekanntmachung des OKW vom 12. April 1945

Im März waren die Russen an der Oder aufmarschiert. 120 Kilometer ostwärts von Dresden berannten sie Lauban, wo sie gestoppt werden konnten. Dennoch erwartete man in Dresden den letzten und entscheidenden Ansturm aus dem Osten. Die Armeen der Westmächte kamen nur langsam voran.

Da veränderte sich die militärische Lage. Amerikanische Truppen trieben mit überraschender Geschwindigkeit einen Keil quer durch Deutschland bis nach Thüringen und Sachsen vor. Für die Dresdner machte sich das durch beinahe permanenten Fliegeralarm tagsüber bemerkbar. Amerikanische Jäger und Jagdbomber sorgten vor den Panzerspitzen für die absolute Luftherrschaft. Amerikanische und britische Bomber zertrümmerten Städte, die von den Bodentruppen erobert werden sollten. Nordhausen, Halberstadt, Plauen, Zwickau, Halle, Leipzig, Dessau, Zerbst erlitten noch schwere Schäden. Am 5. April schien auch Dresden bedroht, aber die Verbände gingen knapp westlich der Stadt auf Westkurs gegen Plauen. Auch in der Nacht vom 10. zum 11. April sorgten Angriffe des Bomberkommandos gegen Chemnitz, Leipzig und Plauen für Unruhe in Dresden. Die 15. US-Luftflotte hatte mit dem Angriff auf Berlin ihre weit nach Norden ausfächernden Flüge beendet; sie konzentrierte sich auf Ziele in Norditalien und Österreich. Der Luftraum über Sachsen blieb der 8. Luftflotte vorbehalten, die sich mit dem Bomberkommando der RAF und der taktischen 9. US-Luftflotte die Aufgaben teilte.

Am 16. April 1945 erklärten die Vereinigten Stabschefs in der Direktive Nr. 4 für die Strategischen Luftstreitkräfte in Europa die strategische Luftoffensive für abgeschlossen. Hinfort sollte die Unterstützung der alliierten Armeen an erster Stelle der Ziele stehen[1].

Am gleichen Tag begann der sowjetische Großangriff über die Oder mit Stoßrichtung Berlin. Weiter südlich überschritt Konjews 1. Ukrainische Front mit ihrem linken Flügel und der 1. Polnischen Armee die Neiße und rückte rasch auf Bautzen vor. In der alten, ungeschützten und unversehrten Stadt, dem »sächsischen Rothenburg«, wurden fieberhaft Verteidigungsvorbereitungen begonnen, mit Deckungsgräben auf dem Schützenplatz, Maschinengewehrnestern und Panzerfaustfallen in Häusern und Fabriken. Die Hitlerjugend des Wehrertüchtigungslagers wurden alarmiert; sowjetische Schlachtflieger schossen die Marschkolonne zusammen, Tote lagen im Staub der Landstraße[2].

Konjews Stoßkeile erreichten am späten Nachmittag des 19. April Bautzen, und sie standen damit 60 Kilometer vor Dresden. Die unzureichend ausgerüsteten Truppen des Generalfeldmarschalls Schörner, die kümmerlichen Volkssturmhaufen zerbröckelten, aber frisch zugeführten Panzereinheiten gelang es, Russen und Polen vorübergehend noch einmal zurückzudrängen. Nach harten Kämpfen waren in Bautzen 34 Prozent der Wohnhäuser und alle Brücken zerstört oder beschädigt[3].

Westlich von Dresden kämpfte die 1. US-Armee in den Außenbezirken Leipzigs, und die 3. US-Armee fühlte mit Aufklärungskräften über Chemnitz hinaus vor. Von Osten die Russen, von Westen die Amerikaner – die Dresdner fragten sich nur noch, wer eher da sein würde. Das Oberkommando der Wehrmacht fragte danach nicht. In einer vom Chef des OKW Keitel, dem Reichsführer-SS Himmler, und dem Leiter der Parteikanzlei Bormann, unterzeichneten Bekanntmachung vom 12. April 1945 wird befohlen und gedroht:

»Städte liegen an Verkehrsknotenpunkten, sie müssen daher bis zum äußersten verteidigt und gehalten werden, ohne jede Rücksicht auf Versprechungen und Drohungen, die durch Parlamentäre oder feindliche Rundfunksendungen überbracht werden. Für die Befolgung dieses Befehls sind die in jeder Stadt ernannten Kampfkommandanten persönlich verantwortlich. Handeln sie dieser soldatischen Pflicht und Aufgabe zuwider, so werden sie wie alle zivilen Amtspersonen, die den Kampfkommandanten von dieser Pflicht abspenstig zu machen versuchen, oder gar ihn bei der Erfüllung seiner Aufgabe behindern, zum Tode verurteilt. Ausnahmen von der Verteidigung von Städten bestimmt ausschließlich das Oberkommando der Wehrmacht.«[4]

Das OKW machte mit Dresden keine Ausnahme. Es war am 14. April ebensowenig eine offene Stadt wie am 14. Februar. Mit der Bekanntmachung des OKW im Rücken wandte sich Gauleiter Mutschmann am 14. April mit einem Aufruf an das Volk:

»Männer und Frauen! Die militärische Lage schließt einen Angriff auf Dresden nicht aus. In diesem Fall wird die Stadt mit allen Mitteln und bis zum letzten verteidigt. Wir sind nicht gewillt, uns kampflos und ehrlos einem grausamen Feind auszuliefern... Laßt euch nicht von Gerüchten beeinflussen. Wer dem Feind auf diese oder andere Weise Vorschub leistet, wird unbarmherzig ausgemerzt... Zum Kampfkommandanten für den Verteidigungsbereich Dresden ist General von und zu Gilsa vom Führer bestellt... Ich selbst bleibe im Festungsbereich.«[5]

In diesem sogenannten Festungsbereich – sein Kern eine zwölf Quadratkilometer große Trümmerfläche – wurden Panzergräben und Schützenlöcher ausgehoben. Auf der Brühlschen Terrasse, am Großen Garten und im Ostragehege waren Kanonen in Stellung gebracht worden. Zwischen Bremer und Hamburger Straße hatte sich eine Werferbatterie eingenistet, auf den Ausfallstraßen wurden Panzersperren errichtet. Verglichen mit der Macht der amerikanischen und sowjetischen Armeen ein lächerliches Aufgebot, in seiner Sinnlosigkeit allenfalls geeignet, die Zerstörung der bisher verschonten Umgebung Dresdens zu provozieren. Außerdem traute Mutschmann den Volksgenossen nicht. Am Dienstag, dem 17. April, drohte er wieder:

»Der Feind ist in den Sachsengau eingedrungen… Wer in dieser Not des Volkes gegen die Anordnungen der Partei und des Staates handelt… wird aus der Volksgemeinschaft ausgelöscht.«[6]

Auch an diesem 17. April, einem milden, sonnigen Frühlingstag, heulten schon frühmorgens in Dresden die Sirenen. Die Tieffliegergefahr einkalkulierend, ging die Bevölkerung ihrer Arbeit nach. Wichtige Durchgangsstraßen waren notdürftig von Trümmern geräumt; Bahnhöfe und Eisenbahnstrecken, behelfsmäßig geflickt, garantierten die Bewältigung der dringendsten Verkehrsaufgaben.

Genau deshalb war Dresden der amerikanischen 8. Luftflotte noch einen Angriff wert. Sie stellte die Eisenbahnanlagen der Stadt für den 17. April an die erste Stelle ihrer Zielliste. Da der strategische Bombenkrieg offiziell als beendet galt, muß die Entscheidung als Maßnahme zur direkten Unterstützung der amerikanischen und sowjetischen Truppen beiderseits von Dresden angesehen werden. Bei der Planung des Angriffs war das allerdings eine theoretische Frage, die keinen Einfluß auf das taktische Verfahren hatte. Nur die Zielanflugroute mußte so ausgearbeitet werden, daß Fehlwürfe auf von Amerikanern oder Russen eroberte Städte unbedingt vermieden würden.

Dresden lag zwischen den Fronten in einem 110 Kilometer breiten Schlauch, der täglich enger wurde. Durch die Stadt führte die einzige noch offene Nord-Süd-Eisenbahnverbindung von Berlin nach Prag, und sie sollte zerschnitten werden. Zum letztenmal im Zweiten Weltkrieg bereiteten sich alle drei Divisionen der 8. Luftflotte auf einen Tausend-Bomber-Angriff vor. Im Morgengrauen wurden die Einsatzbefehle gegeben. Man werde heute Verkehrsverbindungen in Dresden und in der Tschechoslowakei zerschlagen, um die Bewegungsmöglichkeiten der deutschen Truppen zu blockieren. Die Flugzeit werde acht Stunden betragen, davon aber nur eine Stunde über feindlichem Territorium. Für starken Geleitschutz sei gesorgt, und die Deutschen würden durch Tiefflieger auf ihren Flugplätzen niedergehalten werden. Dennoch sei besonders auf Me-262-Jets zu achten[7].

Die gesamte 1. Luftdivision wird auf die Eisenbahnanlagen in Dresden angesetzt, je zur Hälfte auf den Güterbahnhof der Altstadt und seine Einrichtungen und den Hauptbahnhof sowie auf den Verschiebebahnhof Friedrichstadt. Die

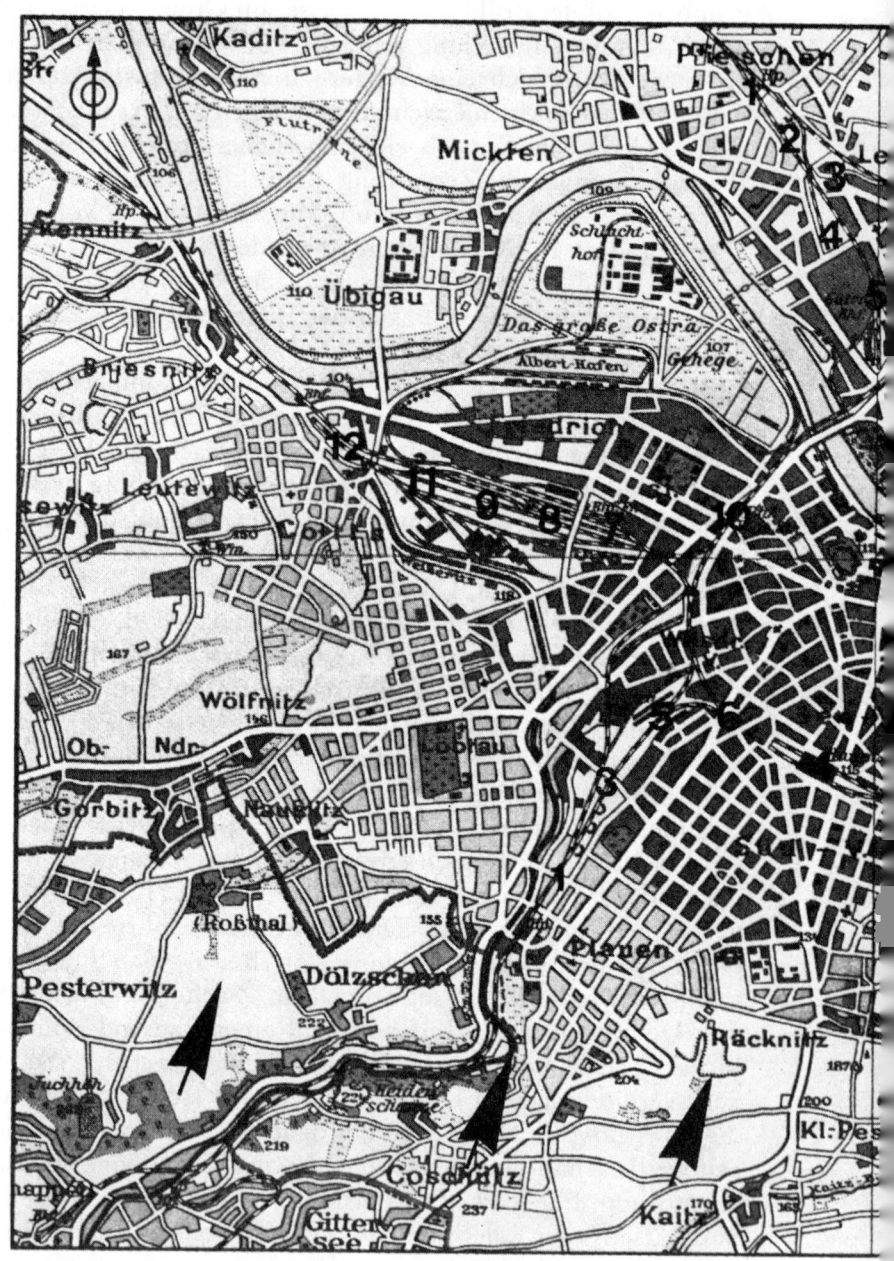

Dresden Stadtgebiet, Angriff am 17. 4. 1945, Zielkarte.

17. April 1945

US 8. Luftflotte – Zielplanung Dresden

1. Luftdivision

Reihenfolge des Anfluges und Zielpunkte:

A. Eisenbahnzentrum Altstadt und Hauptbahnhof
   1. 381. Bombergruppe: Strecke nach Chemnitz nördlich vom Bahnhof Dresden-Plauen.
   2. 398. Bombergruppe: Hauptbahnhof Ostausfahrt, Strecke nach Prag.
   3. 91. Bombergruppe: Eisenbahnzentrum Altstadt, Nossener Brücke.
   4. 401. Bombergruppe: Hauptbahnhof.
   5. 351. Bombergruppe: Eisenbahnzentrum Altstadt.
   6. 457. Bombergruppe: Hauptbahnhof Westausfahrt, Falkenbrücke.

B. Verschiebebahnhof Friedrichstadt
   7. 379. Bombergruppe: Ostausfahrt, Lokschuppen.
   8. 384. Bombergruppe: Mittelteil, Brücke Walterstraße.
   9. 303. Bombergruppe: Mittelteil, Wagen-Reparaturwerkstätten.
   10. 92. Bombergruppe: Bahnhof Wettiner Straße.
   11. 305. Bombergruppe: Verschiebebahnhof Westteil, Abrollberg.
   12. 306. Bombergruppe: Verschiebebahnhof Westausfahrt.

3. Luftdivision

Die Zielpunkte mußten rekonstruiert werden. Grafische Unterlagen wie bei der 1. Division waren nicht verfügbar. Das Zielgebiet umfaßte die Eisenbahnanlagen in Dresden-Neustadt vom Bahnhof Pieschen bis zum Neustädter Bahnhof. Vorgesehen war der Einsatz von sieben Bombergruppen, von denen aber nur drei hier angegriffen haben.

Geplante Reihenfolge des Anflugs der Gruppen:
1. 452., 2. 96., 3. 388., 4. 447., 5. 486., 6. 487.
und 7. 94. Bombergruppe.

3. Division geht zur Hälfte ebenfalls nach Dresden. Zielpriorität haben die Bahnanlagen in Dresden-Neustadt, Zweitziel ist der »Verschiebebahnhof Dresden Süd«, das heißt Friedrichstadt und Altstadt. Die 1. Division kann höchstens zwischen ihren beiden zugewiesenen Zielen wählen, denn Ausweichziele außerhalb Dresdens gibt es wegen der Frontnähe nicht. Andere Gruppen der 3. Division sollen Eisenbahneinrichtungen in Aussig und Roudnice angreifen und in Roudnice ein unterirdisches Treibstoffdepot. Den Schluß macht die 2. Division, die Bahnhöfe und Gleiskreuzungen in Fischern bei Karlsbad, in Kladno, Beroun und Falkenau zerstören soll[8].

Die Bombenladung ist diesmal recht gemischt: Sprengbomben zu 1 000, 500, 300 und 250 Pfund und 500-Pfund-Stabbrandbombenbehälter, zum Beispiel pro Fortress 16 Sprengbomben zu 250-lb.- und vier 500-lb-Brandbombencontainer, oder 12 Sprengbomben zu 500-lb. oder sechs zu 1 000-lb.; die Maschinen konnten drei Bomben-Tonnen aufnehmen statt 2,5 wie bisher, wenn sie nach Dresden flogen, weil sie diesmal weniger Treibstoff benötigten bei der ohne Täuschungsmanöver angelegten Route[9].

Und das ist die Marschordnung für den Anflug nach Dresden:

1. Luftdivision:
1. Kampfgeschwader
1 A: 381. Bombergruppe – 1 B: 398. Bgr. – 1 C: 91. Bgr.
94. Kampfgeschwader
94 A: 401. Bombergruppe – 94 B: 351. Bgr. – 94 C: 457. Bgr.
41. Kampfgeschwader
41 A: 379. Bombergruppe – 41 B: 384. Bgr. – 41 C: 303. Bgr.
40. Kampfgeschwader
40 A: 92. Bombergruppe – 40 B: 305. Bgr. – 40 C: 306. Bgr.

3. Luftdivision:
45. Kampfgeschwader
45 A: 452. Bombergruppe – 45 B: 96. Bgr. – 45 C: 388. Bgr.
4. Kampfgeschwader
4 A: 447. Bombergruppe – 4 B: 486. Bgr. – 4 C: 487. Bgr. – 4 D: 94. Bgr.[10]

Jede Bombergruppe erhält ihren Zielpunkt zugewiesen. Trotz hartnäckiger Recherchen konnten keine originalen Zielkarten der amerikanischen Luftwaffe gefunden werden, obwohl diese Dokumente vor allem zur Erhellung des Angriffs vom 14. 2. 1945 wichtig wären. Für den 17. April läßt sich wenigstens durch Auswertung einer Beilage zum Sofort-Fotointerpretationsbericht Nr. 267 die Lage der tatsächlich befohlenen Zielpunkte für die 1. Division bestimmen. Es handelt sich dabei um eine Nacht- oder Radarkarte von Dresden, in die mit Kreuzen die befohlenen Zielpunkte und mit Kreisen die meisten der dann wirklich getroffenen Stellen eingezeichnet sind. Neben den Kreuzen steht die Nummer der Bombergruppe, die dort abwerfen sollte, und in den Kreisen stehen Zahlen, die Auskunft geben über die Zahl der Bomber, die in diesem Gebiet ihre Bomben ausgelöst haben. Die Auswertung ergibt in der geplanten Reihenfolge des Eintreffens über den Objekten folgende Zielpunkte:

A. Eisenbahnzentrum Altstadt und Hauptbahnhof:

1. 381. Bombergruppe: Strecke Dresden-Chemnitz, nördlich vom Bahnhof Dresden-Plauen (südlichster Abwurfpunkt)
2. 398. Bombergruppe: Hauptbahnhof Ostausfahrt, Strecke Dresden-Prag (östlichster Abwurfpunkt)
3. 91. Bombergruppe: Eisenbahnzentrum Altstadt, Nossener Brücke
4. 401.Bombergruppe: Hauptbahnhof
5. 351. Bombergruppe: Eisenbahnzentrum Altstadt, Mitte
6. 457. Bombergruppe: Hauptbahnhof Westausfahrt, Falkenbrücke

B. Verschiebebahnhof Friedrichstadt:

7. 379. Bombergruppe: Verschiebebahnhof Friedrichstadt, Ostausfahrt und Lokschuppen
8. 384. Bombergruppe: Verschiebebahnhof Friedrichstadt, Mitte, Brücke Walterstraße
9. 303. Bombergruppe: Verschiebebahnhof Friedrichstadt, Mitte, Wagen-Reparaturwerkstätten
10. 92. Bombergruppe: Bahnhof Wettinerstraße (nördlichster Abwurfpunkt)
11. 305. Bombergruppe: Verschiebebahnhof Friedrichstadt, Westteil, Abrollberg
12. 306. Bombergruppe: Verschiebebahnhof Friedrichstadt, Westausfahrt (westlichster Abwurfpunkt)[11]

Die Zielpunkte der 3. Division in den Bahnhöfen und Gleisanlagen von Dresden-Neustadt lassen sich mangels entsprechender Unterlagen nicht mit gleicher Genauigkeit rekonstruieren.

Zwischen 09.15 und 10.30 Uhr schrauben sich die Bomber in die Höhe ihrer Versammlungsräume, dann nehmen sie Kurs auf die Küste. Vorgesehen ist der Einsatz von 1 054 Bombern und 782 Begleitjägern; wie üblich reduziert sich die Zahl wegen plötzlich auftretender technischer Fehler. Geschützt von 723 Jagdflugzeugen, setzen 981 Viermotorige ihren Weg fort[12].

11.25 Uhr erreichen die Spitzenverbände die Rheinmündung. Sie beginnen eine halbe Stunde später den Steigflug auf die befohlene Angriffshöhe von 8 000 bis 8 300 Meter. Der Anflug führt nun schon weit über erobertes deutsches Gebiet; Flak und Jäger sind hier nicht mehr zu fürchten. Deshalb hält die heranbrausende Streitmacht, nachdem sie in den Raum Frankfurt/Main gekommen ist, ohne Täuschungsmanöver 300 Kilometer direkten Ostkurs, der im Raume Eger-Karlsbad in Ost-Nord-Ostkurs geändert wird, entlang dem Erzgebirgskamm. Die Führung haben die gleichen drei Bombergruppen, die am 14. Februar den Angriff auf Dresden einleiten sollten, damals aber das Ziel nicht fanden und statt dessen Brüx, Prag und Pilsen bombardierten. Diesmal unterläuft ihnen kein Irrtum. In Dresden wird um 13.12 Uhr erneut öffentliche Luftwarnung gegeben, drei Minuten später Fliegeralarm[13].

13.37 Uhr. Der Spitzenverband, die 381.Bombergruppe, brummt über dem Erzgebirgsstädtchen Olbernhau, in den Karten markiert als Zielanflugspunkt – »Initial Point 5040 North – 1320 East« –, er wurde so placiert, daß die Flugzeuge nicht die immer noch gefürchtete Flakzone um Brüx streifen. Der Leitnavigator sagt eine Kursänderung auf zwanzig Grad an und die Bombenschützen wissen nun, daß sie in elf Minuten mit Nord-Nord-Ostkurs über Dresden sein werden. Allerdings besteht aus unbekannten Gründen kein Kontakt mit den vorausgeschwärmten Wetter-Pfadfindern. »Soupy conditions« werden registriert, und General Gross, der die 1. Division kommandiert, befiehlt Herabsetzung der Angriffshöhe auf 7 000 Meter in der Hoffnung auf bessere Sicht[14].

Die Dresdner in ihren Luftschutzkellern hören das anschwellende Dröhnen, das sie drohend an die Lautkulisse der schweren Bombenangriffe erinnert. Dann mischt sich in den sonoren Motorenklang jenes ekelhafte Rauschen und Pfeifen, und um 13.48 Uhr hallen die donnernden Detonationen des ersten Bombenteppichs durchs weite Elbtal. Trotz beeinträchtigter Flugmelde- und Nachrichtenverbindungen arbeitet der Sender »Horizont« zuverlässig. Wer im Keller Radio empfangen kann, hört, sobald das Metronom-Pausenzeichen aussetzt, die unbeteiligt-sachliche Stimme:

»Von Horizont. Einflug Rot. Spitzenverbände der Bomber in Fünnefzehn Süd, Martha Heinrich acht. Es folgen weitere Verbände in Paula Heinrich zwo und sechs. Fortsetzung in Quelle Gustav...«[15]

Und so weiter. Die ersten drei Bombergruppen haben keine Mühe, ihre Zielmittelpunkte zu finden. Gleisanlagen, Lokomotivschuppen, Hunderte von Güterwagen zeichnen sich, wenn auch von Bodendunst überlagert, deutlich in den Norden-Zielgeräten ab. Binnen fünf Minuten fallen an die 1 000 Sprengbomben und etwa 32 000 Stabbrandbomben[16]. Aber die Flak schießt, sowohl im Zielgebiet, als auch beim Linksabschwung aus dem Angriffsraum südlich von Meißen. Und deutsche Jagdflugzeuge sind da, Me-262-Düsenjäger, sie umschwirren die in zweiter Position fliegende 398. Bombergruppe, sie brechen ein in die ihr eng angeschlossene 91. Gruppe, sechs oder sieben Me's fegen von Süden her aus der Sonne durch den Verband, beschädigen zwei Fliegende Festungen; beide werden später als vermißt gemeldet. Ein dritter Bomber erhält einen schweren Flaktreffer, kann jedoch in Frankreich notlanden. Etwa dreißig

73 Katholische Hofkirche und Schloß. Die Luftschächte vorn gehören zu einer Splitterschutz-
anlage, die zugleich als Aufstiegschacht für das unter Teilen des Stadtkerns angelegte unterirdische
Fluchtnetz dienen sollte. Es hatte sich jedoch als tödliche Falle erwiesen.

74 Einheiten der Technischen Nothilfe und des Instandsetzungsdienstes beseitigten die gröbsten
Schäden, um die Versorgung mit Strom und Wasser wiederherzustellen und die Kanalisation zu
regulieren. Hilfe kam überwiegend von außerhalb. Sogar Bergwerkfachtrupps waren eingesetzt.

75 Schloß, Hofkirchenturm und Georgentor mit der Schloßstraße, die – hier im April 1945 –
allenfalls per Rad befahrbar war. Die wichtigsten innerstädtischen Durchgangsstraßen waren
jedoch wieder für Fahrzeuge benutzbar, ausgenommen Straßenbahnen. Diese verkehrten noch
Anfang April lediglich von der Peripherie z. B. bis zum Neustädter und Wettiner Bahnhof, zur
Forststraße oder zum Pohlandplatz.

76 Unser Bild zeigt einen Blick auf die Ruine der Dreikönigskirche.

77 Ruine der Mohrenapotheke Johannesstr. 23. Blick zum Rathausturm nach SW.

78 Kreuzung Moritzstraße – König-Johann-Straße ca. 1946/47.

79 Zwischen Schloß und Hofkirche beim 2. Nachtangriff getroffene Feuerwehr.

80 Blick vom Turm der Hofkirche auf den ausgebrannten Dachstuhl des »Reichsstatthaltergebäudes« an der Brühlschen Terrasse, vormals Sitz des Sächsischen Landtages.

81 Schwer getroffen die Zigarettenfabrik »Yenidze«, ein markanter Industriebau im Stil einer Moschee.

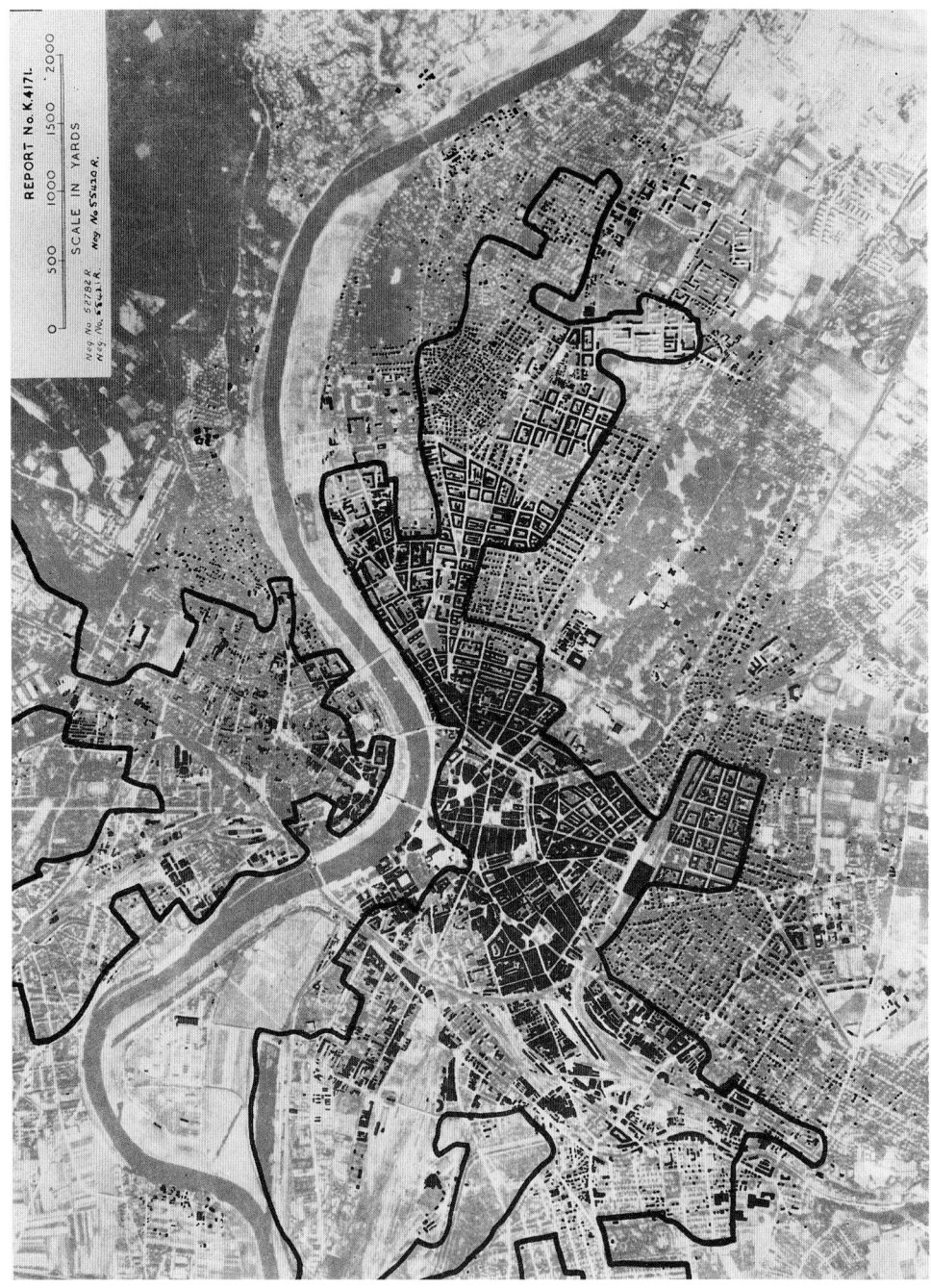

82   In diese Luftaufnahme des Dresdner Stadtgebietes haben britische Luftbildauswerter die Schäden eingezeichnet, die bis Ende März 1945 sichtbar waren.

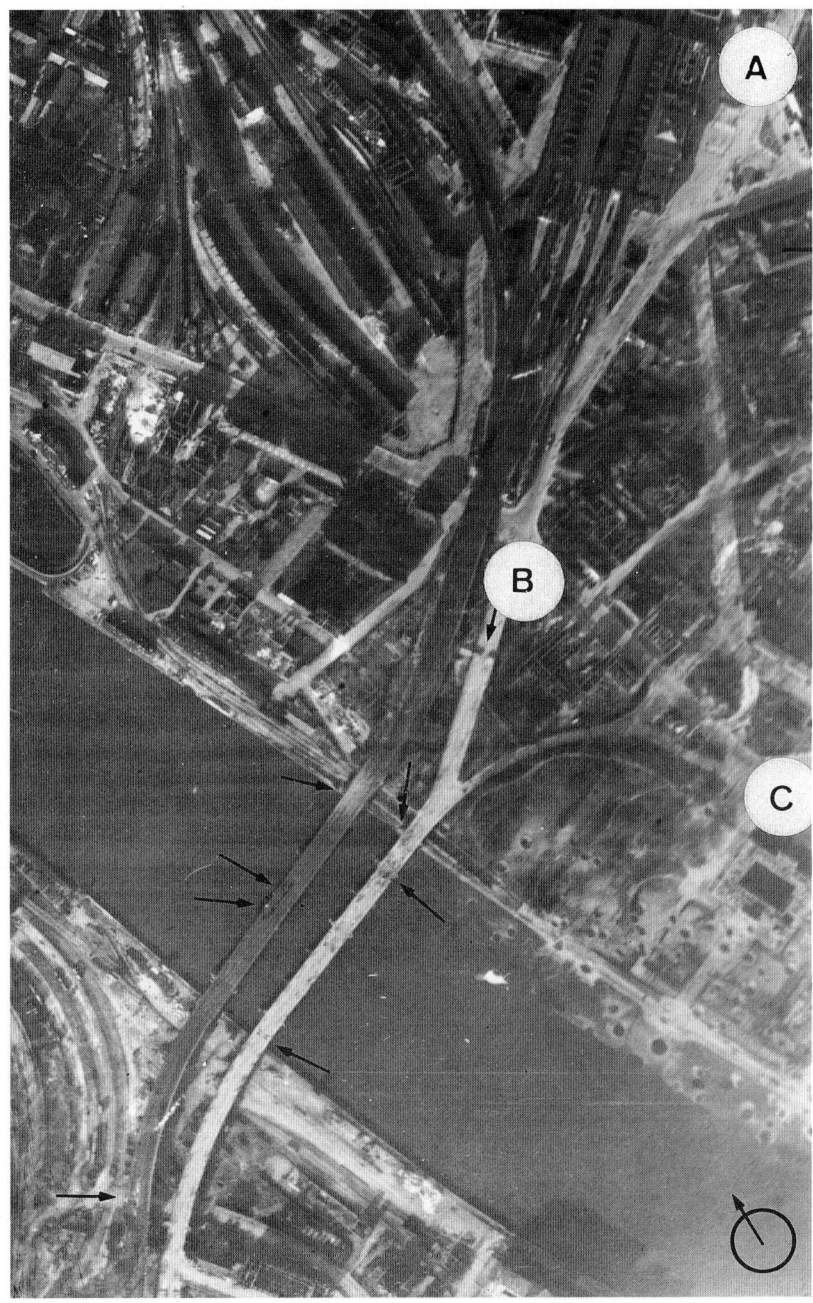

83 Eisenbahn- und Marienbrücke nach dem Angriff der amerikanischen 3. Luftdivision am
2. März 1945. Zahlreiche Bombentrichter auf dem Neustädter Ufer sind durch den hohen
Wasserstand der Elbe verdeckt. Dampffähnchen von Lokomotiven zeigen an, daß die Brücke
am Tag der Fotografie (22. 3.) wieder befahrbar war.
A. Neustädter Bahnhof, B. Geöffnete Panzersperre in Brückenauffahrt, C. Japanisches Palais.
Pfeile weisen auf Hauptschadensstellen beider Brücken.

84 Mitte März 1945 gestattete das Wetter endlich erfolgreiche Luftbilderkundung von Dresden. Briten und Amerikaner flogen an drei Tagen Fotoaufklärungseinsätze. Erst beim Auswerten dieser Bilder gewannen die Alliierten volle Klarheit über das ganze Ausmaß der Zerstörungen. Im Gebiet zwischen Lennéstraße (oben) und Hauptbahnhof (unten) sind nur die Skelette der Gebäude übriggeblieben.
① Ilgen-Kampfbahn. Unter der Schrift die Trümmer der großen Kraftfahrzeughalle, in der beim 1. Nachtangriff fast alle Einsatzfahrzeuge der Luftschutzpolizei verbrannten. ② Bürgerwiese, ③ Wiener Straße, ④ Kreuzung Schnorrstraße – Uhlandstraße, ⑤ Bismarckplatz, Reichsstraße, alte Technische Hochschule, ⑥ Wiener Platz, Hauptbahnhof, ⑦ Prager Straße.

85 Total vernichtet ist der Stadtkern südlich von Elbe und Augustusbrücke. Deutlich, wie auf einem Stadtplan, sind zu erkennen: oben links Zwinger, Gemäldegalerie, Oper, Hofkirche und Schloß rund um den kunstvoll gepflasterten damaligen Adolf-Hitler-Platz. In der Bildmitte das Quadrat des Altmarktes mit der dunklen Fläche des Löschwasserbeckens und dem hellen Kupferdach der Kreuzkirche. Rechts davon, nach oben weisend, der Neumarkt, dort ein heller, ringförmiger Trümmerhaufen – die Frauenkirche. Weiter rechts das Albertinum, in dessen Tiefkeller die örtliche Luftschutzleitung ihren Befehlsstand hatte, unmittelbar anschließend das Polizeipräsidium. Umschlossen wird der Stadtkern von der Marien- und der Wallstraße, die vom Postplatz südlich führen, und anschließend von der breiten Ringstraße mit dem z. T. erhaltenen Komplex des neuen Rathauses; es wurde mit seiner Umgebung am 17. 4. 1945 abermals getroffen.

Dresden wird bis zum letzten mit allen Mitteln verteidigt

Aufruf des Gauleiters und Reichsstatthalters an die Bevölkerung

Männer und Frauen!

Die militärische Lage schließt einen Angriff auf Dresden nicht aus. In diesem Falle wird die Stadt mit allen Mitteln und bis zum letzten verteidigt. Wir sind nicht gewillt, uns kampflos und ehrlos einem grausamen Feind auszuliefern. Für die Aufrechterhaltung der Disziplin wie für die notwendige Ernährung wird unter allen Umständen gesorgt.

Männer und Frauen! Bewahrt in diesen schweren Tagen Ruhe und Besonnenheit wie bisher. Laßt euch nicht von Gerüchten beeinflussen. Wer dem Feind auf diese oder andere Weise Vorschub leistet, wird unbarmherzig ausgemerzt. Ich erwarte von jedem einzelnen den letzten Einsatz für die Ehre, die Freiheit und das Leben unseres Volkes.

Zum Kampfkommandanten für den Verteidigungsbereich Dresden ist General von und zu Gilsa vom Führer bestellt worden, er übernimmt somit die Führung sämtlicher Verteidigungskräfte im Festungsbereich Dresden für alle militärischen Maßnahmen.

Ich selbst bleibe im Festungsbereich und werde dafür sorgen, daß die Betreuung der Bevölkerung durch die Partei und die Verwaltung wie bisher nach besten Kräften fortgesetzt wird.

D r e s d e n , 14. April 1945

Martin Mutschmann

Gauleiter und Reichsstatthalter

Der Feind vor Leipzig und Chemnitz abgestoppt

86   Als US-Truppen auf Leipzig und Chemnitz vorrückten, erließ Gauleiter Mutschmann diesen Aufruf, der am 16. April 1945 im Dresdner NSDAP-Blatt »Der Freiheitskampf« veröffentlicht wurde.

87   Im April 1945 war der Hauptbahnhof wieder passierbar. Noch war Dresden ein wichtiger Verkehrsknotenpunkt zwischen den sich zusammenschiebenden Fronten im Raum von Berlin bis Prag.

88 Am 17. April 1945, einen Tag nach Beginn der sowjetischen Berlin-Offensive, erlebt Dresden den letzten und schwersten Angriff der amerikanischen 8. Luftflotte. 580 Fliegende Festungen der 1. und 3. Luftdivision bombardierten die Eisenbahnanlagen. Ein Himmels-Rauchmarkierer ist abgefeuert, und auf dieses Signal werden schlagartig die Bomben ausgeklinkt, hier von einer Staffel der 384. Bombergruppe, die um 14.08 Uhr über dem Ziel eintrifft. Die Ladung besteht aus 250pfündigen Sprengbomben und 500-Pfund-Stabbrandbombenbehältern, die nach einer vorherbestimmten Falldauer aufklappen und die Bomben ausstreuen.

89 Verschiebebahnhof Friedrichstadt im Bombenhagel.

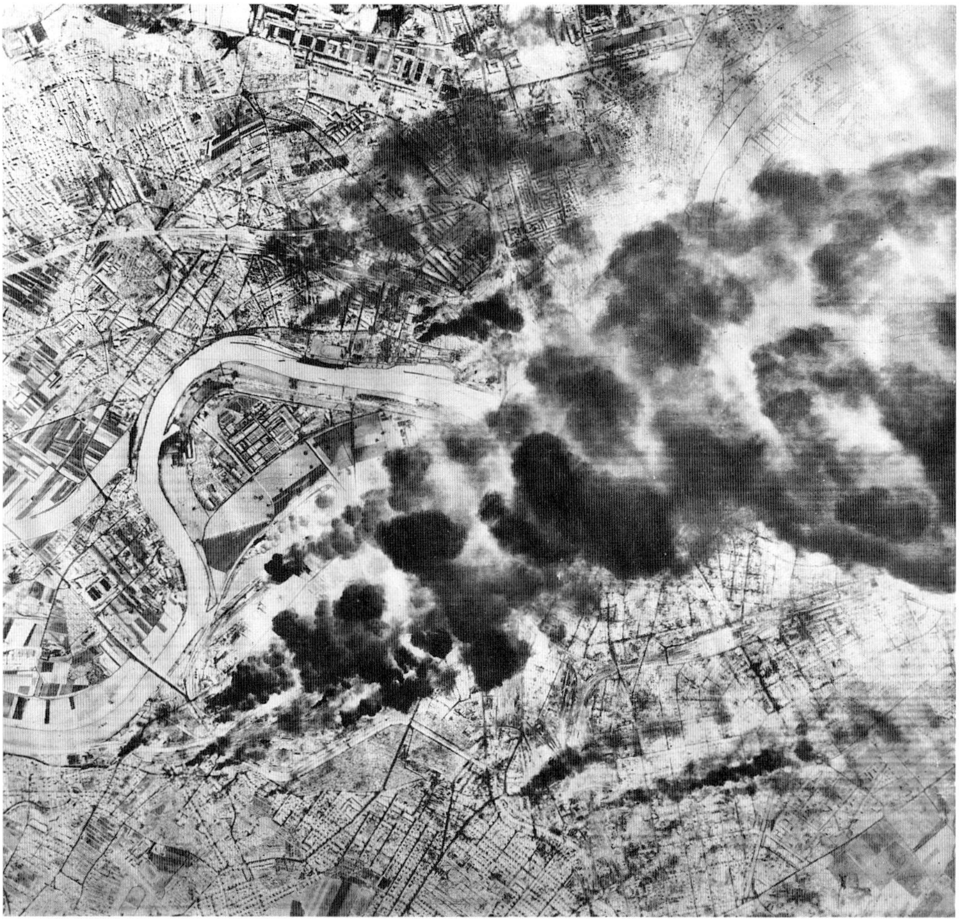

90 Der Angriff am 17. April 1945 war ein Präzisionsbombardement, bei dem die gestellte Aufgabe, die Zerstörung der Eisenbahnanlagen und die Unterbrechung der Durchgangsgleise, weitgehend erfüllt wurde. Dieses Ergebnis konnten auch zahlreiche Fehlwürfe nicht beeinträchtigen. Unmittelbar nach dem Angriff wüten Brände im Gebiet der Bahnhöfe Pieschen, Friedrichstadt und Altstadt, im Alberthafen und der Südvorstadt.

91 Aus der Luft ein schaurig-eindrucksvoller Überblick, aber auf der Erde sah es so aus.

92 19. April 1945, Angriff der 3. Luftdivision auf Pirna.
A. Das Bahnhofsgelände ist bereits schwer getroffen, als ein neuer Bombenteppich niedergeht. B. Die Altstadt ist fast unbeschädigt geblieben. C. Erhebliche Schäden im rechtselbischen Copitz. Die kombinierte Eisenbahn-Straßenbrücke (Pfeil) ist teilweise eingestürzt.

93 Pirna. Blick auf Klostergäßchen (vorn) und Klosterstraße (Mitte) mit zerstörter Landwirtschaftsschule und Ruine des Westflügels des alten Bahnhofs. Am Horizont Rauchwolken aus Großbränden auf der Copitzer Elbseite.

94   Pirnas Bahnanlagen wurden in ein Trichterfeld verwandelt. Noch eine Stunde nach dem
Angriff steigt schwarzer Qualm aus brennenden Ölwaggons. Beiderseits der Elbe sind gezackte
Schützengräben zu erkennen, Vorbereitung auf den Erdkampf. Die Angriffe auf Pirna, Aussig,
Elsterwerda und Falkenberg am 19. waren die Fortsetzung der Operationen vom 17. April zur
Zerstörung des Eisenbahnnetzes zwischen Berlin und Prag in Zusammenhang mit den Offensiven
der amerikanischen und sowjetischen Truppen.

Me 262 – die Zahl klingt übertrieben – jagen von Norden heran, sie werden von Geleitschutz-Mustangs abgefangen[17].

Die nachrückenden Pulks sehen sich unerwarteten Wetterschwierigkeiten gegenüber. Der Dunst über der Erde scheint sich von Minute zu Minute zu verdichten, man muß beim Zielen Radarhilfe verwenden. Schon am Zielanflugpunkt kommt die als Nummer sechs im Bomberstrom fliegende 457. Gruppe vom Kurs ab, und sie wird jetzt auch durch den Nebel sich nicht auflösender Kondensstreifen der vorausfliegenden Maschinen behindert. Drei Zielanflüge werden von der im Verband unten fliegende Staffel vergeblich versucht, danach befiehlt Captain Dudley Heimflug mit der Bombenlast an Bord. Die obere Staffel kreist zweimal im Bogen um Dresden herum, ehe sie beim dritten Anflug ihre Bomben wirft[18].

Beeinträchtigte Sicht in der Luft und miserable Luft-Bodensicht. Hinzu kommt noch dies: die konzentrierten Bombenteppiche haben undurchdringliche Staub- und Explosionswolken aufgewirbelt, aus zahllosen Bränden in den Bahnhofsarealen und den benachbarten Wohnvierteln quellen schwarze und braune Qualmwolken, aus denen pilzartig die pechschwarzen Rauchgebirge der brennenden Ölwaggons herausragen. Es geht nur ein ganz leichter Südwestwind, der die Rauchmassen aus dem Westen und Süden der Stadt bis weit nach Norden abtreibt. Die Angriffsobjekte sind unter dieser zähen Decke fast völlig verschwunden.

Die 303. Bombergruppe flog am 7. Oktober 1944 den ersten Angriff auf Dresden, sie ist gewissermaßen der Veteran, rennt dennoch über den Zielanflugpunkt hinaus, gerät in die Verteidigungszone von Brüx, und nach Flakvolltreffer explodiert die B-17 des Leutnant Kahler in der Luft. Beim Rückflug wird noch eine Maschine von Flak abgeschossen[19].

Ihr folgt in zehnter Position die 92. Bombergruppe. In der Führungsmaschine fällt das Radargerät aus. Ihr Kommandeur, Major Yquatio J. Bidaganeta, befiehlt eine Drehung um 360 Grad und abermaligen Zielanflug in der Hoffnung, doch noch optisch zielen zu können. Plötzlich schneidet ein anderer Pulk den Kreisflug – verzweifelte Ausweichmanöver. Zu spät. Zwei Bomber kollidieren und stürzen in die Tiefe, nur vier Fallschirme werden beobachtet; Flakfeuer beschädigt zwei Bomber schwer[20].

Das ist nun doch nicht der erwartete Spazierflug geworden. Als die 428 Fliegenden Festungen der 1. Luftdivision Westkurs genommen haben, ist der Angriff für die Dresdner noch nicht überstanden. Von Süden nahen etwa 160 Bomber der 3. Division, geführt von der 452. Bombergruppe, um das Schienennetz auf der Neustädter Elbseite zu zerschlagen.

Die Voraussetzungen für ein Präzisionsbombardement sind nun gar nicht mehr gegeben. Rauch, Dunst, wattige Kondensstreifen. Der Rangierbahnhof Neustadt ist schwer auszumachen, deshalb Wechsel auf die Zweitziel-Bahnhöfe Friedrichstadt, Altstadt, Hauptbahnhof und dabei Zielfehler bis zu 6 000 Meter Abweichung, gegenseitige Behinderung durch zu enges Verbandsfliegen und

Propellerböen, Änderung der Flughöhe, Mißverständnisse zwischen Führungs-
maschinen und Verbänden, Bombennotabwürfe und Bombenrücktranspor-
te[21].

Besonderes Pech hat die im Verband oben fliegende Staffel der 486. Bombergruppe. Die Radaranlage im Leitflugzeug fällt aus und der Radarnavigator sagt
über Bordsprechanlage, daß er keine Navigationshilfe geben kann. Der Kop-
pelnavigator gesteht, daß er nicht weiß, wo man ist. Die Staffel macht daraufhin
eine 360-Grad-Drehung, um die Orientierung wiederzufinden, gerät dabei in
die Flakzone von Brüx und verliert prompt zwei ihrer zwölf Maschinen. Damit
nicht genug: der Leitbombenschütze erfaßt ein Ziel, und in der Meinung, es
sei Dresden, lotst er die Staffel nach Aussig, wo der Angriff anderer Verbände
der 3. Division stattfindet[22].

Eine Dreiviertelstunde nach Angriffsbeginn erscheint die 94. Bombergruppe
am Himmel im Süden Dresdens. Ihre 36 Festungen schleppen 1 000-Pfund-
Sprengbomben, aber nur die Führungsstaffel bringt sie mit einem Zielfehler
von 2 000 Metern ins Stadtgebiet. Unter der in der Gruppe tief fliegenden
Staffel wird kurz vor dem Bombenauslösungspunkt ein anderer Pulk erkannt.
In letzter Sekunde kann der Abwurf gestoppt werden. Wegen der schlechten
Sichtbedingungen verzichtet der Staffelführer auf einen neuen Anflug und
bringt die Ladung zurück nach England. Etwa 400 Meter höher hält die
dritte Staffel der Gruppe Nordkurs auf Dresden. Ihr Leitbombenschütze stellt
nach Grobpeilung im Zielgerät fest, daß man 30 Kilometer vor der Stadt
steht. Er hebt den Kopf vom Okular des Visiers, die Kabel seines Kopfhörers
verheddern sich, der Abwurfmechanismus wird betätigt – die Bomben fallen
aus dem Schacht. Die Bombenschützen in den anderen Flugzeugen halten
dies für das Angriffssignal, sie lösen die Bomben aus, die irgendwo in freiem
Gelände einschlagen.

Wäre der Angriff planmäßig verlaufen, müßte die 94. Bombergruppe die
letzte über Dresden sein, so aber macht erst nach 15 Uhr eine Staffel der über
Brüx getroffenen 303. Gruppe den Schlußwurf[23].

Während des Angriffs und danach schießen Mustangs und Thunderbolts
am Boden 280 deutsche Flugzeuge zusammen, auf Flugfeldern in der Gegend
von Pilsen, Karlsbad, Eger, Klatovy, Plattling, Ganacker, Manching, Puchhof.
Gefährlich wird es für die Tiefflieger am Flugplatz Prag-Ruzyne, dort geraten
sie in wütendes Abwehrfeuer leichter Flak:

»Sichtungsergebnisse in der Luft und auf der Erde sowie beobachtete Lande-
und Starttätigkeit deuten an, daß die Me 262 ausgedehnten Gebrauch von Flugplätzen im Prager Gebiet machten... Eine Staffel P-51 verfolgte eine Me 262
um 14 Uhr von Dresden bis zu einem Flugplatz in der Nähe von Prag, wo fünf
oder sechs weitere zweimotorige Düsenmaschinen bei der Landung beobachtet
wurden. Intensives Flakfeuer aus zahlreichen automatischen Waffen, die zum
Schutz des Flugplatzes eingesetzt waren, hinderte die P-51 daran, die Lage
voll auszunutzen. Um 14.25 Uhr beobachteten andere Jäger zwei Me 262 beim

Start vom Flughafen Prag-Ruzyne, und wieder wurden unsere Jäger durch die starke Flakverteidigung daran gehindert, Feindberührung aufzunehmen. Die Anwesenheit leichter Flak in diesem Gebiet deutet darauf hin, daß der Feind dem Schutz der Flugplätze in der Umgebung von Prag beträchtliche Bedeutung beimißt.«[24]

Die massive Abwehr durch leichte Flak kann bestätigt werden. Örtliche Kräfte waren aufgefüllt worden. Ende Februar zum Beispiel wurde die Batterie 65/50 zbV. vom Objektschutz des Rhein-Main-Flughafens nach Prag-Ruzyne verlegt, eine Luftwaffenhelferbatterie mit Heimatstandort Leipzig[25].

Die amerikanischen Piloten melden weiter, daß sie im Raum Riesa fünfzehn deutsche FW 190 aufspürten, die in niedriger Höhe westwärts flogen, und daß sie drei davon abschossen. Dazu gehörte die 55. Jagdgruppe, die – nach Beendigung ihrer Geleitschutzaufgabe – in den Raum Dresden zurückflog, um in 600 Meter Höhe nach Tiefangriffszielen Ausschau zu halten. Sie schoß auf dem Fliegerhorst Riesa/Canitz deutsche Flugzeuge in Brand. Dabei wurde die Mustang des Kommandeurs Oberst Righetti von leichter Flak getroffen; ihm gelang eine Bruchlandung etwa 30 Kilometer nordwestlich Dresdens, und er konnte noch über Sprechfunk durchgeben: »Ich bin ok, brach meine Nase bei der Landung. Habe neun (Flugzeuge, G. B.) erwischt, heute. Hat verdammten Spaß gemacht, mit euch Burschen zusammenzuarbeiten. Sehe euch bald wieder.« Righetti blieb verschollen. Er soll von aufgebrachten Deutschen getötet worden sein. Spätere amerikanische Versuche, sein Schicksal aufzuklären, wurden von den Sowjets verhindert.

Ostwärts von Dresden überfielen die Mustangs fünf mit Bomben beladene FW 190, die vernichtet wurden; eine weitere FW 190 wurde zerstört, als sie versuchte, auf einem Feld im Norden Dresdens notzulanden. Die 8. Luftflotte verlor dreizehn Jäger und sieben Bomber, achtunddreißig Flugzeuge kehrten mit mehr oder weniger schweren Beschädigungen zurück, verursacht zumeist durch Flakbeschuß über Brüx und Dresden[26].

Im Fall Dresden erscheint das merkwürdig; denn alle Angriffe im Januar, Februar und März hatten eine Stadt getroffen, aus der die Flak abgezogen worden war. Es gibt nur eine Erklärung für die Flakmeldung der amerikanischen Besatzungen am 17. April aus dem Zielgebiet Dresden: Flakbatterien, die sich westlich der Elbe auf den Erdkampf vorbereiteten, beschossen die anfliegenden Verbände. Vielleicht war auch schon die 4. Battr./schwere Flakabteilung 244 (v) auf den Höhen südlich Dresdens in Stellung gegangen; dort ist sie jedenfalls Ende April als Erdkampfeinheit nachweisbar. Über dem Tharandter Wald, 18 Kilometer südwestlich von Dresden, geriet ein zum Ziel fliegender Verband von etwa 20 Bombern in Flakfeuer. Ein Flugzeug wurde offenbar getroffen, denn es scherte aus und drehte nach Westen ab. Ein Besatzungsmitglied stieg mit dem Fallschirm aus[27].

Den Abschuß einer B-17 durch Me 262 verfolgte Rudolf Burkhard, früher erwähnt als Turmbeobachter auf der Löbtauer Friedenskirche. Zur Zeit des

Angriffs am 17. April hielt er sich in Lohmen auf, einem Dorf am Rande der Sächsischen Schweiz. Er stand in freiem Gelände. Aus Richtung Dresden, so sein Bericht, habe sich ein langsam und tief fliegendes Flugzeug genähert, das er als B-17 Bomber erkannte, der durch den Ausfall beider linker Motoren schräg in der Luft lag. Die still stehenden Propeller seien deutlich erkennbar gewesen:

»Der Bomber wurde von einer von hinten anfliegenden Me 262 angegriffen. Der Schußfolge und des starken Knalls wegen muß es sich um eine großkalibrige Kanone gehandelt haben. Von der B-17 lösten sich große Teile, die zu Boden wirbelten. Eine Feuererwiderung war nicht zu hören. Etwa zwei bis drei Kilometer weiter wurde der Bomber erneut in der gleichen Weise angegriffen, er kippte ab und stürzte trudelnd zu Boden. Über der Absturzstelle entstand eine kleinere Rauchwolke. Die Aufschlagexplosion war nicht sehr stark, wahrscheinlich führte er seine Bombenladung nicht mehr mit. Fallschirme waren von meinem Standpunkt aus nicht zu sehen.«

Die Absturzstelle kann zwischen Lohmen, Uttewalde und Stadt Wehlen angenommen werden[28].

Nach amerikanischen Angaben dauerte der Angriff bis 15.12 Uhr, nach in Dresden gemachten Notizen bis 15.09 Uhr. Erst um 16.15 Uhr gab es Entwarnung. Übrigens kam dann von 18.05 bis 18.20 Uhr erneut öffentliche Luftwarnung und abermals um 19.10 Uhr, gefolgt von Fliegeralarm um 19.30 Uhr, der 19.45 Uhr beendet war. Die Luftwarnungen außerhalb der Angriffszeit lösten Flugzeuge der 9. Luftflotte und abends britische Mosquitos aus. Das 9. Taktische Luftkorps der 9. Luftflotte meldete 555 geplante Einsätze mit bewaffneter Aufklärung im Raum Dresden und Luftunterstützung für die 3. und 9. Panzerdivision[29].

Als die Dresdner am Nachmittag des 17. April aus ihren Kellern klettern, sehen sie zwischen Löbtau und Friedrichstadt einen kilometerhohen, die Sonne verfinsternden Rauchvorhang. Das riesige Friedrichstädter Bahnhofsareal ist buchstäblich umgepflügt. Zersplitterte, ausgeglühte, umgekippte Waggons und Lokomotiven, zerfetzte Schienen, Stellwerke, Weichen, Signale. Verdorbene und verbrannte Warenladungen und Tiertransporte, vernichtetes Wehrmachtgerät. Die Brücke Walterstraße wurde von mehreren Bomben glatt durchschlagen, ohne daß sie einstürzte. Im König-Albert-Hafen sanken Schiffe, brannten Lagerschuppen.

Nicht viel besser sieht es in dem und um den Altstädter Güterbahnhof nördlich und südlich der Nossener Brücke aus, welche die Gleisanlagen überspannt. Auch in das leergebrannte Gerippe des Hauptbahnhofs und auf den Wiener Platz und die nähere Umgebung hämmerten die Sprengbomben, sie wirbelten Ruinen bis zum Vitzthumschen Gymnasium und zur Wiener Straße durcheinander. Zahllose Bomben fielen in die Stadtmitte, die in der Februarnacht vollkommen verwüstet wurde. Bürgerwiese, Zinzendorfstraße, Kreuzschule, Georgplatz, Rathaus, Pirnaischer Platz, Grunaer Straße, Carolabrücke, Zirkus Sarrasani. Namen toter Straßen und Plätze, deren ausgebrannte Häuserzeilen nochmals angeschlagen worden sind. Im Großen Garten, an der Anton-Graff-Straße klaffen Bombenkrater zwischen frischem Grün, auch im Zoologischen Garten.

Die Eisenbahnanlagen in der Neustadt sind glimpflich davongekommen, aber teilweise in Pieschen unterbrochen, die nördliche Einfahrt zum Neustädter Bahnhof ist aufgerissen, und das Gebiet zwischen Elbe und Leipziger Straße sowie zwischen dieser und Oschatzer Straße – Bürgerstraße ist getroffen. Weiter nördlich an der Bahnlinie nach Klotzsche sind auf der Höhe der Heerstraße an der Strecke und beiderseits davon Schäden entstanden.

Auch diesmal erleidet die Bevölkerung schmerzliche Verluste. Die bereits im Januar und Februar schwer mitgenommenen Wohnviertel nördlich, östlich und südlich vom Verschiebebahnhof Friedrichstadt sind erneut getroffen worden, darunter die Stadtkrankenhäuser Löbtau und Friedrichstadt.

Der Wehrmachtbericht meldet am 18. April:

»Amerikanische Kampfverbände flogen am Tage nach Mittel- und Süddeutschland ein und griffen besonders das Stadtgebiet von Dresden an. In den Nachtstunden wurden Bomben auf Groß-Berlin und die weitere Umgebung geworfen. Nachtjäger schossen sieben sowjetische Flugzeuge ab.«[30]

Kein Hinweis also auf die anglo-amerikanischen Verluste. Beim OKW herrscht auch keine Klarheit über die tatsächlichen Ziele. Das Lagebuch vom 18. April 1945 hält für den Vortag lediglich fest:

»Die 3 amerik. Div.en gegen Dresden, Pilsen, Nürnberg...«[31]

Pilsen und Nürnberg waren nicht angegriffen worden. Im Gesamtmaßstab waren die 580 oder 590 gegen Dresden geschickten Bomber nur ein Bruchteil der am 17. 4. 1945 operierenden britischen und amerikanischen Flugzeuge. Zusammengenommen brachten die 8. und die 15. Luftflotte, die taktischen Luftstreitkräfte und die RAF an diesem Tage und in der Nacht 7 800 Flugzeuge aller Typen in die Luft. Einundvierzig gingen verloren[32].

Die Intelligence-Auswertung des Angriffs auf Dresden brachte für die 1. Division die Note »gut« und für die 3. Division die Noten »mäßig« und »schlecht«. Was haben die Auswerter festgestellt:

»Hauptquartier 1. Luftdivision. Büro des Intelligence-Direktors. APO 557. Unmittelbarer Auswertungsbericht Nr. 267, 06.00 Uhr, 18. April 1945. Dieser Bericht bezieht sich auf Angriffs-Fotos... während des Einsatzes am 17. April 1945 gegen Dresden, – Deutschland. Das Ziel war ein Komplex von zwei Eisenbahn-Verschiebebahnhöfen in Dresden. A. Dresden (Hauptbahnhof). B. Dresden-Friedrichstadt.

A. Dresden (Hauptbahnhof): Wenigstens 14 Konzentrationen von Spreng- und Brandbomben wurden gesehen, wie sie in oder teilweise in dem Zielgebiet einschlugen. Bodendunst in Verbindung mit intensivem Rauch im Zielgebiet machte es unmöglich, alle abgeworfenen Bomben zu lokalisieren.

Der Hauptbahnhof erhielt mindestens 4 Volltreffer durch Sprengbomben.

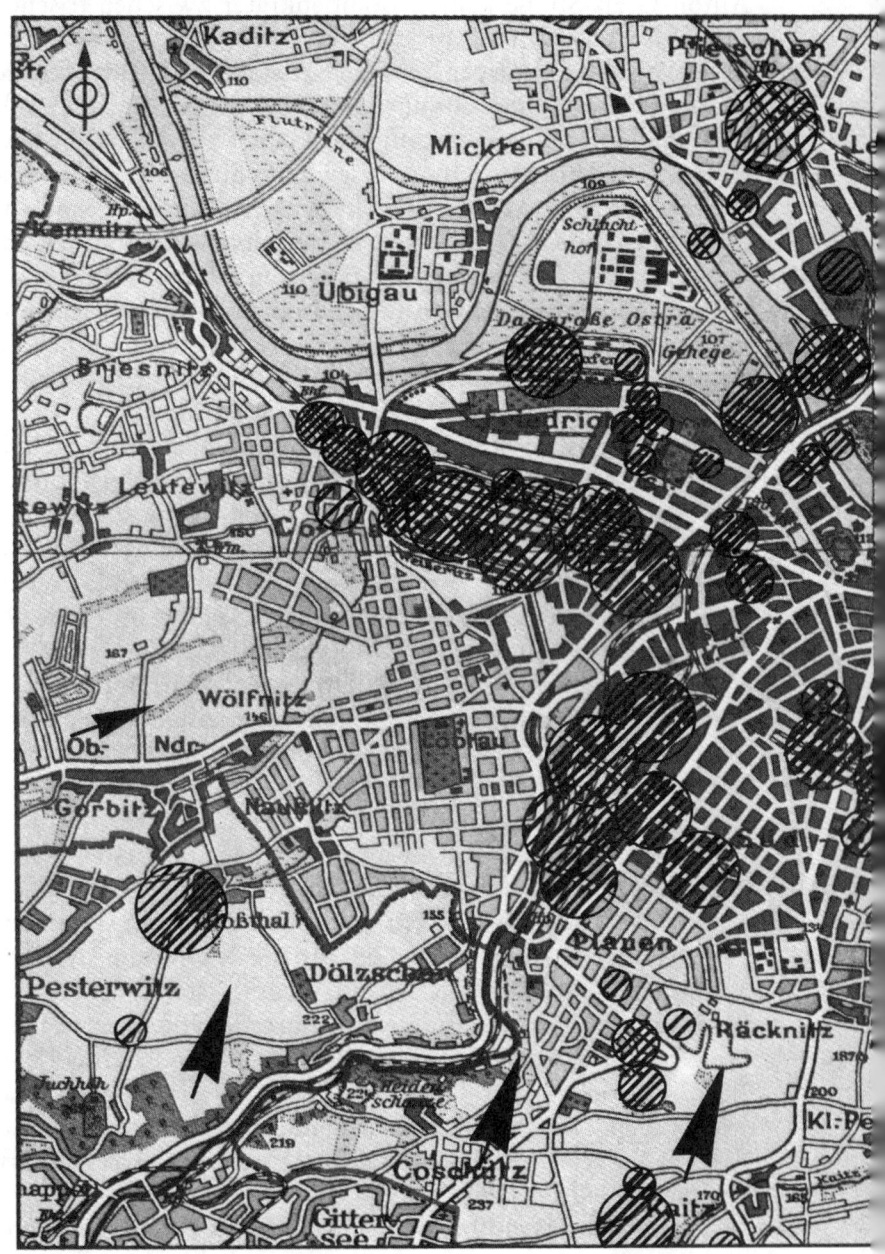

Dresden Stadtgebiet, Angriff am 17. 4. 1945, Trefferbild.

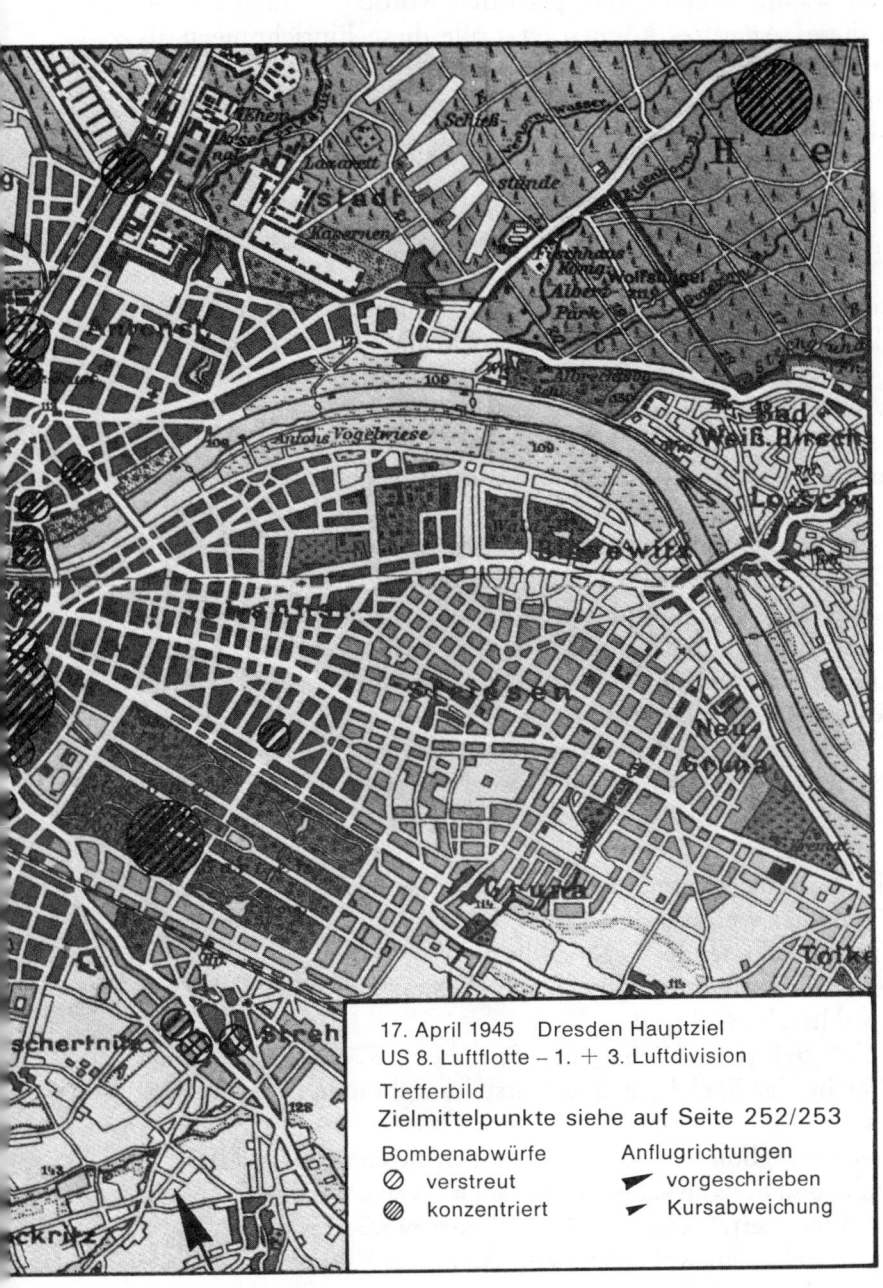

17. April 1945   Dresden Hauptziel
US 8. Luftflotte – 1. + 3. Luftdivision

Trefferbild
Zielmittelpunkte siehe auf Seite 252/253

Bombenabwürfe   Anflugrichtungen
⊘ verstreut   ➤ vorgeschrieben
◍ konzentriert   ➤ Kursabweichung

Volltreffer konnten in 4 großen Lokomotivschuppen gesehen werden. Diese Lokomotivschuppen waren bereits früher getroffen worden. Zusammen mit den Zerstörungen dieses Angriffes können jetzt alle diese Einrichtungen als vernichtet oder schwer beschädigt angesehen werden.

Eine Straßenbrücke im südöstlichen Teil der Gleisanlagen erhielt mindestens 2 Volltreffer. Fotos zeigen, daß die Brücke noch steht, mit Beschädigungen an den Rändern.

Im Gebiet der Nebengleisanlagen sind wenigstens 250 Volltreffer auf den Gleisen und Waggons zu sehen. Der Schaden in diesem Teil des Bahnhofs sollte schwer sein.

Der am weitesten östlich gelegene Endpunkt der Bahnhofsanlagen bekam mindestens 50 Volltreffer. Alle Gleise sind unterbrochen, und man sieht schwere Schäden in einem Gebiet mit zwei Eisenbahnbrücken über Straßen.

Mindestens 30 Volltreffer auf Gleisen und Einrichtungen im Lagergelände.

Die Wohnviertel in der Nachbarschaft dieser Bahnhöfe werden schwer beschädigt sein durch Bomben, die über die Bahnanlagen hinaus in bebaute Teile der Stadt fielen.

B. Dresden-Friedrichstadt: Neun Konzentrationen Spreng- und Brandbomben konnten im Zielgebiet gesehen werden. Vollständige Auswertung aller Einschläge wurde durch Dunst und intensiven Rauch verhindert.

Die Wagen-Reparaturwerkstatt erhielt mindestens 9 Volltreffer, und sie stand gegen Ende des Angriffs in Flammen.

Wenigstens 5 Volltreffer im Lokomotivdepot. Ein Volltreffer in einem Lokomotivschuppen. Der östliche und der westliche Endpunkt dieses Verschiebebahnhofs werden schwer beschädigt sein. Eisenbahnbrücken über Straßen an beiden Endpunkten wurden direkt getroffen, und die Gleise sind unterbrochen.

Der Mittelteil des Verschiebebahnhofs erhielt mindestens 220 Treffer. Eine Explosion konnte gesehen werden, und Fotos, die gegen Ende des Angriffs gemacht wurden, zeigen brennende Waggons in diesem Gebiet.

Eine große Straßenbrücke über die Bahnanlagen bekam wahrscheinlich zwei Volltreffer ab und zahlreiche Nahtreffer.

Ein Bombenteppich fiel in ein Gebiet von Speichern, 800 Meter nördlich vom Ziel. Volltreffer in vier Speichern und Entstehungsbrände in dieser Gegend.

Allgemeines: Drei Sprengbomben-Konzentrationen fielen in die Stadtmitte. Es entstanden Brände, und es kann schwerer Schaden erwartet werden, obwohl der größte Teil der Wohnviertel schon vorher zerstört worden war.

Ein Bombenteppich fiel in ein Waldgebiet annähernd 7,5 Kilometer nordöstlich der Stadtmitte, und ein zweiter Teppich wurde gesehen, wie er etwa 5,5 Kilometer südwestlich der Stadtmitte detonierte. Der Schaden dürfte gering sein.

Obwohl eine vollständige Auswertung der Einschläge aller von den Staffeln abgeworfenen Bomben nicht möglich war, ist es doch an Hand der verfügbaren Fotos augenscheinlich, daß schwere Schäden in beiden Bahnhofsanlagen zu erwarten sind.«[33]

Diese Sofort-Auswertung ist bemerkenswert genau, und sie entspricht den in Dresden selbst festgestellten Auswirkungen. Nach Beendigung des Angriffs erschien ein Aufklärer der 13. Staffel, die zur 7. Fotogruppe der 8. Luftflotte gehörte, über den qualmenden Trümmern. Er brachte die Bilderserie US7GR/146B mit. Es handelt sich um aus großer Höhe aufgenommene Fotos der bombardierten Sektoren und des Großraumes Dresden; sie decken das Gebiet von Klotzsche im Norden über Lockwitz im Südosten, Freital im Süden bis Niederwartha und Kötzschenbroda im Westen ab[34].

Auf diese Luftbilder stützt sich der Sofort-Auswertungsbericht Nr. K. 4297 vom 18. April, der für die Ziele Verschiebebahnhof Friedrichstadt, Güterbahnhof Altstadt und Hauptbahnhof zu gleichen Ergebnissen kommt wie der Angriffsfoto-Auswertungsbericht No. 267 der 1. Luftdivision. Über die Angriffsfotos der 3.Luftdivision meldet deren Auswertungsbericht S.A. 3588, wegen der schlechten Qualität der von Rauch und starkem Dunst überlagerten Aufnahmen sei eine detaillierte Interpretation unmöglich. Auf den nach dem Angriff fotografierten Aufklärerbildern sind die Eisenbahnanlagen in Dresden-Neustadt etwas besser zu erkennen; im Bericht Nr. K. 4297 heißt es:

»Im Neustädter Eisenbahnzentrum sind mehrere Bombenreihen quer über die mäßig mit Zügen besetzten Bahnhofsgleise gefallen, sie haben erhebliche Zerstörungen verursacht. Weiter nördlich ist ein Volltreffer in den Durchgangsgleisen und ein zweiter nahe am Pfeiler der Gleisüberführung. Mehrere Treffer gibt es in den Gleisen, die zu den großen Güterschuppen am Neustädter Bahnhof führen, die allerdings vom Rauch zweier brennender benachbarter Fabriken verdeckt werden; eine davon ist als Gehe & Co. identifiziert, eine Fabrik für Giftgas. Im Nordwesten sind zwei Bombenreihen über die Gleise zu den Lagerschuppen gefallen und auch über die Mitte der Verladegleise; ein einzelner Treffer ist in der Durchgangsstrecke neben dem Lokomotivdepot. Mittlere Schäden und verschiedene Brände sind in dem Wohngebiet westlich vom Ziel zu sehen.«[35]

Damit gab sich die 8 Luftflotte ebensowenig zufrieden wie das Bomberkommando. Am 18. und 19. April wurden abermals Aufklärer nach Dresden geschickt, um die Schäden unbehindert durch Rauch und Dunst fotografieren zu lassen. Obwohl diese Bilder dann die endgültige Bestätigung dafür lieferten, daß es diesmal gelungen war, das Dresdner Eisenbahnnetz lahmzulegen, geriet der Angriff vom 17. April 1945 in Vergessenheit.

Seine Ergebnisse, in der Hauptsache die eines Präzisionsbombardements, sind hier erstmals analysiert worden. Aus unerfindlichen Gründen verzichtete die US Air Force darauf, sich mit dem Erfolg des 17. April zu verteidigen, wenn sie angeschuldigt wurde, nur nichtmilitärische Ziele in Dresden zerstört zu haben. Statt dessen griff sie zu dem untauglichen Mittel, die halben und

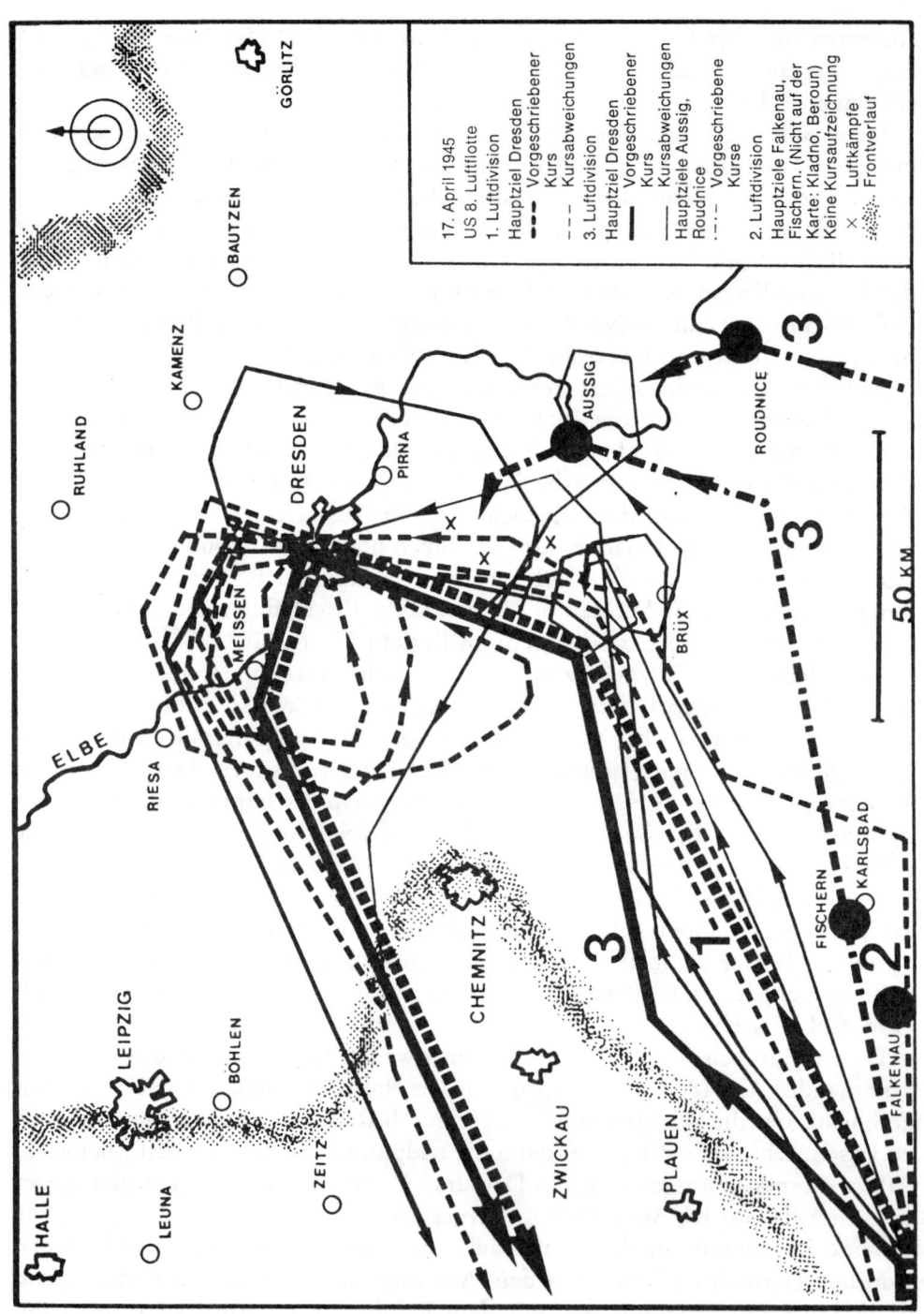

Einflüge am 17. 4. 1945, Sachsen, Angriffe auf Dresden und Aussig.

ganzen Fehlschläge des 14. und 15. Februar in Erfolge umzumünzen. Davon soll noch die Rede sein.

Dem Verfasser gelang es erst 1974 – dank der Hilfe britischer Dienststellen – wenigstens Teile der umfangreichen fotografischen Ausbeute zu erhalten, die insgesamt einmal diesen beträchtlichen Umfang hatte:

1. 17. 4. 1945   Angriffsfotos der 1. und 3. Luftdivision.
2. 17. 4. 1945   Aufklärung 13. Staffel, 7. Foto-Gruppe, Einsatz Nr. US7GR/146B. Beendet 17 Uhr.
3. 18. 4. 1945   Aufklärung 540. Foto-Aufklärungsstaffel RAF, Mosquito. Einsatz Nr. 104W/C128. Beendet 18 Uhr.
4. 19. 4. 1945   Aufklärung 22. Staffel, 7. Foto-Gruppe, Einsatz Nr. US7GR/139D. Beendet 13 Uhr.
5. 19. 4. 1945   Aufklärung 22.Staffel, 7. Foto-Gruppe, Einsatz Nr. US7GR/140D. Beendet 13.35 Uhr.
6. 19. 4. 1945   Fotografie des Flughafens Klotzsche für Airfield Activity Report 332[36].

Diese Luftfotos brachten zusätzliche oder die Sofort-Auswertungsberichte ergänzende Erkenntnisse:

Dresden-Neustadt.
Im Bereich der Gleisbrücke über die Heerstraße bis zur Königsbrücker Straße etwa 40 Sprengbomben. Sechs Treffer auf der Strecke nach Radeberg. Kasernen entlang der Heerstraße ohne neue Schäden.

Bereich Bahnhof Pieschen, Strecke nach Berlin, Leipzig. In den Haupt-, Neben- und Rangiergleisen 18 Treffer. Zerstörte Wagen. Erhebliche Schäden in Wohnvierteln der nächsten Umgebung und am Moritzburger Platz noch Schwelbrandqualm[37].

Neustädter Bahnhof. In der Nordausfahrt etwa 20 Treffer. Zerstörte Waggons[38].

Dresdner Heide. Straße nach Radeberg mit Panzersperren. Südlich der Straße in Jagen 65 und 66 ungefähr 80 bis 100 Sprengbombeneinschläge in 500 mal 400 Meter. Waldschäden. Einzelabwürfe auf Heidemühle und Waldgebiet südlich der Straße zur Hofewiese. Zielirrtum acht bis zehn Kilometer[39].

Dresden-Altstadt.
DSC-Stadion und Umgebung von schweren Sprengbomben getroffen. In Verbindung mit den Abwürfen der früheren Angriffe ist insbesondere zwischen Fußballplatz und Magdeburger Straße ein enormes Trichterfeld entstanden.

Eisenbahngleise auf Kaianlagen westlich der Eisenbahnbrücke von Bombenserie beschädigt.

Vernichtungsspur eines Bombenteppichs durch früher bereits beschädigtes Gebiet von der Stärkengasse über Wettiner Platz zum Wettiner Bahnhof. Jakobikirche und Jahnstraße ausgebrannt und von zahlreichen Sprengbomben zerschlagen. Güterzug mit etwa 80 Wagen steht vom Wettiner Bahnhof bis Abzweig Friedrichstadt. Getroffen in der Südausfahrt des Bahnhofs, etliche Wagen umgekippt. Treffer im Gleiskörper südlich des Bahnhofs. Unversehrt blieben auch diesmal das Elektrizitätswerk und die Druckerei- und Redaktionsgebäude der NSDAP-Zeitung »Der Freiheitskampf«[40].

Die Schutzgräben in den Kleingärten hart nördlich des östlichen Teils des Verschiebebahnhofs Friedrichstadt sind unter einem Kraterfeld verschwunden[41].

Altstädter Güterbahnhof, auch als Eisenbahnzentrum bezeichnet. Von frischen Treffern übersät. Dicht daneben massierte Bombenkrater in früher teilweise zerstörtem Wohnviertel im Bereich der Zwickauer Straße, Chemnitzer, Würzburger, Bamberger und Hohe Straße und im Alten Annenfriedhof[42].

Hauptbahnhof. Einzelne Treffer in Westausfahrt und Hauptgebäude. Zahlreiche Treffer Wiener Platz und Umgebung. Gleisgelände Ostausfahrt mit Einschlägen auf Bahnsteigen und in Gleisen. Die hohe Stützmauer neben der ausgebrannten Reichsbahndirektion ist auf etwa 15 Meter Breite eingestürzt. 250 bis 500 Meter ostwärts vom Hauptbahnhof liegen Sprengbombeneinschläge in nichtzählbarer Menge, zum Teil in den am 13./14.Februar ausgebrannten Häusern der Wiener Straße, der Werder-, Uhland- und Ostbahnstraße. Die Stützmauer des Gleiskörpers entlang der Ostbahnstraße ist bei den Gleisbrücken über die Uhlandstraße niedergebrochen, die Brücken sind stark beschädigt und aus der Verankerung gehoben. Im Schienenbereich haben sich die Krater so überlagert, daß sie sich zum Teil durch Erdaufschüttung gegenseitig einebneten und das Gelände zwischen Bahnböschung und Wiener Straße nivellierten[43].

893 Sprengbombentreffer wurden allein im Friedrichstädter Bahnhof bei Kriegsende gezählt. Sie stammten fast ausschließlich vom 17. April, da die früheren Schäden im Gleisnetz beseitigt worden waren[44]. Erst im Dezember 1947 konnte der 17 Meter hohe Ablaufberg wieder in Betrieb genommen werden. Rund 2400 zerstörte Waggons lagen Anfang Mai 1945 im Bahnhof fest«[45].

Weder »Ankläger« noch »Verteidiger« in den Auseinandersetzungen um Dresden haben von diesen Tatsachen Gebrauch gemacht. Die einen, weil es ihnen nicht ins Konzept paßte, die anderen, weil sie sich nicht darum kümmerten.

Aber versetzen wir uns noch einmal zurück zum 17. April 1945. Die Dresdner meinten damals, das zermürbende Anderthalb-Stunden-Bombardement habe der Vorbereitung des Einmarsches der amerikanischen Truppen gegolten, die Stadt sei »sturmreif« gebombt worden. Jedoch, die Amerikaner kamen nicht, sie verharrten weiter bei Chemnitz.

Als in der Nacht alle Geräusche deutlicher zu hören waren, lauschten die Dresdner bang dem fernen Artilleriedonner der Front. Das dumpfe Grollen rumorte im Osten.

15

Mit Bomben und Kameras

Ganz gleich, was die Zeitungen sagen – der Krieg ist nicht aus, bevor der letzte Einsatz geflogen ist.

Hauptquartier 8. Luftflotte. Einsatzanalyse des 19. April 1945.

Zwei Tage später. Die Amerikaner waren nicht einmarschiert, sie standen immer noch bei Chemnitz. Aber ihre Bomber kamen wieder, und es schien, als sollte Dresden ihr Ziel sein.

Annähernd 300 Fortress waren bis in den Raum südlich Berlin eingeflogen, hatten sich dort in zwei Kampfgruppen getrennt und Südkurs genommen. Zumindest die Besatzungen jener Verbände, die auf dem 52. Breitengrad erst nach Erreichen von 15 Grad 40 Minuten östlicher Länge zum Zielanflug nach Süden eindrehten, konnten die in Bewegung geratene Ostfront an zahllosen Rauchsäulen erkennen. Es war klare Sicht am 19. April 1945, dem vierten Tag der sowjetischen Offensive mit Stoßrichtung Berlin und Dresden.

In Dresden wurde Fliegeralarm gegeben, aber die Viermotorigen bombardierten 45 Kilometer nördlich der Stadt die Bahnanlagen in Elsterwerda. Die andere Kampfgruppe griff Bahnanlagen und die Gleiskreuzung von Falkenberg an, in der Nähe von Elsterwerda. Falkenberg hatte bereits einen Angriff zweimotoriger taktischer Bomber der 9. Luftflotte erlebt, ohne daß dabei nachhaltige Auswirkungen verursacht werden konnten. Die Noten für den Angriff am 19. April sollten »gut« lauten, sowohl für Elsterwerda als auch für Falkenberg[1].

Dies war der Auftrag der 1. Luftdivision gewesen, die sofort nach Südwesten abflog, so daß es in Dresden um 11.50 Uhr zu Vorentwarnung kam, gefolgt von neuem Alarm um 12.05 Uhr. Jetzt nahten amerikanische Flugzeugpulks im Südwesten, die, wie zwei Tage zuvor, schon seit Überqueren des Rheins einen ziemlich direkten Ostkurs beibehalten hatten. Es handelte sich um drei Kampfgeschwader der 3. Division auf dem Weg nach Pirna, Aussig und Karlsbad, 311 Fliegende Festungen in Begleitung von 197 Mustangs, in der befohlenen Marsch- und Angriffsordnung:

4. Kampfgeschwader (Pirna):
4 A: 487. Bombergruppe – 4 B: 94. Bgr. – 4 C: 447. Bgr. –
4 D: 486. Bombergruppe
93. Kampfgeschwader (Aussig):
93 A: 493. Bombergruppe – 93 B: 34. Bgr. – 93 C: 490. Bgr. –
93 D: 385. Bombergruppe
45. Kampfgeschwader (Karlsbad):
45 A: 388. Bombergruppe – 45 B: 452. Bgr. – 45 C: 96. Bgr.[2]

Den Bombenschützen in den Leitflugzeugen der einzelnen Staffeln waren ihre Zielmittelpunkte zugewiesen worden, diesmal wieder mit Prioritäten als Erst-, Zweit- oder Drittziel. Für den Fall visuell durchgeführter Anflüge sollten in Pirna die beiden ersten Gruppen die kombinierte Eisenbahn- und Straßenbrücke über die Elbe mit tausend- und fünfhundertpfündigen Sprengbomben zum Einsturz bringen, und die anderen beiden Gruppen sollten mit 500-lb.-Minenbomben die Bahnanlagen treffen.

Nach dem nur als »ganz gut« eingestuften Angriff auf den Verschiebebahnhof in Aussig am 17. April sollte der Versuch wiederholt werden, und zwar mit den Zielmittelpunkten Verschiebebahnhof, Gleisüberführungen, Rangier-Nebengleise. Für Karlsbad hießen die Ziele Eisenbahnanlagen und Bahnbrücke.

Sollten die auf Pirna angesetzten Gruppen daran gehindert werden, zu ihrem Hauptziel vorzudringen, hatten sie als Zweitziel die Gleisüberführungen und Rangier-Nebengleise in Aussig zu nehmen. Umgekehrt sollten die vier Gruppen von Aussig auf die Bahnanlagen von Pirna umgeleitet werden, falls es ihnen unmöglich sein würde, ihr Hauptziel zu treffen.

Als Alternative für Pirna und Aussig wurde den acht Bombergruppen Dresden vorgeschlagen, egal, ob für einen optischen oder einen radargeleiteten Angriff. Die genaue Zielangabe hieß jedoch recht allgemein nur Gleisüberführungen oder auch Eisenbahnbrücken über Straßen. Davon existierten schließlich eine Menge, aber sie waren auch aus der Höhe besonders schwer zu treffen.

Die Verbände von Karlsbad blieben ohne Ausweichziele[3].

Der Einflug in den Engpaß zwischen West- und Ostfront verlangte diesmal noch größere Vorsichtsmaßregeln als am 17. April, denn die Frontlinien waren in rascher Bewegung. Hatte es eben noch genügt, die allgemeine Zielanflugrichtung mit Nord-Nord-Ost festzulegen, so wollte man jetzt jedes Risiko eines über das Ziel nach Osten Hinausfliegens vermeiden und bestimmte für sämtliche Verbände die Zielanflugrichtung Nord-Nord-West oder 335 bis 345 Grad.

Für die 115 Festungen der Pirna-Streitmacht bedeutete das, daß sie 40 Kilometer westlich von Prag ihren Ost-Geradeausflug zu beenden und auf Nordostkurs einzudrehen hatten. Sie mußten ihren Zielanflugpunkt in 5040

Nord – 1410 Ost über dem Elbeknick zehn Kilometer ostwärts Aussig finden und zu einem achtminütigen Anflug auf Pirna in Höhen von 6 500 Meter einschwenken. Durch scharfes Linksabdrehen nach dem Bombenabwurf sollten sie vermeiden, das Stadtgebiet Dresdens zu streifen, da dort Flak vermutet wurde. Für das Aussig-Kampfgeschwader waren entsprechende Manöver weiter südlich vorgesehen.

Wegen der Nähe der russischen Front galt als Haupterkennungszeichen Wackeln mit den Tragflächen. Sollte das nichts nützen, müßten grüne Leuchtkugeln abgefeuert werden[4].

Das 4. Kampfgeschwader fand über Pirna ausgezeichnete Voraussetzungen vor. Die Staffeln konnten einzeln optisch zielen und luden mehr als 337 Tonnen Sprengbomben auf die kleine Stadt vor den Toren Dresdens ab. Der Angriff erhielt die selten ausgesprochene Bewertung »sehr gute Ergebnisse«:

»Kombinierte Eisenbahn- und Straßenbrücke von zwei Teppichen bestehend aus 500-Pfund-Sprengbomben und zwei Teppichen aus 1 000-Pfund-Sprengbomben eingedeckt. Mindestens fünf Treffer auf der Brücke und ihren Zufahrten. Luftaufnahmen einer Aufklärungseinheit zeigen: zwei Träger der Eisenbahnbrücke zerstört und zwei bis drei Bogen der Straßenbrücke zerstört. Zwei Teppiche trafen das bebaute Gebiet der Stadt und die Brückenzufahrten. Fünf von sechs Staffeln, die verspätet über den Eisenbahnanlagen eintrafen, bedeckten den Bahnhof, unterbrachen alle Haupt- und Nebengleise und erzielten einige Treffer auf dem Lokomotivschuppen und auf Fabrikgebäuden nördlich und südlich des Bahnhofs. Foto-Aufklärung der letzten Staffel zeigt viele brennende und zerstörte Waggons im Bahnhof.«[5]

Das ist alles richtig beobachtet. An Stelle der teilweise zum Einsturz gebrachten Brücke bauten sowjetische Pioniere nach dem Einmarsch eine Holzbrücke, die am 19. September 1945 durch eine auf den Pfeilern der alten Brücke errichtete Interimsbrücke ersetzt wurde. Nach den verstreuten Bombenabwürfen auf Pirnas Südvorstadt und auf Jessen als Folge der Angriffe auf Dresden am 15. Februar bzw. 2. März zeigte dieses Bombardement alle Merkmale der Konzentration, wenn auch unvermeidbar Wohnviertel in Mitleidenschaft gezogen wurden. Etwa 230 Tote waren zu beklagen. Rechts der Elbe gab es schwere Schäden in Pirna-Copitz, besonders in Brückennähe. Links der Elbe hatten die Bomben Spuren in der Kloster-, Breite und Grohmannstraße und am Dohnschen Platz hinterlassen, die Landwirtschaftsschule wurde zerstört, aber die vielhundertjährige Altstadt blieb erhalten.

Gleichwohl wird nach der Lektüre der vorangegangenen Kapitel niemand behaupten können, daß Präzision genüge; es muß immer auch Glück dabei sein oder Zufall, wie man es nennen will. Im Einsatzbericht der 486. Bombergruppe wird geradezu weitschweifig geschildert, wie die Propellerböen vorausfliegender Maschinen Piloten und Bombenschützen der Leitflugzeuge störten. Und es hätte ja genügt, daß ein Leitbombenschütze, plötzlich besonders unsanft geschüttelt, Sekunden zu früh ausgelöst hätte; schon wäre – bei der vorgeschriebenen Anflugrichtung – eine Schneise der Vernichtung quer durch das historische Zentrum geschlagen worden[6].

Peter Brunner, damals zwölf Jahre alt, erinnert sich, daß er – vor seinem Elternhaus stehend – die anfliegenden Bomber mit einem Fedstecher beobachtete: »Es knallte ganz unvermittelt und für mich überraschend. Mir fehlt da ein Stück Film. Ich muß zurückgestürzt sein und sah noch, wie das Haus, in das ich zurückrannte, über meinem Kopf zusammenbrach. Das gesamte Treppenhaus stürzte in einem bunten Wirbel auf mich zu. Was weiter geschah, weiß ich nicht; ich sah nur, daß ich – ohne daß mir ein Haar gekrümmt war – wieder in den Luftschutzkeller zurückgefunden hatte.«[7]

Von diesem Angriff sind zwei Luftbilder bekannt. Das eine ist ein Angriffsfoto der 447. Bombergruppe und es zeigt, wie der Teppich einer Staffel dieser Gruppe im südlichen Bereich des Bahnhofs detoniert. Dichte Rauch- und Staubwolken quirlen empor, aber auch daneben sind Brände ausgebrochen, während eine mächtige weißliche Staubwolke von früheren Abwürfen träge über Stadt und Landschaft nach Osten abzieht. Die Elbbrücke ist an mehreren Stellen zusammengestürzt[8].

Ein sehr viel genaueres Bild liefert ein Aufklärerfoto, das vielleicht eine Stunde nach dem Angriff entstanden sein mag; denn in den Straßen sind Menschen zu sehen. Der Bildausschnitt schneidet an der südlichen Brückenzufahrt ab, so daß zwar noch die schweren Schäden hier, nicht aber die Brücke und das rechtselbische Copitz erfaßt sind.

Eine sehr genaue Auswertung der Schäden in den Bahnanlagen ist möglich. In einem Sektor von 1 000 Meter Länge und 500 Meter Breite können 250 Voll- und Nahtreffer in den Gleisen, den Bahnhofsgebäuden und eng benachbarten Fabriken gezählt werden. Mit Sicherheit darf man etwa 50 Treffer dazurechnen, die wegen der Rauchentwicklung oder aus anderen Gründen nicht identifizierbar sind. Der hier vermessene Sektor reicht von der westlichen Bahnhofseinfahrt bis zum Personenbahnhofsgebäude in West-Ost-Richtung und von der Elbe bis zur Dresdner Straße in Nord-Süd-Richtung. Dies war das Hauptzielgebiet.

Im Detail ist zu erkennen, daß sehr eng liegende Bombenreihen, die sich stellenweise zum Kraterfeld verdichten, die gesamten Schienenstränge mehrfach glatt durchgerissen haben. Nördlich der Dresdner Straße ist der Bahnhofsbereich mit dem Abzweig der Strecke ins Erzgebirge nach Gottleuba praktisch unter der pudrigen Schicht von sich massenhaft überlappenden Bombentrichtern verschwunden. Lokschuppen und Drehscheibe haben Volltreffer.

Durchgangs-, Rangier- und Nebengleise waren stark belegt, und nun liegen zahlreiche Waggons durcheinandergeworfen zwischen den Gleistrümmern. An drei Stellen brennen Ölwaggons mit charakteristischer pechschwarzer Rauchfahne.

Der Teppich einer Staffel traf, 300 Meter südlich vom Bahnhofsareal, den

Friedhof zwischen Dresdner und Dippoldiswalder Straße. Hier und in seiner unmittelbaren Umgebung sind mehr als 100 Bombentrichter ablesbar.

Noch etwas verrät die Luftaufnahme: viele Bomben müssen in die Elbe gefallen sein, einige explodierten am rechtselbischen Ufer gegenüber vom Bahnhof, einzelne verzettelten sich bis kurz vor Pratzschwitz, einem Nachbardorf. Die Aufnahme verrät außerdem, wie Pirna auf die Verteidigung gegen Russen oder Amerikaner vorbereitet wurde. Rechtselbisch erkennt man Schützengräben beiderseits der Straße, die aus Copitz nach Pratzschwitz und weiter nach Dresden führt. Linkselbisch ziehen sich gezackte Linien von Schützengräben vor der Brücke über die Uferwiese[9].

Wie die Flugzeugbesatzungen nach dem Einsatz zu Protokoll gaben, haben sie auf Flugplätzen in der Umgebung Dresdens 15 einmotorige Maschinen in Kamenz und 16 in Riesa gesichtet. Ein Flugplatz, der als Radeberg bezeichnet wurde, sei mit 12 zweimotorigen und 16 einmotorigen Flugzeugen belegt gewesen. Da es in Radeberg keinen Flugplatz gab, muß ein anderer gemeint gewesen sein[10].

Trotz ihrer enormen Luftüberlegenheit waren die Amerikaner noch vor den deutschen Düsenjägern auf der Hut. Mit einem gewissen Recht, wie sich aus Intops Summary ergibt:

»Me 262, die im Raum Prag operierten, machten wieder den Versuch, die Bomber abzufangen. Wetter: Gipfelhöhe und Sichtweite unbegrenzt... Zeit: 11.50 Uhr. Die P-51 warteten, bis 16 Feindmaschinen gestartet waren, dann stießen sie aus 4 500 Meter hinab und griffen diese Maschinen an. In dem anschließenden Luftkampf wurden vier zerstört und drei beschädigt. Trotz des Luftkampfes über ihrem Einsatzhafen setzten geschätzte 14 Düsenjäger ihren Start fort, hielten sich vom Kampf fern, wurden aber offensichtlich daran gehindert, sich zu formieren... etwa 11 bis 15 Me 262 im Gebiet Pirna-Aussig. Diese Feindmaschinen operierten in kleinen Schwärmen von drei bis fünf Flugzeugen und unternahmen einzelne Anflüge. Eine Bombergruppe, die am Zielanflugpunkt eine Wendung um 270 Grad machte, wurde von vorn von einem Düsenjäger angegriffen, der einen Bomber abschoß. Ein anderer Bomber wurde aus Richtung 8 unten von zwei Düsenjägern angegriffen, die durch die untere Staffel durchflogen und die obere Staffel angriffen und dabei drei Bomber vernichteten. Diese beiden Feindmaschinen wurden anschließend von Jägern zerstört. Ein fünfter Bomber wurde von einem Düsenjäger abgeschossen, der so schnell angriff, daß es den Begleitjägern nicht gelang, ihn zu bekämpfen...«[11]

Das Hauptquartier der 8. Luftflotte hielt es für angebracht, nach dem – nicht mehr erwarteten – Verlust von fünf Bombern die Taktik der deutschen Luftwaffe zu analysieren. Ein mit einer Karte illustriertes Merkblatt beschrieb den Verlauf des Einsatzes und mahnte, es sei wert, daran zu denken:

»Ganz gleich, was die Zeitungen sagen – der Krieg ist nicht aus, bevor der letzte Einsatz geflogen ist. Die deutsche Luftwaffe hat mehr Me 262 als irgend jemand gedacht hat. Sie sind in den noch gehaltenen süddeutschen Raum zurückgezogen worden und sie können die schweren Bomber jederzeit treffen, wenn sie sich in dieses Gebiet wagen. Achten Sie besonders auf zwei Tricks: Überraschungsangriffe aus der Sonne und blitzschnelle Frontalangriffe aus den Wolken. Beide Bravourstücke vollführten die Me 262 bei den letzten beiden Einsätzen. Aber wenn die Bordschützen nicht außerordentlich wachsam sind – ist diese Form des Angriffs vorüber, bevor jemand merkt, daß er überhaupt stattfindet.«[12]

Die Angriffe auf Verkehrsanlagen in Elsterwerda, Falkenberg, Pirna, Aussig und Karlsbad am 19. April waren Fortsetzung und Abschluß des Unternehmens vom 17. April, die Nord-Süd-Bahn-Verbindung in dem Teil Deutschlands zu unterbrechen, in dem sich amerikanische und sowjetische Soldaten schon bald die Hände reichen wollten.

Es war das letztemal, daß die schweren Bomber der 8. Luftflotte im Raum Dresden kreuzten. Die Bevölkerung Dresdens hatte durch die Erschütterungen und Explosionen der Bombenteppiche in Pirna den Eindruck, als werde schon wieder ihre Stadt bombardiert. Auch den Flugzeugbesatzungen erschien die Entfernung gering, weshalb die 447. Bombergruppe meldete, sie habe Dresden angegriffen. Andere Besatzungen sagten aus, sie hätten in Dresden eine gewaltige Explosion beobachtet, deren Rauchwolke mehr als 1 200 Meter hoch aufgestiegen sei. Intensive Foto-Aufklärung wurde über Dresden geflogen[13].

Beim Auswerten der Bilder müßten seltsame helle Linien aufgefallen sein, die sich im Norden und Süden durch Wiesen, Felder, Kleingartenkolonie, durch zerstörte und unzerstörte Wohnviertel zogen. Deutlich zeichneten sich so die im Bau befindlichen und die fertiggestellten Verteidigungsanlagen des »Festungsbereiches Dresden« ab. Tatsächlich hatten die Befehle Gauleiter Mutschmanns und des Kommandanten, General der Infanterie von und zu Gilsa, Volkssturmmänner, städtische Angestellte und andere Hilfskräfte zum Stellungsbau getrieben. Obwohl diese Aktion noch nicht ihren Höhepunkt erreicht hatte, erkannte man das Resultat, Panzergräben und Schützengräben, auch noch aus großer Höhe.

In der Neustadt beginnt der Panzergraben in Mickten, verläuft nach Pieschen und von dort bis zum Heller. Etwa 3 500 Meter sind fertig, im Bau oder trassiert. Folgende Teilstücke können erkannt werden:

1. Trachauer Straße-Sternstraße.
2. Micktener Straße über Lommatzscher Platz zur Wüllnerstraße.
3. Nördlich der Wurzener Straße über den Sportplatz hinter dem Sachsenbad, dann eine trassierte Strecke durch Kleingärten bis hinter die St. Joseph-Kirche. Besonders gefährdet erscheint dieses unbeschädigte Wohnviertel mit dem Krankenhaus in der Wurzener Straße, dem »Festungslazarett«, durch diese Grabenziehung.

GAF TACTICS

THE GENERAL PICTURE

As if to prove that gunners can't relax until the war is over, 12-14 Me-262s sneaked through the escort to shoot down five 3rd Division Fortresses attacking railroads south of Dresden.

1st Division, which led the way and hit marshalling yards at Elsterwerda and Falkenberg, was unopposed.

As 3rd Division approached its targets -- a marshalling yard at Aussig and railroad facilities at Pirna and Karlsbad --

30 Me-262s began taking off from a field west of Prague.

Escort sweeping ahead of the bombers spotted the enemy and went down to 5000 feet to bounce them. The Mustangs shot down four of the jets and damaged three, but the remaining Me-262s broke individual elements and scrammed.

Although the jets never succeeded in forming up, about 12 of them made passes at the bombers, singly or in pairs. Gunners were tentatively credited with 6-1-2 jets, plus one conventional fighter destroyed, while close escort destroyed three more jets.

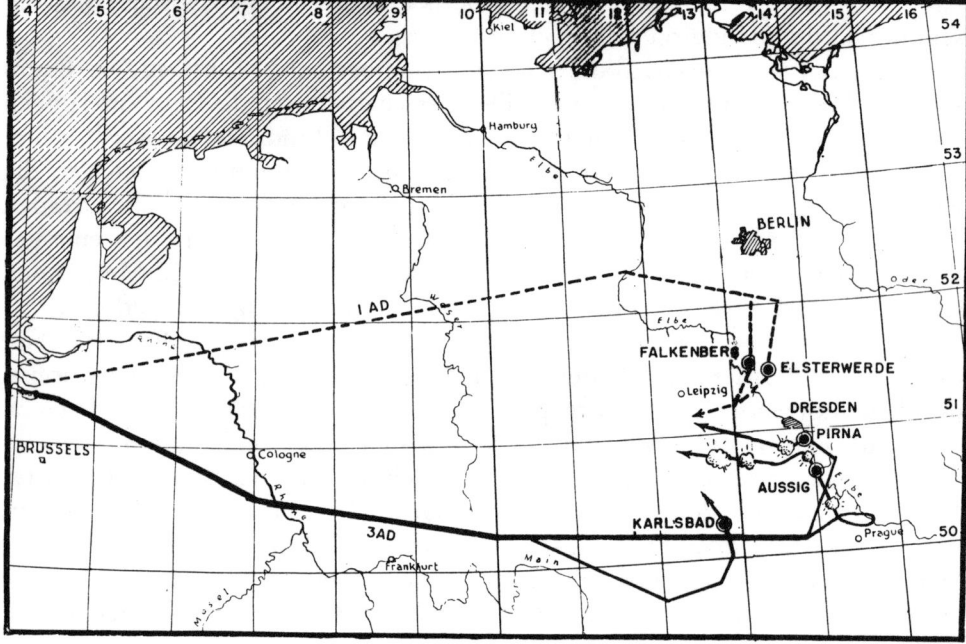

Einflüge am 19. 4. 1945, Westen und Reichsgebiet, Angriffe auf Elsterwerda, Falkenberg, Pirna, Aussig, Karlsbad.

276

19 APR.

DETAILS OF THE ATTACKS

Four of the five losses were sustained by the third Group in the force attacking Aussig. This Group overran its IP, made a 270-degree turn, and was 25 minutes late and by itself as it recrossed the IP.

Just as the Group completed the turn, one Me-262 came down out of a cloud layer 4000 feet above the bombers and hit the lead squadron from 12 o'clock level. The jet pressed the attack to 150 yards, shot down the No. 3 bomber, and pulled up over the squadron.

A few minutes later, while the squadrons were in trail for a CAVU bomb run, two jets hit the low squadron from 6 o'clock low, destroying the No. 1 and No. 4 a/c in the squadron's diamond element and following up with an attack on the high squadron that took out the No. 3 bomber. Both e/a were destroyed.

A third attack on this Group was made just after bombs away by a single Me-262 which approached the lead squadron from 8 o'clock low. The e/a was damaged by the gunners and broke off at 300 yards.

The two leading Groups in this Aussig force reported only ineffective passes. One single-engine fighter attacked the lead Group from 8 o'clock high, but the unwary Jerry pilot bailed out when the gunners opened up on him. Me-262s made five or six individual tail attacks on the second Group between the target and the battle line, but the passes were neither aggressive nor skillful and no harm was done; gunners were tentatively credited with 3-1-1.

Of the four Groups which bombed Pirna, the last two Groups reported encounters near the rally point.

Two jets attacked the high squadron of the third Group from 8 o'clock high, swooping down out of the sun and destroying the squadron's No. 3 bomber before gunners spotted them. The e/a zoomed about 50 feet over the top of the squadron and broke away at 11 o'clock.

At the same time, a single Me-262 made a pursuit curve tail attack on the last Group, coming in at 5:30 high and sliding back to 6 o'clock. It was hit by the gunners at 200 yards and spun into the ground.

WORTH REMEMBERING

1. Regardless of what the newspapers say, the war isn't over until the last mission is flown. The GAF has more Me-262s than anyone thought. They're being pulled back toward the hold-out region in southern Germany, and may hit the heavies any time they venture into that area.

2. Two tricks to watch out for: surprise attacks out of the sun, and quick nose passes with the approach frequently concealed by clouds. Both these stunts have been used successfully by the Me-262s in the last two jet interceptions. Unless gunners are exceptionally alert, this type of attack is all over before anyone knows it's happening.

Einsatzkarte der amerikanischen 8. Luftflotte vom 19. April 1945. Die Aussig und Pirna angreifenden Bomber verloren fünf Fliegende Festungen durch überraschende Gegenwehr deutscher Düsenjäger; die Abschußorte sind in der Zeichnung durch Explosionswölkchen gekennzeichnet. Die Angriffstaktik der Me-262-Piloten wurde ausgewertet und den Bomberbesatzungen zur Warnung vorgehalten: Noch sei der Krieg nicht zu Ende.

Einsatzkarte der amerikanischen 8. Luftflotte vom 19. April 1945.

4. Von der Eisenbahnbrücke Rehefelder/Hubertusstraße nördlich der Riesaer Straße quer über die Barbarastraße.
5. Im Gartengelände westlich der Heidestraße zu dieser und an ihr entlang bis St. Pauli Friedhof.
6. Nördlich des Hammerwegs von West nach Ost am Rande des großen Hellergeländes, zurückspringend zur Kasernenecke, dann den gesamten westlichen Hellerrand entlang bis an die Grenze des alten Flughafens[14].

Links der Elbe auf der Altstädter Seite oder im Süden sind zwei Grabensysteme auszumachen, und zwar ein in geraden Abschnitten ausgehobener Panzergraben und ein ihn südlich begleitender, vor- und zurückspringender, gezackter, durchgehender Schützengraben. Die Gräben beginnen – von West nach Ost – in Plauen, sie ziehen sich über die Höhen im Süden hin nach Räcknitz und Zschertnitz, enden weiter unten in Strehlen, sind im Bau im Großen Garten. Die Gesamtlänge beträgt etwa 4 000 Meter, nur für den Panzergraben.

Im Stadtplan orientiert man sich an dem Westendring in Plauen, wo die Gräben südlich und gegenüber vom Fichtepark auftauchen und beiderseits der Kohlenstraße nach Räcknitz zu ausgehoben sind. An der Kohlenstraße sind die verlassenen Geschützstände der ehemaligen Flakstellung 3./565 zu erkennen, und die Baracken der Batterie und der Flak-Untergruppe stehen noch am Straßenrand. Direkt neben dem Moreau-Denkmal knickt der Panzergraben aus der West-Ost- in die Nord-Süd-Richtung um bis zur Straße Räcknitzhöhe. Am Volkspark entlang geht es weiter quer durch Zschertnitz, der Graben folgt der Schinkelstraße, der Wundtstraße, kreuzt den Zelleschen Weg und einen Sportplatz, immer begleitet von dem zweiten gezackten Graben. Jenseits der Teplitzer Straße geht die helle Schramme auf den Fotos durch Gärten zur General-Wever-Straße, wo sie vor dem Luftgaukommando endet und erst wieder jenseits der Bahn im Großen Garten zu erkennen ist. Schräg vom Zoo her wurde der durch Bombentrichter aufgerissene Park nun zusätzlich aufgewühlt, der Graben zerstörte den Palaisgarten in Richtung Fürstenallee[15].

Die Aufklärung vom 19. 4. 1945 beweist außerdem, daß auf der Elbe – trotz der Fliegergefahr – reger Schiffsverkehr herrschte. Innerhalb des Stadtgebietes sind 13 flußaufwärts oder flußabwärts fahrende Schiffe zu zählen; Schaufelradschleppdampfer, Elbzillen, kleine Motorschlepper. Im König-Albert-Hafen ist nur noch ein nicht versenkter Lastkahn, mindestens zehn sind unter Wasser mehr zu ahnen als zu sehen. Im Winterhafen herrscht ein Durcheinander versenkter und erhaltener kleinerer und größerer Schiffe, und etliche Schiffe ankern auch im Fluß[16].

Nach dem 19. April zwang lebhafte Tieffliegertätigkeit die Einwohner Dresdens zu ständiger Vorsicht, wenn auch die Mustangs, Thunderbolts und Lightnings ihre Maschinengewehre und Raketen meist auf Landstraßen und kleine Ortschaften in den Ausläufern des Erzgebirges abfeuerten. Zwischen

Hainsberg und Tharandt zerstörten P-47 mit Bomben und Raketen eine Eisenbahnbrücke.

Der Rest ist schnell erzählt. Am 21. April wird eine Anordnung des Kommandanten Freiherr von und zu Gilsa veröffentlicht:

»Der Ernst der augenblicklichen Lage erfordert außergewöhnliche Maßnahmen, um die Verteidigungsbereitschaft des Verteidigungsbereiches beschleunigt zu vollenden. Jeder ist verpflichtet, seine ganze Arbeitskraft dafür einzusetzen.

Um Zwangsmaßnahmen zu vermeiden, ordne ich an: Jeder Mann, jede Frau sowie Jungen und Mädchen (vom 14. Lebensjahr an) stellen sich mit Schanzgerät (Hacke, Schaufel und Spaten) täglich (einschließlich Sonntag) ab 21. April 8 Uhr zum Stellungsbau oder zu Aufräumungsarbeiten an die durch Plakate bekanntgegebenen Stellplätze.

Arbeitszeit für Männer (vom 18. Lebensjahr aufwärts) von 8 bis 16 Uhr, für Frauen und Jugendliche von 8 bis 12 Uhr. Verpflegung ist mitzubringen. Der bereits angesetzte Einsatz der Betriebe für Schanz- oder Rüstungsarbeit bleibt bestehen.«[17]

Der Wehrmachtbericht meldet an diesem Tag, der Feind habe seine Panzerspitzen bis in den Raum Kamenz vorgetrieben. Die Besatzung von Bautzen habe alle Angriffe zurückgewiesen.

In Dresden ist Tag und Nacht das ferne Donnern der Artillerie zu hören, und in den frühen Morgenstunden des 22. April wird in rechtselbischen Ortschaften Feindalarm gegeben. Ein Schwall von Flüchtlingen kommt in die Stadt. Die Elbbrücken werden von Feldgendarmen scharf kontrolliert, Volkssturm besetzt die vorhandenen Panzersperren, Aber schon am Vormittag löst sich die Spannung. Das OKW nennt jetzt Bischofswerda und Königsbrück als Städte, in welche die Russen eingedrungen sind.

Dennoch scheint die unmittelbare Bedrohung Dresdens mit allen Aussichten verlustreicher Kämpfe noch einmal aufgeschoben zu sein. Denn inzwischen hat Generalfeldmarschall Schörner alles, was noch laufen und kriechen kann, gegen die Russen eingesetzt. Am meisten nutzten ihm dabei einige intakte Panzerverbände.

Am 24. April hat der deutsche Gegenangriff ostwärts Bautzen Raum gewonnen. Der Wehrmachtbericht erwähnt zum erstenmal Dresden in Zusammenhang mit Erdkämpfen:

»Durch die Unterbrechung seiner rückwärtigen Verbindung nordwestlich Görlitz wurde der Gegner gezwungen, seine auf Dresden vorgeschobenen Angriffsspitzen zurückzunehmen.«

Von der amerikanischen Front in Sachsen wird Kampfruhe gemeldet[18].

»Der Freiheitskampf« berichtet seinen Lesern am selben Tag:

»Durch Anschlag wurde heute folgender Aufruf des Gauleiters bekanntgegeben:

Männer Ostsachsens! Der General der Panzertruppen Gräser teilt mir soeben mit:

›Gauleiter! Wir haben die in Sachsen eingebrochenen Bolschewisten abgeschnitten und werden sie vernichten.‹

Ich rufe deshalb alle Männer Sachsens ostwärts der Elbe auf, die Waffe
in die Hand zu nehmen und den verhaßten Feind zu schlagen, der nur in
einzelnen Abteilungen durch das Land zieht. Jeder Mann muß mitkämpfen,
jede Waffe beteiligt sein! Die Bolschewistenhorden sollen merken, daß sie in
unsere Heimat nicht ungestraft einbrechen können.

Jetzt gilt es! Wenn Ihr alle mannhaft und tapfer seid, dann gelingt es, diese
asiatischen Horden zu vernichten.«[19]

Hinter Mutschmanns Volkskriegsaufruf und Schörners Gegenstoß stand
natürlich keine Kraft mehr. Dem letzten deutschen Aufgebot nördlich und
ostwärts von Dresden ging die Puste aus. Standgerichte wüteten unter Volks-
sturmmännern und Soldaten.

Ende April läßt die Aktivität der amerikanischen Luftstreitkräfte im Raum
Dresden merklich nach, und sowjetische Flugzeuge lassen sich noch nicht
blicken. Ein paar Tage trügerischer Ruhe vor dem Ende.

Am 6. Mai beginnen starke Gruppierungen des rechten Flügels der 1.
Ukrainischen Front des Marschalls Konjew um 14 Uhr ihre Offensive der
»Operation Prag«. Auf dem Weg in die Tschechoslowakei liegt Dresden, das
von den Hauptkräften der 3. und 4. Gardepanzerarmee umgangen und von
der 5. Gardearmee angegriffen wird. Tiefflieger – diesmal sind es sowjetische –
huschen in Baumwipfelhöhe durch das Elbtal. Schlachtflieger werfen einige
Bomben auf Radeberg. Teile der 5. Gardearmee dringen am Abend des 7. Mai
in Radebeul und Dresden-Neustadt ein; hier und da flackern Straßenkämpfe
auf, etliche Häuser brennen ab, auf dem Albertplatz wird ein sowjetisches
Sturmgeschütz abgeschossen. Deutsche Truppen jagen fast alle Dresdner Elbbrücken in die Luft.

Funkelnd im frühen Sonnenlicht des taufrischen Tages ziehen am 8. Mai
starke Verbände von IL-2-Schlachtflugzeugen in korrektem Formationsflug
niedrig über die zertrümmerte große Stadt. Sie greifen zurückweichende
deutsche Truppen an. Die kleine Erzgebirgsstadt Altenberg erleidet schwere
Schäden. Zwischen Dresden und Pirna wird bei dem Industrieort Heidenau
gekämpft. Die sowjetische Luftwaffe bombt den Panzern den Weg frei und
zerstört dabei die beiden größten Gasbehälter des Heidenauer Gaswerkes und
einige Wohnhäuser. Auch in Pirna fallen einige Bomben. Im Süden Dresdens
kommt es zu einem Gefecht auf der »Goldenen Höhe« bei Bannewitz[20].

Am 8. Mai 1945 ist ganz Dresden von der Roten Armee besetzt, und das ist
zugleich der letzte Tag des Zweiten Weltkrieges.

Einzelheiten der Einnahme Dresdens schildert aus seiner Sicht der ehemalige
Oberbefehlshaber der 5. Gardearmee, Armeegeneral A. S. Shadow, in einem
Interview anläßlich des 30. Jahrestages des Kriegsendes:

»Als erste waren wir an der Elbe, vereinigten uns mit den Amerikanern und spalteten die faschistischen Kräfte... Aber Prag brauchte Hilfe. So mußten wir nach Torgau und Wittenberge nahtlos umgruppieren und angreifen. Und ich habe noch nie Soldaten mit solchem Schwung ihre schwere Arbeit tun sehen. Unsere nächste und spezielle Aufgabe war die Einnahme von Dresden. Ich setzte dazu meine Besten ein: Baklanow, Komarow, Russakow. Und das zur Verstärkung zugeteilte Korps Polubojarow. Wir bereiteten den Angriff für den 7. Mai vor. Aber Marschall Konjew befahl: Angriffsbeginn 6. Mai. Um 18 Uhr bekam ich den Befehl. Um 21 Uhr begann unsere starke Artillerievorbereitung, dann der Angriff. Es war Nacht. Regen fiel. Schlamm. Bis an die Achsen versanken Wagen und Protzen. Ich werde diese Nacht in meinem Leben nie vergessen. Die ganze Nacht waren wir unterwegs, nur von dem einen Gedanken getrieben: bloß keine Angriffsverzögerung, bloß keine Verirrung. Die Truppen mußten durch Wälder aber am Morgen hatten sie 10 bis 12 Kilometer Raum gewonnen. Da führte ich das 4. Gardepanzerkorps ein. Am Abend des 7. Mai erreichten wir die Vororte Dresdens...«

Armeegeneral Shadow wurde gefragt, welche besonderen Bedingungen es bei der Einnahme Dresdens gab. Er antwortete:

»Es waren zwei. Zwei Schwierigkeiten. Die Brücken von Dresden waren zerstört, das wußten wir. Außerdem war die Stadt selber schwer durch den sinnlosen amerikanischen Bombenangriff zerstört. Wir mußten aufpassen, nicht in den Trümmern steckenzubleiben. Ich habe dieses Dresden 1945 gesehen – ich werde das nie verstehen, wie man eine solche Kulturstadt so vernichten kann... Aber weiter: am Abend des 7. Mai, am Rande von Dresden, erhielt die 15. Gardedivision – ich weiß nicht, von welchem Verrückten – von den Faschisten ein Ultimatum: den Vormarsch einzustellen. Wir antworteten mit einem Nachtangriff, und am Morgen des 8. Mai war Dresden befreit. Für uns war es schwer, durch Dresden zu kommen. Darum fuhr ich an der Peripherie entlang. In irgendeiner Villa im Süden richtete ich meinen Stab ein...«

Nach dem Charakter der Kämpfe um Dresden gefragt, sagte Armeegeneral Shadow:

»Die Kämpfe waren schwer. Die Faschisten wollten an der Flanke unseres Vormarsches nach Prag eine starke Bastion halten. Dresden selbst wurde von 17 Infanteriebataillonen verteidigt, die 75 ›Panther‹ hatten, 335 Geschütze und 620 zum Teil eingebaute MGs. Es waren die Reste verschiedener Divisionen, darunter solcher schlagkräftiger Verbände wie der Mot-Division Brandenburg, der Panzergrenadierdivision Hermann Göring. Allein in den Straßen der Stadt hatte meine Armee noch einmal 200 Mann an Toten zu beklagen, obwohl die Hauptkämpfe vor der Stadt gewesen waren...«[21].

Am 8. Mai 1945 wurde im Operationsbericht des Informationsbüros der UdSSR bekanntgegeben, daß die Stadt Dresden befreit wurde, die zu »einem wichtigen Stützpunkt faschistischer Verteidigung in Sachsen« geworden war[22].

Und am gleichen Tag rühmte ein »Dankbefehl des Oberkommandos«, einer der letzten, die ausgegeben wurden:

»Die Kämpfer der 1. Ukrainischen Front haben nach zweitägigen schweren Kämpfen den Widerstand des Feindes gebrochen und heute, am 8. Mai, die Stadt Dresden genommen, einen mächtigen Verteidigungsknoten der Faschisten in Sachsen. Für die Einnahme Dresdens wird den Truppen des Generals Shadow... Salut geschossen.«[23]

In der Erinnerung des sowjetischen Heerführers und in den sowjetischen Berichten vom Mai 1945 erscheint Dresden als bedeutendes Widerstandszentrum. Die Kämpfe um diesen »mächtigen Verteidigungsknoten« werden als schwer bezeichnet. Hier sollte der Vormarsch der Roten Armee nach Prag aufgehalten und die an der Stadt vorbeistoßenden Truppen sollten aus der Flanke bedroht werden.

Damit wird Dresden zu einem militärisch wichtigen Objekt erklärt. Das steht im Widerspruch zur Allgemeingut gewordenen Anschauung, Dresden habe während des ganzen Krieges keine oder nur eine untergeordnete militärische Bedeutung gehabt, und vor allem deshalb seien die Bombenangriffe überflüssig gewesen. Der sowjetische General Petrow behauptete 1955 sogar, Dresden habe nicht einmal mehr eine Garnison besessen[24].

Es geht an dieser Stelle nicht darum, ob die Angriffe auf Dresden notwendig waren oder nicht, sondern nur um die Feststellung, daß die Beurteilung der militärischen Bedeutung einer Stadt nicht mit unterschiedlicher Elle gemessen werden kann. Wenn Dresden Anfang Mai zu einer Bastion geworden war, dann kann es in den Wochen vorher nicht in militärischer Hinsicht ein weißer Fleck auf der Landkarte gewesen sein. Eine andere Frage ist, ob es »in seiner Eigenschaft als militärisches Objekt« bombardiert worden ist. Aber damit kommen wir zu den Auseinandersetzungen der Nachkriegszeit, die im nächsten Kapitel behandelt werden.

Zunächst jedoch, in den ersten Jahren nach 1945, war man überall mit den Problemen des harten Neuaufbaus im eigenen Land zu sehr belastet, als daß bereits Diskussionen um den »Fall Dresden« interessiert hätten. Das änderte sich allerdings bald, und dieser Fall wurde in die politische Ost-West-Auseinandersetzung der fünfziger und sechziger Jahre hineingezogen.

In diesem Konflikt hielt sich London zurück. Anfangs war die offizielle Luftkriegsgeschichte »The Strategic Air Offensive against Germany« noch nicht erschienen. Obwohl Dresden überwiegend von der britischen Luftwaffe zerstört worden war, richtete sich der Stoß der von der Sowjetunion und der DDR geführten moralischen Offensive gegen die USA, weil der »US-Imperialismus« als Hauptgegner galt. Überrascht von den Anschuldigungen ehemaliger Verbündeter und Feinde wünschte die Regierung in Washington Aufklärung über das, was wirklich geschehen war.

1953 legte der Historiker Joseph W. Angell jr., US Air Force Historical Division, Research Studies Institute, Air University, die bereits zitierte »Historical Analysis of the 14-15 February 1945 Bombings of Dresden« vor. Die Studie wurde sofort als »Top Secret« eingestuft. Sie blieb unter Verschluß bis 1970, wurde aber zunächst nur in einer »gesäuberten« Version freigegeben, was zu etlichen Verwirrungen Anlaß geben sollte[25].

Gelegentlich wurden Erkenntnisse der Studie als Argumentationshilfe benutzt, wenn die Behauptung untermauert werden sollte, die Russen hätten die Angriffe auf Dresden verlangt. In der Hauptsache ging es Angell um den Nachweis, daß das Bombardement Dresdens gerechtfertigt war und daß die 8. amerikanische Luftflotte am 14. und 15. 2. 1945 nur militärisch wichtige Ziele angegriffen habe, nämlich die Eisenbahnanlagen. Mehr noch: nicht nur angegriffen, sondern auch so gründlich zerschlagen, daß die Strecken und Brücken auf Wochen hinaus unbenutzbar geblieben seien. Damit habe man der russischen Offensive unschätzbare Hilfe geleistet.

Aber die amerikanische Regierung machte keinen rechten Gebrauch von der Untersuchung. Weil die Dokumente im Panzerschrank blieben, konnten die Argumente nicht immer überzeugen. Angell hatte auch Dokumente falsch ausgedeutet, wie noch gezeigt werden soll. Er untersuchte nicht die Angriffe auf Dresden in ihrer Gesamtheit, sondern beschränkte sich auf die Februar-Angriffe. Weil er teilweise von falschen Voraussetzungen ausging, kam er zu schwerwiegenden Fehlbewertungen.

Angell hebt in der »Historical Analysis« wiederholt hervor, daß die amerikanische Luftwaffe bei beiden Februarangriffen allein auf die Verschiebebahnhöfe und die RAF allein auf das Stadtgebiet von Dresden gezielt habe. Er kommt zu dem Schluß:

»Die Angriffe der 8. Luftflotte gegen die Eisenbahneinrichtungen der Stadt am 14. und 15. Februar verursachten schweren und ausgedehnten Schaden, der die Verkehrsverbindungen vollständig lahmlegte. Die Personen- und größeren Güterbahnhöfe der Stadt, Lagerhallen und Speicher wurden, wenn sie nicht total zerstört waren, so schwer beschädigt, daß sie nicht benutzt werden konnten. Lokomotivschuppen, Eisenbahnreparaturwerkstätten, Kohlenbunker und andere Betriebseinrichtungen wurden zerstört, brannten aus oder wurden schwer beschädigt. Die Eisenbahnbrücken über die Elbe – lebenswichtig für den Verkehr in beiden Richtungen – wurden unbrauchbar gemacht und blieben wochenlang nach den Angriffen für den Verkehr geschlossen.«[26]

Hier wird die 8. Luftflotte für Taten gerühmt, die sie gar nicht oder in geringerem Ausmaß vollbrachte. Schon aus Kapitel IX geht hervor, was sich wirklich ereignete; das kann präzisiert werden. Dabei hilft die schon oft zitierte »Schlußmeldung« des Höheren SS- und Polizeiführers Elbe und Befehlshabers der Ordnungspolizei vom 15. März 1945. Wenn man das Trefferbild der britischen und der amerikanischen Bombeneinwirkungen kennt, kann man an Hand der »Schlußmeldung« nachweisen, daß das Bomberkommando der RAF, obwohl es die Bahnanlagen nicht gezielt angegriffen hat, auch in diesem Bereich weitaus größere Schäden verursacht hat als die 8. Luftflotte. Auf die britischen

Nachtangriffe zurückzuführen sind folgende, in der »Schlußmeldung« genannte Schäden:

»Schäden an Bahnanlagen:

RBD Dresden. Alle Verwaltungsgebäude Wiener und Strehlener Str. ausgebrannt u. z. T. völlig zerstört. Verwaltungsbetrieb vollkommen lahmgelegt. Basa Dresden völlig ausgefallen.

Bahnhof Dresden-Hbhf. zunächst 100 % Ausfall. Alle Stell-Werke, sowie Gleis- und Bahnsteiganlagen erheblich beschädigt. Brücken über Franklinstr. zerstört. Alle 4 Gleise Dresden-Bodenbach unterbrochen. Empfangshalle, Wartesäle, Fahrkartenausgabe, Gepäckabfertigung, Bahnbetriebswerk 2 Hbhf., Betriebsamt Dresden 1, Bahnhofskasse Hbhf. u. Reichsbahnschule sowie 10 Wagenzüge im Hbhf. ausgebrannt.

Bahnhof Dresden-Strehlen: 2 Personenzüge teilw. ausgebrannt.

Bahnhof Wettiner Str.: Empfangsgeb. besch., Stellwerke teilweise zerstört. Alle 4 Gleise der Strecke Dresden-Hbf.–Dr.-Neustadt besch. Verkehrsausfall zunächst 100 %.

Personenbahnh. Dr.-Neustadt: Gleisanlage besch., Fahrkartenausgabe, 1 Umsiedlerzug, 1 bes. Behelfslazarettzug vollk., 1 Umsiedlerzug teilw. ausgebrannt. Fernmeldemeisterei durch Brand stark besch. Stoffbüro, Kleiderlager u. Reichsbahndruckerei völlig ausgebrannt. Basa, Ersatzvermittlung u. alle Fernsprechleitungen gestört. In den Stellwerken Türen u. Fensterschäden. Betriebsamt 3 und 4 leicht besch. Eilgutschuppen u. Verw.-Geb. schwer, Empfangsgüterschuppen leicht besch.

Güterbahnhof Dr.-Neustadt: 3 Hauptgleise, Verschubanlage, Eilgut- u. Wehrmachtrampe zerstört. Geringe Weichenschäden, Stellwerk 3, Riegelwerk IV, Zugabfertigung u. etwa 30 Kohlenwagen ausgebrannt, im Bahnbetriebswerk Pieschen Verw.-Geb. zerstört u. Triebwagenhalle ausgebrannt.

Bahnhof Dr.-Altstadt: Gleisanlagen durch viele Sprengb. zerstört. 1 Stellwerk Teilschäden, im Abstellbahnhof etwa 105 Personenwagen, 655 Güterwagen, 30 Postwagen und 25 Kenter abgebrannt. Verw.-Geb., Stellwerk I/2 Güterschuppen u. beide Postanlagen niedergebrannt,

Bahnbetriebswagenwerk Altstadt u. Bahnbetriebswerk Altstadt teilweise ausgebrannt.«[27]

Bis hierher ist das Bomberkommando für die Zerstörungen voll verantwortlich. Die 8. Luftflotte hat in den bereits getroffenen Altstädter Güterbahnhofsanlagen nur in geringem Umfang zusätzliche Schäden verursacht. Zu ergänzen ist, daß von den vier Lokschuppen im Bahnhof Altstadt zwei ausgebrannt waren und zwei beschädigt wurden. Im Vorgriff auf den Verschiebebahnhof Friedrichstadt sei erwähnt, daß dort von den drei Lokschuppen einer als zerstört und zwei als beschädigt gemeldet wurden, wenn auch nicht in der »Schlußmeldung«[28].

Es folgen die von der 8. Luftflotte am 14. Februar erzielten Schäden in Bahnanlagen; und dies nur am 14., denn am 15. traf sie, wie früher nachgewiesen, keine einzige Bahnanlage:

»Bahnhof Friedrichstraße: 13 Haupt- u. 2 Lok- sowie 30 Sortiergleise, 3 Weicheneinheiten, Heizhaus, altes Bahnbetriebswerk, Umladehalle u. Güterabfertigung, Niederlage v. Privatfirmen u. etwa 100 Personen- und Güterwagen ausgebrannt.

Schwer besch. Personenbahnhof Friedrichstadt, 1 Übernachtungsgeb. u. 115 Personen und Güterwagen.

Bahnhof König-Albert-Hafen Güterabfertig., Elbufer Abfertig. – Gebäude niedergebrannt u. Kohlenstapel in Brand geraten.

Reichsbahn-Ausbesserungswerk: Sprengb.-Treffer in Wagenwerkstatt, in Gefangenenlager u. Kraftwagenhalle, Schäden gering.«[29]

Die von der 8. Luftflotte in Dresden-Neustadt angerichteten Bahnschäden betrafen vor allem die zwischen den Güterbahnhöfen Neustadt und Pieschen stehenden Wehrmachtzüge mit Munition usw.[30].

Die in der »Schlußmeldung« genannten Brückenschäden nehmen sich imposanter aus als sie wirklich waren. Zusammengestürzt war nur ein Teil der Augustus-Brücke rechtselbisch zwischen zwei Pfeilern. Die Eisenbahnbrücke wurde erst am 2. März getroffen. Die erwähnten Brücken über die Franklinstraße sind Eisenbahnüberführungen ostwärts vom Hauptbahnhof. In der »Schlußmeldung« heißt es:

»Mittelschwer besch. Eisenbahnbrücke Dresden, Augustus Brücke, Carola-Brücke, Loschwitzer Brücke, Nossener Brücke, u. Brücke üb. Bahnanlagen Chemnitzer Straße. Schiffahrtsöffnungen sind unberührt geblieben. Bei Augustus-Brücke, Loschwitzer u. Nossener Brücke Fahrbahnen besch. Über Loschwitzer u. Nossener Brücke Fahrverkehr wieder möglich, Augustus-Brücke weiterhin unterbrochen... Zunächst durch die Angriffe v. 13./15. 2. 1945 sämtliche Strecken unterbrochen. Verkehr notdürftig von den Vororten aus aufrechterhalten. Vor dem Angriff v. 2. 3. 45 wieder folgende Strecken befahrbar: Dr.-Neustadt-Klotzsche, Dr.-Neustadt-Hbhf. zweigleisig, Dr. Neustadt-Friedrichstadt Güterzugsgleis, Dr. Hbhf.-Friedrichstadt, Dr.-Hbhf-Pirna auf Vorortgleis, Dr.-Altstadt-Friedrichstadt.«[31]

Die »Schlußmeldung« wurde original mit allen Abkürzungen und gelegentlichen Rechtschreibfehlern dokumentiert.

Diese Feststellungen der »Schlußmeldung« beweisen:

1. Alle Behauptungen, die Luftangriffe vom Februar hätten sich nicht oder kaum spürbar auf die Eisenbahnanlagen ausgewirkt, sind falsch. Richtig ist, daß der Reichsbahn-Betriebsablauf und der rollende Eisenbahnverkehr hundertprozentig zusammengebrochen waren.

2. Trotz der Unterbrechungen in den Strecken, der Zerstörungen im Signal- und Meldenetz, der Vernichtung von mehr als tausend Waggons und von sechzehn Zügen mit einer nicht genannten Zahl von Wagen konnten einige Strecken binnen zwei Wochen wieder befahrbar gemacht werden. Die Durchschleusung

kriegswichtiger Transporte – z. B. Truppentransporte – ohne Signal auf Sicht war noch eher möglich.

3. Das war nicht zuletzt deshalb möglich, weil gerade in den Zielgebieten der 8. Luftflotte keine nachhaltig blockierenden Zerstörungen der Gleise erreicht worden waren. Vor allem die Durchgangsstrecken waren nur punktuell, aber nicht mit Flächenwirkung unterbrochen.

Unsere Bilanz wird durch den Foto-Interpretationsbericht K. 4171 erhärtet, der auf den Luftbildern vom März 1945 basiert. Seltsam nur, daß sich Joseph Angell ebenfalls auf diesen Bericht K. 4171 beruft, wenn er die angeblich überwältigenden Verwüstungen im Bahnbereich mit ihren Langzeitfolgen schildert[32].

Die »Historical Analysis« hebt hervor, daß die amerikanische 8. Luftflotte am 14. und 15. Februar 1945 »Präzisionsangriffe auf die Dresdner Eisenbahnanlagen« durchgeführt habe, während bei der Royal Air Force die übliche Methode des nächtlichen Flächenbombardements angewandt worden sei. Nach Aufzählung der anderen Schäden wird in der Studie als Ergebnis genannt: »... die totale Zerstörung der Stadt als ein großer Verkehrsknotenpunkt als Folge der Zerstörung und Beschädigungen, die den Eisenbahneinrichtungen zugefügt wurden[33].«

Das soll heißen: als Folge der amerikanischen – angeblichen – Präzisionsangriffe. Nein, Angell schmückt die 8. Luftflotte mit fremden Federn, denn er bemißt deren Anteil an den Zerstörungen in den Bahnanlagen zu hoch, er bezieht den Angriff vom 15. 2. 1945 ganz ungerechtfertigt ein, er erwähnt die »für Wochen unbrauchbar gemachten Elbbrücken für die Eisenbahn«[34].

Tatsächlich kann nur die Eisenbahnbrücke neben der Marienbrücke gemeint sein, denn die nächste liegt 9,5 Kilometer flußabwärts in Niederwartha, aber da sie nicht nennenswert beschädigt wurde, blieb sie auch nicht für Wochen geschlossen. Als die Eisenbahnbrücke in Dresden getroffen wurde, schrieb man den 2. März 1945, und diese Schäden registriert der Bericht K. 4171, aber der amerikanische Angriff vom 2. März war ja ebensowenig Gegenstand der Untersuchung der »Historical Analysis« wie der vom 17. April.

Wörtlich heißt es in dem erwähnten Bericht über die Brücken:

»a) Eisenbahnbrücke über die Elbe
2 von 4 Gleisstrecken blockiert durch Schäden in Brückenmitte.

b) Marien-Straßenbrücke über die Elbe
Vollständig gesperrt für Motorverkehr durch 2 Treffer.

c) Carola-Straßenbrücke über die Elbe
Beschädigt an einem Pfeiler und offen nur für einspurigen Verkehr.

d) Augustus-Straßenbrücke über die Elbe
Schwer beschädigt und für Verkehr gesperrt.

e) Chemnitzer Straßenbrücke über Eisenbahn
Schwer beschädigt und geschlossen für Verkehr. Gleise unterhalb wiederhergestellt.«[35]

Im erzählenden Teil hält sich der Bericht an diese Ergebnisse, und man fragt sich, wie Angell zu seinen Schlußfolgerungen kam. Das gilt auch für die Passagen, in denen er sich mit den Eisenbahneinrichtungen beschäftigt. Sie wurden teilweise in Kapitel IX zitiert. Bei all der Verwüstung in den Gebäuden der Reichsbahn reichte dies nicht aus, darauf sei abermals hingewiesen, den rollenden Verkehr langfristig zu stoppen. Angell erlag dem Irrtum, ausgebrannte Lagerhallen, Waggons und Stellwerke für genügend große Hindernisse zu halten, um die Wiederaufnahme des Eisenbahnverkehrs auf viele Wochen hinaus unmöglich zu machen[36].

Und über die Gleisschäden meldet der Bericht K. 4171:

»Der Schaden an den Gleisen in den Verschiebebahnhöfen der Stadt ist zum Zeitpunkt der Fotografie repariert gewesen. Nur ein oder zwei Gleise bleiben blockiert durch einige wenige ausgebrannte Waggons...«[37]

Der damalige Befehlshaber im Wehrkreis IV Dresden, General der Infanterie Reinhard, stellte in einem 1947 verfaßten Bericht zu den Eisenbahnschäden fest:

»Die rein militärischen Schäden waren unbedeutend, es traten lediglich vorübergehend gewisse Erschwerungen des Fernsprechverkehrs und vorübergehende Stockungen im Eisenbahnbetrieb ein.«[38]

Wir sprachen von zwei Fassungen der »Historical Analysis«. Wer nur Einsicht in die »gesäuberte« Fassung hatte, stieß bei der Überprüfung der Quellen, auf die sich Angell beruft, auf Unstimmigkeiten. Wiederholt wird in Fußnoten Bezug genommen auf »The Army Air Forces in World War II, Vol. III«, auf das Buch von Deane »The Strange Alliance«, auf Eisenhowers »Crusade in Europe« und anderes mehr, und dies mit genauer Seitenangabe. Nur steht auf den Seiten oft nicht das, worauf sich die Studie bezieht. Der Verdacht der Manipulation mußte geweckt werden, zumal in der Einleitung versichert wird, die »Historical Analysis« beruhe in ihrer Gesamtheit auf nicht unter Verschluß gehaltenen offiziellen Dokumenten und auf allgemein zugänglichen Quellen[39].

In der ursprünglichen Fassung der Studie hingegen heißt es, sie beruhe in ihrer Gesamtheit auf vorhandenen offiziellen Dokumenten und auf allgemein zugänglichen Quellen[40].

Die vorhandenen Dokumente waren jedoch keineswegs »unclassified «, sondern »Top Secret«, »Secret«, »Confidential«. Und deshalb wurde die Studie ja auch selbst mit dem Stempel vom 13. April 1953 als »Top Secret« versiegelt. Warum eigentlich – das fragt man sich, und nicht nur, weil jetzt so viel Zeit vergangen ist. Durch die überflüssige Verschleierung trug die Studie zu einer ebenso überflüssigen Verwirrung bei. Die völlige Offenlegung der Dokumente hätte Mutmaßungen aus der Welt geschafft. Erst 1971 konnte Melden E. Smith einige davon im Original veröffentlichen[41].

Politische, diplomatische Rücksichten, nur dies? Auch auf den britischen Verbündeten wurde Rücksicht genommen. Angell schrieb in der Erstfassung, nachdem er Tod und Zerstörung beschworen hatte, die in Dresden den deutschen Widerstandswillen zerbrochen hatten, die Amerikaner seien froh, sich dessen nicht rühmen zu können und zu wollen[42]. In der Zweitfassung ist dieser Passus gestrichen[43].

16

Das seltsame Bündnis

»Ich muß jetzt nochmals betonen, daß wir unsere Bombenangriffe auf Deutschland von Monat zu Monat verstärken werden und daß wir in der Lage sind, die Ziele mit noch größerer Sicherheit zu treffen.«

Churchill an Stalin, 17. April 1943.

»Ich freue mich, daß Sie beabsichtigen, die Bombenangriffe auf deutsche Städte in ständig wachsendem Umfang fortzusetzen.«

Stalin an Churchill, 19. April 1943.

Die Sowjetunion hat sich erst nach dem Zweiten Weltkrieg von der strategischen Luftoffensive der Westmächte distanziert, insbesondere von den Angriffen auf Dresden. Daß es dazu kam, war vor allem eine Begleiterscheinung des kalten Krieges. Mit der Verschärfung der politischen Gegensätze zwischen den Angehörigen der einstigen »Anti-Hitler-Koalition« änderte sich auch die sowjetische Einstellung. Marschall Shukow über Dresden: »Eine solche Barbarei hätte die sowjetische Armee nie zustande gebracht.«[1].

Die Zeit der gegenseitigen Vorwürfe begann. In Washington wurde erklärt, die Russen hätten die Bombardierung gewünscht. Moskau wies das entrüstet zurück. In dem jahrzehntelangen Streit um die strategische Luftoffensive und ihren Gipfel, die Zerstörung Dresdens, entwickelte sich die DDR zum lautesten Ankläger:

»Wir sehen jene, die sich als Hüter der Kultur aufspielen, die behaupten, im Namen der Humanität zu handeln, als gewissenlose Zerstörer in Jahrhunderten geschaffener Kulturgüter, als erbarmungslose Mörder von Kindern und Müttern.«[2]

Welche Haltung hat das sowjetische Oberkommando, das heißt Stalin vor allem als Oberster Befehlshaber, zum strategischen Luftkrieg eingenommen? Aufschluß gibt sein Briefwechsel mit Premierminister Churchill und Präsident Roosevelt.

Seit die Briten plötzlich Bundesgenossen der Russen geworden waren, gingen sie davon aus, daß jeder wirksame Luftangriff auf ein Ziel in Deutschland sich auch positiv für die Sowjetunion auswirken werde. Ebenso anerkannten sie, daß jedes in der Sowjetunion eingesetzte deutsche Flugzeug für die Reichsverteidigung oder für Angriffe auf England fehlte. Die Bomberoffensive war vorläufig ihr Beitrag zum gemeinsamen Kampf auf dem Kontinent. Am 8. Juli 1941 erhielt Stalin von Churchill eine Botschaft, in der es hieß:

»Unsere Luftstreitkräfte richteten innerhalb ihrer Reichweite bei Tag und Nacht sehr schwere Angriffe gegen alle von Deutschland besetzten Gebiete sowie gegen Deutschland selbst... Wir werden damit fortfahren und hoffen, Hitler auf diese Weise zu zwingen, einen Teil seiner Luftwaffe nach dem Westen zurückzuverlegen, und so den auf Ihrem Land lastenden Druck allmählich zu vermindern...«[3]

Stalin verlangte sofort die Errichtung einer zweiten Front auf dem Kontinent, was angesichts der britischen Möglichkeiten 1941 und 1942 vollkommen aussichtslos war. Churchill kündigte ihm die Lieferung von 440 Jagdflugzeugen, Bekleidung und Rohstoffen an, mußte ihm aber am 6. September 1941 deutlich schreiben; denn Stalin hatte mehr und mehr gefordert:

»Obwohl wir uns vor keiner Anstrengung scheuen, gibt es tatsächlich, außer den Luftangriffen, keine Möglichkeit für irgendwelche britische Aktion im Westen, die die Deutschen zwingen würde, noch vor Beginn des Winters Streitkräfte aus dem Osten abzuziehen.«[4]

Erst im August 1942, beim ersten Treffen Churchills mit Stalin in Moskau, gelang es dem Premier, dem Marschall die Bedeutung der weit ins deutsche Hinterland reichenden Schläge in ihrer vollen Tragweite zu erklären. Stalin, verärgert über die ausbleibende Landung der Alliierten in Europa, war anfangs äußerst zugeknöpft. Präsident Roosevelts Berater Averell Harriman, der dabei war, telegrafierte anschließend an den Präsidenten, Stalin habe sich zu Churchills Vorschlägen in einer derart barschen Weise geäußert, daß es fast schon beleidigend wirkte, und es habe eine gespannte Atmosphäre geherrscht[5].

»Daraufhin beschrieb Churchill den Luftkrieg gegen Deutschland«, berichtete Harriman weiter, »und gab der Hoffnung Ausdruck, daß die Beteiligung der amerikanischen Luftwaffe die Bombardierungen wesentlich verstärken werde. Dies stellte die erste Übereinstimmung zwischen den beiden Männern her. Stalin nahm selber das Wort dazu und sagte, es sollten außer den Fabriken auch Wohnhäuser zerstört werden. Churchill gab zu, die Moral der Zivilbevölkerung sei militärisch wichtig, aber die Zerstörung von Arbeiterwohnungen sei nur ein Nebenergebnis, eine Folge von Zielfehlern. Nun begann die Spannung nachzulassen, und die Bereitschaft, sich auf gemeinsamem Boden zu begegnen, nahm zu. Stalin und Churchill hatten alsbald miteinander die bedeutendsten Industriezentren Deutschlands vernichtet.«[6]

Churchill war nicht ganz aufrichtig. Für das Bomberkommando der RAF galten Industriezerstörungen als einkalkuliertes Nebenprodukt der Wohngebietszerstörungen; aber das, wie sich in Moskau herausstellte, stand nicht im Widerspruch zu Stalins Vorstellung vom strategischen Bombardement. Er schickte im selben Monat ein paar seiner Fernkampfbomber nach Berlin, wo sie Wohngebiete angriffen[7]. Gerade auf die Bombardierung Berlins legte Stalin großes Gewicht, da er die Bedeutung politischer Zentren als Ziele erkannte[8].

Churchill war nun der Meinung, Stalin über besonders gelungene Schläge der Royal Air Force unterrichten zu sollen. In unregelmäßiger Folge bilden diese Berichte und Stalins mehr oder weniger lapidare Antworten einen festen Bestandteil des Briefwechsels zwischen beiden Staatsmännern. Am 13. September 1942 zum Beispiel teilt Churchill Stalin die wichtigsten angegriffenen Städte und das Gesamtgewicht der ab 1. 7. 1942 abgeworfenen Bomben mit; unter den Bomben »befanden sich sechs 8000-Pfund-Bomben und 1400 4000-Pfund-Bomben. Wir haben festgestellt, daß diese Bomben bei Verwendung von Aufschlagzündern außerordentlich wirksam explodieren ...«[9]

Soweit aus dem veröffentlichten Briefwechsel hervorgeht, reagiert Stalin am 19. Januar 1943 zum erstenmal mit Glückwünschen für die britischen Luftstreitkräfte, »besonders bei der Bombardierung Berlins«[10].

Nach der Casablanca-Konferenz im Januar 1943 kündigten Roosevelt und Churchill in einer ausführlichen Information auch die Verdoppelung der Luftangriffe auf Deutschland an, und sie zogen die entsprechenden, auch für Rußland günstigen Schlüsse[11].

Die Korrespondenz Churchill-Stalin kann hier nicht vollständig im Hinblick auf den Luftkrieg dokumentiert werden. Festzuhalten ist, daß Stalin stets Zustimmung äußert und eine Verstärkung der Angriffe verlangt[12]. Zum Beispiel im März:

»Ihre Botschaften vom 6. und 13. März, die mich über die erfolgreiche Bombardierung von Essen, Stuttgart, München und Nürnberg informierten, habe ich erhalten. Von ganzem Herzen grüße ich die britischen Luftstreitkräfte, die mit ihren Bombenangriffen schwere Schläge gegen die deutschen Industriezentren führen.«[13]

Churchill an Stalin am 27. März 1943: »... Ich sende Ihnen einige Fotos, die das Ausmaß der Zerstörungen, insbesondere in Essen, zeigen. Ich glaube, daß Sie diese Bilder genauso gern betrachten werden wie ich.«

Und die Antwort vom selben Tage: »... Ich hoffe auch, daß die Luftoffensive gegen Deutschland unaufhaltsam verstärkt wird. Ich wäre Ihnen für die Übersendung der Fotos von den Zerstörungen in Essen dankbar.«[14]

Auf die zum Teil detaillierte Berichterstattung Churchills teilt Stalin am 7. April mit: »... Jeder Schlag ... gegen die lebenswichtigen Zentren der Deutschen findet in den Herzen vieler Millionen Menschen unseres Landes lebhaften Widerhall.«[15]

Churchill am 11. April: »... Ich hoffe, Sie haben den kurzen Film über die Verwüstungen sowie die Fotos erhalten. Ich werde Ihnen diese regelmäßig zuschicken, denn sie könnten Ihre Soldaten erfreuen, die so viele in Ruinen verwandelte russische Städte gesehen haben ...«[16]

Stalin am 12. April: »Es freut uns, daß Sie Hitler keine Atempause gönnen.

Ihren schweren und erfolgreichen Bombardierungen der deutschen Groß-
städte fügen wir jetzt unsere Luftangriffe auf deutsche Industriezentren in
Ostpreußen hinzu. Ich danke Ihnen für den Film, der die Ergebnisse der
Bombardierung Essens zeigt. Sowohl dieser Film als auch die anderen Filme,
die Sie zu schicken versprochen haben, werden unserer Bevölkerung und der
Armee gezeigt werden.«[17]

Bei allem Einverständnis, das Stalin an den Tag legte, vergaß er nie, Briten
und Amerikaner daran zu erinnern, was er für das Wichtigste hielt – die
Eröffnung der zweiten Front in Frankreich. Selbst wenn er nicht mit Lob
geizte, und das kam selten genug vor, stieß er die Alliierten mit der Nase auf ihr
Versäumnis, das er als Versagen auslegte. Beispielsweise lobte Stalin in seinem
Tagesbefehl zum 1. Mai 1943 die »siegreichen Truppen unserer Verbündeten«
für ihren Kampf in Nordafrika, »während die heldenmütige englische und
amerikanische Luftwaffe den Zentren der Rüstungsindustrie Deutschlands und
Italiens vernichtende Schläge versetzt und damit die Bildung der zweiten Front
in Europa gegen die deutschen und italienischen Faschisten ankündigt«[18]. Lob
also mit einer als Mahnung gedachten Ankündigung.

In der fortgesetzten Information Stalins durch Churchill kommt immer
wieder auch die Rechtfertigung für das Ausbleiben der Invasion in Frankreich
zum Ausdruck, und die unaufhaltsame Verstärkung der Luftoffensive soll dazu
dienen, Stalin zu beschwichtigen.

Am 4. Juni 1943 erhielt »Herr Stalin von Präsident Roosevelt«, persönlich
und streng geheim, die Botschaft, daß die Hauptstrategie der Alliierten unter
anderem der Durchführung aller Maßnahmen zur Unterstützung der Sowjetunion gelte. Dazu gehörte:

»Hinsichtlich der Unterstützung der UdSSR wurden folgende Beschlüsse
gefaßt: Die sich jetzt entwickelnde Luftoffensive gegen das vom Feind besetzte
Europa wird mit dem dreifachen Ziel intensiviert, die feindliche Industrie zu
vernichten, die Stärke der deutschen Jagdfliegerwaffe zu vermindern und die
Moral der deutschen Zivilbevölkerung zu brechen ...«[19]

Um Stalin von der Ernsthaftigkeit der alliierten Anstrengungen zu überzeugen, schickt Churchill weiter Informationen:

»Ich schicke Ihnen einen kleinen stereoskopischen Apparat mit einer großen
Anzahl von Diapositiven, die den Schaden zeigt, der deutschen Städten durch
unsere Bombenangriffe zugefügt wurde. Sie vermitteln einen viel lebendigeren
Eindruck, als er durch Fotografien erzielt werden kann. Ich hoffe, Sie werden
eine halbe Stunde Zeit erübrigen, um sie sich anzusehen. Wir wissen sicher,
daß in Hamburg 80 Prozent der Häuser zerstört sind. Die längeren Nächte
stehen jetzt kurz bevor, und dann wird auch Berlin größeren Zerstörungen
ausgesetzt werden ...«[20]

So wurde Stalin von der Vernichtung Hamburgs unterrichtet, am 12. August
1943, mit stereoskopisch zu betrachtenden Diapositiven. Jetzt hätte er eigentlich protestieren müssen gegen diese Art der Kriegführung gegen Frauen und

Kinder, wenn der Nachkriegsanspruch auf festen Füßen stehen wollte, die Sowjetarmee habe die Terrorisierung der Zivilbevölkerung abgelehnt.

Im November 1943, anläßlich des Revolutionsfeiertages, findet J. W. Stalin abermals Gelegenheit, die Bundesgenossen öffentlich zu loben. Er anerkennt die Unterstützung, die die Sowjetunion durch die Kämpfe in Nordafrika und Italien, durch die Materiallieferungen und das Luftbombardement Deutschlands erhalten hat. Wenn dies auch noch nicht die zweite Front sei, so sei es doch eine Kriegführung, die ihr recht nahe komme[21].

Anfang Dezember trafen sich Churchill, Roosevelt und Stalin in Teheran, wo eine Strategie der kombinierten Land- und Luftoperationen beschlossen wurde. In der offiziellen Konferenzverlautbarung der drei Staatsmänner heißt es:

»Keine Macht der Erde kann uns daran hindern, die deutschen Armeen zu Lande, ihre U-Boote auf See und ihre Kriegsindustrie aus der Luft zu zerstören. Unsere Angriffe werden rücksichtslos sein und immer stärker werden.«[22]

Churchill, wohl noch in Erinnerung an das Treffen, schickt an Stalin eine Geheimbotschaft, die dieser am 12. Januar 1944 erhält. Er gratuliert zum Vormarsch der Sowjetarmeen und meint launig: »Wenn wir wieder in Teheran wären, würde ich jetzt über den Tisch hinweg zu Ihnen sagen: ›Teilen Sie mir bitte rechtzeitig mit, wann wir aufhören sollen, Berlin zu zerstören, damit genügend Unterkünfte für die Sowjetarmeen stehen bleiben‹...«[23]

Aber Stalin hat keinen Sinn für solche Späße. Todernst antwortet er am 14. Januar:

»Ihre Botschaft vom 12. Januar habe ich erhalten. Unsere Armeen haben in der letzten Zeit wirklich Erfolge erzielt, aber bis nach Berlin ist es für uns noch sehr weit... Folglich brauchen Sie die Bombardierung Berlins nicht abzuschwächen, sondern sollten sie möglichst mit allen Mitteln verstärken...«[24]

Luftangriffe in ihrer Gesamtheit waren Teil der alliierten Offensiven, selbstverständlich waren sie es, und ebenso selbstverständlich waren die strategischen Angriffe integriert in das System der Bomberoffensive. Es gab darüber keinen Streit mit der UdSSR. Englische und amerikanische Flugblätter drohten häufig mit den steigenden Gefahren für die deutsche Bevölkerung, die durch die zunehmende Wucht der Bomberschläge entstand, aber auch in sowjetischen Frontflugblättern wurden sie erwähnt:

»1944 droht! ... 1943 fielen 112 000 000 kg Bomben auf Deutschland, 1943 wurde Deine Heimat Stadt um Stadt zerbombt und zertrümmert. 1944 wird es auch Dein Heim, Deine Familie treffen, wenn Du nicht mit dem Kriege Schluß machst...«[25]

Der Gedanke, ihren Familien in der Heimat ein schreckliches Schicksal zu ersparen, sollte demnach deutsche Soldaten an der Ostfront motivieren, die Waffen niederzulegen. Auswirkungen des strategischen Bombardements auf die Kriegsmoral der Zivilbevölkerung wurden also auch von russischer Seite in Rechnung gestellt. Die transkontinentale Wechselwirkung, die schlechte Nachrichten von der Front in der Heimat und Hiobsbotschaften aus der Heimat an der Front auslösten, war erhoffter und akzeptierter Bestandteil der psychologischen Kriegführung.

Dabei lag es vorrangig im Interesse der Westmächte, den sowjetischen Bundesgenossen über ihre Luftkriegserfolge weiter auf dem laufenden zu halten. Das geschah vor allem über die Militärmissionen in Moskau. Im Briefwechsel der Staatsmänner tritt das Thema Bombardierung deutscher Städte zurück. Das war mittlerweile tägliche und nächtliche Kriegsroutine, kein Gegenstand mehr besonderer Erwähnung auf allerhöchster Ebene. Dort ging es vor allem darum, die Operationspläne für das nächste Jahr auszutauschen mit dem festen Ziel, den Krieg in Europa 1945 zu beenden.

Ab Februar 1945 verstärkten die Westmächte ihre Luftangriffe auf Ziele im Hinterland der deutschen Ostfront. In Moskau wurde das durchaus als Unterstützung für die Rote Armee verstanden. In einem Artikel über die Konferenz von Jalta schrieb der im Moskauer Exil lebende führende deutsche Kommunist Anton Ackermann:

»Der mehr als problematische ›Vorteil der inneren Linie‹ auf seiten der deutschen Wehrmacht ist in den tatsächlichen Vorteil des operativen Zusammenwirkens der Angriffsfronten der Vereinten Nationen umgeschlagen. Das ist bereits praktisch unter Beweis gestellt durch die Art, wie die große Winteroffensive der Roten Armee die Armeen des deutschen O. B.-West so schwächte, daß gewissermaßen vom Rücken her der Westwall durchbruchsreif gemacht wurde; wie andererseits die amerikanischen und englischen Luftflotten täglich stärker auf das rückwärtige Gebiet jener deutschen Armeen wirken, die der Roten Armee gegenüberstehen und dieser somit vom Westen her helfen.«[26]

Im Mai 1945 galt Dresden, wie in Kapitel XV dokumentiert worden ist, der sowjetischen Führung als ein »wichtiger Stützpunkt faschistischer Verteidigung in Sachsen«, als »mächtiger Verteidigungsknoten der Faschisten in Sachsen«[27].

Kurz nach Kriegsende wurde von sowjetischer Seite die Frage nach den für die Zerstörung Dresdens Verantwortlichen gestellt. Die Schuld wurde so zubemessen:

»Mutschmann, der Gauleiter von Dresden, ist der Hauptschuldige an der Zerstörung dieser Stadt und am Massensterben der friedlichen Bevölkerung. Er war es, der zusammen mit Hitler Dresden in eine Rüstkammer Deutschlands verwandelte, in ein Pulverfaß, d. h. eine Nachschubquelle, die das Material für die Vernichtung friedliebender Völker lieferte. Er war es, der die Bevölkerung von Sachsen mit trügerischen Siegesbotschaften täuschte und die bitteren Niederlagen verschwieg. Er wußte, welche Zerstörungen die deutsche Armee und Luftwaffe anderen Völkern zugefügt hatte; er pries die verschiedenen V-

Waffen, die für den Mord an Kindern geschaffen waren. Er hat die unheilvollen Kräfte heraufbeschworen, durch die Dresden zerstört wurde. Das Spiel mit dem Feuer rächte sich – allerdings nicht unmittelbar an Mutschmann, der einen persönlichen Bunker aus Eisenbeton besaß.«[28]

Bei dieser Darstellung sollte es jedoch nicht bleiben. Schon im Februar 1948 begann die von der sowjetischen Besatzungsmacht in Berlin herausgegebene Zeitung für die deutsche Bevölkerung, »Tägliche Rundschau«, eine Neuinterpretation der jüngsten Vergangenheit. In einer Artikelfolge »Geschichtsfälscher« wurde behauptet, Hitler hätte niemals seine kriegerischen Pläne ohne die Unterstützung der »Imperialisten der Westmächte« verwirklichen können[29]. Wenig später verließ die Sowjetunion den Alliierten Kontrollrat in Berlin, und sie versuchte, die Westmächte durch die Blockade aus Westberlin zu vertreiben.

1950, im Jahr nach Gründung der NATO, ging die Führung der neugegründeten DDR dazu über, Dresdens Schicksal voll in die antiwestliche Propaganda einzuspannen. Am fünften Jahrestag der Zerstörung fand in Dresden eine »gewaltige antiimperialistische Demonstration« statt. Der sächsische Ministerpräsident Seydewitz rief aus, »daß dieselben Kräfte, die damals Dresden sinnlos zerstörten, heute schon wieder von neuem zum Völkermord aufrufen«[30].

Der kalte Krieg erreichte tiefste Gefriertemperaturen, zumal in Korea ein heißer Krieg tobte. »Tägliche Rundschau« am 13. 2. 1951:

»Die erste offen feindselige Operation gegen die Sowjetunion und eine blutige Kriegserklärung an den kommenden Frieden... Der Feuerschein der brennenden Stadt Dresden, der am Ende des Zweiten Weltkrieges den Himmel weithin sichtbar rötete, ließ die räuberische Fratze des amerikanischen Imperialismus, des ärgsten Feindes der Menschheit, heraufleuchten ...«[31]

Ein Jahr später hob DDR-Volkskammerpräsident Dieckmann hervor, der Befehl zur Zerstörung Dresdens sei gegeben worden »ohne Wissen und gegen den Willen der sowjetischen Kriegführung«. Diesmal wurden die früher von Stalin gelobten Flugzeugbesatzungen als »anglo-amerikanische Luftgangster« geschmäht. Nach relativ kurzer Zeit hatten sie den ihnen von Goebbels verliehenen Titel wiedererhalten[32].

1953 wurde die »Verwandtschaft zwischen Hakenkreuz und Dollarzeichen« entdeckt – vom stellvertretenden DDR-Ministerpräsidenten Bolz anläßlich des Gedenkens an die Toten von Dresden[33].

1954 hieß es, die Amerikaner hätten an Dresden »barbarische Rache für ihre Niederlage in den Ardennen« geübt. Als Totenzahl wurden »Hunderttausende« genannt[34].

So könnte seitenlang zitiert werden. 1955 wurde von 35 000 Toten gesprochen. Bei dieser Gelegenheit, dem zehnten Jahrestag der Angriffe, sagte der Ministerpräsident der DDR, Otto Grotewohl, nachdem er an die Bombardierung von Dresden, Hamburg, Berlin, Lübeck und anderen Städten erinnert hatte:

»Sie wurden von den anglo-amerikanischen Imperialisten aus dem gleichen imperialistischen Macht- und Eroberungswahn zerstört, aus dem die deutschen Faschisten den Zweiten Weltkrieg inszenierten... Dieses unsinnige Verbrechen diente ebenso wie die Zerstörung von Brücken, Talsperren und anderen lebenswichtigen Einrichtungen durch die SS dem Zweck, eine Trümmerzone zu schaffen, die den siegreichen Sowjetarmeen das weitere Vordringen unmöglich machen sollte.«[35]

Damit wurde ein neues Argument in die Kalte-Kriegs-Propaganda geworfen, auf das noch eingegangen werden soll.

Mit Einleitung der Entspannungspolitik zwischen den Vereinigten Staaten und der Sowjetunion schmolz das Eis des kalten Krieges. In der DDR wurde geschrieben, die Angriffe auf Dresden seien »eine der blutigen Eröffnungsschlachten des von Truman und Dulles inszenierten kalten Krieges gewesen«. 1969 bediente man sich beinahe wörtlich der Worte von 1951, und man erklärte zum 13. Februar: »An diesem Tag gedenken die Dresdner der vielen unschuldigen Opfer, die sterben mußten, weil einige Politiker und Generale die untaugliche Idee hatten, den Vormarsch des Sozialismus mit Bomben und Tränen aufzuhalten.«[36]

Die unter dem Vorzeichen des ideologischen Kampfes festgelegte Sprachregelung ist in die DDR-Geschichtsliteratur eingegangen. Den Luftkrieg, so heißt es da, hätten Engländer und Amerikaner ohne Rücksicht auf die Erfordernisse der Sowjetunion geführt; im Gegenteil:

»Die alliierte Luftkriegführung, deren barbarische und terroristische Züge immer deutlicher wurden, richtete sich in zunehmendem Maße vor allem gegen Ziele im künftigen sowjetischen Besatzungsgebiet. Offensichtlich lag diesen Angriffen die Absicht zugrunde, hier ein Chaos und unüberwindliche Schwierigkeiten für den Neubau zu schaffen, die zur Quelle einer antisowjetischen Haltung unter der Bevölkerung werden sollte.«[37]

Und in Serien anläßlich des 30. Jahrestages des Kriegsendes, die in DDR-Publikationen erschienen, war die Rede davon, daß das sowjetische Besatzungsgebiet durch Luftangriffe »entindustrialisiert« werden sollte. Daß der Aufbau mehr durch die sowjetische Demontage als durch Industriezerstörungen erschwert wurde, kam nicht zur Sprache[38].

Immerhin billigte die sowjetische offizielle Geschichtsschreibung den Alliierten im Westen zu:

»Große Auswirkungen hatten die Schläge starker Bomberfliegerkräfte gegen wirtschaftliche und politische Zentren des Gegners.«[39]

Speziell zu Dresden läßt sich die sowjetische Haltung wie folgt zusammenfassen; diese Interpretation ist die Summe aus den verschiedensten sowjetischen Äußerungen zu diesem Thema:

1. Das sowjetische Oberkommando war an der Aktion, die zur Zerstörung Dresdens führte, vollkommen unbeteiligt.

2. Die Angriffe sind nicht auf Grund einer Vereinbarung oder in Erfüllung

der Bündnisverpflichtungen zwischen den Westmächten und der Sowjetunion durchgeführt oder gar von Stalin verlangt worden.

3. Dank ihrer zutiefst humanistischen Einstellung wäre die Sowjetarmee nie imstande gewesen, eine Vernichtungsaktion wie die in Dresden durchzuführen.

4. Die Zerstörung war nur ein Glied in der Kette der moralischen Einschüchterung der deutschen Bevölkerung und zugleich eine Demonstration der Stärke gegenüber der Sowjetunion. Die Bombenangriffe entsprangen politischen Zielen der Westmächte, um vor der ganzen Welt ihre Macht zu beweisen. Dresden sollte als Lehrstück dienen, dem Hiroshima und Nagasaki folgten.

Nach alldem sei an die sowjetische Ausgangsposition 1945 erinnert, daß die Luftangriffe der Amerikaner und Engländer auf das rückwärtige Gebiet der deutschen Ostfront »... der Roten Armee ... vom Westen her helfen«, und daß die Stadt Dresden damals so charakterisiert wurde:

1. Ein mächtiger Verteidigungsknoten der Faschisten in Sachsen.
2. Ein wichtiger Stützpunkt faschistischer Verteidigung.
3. Eine Rüstkammer Deutschlands.
4. Eine Nachschubquelle, die das Material für die Vernichtung friedliebender Völker lieferte[40].

Die sowjetische Führung ist, wie nachgewiesen wurde, über den Fortgang und die Auswirkungen und die Absichten der strategischen Bomberoffensive permanent informiert worden. Zusätzlich zu den Briefen, die zwischen den Staatsmännern gewechselt wurden und zu den offiziell durch die britische und amerikanische Militärmission in Moskau übermittelten Nachrichten konnte Stalin auf diplomatischem Wege Erkundigungen einziehen lassen. Westliche und neutrale Zeitungen, die mit Berichten über den Luftkrieg angefüllt waren, konnten ausgewertet werden. Sowjetische Delegationen, die im Westen herumreisten, fanden meist mitteilungsfreudige Gastgeber.

Der amerikanische Historiker Melden E. Smith schreibt in seiner Studie »The Bombing of Dresden Reconsidered«, daß im Januar 1945 eine sowjetische Militärdelegation SHAEF – das Oberste Hauptquartier in Paris – besuchte. Es sei schwer vorstellbar, daß dieser Delegation nicht eine eingehende Schilderung der Luftoffensive vorgetragen worden sei[41].

Stimmt es, daß die Angriffe auf Dresden – wie DDR-Volkskammerpräsident Dieckmann behauptete – »ohne Wissen und gegen den Willen« der sowjetischen Führung stattfanden? Wie war der Informationsfluß in diesem speziellen Fall[42]?

Im Dezember 1944 sprach der US-Botschafter in Moskau, Averell Harriman, mit Stalin. Er sagte ihm, der Oberkommandierende der alliierten Expeditionsstreitkräfte in Europa, General Eisenhower, sei bestrebt, mit den Russen in Übereinstimmung vorzugehen, und er wolle ihnen, wenn nötig, helfen.

Besonders wurde über Luftunterstützung für sowjetische Landoperationen im Balkanraum gesprochen. Die Westmächte gingen davon aus, daß gegenseitiges Interesse die Abstimmung der Operationen – auch der Luftoperationen – leiten solle[43].

Es erscheint logisch, daß sie annahmen, es solle ebenso für Mitteleuropa gelten, insbesondere für Deutschland, was für den Balkan als richtig festgestellt wurde.

Roosevelt vereinbarte sodann mit Stalin, daß ein Beauftragter General Eisenhowers nach Moskau reisen solle, um Einzelheiten direkt zu erklären. Entsandt wurde der Marschall der Royal Air Force Sir Arthur Tedder, stellvertretender Oberkommandierender und Eisenhower gegenüber verantwortlich für sämtliche alliierten Luftoperationen.

Das Gespräch mit Stalin, an dem von westlicher Seite neben Tedder die amerikanischen Generale Bull und Betts teilnahmen, fand am 15. Januar 1945 statt. Es drehte sich fast ausschließlich um die Frage, daß bei den kommenden Offensiven der sowjetischen Armee und der westlichen Streitkräfte eine enge Koordination und Kooperation erreicht werden solle[44].

Bis dahin ist alles klar. Aber wurde auch die weitere Verwendung der strategischen Bomberflotten erörtert? Die Aussagen gehen auseinander. J.W. Angell schreibt:

»Tedder umriß Stalin die Anwendung der alliierten Luftstreitmacht unter besonderer Berücksichtigung des strategischen Bombardements von Verbindungseinrichtungen, wie sie Treibstoffziele, Eisenbahnen und Wasserwege darstellen. Es gab eine besondere Diskussion über das Problem, dem sich die Russen gegenübersehen würden, wenn die Deutschen versuchten, Truppen vom Westen nach dem Osten zu verlegen, und über die Notwendigkeit, diese Möglichkeit zu verhindern.«[45]

Generalmajor Betts hatte über das Treffen mit Stalin einen Bericht verfaßt, der von Sir Arthur Tedder und Generalleutnant Bull gebilligt worden war. M. E. Smith erbat für seine Studie von Betts eine Stellungnahme, und der General schrieb ihm, er sei ganz sicher, daß Stalin bei dieser Gelegenheit die Bombardierung Dresdens nicht verlangt habe, noch überhaupt irgendwelche Luftoperationen. Im Verlauf des Besuches in Moskau habe auch das sowjetische Oberkommando keinen derartigen Wunsch vorgetragen[46].

Diese Erklärung ist eindeutig; sie schließt allerdings nicht aus, daß Tedder von sich aus mit ein paar Bemerkungen die Absichten für den strategischen Luftkrieg gestreift hat. Warum sollte das Thema plötzlich tabu gewesen sein? Die Luftoffensive war doch gerade in diesen Tagen wichtig, da die Russen – wie sie sagten, vorfristig auf Churchills Bitten hin – ihre große Winteroffensive begonnen hatten[47].

Wenn man versucht, die abweichenden Aussagen unter einen Hut zu bringen, dann sollte man akzeptieren, daß Stalin und seine Leute nicht ausdrücklich die Bombardierung Dresdens und andere Luftoperationen bei dieser Gelegenheit verlangt haben, daß aber Tedder Erläuterungen zur Luftlage abgegeben hat und sich daran der Gedankenaustausch anschloß, wie deutsche Truppenverlegungen unterbunden werden könnten, ohne daß die Russen dazu präzise Forderungen stellten. Das geschah erst in Jalta.

Sofort nach Tedders Rückkehr jedenfalls machten sich Luftstäbe und Nachrichtenausschüsse an die Arbeit, um die strategischen Luftoperationen mit der rollenden Sowjetoffensive abzustimmen, ohne daß sie freilich von Moskau laufend über den neuesten Stand informiert wurden[48]. Dabei tauchte der Name Dresden auf den Ziellisten auf. Wie es im einzelnen zum Angriffsbefehl gekommen ist, wird im Schlußkapitel nachgezeichnet.

Als sich die »Großen Drei« Anfang Februar in Jalta trafen, waren die Weichen für die neue Phase der Luftoffensive gestellt. Die Staatsmänner sollte das nur am Rande interessieren; sie sahen sich weitaus schwierigeren Problemen gegenüber.

Churchill, Roosevelt und Stalin mußten sich über das weitere Vordringen der Heere aus Ost und West und über den Eintritt der UdSSR in den Krieg gegen Japan klarwerden. Sie mußten heikle politische Differenzen – wie über die Entwicklung in Polen – und Fragen der Verteidigung und Wahrung des Besitzstandes für die Zeit nach dem Sieg erörtern; und das unter der Belastung eines wachsenden Mißtrauens.

Vielleicht dachte Churchill, die deutsche Führung könnte unter dem Eindruck der beginnenden schweren Bombenangriffe Berlin verlassen. Vielleicht rechnete er auch mit einem raschen Vorstoß der Russen auf die Reichshauptstadt. Jedenfalls fragte er Stalin gleich bei der ersten Begegnung, was die Russen zu tun gedächten, wenn Hitler von Berlin nach Süden auswiche – nach Dresden zum Beispiel. »Wir würden ihm folgen«, lautete Stalins Antwort. Und er fügte hinzu, die Oder bilde kein Hindernis mehr, die Rote Armee besitze mehrere Brückenköpfe[49].

Warum spukte Dresden in Churchills Gedanken? Vermutlich, weil er erst wenige Tage vor der Krimkonferenz seinem Luftfahrtminister Sinclair eine als Befehl zu verstehende Notiz geschickt hatte, in der er Berlin und andere große Städte in Ostdeutschland gerade jetzt »als besonders lohnende Ziele« bezeichnete[50].

Eine der »anderen großen Städte« war Dresden. Churchill nahm, wie die Frage an Stalin zeigt, offenbar an, die Stadt könnte dem Hitlerregime als ein Zufluchtsort erscheinen. Der Wunsch, diese Zuflucht zu versperren, war möglicherweise mit ein Beweggrund dafür, daß der Premierminister die Angriffe verlangte. Vielleicht wollte er selbst Stalin die Erfolgsmeldung überbringen, so wie er ihm früher ausführlich über Luftkriegserfolge berichtet hatte. Dies schien um so ratsamer, als die Truppen der Westmächte noch westlich des Rheins standen.

Am 4. Februar 1945 hielt in Jalta der stellvertretende sowjetische Generalstabschef, Armeegeneral Antonow, Vortrag über die Lage an den sowjetischen

Fronten und gab in dieser ersten Plenarsitzung einen Ausblick auf die künftigen militärischen Operationen. Dabei drückte Antonow seine Sorge aus, die Deutschen könnten etwa 35 bis 40 Divisionen aus Norwegen, von der Westfront, aus Mitteldeutschland und Italien abziehen und an die Ostfront werfen. 16 Divisionen aus diesen Gebieten seien bereits an der Ostfront in Erscheinung getreten. Gegen Ende seines Lageberichtes rückte Antonow mit sowjetischen Wünschen heraus, die darauf abzielten, diese Truppenverlegungen zu vereiteln. Er verlangte, die Alliierten sollten ihre Landoperationen ankurbeln, um den Druck auf die deutschen Truppen an der Westfront zu erhöhen. Die Situation sei dafür sehr günstig. Es wäre wünschenswert, den Vormarsch in der ersten Februarhälfte zu beginnen.

Antonow forderte außerdem, durch Luftangriffe auf Verbindungseinrichtungen den Feind daran zu hindern, Truppen von der Westfront, aus Norwegen und Italien an die Ostfront zu verlegen. Insbesondere sollten die Verkehrsknotenpunkte von Berlin und Leipzig lahmgelegt werden[51].

Mit diesen Wünschen rannten die Sowjets offene Türen ein. Das neue Programm der alliierten Bomberoffensive war darauf wie zugeschnitten; auch deshalb wirkt es unwahrscheinlich, daß Tedder während seines Treffens mit Stalin am 15. Januar überhaupt nicht darüber gesprochen haben soll.

Generalleutnant Doolittle, Kommandeur der amerikanischen 8. Luftflotte, war von seinem Vorgesetzten, General Spaatz, bereits angewiesen worden, einen schweren Angriff auf Berlin beziehungsweise Dresden zu fliegen. Die US-Militärmission in Moskau wurde verständigt, und deren amtierender Chef, Generalleutnant Spalding, meldete seinem sowjetischen Partner, Generalleutnant Slawin, daß am 2. Februar 1945 ein heftiger Angriff mit 1 200 schweren Bombern auf Berlin geplant sei; als Alternativziel – bei ungünstigem Wetter über Berlin – sei Dresden vorgesehen. Slawin wurde ebenfalls benachrichtigt, daß der Angriff am 2. Februar wegen schlechten Wetters abgesagt werden mußte und daß er statt dessen am 3. Februar stattfinden werde. Das geschah dann auch, in abgeänderter Form[52].

Diese Information dürfte auch der stellvertretende Generalstabschef Antonow besessen haben, als er am 4. Februar in Jalta um Luftangriffe auf Verbindungseinrichtungen nachsuchte. Dabei mußte jetzt davon ausgegangen werden, daß Dresden ebenso wie Berlin den Amerikanern einen reichlichen Tausend-Bomber-Angriff wert war. Das würde den Einsatz aller drei Divisionen gegen eine einzelne Stadt bedeuten und soviel hatte die 8. Luftflotte noch nie gegen eine Stadt geschickt. Weder Slawin noch Antonow haben Einspruch erhoben. Daß es dann nicht zu einem Angriff mit mehr als tausend Bombern kommen sollte, steht auf einem andern Blatt.

Am 7. Februar legten Vertreter der Luftwaffenstäbe der drei Nationen in Jalta eine ostwärtige Bombardierungsgrenze fest. Sie sollte von Stettin über Berlin, Ruhland, Dresden, die Elbe, Brünn und Wien bis nach Zagreb verlaufen. Die genannten Orte eingeschlossen, begrenzte die Linie den Raum, in dem ohne Einschränkungen Luftangriffe möglich sein sollten. Ostwärts davon sollte sich bis zur sowjetischen Front eine Zone anschließen, in der die Operationen der alliierten Luftstreitkräfte beschränkt waren[53].

Geplante Luftoperationen in dieser Zone würden 24 Stunden vorher in Moskau angemeldet werden, damit das sowjetische Oberkommando Einwände erheben könnte. General Spalding teilte das am 8. Februar General Slawin mit, und er fuhr fort:

»... wenn kein Einwand von Ihnen empfangen wird, wird der Angriff wie vorgesehen stattfinden[54].«

General Spaatz hatte unterdessen die neue Zielliste an die US-Militärmission in Moskau geschickt, und so erhielt Slawin, ebenfalls mit Datum des 8. Februar, diese Liste von Spalding, in der die strategischen Ziele der 8. Luftflotte in der Reihenfolge ihrer Dringlichkeitseinstufung aufgezählt werden.

An der Spitze stehen 21 Hydrierwerke, Raffinerien und Öldepots, beginnend mit Böhlen, Ruhland, Lützkendorf, Pölitz und endend mit Kolin, Wanne-Eickel, Zeitz.

Zweithöchste Dringlichkeit haben Verbindungseinrichtungen, in der Reihenfolge: 1. Berlin, 2. Leipzig, 3. Dresden, 4. Chemnitz, 5.-8. Viadukte in Nordwestdeutschland.

Dritte Dringlichkeitsstufe besitzen 22 Verschiebebahnhöfe, von Lohne, Hamm, Rheine bis Bebra, Darmstadt, Wiesbaden.

Es folgen die Stufe 4 für Betriebe für die Herstellung von Düsenflugzeugen, die Stufen 5 für Panzerfabriken und 6 für U-Boot-Werften und -Häfen.

Insgesamt wurden dem sowjetischen Oberkommando 83 Ziele namentlich genannt; davon lagen 23 im Gebiet der späteren sowjetischen Besatzungszone Deutschlands, Berlin und zwei wegen falscher Schreibweise nicht identifizierbare Orte eingerechnet[55].

Das sowjetische Oberkommando verlangte nicht, das eine oder andere Ziel zu streichen.

Dresden lag nicht in der Zone, in der Angriffe nur begrenzt und nach vorheriger Anmeldung stattfinden sollten. Dennoch meldete General Spaatz wie üblich der US-Militärmission in Moskau die Operationspläne. Am 12. Februar kündigte er, wenn es das Wetter erlaubte, einen Angriff der 8. Luftflotte mit 1 200–1 400 Bombern auf den Dresdner Verschiebebahnhof für den 13. Februar an. Die Mission gab die Meldung sofort an die Sowjets weiter. Die Prozedur wiederholte sich am 13. für den 14. Februar, nachdem der Angriff am 13. wegen schlechten Wetters abgesagt worden war[56].

Ein Schlag mit 1 200–1 400 Bombern konnte verheerende Auswirkungen auf die mit Flüchtlingen überfüllte Stadt haben.

Moskau erhob keine Einwände. Deshalb ist es auch belanglos, daß die Russen offenbar von den Briten nicht über die Angriffsabsichten der RAF verständigt worden sind; denn niemand konnte vorher wissen, welche Angriffe die schlimmeren Schäden anrichten würden, die mit ursprünglich geplanten 1 200–1 400 amerikanischen oder die mit 800 britischen Bombern.

Zur Frage, wußte die sowjetische Führung von den Angriffen auf Dresden oder wußte sie nichts, hat sie sie verlangt oder nicht, kann zusammenfassend gesagt werden:

1. Das sowjetische Oberkommando hatte nichts mit der Planung und Ausführung der Angriffe auf Dresden zu tun.

2. Das Oberkommando wußte allerdings, daß Dresden im Rahmen der von den Westmächten gestarteten neuen Phase des strategischen Luftkrieges auf der Zielliste stand. Es kannte auch die Rangfolge der Dringlichkeitsstufen.

3. Das sowjetische Oberkommando wurde von bevorstehenden amerikanischen Angriffen in Kenntnis gesetzt, und es erhielt anschließend Vollzugsmeldungen. Die Nachtangriffe des Bomberkommandos sind höchstwahrscheinlich nicht angekündigt worden. Sie durften jedoch als Bestandteil der Offensive gelten.

4. Richtig ist, daß Stalin die Bombardierung Dresdens nicht verlangt hat. Falsch ist, die Angriffe seien ohne jede Vereinbarung mit der Sowjetunion unternommen worden, sie hätten nichts mit der Erfüllung irgendwelcher Bündnisverpflichtungen der Westmächte gegenüber der UdSSR zu tun gehabt.

Welche Vereinbarungen das waren und welche – nachträglich übertrieben erscheinenden – Verpflichtungen die Westmächte daraus für sich ableiteten, ist erläutert worden.

Hier ist der Kern der Zwistigkeiten. Engländer und Amerikaner meinten, alle ihre Luftkriegshandlungen, auch die Flächenbombardements, seien durch den mit Stalin hergestellten Konsens gedeckt. Konsens bestand aber nur solange, bis die politische Gegnerschaft im kalten Krieg offen aufbrach. Eine sachliche Debatte über Auftrag und Erfolg des strategischen Bombardements zwischen den drei Großmächten, die ja durchaus sinnvoll hätte sein können, fand nicht statt.

Wir wollen untersuchen, ob die kommunistischen Vorwürfe berechtigt sind, die Westmächte hätten im künftigen sowjetischen Besatzungsgebiet Deutschlands ein Chaos anrichten wollen mit der Absicht, der Roten Armee zu schaden, ihren Vormarsch zu behindern und den Neuaufbau zu erschweren. Hinter den in der letzten Kriegsphase verursachten Zerstörungen von Wohnungen und Industrien im Osten Deutschlands hätten antisowjetische Motive gesteckt.

Diese Anschuldigungen führen zu einer simplen Frage: Was waren dann die Bombenangriffe im Norden, Westen und Süden Deutschlands? Im Sinne solcher Logik hätten sie doch antiamerikanischen und antibritischen Charakter gehabt.

Das Gebiet Deutschlands, das von den Amerikanern und Engländern und schließlich noch von Franzosen besetzt werden sollte, ist insgesamt weitaus länger und schwerer angegriffen worden als das für die Sowjetunion und Polen bestimmte Gebiet, und es ist sehr viel gründlicher zerstört worden. Vor den Stoßkeilen der alliierten Armeen sanken Dutzende von Klein- und Mittelstädten in Trümmer, Opfer der »saturation attacks« oder der üblichen Angriffe auf Verkehrsverbindungen. Strategische und taktische Luftstreitkräfte wechselten sich ab, ergänzten sich, Tiefflieger und Jagdbomber kreisten über Straßen und Brücken, die Binnenschiffahrtskanäle wurden angeschlagen und ausgetrocknet, Viadukte brachen unter der Detonationsgewalt von Riesenbomben zusammen, die Treibstoff- und Rüstungsindustrie erhielt den Todesstoß, und wo nur ein Bahnhof war, dort war ein Bombenziel – ganz gleich, ob tatsächlich Truppentransporte durchfahren würden oder nicht. Ebenso gingen die Flächenangriffe gegen Städte im späteren westlichen Besatzungsgebiet weiter, sofern überhaupt noch bebaute Flächen vorhanden waren und nicht nur einzelne Inseln im Ruinenmeer.

Als die Bomben fielen, gab es keine Rücksichtnahme auf künftige Besatzungszonen. Die Luftoffensive des Februar, März und April 1945 gegen Ziele im Hinterland der deutschen Ostfront wurde genauso durchgeführt, wie es im Westen Deutschlands üblich war. Warum sollten Engländer und Amerikaner das, was sie für ihren Kampf als nützlich ansahen, für schädlich halten, sobald sie es gegen den Osten Deutschlands anwandten? Außerdem setzte diese aus dem vollen schöpfende militärische Überflußgesellschaft ihr Vernichtungspotential auch rein prophylaktisch ein, um die eigenen Verluste so niedrig wie möglich zu halten. Die Städte hinter der deutschen Ostfront kamen dabei – trotz der Katastrophe von Dresden – noch besser weg als die im Bereich des Westfronthinterlandes[57].

In der Statistik führen zehn Mittelstädte in der heutigen Bundesrepublik Deutschland die Liste der Städte mit den verhältnismäßig stärksten Wohnungsverlusten an: Düren mit 99,2 v. H. als eine total vernichtete Stadt, gefolgt von Paderborn mit 95,6, Bocholt 89,0, Hanau 88,6 v. H., in der Spanne zwischen 76,5 und 70,1 v. H. kommen Gießen, Moers, Siegen, Würzburg, Emden, Pirmasens. An elfter Stelle und als erste Großstadt steht Köln mit 70,0 v. H.; diese Zahlen stammen aus »Dokumente deutscher Kriegsschäden«.

Weiter folgt nach diesen Angaben die Gruppe der Städte mit 69,6 bis 60,2 v. H. Wohnungsverlusten: Dorsten, Dortmund, Duisburg, Kassel, Beuel, Pforzheim, Darmstadt, Koblenz, Hamm, Wilhelmshaven. Aber wo bleibt eigentlich Dresden? Es erscheint mit 60 v. H. erst an 22. Stelle dieser Liste[58].

Aber diese Berechnung stimmt nicht überein mit der in Weidauers Buch »Inferno Dresden«. Danach lauten die Angaben so: Dresden besaß in den Jahren 1944/45 220 000 Wohnungen. Davon wurden total zerstört 75 000. Schwer beschädigt und daher unbenutzbar waren 11 000.

Diese 86 000 nicht mehr verfügbaren Wohnungen sind aber nur 40 Prozent des Gesamtwohnungsbestandes. Als mittel- und leichtbeschädigt nennt Weidauer: 7 000 mittel, 81 000 leicht. Diese Wohnungen konnten über kurz oder lang wiederhergestellt werden, wenn sie nicht bewohnbar geblieben waren. Sie können nicht als Totalverlust gezählt werden.

Alle diese Zahlen sind nicht auf Punkt und Komma feststellbar gewesen, aber die erstaunliche Tatsache bleibt, daß als absoluter und unwiederbringlicher Wohnungsverlust in Dresden »nur« 40 v. H. zu verzeichnen sind. Damit aber würde Dresden in der Gesamtliste der Städte noch weiter nach hinten rücken[59].

Es versteht sich von selbst, daß diese Feststellung nicht eine Wertung bedeutet.

Wie war das nun mit der Hilfe, welche die westlichen Alliierten der Sowjetunion gegeben haben?

Gemeint ist die direkte und indirekte militärische Unterstützung durch die strategische Bomberoffensive, nicht der Strom von Waffen, Material, Munition, Ausrüstung, Bekleidung und Lebensmitteln, gemeint sind nicht die Lastwagen und Panzer und Flugzeuge, die auf verlustreichen Geleitzugwegen über See geschickt wurden.

Der militärische Hilfswille der Westmächte wurde seit dem Ausbruch des kalten Krieges herabgemindert und in Zweifel gezogen. Dabei ist es geblieben. Auch die wirtschaftlichen und militärischen Hilfslieferungen werden als ganz nebensächlich hingestellt. Großbritannien, das selbst von der Hilfe der USA abhängig war, hat dennoch auch der UdSSR helfen wollen. Churchill verschob jedoch die Eröffnung der zweiten Front mehrmals und stimmte den mißtrauischen Stalin noch mißtrauischer. Nun war aber das amerikanisch-sowjetische Verhältnis im Krieg ebenso von Enttäuschungen überschattet wie das britisch-sowjetische. »Nie entstand in Rußland jenes leichte, freie Gefühl der Kameradschaft, das unsere Beziehungen mit den Engländern kennzeichnete. Jeder Versuch, zu einer Zusammenarbeit zu gelangen, war Gegenstand von Verhandlungen, wobei lange gefeilscht werden mußte.« Das berichtet Generalleutnant John R. Deane, der von 1943 bis 1945 Leiter der US-Militärmission in Moskau war. In einem Brief an den amerikanischen Generalstabschef George C. Marshall schrieb Deane im Dezember 1944 über seine Verhandlungskontrahenten, die ja eigentlich Partner sein sollten:

»Wir kommen noch immer ihren Forderungen bis an die Grenze unserer Möglichkeiten entgegen, sie aber entsprechen den unseren nur soweit wie unbedingt nötig ist, um uns bei Laune zu halten... Kurz, wir sind zu gleicher Zeit die Gebenden und die Bittsteller. Das ist erstens würdelos und zweitens dem Prestige der USA abträglich.«

Deane hatte seinem 1947 erschienenen Erfahrungs- und Erlebnisbericht den Titel »The Strange Alliance« gegeben[60].

Dieses in der Tat seltsame Bündnis der Demokratien mit der Diktatur, das Hitler herbeigeführt hatte, war auf Seiten Präsident Roosevelts von dem aufrichtigen Wunsch nicht nur getragen, sondern beseelt, die Sowjetunion mit aller Kraft in ihrem schweren Kampf zu unterstützen, Stalin als Freund zu gewinnen, und nach der Vernichtung des Nazi-Imperiums mit einem geläuterten Stalin eine neue und bessere Welt des Friedens aufzubauen. In Deanes aufschlußreichem Buch ist nachzulesen, wie sich amerikanisch-arglose Offenheit, Spendierfreude und Freundschaftssuche in Ernüchterung verwandelte.

In unserem Fall können zwei Beispiele aus dem Bericht der Luftwaffe interessieren. Ende Juli 1942 hatte Stalin zu der erwähnten Unterredung Premier Churchill nach Moskau eingeladen. Roosevelt telegrafierte am 29. 7. 1942 an Churchill seine Gedanken für die Verhandlungsführung. Darin heißt es unter anderem:

»Die Russen sind wahrhaftig in einer unmittelbaren Zwangslage. Ich glaube, es wäre dem russischen Volk und seiner Armee eine Erleichterung zu wissen, daß Einheiten unserer Luftwaffen gemeinsam mit ihnen auf eine sehr direkte Art kämpften. Ich überlege gerade die Frage, Luftstreitkräfte direkt an der russischen Front einzusetzen, und ich hoffe, daß sich das machen läßt. Ich stelle mir vor, daß Stalin nicht in der Stimmung ist, sich auf strategische Diskussionen theoretischer Art einzulassen, und ich bin sicher, daß ... eine direkte Unterstützung der Russen am südlichen Flügel ihrer Front durch unsere Luftwaffe Stalin am besten zusagen wird.«[61]

Die deutsche Wehrmacht war im Vormarsch auf Stalingrad, und Roosevelts Gedanke, vom kaukasischen Raum her Luftangriffe zu starten, erscheint einleuchtend. Da schwere viermotorige Bomber eingesetzt werden sollten, hätten sie von amerikanischem Personal geflogen und gewartet werden müssen. Neben diesen praktischen Erfordernissen bewegte den Präsidenten aber das ideelle Motiv des gemeinsamen Kämpfens. In Briefen an Stalin bekräftigte Roosevelt im Oktober 1942 seinen Vorschlag[62]. Stalin reagierte nicht, obwohl er laufend Botschaften mit dem Präsidenten wechselte. Dieser sah sich daraufhin genötigt, am 16. 12. 1942 zu fragen:

»Mir ist nicht klar, was sich hinsichtlich der von uns angebotenen amerikanischen Unterstützung im Kaukasus ereignet hat. Ich bin jederzeit bereit, Einheiten mit amerikanischen Piloten und Mannschaften zu entsenden. Ich denke, daß sie als Einheiten unter ihren amerikanischen Kommandeuren operieren sollten; hinsichtlich der taktischen Ziele würde aber jede Gruppe selbstverständlich dem russischen Oberbefehl unterstellt sein. Lassen Sie mich bitte Ihre Wünsche so bald wie möglich wissen, denn ich möchte wirklich helfen, so gut ich kann. Das Jagdflugzeug-Programm würde dadurch nicht berührt...«[63]

Nachdem Stalin die Angelegenheit monatelang verschleppt hatte, antwortete er ablehnend und verlangte mehr Jagdflugzeuge: »Die sowjetischen Luftstreitkräfte befinden sich in der besonderen Lage, daß sie mehr als genug Flieger haben, es ihnen aber an Jagdflugzeugen mangelt.«[64]

Die bekamen sie ja sowieso, und darum war es Roosevelt gar nicht gegangen. Stalin tat so, als verstehe er nicht. Deane schrieb in seinem Erfahrungsbericht vom Dezember 1944 an Marshall über das Verhalten der Sowjetführer:

»Die Sache ist einfach die, daß sie mit Fremden, Amerikaner inbegriffen, so wenig wie möglich zu tun haben wollen. Wir machen nie einen Vorschlag, stellen nie einen Antrag, der von den Sowjets nicht mit Mißtrauen aufgenommen würde ...«[65]

Als Generalleutnant Deane dies schrieb, waren auch die von Luftwaffenchef General Arnold angeregten und von Präsident Roosevelt nachdrücklich verlangten »shuttle-missions« nach wenigen Einsätzen abgebrochen worden. Es ging um die sogenannten »Weberschiffchen-« oder »Pendelflug-Bombardierungen«, von denen im ersten Kapitel die Rede war. Auch dabei hatte Roosevelt an den psychologischen Wert des gemeinsamen Kämpfens an einer Front gedacht. Deane hatte die Verhandlungen zu führen:

»Das Geheimwort für ›Pendelflug-Bombardierung‹ mit Einbeziehung der russischen Luftstützpunkte lautete ›frantic‹ – ›rasend‹. Man kann dies nur als Meisterstück der Beschönigung bezeichnen. Die Schwierigkeiten, die sich bei getrennter Zusammenarbeit und gemeinsamem Ziel zwischen den Vereinigten Staaten und der Sowjetunion ergaben, waren gar nichts im Vergleich mit jenen, die wir während unseres Zusammenwirkens in Rußland selbst zu überwinden hatten ...«[66]

Daß Stalin und seine Leute zwar Hilfsgüter jeder Art und Menge begehrten, gleichzeitig aber jede auf direkten Kontakt zwischen Russen und Amerikanern hinauslaufende Aktion verzögerten oder hintertrieben, war für das amerikanische Naturell besonders schwer zu begreifen. Trotz merkbarer Abkühlung der vorher hochgespannten Hoffnungen auf politische und menschliche Annäherung blieb für F.D. Roosevelt und seine engsten Berater die Unterstützung der Sowjetunion eine Größe, an der nicht gerüttelt werden durfte. Erst nach dem Krieg haben die Amerikaner wohl begriffen, daß man sich durch großzügig gewährte Hilfe auch unbeliebt machen kann.

Roosevelts Hilfsmotive entsprangen freilich nicht nur uneigennütziger Gesinnung oder politischem Wohlverhalten, wie oft unterstellt wird. Sein Werben um Stalins Freundschaft hatte auch die Absicht, die Sowjetunion zum Kriegseintritt gegen Japan zu veranlassen. Über die Perspektiven der Nachkriegszeit schreibt Andreas Hillgruber:

»Es galt nicht, der Sowjetunion ein gleich starkes militärisches Gewicht in Kontinentaleuropa entgegenzusetzen, wie es Churchill wollte, aber infolge der Erschöpfung Großbritanniens nicht durchsetzen konnte; es galt vielmehr, einen von der Sowjetunion respektierten weiten ›Brückenkopf‹ für die See-Luft-Macht USA im Westen des Kontinents, auch zur Abschirmung der britischen Inseln, zu gewinnen.«[67]

Hillgruber verweist auf ein Gutachten des amerikanischen Generalstabes vom August 1943, an dem Roosevelt sich nach Aussage seines Biographen Sherwood in den folgenden Jahren bis zu seinem Tode orientierte. Darin heißt es:

»Rußland wird nach dem Krieg in Europa eine beherrschende Stellung einnehmen. Nach Deutschlands Zusammenbruch gibt es in Europa keine Macht, die sich Rußlands gewaltiger militärischer Macht entgegenstellen könnte. Zwar ist Großbritannien im Begriff, im Mittelmeer eine Position gegenüber Rußland aufzubauen, die sich für das Gleichgewicht der Mächte in Europa als nützlich erweisen mag. Aber auch hier ist es fraglich, ob England sich gegen Rußland behaupten kann, wenn es nicht von anderer Seite unterstützt wird. Die Schlußfolgerungen liegen auf der Hand. Da Rußland den entscheidenden Faktor darstellt, muß es jeglichen Beistand erhalten, und alles muß aufgeboten werden, um es zum Freunde zu gewinnen. Da es nach der Niederlage der Achse ohne Frage die Vorherrschaft in Europa haben wird, ist die Entwicklung und Aufrechterhaltung der freundschaftlichen Beziehungen zu Rußland nur um so wichtiger.«[68]

Dies war also Roosevelts Leitlinie. Churchill war der Ansicht, daß Freundschaft edel, aber für die Politik nicht ausreichend sei. Über die Brücke der Freundschaft allein wollte er nicht in die Zukunft gehen, sondern es erschien ihm nützlicher, wenn Stalin auch etwas Respekt vor den Westmächten hätte. Daraus zu folgern, deshalb hätte Churchill die spätere sowjetische Besatzungszone verwüsten lassen, ist abwegig.

Dresden und andere Städte im künftigen sowjetischen Besatzungsgebiet erhielten ja nicht, wie ausführlich dargelegt wurde, eine Art »Sonderbehandlung« durch die strategischen Luftflotten der Westmächte. Daß Churchill mit der Vollzugsmeldung eines schweren Angriffs auf Dresden in Jalta Eindruck machen, daß er Stalin imponieren wollte, was er dann nicht konnte, weil der Angriff noch nicht stattgefunden hatte – das ist immerhin möglich. Übertrieben wirkt die Auslegung, die Zerstörung Dresdens sei eine Demonstration der Stärke gegenüber der Sowjetunion gewesen, das Lehrstück für Hiroshima und Nagasaki.

Durch die Atombomben sollte das japanische Kaiserreich zur Kapitulation gezwungen werden, bevor die Amerikaner in verlustreichen Kämpfen das Mutterland erobern mußten. Hingegen rechnete kein westlicher Stabschef oder Staatsmann damit, durch Bombardierung Dresdens die deutsche Kapitulation erzwingen zu können. Den Traum, mit dem Schwert des Bomberkommandos allein den Sieg erringen zu können, hatte Sir Arthur Harris bereits 1944 begraben müssen. Allgemein wurde in der UdSSR- und DDR-Geschichtsschreibung der Erfolg des strategischen Luftkrieges herabgesetzt. Dazu im Widerspruch steht die Dämonisierung der Luftoffensive vom Februar, März und April 1945, soweit sie sich gegen Städte im Hinterland der Ostfront richtete. Entweder war der strategische Luftkrieg ein untaugliches Mittel oder ein taugliches; wenn man, wie die UdSSR-DDR-Geschichtsschreibung, das erste behauptete, durfte man nicht in gleichem Atemzuge seine Einschüchterungsrolle gegenüber der Sowjetunion so herausstreichen, als ob er sich, wie die Atombombenabwürfe, mehr gegen die Sowjetunion als gegen die gemeinsamen Feinde gerichtet habe.

Zum Beispiel wurde von sowjetischer Seite behauptet, die Donau sei mit 2500 Minen durch die anglo-amerikanische Luftwaffe vermint worden, um die sowjetischen Flottillen auf dem Fluß zu behindern[69]. Wahr ist, daß die RAF die Donau vermint hat, um den deutschen Nachschub zur südlichen Ostfront zu erschweren und die Rote Armee auf diese Weise zu unterstützen. Weiter wird behauptet:

»Bei der Offensive der Sowjetarmee in Ostpreußen haben englische Flugzeuge in den Zufahrten zu den Häfen Gdingen, Pillau und Swinemünde 700 Minen abgeworfen.«

Dies sei geschehen, um die sowjetische Kriegsmarine an der Südküste der Ostsee zu behindern[70]. In Wirklichlichkeit wurden die Hafeneinfahrten vermint, um die deutsche Kriegsmarine zu stören, die sich in der Ostsee noch aktiv bemerkbar machte. Zum Beispiel griffen deutsche Seestreitkräfte mit ihrer Artillerie in die Landkämpfe ein. Im Fall Swinemünde kommt hinzu, daß die Amerikaner vom sowjetischen Oberkommando ausdrücklich gebeten wurden, einen Luftangriff zu starten, da es sich um einen gewaltigen Umschlaghafen handele. Es war das eine der ganz wenigen Gelegenheiten, wo die Sowjets direkt einen strategischen Angriff anforderten, der natürlich im Zusammenhang mit den Kämpfen ostwärts der Oder und in Ostpreußen stand – ebenso wie die Verminungen. Generalleutnant Deane berichtet:

»Durch eine dichte Wolkendecke und mit Hilfe von Radar führten wir einen besonders heftigen Angriff durch. Wir konnten die Resultate nicht überprüfen und baten die Rote Armee, Fotos für uns aufzunehmen, damit der Angriff, wenn nötig, wiederholt werden könne. Es dauerte drei Wochen, bis wir auf unseren Antrag Antwort bekamen und dann trafen keine Bilder ein, sondern es gab nur einen wortkargen Bericht über den Erfolg unseres Angriffs.«[71]

Übrigens wäre dieser Angriff leichter durchzuführen gewesen. Die Alliierten hatten eine Methode entwickelt, durch Triangulation mit den Stationen der Flugstützpunke die Position der Bomber genau festzustellen. »Wir wollten auch sechs Luftstützpunktstationen in Sowjetrußland errichten«, schreibt Deane, »um unseren riesigen Bomberformationen über Deutschland navigatorische Hilfe leisten zu können. Der Besitz solcher Stützpunkte hätte bei unsichtigem Wetter sehr viel dazu beigetragen, die Zielsicherheit der Abwürfe zu erhöhen. Wir durften sie nicht einrichten, unser Antrag wurde mit der lächerlichen Begründung abgewiesen, daß dadurch die Funkverbindungen der Roten Armee gestört werden könnten... Wir hätten diese Besorgnis ohne weiteres durch wissenschaftliche Gegenbeweise entkräften können, aber wir wußten, daß der wahre Grund der Ablehnung darin lag, daß die Errichtung der Stationen die Anwesenheit von einem amerikanischen Offizier und zwanzig Mann Bedienungspersonal erfordert hätte.«[72]

Wenn man sich nochmals alle sowjetischen und westlichen Äußerungen vor Augen hält, darf zusammenfassend festgestellt werden, daß die Behauptung, die Luftangriffe auf Ostdeutschland hätten der Roten Armee nicht helfen, sondern ihr schaden sollen, unhaltbar ist. Andererseits sollte man sich in Erinnerung rufen, was der schon oft zitierte Generalleutnant Deane aus frischer Erfahrung mitzuteilen hatte:

»Rußland wollte den Krieg ohne jede Truppenmischungen, geteilte Verantwortlichkeiten und gegenseitige Verpflichtungen durchstehen und beenden, wie sie die Briten und Amerikaner in ihren wechselseitigen Beziehungen auf sich zu nehmen gewillt waren. Rußland wollte seine Position zu Ende des Krieges ausschließlich sich allein zu verdanken haben – ohne Verpflichtungen gegen seine Verbündeten und ohne von ihnen Ansprüche gewärtigen zu müssen. Gewiß, es war dazu bereit, seine militärischen Operationen im Hinblick auf die Unterstützung der anderen Alliierten einzurichten und damit die Niederlage Deutschlands zu beschleunigen – aber diese Operationen wollte es allein und höchstens mit einem Minimum an Verständigung mit seinen britischen und amerikanischen Freunden durchführen.«[73]

Zum kalten Krieg gehörte schließlich noch die Behauptung, die sowjetische Luftwaffe hätte ebensolche Flächenangriffe fliegen können wie die britische und amerikanische, aber sie habe bewußt darauf verzichtet. Marschall Shukows Wertung, eine Barbarei wie die Zerstörung Dresdens hätte die Sowjetarmee nie zustande gebracht, ist aber ebenso wie die vorangehende ein nachträglich eingereichter moralischer Anspruch, eine Frage des »Was wäre, wenn?«.

Tatsache ist, daß die Sowjetluftwaffe keine Flächenangriffe und nur unbedeutende strategische Angriffe unternommen hat. Tatsache ist auch, daß sie über sehr starke Frontfliegerkräfte verfügte, die ausnahmslos zur Unterstützung der Erdtruppen eingesetzt worden sind. Ab 1942 waren die Frontfliegerkräfte den Befehlshabern der Fronten unmittelbar als Luftarmeen unterstellt; die Fernfliegerkräfte wurden seither als neue Langstrecken-Bomberwaffe unter Generalmajor Golowanow aufgebaut; sie waren dem Hauptquartier unmittelbar unterstellt[74].

Es gab siebzehn Luftarmeen. Man muß sich vorstellen, daß sie über die gesamte Länge der Ostfront verteilt waren. Um sie für konzentrierte Vernichtungsangriffe, für Flächenbombardements einzusetzen, hätte das Hauptquartier solche Luftarmeen den Frontbefehlshabern vorübergehend wegnehmen und sie in einer Gegend zusammenziehen müssen. Das wäre organisatorisch kaum möglich gewesen, nicht zuletzt, weil sich der Frontverlauf änderte. Außerdem handelte es sich um Jäger, Schlachtflugzeuge und mittlere Bomber, die keinen Feuersturm hätten entfachen können. Selbstverständlich konnten sie Städte zerschlagen, aber das dauerte eben, wie in Breslau, seine Zeit. Die Fernfliegerkräfte wurden ab Dezember 1944 »Achtzehnte Luftarmee« genannt[75].

Mit ihren Langstreckenbombern unternahm die Sowjetunion 1941 schwache Angriffe auf Helsinki und Berlin, auch 1942 gelangen Störflüge vereinzelt bis Berlin. Im April 1943 begann mit Angriffen auf Königsberg, Danzig und Tilsit eine überhaupt erst spürbare Aktivität. 1944 und 1945 wurden die Angriffe ausgedehnt auf Bukarest, Budapest, Constanza, Warschau, Stettin, Königsberg, Berlin und andere Großstädte. Einsätze galten auch Flugplätzen im Hinterland und der Partisanenversorgung. Als größere Angriffe galten solche mit 100 bis 150 Maschinen, von denen gewöhnlich weniger als die Hälfte das Ziel erreichten, oft nur 20 oder 30 Prozent. Die Fernflieger wurden auch oft für taktische Aufgaben herangezogen. Für das strategische Bombardement nach westlichem Vorbild waren sie weder ausgerüstet noch ausgebildet[76].

Um beim »Was wäre, wenn?« fortzufahren: Wenn die Langstrecken-Luftwaffe ausgerüstet und ausgebildet gewesen wäre, um einen wirksamen strategischen Druck auszuüben, nach welcher Theorie hätte sie sich richten sollen? Das im Krieg geltende offizielle »Handbuch für den Kampfeinsatz der Bomberwaffe« (1942) ordnete an:

»Die Langstrecken-Luftwaffe (ADD) ist dazu bestimmt, Angriffe gegen die Tiefe des feindlichen Hinterlandes zu führen und hat folgende Ziele: die Zerstörung der militärisch-wirtschaftlichen Macht und der moralischen Kraft der Truppen und der Bevölkerung, die Vernichtung der Hauptkräfte der Flotte, Zerstörung ihrer Stützpunkte; die Bekämpfung des Eisenbahn-, See- und motorisierten Transportes auf den Hauptverkehrslinien; die Vernichtung des Feindes auf seinen Flugplätzen in ihrer ganzen Tiefe und Zerstörung der sie versorgenden Kräfte.«[77]

Diese Aufgabenstellung unterscheidet sich nicht viel von der, die den britischen und amerikanischen strategischen Luftstreitkräften gegeben und in zahlreichen Zieldirektiven erläutert worden war. Die »Zerstörung der moralischen Kraft der Bevölkerung« wird an dritter Stelle genannt.

Ein »moral bombing« wurde also in der Theorie für die sowjetische Fernfliegerwaffe vorgesehen. In der Praxis wurde nichts daraus, weil die Unterstützung der Erdoperationen unbedingte Priorität genoß. Aber in diesem Abschnitt wird mit Hypothesen gearbeitet. Und wir sehen, daß Luftangriffe zur Zerstörung der Moral der Zivilbevölkerung im sowjetischen Bomberhandbuch nicht von vornherein als barbarisch geächtet, sondern als Teil einer Luftoffensive einbezogen werden.

Abschließend sei noch ein aus östlicher Sicht gewiß unverdächtiger Zeuge zitiert: der Marschall der Sowjetunion Wassili Danilowitsch Sokolowski. In seinem grundlegenden Werk »Militärstrategie« schreibt der ehemalige Generalstabschef über die selbständigen Luftoperationen, das heißt Einsätze im Sinne des strategischen Bombardements, wie es von den Westmächten verstanden wurde:

»Selbständige Luftoperationen wurden auch zur Niederhaltung und Zerstörung der politischen und Wirtschaftszentren des Gegners durchgeführt. Solche Operationen wurden jedoch, da die sowjetische Luftwaffe im vergangenen Kriege noch nicht über die notwendigen Mittel verfügte, selten und mit begrenzten Kräften durchgeführt. Sie konnten keinen besonderen Einfluß auf den Gang der Kriegsereignisse ausüben. Das Problem der Zerstörung des tiefen strategischen Hinterlandes des Feindes, der Schwächung seiner Wirtschaftskraft und der Untergrabung der Moral des Volkes konnte infolgedessen von uns nicht wirklich gelöst werden.«[78]

Sokolowski konstatiert das sachlich in Kenntnis aller Auswirkungen der Flächenangriffe und der Versuche, damit die Kriegsmoral der Deutschen zu brechen. Er unterstreicht die Bedeutung der politischen Moral im modernen Kampfgeschehen, wenn sich die Grenzen zwischen Front und Hinterland verwischen. Und weiter:

»Moderne Kriege werden von Massenarmeen geführt, und deren Moral wird von der Haltung des ganzen Volkes bestimmt, d. h. von den Ideen, die in der Heimat vorherrschen. Eine militärische Strategie, die diesen überaus wichtigen Faktor unberücksichtigt läßt und sich nur auf die Überlegenheit an Kriegsmaterial stützt, läuft Gefahr, auch diesen Vorteil zu verlieren. Während des Krieges, so betonte F. Engels, wird das moralische Element sehr schnell zu einer materiellen Kraft.«[79]

Unter den heute gültigen nuklearen Bedingungen mutet die Auseinandersetzung über Schuld und Mitverantwortung an der Zerstörung Dresdens beinahe an wie eine Debatte über Ereignisse vergangener Jahrhunderte. Das Prinzip der strategischen Vernichtung hatte jedoch nichts von seiner Bedeutung verloren, im Gegenteil. Sokolowski dazu:

»Die strategischen Raketentruppen haben im Vergleich zu den anderen Teilstreitkräften einen höheren Stand der Gefechtsbereitschaft und sind in der Lage, in kürzester Zeit eine riesige Anzahl von Objekten in einem großen Raum und in beliebiger Tiefe zu vernichten und zu zerstören, dem Feind unersetzbare Verluste zuzufügen und ihn in gewissen Fällen auch zur Kapitulation zu zwingen. Dies alles gibt den Raketentruppen eine Vorrangstellung unter den anderen Teilstreitkräften und macht es notwendig, tagtäglich an ihrer Vervollkommnung zu arbeiten.«[80]

Anzumerken ist, daß sich die Sowjetunion schon in den 80er Jahren durch den Aufbau eines starken Potentials nuklearer Mittelstreckenraketen neue Optionen gesichert hatte. In den 90er Jahren jedoch ist von Sokolowskis »Militär-Strategie« nichts mehr geblieben. Nach dem Zerfall der Sowjetunion und des Warschauer Paktes steht Rußland als Hauptnachfolger der einstigen Supermacht vor völlig neuen militärischen und strategischen Problemen. Auch die USA, die westlichen Verbündeten insgesamt, müssen ihre Aufgaben neu definieren.

Der Angriff auf die Kriegsmoral

A Shadow of Horror is risen, in Eternity.

William Blake

Die strategische Bombardierung hat nicht, wie ihre eifrigsten Befürworter erhofften und sogar prophezeiten, die Kriegsmoral des deutschen Volkes völlig zerbrochen. Diese Erkenntnis ist heute Allgemeingut, aber aus der Tatsache, daß die strategische Luftoffensive nicht alle in sie gesetzten Erwartungen erfüllt hat, wird oft ihre Untauglichkeit gefolgert, besonders im Hinblick auf die psychologisch-moralischen Auswirkungen. Das bedeutet aber nur ein Ausweichen ins andere Extrem, Unterschätzung an Stelle von Überschätzung. In Wahrheit haben die Luftangriffe auf Städte und Industrien die Kriegsmoral des deutschen Volkes schwer erschüttert. Sie haben die Nerven der Menschen nachhaltig zerrüttet, ihre Gesundheit untergraben, ihren Glauben an den Sieg ins Wanken gebracht und damit ihr Bewußtsein verändert. Sie haben Schrecken, Entsetzen und Hoffnungslosigkeit verbreitet. Das war ein wesentliches und beabsichtigtes Ergebnis des strategischen Luftkrieges, dieser Revolution der Kriegführung.

Der Erfolg war da, aber weil er nicht so exakt meßbar ist wie die Prozente des Produktionsausfalls und die zerstörten Quadratkilometer, wird er oft geleugnet. Wer den Beweis sucht, der muß die Augenzeugenberichte der Überlebenden lesen. Oder er muß sich mit ihnen unterhalten, um zu erfahren, daß sie vor nichts so sehr und so dauerhaft Angst hatten wie vor den Bomben. Man könnte einwenden, diese meist nachträglich geschriebenen Berichte seien getrübt oder einseitig gefärbt. Deshalb gehen wir bis in den Krieg zurück. Die Meldungen und Berichte des Sicherheitsdienstes des Reichsführers-SS erfaßten auch die Auswirkungen des Luftkrieges, der, wie keine andere Kriegsart, begleitet war von Gerüchten, Sinnestäuschungen und Erzählungen, die aus der Furcht und dem Schock geboren waren. Dresden bedeutete auch in dieser Hinsicht den Höhepunkt einer sich über die Jahre hinziehenden Entwicklung. Der Pessimismus der vom SD eingefangenen Äußerungen nimmt zu oder ab, je nach der Intensität und dem Umfang der Luftangriffe. Im Mai 1940 macht die rheinische Bevölkerung die ersten Erfahrungen:

»Die Bereiche Aachen, Koblenz, Darmstadt und Neustadt a.d.W. melden, daß die bisher erfolgten Bombenangriffe auf offene Städte und Dörfer zwar allgemein Empörung ausgelöst, aber bisher keine ernsthafte Beunruhigung unter der Bevölkerung, einschließlich der betroffenen Städte, hervorgerufen hätten...«[1]

Dabei bleibt es auch im Juli, obwohl die Angriffe zugenommen haben:

»Die allgemeine Stimmung der Bevölkerung sei durch die feindlichen Fliegerangriffe auch jetzt in ihrem Kern nicht beeinträchtigt. Z. T. nehme man sie mit Humor hin, was beispielsweise in dem Abendgruß ›Ich wünsche Ihnen eine splitterfreie Nacht‹ zum Ausdruck komme... Die gesamte Diskussion gipfelt schließlich immer wieder in dem Wunsch, endlich mit den längst angekündigten Vergeltungsmaßnahmen gegen England ernst zu machen. Von Kumpels aus dem Ruhrgebiet wird dieser Wunsch immer wieder in dem Satz geprägt ›Hermann soll seinen Taubenschlag mal ordentlich aufmachen‹«[2]

Fast anderthalb Jahre später, im November 1941, ist die Haltung noch nicht ins Wanken geraten:

»Die großen Erfolge der deutschen Abwehr wie auch die jüngsten Ausführungen des Führers über die Gründlichkeit der von ihm getroffenen Abwehrmaßnahmen haben das Gefühl der Sicherheit in der Bevölkerung vertieft.«[3]

Aber bis dahin hatte der strategische Luftkrieg ja kaum angefangen. Das neue Konzept, das Sir Arthur Harris im Februar 1942 vorfand und das er schlagkräftig zu verwirklichen begann, fand sofort in einem Umschlagen der Stimmung Ausdruck:

»Die verstärkte Angriffstätigkeit der britischen Luftwaffe auf deutsche Städte, insbesondere der Terrorangriff auf Köln, haben im gesamten deutschen Volk Bestürzung ausgelöst und stehen zahlreichen Meldungen zufolge im Mittelpunkt aller Gespräche und Erörterungen der Volksgenossen... ergeht sich ein Teil der Bevölkerung in ernsten Befürchtungen, daß die britische Luftwaffe ihre Terrorangriffe mit gleicher Heftigkeit fortsetzen und nunmehr auch noch andere deutsche Städte angreifen werde, um mangels anderer Möglichkeiten wenigstens auf diese Weise einen Beitrag zur Entlastung der Sowjets zu leisten.«[4]

Neu ist also, daß nicht nur die luftgefährdeten Gebiete über die Angriffe redende Volksgenossen melden, sondern daß das gesamte deutsche Volk bestürzt ist. Im Juli 1942 wird aus den betroffenen Städten und Gebieten »eine allmählich aufkommende Kriegsmüdigkeit« gemeldet[5], und im August »das drückende Gefühl einer zunehmenden Unsicherheit«[6].

Die vom SD bei Eintritt in das vierte Kriegsjahr vorgenommene Analyse der Luftangriffsauswirkungen kommt zu dem Ergebnis, daß eine starke Beunruhigung weiter Bevölkerungskreise vorhanden sei. Besonders werden zahlreiche, meist übertriebene Gerüchte notiert:

»... wonach die Engländer in Köln ihr ›Lehrlingsstück‹, in Mainz ihr ›Gesellenstück‹ geleistet hätten und demnächst in Frankfurt/Main oder in einer anderen Stadt ihr ›Meisterstück‹ vollbringen würden. In den Gauen Franken und Bayern spricht man gerüchteweise u. a. davon, daß die Briten beabsichtigen, in absehbarer Zeit sämtliche nationalsozialistischen Traditionsstätten und Kulturbauten zu vernichten... In Thüringen wird zur Zeit gerüchteweise von dem Abwurf feindlicher Flugblätter des Inhalts gesprochen: ›Thüringen und Hessen werden auch nicht vergessen!‹ Diese oder ähnliche Gerüchte haben in zahlreichen Städten zu einer allgemeinen Angstpsychose vor feindlichen Luftangriffen geführt...«[7]

Die volle Wucht des strategischen Bombardements setzte 1943 ein. Es wirkte sich »stimmungsbelastend« aus. Namentlich seien es die Frauen, bei denen sich »wiederholt fast verzweifelte Stimmen über das Ausmaß der Luftangriffe und der dadurch bedingten Zukunftsaussichten« bemerkbar machten[8].

Die Erregung nimmt, wie der SD feststellt, weiter zu. Kein Wunder, Harris führt die »Battle of the Ruhr«, er schickt das Bomberkommando nach Berlin, München, Stuttgart. Bei der Durchgabe des Wehrmachtberichtes interessiere man sich in erster Linie dafür, »wo sie letzte Nacht gewesen sind«, und erst dann für die sonstigen Nachrichten. In Gerüchten heiße es, auf abgeworfenen Flugblättern werde gedroht, bis zum Geburtstag des Führers würden bestimmte Städte wie Berlin, München, Nürnberg und andere »dem Erdboden« oder »Stalingrad gleichgemacht«[9].

Am 6. Mai 1943 macht der Sicherheitsdienst eine Beobachtung, die sehr aufschlußreich ist für das Verständnis des Verhaltens der Bevölkerung:

»Die feindlichen Luftangriffe der letzten Tage haben die westdeutsche Bevölkerung wieder schwer getroffen. Die Meldungen von dorther betonen aber, daß die Haltung der Volksgenossen tadellos sei. Von Apathie sei nichts zu merken. Nach dem schweren Angriff auf Essen in der Nacht zum 1. 5. sei z. B. beobachtet worden, daß die Volksgenossen am nächsten Morgen in aller Frühe tatkräftig dabei waren, die kleineren Schäden zu beseitigen, und daß am Nachmittag überall in den Kleingärten gearbeitet wurde...«[10]

Mit anderen Worten: der Lebenswille war nicht gebrochen. In seinem persönlichen, familiären und beruflichen Bereich gab kaum jemand klein bei, weil Bomben fielen, der Alltag ging weiter, und verstärkte Not weckte Erfindungsgeist, Trotz und Selbstbehauptungswillen. Angeschlagen wurde nicht die »private Moral«, um es vereinfacht zu sagen, sondern die »Kriegsmoral«, das auf die Zukunftsaussichten gerichtete Denken der Menschen.

Nach den Angriffen auf die Talsperren von Möhne und Eder und nach dem zunehmenden Erscheinen amerikanischer Formationen am Himmel über Deutschland meldete der SD »großen Schrecken« und »ein Gefühl der Schutzlosigkeit«[11]. Immerhin, noch war durch keine Stadt der Feuersturm gerast. Hier brachte Hamburg die Wende.

Der Angriff auf Wuppertal hatte immerhin eine Vorahnung davon vermittelt, was ein »fire raid« bedeutet, aber erst Hamburgs Vernichtung löste »bei der Bevölkerung des gesamten Reichsgebietes eine ausgesprochene Schockwirkung« aus:

»Die seit dem Angriff auf Wuppertal in der Bevölkerung verbreiteten Gerüchte über Tausende von Todesopfern sind neu aufgelebt, insbesondere seitdem Hamburger die Todesopfer der verschiedenen Angriffe mit ca. 100 000 beziffern. Als Beweis für die Richtigkeit der geschätzten Zahlen werde angeführt, daß die verkohlten Leichen mehrere Tage lang auf den Straßen herumlagen und teilweise eine Leiche neben der anderen gesehen werden konnte. Von einsichtigen Volksgenossen wird vielfach die Ansicht vertreten, daß dieses Ausmaß der Schäden in Hamburg, das zum größten Teil dem ›Erdboden gleichgemacht‹ sei, dem Führer und der Reichsregierung sicher nicht bis ins einzelne bekannt sein müsse, denn sonst seien viel weitergehende Hilfsaktionen eingeleitet worden.«[12]

Gleichzeitig war aber auch das Ansehen der Führung in Mitleidenschaft gezogen; speziell Göring wurde verächtlich gemacht:

»In Anlehnung an den nach den Angriffen auf Köln, Düsseldorf und andere westdeutsche Städte dort aufgekommenen Namen ›Hermann Tengelmann‹ (nach dem bekannten Filialgeschäft Tengelmann) werde der Reichsmarschall in Hamburg neuerdings mit ›Hermann Brenninkmeier‹ bezeichnet, da diese Firma in vielen Städten des Reiches Niederlagen unterhalte und die deutsche Luftwaffe ebenfalls ständige Niederlagen erleide...«[13]

Das stark ausgeprägte Zutrauen in die eigene wissenschaftlich-technische Überlegenheit hatte ebenfalls einen Knacks erhalten. »Technisch interessierte Volksgenossen« beachteten die technische Seite solcher Großangriffe und kamen zu dem Schluß, daß die deutsche Kriegstechnik »vollständig überflügelt« sein müsse. Dazu trug die Ausschaltung der Flak-Meßgeräte durch Stanniolstreifen bei. Gerüchte gingen um über einen Demonstrationsmarsch obdachloser Hamburger nach Berlin. Weiter meldet der SD:

»Im ganzen Reich sind auch Gerüchte über angebliche Unruhen in Hamburg verbreitet, zu deren Niederwerfung angeblich Polizei und SA oder Wehrmacht eingesetzt hätte werden müssen. Diese jeder Grundlage entbehrenden Gerüchte haben aber schon dazu geführt, daß im Reiche von einer Art ›Novemberstimmung‹ gesprochen wird, da das deutsche Volk auf die Dauer diese Angriffe nicht ertragen könne und sich dagegen auflehne.«[14]

Hätte Sir Arthur Harris das damals lesen können, wäre es für ihn eine triumphale Bestätigung gewesen, daß er sich mit dem Flächen-Nachtbombardement auf dem richtigen Wege befände. Mit »Novemberstimmung« ist die Erinnerung an den November 1918 gemeint, an das Ende des Ersten Weltkrieges, eine Chiffre für Kriegsmüdigkeit, Verzweiflung, Hoffnungslosigkeit, aber auch für Aufstand und »Verrat«. Nach deutsch-nationalistischer Ansicht ging der Krieg durch den Dolchstoß aus der Heimat in den Rücken der tapfer kämpfenden Truppen verloren. »Im Felde unbesiegt«, war die Parole. Harris, der eben noch hätte Punkte sammeln können, hätte allerdings auch das einschränkende »trotzdem« in diesem Bericht in seine Überlegungen einbeziehen müssen:

»Trotzdem haben die meisten Volksgenossen noch die feste Hoffnung, daß Deutschland letzten Endes doch noch die Kräfte aufzubringen in der Lage sei, den Krieg siegreich zu beenden. Dabei blicken sie vertrauensvoll auf den Führer, wobei der Wunsch geäußert wird, der Führer möge gerade in dieser Situation das deutsche Volk aufrichten und seinen Glauben stärken.«[15]

Der Psycho-Krieg war nicht so eingleisig, wie man sich das vorgestellt hatte. Hamburg und der Goebbels-Aufruf an die Frauen, Kinder und Alten Berlins, die Reichshauptstadt zu verlassen, erreichten Anfang August 1943 eine Kulmination »moralischer« Auswirkungen der Angriffe. Der Sicherheitsdienst beschäftigte sich ausführlich damit, und es können hier auch nicht annähernd alle Untersuchungen und Meldungen erwähnt werden, sondern nur die eindrucksvollsten, zum Beispiel jene Meldung aus Frankfurt/Oder vom 3. August 1943:

»Seit gestern hat sich die Unruhe und Angst vor einem zu erwartenden Großangriff auf Berlin auch der hiesigen Bevölkerung mitgeteilt, da hier laufend Frauen mit Kindern aus Berlin eintreffen. Man spricht hier von üblen Szenen und einer gewissen Panikstimmung, die in Berlin herrschen soll. So wird erzählt, daß in Berlin bereits Kalkgruben ausgehoben werden zur Bergung der Leichen des nächsten zu erwartenden Terrorangriffs. Soldaten aus Frankfurter Kasernen sollen nach Berlin verlegt worden sein, um bei etwaigen Unruhen eingreifen zu können. Die Räumung Berlins hat bei allen Bevölkerungskreisen des hiesigen Bereichs eine ziemliche Angstpsychose ausgelöst. Stimmen wie: ›Wenn Berlin einen derartigen Angriff erlebt, wie ihn Hamburg hatte, dann haben wir Frieden‹ oder ›Genießt den Krieg, der Frieden wird bitter‹, konnten gehört werden.«[16]

Der SD meldete außerdem, die erregten Gespräche im Kreis von Familien und Bekannten und die zum Teil außerordentlich offenen Debatten in Verkehrsmitteln, Läden und Betrieben über den Krieg würden durch eine »im bisher nicht gekannten Ausmaß geäußerte eigene Meinung« bestimmt. Das Gefühl der Sicherheit sei zwar durch die Angriffe auf Westdeutschland stark abgebröckelt gewesen, »aber erst in den letzten Tagen urplötzlich zusammengesackt«[17].

Am 16. 8. 1943 hatte der SD Gerüchte erfaßt, ob durch einen Regierungswechsel »noch etwas zu retten sei«; als typisches Vorkommnis wurde diese Meldung aus Braunschweig bezeichnet:

»Zwei Frauen unterhielten sich auf dem Wochenmarkt über die Luftangriffe, von Vergeltung höre man nichts, es gebe wohl keine Mittel dafür. Einige in der Nähe stehende Bahnarbeiter riefen in diese laut geführte Unterhaltung hinein: ›Es gibt schon ein Mittel dagegen, unsere Regierung muß weg. Wir müssen eine neue Regierung haben!‹«[18]

Die psychologischen Fernwirkungen des strategischen Luftkrieges reichten bis an die Fronten. In seinen »Meldungen über den Einfluß der Frontsoldaten auf die Stimmung in der Heimat« offenbart der SD zugleich, wie umgekehrt die Haltung und Stimmung der Frontsoldaten durch die Nachrichten über die Bombardierung der Heimat beeinflußt wird:

»Zahlreiche Meldungen befassen sich mit den Einwirkungen des Luftterrors in der Heimat auf die Stimmung und Haltung der Frontsoldaten...:

›Die Luftangriffe der Engländer machen uns am meisten Sorge. Denn was hat es für einen Sinn, die Heimat an der Front zu verteidigen, wenn zu Hause alles kaputtgeschmissen wird und nachher nichts mehr da ist, wenn wir heimkommen.‹

›Wenn wir den Engländern nicht bald zeigen können, daß wir da sind, dann werfen sie uns langsam aber sicher alle Städte zusammen.‹

Die Urlauber aus den besetzten Westgebieten würden teilweise verbreiten, daß der Gegner dort eine solche Luftüberlegenheit besitze, daß er die deutschen Flugplätze in Frankreich ›einfach kaputtschlage‹. Die viermotorigen USA-Bomber seien den deutschen Maschinen weit überlegen.«[19]

Die Reaktion der NS-Propaganda auf die Luftangriffe soll hier, wie schon früher gesagt, nicht Gegenstand der Untersuchung sein. Als Ausnahme soll aus einem Propagandabericht des Großdeutschen Rundfunks zitiert werden, der in der Weihnachtszeit 1943 aufgenommen wurde und die Wechselwirkung Front – Heimat einigermaßen wirklichkeitsgetreu wiedergibt, was selten genug vorkam:

»Vor drei Tagen kam ich von der Front bei Kriwoi Rog. Ich fuhr fünf Tage und fünf Nächte diese riesige Strecke vom Süden der Ostfront hinauf in Richtung Berlin, und je näher meine Kameraden und ich der Heimat kamen, desto mehr wandelten sich unsere Gespräche... Wir redeten von unseren Abschnitten. Wir fragten uns gegenseitig, wie sieht es bei euch aus und was ist da und dort eigentlich los. Die Front, möchte ich sagen, hatte uns noch, und ließ uns nicht los, in diesem Rhythmus kämpferischer und blutiger Tage. Erst Stunden später sprachen wir über unser Glück, daß wir nach Hause fahren durften, daß wir Weihnachten bei unseren Frauen, Müttern und Mädchen sein könnten. Aber dann, unmittelbar vor den Toren Berlins sozusagen, wurden wir stiller. Und ich weiß, daß jeder dasselbe dachte bei sich. Wie wird es doch dort aussehen, wie werden wir unsere Wohnungen antreffen, wo sind unsere Frauen und wie haben unsere Kinder das überstanden. Nun kam all das, was wir empfunden hatten, wenn wir vor unseren Empfängern saßen, wenn die Melder uns vorn die Nachrichten von neuen Terrorangriffen auf die Heimat überbrachten, noch einmal zu uns. Diese zitternde Sorge, diese Ungewißheit. Wie ist die Heimat? fragten wir uns. Es ist mir wie vielen meiner Kameraden gegangen, die ich tags drauf auf der Urlauber-Meldestelle wiedertraf. Und warum soll ich nicht zugeben, daß ich ja genauso wie meine Kameraden, obwohl wir draußen Furchtbares erlebten und unser Alltag während Wochen und Monaten der blutigste war, den wir jemals kennengelernt hatten – erschüttert war. Weniger über die Zerstörungen als über das unerhörte Maß des Leidens, das der Heimat unserer Sehnsucht auferlegt worden war. Aber genausowenig wie uns draußen während der Massenangriffe der Bolschewisten nordöstlich Kriwoi Rog irgend etwas niederschlagen konnte, daß wir gesagt hätten, nun ist aber genug, nun geht es wirklich nicht mehr, so wenig konnte uns das, was wir hier in der Heimat sahen und hörten, fertigmachen – um mit einem Wort der Front zu sprechen. Wir sahen und sehen deshalb nicht dunkler in den Tag und in die Zukunft, aber wir haben uns angefüllt mit Wut und Haß... Ich hörte gestern jemanden sagen: ›Ja, was wir hier mitmachen, das ist viel schlimmer als die Front.‹ Ach, was wußte er, was die Front ist. Die Front ist ein Graben, das ist dauerndes Trommelfeuer, das ist Schnee, Frost, eisiger Wind, das ist der Tod aus tausend flirrenden und zischenden Granaten, täglich und stündlich. Das ist keine Ruhe und keine Rast, auch nur für einen Tag. Das ist immerwährender Angriff, das ist Verwundung und Tod und letzte Aufgabe. Aber das ist auch Stillsein, nicht meckern, keine Worte machen. Das ist Aushalten.«[20]

Dieser PK-Bericht vom Dezember 1943 stammte aus der Zeit, als die Urlauber mitten in die Luftschlacht um Berlin hineingerieten. Vorher, im September und Oktober 1943, hatte der Druck des Bomberkommandos etwas nachgelassen, aber Harris war stark genug, um beispielsweise den Feuersturmangriff auf Kassel durchzuführen. Anfang September jedenfalls können wir eine andere Wechselwirkung namhaft machen: sowie sich die Angriffe verringern, verringert sich auch die Anfälligkeit für Gerüchte, beherrschen sie nicht mehr die Gespräche der Menschen.

So meldete der Sicherheitsdienst, das Nachlassen der Luftangriffe würde als eine Erleichterung empfunden. Dennoch lasteten sie schwer auf der Bevölkerung, und die Ungewißheit, ob der deutsche Gegenschlag noch rechtzeitig komme, wirke trotz der Bestätigung durch den Führer niederdrückend[21].

Am 4. Oktober heißt es in einem Lagebericht über Inhalt und Tendenzen der zur Zeit umlaufenden Gerüchte:

»Die Gerüchte über die Auswirkungen des Luftkrieges haben entsprechend der geringen Zahl der Angriffe nachgelassen, werden aber immer wieder durch Erzählungen von Umquartierten oder durch Rundschreiben von Firmen aus den Luftnotgebieten genährt.«[22]

Das Ausbleiben der seit Jahren angedrohten Vergeltung wird unter anderem auch damit erklärt, heißt es im gleichen Bericht, daß die Erfinder bei Luftangriffen ums Leben gekommen seien, oder daß sämtliche Produktionsstätten der neuen Waffen dem Feind durch Verrat bekanntgeworden und daraufhin so nachhaltig bombardiert worden seien, daß die Fertigung um viele Monate verzögert werde[23].

Übrigens wird bereits damals, am 4. 10. 1943, unter den Gerüchten über »führende Persönlichkeiten von Partei und Staat« vom SD registriert, was im Februar 1945 im Fall Dresden eine Rolle spielte. Da wurde nämlich erzählt – und in Büchern weiterverbreitet nach dem Kriege –, Mutschmann habe über die bevorstehenden Luftangriffe Bescheid gewußt. Man habe Möbelwagen vor dem Haus des Gauleiters gesehen, er sei gegen Abend aus der Stadt gefahren und dergleichen mehr. Daraus wurde gefolgert, er habe eine geheime Warnung der Alliierten erhalten oder ganz genau gewußt, wann ein Angriff stattfinde.

Der Ursprung dieser Gerüchte war nicht in Dresden. Diese gehörten vielmehr zum alten Bestand in den geheimen SD-Untersuchungen:

»So wird beispielsweise über einzelne Gauleiter oder Minister das Gerücht verbreitet, sie hätten ihren Wohnsitz aufs Land verlegt. Eines Tages hätten vor ihrer Wohnung Möbelwagen gestanden, in welche das gesamte Mobilar verladen worden sei. Die Volksgenossen hätten sich hierüber sehr aufgeregt... Auf der gleichen Ebene liegen Gerüchte, wonach angeblich führende Persönlichkeiten allabendlich die Stadt verlassen und sich mit dem Kraftwagen auf ihre mehr oder weniger weit entfernten Landsitze begeben, um morgens wieder in die Stadt zurückzukehren, oder führende Persönlichkeiten würden mit ihren Familien bei Voralarm oder Luftwarnung aus der Stadt herausfahren, um draußen ihre besonderen Bunker aufzusuchen.«[24]

Diese Erzählungen wurden gern geglaubt. Der strategische Luftkrieg wirkte zersetzend, er säte Mißtrauen zwischen Führung und Volk. Ließ er nach, verringerten sich die »moralischen« Folgen. Im Sinne der Flächenangriffsdoktrin bedeutete das nur, daß der Druck nicht nachlassen durfte. Immerhin waren die Echos im Kriegswinter 1943/44 so stark, daß selbst bei einem Abflauen der Großangriffe der Luftkrieg Gesprächsmittelpunkt blieb: »Vor allem wird auch der tägliche OKW-Bericht zunächst daraufhin durchgesehen bzw. abgehört, ob Angriffe stattgefunden haben.«[25]

War dies schon im Februar so, kurz bevor sich die Amerikaner voll in die Bombenflüge einschalteten, so kommt im März, als sie ihre Angriffe auf Berlin ausdehnen, »eine ausgesprochene Lebensangst« hinzu, die sich »in dem veränderten Verhalten vieler Volksgenossen bemerkbar mache« ... »Hauptinhalt aller Gespräche über das militärische Tagesgeschehen bildet das Auf und Ab des Luftkrieges. Der Luftkrieg bilde auch für die nicht unmittelbar betroffenen Bevölkerungsteile das ›unerschöpfliche Thema‹. Die Ansichten schwankten immer hin und her, und es gebe auf fast keine der vielen Fragen eine feste Antwort.«[26]

Dabei bleibt es. SD-Bericht vom 20. April 1944, also an »Führers Geburtstag« verfaßt:

»Die ununterbrochenen Luftangriffe auf das Reich und die verbündeten Südoststaaten beschäftigen die Bevölkerung in starkem Maße... Die neue Methode der Gegner, aus Tiefangriffen heraus die Eisenbahnzüge und auf dem Felde arbeitende Volksgenossen mit Bordwaffen zu beschießen, beunruhigt immer mehr... Die aus dem Drang nach persönlicher Sicherheit entsprungene ›Stollenpsychose‹ greife immer weiter um sich...«[27]

Am 4. Mai 1944 beginnen die »Meldungen über die Entwicklung in der öffentlichen Meinungsbildung« mit den Worten:

»Am stärksten beschäftigt sich die Bevölkerung gegenwärtig mit dem Luftkrieg. Er beherrscht alle Gemüter und belastet den Glauben an eine Wendung der Lage am meisten.«

Das wird dann im einzelnen erläutert, und es wäre nur eine Wiederholung, es zu zitieren. Interessant ist die Feststellung, daß man die erwartete große Auseinandersetzung, das heißt die Invasion, mit Zuversicht erwarte, und: »Man sehne den Zeitpunkt herbei, damit endlich eine Befreiung von dem schweren Druck des Luftkrieges komme. In der Hoffnung darauf tue jeder an seinem Platz seine Pflicht und nehme auf sich, ›was der Kriegsalltag an Belastungen mit sich bringt‹. Ein großer Teil der Volksgenossen macht allerdings sein stoisches Durchhalten mehr und mehr davon abhängig, daß etwas wirklich Entscheidendes geschieht und ein Ende des Krieges abzusehen ist.«[28]

Die nicht auf einen Nenner zu bringenden Aussagen beinhalten einen immer schwärzer werdenden Pessimismus, aber auch dies:

»Die Angst, daß nach der Vernichtung größerer Städte auch kleinere zerstört werden, werde immer größer... Die Befürchtungen, daß sich die Angriffe auf unsere Rüstung auswirken, ist ebenso allgemein wie die Meinung, daß uns die Gegner aus der Luft ›moralisch nicht kleinkriegen‹...«[29]

Zu diesem Ergebnis kamen auch neutrale Beobachter. Am 10. Juli 1944 übermittelte die schwedische Zeitung »Morgon-Tidningen« eine Schilderung, die in der »Neuen Zürcher Zeitung« erschienen war; ein Schweizer berichtete nach seiner Rückkehr aus Deutschland über Luftkrieg und Volksmoral:

»Unbeschreiblich ist die materielle Schlagkraft des Luftkrieges, wenn sie sich gegen zivile Ziele richtet. Dagegen erwies es sich, daß die Luftangriffe in den betroffenen Gebieten eine geringere Wirkung auf die Moral der Bevölkerung ausübten, als man im Ausland vermutet hatte. Die Bevölkerung zeigt eine starke Widerstandskraft... Die Hoffnung, durch Zerstörung der Wohnviertel die Arbeiter verjagen zu können, hat sich nicht erfüllt. Der Grund ist zunächst darin zu suchen, daß sich die Stadtbevölkerung zäh an ihre Häuser klammert, sogar an deren Ruinen. Hinzu kam, daß den Ausgebombten an anderen Orten kein freundlicher Empfang zuteil geworden war...«[30]

Aber das ist nur die halbe Wahrheit; denn der Verfasser jenes Artikels hatte schon im Juli 1944 genau herausgefunden, was den eigentlichen psychologischen Effekt der Luftoffensive ausmachte: die Widerstandskraft der Bevölkerung beginnt zu erschlaffen. Die Angriffe zehren an den Nerven. Nervosität, Todesangst und dauernde Schlafstörungen hinterlassen Spuren auch bei gesunden Menschen. Das Leben ist ein Provisorium, es verliert seinen Sinn. Die Erschöpfung lähmt jede Handlungskraft und steigert die Sehnsucht nach Ruhe ins Unerträgliche. Die Gleichgültigkeit prägt alle Lebensäußerungen. Sehr scharfes Urteilsvermögen verrät der Satz: »So hat sich ein gewisser unpolitischer Defaitismus ausgebreitet.«[31]

Der SD hätte selbstverständlich seine Berichte auch über die Auswirkungen der Luftangriffe auf die Stimmung und Haltung der Bevölkerung fortgesetzt, wenn ihm nicht im Juli 1944 die Weiterarbeit unmöglich gemacht worden wäre[32]. Jedoch genügen die bisher vorgelegten Proben, um zu belegen, welche »moralischen« Erfolge die strategische Luftkriegführung hatte. Aus diesen Erfahrungen läßt sich schlußfolgern, daß, mit weiter gesteigerten Bombardements, die hinlänglich geschilderten Auswirkungen ebenfalls zugenommen haben. Noch in einem seiner letzten Berichte referierte der SD über »Gerüchte und Kombinationen«:

»Aber auch der Feind habe neue Waffen in Vorbereitung, insbesondere die verschiedensten Arten von Bomben wie Phosphor-, Flammenöl-, Preßluft- und Spiralbomben, außerdem noch Gleitminen sehr großen Kalibers und Transportflugzeuge mit einem riesigen Fassungsvermögen. Die neuartigen Bomben seien bei Terrorangriffen teilweise schon mit verheerender Wirkung zur Anwendung gelangt. Aussicht, das Kriegsende zu überleben, hätten vielleicht nur 60 Prozent der Bevölkerung.«[33]

18

Schrecken ohne Ende und Ende mit Schrecken

»Ich fragte Sir Arthur Harris, was die Auswirkung des Angriffs auf Dresden gewesen ist.
›Dresden?‹, sagte er. ›Einen solchen Ort gibt es nicht.‹«

John Colville: »The Fringes of Power. Downing Street Diaries 1939–1945«, 23. Februar 1945.

Der strategische Bombenkrieg weckt auch noch nach Jahrzehnten Emotionen. Anklage und Verteidigung prallen aufeinander, besonders wenn es um Dresden geht.

Da schrieb der Schauspieler Richard Burton 1974 in einem Beitrag für die »New York Times«: »Ich hasse Churchill und alle von seiner Art, ich hasse sie leidenschaftlich.« Burton, der Churchill in einem Fernsehfilm dargestellt hatte, reihte ihn ein unter »andere indirekte große Mörder der Geschichte«. Churchill habe in seinen Reden und in seiner Rache an Deutschland und Japan den Völkermord propagiert. Als Beispiel nannte Burton unter anderem die Zerstörung »der herrlichen und unschuldigen Stadt Dresden« durch die britische Luftwaffe[1].

Zu erinnern ist an Lord Boothby's Brief an den »Sunday Express« mit dem Verdammungsurteil, die Zerstörung Dresdens sei »der heimtückischste Akt der ganzen britischen Geschichte« gewesen[2].

Auf der anderen Seite gab in einem Leserbrief an die »New York Times Book Review« Arch Withehouse, ein ehemaliger Pilot der RAF und akkreditierter Kriegsberichterstatter, seiner »Belustigung über die gegenwärtige Flut von Krokodilstränen über die Zerstörung von Dresden 1945« Ausdruck. Er bezog sich insbesondere auf die Rezensionen des Buches »Schlachthof fünf« von Kurt Vonnegut, und er meinte bissig, gewiß habe es Museen und Kulturdenkmäler in dieser freundlichen Stadt an der Elbe gegeben. Unglücklicherweise hätten sie denselben Schaden erlitten wie ähnliche Zentren in Großbritannien[3].

Als die »unzivilisierteste Methode der Kriegführung seit den Mongolen-stürmen« verurteilte der Militärschriftsteller Liddell Hart den Luftkrieg gegen Städte und ihre Einwohner, aber Edward Jablonski, Autor des Buches »Flying

Fortress«, fragte ihn, unter welchem Aspekt denn wohl ein Krieg zivilisiert sei. Er warf Liddell Hart »und vielen anderen, die die Leistung der strategischen Bomberstreitkräfte in Verruf bringen«, vor, daß sie sich einer Illusion hingäben, wenn sie meinten, man könne Krieg akzeptieren, solange er nach den Regeln des 19. Jahrhunderts geführt werde. Ihr grundlegender Irrtum sei der, daß der Krieg unter irgendwelchen Gesichtspunkten akzeptabel sei. Mit Leidenschaft wandte sich Jablonski gegen die Darstellung des Bombenkrieges durch Hans Rumpf, dem er unter anderem vorwarf, Fakten sorgfältig unter Auslassung deutscher Scheußlichkeiten ausgewählt zu haben. Rumpfs Trost »wenigstens gab es keinen Gaskrieg« konterte Jablonski eisig: »Doch, es gab ihn – in Buchenwald, Mauthausen und Auschwitz.«[4]

Als 1992 vor St. Clement Danes in London, der Traditionskirche der Royal Air Force, ein Denkmal von Sir Arthur Harris aufgestellt wurde, waren dem heikle Diskussionen vorausgegangen. In Deutschland hatte es Proteste gegeben, vor allem in besonders schwer betroffenen Städten wie Pforzheim und Dresden. Die nachträgliche Ehrung ausgerechnet für diesen Mann wurde als Affront betrachtet. Aber auch in England regte sich Widerspruch. In einer Sonntagszeitung hieß es, wenn die unsägliche Bombergeschichte nach fünfzig Jahren ein Denkmal brauche, solle man dem Bischof George Bell von Chichester eines widmen, der während der allgemeinen Bombenbegeisterung die nächtlichen Flächenangriffe auf Wohngebiete als Barbarei bezeichnet habe. Hingegen schrieb in der »Times« ein Mitglied des RAF-Clubs, ein Harris-Denkmal sei ihm lieber als nach einem deutschen Sieg in jeder Stadt Europas ein Hitler-Denkmal.

Daß auch die Briten das Pro und Contra des Städtebombardements nach so langer Zeit beschäftigt, liegt wohl daran, daß es für sie – um den abgenutzten Begriff zu gebrauchen – ein Stück unbewältigte Vergangenheit ist. Mit Lord Dowding, der die britischen Jagdflieger in der Luftschlacht um England zum Sieg führte, haben sie keine Schwierigkeiten; er wie seine Piloten sind die Helden der Nation, und als ihm zu Ehren sein Standbild vor St. Clement Danes errichtet wurde, herrschte allgemeine Zustimmung. Dowding verkörpert ein heroisches Kapitel im Kampf gegen Hitlers Kriegsmaschine, während sich Zweifel an Harris schon in der letzten Phase des Krieges geregt hatten.

Nach dem Sieg wurden dem Bomberchef Ehrungen verweigert, so die für Oberbefehlshaber übliche Erhebung in den Adelsstand; die Flieger des Bomberkommandos erhielten nicht einmal die sonst massenhaft verteilte Erinnerungsmedaille. Politiker distanzierten sich im Nachhinein opportunistisch von Soldaten, die ihre Weisungen in die Tat umgesetzt hatten.

Dies alles beschäftigte die gekränkten Veteranen ein halbes Jahrhundert lang. Sie erinnerten daran, daß ihre Waffengattung – vergleichbar nur den deutschen U-Bootfahrern – den höchsten Blutzoll entrichten mußte, daß das Bomberkommando mehr als 55 000 Männer und 9 000 Flugzeuge verloren hatte. Im Krieg nannten sie Harris grimmig »butcher« – Schlächter –, weil er sie »verheizte«, aber viele respektieren ihn bis heute. Deshalb sammelten sie für das Denkmal, das nun, eine späte Genugtuung für sie, neben dem Dowdings vor der im Krieg von deutschen Bomben getroffenen kleinen Kirche steht.

Und die Dresdner selbst? Schwierigkeiten bei der seelischen Verarbeitung des Schicksals ihrer Heimatstadt sind geblieben. Deshalb war der Besuch von Queen Elizabeth II. im Oktober 1992 ausdrücklich als Zeichen der Aussöhnung gedacht. Die Königin und Bundespräsident von Weizsäcker nahmen an einem ökumenischen Gottesdienst in der Kreuzkirche teil, der von evangelischen und katholischen Bischöfen Sachsens und vom Bischof von Coventry gemeinsam gehalten wurde. Dabei waren Chor und Mitglieder der Gemeinde Coventrys, der Schwesterstadt Dresdens, die 1940 von der deutschen Luftwaffe in Schutt und Asche gelegt worden war. Bischof Barrington-Ward von Coventry predigte in deutscher Sprache, die Seligpreisungen wurden vorgetragen von Prinz Philip, dem Gemahl der Königin, und vom sächsischen Ministerpräsidenten Biedenkopf – Philip sprach deutsch, Biedenkopf englisch. Es war ein würdiges, schlichtes Aufeinanderzugehen, ohne falsche Töne, dem Ereignis angemessen. Dennoch blieben in der öffentlichen Meinung gewisse Vorbehalte weiter spürbar. Manche Dresdner vermißten eine demütige Geste der Queen vor der Ruine der Frauenkirche.

Die strategische Bomberoffensive wird vermutlich auch künftig noch Diskussionsstoff abgeben, obwohl sie längst Geschichte ist. Sie war eine völlig neue Form der Kriegführung, die in ihrer Version der Flächenangriffe auf Städte zum Instrument des Terrors ausuferte. Daß das Thema ebenso kritisch wie fair abgehandelt werden kann, bewies die BBC in einer Fernsehdiskussion am 7. April 1993.

An diesen Argumenten wird deutlich, wie komplex die Probleme der strategischen Bomberoffensive sind. Verstehen wird man sie nur, wenn man so tief wie möglich in die Zeit des Geschehens selbst eindringt. Es genügt nicht, objektive Fakten militärischer, politischer oder wirtschaftlicher Natur zu sammeln, um dann Bilanz zu ziehen. So läßt sich zwar leicht sagen, was »richtig« und was »falsch« gemacht worden ist, aber eben nur aus heutiger Sicht. Und besonders leicht läßt sich moralische Entrüstung ausschütten über Entscheidungen der Vergangenheit, wenn sie zu so furchtbaren Ergebnissen führten wie in Dresden. Gefühlsaufwallungen, auch wenn sie verständlich sind, bringen jedoch das Geschichtsverständnis nicht weiter.

Die Motive, Ideen, Spekulationen, Ängste, Hoffnungen der Politiker und Soldaten, die Rücksichtnahme auf die allgemeine Stimmung des Volkes, das Verhaftetsein mit überkommenen oder überholten Vorstellungen, aber auch individuelle Anlagen wie Charakterstärke, Fantasie, Wagemut, Rücksichtslosigkeit oder Lauheit, Gedankenarmut, Opportunismus sind gewiß ebenso entscheidend für den Verlauf des Krieges gewesen wie die vermeintlichen oder tatsächlichen objektiven Zwänge.

Zum Beispiel: Wenn Churchill so auf die Landmacht fixiert gewesen wäre

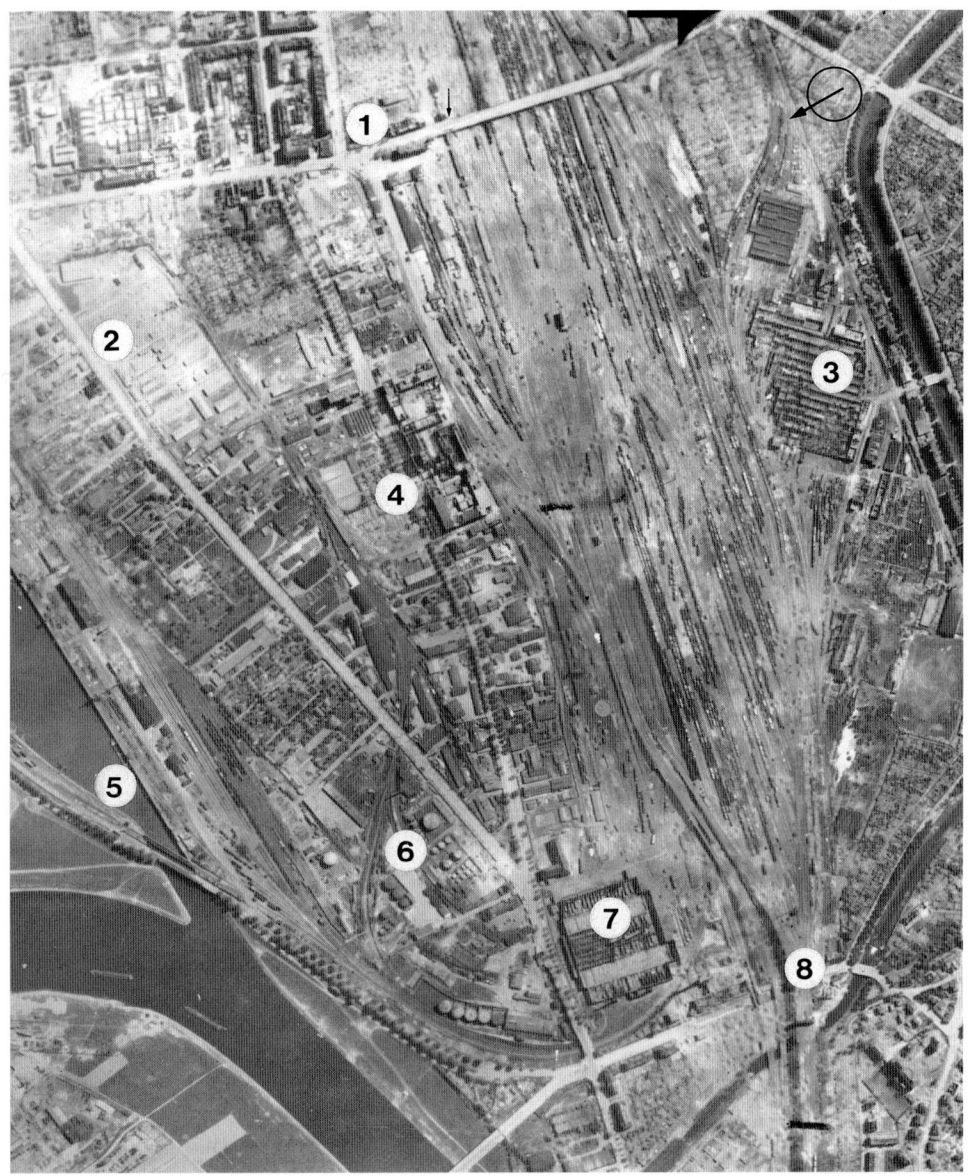

95   Nach dem Angriff vom 17. April 1945 zeigt die Luftaufklärung, daß im Verschiebebahnhof Friedrichstadt die Gleisanlagen an vielen Stellen zerstört sind, daß umgekippte und ausgebrannte Waggons die Gleise blockieren. Die im Originalfoto angebrachten Striche markieren vollständig zerschnittene Streckenabschnitte.
① Splitterschutzgräben unter Bombentrichtern verschwunden. Brücke Walterstraße beschädigt (Pfeil), ② Ausländer-Durchgangslager Bremer Straße, ③ Wagen-Reparaturwerkstätten schwer beschädigt, ④ Hamburger Straße, Seidel & Naumann, ⑤ Hafeneinfahrt, ⑥ Tanklager, ⑦ Reichsbahn-Ausbesserungswerk zerstört, ⑧ Abrollberg zerstört, Brücke über Flügelweg beschädigt.

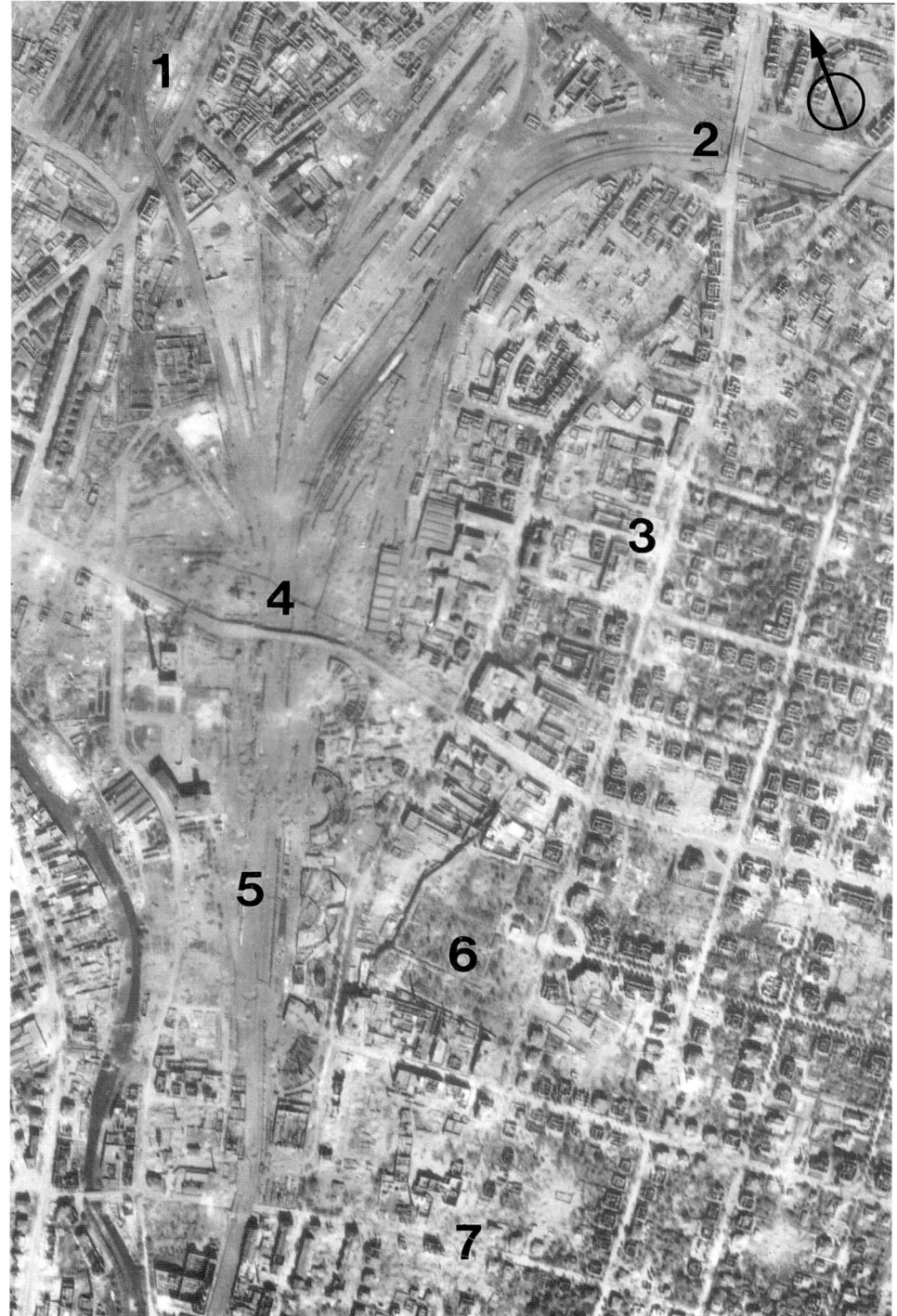

96 Auch im Güterbahnhof Altstadt wurden erhebliche neue Zerstörungen angerichtet. Die Strecke nach Chemnitz ist unterbrochen.

1: Kohlenbahnhof Freiberger Straße, 2: Falkenbrücke, 3: Chemnitzer Straße, Feldschlößchenbrauerei, 4: Güterbahnhof Altstadt, Brücke Nossener Straße, 5: Vier zerstörte oder beschädigte Lokschuppen, 6: Alter Annenfriedhof, 7: Am 17.4. schwer getroffener Bereich Chemnitzer Straße – Würzburger Straße.

97 Der Heidefriedhof an der Autobahn im Norden außerhalb Dresdens. Hier wurden die meisten Luftkriegsopfer beigesetzt. Die Massengräber erscheinen als helle Flecken.

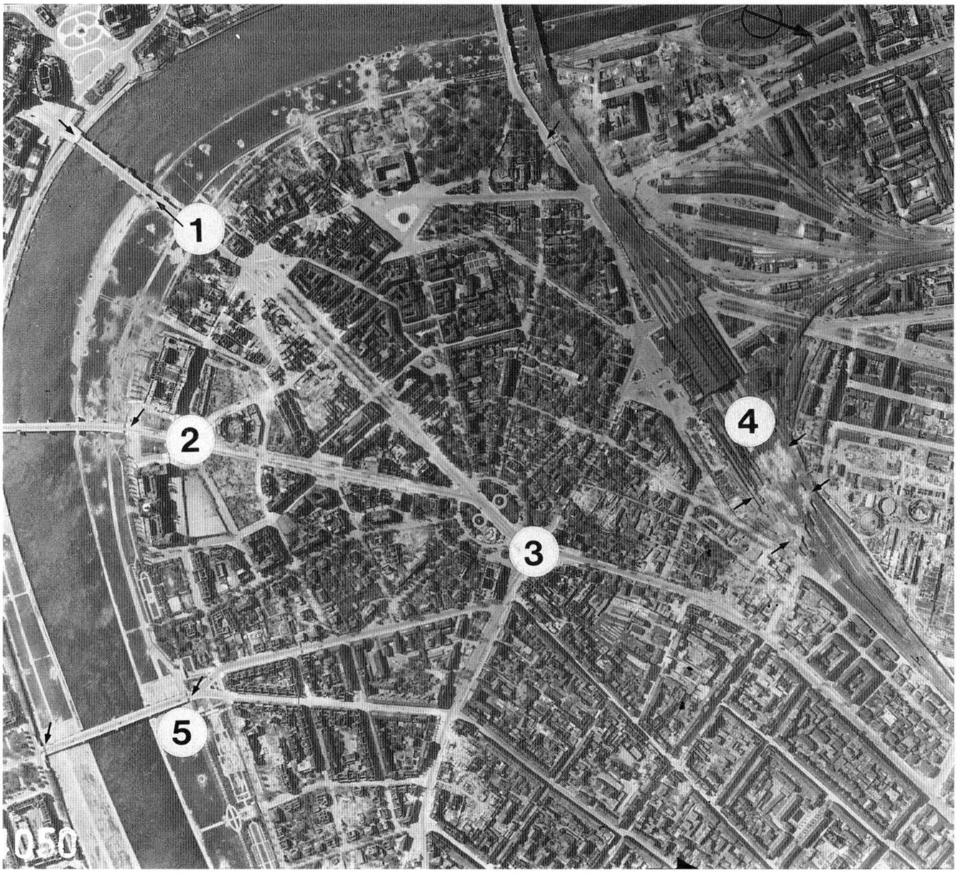

98 In Dresden-Neustadt sind die Schäden nicht so schwer wie auf der Altstädter Seite. Gegen den Vormarsch der amerikanischen und sowjetischen Truppen sind jetzt, am 19. 4. 45, alle Brücken mit rasch zu verriegelnden Panzersperren versehen (Pfeile).

1: Augustusbrücke, durch Volltreffer teilweise eingestürzt (Pfeil). 2: Carolabrücke, Ministerien und der ausgebrannte Rundbau des Zirkus Sarrasani. 3: Albertplatz, Königsbrücker Straße. 4: Neustädter Bahnhof, Nordausfahrt am 17. 4. getroffen (Pfeile). 5: Albertbrücke.

Nr. 92 15. Jahrgang   Sonnabend/Sonntag, 21./22. April 1945   Prei

Einsatz aller Arbeitskräfte
für die Verteidigungsbereitschaft

Anordnung des Kommandanten des Festungsbereichs Dresden

Der Ernst der augenblicklichen Lage erfordert außergewöhnliche Maßnahmen, um die Verteidigungsbereitschaft des Verteidigungsbereiches beschleunigt zu vollenden. Jeder ist verpflichtet, seine ganze Arbeitskraft dafür einzusetzen.

Um Zwangsmaßnahmen zu vermeiden, ordne ich an: Jeder Mann, jede Frau sowie Jungen und Mädchen (vom 14. Lebensjahr an) stellen sich mit Schanzgerät (Hacke, Schaufel und Spaten) täglich (einschließlich Sonntag) ab 21. April 8 Uhr zum Stellungsbau oder zu Aufräumungsarbeiten an den durch Plakate bekanntgegebenen Stellplätzen.

Arbeitszeit für Männer (vom 18. Lebensjahr aufwärts) von 8 bis 16 Uhr, für Frauen und Jugendliche von 8 bis 12 Uhr. Verpflegung ist mitzubringen. Der bereits angesetzte Einsatz der Betriebe für Schanz- oder Rüstungsarbeit bleibt bestehen.

Der Kommandant des Festungsbereiches Dresden:
gez.: Frhr. von und zu Gilsa
General der Infanterie.

99 Dresden soll zur Festung ausgebaut werden. Anordnung des Kommandanten, General von u. zu Gilsa, veröffentlicht am 21./22. April 1945.

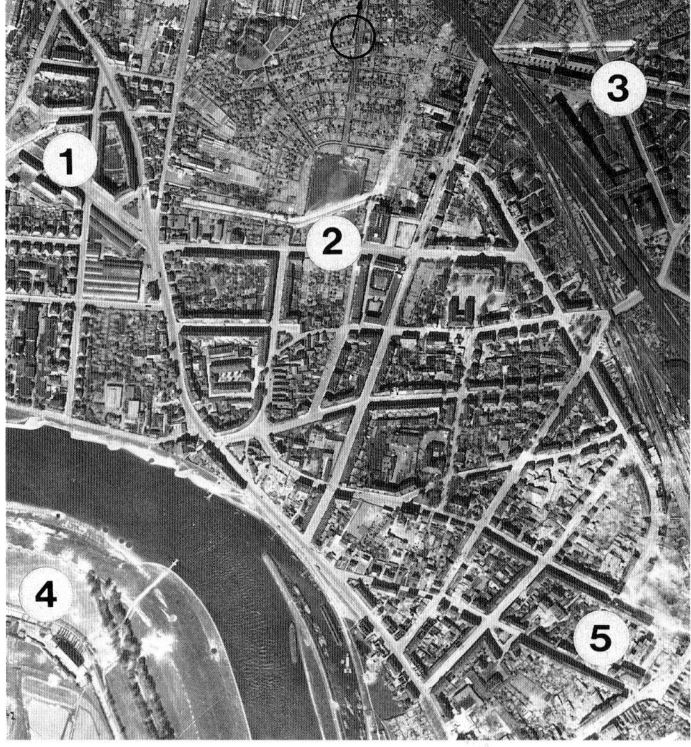

100 In der Stadt und ihren Außenbezirken wurden Panzergräben ausgehoben. Neustadt, Foto 19.4.45: 1: Graben verläuft über Lommatzscher Platz, durch Gartengelände entlang der Wurzener Straße. 2: Sachsenbad und Krankenhaus, sog. Festungslazarett. Weiterführung bis zur Bahnlinie trassiert. 3: Fortsetzung am Markus-Friedhof hinter Barbarastraße. 4: Infanteriestellungen am Altstädter Elbufer im Norden der Schlachthofinsel. 5: Schadensgebiet des Angriffs vom 17.4.45: Güterbahnhof Pieschen, Leisniger, Oschatzer, Bürgerstraße, Schwelbrand am Moritzburger Platz.

101 Neustadt. Ostwärts Barbarastraße Fortführung des Panzergrabens: ① Trachenberger – Heidestraße, St.-Pauli-Friedhof. ② Radeburger Straße, Hammerweg, Südrand des Hellers am Kasernengelände. ③ Geräumte Flakstellung Heller, ehem. schwere Heimatflakbatterie 207/IV.

Linke Seite:
102 Altstadt. Das Grabensystem zwischen Großem Garten und Südhöhe. Foto 19. 4. 1945: ① Grabenteilstück im Großen Garten, Ruine und Teich des Palais. ② Zoo mit neuem Trichterfeld vom 17. 4. 1945. ③ Luftgaukommando IV in Strehlen, General-Wever-Straße. Der Graben beginnt wieder und kreuzt die Teplitzer Straße. ④ Kreuzung Zellescher Weg – Wundtstraße – Schinkelstraße. Schützengraben jetzt zusätzlich zum Panzergraben. ⑤ Die Gräben ziehen sich durch Zschertnitz, entlang der Räcknitzhöhe, hinauf zum ⑥ Moreau-Denkmal, wo sie nach Westen abbiegen.

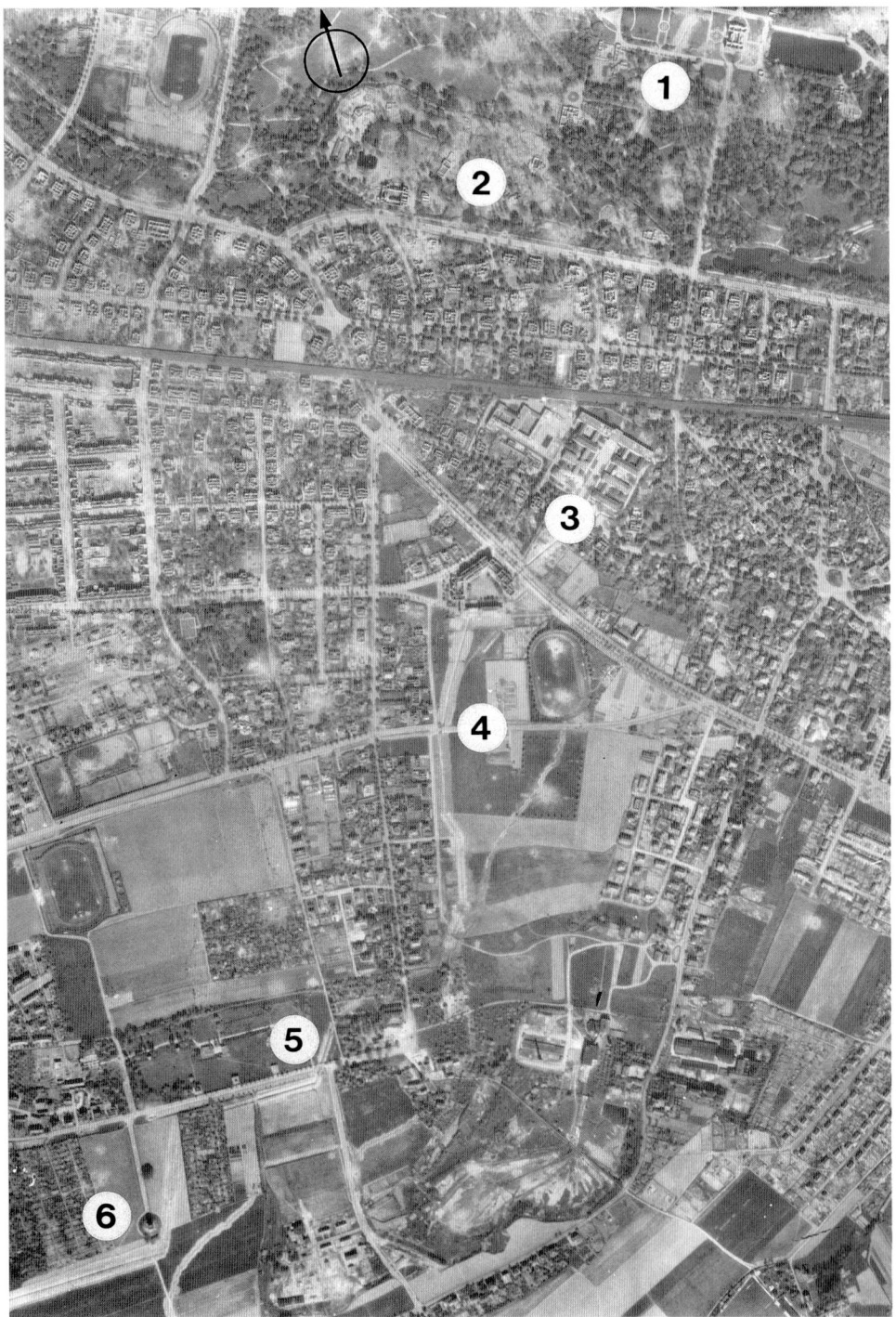

103 Dieser 1200 mal 900 Meter große Ausschnitt zeigt das meistbombardierte Stadtgebiet Dresdens. Mit Ausnahme des 15. 2. 1945 fielen hier von Oktober 1944 bis April 1945 bei jedem Angriff Bomben; dennoch sind Häuser stehengeblieben. Foto 19. 4. 1945: ① Ostra-Alle, Zwingerteich, ② Wettiner Bahnhof. Treffer vom 17. 4. blockieren Güterzug. ③ Auffahrten Marien- und Eisenbahnbrücke mit Panzersperre. ④ DSC-Fußballstadion, Zielmarkierungspunkt des 1. Nachtangriffs. Das Trichterfeld bis zur Magdeburger Straße entstand hauptsächlich am 2. 3. und 17. 4. 1945. ⑤ Magdeburger Straße, ⑥ Friedrichstraße mit Krankenhaus Friedrichstadt, ⑦ In Bombenkratern des Ostrageheges hat sich, als schwarze Punkte erkennbar, eine Werferbatterie eingegraben.

Preis in Dresden und auswärts 10 Rpf.

Jeder Mann muß mitkämpfen!

Durch Anschlag wurde heute folgender Aufruf des Gauleiters bekanntgegeben:

Männer Ostsachsens!

Der General der Panzertruppen Gräser teilt mir soeben mit:

„Gauleiter!

Wir haben die in Sachsen eingebrochenen Bolschewisten abgeschnitten und werden sie vernichten."

Ich rufe deshalb alle Männer Sachsens ostwärts der Elbe auf, die Waffe in die Hand zu nehmen und den verhaßten Feind zu schlagen, der nur in einzelnen Abteilungen durch das Land zieht.

Jeder Mann muß mitkämpfen! Jede Waffe beteiligt sein. Die Bolschewistenhorden sollen merken, daß sie in unsere Heimat nicht ungestraft einbrechen können.

Jetzt gilt es! Wenn Ihr alle mannhaft und tapfer seid, dann gelingt es, diese asiatischen Horden zu vernichten.

Heil Hitler

Martin Mutschmann, Gauleiter.

104 Aufruf Mutschmanns vom 24. April 1945. Sowjetische Truppen waren bis Bautzen vorgestoßen; sie konnten vorübergehend aufgehalten werden.

105 In den frühen
Morgenstunden des 8. Mai jagten
deutsche Truppen die meisten
Dresdner Elbbrücken in die
Luft. Im Bild die Carolabrücke.

106 Im Verlauf der ›Operation
Prag‹ der 1. Ukrainischen Front
des Marschalls Konjew drangen
Einheiten der 5. Gardearmee unter
General Shadow am 7. Mai 1945
in Radebeul und in nördliche
Außenbezirke Dresdens ein. Sie
besetzten Dresden am 8. Mai,
dem letzten Tag des Krieges.

107   Endlich Frieden. An der Hinterlassenschaft des Krieges hat Dresden Jahrzehnte zu tragen.

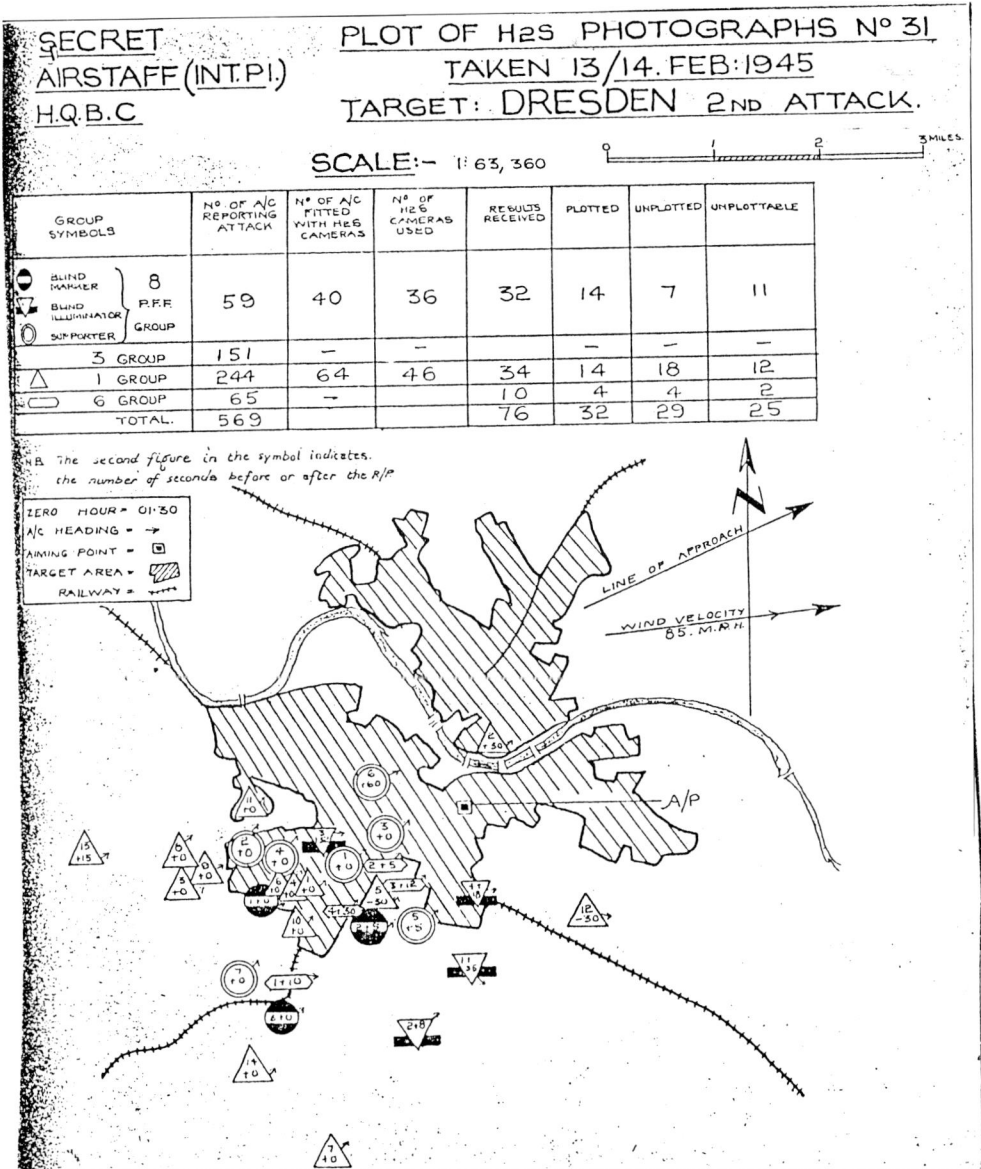

108 Auswertung von Radar-Zielfotos, 13./14. Februar 1945, Dresden, 2. Angriff.
Das Zielgebiet ist schraffiert. Zielpunkt (A/P aiming point) ist der Altmarkt.
Die Symbole bedeuten auswertbare Radar-Fotos abgeworfener Zielmarkierer, Leuchtbomben und Bomben. Wegen der starken Rauchentwicklung nach dem ersten Angriff konnten nur 32 von 76 Aufnahmen ausgewertet werden, meist im Süden und Westen der Stadt.

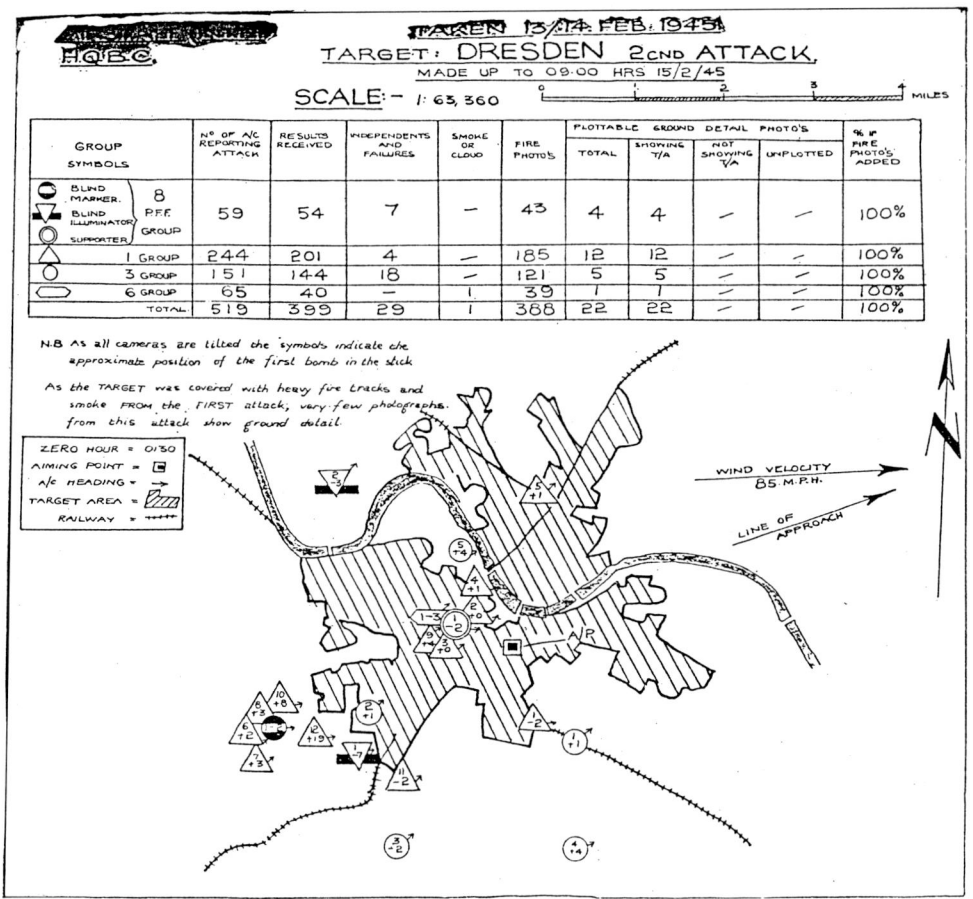

TAKEN 13./14. FEB. 1945
HQBC.
TARGET: DRESDEN 2cnd ATTACK,
MADE UP TO 09.00 HRS 15/2/45
SCALE:- 1: 63,360   0   1   2   3   4 MILES

GROUP SYMBOLS	Nº OF A/C REPORTING ATTACK	RESULTS RECEIVED	INDEPENDENTS AND FAILURES	SMOKE OR CLOUD	FIRE PHOTOS	PLOTTABLE GROUND DETAIL PHOTO'S				% IF FIRE PHOTO'S ADDED
						TOTAL	SHOWING T/A	NOT SHOWING T/A	UNPLOTTED	
BLIND MARKER, BLIND ILLUMINATOR, SUPPORTER ⎫ 8 ⎬ P.F.F. ⎭ GROUP	59	54	7	—	43	4	4	✓	✓	100%
1 GROUP	244	201	4	✓	185	12	12	✓	✓	100%
3 GROUP	151	144	18	✓	121	5	5	✓	✓	100%
6 GROUP	65	40	—	1	39	1	1	✓	✓	100%
TOTAL	519	399	29	1	388	22	22	✓	✓	100%

N.B As all cameras are tilted the symbols indicate the
approximate position of the first bomb in the stick

As the TARGET was covered with heavy fire tracks and
smoke FROM the FIRST attack, very few photographs
from this attack show ground detail.

ZERO HOUR = 0130
AIMING POINT = ▣
A/C HEADING = →
TARGET AREA = ▨
RAILWAY = ++++++

WIND VELOCITY 85. M.P.H.

LINE OF APPROACH

109   Auswertung von Zielkamera-Fotos, 13./14. Februar 1945, Dresden, 2. Angriff.
Das Zielgebiet ist schraffiert. Zielpunkt (A/P aiming point) ist der Altmarkt.
Die Symbole bedeuten auswertbare Zielkamera-Fotos abgeworfener Zielmarkierer, Leuchtbomben und Bomben. Wegen der starken Rauchentwicklung nach dem ersten Angriff konnten nur 22 von 399 Luftbildern ausgewertet werden, meist im Süden und Westen der Stadt.

110   Dresden, Ruinen nach der Zerstörung 1945. Blick vom Rathausturm über die zerstörte
Stadt.

111 Dresden 1945. Die Schloßstraße war eine Schlagader im Herzen der Dresdner Altstadt. Diese Aufnahme von 1946 zeigt sie als Fußweg inmitten einer Trümmerlandschaft aus Ruinen und ausgebrannten Fassaden.

112   Die zerstörte Frauenkirche: Blick aus dem ehemaligen Kirchenschiff.

wie Hitler und Stalin, wenn er in Harris einen Zauderer als Bomberchef und in Lindemann einen Mann voller Skrupel als Berater besessen hätte – wer weiß, ob es zu einer strategischen Luftoffensive dieser Größenordnung gekommen wäre. Vielleicht stünden Deutschlands Städte noch in alter Pracht, sofern sie nicht inzwischen der Abrißwut zum Opfer gefallen wären, vielleicht wären die Russen bis an den Atlantik marschiert; bestimmt aber hätte der Krieg länger gedauert. Oder er wäre auch in Europa durch die Atombombe beendet worden.

Wie auch immer man zu diesen Fragen steht – eines ist unstrittig: Churchill sah, eine vernachlässigte Idee des italienischen Generals Douhet aufgreifend, im Aufbau einer Streitmacht von Langstreckenbombern die einzige Chance, um die Deutschen auf ihrem eigenen Territorium sobald wie möglich anzugreifen. In der Bedrängnis der Jahre 1940/41, als die deutsche Wehrmacht große Teile Europas unterjocht hatte und gegen England in Nordafrika den Kampf aufnahm, gab es keine andere Offensive als die durch die Luftwaffe.

Die britischen Inseln als Festung gesehen, glich diese operative Planung zunächst den Ausfällen von Reitertruppen vergangener Jahrhunderte aus der belagerten Festung mitten zwischen die Heerhaufen eines übermächtigen Feindes, der ringsum alles Land besetzt hielt. Zuschlagen und Zurückkehren war die Parole, »Strike and Return«, wie auch der Wahlspruch der 460. schweren Bomberstaffel, Royal Australian Air Force, lautete, die 1942 ihren Dienst im RAF-Bomberkommando aufnahm. Aber das »return« blieb allzu oft ein frommer Wunsch.

Geeignete Langstreckenjäger standen zu der Zeit, als die Offensive angekurbelt wurde, nicht zur Verfügung, und die viermotorigen Bomber kamen erst ab 1941 nach und nach zum Einsatz. Deshalb mußten die Angriffe nachts durchgeführt werden.

Bei Nacht konnte anfangs an ein Präzisionsbombardement nicht gedacht werden, wie es überhaupt die Ausnahme bleiben sollte.

Die über Mitteleuropa meist ungünstigen Wetterverhältnisse mit Wolken, Wind, Dunst und Nebel verringerten die Aussichten, lebenswichtige Anlagen zu zerstören, auf ein Minimum. Zwar gab es detaillierte Ziellisten mit fein abgestimmten Dringlichkeitsstufen, aber sie entsprachen mehr dem Wunschdenken der Zielplanungskomitees als der rauhen Wirklichkeit nächtlichen Feindfluges über dem damals stark verteidigten Kontinent. Denn diese Wirklichkeit sah so aus, daß die Flieger die zur Zerstörung ausgesuchten U-Bootwerften, Werke für synthetischen Gummi oder Treibstoff, Flugzeug- und Schiffsmotorenfabriken nur selten entdeckten und noch seltener trafen.

Trotz übertriebener Erfolgsmeldungen wurden immer wieder Zweifel laut. Vertreter anderer Waffengattungen und Parlamentarier meinten, man könnte die Bomber besser verwenden. Besser hieß aber nur: für andere Zwecke. Vor allem die Marine schrie nach Flugzeugen, und sie hatte ja, im Würgegriff der deutschen U-Boote, gute Gründe für ihre Forderungen.

Für Churchill, Luftfahrtminister Sir Archibald Sinclair, RAF-Stabschef Sir Charles Portal und für andere Verantwortliche stellte sich die Frage, ob die strategische Luftoffensive gestoppt werden sollte, zumal einige Experten nach der Untersuchung von Luftfotos volle Ernüchterung über die tatsächlich angerichteten Schäden erhalten und diese weitergereicht hatten.

Die Ausweitung der Offensive konnte nur sinnvoll sein, wenn man sich von genauen Zielvorstellungen lossagte. Einigermaßen zuverlässig finden und treffen konnten die Flugzeugbesatzungen bei Nacht nur große bebaute Flächen. Wenn man sich also nicht länger gegenseitig etwas vormachen wollte, mußten die großen Flächen die Ziele sein, das heißt die Stadtzentren. In einem entwickelten und hochindustrialisierten Land wie Deutschland, dessen Städte mit Fabriken, Werkstätten, Eisenbahnanlagen, Kasernen, politischen, kommunalen und wirtschaftlichen Verwaltungsbauten gespickt waren, würden Bomben, die irgendwo im Ballungsgebiet niedergingen, außer Wohnhäusern zwangsläufig kriegswichtige Einrichtungen zerstören; ebenso zwangsläufig aber auch Krankenhäuser, Schulen, Kirchen und kulturhistorisch wertvolle Bauwerke.

Außerdem hatten sich die Initiatoren des Flächenbombardements von den Gedanken und Berechnungen Professor Lindemanns, dem wissenschaftlichen Berater des Premierministers, überzeugen lassen, daß die Wohnviertel legitime Ziele seien. Die Überlegung war die, daß möglichst viele Arbeiter obdachlos gemacht werden müßten. Wenn sie, die Ausgebombten, dann – und sei es nur vorübergehend – nicht an ihrem Arbeitsplatz erschienen, würde dies einen Produktionsausfall bedeuten, der in der Summe beachtlich sein und einer Beschädigung der Fabrik selbst gleichkommen würde. Wobei man sogar davon ausgehen konnte, daß auch die Fabrik gelegentlich getroffen werden würde.

Ein in sich logisches, aber ein gnadenloses Programm, in dem nun kein Platz mehr war für die Rücksichtnahme auf die Zivilbevölkerung. Deshalb sollte es vor der eigenen Öffentlichkeit verschleiert werden. Immerhin erklärte Churchill in einer seiner großen Kriegsrundfunkreden am 10. Mai 1942 deutsche Städte, in denen sich Rüstungsbetriebe befinden, zu Angriffsobjekten, und er forderte die deutsche Zivilbevölkerung auf, diese Städte zu verlassen:» ... sie braucht nur die Arbeitsplätze aufzugeben und hinaus in die Felder zu gehen und die Ereignisse aus der Ferne zu beobachten...« Die Warnung mußte der deutschen Führung zu diesem Zeitpunkt grotesk erscheinen, jedoch, sie war ernst gemeinte spekulative Propaganda[5].

In Sir Arthur Harris hatte Churchill den Mann erkannt, der ihm geeignet erschien, die Bomberoffensive durchzuschlagen. Der Premier sollte sich nicht täuschen. Harris erwies sich als willensstarker, eigensinniger, zäher Oberbefehlshaber des Bomberkommandos der Royal Air Force. Er trat seinen Posten im Februar 1942 an und fand das Programm des Flächenbombardements fertig vor; es war nicht seine Erfindung, aber er verschrieb sich ihm so kompromißlos, daß er als »Bomber-Harris« in die Geschichte eingegangen ist.

Dieser Mann war durchdrungen von seiner Mission, Deutschland durch das Abbrennen seiner Städte in die Niederlage zu bombardieren. Spät erst gebot Churchill ihm Einhalt, aber da lagen von Köln bis Dresden die Städte in Schutt und Asche.

Den ersten Beweis für die kriegsentscheidende Bedeutung des Flächenbombardements wollte Harris mit den Feuerangriffen auf Lübeck und Rostock im Frühjahr 1942 und mit dem berühmten Tausend-Bomber-Angriff auf Köln in der Nacht vom 30. zum 31. Mai 1942 erbringen. Aber auch Zweifler und Kritiker meldeten sich. Um ihnen den Mund zu stopfen, ließ der Premierminister für sich und das Kriegskabinett von seinem Bomberchef eine Denkschrift über die Aufgaben und Leistungen des Bomberkommandos verfassen. In diesem Memorandum vom 28. Juni 1942 zeigt Harris, daß er ebenso aggressiv wie anschaulich zu argumentieren versteht:

»Es ist unmöglich, in einer Denkschrift auch nur einen Teil der ungeheuren Zerstörungen zu nennen, die wir in Deutschland verursacht haben. Während etwa 7000 Flugstunden benötigt werden, um ein U-Boot auf See zu versenken, konnte mit der gleichen Zahl von Flugstunden ein Drittel der Stadt Köln zerstört werden...

Die rein defensive Verwendung von Luftstreitkräften ist eine erhebliche Verschwendung. Der Einsatz von Flugzeugen im Seekrieg bedeutet ein bloßes Picken am Rande der feindlichen Stärke, ein Warten auf Gelegenheiten, die vielleicht niemals kommen... Dieser Einsatz gleicht dem Suchen einer Stecknadel im Heuhaufen. Man versucht dabei, ein kleines Äderchen nach dem anderen zu durchschneiden, anstatt die Hauptader durchzutrennen. Das Bomberkommando greift die Basis der gesamten Seemacht an...

Zusammenfassend muß gesagt sagen, daß das Bomberkommando die einzigen offensiven Kampfhandlungen durchführt, die gegen Deutschland unternommen werden... Das Bomberkommando gibt uns die einzige Möglichkeit, Rußland rechtzeitig zu unterstützen. Die einzige Möglichkeit, Deutschland so weit physisch zu schwächen und nervlich zu erschöpfen, daß eine Invasion aussichtsreich erscheinen könnte, liegt daher bei der Art von Gewaltanwendung, die unseren Feind jetzt schädigen und später unseren Sieg sicherstellen kann. Das ist auch die einzige Art der Gewaltanwendung, die wir direkt gegen Japan ins Feld führen können...

Welcher Siegestaumel würde die Menschen ergreifen, wenn ein Kommandotrupp von nur sieben Mann die gesamte Renaultfabrik zerstören würde! Wie nahe würde man das Ende des Krieges glauben, wenn ein Drittel der Stadt Köln durch einen schnellen motorisierten Verband im Handstreich in anderthalb Stunden zerstört worden wäre, und wenn dieser Verband sich mit Verlusten von nur 200 Mann zurückzöge, um nach 24 Stunden zu einem gleichen Unternehmen bereit zu sein! Welchen Beifall würde man der Flotte zollen, wenn sie Rostock und die Haupt- und Nebenwerke von Heinkel bei einer Beschießung von See aus zerstört hätte! All dieses und vieles mehr hat das

Bomberkommando geleistet, und doch gibt es noch viele, die den Blick abwenden, auf die andere Seite gehen und fragen, ob die 30 Nachtbombergeschwader einen lohnenden Beitrag zu unseren Kriegsanstrengungen leisten.«[6]

Diese Denkschrift erscheint, sogar auszugsweise, wie ein Schlüssel zum Verständnis der Motive von Sir Arthur Harris. Sie läßt auch verstehen, wieso er glaubte, Deutschland könne allein durch die strategische Luftoffensive in die Knie gezwungen werden, wenn sich nur die amerikanische Luftwaffe am Flächenbombardement beteilige, und daß dazu die vollständige Verwüstung Berlins ausreiche. Harris teilte Churchill seine Überzeugung mit, man könne Berlin von einem Ende zum anderen zerschlagen; das werde 400 bis 500 Bomber kosten, aber die Deutschen werde es den Krieg kosten[7].

Die Amerikaner lehnten bekanntlich ab; sie waren davon überzeugt, am Tage angreifen und ausgewählte Punktziele zerstören zu können. Der Streit der beiden »Bombardierungsschulen« überdauerte das Kriegsende.

Die Zuweisung der Aufgaben war Ende Januar 1943 erfolgt, als das alliierte Oberkommando auf der Konferenz von Casablanca die strategische Luftoffensive an die erste Stelle bei den anglo-amerikanischen Offensivmaßnahmen für 1943 rückte. In einer kombinierten Bomberoffensive sollten die Briten nachts Flächenangriffe und die Amerikaner tags Punktzielangriffe durchführen.

Die Versorgung für ein »round-the-clock«-Bombardement Deutschlands hatte jetzt ebensolche Dringlichkeit wie die Versorgung für die U-Bootabwehr und die Hilfe für die Sowjetunion. Die Casablanca-Direktive nannte als Auftrag der kombinierten Bomberoffensive:

»Ihr Hauptziel wird die fortschreitende Vernichtung und Störung des deutschen militärischen, industriellen und wirtschaftlichen Systems sein sowie die Unterhöhlung des Kampfgeistes des deutschen Volkes bis zu dem Punkt, an dem seine Fähigkeit zum bewaffneten Kampf entscheidend geschwächt ist.«[8]

Aber wie es falsch wäre, im Bomberkommando nur einen Bulldozer für blindwütige Städtevernichtung zu sehen, so wäre es unzutreffend, die strategischen Luftflotten der USA für Präzisionsinstrumente zu halten, mit denen tatsächlich allein Industrie- und Verkehrsziele herausgestanzt wurden.

Die Wahrheit ist, wie immer, vielschichtiger. Trotz des Festhaltens am Flächenbombardement hat das RAF-Bomberkommando, nachdem es die notwendigen elektronischen Hilfsmittel erhalten hatte, außerordentlich wirksame Angriffe auf Einzelziele unternommen. Bei den Invasionsvorbereitungen ging das französische Eisenbahnnetz im Hinterland fast metergenau in Trümmer, so wie dann ab Oktober 1944 bis Kriegsende unter Beteiligung des Bomberkommandos das westdeutsche Verkehrsnetz zerschlagen wurde. Obwohl sich die US-Luftwaffe schon im Frühsommer 1944 mit wahrem Enthusiasmus in die »Oil Offensive« geworfen hatte, beansprucht das Bomberkommando, in den Hydrierwerken, Raffinerien und Tanklagern später die schwersten und nicht mehr reparablen Schäden angerichtet zu haben.

Harris liebte keine halben Sachen. Er versprach sich nichts von der ameri-

kanischen Taktik, Tausende von 250- und 500-Pfund- Sprengbomben oder gar
kleine Splitterbomben nach dem Gießkannenprinzip über den Treibstoffwerken auszuschütten. Er wartete solange, bis er Gewißheit hatte, daß seine Pfadfinder die Werke auch nachts bei Wolken finden würden, und dann wuchtete
er schwere Sprengbomben, viertausendpfündige Luftminen, gelegentlich Acht-
oder Zwölftausendpfünder in die Rohrleitungen, Kühltürme, Schwelereien,
Hydrierungen, Destillationen, Kesselhäuser und Tanklager hinein. Doch es
war für ihn eine lästige Ablenkung vom Städtebombardement.

Bei der 8. und 15. US-Luftflotte wurden zwar meist kriegswichtige Ziele
als Angriffsobjekte befohlen – Verschiebebahnhof in X oder Flugzeugmoto-
renfabrik in Y –, aber die Wohngebiete der näheren und weiteren Umgebung
wurden stets mehr oder weniger stark, und oft nur sie, in Mitleidenschaft
gezogen. Nach Einführung des Radar-Blindbombardierungsverfahrens waren
auch die amerikanischen Angriffe russisches Roulett für die Bevölkerung des
gesamten Stadtgebietes und nicht nur für die Nachbarschaft der Fabriken und
Bahnhöfe. Im Februar und März 1945 verwischte sich bei den Großangriffen
der 8. Luftflotte auf Berlin der Unterschied zwischen dem »area bombing« des
Bomberkommandos und dem »selective« oder »precision« genannten Bom-
bardierungsverfahren der amerikanischen Luftstreitkräfte vollends. Für Japan
galten etwa von der gleichen Zeit an die Gesetze des Flächen-Brandangriffs in
seiner grausamsten Form. Vergleichbare Brandangriffe haben die Amerikaner
in Europa nicht geflogen.

Flächen- oder Punktangriff: Verluste unter der Zivilbevölkerung waren
unvermeidlich. Übrigens waren Millionen Kriegsgefangene und zwangsweise
nach Deutschland verschleppte ausländische Arbeitskräfte dem Bombenhagel
ebenso schonungslos ausgesetzt wie die deutsche Bevölkerung. Viele Städte
waren ja durchwachsen mit den armseligen Gettos der Barackenlager, besonders in der Nähe von Industrieanlagen.

Zahllose Franzosen, Engländer, Holländer, Tschechen, Polen, Jugoslawen,
Italiener, Russen und Ukrainer – unter den beiden letzten Volksgruppen viele
Frauen und Mädchen – erlebten in den Schutzgräben und Unterständen ihrer
Gefangenen- und Wohnlager, in den Kellern ihrer Arbeitsstätten die Schrecken
der Luftangriffe. In deutschen Verlustmeldungen sind auch Kriegsgefangene
und »fremdvölkische Arbeitskräfte« erfaßt. Zum Beispiel heißt es im 1. Nachtragslagebericht des Berliner Polizeipräsidenten am 19. 1. 1943 zum Luftangriff
auf Berlin am Abend des 16. Januar 1943:

»108 Tote (50 kriegsgefangene Franzosen, 8 fremdvölkische Arbeiter). 221
Verletzte, 2 Vermißte. 102 Tote und 194 Verletzte befanden sich außerhalb des
Luftschutzraumes.«[9]

Oder der 2. Nachtrag vom 27. 8. 1943 zum Luftangriff auf Berlin in der
Nacht des 23./24. August 1943:

»Tempelhof Süd. Gasanstalt Mariendorf, Rathausstr., Barackenlager Aska-
niawerke schwerste Schäden. Verschiebebahnhof. Säntisstraße 100 Reichsbahn-

lager, Ph. Röbling. Säntisstraße Barackenlager Daimler-Benz 1 Sprengbombe im Deckungsgraben detoniert. Etwa 50 Ostarbeiterinnen verschüttet. Lichtenrader Weg, Barackenlager der Stadt Berlin, 22 Baracken zerstört.«[10]

Bei den als operative Einheit zu betrachtenden drei Angriffen auf Berlin am 23./24. 8. 1943, am 31. 8./1. 9.1943 und am 3. 9./ 4. 9.1943 kamen 1334 Menschen ums Leben, und zwar:

Zivilbevölkerung: 436 Männer, 526 Frauen, 34 Kinder.
Soldaten, Polizei, Luftschutzpolizei: 111.
»Fremdvölkische Arbeiter«: 44 Männer, 181 Frauen.
Außerdem zwei Kriegsgefangene.
Die Gesamtverluste stiegen dann noch bis etwa 1600[11].

227 Opfer hatten also nicht den Tod durch »Feindeinwirkung« gefunden, sondern gewissermaßen durch »Freundeinwirkung«.

Englische Eltern erfahren, daß ihr Sohn als Kriegsgefangener bei einem englischen Luftangriff sterben mußte. Wie fanden sie Trost? Vielleicht mit ähnlichen Überlegungen, wie sie Franzosen anstellten, deren Angehörige bei der Befreiung oder den ihr vorangehenden Bombardements ums Leben kamen. Was dachten sowjetische Piloten, wenn sie bei der Rückeroberung ihres Landes die eigenen Städte angreifen mußten, im Bewußtsein, daß dabei auch ihre Landsleute getötet würden? Der Chef der Ordnungspolizei Berlin hat in seiner Lagemeldung 803 vom 21. Mai 1943 über Luftangriffe auf das Reichsgebiet und besetzte Gebiete auch derartiges registriert:

»BdO Ukraine – Nachtrag. 11. 5. Kiew: 262 Sprengbomben und 50 Brandbomben. 33 Gefallene (1 deutscher Wehrmachtangehöriger, 30 ungarische Wehrmachtangehörige und 2 Feuerschutzmänner). 63 ungarische Wehrmachtangehörige verwundet. Ferner wurden 73 Einheimische getötet und 150 Einheimische verletzt. 12 Einheimische werden noch vermißt.«[12]

Dieser Aspekt des Luftkrieges, der nicht an seine strategische Variante gebunden ist, soll wenigstens angeschnitten worden sein.

Nachdem die Amerikaner ihre Mitwirkung versagt hatten, hätte Sir Arthur Harris auf Grund seiner eigenen Theorie eigentlich nicht mehr damit rechnen dürfen, den Krieg durch Luftangriffe auf Berlin bald entscheiden zu können; denn die Voraussetzung für die Erfüllung seiner Ankündigung war doch das Zusammenspiel. Trotzdem nahm er den Kampf auf, und er äußerte Ende November 1943 abermals seine Überzeugung, die Bombenangriffe könnten die Niederlage Deutschlands herbeiführen, die Haltung der Berliner könnte den Krieg entscheiden. Zurückhaltender heißt es zur gleichen Zeit bei der Nachrichtenagentur Reuter:

»Es wäre klüger, damit zu rechnen, daß die Niederlage Deutschlands zunächst auf dem Schlachtfeld sichtbar wird und daß an der Heimatfront eine allmähliche Minderung der Energie durch physische und seelische Höchstbelastungsproben erreicht wird. Zur Beschleunigung dieses allmählichen Schwächungsprozesses spielen die Luftangriffe zweifellos eine große Rolle.«[13]

Die Diskussionen darüber, inwieweit man Deutschland in die bedingungslose Kapitulation hineinbomben könne, gingen weiter. Am 1. April 1944 meldete die Abteilung Rundfunk/Erkundungsdienst beim Reichspropagandaministerium:

»Der Berichterstatter des Londoner ›Daily Express‹ in Moskau, Alaric Jacob, hat mit dem Chefkorrespondenten für die Zweite-Front-Operationen, Alan Moorehead, von der gleichen Zeitung in London, eine Wette von 10 Pfund abgeschlossen, wer von ihnen zuerst in Berlin sein werde, entweder mit der Roten Armee vom Osten oder mit Eisenhowers Streitkräften vom Westen.«

Moorehead wettete, die Westmächte würden als erste in Berlin einrücken, Jacob hielt dagegen, die Russen würden das Rennen machen. In diesem Zusammenhang wurde beiden Korrespondenten die für jene Phase des Krieges bezeichnende Frage gestellt:

»Wird Berlin sich aus praktischen Gründen nicht schon den anglo-amerikanischen Luftstreitkräften ergeben haben, ehe die alliierten Armeen herankommen?

Jacob: ›Ich denke nicht. Wenn die deutsche Armee, als sie vor zwei Jahren nur vier Meilen vor Leningrad stand, diese Stadt nicht unbewohnbar machen konnte, dann glaube ich auch nicht, daß selbst die schwersten Angriffe Berlin ausschalten können, wenn sich das deutsche Hauptquartier dort festgesetzt hat. Auch das deutsche Eisenbahnsystem kann nicht dauernd lahmgelegt werden. In Leningrad fand ich das russische Hauptquartier während der ganzen Belagerungszeit unbeschädigt. Nach der Evakuierung von 100 000 Einwohnern wurde Leningrad in eine Festung verwandelt, die durch eine verhältnismäßig kleine Garnison gehalten wurde. Außerdem waren Zivilisten da, die z. B. die Putilow-Werke in Gang hielten, trotz Frontnähe. Die Deutschen könnten dasselbe in Berlin tun, wenn sie es für wert hielten oder aus Prestigegründen.‹

Moorehead: ›Keine Stadt hat vollkommen ausgelöscht werden können durch Bombardierung. Aber Städte können als Militärbasis unbrauchbar gemacht werden. Ein schwereres Gewicht von Bomben ist auf Berlin gefallen als auf Leningrad, und viel mehr Bomben werden noch fallen.‹«[14]

Die von Harris nach den Regeln des Flächenbombardements geführte Luftschlacht um Berlin war Ende März 1944 abgebrochen worden, ohne daß die Deutschen kapituliert hatten. Die Amerikaner flogen nun ihre mehr oder weniger genauen Angriffe auf ausgesuchte Objekte in Berlin. Sir Arthur Harris ist zutiefst davon überzeugt geblieben, daß eine Chance vertan worden war. Er bekannte gegenüber Alastair Revie 1971:

»Ich stehe zu dem, was ich immer gesagt habe. Wenn die Amerikaner uns bei der Luftschlacht um Berlin voll unterstützt hätten, dann wäre es möglich gewesen, den Krieg in Europa sehr schnell allein durch die Bomberwaffe zu entscheiden... Es gab Leute, die sagten: ›Ist das nicht schrecklich, ganze Städte zu bombardieren?‹, und: ›Man sollte doch wissen, daß man die fanatischen Nazis nicht damit in die Knie zwingt, daß man sie mit Bomben bewirft!‹ Na, und wie war es denn bei den fanatischen Japanern? 48 Stunden nach der Explosion der beiden Atombomben lagen sie auf den Knien. Und eine Atombombe war nur ein Äquivalent einer bestimmten Summe von normalen Bomben.«[15]

Im Sommer 1944 wurde in den alliierten politischen und militärischen Führungsgremien der Vorschlag diskutiert, durch einen unerhörten Riesenangriff, einen »Donnerschlag« aller britischen und amerikanischen Bomber, einen solchen Schock auszulösen, daß das Dritte Reich an den Schockfolgen verenden müßte. Debatten fanden statt, ob diese »Operation Thunderclap« gegen das Nervenzentrum Berlin oder besser gegen eine Stadt gerichtet sein sollte, die bis dahin relativ geringe Zerstörungen erlitten hatte.

Der Plan entsprach zwar Harris' alten Vorstellungen, aber er fand dann auch bei denen, die ihn einmal befürwortet hatten, keine rechte Unterstützung. Was unter anderem zeigt, daß Luftmarschall Harris eben am Ende des Befehlsstranges der höchsten Ebene saß, selbst wenn er dort oft eigenwillig regierte.

Als im Herbst 1944 Überlegungen zur Begrenzung der Flächenangriffe angestellt wurden, wehrte sich Harris mit der gewohnten Beredsamkeit gegen jede Änderung des Städtebombardierungs-Programms. 45 von 60 wichtigen Städten in Deutschland habe das Bomberkommando bereits zerstört, schrieb er am 1. November 1944 an Portal; solle man nun diese ungeheure Aufgabe preisgeben, die den Deutschen die schlimmsten Kopfschmerzen bereite, gerade wenn sie sich ihrer Vollendung nähere? Alles, was nun zu tun bleibe, sei die Zerstörung von Magdeburg, Halle, Leipzig, Dresden, Chemnitz, Breslau, Nürnberg, München, Koblenz, Karlsruhe und die weitere Zerstörung von Berlin und Hannover[16].

Es ist schon bemerkenswert: weder das Luftfahrtministerium, noch die Vereinigten und die Nationalen Stäbe folgten Harris bei seiner Forderung, Dresden eine solche Dringlichkeitsstufe auf den Ziellisten zu geben. Zwar wurde Dresden eine Bedeutung als eigenständiges Bombenziel zuerkannt, aber – zu diesem Zeitpunkt jedenfalls – nicht als Ziel für Flächenangriffe. Statt dessen legte der britische Luftstab mit Billigung des Premierministers der sowjetischen Luftwaffe nahe, Dresden zu bombardieren, was bekanntlich ohne Echo blieb[17].

Aber auch die Weisung an Harris, das Bomberkommando mit höchster Priorität gegen Treibstoffziele zu entsenden, blieb praktisch ohne Echo. Für Sir Charles Portal und für Sir Arthur Tedder, beide Harris' Vorgesetzte, standen wichtigere Aufgaben als Städtezerstörungen jetzt an erster Stelle. Marschall der Royal Air Force Portal engagierte sich für die Belebung der »Oil Offensive«, als Stabschef der RAF hatte sein Wort Gewicht. Und Marschall der Royal Air Force Sir Arthur Tedder, der britische Stellvertreter General Eisenhowers im

Obersten Hauptquartier, wollte Angriffe auf Verkehrsverbindungen forcieren. Beide kamen damit auch den amerikanischen Programmen näher[18].

Anfang 1945 mußte Portal feststellen, daß Harris seine Befehle kaum beachtet hatte. Im letzten Quartal 1944 wurden nur 14 Prozent der Angriffe gegen Treibstoffziele, aber 58 Prozent gegen Städte geführt. Eigentlich hätte das Verhältnis umgekehrt sein sollen[19].

Kein Wunder, daß sich im Januar 45 die Krise zwischen dem Stabschef und dem Bomberchef zuspitzte. Portal sah seine Befehle mißachtet, Harris insistierte mit unglaublicher Hartnäckigkeit, um davon zu überzeugen, daß sein Städtebombardierungs-Programm für den Sieg ausschlaggebend sei. Der Konflikt eskalierte so stark, daß Harris am 18. Januar 1945 seinen Posten zur Verfügung stellen wollte: Sir Charles Portal möge erwägen, ob er – Harris – in dieser Situation auf seinem Posten bleiben solle.

Damit hatte er Portal den schwarzen Peter zugeschoben. Der wußte nur zu gut, daß er trotz »dieser Situation« den angesehenen, vom Premierminister geschätzten und in der Öffentlichkeit populären Chef des Bomberkommandos nicht in die Wüste schicken konnte. Das wäre eine politische, militärische, strategische und psychologische Bankrotterklärung gewesen, was Harris natürlich einkalkuliert hatte. Also hielt Portal an seinem störrischen Bomberführer fest, verlangte von ihm die Befolgung der Weisungen und vertagte die Entscheidung darüber, wer das Richtige getan habe, auf die Zeit nach dem Krieg, erst dann werde man es mit Sicherheit wissen[20].

In jenen Tagen, da Harris seinen Rücktritt anbot, aktivierte er endlich seine Streitmacht für heftige Attacken im Zuge der »Oil Offensive«. Das war sicher auch seine Art, Entgegenkommen, wenn nicht sogar Gehorsam zu zeigen. Das Bomberkommando bewies dabei durch Präzisionsangriffe auf die Hydrierwerke Leuna, Brüx, Zeitz und Pölitz, daß es jetzt trotz Nacht und Wolken auch über große Entfernungen relativ kleine, eingenebelte und stark durch Flak verteidigte Objekte vernichtend treffen konnte[21].

Dabei trug der Doppelschlag gegen Leuna am 14./15. Januar 1945 schon alle Merkmale der vier Wochen später gegen Dresden angewandten Taktik. Für den ersten Angriff wurde die 5. Bomberflotte eingesetzt, mehr als 200 Lancasters und neun Mosquitos. Pfadfinder und Beleuchter fanden wolkenlosen Himmel und einigermaßen gute Sicht für die Bodenmarkierung vor, und die meisten Flugzeuge konnten ihre Ladung ab 21 Uhr voll ins Zielgebiet werfen. Als vier Stunden später über 350 Lacasters und sechs Mosquitos anflogen, hatte sich das Wetter verschlechtert. Dichte Wolken verdeckten Leuna, eine Bodenmarkierung war nicht möglich. Radarkontrollen ergaben, daß die Himmelsmarkierer trotzdem gut gebündelt über dem Zielpunkt niedergingen. Auf jeden Fall wurde der zweifache Schlag, bei dem mehr als 2000 Tonnen Bomben, darunter 491 Minenbomben zu 4000 Pfund, abgeworfen wurden, als erfolgreich eingestuft. Das bestätigten die Aufklärungsfotos. Es gab kaum eine wichtige Installation, die nicht getroffen worden war; Leuna lag noch Mitte Februar still.

Als am Abend des 16. Januar die Hydrierwerke in Brüx und Zeitz ausgeschaltet wurden, fegte zugleich ein Feuersturm das historische Magdeburg von der Bildfläche, erinnernd an das Schicksal der Stadt vor mehr als dreihundert Jahren im Dreißigjährigen Krieg[22].

In diesen Januartagen stand im Hin und Her der Meinungen und Planungen der Name Dresden neben Berlin, Leipzig, Chemnitz. Mitzureden hatten eine Menge Leute und Dienststellen:

General Eisenhower als alliierter Oberbefehlshaber in Europa. Luftfahrtminister Sir Archibald Sinclair, RAF-Stabschef Sir Charles Portal und sein Stellvertreter Sir Norman Bottomley, der Stellvertreter Eisenhowers im Obersten Hauptquartier in Paris, Sir Arthur Tedder, und als Verbindungsmann zwischen London und dem Obersten Hauptquartier Luftmarschall Oxland. Sodann der Oberbefehlshaber des Bomberkommandos, Sir Arthur Harris und sein Stellvertreter Sir Robert Saundby, der Direktor für Bomberoperationen, Bufton, die Chefs des Gemeinsamen Generalstabs, der Vereinigte Nachrichtenausschuß, die Nachrichtenabteilung des Bomberkommandos. Von amerikanischer Seite die Generale Spaatz, Oberbefehlshaber der strategischen Luftstreitkräfte, und Doolittle, Kommandeur der 8. Luftflotte, die Generale Anderson und Kuter, dieser als Vertreter für den in Genesungsurlaub befindlichen Luftwaffen-Oberbefehlshaber Arnold. Last but not least – der britische Premierminister persönlich, Sir Winston Churchill.

Als dann Berlin, Leipzig, Dresden und Chemnitz ihren festen Platz auf der Zielliste in der Dringlichkeitsstufe 2 hinter den Treibstoffwerken erhalten hatten – da schienen plötzlich neue Hemmnisse aufzutreten.

Am Abend des 25. Januar sprach Churchill mit Luftfahrtminister Sinclair. Er fragte ihn, was die RAF zu unternehmen gedächte, um den Deutschen beim Rückzug aus Breslau »das Fell zu gerben«[23].

Dies löste nervöse Konsultationen am 26. aus, als deren Ergebnis Sinclair dem Premierminister in einer Aktennotiz mitteilte:

»Sie fragten mich gestern abend, ob wir irgendwelche Pläne haben, um den deutschen Rückzug von Breslau zu stören.«

Sinclair erklärte, die Ziele, die sich bei einem ausgedehnten Rückzug der Deutschen von Breslau in westlicher Richtung nach Dresden und Berlin anböten, seien am besten für Angriffe der taktischen Luftstreitkräfte geeignet. Das sei besonders jetzt so, wenn Wolken ein Bombardement aus großer Höhe oft unmöglich machten. Sinclair teilte Churchill auch mit, wer diese taktischen Angriffe ausführen sollte: »Die Russen ... sollten ausgezeichnete Gelegenheiten für Tiefangriffe mit ihren Jägern haben.« Für die eigenen schweren Bomber hingegen sei es außerordentlich schwierig, die feindlichen Rückzugslinien direkt zu treffen. Dazu führte der Minister noch etliche überzeugende Gründe an[24].

Dieser erste Teil der Antwort an Churchill wirft die Frage auf, was Sinclair damit erreichen wollte. Meinte er, Churchill habe an Angriffe auf Eisenbahnlinien und Straßen mit schweren Bombern gedacht? War es also ein Mißverständnis? Wollte er den Premierminister davor warnen, den Russen in Jalta Versprechungen hinsichtlich einer direkten, vom strategischen Konzept abweichenden Luftunterstützung zu machen? Dies hätte Einsätze fast in Sichtweite der vorrückenden Sowjetarmee bedeutet. Abgesehen davon, daß die Russen das nach allen Erfahrungen nicht gewünscht hätten, waren dafür beim Bomberkommando die Voraussetzungen nicht gegeben. Deshalb vielleicht Sinclairs Hinweis auf die taktischen Luftstreitkräfte, auf die russischen Tiefflieger. Vielleicht sollte es aber nur ein Ablenkungsmanöver vor dem zweiten Teil seiner Antwort sein.

Hier ging der Luftfahrtminister auf die Pläne für strategische Angriffe ein, und er gab zu verstehen, daß er von der Dringlichkeit der mit enormem Aufwand verbundenen Langstrecken-Nachtflüge nach Ostdeutschland zum Zwecke von Flächenangriffen nicht überzeugt war.

Sir Archibald Sinclair gab nämlich seiner festen Überzeugung Ausdruck, daß die schweren Bomber am wirkungsvollsten gegen die deutsche Treibstoffversorgung eingesetzt würden, und das sollte geschehen, wann immer es das Wetter erlaubt. Bei dieser Gelegenheit könne man aber auch, wenn das Wetter für solche Angriffe auf vergleichsweise kleine Ziele ungeeignet sei, »Berlin und andere große Städte in Ostdeutschland, wie Leipzig, Dresden und Chemnitz bombardieren..., die nicht nur die Verwaltungszentren zur Kontrolle der militärischen und zivilen Verbindungen sind, sondern auch die Hauptverkehrszentren, durch die der größte Teil des Verkehrs fließt. Um wirklich wertvolle Ergebnisse zu erreichen, wird wahrscheinlich eine Reihe schwerer Angriffe erforderlich sein...«[25]. Churchill antwortete prompt und brüsk:

»Ich habe Sie gestern abend nicht nach Plänen gefragt, wie der deutsche Rückzug aus Breslau gestört werden könnte. Im Gegenteil, ich habe gefragt, ob Berlin, und ohne Zweifel auch andere große Städte in Ostdeutschland, jetzt nicht als besonders lohnende Ziele angesehen werden sollten.« Churchill schloß sarkastisch: »Ich freue mich, daß dies ›geprüft wird‹. Bitte teilen Sie mir morgen mit, was man zu tun gedenkt.«[26]

Der Premierminister wollte wissen, woran er war, bevor er Anfang des Monats zu der am 4. Februar beginnenden Konferenz mit Roosevelt und Stalin nach Jalta abflog. Die Dinge waren nun nicht länger mit Überlegungen und Diskussionen darüber, was sich lohne und was nicht, in der Schwebe zu halten.

An diesem kritischen 26. Januar teilte Luftwaffen-Stabschef Portal seinem Stellvertreter Bottomley mit, Ölziele sollten weiterhin den absoluten Vorrang bei der Planung haben, aber vorbehaltlich dessen und der Notwendigkeit, sich mit Düsenjägerfabriken und U-Bootwerften zu befassen, sollte man die verfügbaren Kräfte für einen großen Angriff auf Berlin nutzen und für Angriffe auf Dresden, Leipzig, Chemnitz oder andere Städte, wo ein heftiger »Blitz« nicht nur Verwirrung in der Evakuierung aus dem Osten stiften, sondern auch die Verlegung von Truppen aus dem Westen behindern würde[27].

Schon am Tag vorher hatte Harris in einem Telefongespräch mit Bottomley auf die Bedeutung dieser Städte für die Evakuierung hingewiesen[28].

Nach Churchills Dazwischenfunken handelte Sir Norman Bottomley sofort. Am 27. Januar erhielt Sir Arthur Harris von ihm offiziell die Anweisung, die Sir Charles Portal bereits am 26. formuliert hatte: vorbehaltlich der übergeordneten Ziele wie Öl und anderer gebilligter Zielsysteme innerhalb der gültigen Direktive, sollten ein schwerer Angriff auf Berlin und vergleichbare Operationen gegen Dresden, Leipzig und Chemnitz durchgeführt werden; es folgt der Hinweis auf die Verwirrung, die in der Evakuierung aus dem Osten gestiftet und auf die Behinderung, die bei Truppenverlegungen aus dem Westen verursacht würde.

Um es ganz deutlich zu machen, fügte Bottomley hinzu, »... daß, vorbehaltlich der oben dargelegten Einschränkungen, und sobald es Mond- und Wetterverhältnisse erlauben, Sie solche Angriffe unternehmen werden, mit dem besonderen Zweck, die Verwirrung zu vergrößern, die vermutlich in den oben erwähnten Städten während des erfolgreichen russischen Vordringens besteht«[29].

Damit war die Entscheidung getroffen, daß Dresden angegriffen wird. Am selben Tag und mit ähnlichen Worten wurde der ungeduldige Premierminister von Luftfahrtminister Sinclair informiert. Vor dem 4. Februar, so schrieb er einschränkend, würden aber keine annehmbaren Wetterverhältnisse herrschen. Churchill nahm dies ohne Kommentar zur Kenntnis[30].

Luftmarschall Harris hatte nun grünes Licht, auch für Dresden. Seit drei Monaten hatte er das gewollt. Jetzt aber, als es soweit war, schloß er sich dem Zögern seines Stellvertreters Saundby an. Wenn Harris auch ohne Rücksicht auf detaillierte Begründungen die Aufnahme Dresdens in das Flächenbombardierungsprogramm gefordert hatte, einfach nur deshalb, weil es noch nicht vom Bomberkommando angegriffen worden war – als aus der Theorie Praxis werden sollte, ging er, wie gewohnt, methodisch vor. Und da konnten die Nachrichtenoffiziere keine befriedigende Auskunft über die Beschaffenheit des Zieles geben.

Deshalb richtete Saundby im Auftrag von Harris eine Rückfrage an das Luftfahrtministerium. Er schlug eine Überprüfung vor.

Solche Rückfragen waren nichts Außergewöhnliches, und es wurde meist sofort eine Klärung herbeigeführt. Diesmal erhielt Saundby, weil eine höhere Instanz befragt werden mußte, erst nach einigen Tagen die Antwort, denn Churchill und die Stabschefs, darunter auch Portal, weilten in Jalta. Sie lautete, daß Dresden in den Befehl einbezogen werden und der Angriff bei der ersten günstigen Gelegenheit stattfinden müsse[31].

Auf amerikanischer Seite ging General Spaatz von der neuen Direktive Nr. 3 vom 12. Januar 1945 aus. Dem britischen Bomberkommando und den strategischen Luftstreitkräften der USA in Europa wurden darin diese Dringlichkeitsstufen vorgeschrieben:

1. Öl, 2. Verbindungslinien in Deutschland, 3. wichtige Industriegebiete, 4. Aktionen gegen die deutsche Luftwaffe[32].

Wie M. E. Smith schreibt, hatte Spaatz einige Einwände gegen die Prioritäten der Direktive. Er fand, daß die Verbindungslinien zu hoch eingestuft seien und nahm an, ein sehr großer Teil der Einsätze müsse gegen Verschiebebahnhöfe gerichtet werden; seiner Ansicht nach wenig lohnende Ziele. Er wäre hingegen interessiert gewesen, die Aktionen gegen die deutsche Luftwaffe zu verstärken. Spaatz befürchtete, die Deutschen könnten bis zum Frühsommer über 400 bis 500 Düsenjäger verfügen, wenn nicht sofort Gegenmaßnahmen ergriffen würden. Dennoch gab er sich dann mit der Direktive Nr. 3 zufrieden und fand, sie sei in Übereinstimmung mit Entscheidungen, die er selbst früher mit Luftmarschall Bottomley getroffen habe[33].

Am 27. Januar, wie schon gesagt, gab Bottomley den entscheidenden Befehl für Dresden an Harris weiter. Am 28. Januar hatten Spaatz und Bottomley eine Unterredung. General Spaatz machte zwar Einwände geltend, stimmte aber zu, daß er seinen Verbänden Angriffe auf Verkehrs- und Verbindungsziele in den genannten Städten befehlen werde[34].

Noch am gleichen Tag, dem 28. 1. 1945, teilte Spaatz dem Kommandeur der 8. Luftflotte, Generalleutnant Doolittle, folgende Dringlichkeitsstufe für die Bomber mit:

1. Öl, 2. Berlin, 3. Ruhrgebiet, 4. München, 5. Hamburg.

Die Aufgaben der Jäger:

1. Begleitschutz für die Bomber, 2. Ausschau halten nach Ölzielen, 3. jeden Verkehr unterbrechen, der sich in ostwärtiger Richtung auf Berlin oder Dresden zu bewegt[35].

Spaatz wies Doolittle insbesondere an, Berlin zu bombardieren. Am 2. Februar sollte die amerikanische 8. Luftflotte mit 1200 Bombern – allen drei Divisionen – Berlin angreifen; als Alternative war Dresden vorgesehen[36]. Aber es kam anders. Schlechtes Wetter verhinderte an diesem Tag jeglichen Bombereinsatz. Berlin wurde statt dessen am 3. Februar von rund 950 Fliegenden Festungen angegriffen, an die 400 Liberator der 2. Division wurden nach Magdeburg geschickt[37]. Am 13. Februar sollte die 8. Luftflotte in voller Stärke mit 1200 bis 1400 Bombern Dresdens Verschiebebahnhöfe angreifen. Seltsam aber, daß dann – als der Einsatz am 13. abgesagt werden mußte – am 14. nur eine der drei Divisionen das Ziel Dresden zugewiesen bekam, während die beiden anderen Chemnitz und Magdeburg zu bombardieren hatten.

War es jenes Zögern, das plötzlich auch bei Harris und Saundby zu beoachten war, jenes leichte Schwanken bei der Einstufung der Wichtigkeit des Zieles? Oder geschah es einfach nur deshalb, weil der ursprüngliche Dresdner

Plan in Chemnitz wiederholt werden sollte, das heißt, daß ein Tagesangriff am 14. in Chemnitz dem für den 14. auf den 15. Februar beabsichtigten Doppel-Nachtangriff des Bomberkommandos vorausgehen sollte?

Wie dem auch sei, die Entscheidung, Dresden alsbald und schwer zu bombardieren, war gefallen, und zwar nicht auf der Ebene der Bomberchefs Harris und Doolittle, sondern auf höherer Ebene. Harris betrachtete die Entwicklung sicher mit größter Genugtuung. Durch die Intervention des Premierministers wurde sein Flächenangriffsprogramm neu belebt. Für ihn war das wie ein Freibrief zum Niederbrennen auch kleinerer Städte: Pforzheim 23.2., Mainz 27.2., Würzburg 16.3., Hildesheim 22.3., Nordhausen 3. u. 4.4., Potsdam 14.4.45.

Die Zielliste vom 8. Februar 1945 bestätigte die neue Linie und setzte Dresden an die zweite Stelle nach Berlin. Die neue Direktive des Vereinigten Strategischen Zielkomitees nannte zehn Städte, die wegen ihrer Bedeutung für Flüchtlingsbewegungen aus dem Osten und für Militärtransporte an die Ostfront ausgewählt wurden: 1. Berlin, 2. Dresden, 3. Chemnitz, 4. Leipzig, 5. Halle, 6. Plauen, 7. Dessau, 8. Potsdam, 9. Erfurt, 10. Magdeburg. Siebzehn Städte in West- und Mitteldeutschland standen als Alternativziele in der Liste für den Fall, daß Angriffe auf die zehn Hauptziele nicht möglich sein sollten[38].

Luftmarschall Harris, dem später die alleinige Verantwortung für die hemmungslosen Flächenangriffe in der letzten Kriegsphase angelastet werden sollten, hat es stets abgelehnt, sich zu rechtfertigen. Er blieb dabei, daß er das nicht nötig habe. Aber er versteckte sich auch nicht hinter der stattlichen Mannschaft jener, die ihm gegenüber weisungsbefugt waren. Er meinte lediglich: »Der Angriff auf Dresden wurde seinerzeit von Leuten, die viel wichtiger waren als ich, für militärisch notwendig gehalten.«[39]

Es wurde oben dargelegt, wer das gewesen ist. Jedenfalls tritt jetzt erst Luftmarschall Harris allein verantwortlich und handelnd auf, unterstützt natürlich von seinem Stab und den Kommandeuren der Bomberflotten. Es war nun der Entscheidung des Bomberkommandos überlassen, wie der Angriff inszeniert werden sollte. Obwohl die Nachrichtenabteilung keine befriedigenden Unterlagen über die Beschaffenheit des Zieles geben konnte, entschied sich Harris für die schwerste Variante, die er in die Wege leiten konnte, für zwei aufeinanderfolgende Angriffe, wobei der erste durch die für ihre Treffgenauigkeit anerkannte und im Entfachen von Feuerstürmen erprobte 5. Bomberflotte ausgeführt werden sollte.

Bei der operativen Planung wurde davon ausgegangen, daß die amerikanische 8. Luftflotte die Eisenbahnanlagen im Westen der Stadt bombardieren würde. Also blieb für das Bomberkommando der RAF das Häusermeer ostwärts davon. Dementsprechend wurde die 5. Bomberflotte für einen Fächerangriff auf den Stadtkern angesetzt.

Das hätte Harris ja genügen können. Aber er war ein gründlicher Mann, und er hatte schwierige Flugbedingungen einzukalkulieren. Sie bestanden in sehr großer Entfernung, Ungewißheit über die deutsche Luftabwehr im Angriffsraum, rasch wechselnden Wetterbedingungen, wie beim Doppelangriff auf Leuna vier Wochen zuvor. Der Luftmarschall wollte das Risiko des Mißlingens eines so aufwendigen Unternehmens niedrig halten und schickte mehr als die doppelte Anzahl von Flugzeugen zu einem zweiten Schlag hinterher. Nach zahllosen Erfahrungen der Vergangenheit würden unvorhergesehene Probleme auftauchen, die den Erfolg beeinträchtigten. Was keiner vorher wissen konnte – diesmal gab es solche Probleme nicht.

Übrigens sind Zweiphasenangriffe keine britische Erfindung gewesen. Schon im Einsatzbefehl für den ersten Angriff des I. Fliegerkorps auf »Loge« – London – am 7. September 1940 heißt es:

»Luftflotte 2 führt am 7.9. abends einen Großangriff auf Zielraum a in Loge durch. Hierzu werden nacheinander im gleichen Zielraum eingesetzt: zur Durchführung eines Vorangriffs: 18.00 Uhr ein KG des II. Fliegerkorps. Zur Durchführung des Hauptangriffs: 18.40 Uhr II. Fliegerkorps. 18.45 Uhr I. Fliegerkorps mit unterstelltem KG 30.«

Der Vorangriff, wird erläutert, solle die Masse der englischen Jäger in die Luft zwingen, so daß sie beim Hauptangriff abgeflogen sind. Der Angriff habe in einmaligem Anflug zu erfolgen; bei Fehlanflug sei auf »andere geeignete Ziele in Loge« abzuwerfen.

Auffallend bei der Bombenladung ist die hohe Zahl der Langzeitzünder: bei den He 111 und Ju 88 sollen 30 Prozent der Sprengbomben LZZ mit Laufzeiten von zwei bis vier Stunden und zehn bis vierzehn Stunden sein, die letzten ohne Erschütterungszünder. Diese Bomber sollen 20 Prozent Flammstrahlbomben tragen, die vom Typ DO 17 sollen zu 25 Prozent Zerfallbehälter mit Stabbrandbomben laden[40].

Bei der weiteren Betrachtung der Dresdner Operation darf nicht übersehen werden, daß der britische Bomberchef ein knappes Drittel der aufgebotenen Streitmacht zum Angriff auf das Hydrierwerk Böhlen abgezweigt hat. Aus seiner Sicht war das eine freiwillige Schwächung seiner Möglichkeiten im Flächenbombardement, zugleich ein Beachten der Weisungen Sir Archibald Sinclairs und Sir Charles Portals, daß Ölziele die erste Dringlichkeitsstufe hätten. Anthony Verrier meint, der Angriff auf Böhlen sei nur Teil der Täuschungsmanöver zur Irreführung der deutschen Abwehr gewesen, um desto ungeschorener Dresden zu erreichen[41]. Beides ist richtig.

Die Abzweigung nach Böhlen beweist, daß es sich bei den Angriffen auf Dresden nicht um die legendäre »Operation Thunderclap« gehandelt hat. Die »Donnerschlag«-Debatte war immer wieder einmal angeheizt worden, auch noch im Januar 1945, ohne daß der Monsterplan jemals in die Tat umgesetzt wurde. Dresden stand außerdem nicht auf der Liste der für die Aktion eventuell vorgesehenen Städte[42].

Wer dennoch meint, im dreimaligen Schlag gegen Dresden »Donnerschlag«

zu erkennen, der ignoriert, daß längst nicht alle strategischen Bomber konzentriert worden sind; dies aber sollte das Merkmal sein, die zusammengefaßte Stärke.

Im Februar 1945 hätten etwa 3 400 schwere Bomber, 100 Mosquitos und 1 200 Langstreckenjäger zu einem einzelnen Ziel hingeführt werden können. Nämlich vom RAF-Bomberkommando 1 200 Lancaster und Halifax, von der 8. Luftflotte 1 400 B-17 und B-24 und von der 15. Luftflotte aus Italien 800 B-17 und B-24. Alle Zahlen sind abgerundet zu verstehen.

Tatsächlich aber schickte das Bomberkommando reichlich zwei Drittel, die 8. Luftflotte nur ein Drittel und die 15. Luftflotte keinen ihrer einsatzbereiten Bomber nach Dresden. Trotzdem entsprach das Ergebnis der Angriffe auf Dresden dem, was sich die Theoretiker des »Donnerschlages« so vorgestellt hatten. Dieses Ergebnis wird mit Recht als Höhepunkt des mit konventionellen Mitteln geführten strategischen Luftkrieges in Europa gewertet.

Es bleibt nun noch zu fragen, welches Gewicht man der strategischen Bomberoffensive beim Zerschlagen der deutschen Kriegsmaschine und der Kriegsmoral der Bevölkerung zumessen will. Die Urteile gehen weit auseinander, sie reichen von wirklichkeitsfremder Unterbewertung bis zu unangebrachter Überschätzung.

Manchmal scheint es, als solle gerade von englischer Seite mit herber Kritik am Flächenbombardement und an Sir Arthur Harris eine Art von nationalem Schuldkomplex abreagiert werden. Die Betroffenheit ist ehrlich und sie kommt gesprächsweise noch heutzutage zum Ausdruck. Wir haben bereits darauf hingewiesen.

Andere, als wollten sie sich beschwichtigen, klammern sich an die Illusion von der außerordentlichen Bedeutung Dresdens als Zielobjekt. Typisch für diese Haltung ist ein Gemälde des Kriegsmalers Montague B. Black. In einem begleitenden Text wird Dresden ein wichtiges Eisenbahn-, Straßen- und Industriezentrum genannt. Über die Arbeit des Masterbombers heißt es, sobald »ein Teil des Industriegebietes in Brand gesetzt« worden sei, habe er den Angriff auf »ein anderes Industrieviertel« gelenkt. Angriffsmaler Black hat eine Fantasieszene erfunden, ein Schlachtenpanorama mit Scheinwerferstrahlen, die nach den Bombern greifen, mit explodierenden Flakgranaten, Rauchwolken, lodernden Bränden und mit aufspritzenden Bombeneinschlägen, vorzugsweise in Fabriken und Werkshallen, wobei es ihm darauf ankam, eine Menge Fabrikschornsteine vorn ins Bild zu bringen. Ein Fluß mit Brücken und Schiffen ist zu sehen, aber mit Dresden hat das überhaupt nichts zu tun[43].

Deutsche Betrachtungen und Erinnerungen erwecken gelegentlich den peinlichen Eindruck des Selbstmitleids, und sie lassen gern außer acht, daß Hitler und Göring keine Sekunde gezögert hätten, Englands Städte auszuradieren, wenn sie nur die Mittel dazu gehabt hätten. Rüstungsminister Albert Speer liefert in seinen »Erinnerungen« ein anschauliches Beispiel dafür:

»In Hamburg war das erste Mal eingetreten, was Göring und Hitler sich 1940 für London ausgedacht hatten. Bei einem Abendessen in der Reichskanzlei hatte sich Hitler damals zunehmend in einen Zerstörungsrausch hineingeredet: ›Haben Sie einmal eine Karte von London angesehen? Es ist so eng gebaut, daß ein Brandherd allein ausreichen würde, die ganze Stadt zu zerstören, wie schon einmal vor über 200 Jahren. Göring will durch zahllose Brandbomben mit einer ganz neuen Wirkung in den verschiedensten Stadtteilen von London Brandherde schaffen. Überall Brandherde. Tausende davon. Die werden sich dann zu einem riesigen Flächenbrand vereinigen. Göring hat dazu die einzig richtige Idee: Die Sprengbomben wirken nicht, aber mit den Brandbomben kann man das machen: London total zerstören! Was wollen die noch mit ihrer Feuerwehr ausrichten, wenn das erst einmal losgeht?«[44]

Hitler hatte also genügend Vorstellungkraft, um die Folgen des totalen Luftkrieges vorherzusehen. Präventiv hätte er die deutsche Zivilbevölkerung besser schützen lassen können, wenn ihm das wichtig gewesen wäre.

In den Debatten über den Luftkrieg ist dieser Gesichtspunkt zu wenig beachtet worden. Dem Führer und Reichskanzler oblag die Schutz- und Fürsorgepflicht für die in der Heimat verbliebenen Bürger oder, wie sie damals genannt wurden, Volksgenossen. Um so mehr, als schon in den ersten Kriegsjahren die Schranken der Rücksichtnahme auf beiden Seiten gefallen waren. Außerdem war dem Zweiten Weltkrieg von Hitler der Stempel des Volks- und Rassenkrieges aufgedrückt worden. Mit der Niederwerfung eines Gegners war, nach Hitlers Auffassung, der Krieg nur militärisch beendet. Jetzt stand die zweite Phase bevor, die Ausschaltung oder Ausrottung aus politischen und rassischen Gründen. Für Deutschlands Gegner ging es aber nicht nur um Sieg oder Niederlage, sondern ums nackte Überleben; denn Millionen waren bei einer deutschen Besetzung wegen ihrer politischen Einstellung oder jüdischen Abstammung von Haft, Deportation oder Tod bedroht.

Bereits während der Kämpfe wurde die Zivilbevölkerung von allen Beteiligten kaum geschont. Aber erst nach Beendigung der Kampfhandlungen fand ein deutscher Feldzug allein gegen die Zivilbevölkerung statt. Geführt wurde er hauptsächlich von den Einsatzkommandos der SS, überall dort, wo die deutsche Wehrmacht den Menschenvernichtungstrupps die Bahn geebnet hatte. Die Tatsachen sind bekannt und sie müssen hier nicht rekapituliert werden. Jablonski hat recht, wenn er die Vergasung der Juden in den Vernichtungslagern als Gaskrieg anprangert. Es war Gaskrieg gegen eine ungeschützte Zivilbevölkerung nach Kapitulation und deutscher Okkupation. Außerdem waren es Verbrechen von Deutschen an Deutschen, nämlich an deutschen Juden.

Dagegen trafen die alliierten Bomben in deutschen Städten nicht eine unvermeidlich und unausweichlich ungeschützte Zivilbevölkerung. Dies war kein unerwartetes Naturereignis. Die deutsche Führung war gewarnt und sie hatte Alternativen; sie mußte sich entscheiden, welche Prioritäten sie setzen wollte. Die Antwort auf die britisch-amerikanische Herausforderung konnte in passiven und aktiven Gegenmaßnahmen bestehen. Passiv – Evakuierung, Schutzraum- und Bunkerbau in größtem Umfang. Aktiv – Einsatz der Tag- und Nachtjagd und der Flak, ebenfalls in größtem Umfang, eigene Luftangriffe auf die feindlichen Flugbasen.

Die Führung hielt anderes für wichtiger. Statt den Himmel über Deutschland für die feindlichen Bomber zu sperren, statt die Bevölkerung sicher unterzubringen oder vorsorglich noch mehr Kinder zu evakuieren, traf sie völlig unzureichende Maßnahmen. Und sie flüchtete sich in die Propaganda:

»Das ist der Stoß aus dem Hinterhalt der Nächte, von Ehrlosen gegen Wehrlose geführt...«[45]

Gewiß, wehrlos war die Zivilbevölkerung, aber deshalb hätte sie doch nicht schutzlos bleiben müssen wie in Dresden, oder unzureichend geschützt, wie fast überall sonst. Und die »Ehrlosen«, die Feinde, was sind sie für Menschen:

»Wie kann man von Menschen Achtung vor fremden Kulturdenkmälern erwarten, die selbst keine Kultur kennen, deren Helden Gangsterkönige und betrügerische Negerboxer sind... Das ist derselbe Schlag Mensch, der aus den USA über den Ozean herübergekommen ist, um durch Bombenterror den Ländern Mitteleuropas die Kultur zu bringen. Dieser Janhagel, ob weiß oder schwarz, sitzt in Roosevelts Flugzeugen. Dieser Mob ist kulturunfähig und wird es bleiben... Aus dieser Horde, vermehrt um die Elite der Zuchthäuser, rekrutiert sich die Knüppelgarde des USA-Imperialismus.«[46]

Und wie sah die Zukunft aus:

»Das Leben des Volkes, das Bleibende seiner Kultur und Kunst – das alles wird sein, als wäre es nie gewesen, wenn wir den goldstrotzenden Banditen und vertierten Halbwilden aus West und Ost unterliegen.«[47]

So konnte in der Bevölkerung Trotz, Durchhaltewillen, Furcht, Haß erzeugt werden, aber das nutzte denjenigen wenig, die vergeblich nach einem Luftschutzbunker suchten. War kein Beton verfügbar? Erinnern wir uns noch, daß Hitler am 8. November 1943 geprahlt hatte, Deutschland sei es möglich, in einem Jahr sechs bis zehn Millionen Kubikmeter Beton in Festungen hineinzubauen und Tausende von Rüstungsfabriken zu errichten. Mit einem Teil davon hätte man das Bunkerbauprogramm ankurbeln können, sicher auch in Dresden, aber wie es aussah, ist bekannt.

Als letzter Ausweg für den Schutz der Zivilbevölkerung, der Flüchtlinge und der kulturhistorisch wertvollen Bauten hätte sich wenigstens in Dresden der Versuch angeboten, die Stadt zur »offenen Stadt« zu erklären. Das ist nie geschehen; gleichwohl wird Dresden in der Literatur gelegentlich als »offene Stadt« bezeichnet, um die Niedertracht der Anglo-Amerikaner anzuprangern. Es hätte sich nur um einen Versuch handeln können, da das Völkerrecht weder nach Gewohnheits- noch nach Vertragsrecht die Erklärung eines Ortes zur »offenen Stadt« kennt. Die Wirksamkeit hängt von einer Einigung der kriegführenden Staaten ab, die für den Einzelfall getroffen werden muß; eine einseitige Ausrufung nützt nichts[48].

Nicht einmal im Fall Rom ist es dazu gekommen, obwohl die italienische Regierung am 14. August 1943 gegenüber dem Vatikan und der die englisch-amerikanischen Interessen wahrnehmenden Schutzmacht Schweiz Rom zur »offenen Stadt« erklärte. Italien verpflichtete sich einseitig, die Stadt zu entmilitarisieren:

Nichtbenutzung der Befestigungswerke, keine Flak- und Jägerabwehr, Verlegung der italienischen und deutschen Truppenstäbe aus der Stadt, Herausziehung der Kampftruppen und Verbleib nur notwendiger Garnisonstruppen zur Aufrechterhaltung der Ordnung, Entmilitarisierung des Eisenbahnknotenpunktes und Beschränkung der Eisenbahnanlagen auf reine Durchgangslinien, Verlegung der militärischen Werke der Waffen- und Munitionsfertigung[49].

Mit diesem Angebot wollte die italienische Regierung Rom vor Luftangriffen bewahren. Dies mag als Anhaltspunkt dafür dienen, was von deutscher Seite hätte geschehen müssen, um Dresden als »offene Stadt« anzubieten. Man darf davon ausgehen, daß die Alliierten so ein Angebot nicht beantwortet oder ausgeschlagen hätten, da sie die bedingungslose Kapitulation forderten. Und es hätte auch hier eine Einigung zwischen den Westmächten und der UdSSR zustande kommen müssen.

Trotz seiner vielen Krankenhäuser und Lazarette, trotz des Abzugs der Flak erfüllte Dresden demnach nicht die Voraussetzungen für die Anerkennung als »offene Stadt«. Seit Januar 1945 war es außerdem Verteidigungsbereich mit festungsgleichen Aufgaben, und eine Rundumverteidigung wurde vorbereitet.

Wenn gefragt wird, inwieweit mit der strategischen Luftoffensive die Kriegsmoral, der Kampfgeist des deutschen Volkes zermürbt werden konnte, ist auf Kapitel XVII zu verweisen, wo das Notwendigste gesagt wird. Von der nationalsozialistischen Propaganda wurden alle Angriffe pauschal als Terrorangriffe bezeichnet. Ein Unterschied zwischen militärisch vertretbaren und terroristischen Bombardements wurde nicht gemacht, von den davon Betroffenen natürlich auch nicht.

Ergänzend sollte erwähnt werden, daß – ob in der britischen oder der amerikanischen Variante – die Bomberoffensive die reale, allgegenwärtige Bedrohung von Leben, Hab und Gut war und damit auch die wirksamste Form der psychologischen Kriegführung. Als Folge dieses Nervenkrieges an der »Heimatfront« wucherten auch in Gegenden, wo keine Bombe niederfiel, Gerüchte und Zweifel wie Krebs, verbreiteten sich die Schreckensmeldungen wie Metastasen. Das den Boden zum Erzittern bringende Dröhnen tausender Motoren der Bomberformationen beim Überfliegen genügte, um das vollkommen berechtigte Gefühl der Machtlosigkeit, der Unterlegenheit zu nähren. Zwar wird durch Verzweiflung und Entmutigung, durch Ängste und Gerüchte kein Krieg entschieden, aber im Zusammenwirken aller Faktoren hat das »moralische« – besser: demoralisierende – Element hohen Wert.

Selbstverständlich kamen die Einflüsse der Niederlagen an den Fronten dazu; insbesondere war es der offensichtlich unaufhaltsame Sturmlauf der Roten Armee, der durch seine räumlichen Dimensionen und sein Aufgebot an Menschen und Material niederdrückend wirkte. Bis Ende 1944 aber gaben sich viele Deutsche der Selbsttäuschung hin, es sei ja noch ein weites Stück Land zwischen der Ostfront und der Heimat. Die Schizophrenie dauerte sogar an, als sowjetische Truppen die deutsche Grenze überschritten hatten. Wer noch an den Sieg glaubte, mußte jetzt verzagen, aber oft war es so, daß diese Bedrohung denen, die sie nicht hautnah verspürten, als die geringere erschien, verglichen mit der ständigen Bombenfurcht.

Furcht – sie zu wecken war beabsichtigt. Der Bombenkrieg sollte auch Strafe sein, Züchtigung des deutschen Volkes, das die Befehle einer Bande von Kriegsbrandstiftern willig, wenn auch nicht begeistert ausführte; so schien es jedenfalls. Und das jahrelang mit großem Erfolg, jedoch mit fürchterlichen Folgen für die Besiegten.

Das war der Zweite Weltkrieg, den die Deutschen auf fremdem Boden ausfochten. Was brennende Städte und Dörfer, was durch Trommelfeuer auf Jahre unbrauchbar gemachte Äcker, Weiden und Wälder bedeuten, wußten sie nicht. Außer in Ostpreußen hatten sie im Ersten Weltkrieg keine Schlacht auf eigener Erde schlagen müssen. Diesmal hatten sie die Grenzen noch weiter in die vier Himmelsrichtungen erweitert, diesmal schien die Chance, ihnen zu zeigen, was Krieg ist, noch geringer zu sein. Goebbels erklärte 1943, die eroberten Positionen vesetzten Deutschland in die Lage, den Krieg Tausende Kilometer von seinen Grenzen entfernt zu führen. Mit diesen Faustpfändern könne es mit Zuversicht dem Sieg entgegensehen, den ihm niemand mehr aus den Händen winden könne[50].

Sollten die Deutschen in ihrer Heimat wieder ungeschoren davonkommen? Nein. Diesmal wollten die Gegner die Deutschen im eigenen Lande spüren lassen, was Tod und Zerstörung ist. Bei der Fantasielosigkeit der meisten Menschen hinterläßt nur die persönliche bittere Erfahrung Spuren. Der Verlust der Wohnung, des Eigentums, der Tod naher Angehöriger oder der Nachbarn war schmerzlich. Kein Bäcker und kein Fleischer mehr im beschädigten Wohnblock, Fabrik und Büro ausgebrannt und die Schule ein Trümmerhaufen, kein Gas und keine Elektrizität für Tage und Wochen, die Straßenbahn unterbrochen und die Eisenbahn mit stundenlangen Verspätungen in entglasten zugigen Bahnhöfen. Und kein Ende abzusehen. Nur die Furcht, daß es so weitergeht.

Mit Feuer und Sprengstoff wollten die Alliierten den Deutschen den Krieg ins Haus tragen. Der strategische Luftkrieg vollzog eine Zeitverschiebung; er brachte Zerstörung jetzt, die in vergangenen Kriegen vielleicht erst bei der Belagerung und Eroberung entstanden wäre. Noch bevor ein alliierter Soldat den Fuß auf deutschen Boden setzte, hatte das deutsche Volk in seiner Mehrheit begriffen, daß der Krieg verloren war. Das führte zwar kaum einmal zu regimefeindlichen Aktionen, aber einer neuen Dolchstoßlegende, daß die Niederlage durch den Verrat der versagenden Heimat verschuldet worden sei, war der Nährboden entzogen. Die Niederlage war 1945 in der Heimat ebenso konkret wie an den Fronten.

Nach dem Krieg sind von amerikanischen und britischen Kommissionen sorgfältige Untersuchungen der Ergebnisse des strategischen Bombardements vorgenommen worden. Das sollte auch in Dresden geschehen, aber die sowjetische Militäradministration verweigerte die Zustimmung[51].

Die Untersuchungen kamen, generalisierend gesagt, zu dem Urteil, daß die Erfolge der Offensive nicht so rasch eingetreten sind, wie es ursprünglich erwartet worden war. Besonders die deutschen Produktionssteigerungen 1943 und 1944, die die Alliierten während des Krieges in ihrem Umfang nicht klar erkennen konnten, verblüfften die Fachleute nachträglich.

Sie ahnten damals allerdings nicht, wie nahe sie zeitweise ihren Zielen waren. Auskunft gibt das Protokoll einer der geheimen Konferenzen des Generalluftzeugmeisters Milch. Unter dem Eindruck der Vernichtungsangriffe auf Hamburg stehend sagte Generalfeldmarschall Erhard Milch am 3. August 1943:

»Ich habe dem Reichsmarschall telegrafiert: Nicht die Front ist schwer angegriffen und ringt um ihr Leben, sondern die Heimat ist schwer angegriffen und kämpft einen Verzweiflungskampf. Die Heimat hat viel größere Verluste pro Tag als die Front...«

Auch Rüstungsminister Speer war besorgt:

»Ich habe vorgestern dem Führer mitgeteilt, daß m.E., wenn das so weitergeht, in acht Wochen nicht mehr die Gewähr gegeben ist, daß wir eine einheitlich zusammengefaßte Rüstung haben werden...«

Am Ende der Konferenz faßte Milch zusammen:

»Meine Auffassung geht dahin: Es sieht noch schlimmer aus, als Speer es sagte. Lassen Sie noch 5 oder 6 solcher Angriffe wie auf Hamburg über uns hinweggehen, dann macht das deutsche Volk in der Arbeit nicht mehr mit. Selbst bei gutem Willen. Das Volk sagt dann: wir sind fertig, wir können einfach nicht mehr. Die Leute kommen dann nicht mehr zur Arbeit. Und selbst da, wo in den angegriffenen Gebieten die Produktionsstätten noch stehen, werden die Arbeiter nicht mehr da sein, weil sie mit ihren Familien mitgegangen sind...«[52]

Dies war das ursprüngliche Kalkül der Flächenangriffe. Es schien in Erfüllung zu gehen. Aber dann konnten die Deutschen doch wieder Tritt fassen. Noch einmal war Speer alarmiert: als die Amerikaner am 12. Mai 1944 begannen, gezielt die deutschen Treibstoffwerke anzugreifen. Speer eilte zu Hitler auf den Obersalzberg und meldete ihm:

»Der Gegner hat uns an einer unserer schwächsten Stellen angegriffen. Bleibt es dieses Mal dabei, dann gibt es bald keine nennenswerte Treibstoffproduktion mehr. Wir haben nur noch die Hoffnung, daß auch die andere Seite einen Generalstab der Luftwaffe hat, der so planlos denkt wie der unsere!«[53]

Aber ein von so vielen Imponderabilien abhängiges, langfristig angelegtes Unternehmen wie die strategische Bomberoffensive trug erst allmählich Früchte. Und die »fortschreitende Vernichtung und Störung des deutschen militärischen, industriellen und wirtschaftlichen Systems« war die Forderung von Casablanca. Sie ist erfüllt worden, später als von den Alliierten erhofft, dann aber mit durchschlagendem Erfolg.

Diese erst nach und nach einsetzenden starken Auswirkungen der Offensive gegen die deutsche Industrieproduktion, die Treibstofferzeugung und das Transportwesen werden oft dahingehend interpretiert, daß der ganze Aufwand überflüssig oder falsch eingesetzt gewesen sei. Aber wie die Sache ausgehen würde, konnte vorher niemand wissen. Weder gab es eine vergleichbare Strategie, noch operative Erfahrungen. Beeindruckt von der 1943/44 durch das Managertalent Albert Speer in die Höhe gedrückten Rüstungsproduktion, machten sich selbst so abwägende Autoren wie Greenfield eine übertrieben rosige Vorstellung von der Wirklichkeit an der »Heimatfront«:

»Bis spät in das Jahr 1944 gelang es der Regierung, den Lebensstandard der Überlebenden praktisch unvermindert aufrechtzuerhalten.«[54]

Greenfield kam vermutlich zu seiner Fehleinschätzung, weil er aus den Tabellen wußte, daß die Industrie nicht vor Ende 1944 bis ins Mark getroffen werden konnte. Die Auswertung von Produktionsziffern sagt jedoch nicht alles über die Lebensumstände aus; ein Irrtum, dem viele Kritiker des strategischen Bombardements erlegen sind. Greenfields Meinung ist ein typisches Beispiel für eine Betrachtung »von außen«. Es muß hier nicht in bewegter Schilderung die Kargheit und das graue Einerlei des in Wahrheit empfindlich reduzierten Lebensstandards ausgemalt werden. Ein straff gelenktes und überwachtes Verteilungssystem sorgte dafür, daß der Mangel einigermaßen gerecht verwaltet wurde, daß bis zuletzt kein Deutscher hungern mußte.

Das technische Wissen und Können sofort eingreifender deutscher Spezialeinheiten und die rücksichtslose Ausbeutung ausländischer Arbeitskräfte ermöglichten es, die Bombardierungsfolgen an den Schwerpunkten der Industrie und des Verkehrswesens schneller zu beheben als das in England und Amerika für vorstellbar gehalten wurde. Überwiegend Hälftlinge und Zwangsarbeiter waren es auch, die Fabriken und Werkstätten unter die Erde verlegen mußten. Auch das nutzte letzten Endes nichts mehr, weil Rohstoffe und Energie ausblieben, weil die Transportkapazitäten immer schwächer wurden und die Treibstoffversorgung versiegte.

Der Fingerzeig auf den in einer kurzatmigen Kraftanstrengung hochgepeitschten Ausstoß an Panzern und Flugzeugen beweist nicht, daß die strategische Luftoffensive erfolglos und somit überflüssig gewesen ist. Er beweist vielmehr, daß die Angriffsintensität auf erkannte industrielle Schwachstellen gesteigert werden mußte.

Der britische Historiker Richard Overy meint, die Kriegsproduktion sei zwar angestiegen, aber der Unterbau für die künftige Produktion sei langsam aber sicher ausgehöhlt worden. Die Bombardierungen hätten kumulierende Störungen des empfindlichen Produktions- und Verteilungssystems herbeigeführt und weitere Rationalisierung verhindert. Es sei einfach unglaubhaft, zu suggerieren, die Produktionsleistung sei durch die Angriffe nicht beeinträchtigt worden. Overy rät, einmal darüber nachzudenken, welche Auswirkungen eine fortgesetzte Bombardierung auf Großbritannien und die Vereinigten Staaten wohl gehabt hätte[55].

Auch technische Erfindungen und Neuerungen würden – ohne ausreichende Produktionskapazität – nicht mehr angewandt werden können. Eines Tages, das war vorhersehbar, würden die Deutschen den Wettlauf zwischen Zerstörung und Reparatur verlieren. Genau das geschah in den letzten Monaten des Krieges. Zugleich setzte aus Ost und West der Sturm auf das Reichsgebiet ein.

Später wurde errechnet, daß in den vier Jahren und zehn Monaten Krieg bis zum 1. Juli 1944 erst 28 Prozent der auf Deutschland niedergegangenen Gesamtbombentonnage abgeworfen worden waren. 72 Prozent wurden in den verbleibenden zehn Monaten abgeworfen. Das erklärt eigentlich alles[56].

In der Summe ihrer Auswirkungen hat die strategische Bomberoffensive den deutschen militärischen Widerstand geschwächt und damit den Vormarsch der alliierten Truppen an allen Fronten erleichtert. Das bedeutet, daß diese Offensive mit ihren militärischen, wirtschaftlichen, technischen, infrastrukturellen, sozialen und psychologischen Auswirkungen die Dauer des Krieges in Europa ohne jeden Zweifel verkürzt hat.

Hatte aber die Fortsetzung des Flächenbombardements im Winter 1944 auf 1945 in diesem Zusammenhang noch irgendeine Bedeutung? Die Urteile reichen von nachdrücklicher Bejahung bis zu entschiedener Verneinung.

Mit kühlem Kopf und mit Fantasie in die Zukunft blickende Politiker und Militärs hätten vielleicht in dieser letzten Kriegsphase – A. Verrier meint, noch früher – den Entschluß fassen sollen, die Flächenangriffe gegen Städte einzustellen. Es wurde, wie bereits dargestellt, Ende 1944 sogar versucht. Ohnedies würde die Bombardierung in den Städten gelegener Verkehrs- und Industrieziele weiterhin Wohnviertel treffen.

Theoretisch klingt das einleuchtend. Obwohl gern übersehen wird, daß das Bomberkommando einen erheblichen Teil seiner Kräfte in der fraglichen Zeit gegen Öl- und Verkehrsziele schickte, hätte es sich noch mehr auf diese Objekte konzentrieren können. Aber wer im Rückblick auf diese Ereignisse verlangt, die Strategie hätte plötzlich einschneidend geändert werden müssen, der unterbewertet die Kompliziertheit der auf Hochtouren laufenden Kriegsmaschinerie, aber auch die Macht der Gewohnheit, die Schwerfälligkeit der zivilen und militärischen Bürokratie, die Routine in Ministerien, Hauptquartieren und Stäben. Und er unterschätzt die Fantasielosigkeit der Akteure auch hier.

Noch einmal in diese Zeit zurückblickend – wer wußte schon genau, daß man tatsächlich in die letzte Kriegsphase eingetreten war? Luftmarschall Harris befürchtete ernstlich, die Deutschen könnten noch Atombomben fertigkriegen und einsetzen[57]. Im Dezember 1944 rollte überraschend die deutsche Ardennen-Offensive an. Auch als sie gestoppt wurde, lagen die Engländer und Amerikaner fest. Die Folge war eine Überschätzung des deutschen Potentials und die Befürchtung, der Krieg werde länger dauern.

Hingegen begannen die Russen ihre große Januar-Offensive, und sie zeigten, daß sie mit den Deutschen fertig wurden. Wieder einmal blieb für die Westmächte nur der stählerne Schlag der Langstrecken-Luftflotten, um dem sowjetischen Verbündeten zu beweisen, daß sie ebenfalls offensiv waren und daß sie ihm sogar durch Zerstörung der deutschen Nachschubzentren helfen könnten, so wie sie selbst sich durch die sowjetischen Truppen entlastet fühlten. Die Luftangriffe im Februar sollten in strategischem Zusammenhang mit der sowjetischen Winteroffensive stehen und der Absicherung der dabei erreichten Geländegewinne dienen.

Zur Zeit dieser Angriffe, schreibt Joseph W. Angell in der »Historical Analysis«, habe Marschall Konjew mit seinen Armeen ungefähr 110 Kilometer ostwärts von Dresden gestanden, in einer für deutsche Gegenangriffe höchst verwundbaren vorgeschobenen Position, vorausgesetzt, die Deutschen könnten Verstärkungen durch Dresden bringen. Genau das sei durch die alliierten Bombardements unmöglich gemacht worden. Der russische Frontvorsprung in diesem Gebiet sei abgesichert worden für die folgenden Monate des Krieges[58].

Angells Fehleinschätzung entstand, weil er der Legende, die 8. Luftflotte hätte am 14. und 15. Februar 1945 durch Präzisionsbombardements die Dresdner Eisenbahnanlagen ausgeschaltet, vertraute. Von den erfolgreichen Auswirkungen überzeugt, kommt er zu dem Ergebnis:

Unter den deutschen Verkehrszentren nahe der Ostfront habe Dresden eine einzigartig wichtige Stellung eingenommen. Wären diese Zentren nicht erfolgreich angegriffen worden, könne kaum Zweifel bestehen, daß der Verlauf des europäischen Krieges beträchtlich verlängert worden wäre[59].

Es gibt übrigens keine offizielle britische Stimme, die sich zu so weitreichenden Schlußfolgerungen hinsichtlich der militärischen Wirksamkeit hinreißen läßt.

Angell schreibt weiter, Tod und Zerstörung, zugefügt der größten bis dahin noch unversehrten deutschen Stadt, seien ganz sicher ein Hauptbeitrag gewesen, um den letzten Rest des Widerstandswillens des deutschen Volkes zu schwächen[60].

Auf einem völlig intakten Verkehrssystem hätte die deutsche Führung ihre schmalen Reserven zwar leichter hin- und herschieben und damit etwas Zeit gewinnen können, aber es ist übertrieben, anzunehmen, der Krieg hätte ohne die genannten Angriffe beträchtlich länger gedauert.

Hingegen ist richtig, daß die von Dresden ausgelöste Schockwelle den noch vorhandenen Widerstandswillen fortschwemmte, weil jetzt befürchtet wurde, eine solche Katastrophe könne sich täglich wiederholen. Die Einsicht in die Unabänderlichkeit der Niederlage verfestigte sich, der Glaube an Wunder schwand, vor allem aber wuchs die Erkenntnis, daß es besser wäre, das Ende komme bald.

Das war zweierlei. Zwar glaubten die meisten Deutschen nicht mehr an den Sieg, aber sie konnten sich trotzdem die bedingungslose Kapitulation nicht vorstellen. Der Schock von Dresden trug wesentlich zu einer Sinneswandlung bei. Sie äußerte sich damals in den Worten: Besser ein Ende mit Schrecken als ein Schrecken ohne Ende.

Der Schrecken ohne Ende – das war für die meisten Deutschen der Bombenkrieg.

Am Ende dieser Untersuchung kann kein Urteil stehen, das Anspruch auf Alleingültigkeit erhebt, kein selbstsicheres und damit selbstgerechtes »Ja, Ja« oder »Nein, Nein«. Andere mögen auf ihre Weise recht haben in dem, was sie über Dresden schrieben.

Diese Erfahrung dürfte aber unbestritten sein: In jedem Krieg besteht die Gefahr, daß er einen Punkt erreicht, an dem er Eigengesetzlichkeit entwickelt. Die Dinge können dann den Verantwortlichen entgleiten, ohne daß sie es merken. Und wenn sie es merken, können oder wollen sie es nicht ändern. Im einzelnen ist nicht vorhersehbar, welche Tragödien sich ereignen werden; es steht aber fest, daß sie eintreten müssen.

Dresden zum Beispiel war ein wichtiges Eisenbahn-, Verbindungs- und Verwaltungszentrum. Nach Berlin und Leipzig war es die größte Stadt hinter der Ostfront, eine mit militärischen Einrichtungen, Kasernen, Truppen und einem Flugplatz versehene Garnisonstadt. Seine Industrie arbeitete auf Hochtouren, zum Teil für die Rüstung. Dresden war aus diesen Gründen für die Alliierten durchaus ein legitimes Bombenziel, wie Angell meint[61]. Nur: die militärisch bedeutsamen Ziele der Stadt wurden nicht oder nicht nachhaltig getroffen.

Zugleich war Dresden ein wichtiges Zentrum der zivilen Evakuierung. Schonenswert also? Ein auf keine Weise auflösbarer Konflikt, wie es scheint, aber wir haben erfahren, daß Dresdens Rolle als Stadt der Flüchtlinge sogar als zusätzliche Angriffsmotivierung verstanden worden ist.

Während der letzten Kriegsjahre war Krieg und nichts als Krieg die Politik der aktiv beteiligten Mächte gewesen, schreibt Golo Mann. Er fährt fort:

»Vereinfachungen von lange nicht erreichter Bösartigkeit ersetzten in der Theorie wie in der Praxis der Kriegführung die feineren Traditionen ehemaliger Diplomatie. Versuche, aus diesem Zirkel noch auszubrechen, wurden mit Gleichgültigkeit beiseitegestoßen. Krieg sollte sein, bis einer, bis zwei zusammenbrächen...«[62]

Im Rahmen der gestellten Aufgabe, Dresden als Verbindungszentrum auszuschalten, waren die Nachtangriffe des Bomberkommandos überdimensioniert. Auch bei militärischer Planung sollte von der Verhältnismäßigkeit der Mittel ausgegangen werden. Die Einäscherung eines fünfzehn Quadratkilometer großen Stadtgebietes und die Tötung von mehr als fünfunddreißigtausend Menschen standen in keiner Relation zum Zweck. Die Proportionen waren bizarr verschoben.

Obwohl andere Städte größere Verluste an Bausubstanz erlitten haben als Dresden, ist die Zerstörung der einstigen sächsischen Residenz bis heute mit Symbolkraft in der Erinnerung lebendig geblieben. Was sind die Gründe?

Wenn sich, wie in Kriegen, Schrecklichkeiten häufen, tritt Abstumpfung ein, und es bleiben nur die herausragenden haften, die Jahrhundertkatastrophen. Dresden war eine solche. Der Flammenschein loderte aus dem allgemeinen Feuermeer der Vernichtung hoch empor, weil die Stadt mit überrumpelnder Wucht niedergebrannt wurde, nicht über die Jahre hin straßen- und stadtviertelweise wie andere Städte, sondern binnen weniger Stunden. Schnelligkeit, Umfang und Vollständigkeit der Verwüstung waren trotz der Erfahrungen mit Flächenbombardements beispiellos. Beispiellos auch die Fülle der ausgebrannten architektonischen Kostbarkeiten – Zwinger, Oper, Hofkirche, Schloß, die vielen Palais und barocken Bürgerhäuser. Und der Totalverlust der Frauenkirche. Die Harmonie dieses »heiteren Morgensterns der Jugend«, wie es in Gerhart Hauptmanns Klage heißt, wurde in einer einzigen Nacht ausgelöscht. Und in noch keiner Angriffsnacht zuvor mußten so viele Menschen sterben.

Die spätere Erkenntnis dessen, was angerichtet worden war, löste bei den Urhebern Betroffenheit aus. Churchill, der die Angriffe verlangt hatte, sollte alsbald ihre Auswirkungen zum Anlaß nehmen, das Konzept des strategischen Flächenbombardements überprüfen zu lassen. Er wollte auf Distanz gehen.

Was als Routine begonnen hatte, führte zum Inferno und hinterließ ein Fanal. Was sonst nur auf dem Papier ausrechenbar erschien, das Zusammentreffen günstigster Umstände für die Angreifer, war plötzlich Ereignis.

Aber hatten das die Vertreter der Flächenbombardements nicht immer gewollt? Erst als es zu spät war, kam die Frage, ob sie es wirklich gewollt hatten.

Anmerkungen

Dokumente werden in der Originalfassung, auch mit eventuellen Fehlern und eigenwilligen Abkürzungen, wiedergegeben.

Kapitel 1   Fünf Jahre ohne Bomben

1 Die Daten der Fliegeralarme in Dresden sind nur in wenigen Fällen durch amtliche Schriftstücke gesichert. Ich danke Winfried Bielß, Dresden, und Dr. Christian Köster, Nürnberg, daß sie mir ihre Aufzeichnungen aus dem Krieg zur Verfügung stellten. So konnte ich eigene Notizen ergänzen und Vergleiche vornehmen. Wenn die Angaben auseinandergingen, wählte ich eine mittlere Uhrzeit.

2 Revie, Alastair: ... war ein verlorener Haufen, Stuttgart 1974, S. 167.

3 Irving, David: Der Untergang Dresdens, Gütersloh 1964, S. 29f. (Wird künftig als Irving zitiert.)

4 Alarmstatistik W. Bielß.

5 Verrier, Anthony: Bomberoffensive gegen Deutschland 1939–1945, Frankfurt/Main 1970, S. 323.

6 Wehrmachtbericht vom 29. 8. 1940, zitiert nach ›Berliner Lokal-Anzeiger‹, Berlin, 30. 8. 1940: »Auch das Leuna-Werk war das Ziel eines britischen Angriffs; der hier angerichtete Schaden ist gering.« – Siehe auch Birkenfeld, Wolfgang: Der synthetische Treibstoff 1933–1945, Göttingen 1964, S. 181: »So wurde zwar Leuna bei Angriffen in den Nächten zum 17. und zum 29. August 1940 getroffen. Die zur Beseitigung der Schäden angeforderten 2,3 Mill. RM dienten aber mehr einer Reihe vorbeugender Umbauten.« – Der Einflug in den Raum Leuna-Leipzig in der Nacht des 16./ 17. August hatte in Dresden nicht zur Alarmauslösung geführt, erst der am 28./29. August.

7 Gauleitung Sachsen, Fernschreiben an den Reichsschatzmeister der NSDAP, 11. 11. 1940.

8 Gauleitung Sachsen, Fernschreiben an den Reichsschatzmeister der NSDAP, 21. 10. 1940. – Nicht mitgezählt wurde in der Alarmliste die Meldung der Gauleitung Sachsen vom 26. 10. 1940: »In Dresden wurde auf Grund einer irrtümlichen Meldung der LWZ von einigen Sirenen 01.35 Uhr Fliegeralarm gegeben. 02.24 Uhr wurde auf allen Sirenen entwarnt.«

9 Gauleitung Sachsen, Fernschreiben an den Reichsschatzmeister der NSDAP, 3. 9. 1941 und 23. 9. 1941. Die Alarmzeiten am 23. 9.:

Leipzig: 14.15–15.25 Uhr
Chemnitz: 14.25–15.35 Uhr
Freiberg: 15.15–15.35 Uhr
Meißen: 15.15–15.35 Uhr

10 Archiv Verfasser. – Die Daten für Berlin sind enthalten in den Lageberichten des Polizeipräsidenten über feindliche Fliegertätigkeit und Luftangriffe: Der Polizeipräsident als örtlicher Luftschutzleiter. Berlin, Lagebericht vom 8. 8. 1941, 9. 8. 1941, 11. 8. 1941, 12. 8. 1941, 5. 9. 1941 und vom 27. 8. 1942, 30. 8. 1942, 10. 9. 1942. Über die Aktivitäten der sowjetischen Fernfliegerkräfte in den Monaten August und September 1942 gegen das Reichsgebiet gibt auch das Kriegstagebuch des Oberkommandos der Wehrmacht Auskunft: Schramm, Percy Ernst (Hrsg.): Kriegstagebuch des Oberkommandos der Wehrmacht (Wehrmachtführungsstab), Frankfurt/Main 1963, Band II. bearbeitet von Andreas Hillgruber. 1. Halbband, S. 645, 657, 681, 713. Zum Beispiel heißt es auf S. 657: »Meldungen Generalstab Luftwaffe während des 29. 8.42: ›73 Feindanflüge aus dem Osten, davon etwa 70 ins Reichsgebiet. Eindringtiefe: Grodno, Breslau, Dresden, Berlin, Stralsund‹...« (Das Werk wird künftig als KTB/OKW zitiert.)

11 Reichsministerium für Volksaufklärung und Propaganda, Abteilung Pro, Referat Luftkriegsmeldedienst, 28. 3. 1943. (Wird fortan als RM/PRO/L zitiert.)

12 Bekker, Cajus: Angriffshöhe 4000, Oldenburg 1964, S. 414. – Archiv Verfasser.

13 Bekker, aaO., S. 415.

14 RM/PRO/L, 1. 9. 1943.

15 Statistical Control Section, Air Ministry, London. R. E. 8. August 1945.

16 Webster, Charles, and Frankland, Noble: The Strategic Air Offensive against Germany 1939–1945, London 1961, Band II, S. 162. (Künftig als SAO zitiert.)

17 Ebenda, map 10.

18 Cajus Bekker hatte mir Unterlagen der Studiengruppe Luftwaffe, Hamburg, zur Verfügung gestellt. Sofern auf dieses Material Bezug genommen wird, geschieht dies mit dem Hinweis Studie 183 oder wie hier, Studie 183, Beispiele für die Angriffsführung der Westalliierten gegen das Reichsgebiet 1943 bis Mitte 1944, S. 3f.

19 Statistical Control Section, aaO. – Siehe auch SAO, Band II, S. 60, 267.

20 RM/PRO/L, 4. 12. 1943, Stand 8 Uhr. Lagebericht über feindliche Luftangriffe auf das Reichsgebiet in der Nacht vom 3./4. Dezember 1943.

21 RM/PRO/L, 4. 12. 1943, Stand 12 Uhr. 1. Nachtragsmeldung.

22 RM/PRO/L, 5. 12. 1943, Luftangriff auf Leipzig, 2. Nachtragsmeldung.

23 RM/PRO/L, 6. 12. 1943, Stand 11. Uhr. Luftangriff auf Leipzig, 3. Nachtrag.

24 RM/PRO/L, 17. 12. 1943. Angriff auf die Stadt Leipzig vom 3. zum 4. 12. 1943, Nachtrag.

25 Groehler, Olaf: Bombenkrieg gegen Deutschland, Berlin 1990, S. 208.

26 SAO, Band I, S. 331-336.

27 Studie 183, Beispiele, S. 7f.

28 Studie 183, S. 1076f. – Außerdem Mitteilung von H. P. Weymar.

29 Studie 183, S. 1076 f – Siehe auch SAO, Band II, S. 198, 207 ff. – Und als Ergänzung Studie 183, Beispiele, S. 23 f.

30 Studie 183, S. 1044f. – Siehe auch Freeman, Roger: The Mighty Eighth, London 1970, S. 141f.

31 KTB/OKW, Band IV, bearbeitet von P. E. Schramm, 1. Halbband, S. 954. Mit der Ergänzung: »Nach den später vorliegenden Meldungen war der Schaden noch größer.‹

32 Flaklagekarten Nr. 9609 vom 9. 5. 1944, Nr. 9740 vom 9. 6. 1944, Nr. 9880 vom 8. 7. 1944.

33 Hampe, Erich: Ziviler Luftschutz im Zweiten Weltkrieg, Frankfurt/Main 1963, S. 295f. – Vgl. Birkenfeld, aaO., S. 184: »Der Angriff scheint besonders für Brüx völlig überraschend gekommen zu sein. Nach einem vorliegenden Bericht gab es dort 300 Tote.« – Offenbar wurden in diesem Bericht nur die gefallenen Spezialisten gezählt.

34 SAO, Band III, map 1. – Auf die Foto-Aufklärung wird später ausführlich eingegangen, so daß sich hier Einzelheiten erübrigen.

35 Studie 183, S. 1044f. – Siehe auch Archiv Verfasser.

36 Intops Summary No. 29, 29 May 1944. Die 8. Luftflotte gab ab 1. Mai 1944 täglich eine Zusammenfassung ihrer Einsatzberichte heraus, natürlich nur vertraulich: Headquarters Eighth Air Force Intops Summary. (Künftig Intops genannt.) – Das Protokoll der Meldungen des Flaksenders Elefant verdanke ich Dr. Christian Köster.

37 Ebenda.

38 Archiv Verfasser. – Wesentliche Angaben verdanke ich Oberst Karl Otto Hoffmann.

39 Die Schilderung der Ereignisse des 21. Juni 1944 beruht auf folgenden Quellen:
   a) Deane, John R.: Ein seltsames Bündnis, Wien 1947, S. 23, S. 120ff., 134ff.
   b) Freeman, aaO., S. 157f., 168.
   c) Infield, Glenn B.: Flying Forts in Operation Frantic, »Air Force Magazine«, Washington, D. C., April 1972.
   d) Intops No. 52, 21 June 1944.
   e) Flaklagekarte Nr. 9740 vom 9. 6. 1944.
   f) Reichsministerium für Rüstung und Kriegsproduktion. Vorl. Luftlagemeldung vom 21./22. 6. 1944. (Wird künftig als RM/RÜ bezeichnet.)

40 Ebenda.

41 Ebenda.

42 Studie 183, S. 1235f.

Kapitel 2   Die ersten Bomben

1 Die kleine, schwer aus der Luft zu erkennende Raffinerie wurde wegen eines Spezialprodukts auf die Ziellliste gesetzt. Aufschluß über die alliierte Zielwahl gibt: Interpretation Report S. A. 2624, 25 Aug 1944. Attack on Freital Oil Refinery on 24 Aug 1944 Darin heißt es:
»Das Ziel ist die Ölraffinerie an der nordöstlichen Stadtgrenze von Freital, wo sie die südwestliche Stadtgrenze von Dresden berührt. Diese Raffinerie ist von großer Wichtigkeit, denn sie ist der Haupthersteller von Spezialöl im Voltol-Verfahren.

Dieses Öl, ein Pflanzenöl, wird als Mischung für Schmieröle benutzt, da es die Schmieröle unverändert läßt bei gleichbleibender Konsistenz in extremen Temperaturen, und es ist deshalb ein lebenswichtiger Bestandteil von Flugzeug-Schmieröl. Die vermutete Produktion dieses Werkes beträgt 6000 Tonnen im Jahr, aber ihre Bedeutung steht in keinem Verhältnis zu der Quantität, die erzeugt wird.«

2 3rd Bomb Division Field Order No. 393, 24 August 1944. – Headquarters 3d Bombardment Division, Tactical Report of Mission Brux, Ruhland Schwarzheide, Freital, Kiel, 24 August 1944. – Außerdem Intops No. 116, 24 August 1944.

3 Ebenda.

4 Diese und alle weiteren Angaben über die Flugrouten stammen aus den folgenden Quellen: 3rd Bomb Division Field Order, aaO., Tactical Report of Mission, aaO., sowie aus den Flugstreckenkarten der beteiligten Bombergruppen, z.B.: Headquarters 388th Bombardment Group (H), 25 August 1944, S-2 Report on the Brux Mission of 24 August 1944, Track Chart. – Entsprechend wurden für die Darstellung des Einfluges der 1. Division deren Unterlagen benutzt: Headquarters 1st Bombardment Division, 3 September 1944, Report of Operations, Kolleda, Weimar, Merseburg, Germany, 24 August 1944. Oder auch: Track Chart, 24 August 1944, 94th »A«, »B«, »C« CBW's, (d. h. das 94. Kampfgeschwader mit der 457., 401. und 351. Bombergruppe, G.B.) – Von deutscher Seite steht eine Einflugskizze des 24. 8. 44 zur Verfügung, Gen. Stab d. Luftwaffe, Luftwaffen-Führungsstab.

5 Intops, aaO.

6 Headquarters 1st Bombardment Division, Immediate Interpretation Report No. 171, 0500 hours, 25 August 1944. – Die Herstellung von Geräten für das V-2-Programm wird bestätigt:
»Im sogenannten Mittel-Bau, in dem Präzisionswerkzeuge für die V-2- Waffen hergestellt wurden, bestand eine Sabotagegruppe aus Deutschen, Tschechen und Polen, denen es gelang, die Produktion vieler Monate unschädlich zu machen. Die Gestapo sandte eine spezielle Kommission zur Untersuchung des Ausschusses ins Lager, aber sie kam zu keinem Resultat, weil die Einrichtung der Werkstätten durch den englisch-amerikanischen Luftangriff 1944 zerstört wurde.« Zitiert nach: Bartel, Walter: Die Zusammenarbeit deutscher und sowjetischer Widerstandskämpfer. In: Der Zweite Weltkrieg, Wirklichkeit und Fälschung, Berlin (Ost) 1959, S. 79.

7 Der Angriff auf die Rüstungswerke im KZ Buchenwald ist so gut wie unbekannt geblieben. Näheres findet man in: Buchenwald, Berlin (Ost) 1960, S. 78:
»Am 24. August 1944 mittags wurden die zum Konzentrationslager gehörenden Rüstungsanlagen bombardiert und dabei vollständig vernichtet... Häftlinge, die sich vor den Spreng- und Brandbomben ins Freie retten wollten, wurden von der Postenkette der SS erbarmungslos niedergeschossen. So konnte es nicht ausbleiben, daß bei dem Angriff die Häftlinge 365 Todesopfer zu beklagen hatten... Durch die Bombardierung waren nicht nur die Rüstungsbetriebe, sondern auch wichtige Verwaltungsstellen der SS in Buchenwald, insbesondere die ›Politische Abteilung‹, in der die Personalakten der Häftlinge aufbewahrt und bearbeitet wurden, vernichtet worden. Das Lager wurde deshalb für kurze Zeit für weitere Zugänge gesperrt.« Auf S. 211 steht der zitierte Bericht des Standortarztes der Waffen-SS. Weiter heißt es dort:
»An Verlusten sind insgesamt entstanden:

SS-Angehörige: Tote bisher 80, davon 30 dem K.L. Buchenwald, 50 dem Kraftf. Ers. Regiment zugehörig; Vermißte 65 (17 resp. 48). In Reservelazaretten Verletzte 238 (75 resp. 163) sowie eine größere Anzahl Leichtverletzte.
Familien-Angehörige: Tote 24.
Sonderlager Fichtenhain: Tote 5, Vermißt 1, Schwerverletzte 8, Leichtverletzte 29.
Häftlinge: Tote 315, Schwerverletzte 525, Leichtverletzte 900. Es besteht die Möglichkeit, daß unter den Zahlen, die für die Häftlinge angegeben sind, sich nicht identifizierbare Zivilangestellte und Truppenangehörige befinden.«
Der Standortarzt der Waffen-SS Weimar.
(Schiedlausky) SS-Hauptsturmführer d. R.
Das »Sonderlager Fichtenhain« war eine Isolierungsbaracke im KZ Buchenwald, in der Rudolf Breitscheid und andere prominente Persönlichkeiten gefangengehalten wurden. Breitscheid kam bei dem Angriff ums Leben. Die NS-Propaganda nutzte die Meldung über den Luftangriff aus, um den Tod des SPD-Politikers bekanntzugeben, und sie behauptete gleichzeitig, auch der frühere KPD-Vorsitzende Ernst Thälmann sei dabei getötet worden. In Wahrheit war Thälmann bereits am 18. August 1944 in Buchenwald ermordet worden. Die »Leipziger Neuesten Nachrichten« meldeten am 16. September 1944:
»Durch Terrorbomber getötet. Bei einem Luftangriff auf die Umgebung von Weimar... wurde auch das Konzentrationslager Buchenwald von zahlreichen Sprengbomben getroffen. Unter den dabei ums Leben gekommenen Häftlingen befinden sich u. a. die ehemaligen Reichstagsabgeordneten Breitscheid und Thälmann.«

8 Headquarters 1st Bombardment Division, Report of Operations, aaO. – Siehe auch 35st Bombardment Group, Operational Narrative 24 August 1944.

9 Intops, aaO. – Dieser Bericht wird durch die deutschen Berichte bestätigt. Die Gustloff-Werke und die DAW (Deutsche Ausrüstungswerke) waren dem Lager eng benachbart. Bei Fehlwürfen in das Häftlingslager hätte es zu einer Katastrophe kommen können. Dank des guten Wetters konnte genau gezielt werden. Der besonders mit dem SS-Kasernen- und -Verwaltungskomplex verbundene Gustloff-Komplex lag tatsächlich im Treffermittelpunkt. Der Tod Breitscheids im ›Sonderlager Fichtenhain‹ wurde verursacht durch Verschüttung des Schutzgrabens. Das Sonderlager befand sich zwischen dem Halbkreis der Kasernen und den Werkshallen.

10 Headquarters 3d Bombardment Division, Tactical Report of Mission, aaO. – Details in den Einsatzberichten folgender Bombergruppen: 388., 96., 385., 447., 390., 452., 94. und 100. Bombergruppe (in der Reihenfolge des Einfluges). Siehe auch Intops, aaO.

11 Ebenda.

12 Ebenda.

13 Vorläufiger Bericht der Sudetendeutschen Treibstoffwerke AG Oberleutensdorf über den Luftangriff am 24. 8. 1944. – Dieses ausgezeichnete, mit Fotos versehene Dokument wurde mir dankenswerterweise von der Salzgitter AG zur Verfügung gestellt.

14 Ebenda.

15 Alle genannten Dokumente der 3. Bomberdivision.

16 Obwohl gegen Ende des Krieges die Flakartillerie durch Abkommandierung zum Erdkampf außerordentlich geschwächt war, sind bis zuletzt die Zielanflugwege

»flakaussparend« präpariert worden. Am 18. März 1945 z.B. griffen die drei Divisionen der 8. Luftflotte Berlin an. Die 2. Division bombardierte mit 327 Liberators Panzerfabriken in Berlin-Tegel und Hennigsdorf. Dabei wurden durch Flak drei oder eine B-24 abgeschossen, es gibt unterschiedliche Meldungen, eine B-24 wurde schwer und 126 wurden nur leicht beschädigt. Die Ursachen wurden untersucht und im Mai 1945 von der Operational Analysis Section der 8. Luftflotte durch grafische und textliche Rekonstruktion der Flugwege, der Positionen der Staffeln beim An- und Abflug und der deutschen Flakstellungen entschlüsselt. – Noch beim Angriff auf Dresden am 17. April 1945 wurde der Zielanflugpunkt so angeordnet, daß die Flakzone von Brüx bei korrekter Navigation nicht berührt werden konnte.

17 Headquarters 3d Bombardment Division, Tactical Report of Mission, aaO., erlaubt die statistische Darstellung des Angriffs auf Freital.

a) Kampfgeschwader, b) Bombergruppe, c) Staffel, d) Zahl der das Hauptziel angreifenden Bomber, e) Zeit des Bombenabwurfs, f) Anflugrichtung beim Abwurf in Grad, g) Zahl der andere Ziele angreifenden Bomber und Standort beim Bombenabwurf.

a)	b)	c)	d)	e)	f)	g)	
92 A	486.	A	10	12.59	293	1	Rally Point 5050 N – 1337 E
		B	10	13.01	310	1	5056 N – 1306 E
		C	11	13.01	311	1	5240 N – 1110 E
92 B	487.	A	11	13.02	292		
		B	10	13.04	312		
		C	10	13.05	266		

Gründe für Bombenwurf nicht auf Hauptziel: 486. A-Staffel: Versagen des elektrischen Auslösungssystems. B-Staffel: Versagen an der Bombenaufhängung. C-Staffel: Motorversagen. Flugblattabwurf: »10 Container mit T121 und 5 Container, jeder mit XG20, XG23, wurden im Raum Freital abgeworfen.«

18 Mitteilung Dr. Köster.
19 Intops, aaO.
20 Lehmann, E. L., und Zühlke, Dietrich (Hrsg.): Zwischen Tharandter Wald, Freital und dem Lockwitztal, Berlin (Ost) 1973, S. 47.
21 Intops, aaO.
22 Ebenda.
23 Ebenda.
24 Studie 183, S. 1160ff.
25 Freeman, aaO., S. 178.
26 RM/RÜ, 11. 9. 1944. – Archiv Verfasser.
27 Freeman, aaO., S. 178. – Siehe auch Studie 183, S. 1161.
28 Ebenda.
29 RM/RÜ, 12. 9. 1944.
30 RM/RÜ, 13. 9. 1944. – Archiv Verfasser.
31 Studie 183, S. 1160f.

Kapitel 3   »Hell's Angels«

1 Intops No. 160, 7 October 1944.
2 Koch, Horst-Adalbert: Flak, Bad Nauheim 1965, S. 263.
3 Das geht aus den Einsatzberichten der Bombergruppen der 1. Bomberdivision hervor.
4 Headquarters 303rd Bombardment Group (H), Narrative Report of Mission, 7 October 1944. – Siehe auch Headquarters 379th Bombardment Group (H), Group Leaders Narrative, 7 October 1944.
5 Ebenda.
6 Headquarters 91st Bombardment Group, Narrative Report of Mission, 7 October 1944. – Siehe dazu auch die Angriffsfotos SAV-91-Lead und SAV-91-Low von Freiberg sowie SAV-91-High von Wurzen.
7 Intops, aaO.
8 Headquarters 384th Bombardment Group, Air Commanders Narrative 41st »C« Group for Mission flown on 7 October, 1944.
9 Intops, aaO.
10 Angriffsfotos SAV 303-Hi-11 095-4 und SAV 303-Hi-11 095-5.
11 Headquarters 1st Bombardment Division, Immediate Interpretation Report No. 193, 0630 hours, 8 October 1944. – Dazu ist generell zu bemerken, daß die bei der Bildauswertung gezählten und geschätzten Bombeneinschläge nicht mit der Zahl der abgeworfenen Bomben gleichzusetzen sind. -Vergleiche auch Interpretation Report S.A. 2823, 8 Oct. 1944, Attack on Dresden on 7 Oct. 1944. Hier wird auch berichtet, daß auf »Dresden/Holleran airfield« (Flugplatz Klotzsche-Hellerau, G.B.) zwei große bis sehr große und ein möglicherweise mittleres Flugzeug auf der Südwestseite zur Zeit des Angriffs zu sehen sind. Viereinhalb Stunden nach dem Angriff ist offenbar Foto-Aufklärung über Dresden geflogen worden; Fotos sind nicht nachweisbar, aber bei diesem Einsatz 106G/1260 wurden auf dem Flugplatz 13 Maschinen gesichtet. Von den fünf identifizierten Ju 52 seien zwei mit Minenspreng-geräten (mine detonating rings) ausgerüstet gewesen.
12 Gauleitung Sachsen. Bericht über die feindliche Fliegertätigkeit in der Zeit vom 7. 10. 1944, 8.00 Uhr, bis 9. 10. 1944, 8.00 Uhr. – Siehe auch RM/RÜ, 7. 10. 1944.
13 Seydewitz, Max: Zerstörung und Wiederaufbau von Dresden, Berlin (Ost) 1955, S. 60f. (Künftig als Seydewitz zitiert.)
14 Archiv Ehlich.
15 Ebenda.
16 RM/RÜ, 7. 10. 1944.
17 Ebenda. – Archiv Verfasser.
18 Archiv Verfasser.
19 Die Zusammenstellung stützt sich in der Hauptsache auf das Archiv des Verfassers und seine während des Krieges nach den Meldungen des Senders Horizont angefertigten Einflugskizzen. Sie folgt den Angaben der alliierten Luftkriegsstandardgeschichtswerke und wird ergänzt durch Luftlagemeldungen des RM/RÜ.
20 Archiv Verfasser.
21 Angell jr., Joseph W.: Historical Analysis of the 14–15 February 1945 Bombings of Dresden, Washington D.C. 1953, S. 6. Es gibt zwei Fassungen dieser Studie. Die

Zitate stammen, wenn nicht anders vermerkt, aus der ersten originalen, damals streng geheim gehaltenen Fassung. (Im folgenden zitiert als Angell.)

Kapitel 4   Flak in Dresden

Dokumente über die Flakartillerie in Dresden sind äußerst rar; bis Ende 1942 fehlen sie fast völlig. Einige Hinweise auf die Zeit von 1943 bis 1945 gibt es im grundlegenden Werk über die deutsche Flakartillerie, »Flak«, von Horst-Adalbert Koch. Meldungen im Zusammenhang mit der Ausgabe und der Einziehung von Erkennungsmarken sind, wenn auch unvollständig, bei der Deutschen Dienststelle – Wehrmachtauskunftstelle WASt – in Berlin zu finden. Flaklagekarten, die das Bundesarchiv-Militärarchiv in Freiburg/Br. aufbewahrt, lassen die Rekonstruktion der Stärke zu. Vor allem aber trugen zahlreiche Gespräche mit ehemaligen Dresdner Luftwaffenhelfern und Flakangehörigen sowie eigene Aufzeichnungen dazu bei, die spärlichen Dokumente zu verknüpfen und zu erklären. Interessenten sei vor allem das grundlegende Werk empfohlen: Nicolaisen, Hans-Dietrich: »Gruppenfeuer und Salventakt«, Schüler und Lehrlinge bei der Flak 1943–1945, Büsum 1993, 2 Bde.

1 Koch, aaO., S. 430f. – Siehe auch Unterlagen der WASt.
2 Koch, aaO., S. 236.
3 WASt, aaO. – S. a. Flaklagekarte des Oberbefehlshabers der Luftwaffe, Luftwaffen-Führungsstab. Ia/Flak – Einsatz der Flakartillerie, Lw.Befh. Mitte – gKdos Nr. 8022 – 13. 1. 43.
Im Januar 1943 lassen sich folgende Standorte der Batteriestellungen in Dresden ermitteln:
8,8-cm-Flak:
1./537 Vogelwiese
2./537 evtl. Flugplatz Klotzsche
3./537 Kohlenstraße Südhöhe
Heimat Sperrfeuerbatterien 7,5-cm-Flak (franz.), möglicherweise in geringem Umfang bereits auf 8,5/8,8-cm-Flak umgerüstet:
203/IV Gruna, Grunaer Weg
204/IV Wölfnitz
207/IV Alter Heller
208/IV Blasewitz, Elbufer Vogesenweg
214/IV Naußlitz, Wiesbadener Straße
215/IV Gruna, Liebstädter Straße
216/IV Dresden-Neustadt, Standort unbekannt
217/IV Übigau, Werftstraße
221/IV vermutlich Flugplatz Klotzsche
Zusammengestellt nach dem Archiv des Verfasser.
4 8,5/8,8-cm-Flak m 39 (r).
5 Koch, aaO., S. 301.
6 KTB/OKW, Band II, 1. Halbband, S. 746.
7 Schüler der Jahrgänge 1926 und 1927 wurden vor allem von den folgenden Gymna-

sien und Höheren Schulen herangezogen: Annenschule, Dreikönigschule, Dietrich-Eckart-Schule Marschnerstraße, König-Georg-Schule, Kreuzschule, Müller-Gelinek-Schule, Oberrealschule Blasewitz, Oberrealschule Plauen, Staatsgymnasium, Vitzthum-Gymnasium, Wettinschule. – Archiv Verfasser.

8 Bis dahin waren die Heimatflakbatterien an den Batterien mit deutschen 8,8-cm-Geschützen angeschlossen, d. h. die Funkmeßgeräte Kohlenstraße oder Übigau usw. gaben Werte, die mittels des Malsi-Umwertegerätes auf den geografischen Standort der empfangenden Batterie umgerechnet wurden. Ein Verfahren mit vielen Fehlerquellen, dazu umständlich und zeitraubend. Auch wurde die Zünderlaufzeit an den russischen Beutegeschützen bis etwa Herbst 1943 mit Zünderstellschlüssel eingestellt, ehe Zünderstellmaschinen montiert wurden. – Archiv Verfasser.

9 Auskunft von Johannes Reinfeld, ehem. Adjutant Flakuntergruppe Dresden.

10 Flaklagekarte Nr. 8425 – 15. 6. 43.

Ich danke Oberst a. d. Horst-Adalbert Koch für folgende Erläuterung: Die Flaklagekarten waren Führungsunterlagen und führten die taktischen Einheiten an, nicht die truppendienstlichen Einheiten. 1943–1945 wurden in der Heimatluftverteidigung zur Einsparung von Führungspersonal und Meßstaffelpersonal, ebenso auch von Versorgungspersonal, Großbatterien mit bis zu 16 schweren Flakrohren gebildet, in einzelnen Fällen sogar Dreifachbatterien. Taktisch war das – und damit für die Flaklagekarte erheblich – eine Batterie; truppendienstlich konnten es zwei bis drei sein, weil die alten Batteriebezeichnungen noch weitergeführt wurden, für Feldpost und um erforderlichenfalls die betr. Batterie wieder voll auffüllen und anderweitig verwenden zu können. – Für Dresden sei angemerkt, daß es dort zu keiner Zeit Großbatterien dieses Umfangs gegeben hat. Bei den Zusammenlegungen im Sommer 1944 entstanden meist Batterien mit acht Geschützen statt bisher sechs.

11 SAO, Band II, S. 110ff., 124.

12 Ebenda und map 6.

13 Ebenda und map 6.

14 Flaklagekarte, 13. 1. 43, aaO.

15 Flaklagekarte, 15. 6. 43, aaO.

16 Zur Verfügung gestellt von Dr. Köster.

17 RM/PRO/L, 2. 1. 1944. Kurfürst war die Bezeichnung für Ic/Oberbefehlshaber der Luftwaffe.

18 Flaklagekarten Nr. 9057 – 9. 1. 44, Nr. 9329 – 9. 3. 44, Nr. 9485 – 7. 4. 44, Nr. 9606 – 9. 5. 44, Nr. 9740 – 9. 6. 44.

19 Zur Verfügung gestellt von Dr. Köster.

20 Flaklagekarten Nr. 9987 – 8. 8. 44, Nr. 10 148 – 8. 9. 44.

21 Flaklagekarten, 9. 1. 44, aaO. und 9. 5. 44, aaO.

22 Flaklagekarten Nr. 9880 – 8. 7., 8. 8. 44, aaO., Nr. 10 364 – 8. 11. 44.

23 Ebenda, 8. 7. 44.

24 Ebenda, 8. 8. 44.

25 Intops No. 116, 24 August 1944.

26 Intops No. 160, 7 October 1944.

27 Archiv Verfasser.

28 Flaklagekarte, 8. 11. 44, aaO. und Nr. 10 465 – 22. 12. 44.

29 Ebenda, 22. 12. 44.

30 Archiv Verfasser.

31 Ebenda.

32 Ebenda. – Außerdem: Koch, aaO., S. 467f.

33 Ebenda, S. 431.

34 Ebenda, S. 277.

35 Verfügung Generalstab der Luftwaffe, 1. Abt. Nr. 12 203/45, vom 16. 2. 1945.

36 Ebenda, Nr. 12 230/45, vom 25. 2. 1945. An Adj. Reichsmarschall.

37 Intops No. 261, 16 January 1945.

38 Night Raid Report No. 837. Bomber Command Report on Night Operations 13/14th February, 1945. Dort heißt es: »Flak in Dresden war unbedeutend.« Es wurde also nicht völlig ausgeschlossen, daß schwache Abwehr vorhanden gewesen sein könnte.

39 Intops No. 290, 14 February 1945, Intops No. 291, 15 February 1945.

40 Intops No. 306, 2 March 1945.

41 Geht aus den Einsatzberichten der 1. und 3. Luftdivision hervor, auf die später noch im einzelnen zurückgegriffen wird. – Nähere Angaben verdanke ich außerdem Sieghart Pobel.

42 Mitteilung von Dr. W. Klaus.

43 Mitteilung von J. Clauss.

44 Archiv Verfasser.

45 Ebenda.

46 Ebenda.

47 Mitteilungen von Johannes Reinfeld und Michael Schnieber.

Für ihre bereitwilligen und teilweise sehr ausführlichen Auskünfte danke ich insbesondere ehemaligen Luftwaffenhelfern, die in Dresden und Umgebung oder von Dresden aus überörtlich eingesetzt gewesen sind. Das gilt für Prof. R. l'Allemand, Bernd Beyer, Wolfgang Burkmüller, Dieter Chemin-Petit, Jochen Clauss, Steffen Cüppers, Georg Groos, Dr. Wolf-Alexander Grundmann, Harald Karas, Dr. Michael Kemlein, Dr. Wolfgang Klaus, Ulrich Kleinstück, Dr. Christian Köster, Prof. Dr. Klaus Krisch, Johannes Lenz, Sieghart Pobel, Dr. Christof Thoenes, Otto Freiherr von Saß, Michael Schnieber und Horst Wenderoth.
Wertvolle Informationen verdanke ich außerdem Herbert Kurtz und Oberstleutnant Johannes Reinfeld.

Kapitel 5   Erwachen im Januar

1 Intops No. 261, 61 January 1945. – Siehe auch Fernschreiben des 14. Kampfgeschwaders mit dem Einsatzbefehl der 2. Luftdivision: From 14 Combat Wing, 16 January 1945, to: MBG, 392BG, 491BG, F.O. 575 A 2 AD.

2 Headquarters 2d Air Division, 18 March 1945. Tactical Report of Mission, Ruhland, Magdeburg, Alt. Lonnewitz, 16 January 1945. – Die »Kriegsnamen« der Bombergruppen sind zu finden bei Freeman, aaO., S. 237-265.

3 Tactical Report of Mission, aaO.

4 Ebenda. – Einzelheiten auch in Mission Narrative 392nd Bombardment Group(H), 16 January 1945, sowie in Mission Narrative 93d Bombardment Group (H), 16 January 1945. Siehe auch Mission Report of 16 January 1945, Dresden, Germany, 467th Bombardment Group (H).

5 Ebenda.

6 Ebenda. – Die 2. und 3. Luftdivision haben für ihre Einsätze übersichtliche Angriffsstatistiken erstellt. Für die Angriffe der 1. Division konnten solche Statistiken, in Zusammenhang mit Dresden, nicht gefunden werden. Der von der 2. Division am 16. Januar 1945 auf Dresden durchgeführte Angriff kann nach Tactical Report of Mission, aaO., dargestellt werden.

Erläuterungen: a) Nummer der Bombergruppe, b) Staffel A = Lead, B = Low, C = High, c) Zahl der Dresden angreifenden Bomber, d) Zeit des Bombenabwurfs, e) Anflugrichtung beim Abwurf in Grad, f) Angriffshöhe in Metern.

a)	b)	c)	d)	e)	f)
44	A	10	12.12	188	7500
491	A	8	12.13	208	7500
448	A	9	12.13	222	7500
491	B	10	12.13$^{1}/_{2}$	203	7300
491	C	10	–	–	–
44	B	10	12.15	195	7300
466	A	8	12.15	130	7500
466	C	9	12.15$^{1}/_{2}$	137	7750
466	C	9	12.16	157	7500
448	C	7	12.16	160	7600
467	B	9	12.16$^{1}/_{2}$	147	8200
467	A	9	12.17	93	8000
467	B	10	12.17	150	7850
44	C	9	12.17	220	7800

Es gibt unterschiedliche Angaben über die Zahl der an diesem Angriff auf Dresden beteiligten Flugzeuge. So nennt Intops, aaO., 138 B-24 und stützte sich dabei vermutlich auf den Interpretation Report S.A. 3149, 18 January 1945, Attack on Dresden Marshalling Yard on 16 Jan 1945. Dort werden 138 B-24 genannt, die 1181 Sprengbomben zu 500-lb. und 186 Brandbombenbehälter zu 500-lb. abgeworfen haben. Eighth Air Force Target Summary, Period 17 August 1942 thru 8 May 1945, S. 20, meldet 133 Bomber, diese Zahl wird von SAO übernommen. Richtig ist aber wahrscheinlich die in Tactical Report of Mission, aaO., angegebene Zahl von 127 Liberators.

7 Tactical Report of Mission, aaO., und Intops, aaO.

8 Archiv Verfasser. – Die Totenzahl bei Seydewitz, S. 62.

9 RM/RÜ, 16./17. 1. 1945.

10 Interpretation Report S. A. 3149, aaO., ergänzt durch den Anhang: Approximate Bomb Plot.

11 Ebenda.

12 Archiv Verfasser.

13 Ich danke Rudolf Burkhardt, Hamburg, für seinen Bericht. Turmbeobachter gab es u.a. auch auf folgenden B-Stellen: Rathausturm, Garnisonkirche, Ernemann-Werk, Bismarcksäule, Hafenmühle.

14 Archiv Verfasser.

15 Tactical Report of Mission, aaO.
16 RM/RÜ, aaO.
17 KTB/OKW, Band IV, 2. Halbband, Lagebuch 17. 1. 45, S. 1020.
18 Intops, aaO., und Interpretation Report S. A. 3149, aaO.
19 Studie 183, S. 1164ff.
20 Ebenda.
21 Ebenda, S. 1168f.
22 Ebenda, S. 1170.
23 Ebenda, S. 1145ff.
24 KTB/OKW, Band IV, 2. Halbband, Lagebuch 2. 1. 45, S. 977.
25 Koch, aaO., S. 270f.
26 Studie 183, S. 1185ff.
27 Ebenda.
28 RM/RÜ, 3. 2. 1945.
29 Mitteilung von Jeffrey L. Ethell.

Kapitel 6   Was wußte die Bevölkerung vom Luftkrieg?

Aus den geheimen Lageberichten des Sicherheitsdienstes der SS wird hier und in folgenden Kapiteln öfter zitiert. Ich stütze mich dabei vor allem auf die von Heinz Boberach für den Deutschen Taschenbuchverlag eingerichtete Ausgabe »Meldungen aus dem Reich« von 1968, die auf seiner 1965 bei Luchterhand erschienenen Originalausgabe beruht. Sie enthält »Berichte zur innenpolitischen Lage«, Oktober bis Dezember 1939, »Meldungen aus dem Reich«, Dezember 1939 bis Mai 1943, und »SD-Berichte zu Inlandsfragen«, wie die Geheimberichte von Juni 1943 bis Juli 1944 bezeichnet wurden; danach versiegten sie. Fehlt der Hinweis auf Boberach, dann handelt es sich um Dokumente, die er nicht aufgenommen hatte und die ich direkt vom Bundesarchiv erhielt.

Über Zuverlässigkeit und Aussagewert der Lageberichte kann man sich bei Boberach informieren, aber auch bei Marlis G. Steinert: Hitlers Krieg und die Deutschen, 1970 bei Econ erschienen. Marlis Steinert schreibt auf den Seiten 40ff.:

»Diese mehrfachen Aufforderungen zu kritischer Beurteilung der Lage lassen... die Annahme zu, daß die Stimmungsberichte häufig zu rosig ausfielen, und ein Vergleich zwischen einigen Berichten von SD-Leitstellen und dem endgültigen Bericht der Einsatz-Auswertungsstelle in Berlin zeigt auch, daß die ›Meldungen aus dem Reich‹ des öfteren leicht ›entschärft‹ waren. Jeder, der die Berichte liest, ist jedoch von dem zunehmend kritischen Tenor der Meinungen, deren Labilität und Differenziertheit frappiert... Die tatsächliche Einstellung der Deutschen gegenüber der NS-Wirklichkeit muß eher negativer eingeschätzt werden, als sie in den in der vorliegenden Untersuchung verwandten Berichten zum Ausdruck kommt.«

1 Boberach, Heinz (Hrsg.): Meldungen aus dem Reich, München 1968, Nr. 130, 7. 10.
  1940, S. 118. (Künftig als Meldungen zitiert.)
2 Ebenda, S. 114.
3 Ebenda, S. 114.

4 Ebenda,S. 116.

5 Ebenda, S. 116.

6 Ebenda, S. 115.

7 »Berliner Illustrierte Zeitung«, Berlin, Nr. 34, 22. 8. 1940.

8 Erster Luft-Großangriff auf London. Reportage mit Ansprache Hermann Görings, Befehlsstand Kanalküste. PK-Bericht. Deutsches Rundfunkarchiv, Frankfurt/Main.

9 »Berliner Illustrierte Zeitung«, Berlin, Nr. 4, 23. 1. 1943.

10 Boberach, aaO., S. 19.

11 Meldungen, Nr. 145, 28. 11. 1940, Boberach, S. 126.

12 Kuckuck, Waldemar: Die ersten Bomben auf Moskau, Sendung im Großdeutschen Rundfunk am 24. 7. 1941. Veröffentlicht in der Zeitschrift »Reichsrundfunk«, Berlin, 11. Heft 1941, 14. 8. 1941, S. 220.

13 »Berliner Lokal-Anzeiger«, Berlin, 3. 3. und 7. 3. 1943.

14 Der Oberbürgermeister der Reichshauptstadt Berlin – Hauptluftschutzstelle –.

15 SD-Berichte zu Inlandsfragen, 29. 7. 1943, Boberach, S. 342. (Im folgenden als SD-Berichte aufgeführt.)

16 SD-Berichte, 2. 8. 1943.

17 SD-Berichte, 5. 8. 1943.

18 SD-Berichte, 16. 8. 1943, Boberach, S. 344ff.

19 Scydewitz, S. 205f.

20 »Was der Luftschutz von Euch fordert! Macht Euer Haus luftschutzbereit!« Merkblatt, Hrsg. Reichsminister der Luftfahrt und Oberbefehlshaber der Luftwaffe, September 1943.

21 Hitler, Adolf, 8. 11. 1943, Erinnerungsfeier an den Marsch auf die Feldherrnhalle, Deutsches Rundfunkarchiv, Frankfurt/Main.

22 SD-Berichte, 11. 11. 1943, Boberach, S. 357 ff.

23 »Leipziger Neueste Nachrichten«, Leipzig, 25./26. 12. 1943.

24 »Leipziger Neueste Nachrichten«, Leipzig, 27. 12. 1943.

25 »Reichsrundfunk«, Berlin, 11. Heft 1943/44, Februar 1944.

Kapitel 7   Wie wurde die Bevölkerung vor Luftangriffen geschützt?

1 Archiv Verfasser.

2 Statistical Control Section, aaO. – Siehe auch: Der Polizeipräsident als örtlicher Luftschutzleiter. Berlin, den 8. September 1943. Betr.: Luftangriffe vom 23./24. 8., 31. 8./1. 9. und 3./4. 9. 1943. Schlußbericht. – Siehe auch: Der Oberbürgermeister der Reichshauptstadt Berlin – Hauptluftschutzstelle –. 22. 9. 1943.

3 Dokumente deutscher Kriegsschäden, Bonn 1960, Band II/1, S. 246–249. (Wird fortan als DdK zitiert.)

4 Heiber, Helmut (Hrsg.): Reichsführer! Briefe an und von Himmler, Stuttgart 1968, S. 33.

5 DdK, Band II/1, S. 33.

6 Hampe, aaO., S. 291.

7 Fest, Joachim: Hitler, Frankfurt-Berlin-Wien 1973, S. 842f.

8 Hampe aaO., S. 291.

9 Ebenda, S. 292.

10 Irving, David: Die Tragödie der deutschen Luftwaffe, Frankfurt-Berlin-Wien 1973, S. 254.

11 DdK, Band II/1, S. 428ff.

12 LK-Mitteilung Nr. 43, 20. 9. 1943.

13 Seydewitz, S. 204. – Ebenda wird behauptet, Dresden sei 1944 in das sog. »erweiterte Führerprogramm« zum Bau von Luftschutzbunkern aufgenommen worden. Eine Anfrage beim Bundesamt für zivilen Bevölkerungsschutz in Bad Godesberg ergab, daß ein solches Programm nicht bekannt ist.

14 Archiv Verfasser und Mitteilung von Christian Just, Freiburg/Br. – Die Angabe über Dortmund in DdK, Band II/1, S. 349, mit dem Hinweis, daß es auch in anderen LS-Orten mehr als hundert Löschwasserbecken gegeben hat.

15 Feydt, Georg: Betrachtung zur Frage der Rettungswege im baulichen Luftschutz, in: »Ziviler Luftschutz«, Koblenz, Heft 5/1953.

16 Seydewitz, S. 208-211.

17 Schreiben SS-Obergruppenführer Udo v. Woyrsch an SS-Obersturmbannführer Dr. Brandt, Reichsführer-SS Persönlicher Stab, Berlin. Dresden, 24. 9. 1943.

18 Schreiben Udo v. Woyrsch an Himmler, Dresden, 24. 9. 1943.

19 Ebenda.

20 Ebenda.

21 Ebenda.

22 SD-Berichte, 4. 10. 1943.

23 »Leipziger Neueste Nachrichten«, Leipzig, 27. 12. 1943.

24 Ebenda.

25 LK-Mitteilung Nr. 72, 18. 12. 1943.

26 LK-Mitteilung Nr. 91, 15. 2. 1944.

27 LK-Mitteilungen Nr. 162, 21. 8. 1944, und Nr. 168, 27. 9. 1944.

28 Heiber, aaO., S. 251 ff. – Über die Reaktion v. Woyrschs auf seine Dienstenthebung Aufschlüsse im Schreiben des SS-Gruppenführers Maximilian v. Herff, Chef SS-Personalhauptamt, an SS-Obersturmbannführer Dr. Brandt, vom 18. 2. 1944. Woyrsch hatte an Himmler geschrieben und offenbar darum gebeten, an seiner im vierten Monat schwangeren Frau eine Abtreibung vornehmen lassen zu dürfen, da er nicht wollte, daß seine Kinder die ihm angetane Schmach erleben sollten. Himmler antwortete ihm am 23. 4. 1944, er solle Dresden sofort verlassen, sich auf sein Gut begeben und sich um seine Landwirtschaft kümmern. Andere Gedanken seien abwegig.

29 Ebenda.

30 Ebenda.

31 Fernschreiben an Höheren SS- und Polizeiführer Elbe, SS-Gruppenführer von Alvensleben, Dresden, 3. 3. 44 RF/M.

32 Der Höhere SS- und Polizeiführer. Dresden, den 5. April 1944. An Reichsführer-SS.

33 Heiber, aaO., S. 15.

34 Der Reichsstatthalter in Sachsen. Dresden A 1, am 25. Juli 1944. An Herrn Reichsführer SS- und Chef der Deutschen Polizei, Reichsminister Heinrich Himmler.

Berlin SW 11, Prinz-Albrecht-Str. 8. (Im Original diese falsche Schreibweise Reichs-führer SS-. G. B.).

35 Ebenda.

36 RF/M. Feldkommandostelle, 31. Juli 1944. An Gauleiter und Reichsstatthalter in Sachsen, Pg. Martin Mutschmann.

37 Ludolf von Alvensleben, Schochwitz, SS-Gruppenführer und Generalleutnant d. Pol. Dresden A 1, Devrientstr. 2, 21. 10. 1944. (Privatbriefkopf, Handschreiben.)

38 »Leipziger Neueste Nachrichten«, Leipzig, 4. 1. 1945.

39 Seydewitz, S. 95.

40 Ebenda, S. 61.

41 Ebenda, S. 206-209.

42 »Tageszeitung für die deutsche Bevölkerung«, Dresden, Nr. 11, 2. 6. 1945.

43 Weidauer, Walter: Inferno Dresden, Berlin (Ost) 1966, S. 110.

Kapitel 8   Die längste Nacht

1 Information Sheet, 8th December, 1939. Operational No: D.46. A.M. No: 3 (c) 27. Vermerk: »Not to be taken into the air.«

2 A/603. 1 PRU. 17-4-42. Dresden.

3 A/603. 1 PRU. 17-4-42. Klotzsche airfield. Im Interpretation Report heißt es: Germany, Dresden, airfield 51° 07′ 40″ N. – 13° 46′ 20″ E. Sheet No. 28. Bemerkungen: »Dieses Flugfeld ersetzte den alten Zivilflughafen in Dresden/Hellerau (gemeint ist der sog. Heller, G. B.), als letzterer wegen seiner schlechten Bodenverhältnisse und Zufahrten geschlossen wurde. Bis zum Kriegsausbruch wurde es von Zivil- und Luftwaffenflugzeugen benutzt. Seit 1936 findet hier ununterbrochen Ausbildung unter Leitung der Luftkriegsschule statt.«

4 Sharp, C. M., and Bowyer, M. J. F.: Mosquito, London 1971, S. 125.

5 Ebenda, S. 133. – District Target Map No. G.82, Dresden, Germany.

6 Im Zentrum des Angriffssektors ist ein einzelnes schwarzes Kreuz eingezeichnet. Das damit gekennzeichnete Gebäude ist das Albertinum, wo sich die unterirdische Befehlszentrale der örtlichen Luftschutzleitung befand.

7 Die im Februar 1945 zur Verfügung stehenden Luftfotos waren z. T. von ausge-zeichneter Qualität. Daß die RAF die Distriktzielkarte aus den Mosquito-Fotos vom September 1943 zusammenklebte und nicht aus besseren von 1944, mag auch mit am Desinteresse an Dresden gelegen haben. – Die Auswertung für Flughafen Klotzsche: Germany, Dresden. Airfield Activity Report 31 May 1944.

8 Tactical Target Dossier. Area 5113 E (Dresden). January 1945. »H« Fuel Dumps. Dresden Hamburger Straße – Bremer Straße – Fluge Weg (Flügelweg, G. B.) – Albert Hafen. Dazu: Foto: Tactical Targets. Commercial Oil Storage Depots – Dresden (Germany). Target No. 5113 E/1/a-d. Photographed 31 May 1944 – Issued February 1945.

9 Tactical Target Dossier. Area 5113 E (Dresden). April 1945. »B« Railway Lines. »D« Roads. Torgau: Railway bridge. – Riesa: Railway and road bridge. – Meißen: Railway bridge. – Cosse/Niederwartha: Railway and road bridge (Gemeint ist Cossebaude, G. B.) – Dresden: Railway bridge. – Erwähnt seien hier nur die exakten Angaben

zu letzterer: »Vierspurige Strecke Dresden (Neustadt) – Dresden Hauptbahnhof. Elfbogige Brücke (auf dem linken Ufer 6 Betonbogen mit Sandsteinverkleidung, 1 von 48,5 Fuß, 5 von 100 Fuß. 4 stählerne gewölbte Trägerüberspannungen über den Fluß, 1 von 123 Fuß, 3 von 216 Fuß, einer 78,5 Fuß Stahlgitter Bogenträger). Länge über alles annähernd 1850 Fuß, Breite annähernd 75 Fuß.« Dazu Foto. Tactical Targets. Railway Bridge over R. Elbe-Dresden (Germany). Target No. 5113 E/6/a. Photographed 7 July 1944 – Issued April 1945.

10 336 P. R. Wing. 3rd Photo Group Rcn. 3 P.T.S. 14th November 1944. Detailed Interpretation Report No. C. 1196. Sortie: 106 G/1260, 7th July 1944. Dresden airfield. In der bis in die kleinsten Einzelheiten gehenden Auswertung heißt es über die außerhalb des Flughafengeländes angelegten getarnten Ausweichabstellplätze: »Nördliche Ausweichabstellfläche besteht aus zwei Rollbahnen, die von der Landebahn wegführen. Die weiter ostwärts gelegene Bahn erstreckt sich ungefähr eine Meile entlang dem Waldrand und führt zu zahlreichen Waldeinschnitten, in einigen von diesen sind Flugzeuge getarnt. Die westlichere Bahn erstreckt sich über die Entfernung einer viertel Meile zur Ecke eines Wäldchens. Zur Zeit gibt es dort keine Flugzeugschuppen und keine Anzeichen dafür, daß die beiden Rollbahnen zusammentreffen. Außerdem befindet sich ein großer offener Flugzeugschuppen ungefähr in der Mitte der nördlichen Begrenzung und möglicherweise ein großer gedeckter Flugzeugschuppen im Bau nahe der Mitte der östlichen Begrenzung.«

11 Smith, Melden E.: The Bombing of Dresden Reconsidered: A Study in Wartime Decision Making, Ann Arbor, Michigan 1971, S. 288.

12 Sortie 325/528. 12/12/44. – Sortie 325/544. 16/12/44. – Sortie 106 G/ 3817. 17/12/44. – Sortie 325/563. 19/12/44. – Sortie 325/564. 19/12/44. – Sortie 325/569. 20/12/44.

13 Sortie US 7/51 C. 23/3/45. Dazu eine Bildauswertung: »Sehr schweren Schaden hat diese kleine Fabrik erlitten während eines der verschiedenen kürzlichen Angriffe auf Dresden. Die Gebäude, die von der Waldschlößchen-Brauerei übernommen wurden, sind fast vollständig ausgebrannt...«

14 Sortie 325/675. 16/1/45.

15 Night Raid Report No. 837. Bomber Command Report on Night Operations 13/14th February, 1945. Bohlen synthetic oil plant: Dresden: Magdeburg: Nuremberg: etc. (Künftig NRR genannt.)

16 Ebenda.

17 Sharp and Bowyer, aaO., S. 301ff.

18 NRR No. 837.

19 Ebenda.

20 Bomber Command Hq., Intelligence Narrative of Operations No. 1007, 13/14 February 1945, issued 1800 hrs. at 18th February 1945.

21 NRR No. 837.

22 Hampe, aaO., C. Einzeldarstellungen: Die Bomben und ihre Beseitigung.

23 SAO, Band III, S. 312f.

24 Ebenda.

25 Intelligence Narrative, aaO.

26 NRR No. 837, Map First Phase.

27 Verfügung Generalstab der Luftwaffe, 1. Abt. Nr. 12 203/45, vom 16. 2. 1945.

28 Intelligence Narrative, aaO. – Die »briefing notes« bei: Hastings, Max: Bomber Command, New York 1979, S. 342.

29 District Target Map, aaO.

30 NRR No. 837, Map First Phase.

31 Ebenda. – Ergänzungen aus dem Archiv des Verfassers, der ab 21.50 Uhr den Sender Horizont der 1. Jagddivision in Döberitz und die örtliche Luftschutzleitung Dresden per Radio abhörte.

32 Zur Rekonstruktion wurden folgende Quellen herangezogen:
   a) Archiv Verfasser.
   b) Bergander, Götz: Die Zerstörung Dresdens – Der Dienstverpflichtete Birke berichtet, »Frankfurter Allgemeine Zeitung«, Frankfurt/M., 8. 2. 1969.
   c) Ehlich, Werner: Die Bombennacht in Zeiten und Zahlen, »Die Union«, Dresden, 14. 2. 1970.
   d) Feydt, Georg: Besprechung des Buches »Der Tod von Dresden« von Axel Rodenberger, »Ziviler Luftschutz«, Heft 4/1953.
   e) Irving, S. 127–170.
   f) NRR No. 837, Map First Phase.
   g) Intelligence Narrative, aaO.
   h) Der Höhere SS- und Polizeiführer Elbe – Befehlshaber der Ordnungspolizei. Schlußmeldung über die vier Luftangriffe auf den LS-Ort Dresden am 13., 14. und 15. Februar 1945. Eilenburg, den 15. März 1945. (Künftig: Schlußmeldung.)

33 Irving, S. 154.

34 NRR No. 837.

35 Intelligence Narrative, aaO.

36 District Target Map, aaO.

37 Archiv Verfasser. – Siehe auch: A.C.I.U. Damage Plot Dresden No. 1. Denotes damage visible up to 22 March 1945. Report No. K. 4171.

38 NRR No. 837 und Map Second Phase.

39 Ehlich, aaO.

40 Ebenda.

41 Ebenda, sowie Schlußmeldung und Intelligence Narrative, aaO.

42 No. 1 Bomber Group Operations Record Book, 13/14th Feb 1945.

43 Ebenda. – Siehe auch Archiv Verfasser.

44 Operational Film No. 257. 463 Squadron. Fl/Lt. Skelton. $01.28^{1}/_{2}$–01.37.

45 Irving, S. 177.

46 NRR No. 837, Map Second Phase. – S. a. Schlußmeldung und Archiv Verfasser.

47 NRR No. 837, Map Second Phase.

48 NRR No. 837.

49 Schlußmeldung.

50 Archiv Verfasser.

51 NRR No. 837.

52 KTB/OKW, Band IV, 2. Halbband, Lagebuch 14. 2. 45, S. 1095.

53 KTB I./NJG 1, 13./14. 2. 45.

54 Mehner, Kurt (Hrsg.): Die geheimen Tagesberichte der deutschen Wehrmachtführung im Zweiten Weltkrieg 1939–1945, Bd. 12, S. 166.

55 Ebenda, S. 167.

56 Ebenda, S. 170.

Britische Quellen weisen im Hinblick auf die Zahl der tatsächlich angreifenden Flugzeuge, der Zeitangaben und der abgeworfenen Bombentonnage geringfügige Unterschiede auf. Sie sind für die Beurteilung ohne Bedeutung. Wir folgen hier der detailliertesten Quelle, dem schon erwähnten Bericht Intelligence Narrative of Operations No. 1007, 13/14th February, 1945.

1. ANGRIFF

5. Bomberflotte   235 Lancasters (incl. Markierer, Beleuchter)
                    9 Mosquitos (Masterbomber, Markierer)

Zeit: Lanc.:   22.03-22.28 Uhr   Höhe: 3400–5400 m.
      Mosq.:   22.05-22.08 Uhr   Höhe: 280–1000 m.

Explosivbomben, Leuchtbomben, Brandbomben	Stück	Tons
4000 lb. H.C. Minenbomben	172	
2000 lb. H.C. Minenbomben	26	
1000 lb. Sprengbomben	72	
500 lb. Sprengbomben	648	507.1
1000 lb. Zielmarkierer	17	
Leuchtkaskaden (Christbäume)	925	
4 lb. Stabbrandbomben	128 550	
4 lb. X Stabbr. m. Sprengsatz	8 250	
4 lb. Stabbrandbomben als Bündel in Abwurfbehältern	68 628	
Stabbrandbomben insgesamt	205 428	374.0

2. ANGRIFF

Reihenfolge des Eintreffens über dem Ziel: 8., 1., 3., 6. Bomberflotte.

8. Bomberflotte – Pfadfinder 60 Lancasters (Masterbomber, Markierer, Beleuchter)

Zeit: 01.21-01.45 Uhr   Höhe: 2400-6300 m.

Explosivbomben, Leuchtbomben	Stück	Tons
4000 lb. H.C. Minenbomben	27	
1000 lb. Sprengbomben	94	
500 lb. Sprengbomben	159	125.7
250 lb. Zielmarkierer	90	10.0
Leuchtkaskaden (Christbäume)	550	

1. Bomberflotte   248 Lancasters

Zeit: 01.23-01.52 Uhr   Höhe: 4800–6400 m.   Stück   Tons

Explosivbomben, Brandbomben

		Stück	Tons
4000 lb. H.C.	Minenbomben	145	
2000 lb. H.C.	Minenbomben	101	
500 lb.	Sprengbomben	111	387,3
4 lb.	Stabbrandbomben	213 933	
4 lb. X	Stabbr. m. Sprengsatz	28 467	
4 lb.	Stabbrandbomben als Bündel in Abwurfbehältern	70 266	
	Stabbrandbomben insgesamt	312 666	558.3

3. Bomberflotte   151 Lancasters

Zeit: 01.25-01.55 Uhr   Höhe: 5000–7000 m.

Explosivbomben, Brandbomben

		Stück	Tons
8000 lb. H.C.	Minenbomben	1	
4000 lb. H.C.	Minenbomben	119	
500 lb.	Sprengbomben	84	234.8
4 lb.	Stabbrandbomben	23 940	
4 lb. X	Stabbr. m. Sprengsatz	1 260	
4 lb.	Stabbrandbomben als Bündel in Abwurfbehältern	105 292	
	Stabbrandbomben insgesamt	130 492	233.0

6. Bomberflotte   65 Lancasters

Zeit: 01.27-01.45 Uhr   Höhe: 5400–6300 m.

Explosivbomben

		Stück	Tons
4000 lb. H.C.	Minenbomben	65	
500 lb.	Sprengbomben	374	
250 lb.	Sprengbomben	155	216.8

Gesamtmenge 1. und 2. Angriff	Stück	Tons
8000 lb. H.C. Minenbomben	1	
4000 lb. H.C. Minenbomben	528	
2000 lb. H.C. Minenbomben	127	
1000 lb. Sprengbomben	156	
500 lb. Sprengbomben	1 376	
250 lb. Sprengbomben	155	1 471.7
4 lb. Stabbrandbomben	648 586	
1000 lb. Zielmarkierer	17	
250 lb. Zielmarkierer	90	1 175.7
Leuchtkaskaden (Christbäume) (ohne Gewichtsangabe)	1 475	

Kapitel 9   Aschermittwoch

1 Angell, aaO., S. 16. – Einsatzberichte der Bombergruppen.

2 Headquarters 1st Air Division, 25 February 1945. Report of Operations, Dresden, 14 February 1945. (Künftig genannt Report Hq. Dresden.) – Außerdem wurden ausgewertet Einsatzberichte der Bombergruppen, hier also: Hq. 305th Bombardment Group (H), 15 February 1945. Narrative Report of Operation – Dresden (Railway Marshalling Yard) (Gr.) – Brux (5032 N – 1338 E) (Gr.), 14 February, 1945.

3 Ich danke Herrn Gerhard Räbiger, Cheffeuerwerker beim Kommando der Schutzpolizei Berlin, für seine sachdienlichen Auskünfte.

4 Intops No. 290, 14 February 1945. – Außerdem: Freeman, Roger A.: Mighty Eighth War Diary, London 1981, S. 439.

5 Intops No. 279, 3 February 1945. – Außerdem Statistical Control Section, aaO.

6 Intops No. 302, 26 February 1945, und Intops No. 322, 18 March 1945. – Siehe auch Statistical Control Section, aaO.

7 Aus den Einsatzberichten der beteiligten Bombergruppen.

8 Intops No. 290, aaO. – Auch: Geheime Tagesberichte, aaO., S. 171.

9 Report Hq. Dresden, aaO.

10 Intops No. 290, aaO.

11 Report Hq. Dresden, aaO.

12 a) Hq. Ninety First Bombardment Group (H), 17 February 1945. Report of Operations Officer, Mission 14 February 1945.

b) Hq. 379th Bombardment Group (H), 18th February 1945. S-2 Teletype Report, »B« Narrative. – Dazu: Photo Interpretation Report.

c) Hq. AAF Station 107, 14 February 1945. Narrative Report of Mission – 303rd Bomb Group – Dresden – 14 February 1945.

13 Außerdem stehen zur Verfügung die Einsatzberichte der 384., 305., 92., 306., 401., 457. und 351. Bombergruppe. (In der Reihenfolge des Anfluges genannt.)

14 Die Rekonstruktion der Flugwege stützt sich in der Hauptsache auf die Flug-streckenkarten der Bombergruppen der 1., 2. und 3. Luftdivision, z.B.: Track Chart 14 Feb., 1945, Dresden. 41st C.Gp.C. (Das ist die C-Gruppe des 41. Kampfge-schwaders, also die 384. Bombergruppe, die als dritter Verband im Geschwader flog, G.B.).

15 Report Hq. Dresden, aaO.

16 Ebenda. – S. a. Report 91st Bomb Group, aaO. – Die Namen der Gruppen bei Freeman, aaO., S. 237-265.

17 Ebenda. – S. a. Hq. 41st Combat Bombardment Wing (H), 18 February, 1945. Combat Mission Report – 14 February, 1945. – Dresden, Germany – 41st CBW »A« Group. (D.i. 379. Bombergruppe, G.B.)

18 Report 91st Bomb Group, aaO.

19 Report Hq. Dresden, aaO.

20 Report 41st CBW »A« Croup, aaO., dazu Photo Interpretation Report, aaO.

21 Report 303rd bomb Group, aaO.

22 Report 305th Bombardment Group, aaO.

   a) Hq. AAF Station No. 106, 16 February 1945. Lead Narrative, 41st »C« Group, for Mission flown on 14 February 1945.

   b) Hq. Ninety Second Bombardment Group (H), 15 February 1945. Report on Planning and Execution of Operation Mission, 14 February, 1945, Target: Dres-den, Germany.

   c) Hq. 306th Bombardment Group (H), 14 February, 1945. Intelligence Narrative. Mission: Dresden, Germany.

   d) 401st Bombardment Group (H), Report of Operational Day Mission Summary Report, 14 February 1945.

24 Re: Field Order No. 629. 457th – Dresden – 14 February 1945.

25 Hq. AAF Station 110, 15 February, 1945. Operational Narrative, 14 February, 1945. 351st Bombardment Group.

26 Intelligence Narrative, 306th Bombardment Group, aaO.

27 Intops No. 290, aaO.

28 Ebenda. – Report Hq. Dresden, aaO., macht keine exakten Angaben, wie viele Flugzeuge Dresden angegriffen haben. Hingegen heißt es in: Interpretation Report S.A. 3207, Attack on Dresden, Marshalling Yard on 14 Feb 1945:
No. of aircraft: 311, with full fighter escort
Time: 1217–1231 A hours
Bombs: 1898 × 500-lb. G. P.
               1186 × 500-lb. I. B.
(G. P. = General Purpose = Sprengbomben. I. B. = Incendiary Bombs = Brand-bomben, d. h. hier die Stabbrandbombenbehälter zu 500 Pfund, G. B.) – Später ist auch von 316 Flugzeugen die Rede, sofern sich Autoren auf Eighth Air Force Target Summary, S. 20, berufen. Wobei dann merkwürdigerweise die abgeworfene Tonnage etwas niederiger liegt als bei Intops.

29 Intops, aaO. – Zur Ergänzung s. a. Hq. 1st Air Division, Immediate Interpreta-tion Report No. 232, 0530 hours, 15 February, 1945. Dazu Supplement to Immed. Interpretation Report No. 232.

30 Immediate Interpretation Report No. K. 3742. 15 Feb 1945. Locality: Dresden. 542 Squadron. Sortie 160G/4289. Mean time and date of photography: 1315 A hours on 14 Feb 1945. – Es ist kennzeichnend für die Schwierigkeit, Luftbilder von Dresden zu finden, daß von den 108 bei dieser Gelegenheit angefertigten Fotos nur noch eines verfügbar ist.

31 Interpretation Report S. A. 3207, aaO. – S. a. Archiv Verfasser.

32 Ebenda, sowie Approximate Bomb Plot, 14 February 1945.

33 Archiv Verfasser. – Siehe auch Luftfotos Sortie US7GR/146B, 17 April 1945, prints 7008, 7009. Desgl. Sortie US7GR/14OD, 19 April 1945, prints 3070, 3072, 3073, 8032, 8035, 8036, 8038.

34 Intops, aaO.

35 Der Chef der Ordnungspolizei, Berlin, den 7. März 1945. Betr.: Luftangriffe auf das Reichsgebiet. Lagemeldung Nr. 1389. BdO. Prag – Nachtrag 14. 2. Brüx.

36 Intops, aaO.

37 Der Chef der Ordnungspolizei, aaO., BdO. Prag – 14. 2. Prag.

38 Intops, aaO.

39 Ebenda.

40 Middlebrook, Martin, Everitt, Chris: The Bomber Command War Diaries, London 1985, S. 664.

41 Headquarters 1st Air Division, 23 February 1945. Report of Operations. Bohlen, 15 February 1945. – Einzelheiten über die Angriffsvorbereitungen in: Hq. 305th Bombardment Group (H), 16 February, 1945. Narrative Report of Operations – Dresden (Center of Industrial Area) (Gr), 15 February, 1945.

42 Ebenda, sowie in Einsatzberichten der Bombergruppen.

43 Headquarters 3d Air Division. Tactical Report of Mission – Ruhland, Wesel – 15 February 1945.

44 Ebenda, sowie Headquarters 2d Air Division, 1 April 1945. Tactical Report of Mission, Magdeburg, 15 February 1945.

45 Ebenda. – Die Rekonstruktion der Flugrouten stützt sich auf die Flugstreckenkarten der Bombergruppen der 1., 2. und 3. Luftdivision, z.B.: Track Chart 305th Bombardment Group (H), 40th CBW »C« Group, 15 February, 1945. Dresden.

46 Headquarters 1st Air Division, Report of Operations, aaO.

47 Ebenda.

48 a) Hq. 41st Combat Bombardment Wing (H), 19 February, 1945. Combat Mission Report – 15 February, 1945 – Leipzig (Bohlen). 41st CBW »A« Group.
   b) Hq. AAF Station No. 107, 15 February 1945. – Narrative Report of Mission, 303rd Bomb Group, Dresden. 15 February 1945.
   c) Hq. AAF Station No. 106, 17 February 1945. Air Commanders Narrative, 41st »B« Group, for Mission on 15 February 1945.

49 Hq. 3d Air Division, Tactical Report of Mission, aaO.

50 a) Hq. 94th Combat Bomb Wing (H), 18 Feb. 1945. Mission Summary, 15 February 1945, Bohlen, Germany
   b) 401st Bombardment Group (H), Report of Operational Day Mission Summary Report, 15 February 1945.
   c) Hq. AAF Station 110, 351st BG, 16 Februay, 1945. Operational Narrative.

d) Hq. 1st Combat Bombardment Wing (H), 18 February, 1945. Mission Report, Dresden, 15 February, 1945.

e) Hq. Ninety First Bombardment Group (H), 16 February 1945. Report of Operations Officer, Mission 15 February 1945.

51 f) Hq. 305th Bombardment Group (H), 15 February, 1945. aaO.
Air Commanders Narrative, 41st »B« Group, aaO.

52 Angell, S. 20, 28, 32.

53 Archiv Verfasser. Die stärkste Konzentration der Sprengbombeneinschläge entstand in der Südvorstadt zwischen Nöthnitzer Straße – Plauenschem Ring – Helmholtzstraße. Siehe auch Seydewitz, S. 120. – Außerdem: Geheime Tagesberichte, aaO., S. 178.

54 Schlußmeldung. – Archiv Verfasser. – Siehe Fußnote 33 dieses Kapitels. – Den Hinweis auf diese Meldung (Stadtarchiv Pirna) verdanke ich Prof. Dr. Dr. Peter Brunner, Aschaffenburg.

55 Chef der Ordnungspolizei. Berlin, 10. März 1945. Betr. Luftangriffe auf Reichsgebiet. Lagemeldung Nr. 1392. BdO. Breslau – 15. 2. Cottbus:
»Etwa 4000 Sprengbomben auf Bahnhof, Bahnanlagen, Süd- und Ostteil der Stadt und Siedlung Branitz. Im Bahnhof Muni.-Zug, Flüchtlingszug, Sanitätszug und eine Anzahl Militärzüge getroffen. Hier etwa 300 Gefallene. Ferner Krankenhaus getroffen; hier etwa 40 Gefallene. Frauenzuchthaus total; hier etwa 100 Gefallene. Kriegslazarett getroffen; auch hier Gefallene. 211 Wohnhäuser, 10 Wirtschaftsgebäude, 7 öffentl. Gebäude, 14 Industriebetriebe und 2 Verkehrsanlagen total. 273 Wohnhäuser, 12 Wirtschaftsgebäude, 4 Industriebetriebe, 1 Versorgungsbetrieb und 1 Verkehrsanlage schwer... Bisher gemeldete Gesamtpersonenverluste: etwa 1000 Gefallene... Die Anzahl der Obdachlosen wird mit etwa 13 000 angegeben.«
In dieser Meldung gesondert erwähnte Schäden in Branitz, Ströbitz, Dissenschen, Merzdorf, Schlichow, Madlow und Kiekebusch, wo die Autobahnbrücke über Reichsbahnstrecke Cottbus-Görlitz beschädigt wurde.

56 Intops No. 291, 15 February 1945.

57 Murawski, Erich: Der deutsche Wehrmachtbericht 1939–1945, Boppard 1962, S. 479, 480.

58 Supplement to Immediate Interpretation Report No. K. 3742. 18 Feb 1945. Locality: Dresden. 542 Squadron. Sortie 106G/4332. Mean time and date of photography: 1530 A hrs. on 15 Feb 1945.

59 Interpretation Report No. G. 2846. 16. 3. 45. Photographs taken on 15. 2. 45. Sortie SA 60/1001. Locality: Dresden (Germany).

60 Luftkriegsschule 1 Dresden. L.K.S. 1 F 46/45 B... 16. 2. 45. Zeit 15.30. Oberst Wenz. – Archiv Grosholz. Der Verfasser dankt Frau Ingeborg Grosholz für die freundliche Erlaubnis zur Verwendung der Fotos.

61 Ebenda.

62 Die Alarme in Dresden: Archiv Verfasser, W. Bielß.

63 Studie 183, S. 1188.

64 KTB/OKW, Band IV, 2. Halbband, Lagebuch 15. 2. 45, S. 1097.

65 Verluste der Gruppen der Jagdgeschwader 300 und 301 am 14. 2. 45 bei folgenden Orten:

I./300 Dahlen. II./300 Chemnitz, Alt-Lönnewitz, Freiburg/Sachsen. III./300 Naum-hof, Wittenberg. I./301 Dresden. II./301 Leipzig.
Ich danke Werner Girbig, Hattersheim, und Hans Ring, Übersee, für die freundliche Übermittlung dieser Fakten.
66 Studie 183, S. 1225.

Kapitel 10   Aus deutscher Sicht

 1 DdK, Band II/1, S. 440ff.
 2 Rumpf, Hans: Der hochrote Hahn, Darmstadt 1952, S. 133.
 3 Ebenda, S. 107.
 4 Feydt, aaO., Heft 4/1953.
 5 Irving, S. 200f.
 6 Bergander: Der Dienstverpflichtete Birke berichtet, aaO.
 7 Ebenda.
 8 Ebenda.
 9 Weidauer, aaO., Abbildungsteil.
10 Schlußmeldung.
11 Der Chef der Ordnungspolizei. Berlin, den 14. März 1945. Betr.: Luftangriffe auf das Reichsgebiet. Lagemeldung Nr. 1396. BdO. Dresden – Nachtrag: 13., 14. u. 15. 2.
12 Bergander, aaO.
13 Ebenda.
14 Ebenda.
15 Kurznachrichten für die vom Luftkrieg betroffene Bevölkerung, Dresden, 14. Februar 1945.
16 Ebenda.
17 Ebenda. – Das Evakuierungsgerücht taucht in ausländischen Presseberichten auf: »Seit gestern ist Dresden zur Frontstadt erklärt. Der Ausnahmezustand ist verhängt worden. Frauen und Kinder werden zusammen mit den Flüchtlingen evakuiert, d. h. sie werden auf die Landstraßen nach Westen und Südwesten getrieben...« »Svenska Dagbladet«, Schweden, 15.2. 1945, in DdK, 2. Beiheft, S. 462. Dort auch auf S. 467 »Svenska Morgonbladet«, 17.2. 1945: »In Berlin erfährt man vertraulich, daß Dresden bei den vier aufeinanderfolgenden Angriffen so vollständig zerstört wurde, daß ein Befehl zur Totalevakuierung erlassen werden mußte...«
18 Übersetzung aus dem Englischen; USAF Historical Division Archives besitzt den englischen Text, jedoch nicht das deutsche Original der Meldung vom 14. 2. 1945. Im Englischen lauten Adresse und Absender: »To Chief of Civil Police Luftgau-kommando III.« »From Commander Civil Police, Dresden.«
19 Übersetzung aus dem Englischen, Himmler an v. Alvensleben; vgl. Fußnote 18.
20 Dieses Dokument ist im Original erhalten: Reichsführer-SS an Höheren SS- und Polizeiführer Elbe, SS-Gruppenführer v. Alvensleben, Dresden. 15. 2. 45 RF/M. (Bundesarchiv Koblenz).
21 Übersetzung aus dem Englischen: 15. 2. 1945 »To Chief of Civil Police Luftgau-kommando III Berlin-D.« »Commander, Civil Police, Dresden.« – Vgl. Fußnoten 18 und 19.

22 Hampe, aaO. S. 210f.

23 »Der Freiheitskampf«, Dresden, 17. 2. 1945.

24 Schlußmeldung.

25 Beobachtungen des Verfassers. – »Der Freiheitskampf«, 17. 2. 1945.

26 Beobachtungen des Verfassers.

27 DdK, Band II/1, S. 440ff.

28 Ebenda.

29 Ebenda.

30 Ebenda.

31 Ebenda.

32 Ebenda.

33 Schlußmeldung.

34 Rodenberger, Axel: Der Tod von Dresden, Dortmund 1951, S. 158–160.

35 Auf Rodenberger stützt sich: Czesany, Maximilian: Nie wieder Krieg gegen die Zivilbevölkerung, Graz 1964. – Siehe auch DdK, 1. Beiheft, S. 288-334.

36 Dollinger, Hans (Hrsg.): Schwarzbuch der Weltgeschichte, München 1973, S. 449f.

37 Feydt, aaO., Heft 4/1953.

38 Hauschild-Thiessen, Renate (Bearbeiterin): Die Hamburger Katastrophe vom Sommer 1943 in Augenzeugenberichten. Hamburg 1993, S. 245.

39 Weidauer, aaO., S. 119–125.

40 Schlußmeldung.

41 KTB/OKW, Band IV, 2. Halbband, Lagebuch 14. 2. 45, S. 1182/3, Lagebuch 15. 2. 45, S. 1097. Auch der Angriff am 15. 2. wurde zunächst überschätzt, siehe Lagebuch 16. 2. 45, S. 1100: »Von Westen aus alle amerik. 4mot. Bomber zum nochmaligen Angriff gegen Dresden; Teile gegen (Cottbus und Spremberg, ferner schwere Schäden in Magdeburg.« – Siehe auch Lagebuch 19. 3. 45, S. 1182f.

42 DdK, Band II/1, S. 440ff. – Czesany, aaO., S. 136. – Siehe auch Czesany, Maximilian: Apokalypse an der Elbe, in »Christ und Welt«, 13. 2. 1970; er hält dort auch an 1 100Bombern für den 14. Februar fest. – Siehe auch Paul, Wolfgang: ... zum Beispiel Dresden, Frankfurt/Main 1962, S. 8: »Es ist Krieg, und zweitausend Flugzeuge steigen auf mit zehntausend Männern. Noch nie sind in diesem Krieg so viele Flugzeuge am Himmel gewesen, um ein einziges Ziel zu finden...« Siehe auch Dollinger, Hans (Hrsg.), und Jacobsen, Hans-Adolf (wiss. Beratg.): Die letzten hundert Tage, München–Wien-Basel 1965, S. 260: »Schwerster Luftangriff mit größtem Bombereinsatz während des Krieges auf eine deutsche Stadt.«
Es gab weitaus schwerere Angriffe auf andere deutsche Städte. Das Außerordentliche am Fall Dresden war ja gerade, daß die Zerstörungen mit einer nicht außergewöhnlichen Flugzeugzahl erreicht worden sind.
Die Zahl der beteiligten Maschinen des Bomberkommandos war seit dem Morgen des 14. Februar 1945 bekannt; der Verfasser hörte in den Frühnachrichten vom Londoner Rundfunk die Meldung über 800 Lancasters, die Dresden angegriffen hatten. Diese Zahl erscheint in Pressemeldungen: »Neue Zürcher Zeitung«, 14. 2. 1945, »Dagens Nyheter«, 15. 2. 1945. In dem schwedischen Blatt ist auch zu lesen, das britische Luftfahrtministerium habe bekanntgegeben, daß Hunderte von 1,8-Tonnen-Sprengbomben und an die 650 000 Brandbomben auf Dresden abgeworfen wurden.

43 Schlußmeldung.
44 Ebenda.
45 Ebenda.
46 Einsatzberichte der 8. Luftflotte.
47 Sparing, Rudolf: Der Tod von Dresden, in »Das Reich«, 4.3. 1945.
48 Ebenda. – Daß der Artikel im »Reich« seinen Eindruck nicht verfehlte, geht aus dem darüber in »Dagens Nyheter« vom 10. 3. 1945 veröffentlichten Bericht des Berlin-Korrespondenten hervor. In DdK, 2. Beiheft, S. 475.
49 Ich danke Christian Just, Freiburg i.Br., für die Erlaubnis zur auszugsweisen Veröffentlichung seines Berichtes. – Ergänzend zu diesem Kapitel sei verwiesen auf: Neutzner, Matthias (Hrsg.): Lebenszeichen, Dresden im Luftkrieg 1944/45, Dokumentation der Ausstellung. Dresden 1991.

Kapitel 11   Phosphor – Tiefangriffe

 1 Seydewitz, S. 74, 78, 79.
 2 Ebenda, S. 111.
 3 Czesany: Apokalypse an der Elbe, aaO.
 4 Rodenberger, aaO., S. 88.
 5 Irving, David: Und Deutschlands Städte starben nicht, Zürich 1963, S. 368.
 6 DdK, Band II/1, S. 440ff.
 7 Mitteilung Alfred Birkes an den Verfasser.
 8 Gau Mark Brandenburg. Fernschreiben 8. 9. 1941, 11.30 Uhr. An die Partei-Kanzlei, Berlin/München.
 9 Reichspropagandaamt Kiel. Fernschreiben 8.9. 1941. An Reichsministerium für Volksaufklärung und Propaganda.
10 Der Polizeipräsident als örtlicher Luftschutzleiter. Berlin, 8. 9. 1941. Luftangriff vom 7./8.9. 1941, Lagebericht nach dem Stande von 15.00 Uhr. – Siehe auch Nachtragsbericht vom 12. 9. 1941.
11 Wellington-Bomber des Bomberkommandos hatten am 31.3. 1941 die erste 4000-lb.-Minenbombe auf Emden abgeworfen. Der erste Abwurf auf Berlin wird gemeldet in: Der Polizeipräsident als örtlicher Luftschutzleiter. Berlin, 3. 8. 1941. Luftangriff am 3. 8. 1941. Lagebericht nach dem Stande von 8.00 Uhr.
12 Lagebericht, 8.9. 1941, aaO.
13 SD-Berichte, 1.7. 1943, Boberach, S. 330f.
14 LK-Mitteilung Nr. 6, 10.7. 1943. Schnellbrief: An die Mitglieder des Interministeriellen Luftkriegsschädenausschusses und die Herren Gauleiter.
15 Der Polizeipräsident von Hamburg hielt am 16. 8. 1943, also nach den Vernichtungsangriffen, fest: »Oberstltn. Dr. Schubert wies darauf hin, daß alles Gerede über das Abregnen von Phosphor haltlos sei. Ein Hinweis in der Presse wird veranlaßt. Die Betriebs- und Werksluftschutzleiter haben ihre Gefolgschaften bereits mündlich aufzuklären.« In: DdK, Band II/1, S. 324.
16 »Berliner Lokal-Anzeiger«, Berlin, 14. 6. 1944.
17 »Leipziger Neueste Nachrichten«, Leipzig, 2. 1. 1945.
18 Intelligence Narrative of Operations, No. 1007, aaO.

19 Zehn Tage werden erreicht in dem Buch von Hofmann, Erna Hedwig: Kreuzchor anno 1945, Berlin (Ost) 1968, S. 15.

20 Archiv Grosholz, aaO.

21 Sparing: Der Tod von Dresden, aaO.

22 Rumpf, aaO., S. 133.

23 Czesany: Nie wieder Krieg gegen die Zivilbevölkerung, aaO., S. 137f.

24 Seydewitz, S. 105f. – Siehe auch Hofmann, aaO., S. 13.

25 Studienrat Gebauer, einer meiner ehemaligen Lehrer an der Kreuzschule, erzählte mir im Winter 1945/46, wie es wirklich war.

26 Mitteilung von Dr. Helmut Schnatz, Koblenz.

27 Rumpf, aaO., S. 107. – Craig, William: Als Japans Sonne unterging, Wien 1970, S. 34.

28 Freeman, aaO., S. 151.

29 »Berliner Lokal-Anzeiger«, Berlin, 23. 5. 1944. Ebenda der Wehrmachtbericht vom 22. Mai, in dem es heißt: »Nordamerikanische Jagdfliegerverbände führten gestern Angriffe auf Ortschaften und Personenzüge in Nord- und Mitteldeutschland aus. Es entstanden Verluste unter der Bevölkerung. Leichte Flakbatterien der Luftwaffe und der Marineflak schossen 32 feindliche Flugzeuge ab.«

30 Rumpf, aaO., S. 133.

31 Rodenberger, aaO., S. 123, sowie Czesany: Nie wieder Krieg gegen die Zivilbevölkerung, aaO., S. 139f.

32 Seydewitz, S. 80.

33 Irving, David: Wie Deutschlands Städte starben, »Neue Illustrierte«, Köln, Nr. 25/1962.

34 Irving: Und Deutschlands Städte starben nicht, aaO., S. 370.

35 Irving: Der Untergang Dresdens, aaO., S. 184f.

36 Ebenda.

37 20th Fighter Group. Intelligence Bulletin, 14 Feb 1945. Mission No. 260.

38 20th Fighter Group. Briefing Notes, 14 Feb 1945. »Vg 1 – 1 + 1 – 2« bedeutet das Rufzeichen »Vinegrove« für die Bomber.

39 Seit dem 10. Oktober 1944 unterstanden die drei Jagdgeschwader der 8. Luftflotte vollständig den Bomberdivisionen. Das 67. Jagdgeschwader gehörte zur 1. Division, das 65. zur 2. Division und das 66. zur 3. Division. (Nach Freeman, aaO., S. 190.) – Plan »B‹ to Field Order No. 1622 A, 14 February 1945. Fighter-Bomber Communications, Routes and Timings, GH 584 Dresden R/W Marshalling Yards.

40 Mission Summary Report, February 14, 1945. 20th »A« und »B« Fighter Groups, Lt.Col. Montgomery and Major Nichols leading.

41 Ebenda.

42 Annex to Mission Summary Report, aaO.: Mission Summary Report 55 Fighter Squadron. A Group – Maj Gatterdam. B Group – Capt. Fruechtenicht.

43 Mission Summary Report, aaO.

44 Missing Air Crew Report 12326, National Archives, Wash., Record Group, 92. – Vermerk des Ordnungsamtes der Stadt Donauwörth v. 3. 12. 69. Hinweis und Einblick verdanke ich freundlicherweise Hans Grimminger, Augsburg, und Dr. Helmut Schnatz.

45 Annex, aaO.: Encounter Report Capt. John K. Brown, 14 February, 1945. 55th Fighter Squadron.

46 Annex, aaO.: Mission Summary Report 77th Fighter Squadron.

47 Ebenda.

48 Annex, aaO.: Mission Summary Report 79th Fighter Squadron.

49 Mission Summary Report, 20th Fighter Group, aaO.

50 Mission Summary Report, February 14, 1945. 356 »A« und »B« Fighter Groups, Major Wood and Capt. Bruner leading.

51 Mission Summary Report, February 14, 1945. 359 Fighter Group. Lt.Col. Roy W. Evans Ieading »A« Group. Lt.Col. Daniel D. McKee leading »B« Group. – Missing Air Crew Report 12330. Mitteilung Dr. Helmut Schnatz.

52 Mission Summary Report, February 14, 1945. 364th Fighter Group. Lt. Col. Roberts leading »A«, Capt. Bankey leading »B«.

53 Mission Summary Report No. 405, February 14, 1945. 352nd 352nd »A« und »B« Groups. »A« Group Col. Mayden leading. »B« Group Lt.Col. Jackson leading. – Siehe auch Intops No. 290, 14 February 1945.

Etwa zur gleichen Zeit wie Dresden wurde Chemnitz bombardiert. Das war Aufgabe der 3. Luftdivision, die von vier Jagdgruppen eskortiert wurde. Die Prüfung der Einsatzberichte dieser Jagdgruppen ergab, daß auch keiner ihrer Jäger Tiefangriffe in Dresden geflogen hat. Vielmehr vollzog sich der Übergang zu den für den Rückflug für einen Teil der Gruppen angeordneten Tiefangriffen, ähnlich wie beim Begleitschutz der 1. Division, allmählich in langsamem Sinken bis in Gebiete des Vogtlandes, Thüringens, Hessens und Bayerns. Namentlich werden folgende Gebiete genannt, in denen Tiefangriffe auf Lokomotiven, fahrende Züge, Eisenbahneinrichtungen, Lastkraftwagen durchgeführt wurden: Gegend von Fulda, Karlstadt, Weimar, Kulmbach, Hof, Greiz, Adorf, Plauen, Reichenbach, Saalfeld, Schweinfurt, Bamberg, Gießen.

Ausgewertet wurden folgende Dokumente, alle 14. 2. 1945:

Mission Summary Report, 78th Fighter Group.

Mission Report, 339th Fighter Group.

Mission Summary Report, 353rd Fighter Group.

Mission Report, 357th »A« & »B« Fighter Groups.

54 Der Chef der Ordnungspolizei, Lagemeldung Nr. 1389, aaO. BdO. Prag – Nachtrag 14. 2.

Siehe auch: Der Chef der Ordnungspolizei. Berlin, den 27. Februar 1945. Betr.: Luftangriffe auf das Reichsgebiet. Lagemeldung Nr. 1381. BdO. Nürnberg- Nachtrag 14. 2.; diese Meldung gibt Auskunft über die Tieffliegerangriffe im Raum Nürnberg während des Rückflugs der Jagdgruppen am 14. Februar:

Groß-Albersdorf (Krs. Sulzbach-Rosenberg).

Bahnhof und Güterzug m. Bordwaffen beschossen. Eine Anzahl Wagen u. 1 Geräteschuppen leicht.

Rednitz (Krs. Lichtenfels).

Bahnhof u. Lok. m. Bordwaffen beschossen – keine zusätzl. Schäden. Altenmuhr (Krs. Gunzenhausen).

Militär-Transportzug der Strecke Ansbach-Treuchtlingen bei Bhf. Altenmuhr m. Bordwaffen beschossen. Lok. besch., 4 Verw. Krs. Hofheim – Pferdefuhrwerke beschossen.

Ottensoos (Krs. Lauf).

Bahnhof u. Personenzug m. Bordwaffen beschossen.

Schwabach (Krs. Lauf).

Bhf., Lok. u. Betriebsgebäude m. Bordwaffen beschossen.

Hedersdorf (Krs. Lauf).

Bei dem bereits gemeldeten Bordwaffenangriff auf Reichsautobahn und Lastzug 1 Gefallener.

Wolfshöhe (Krs. Lauf).

Lastzug auf Reichsautobahn m. Bordwaffen beschossen, 1 Verw.

Krs. Kulmbach zwischen Neumarkt und Bischofsgrün.

Personenzug beschossen, 4 Gefallene, 8 Verwundete.

Partenstein (Krs. Lohr).

Personenzug, Lok. mit Bordwaffen beschossen, 2 Gef., 2 Verw.

Beilstein (Krs. Lohr).

Leergüterzug Lok. m. Bordwaffen beschossen.

Krommental-Wiestal (Krs. Lohr).

2 Güterzüge – 1 Lok. m. Bordwaffen beschossen, 1 Verwundeter.

Heustreu (Neustadt/Saale).

Güterzug. 1 Bahnwärterhaus. 1 Lok. m. Bordwaffen beschossen. 1 Verwundeter.

55 Murawski, aaO., S. 470.

56 Ebenda. S. 472.

57 Ebenda, S. 474ff.

58 Ebenda, S. 479ff.

59 Schlußmeldung.

60 Ebenda.

61 Der Chef der Ordnungspolizei. Berlin, den 22. März 1945. Betr.: Luftangriffe auf das Reichsgebiet. Lagemeldung Nr. 1404. BdO. Dresden – Nachtrag. 13., 14. u. 15. 2. Dresden.

62 Ander, Roland: »Unvergessen ist die Brandnacht«, in »Die Union«, Dresden, 13. 2. 1978.

63 Sparing, »Der Tod von Dresden«, aaO.

64 Geheime Tagesberichte, aaO., S. 170 ff.

65 Schnatz, Helmut: Britische und amerikanische Tiefangriffe am 13. und 14. 2. 1945 in Dresden – Eine Kontroverse. Unveröff. Manuskript.

66 Ich danke Wolfgang Weichold, Pritzwalk, für seine Mitteilung.

67 Brief von Christian Just, Freiburg i.Br., an den Verfasser. Sein Klassenkamerad, der die gleichen Beobachtungen machte, ist Dr. Gerhard Trenkler, Graz.

68 Die Überlassung der Briefe von J.A. Rietschel verdanke ich Helmut Schnatz.

69 Schlußmeldung.

70 Ich danke Wolfgang Paul, Berlin, für seine Angaben.

71 Ebenso gilt mein Dank Frau Hanna Paul, geb. Möller, Berlin.

72 Ich danke Frau Ilse Klamka, Kiel, für ihre Mitteilungen.

73 Karlheinz Vater, Berlin, danke ich für seinen detaillierten Bericht.

74 s.a. Schnatz, aaO.

Kapitel 12   Flüchtlinge – Tote

1 Rodenberger, aaO., S. 14.
2 Rumpf, aaO., S. 133.
3 Rodenberger, aaO., S. 14, und Czesany: Nie wieder Krieg gegen die Zivilbevölkerung, aaO., S. 134.
4 Holm, P. C.: Dresden. Wie kam es zu dem Bombardement?, »Welt am Sonntag«, Hamburg, 6. 2. 1955.
5 Feydt, aaO., Heft 4/1953.
6 Beobachtungen des Verfassers.
7 Seydewitz, S. 96.
8 Der Chef der Ordnungspolizei. Lagemeldung Nr. 1396, aaO.
9 Der Rat der Stadt Dresden, Dezernat Bauwesen. Planungsgrundlagen, Planungsergebnisse, Dresden 1950, S. 15.
10 Ebenda, S. 17.
11 DdK, Band II/1, S. 146.
12 KTB/OKW, Band IV, 2. Halbband, Lagebuch 16. 2. 1945, S. 1100.
13 »Svenska Morgonbladet«, 17. 2. 1945, aaO.
14 »Svenska Dagbladet«, Schweden, 21. und 25. 2. 1945, in DdK, 2. Beiheft, S. 267ff.
15 Sparing: Der Tod von Dresden, aaO.
16 »Dagens Nyheter«, Schweden, 16. 2. 1945, in DdK, 2. Beiheft, S. 464f.
17 »Svenska Morgonbladet«, 17. 2. 1945, aaO.
18 »Svenska Dagbladet«, 25. 2. 1945, aaO.
19 Rodenberger, aaO., S. 148. – Der deutsche General von Kirchenpauer schrieb nach dem Krieg für die amerikanische Armee ein Manuskript, in dem er als wahrscheinliche Totenzahl 200 000 nennt: Die Bombenangriffe auf Dresden Februar 1945. Historical Division European Command, 1950.
20 Rumpf, Hans: Das war der Bombenkrieg, Hamburg 1961, S. 109. – Die Zahl 60 000 wurde auch im OKW angenommen, siehe KTB/OKW, Band IV, 1. Halbband, S. 970, Anhang »Der Luftkrieg«.
21 Feydt, aaO., Heft 4/1953. Die genannte Strecke ist etwa 1200 Meter lang und 50 Meter breit.
22 Holm: Dresden. Wie kam es zu dem Bombardement?, aaO.
23 Czesany: Nie wieder Krieg gegen die Zivilbevölkerung, aaO., S. 141 f.
24 »Aktuell«, München, Heft 6/1962.
25 Jacobsen, Hans Adolf, und Dollinger, Hans (Hrsg.): Der Zweite Weltkrieg in Bildern und Dokumenten, München 1962, Band III, S. 445. – Vgl. Dollinger, Jacobsen: Die letzten hundert Tage, aaO., S. 260: »Gesamtverlust der Bevölkerung ungeklärt, schätzungsweise über 200 000 Tote.« Zugleich wird aber aus Irvings Dresden-Buch zitiert, aus dem man die damals auch von Irving angenommene Zahl 135 000 Tote hätte übernehmen können. – Bei Angell, S. 35, werden 25 000 Tote angegeben.
26 Firkins, Peter: Strike and Return, Perth o. J., S. 169.
27 Seydewitz, S. 141.

28 Loch, Hans: Auferstehung einzigartiger Kunst durch edle Freundestat, Berlin (Ost) 1955, S. 6f.

29 Weidauer, aaO., 1. Aufl. 1965; der Beweis in der 2. Aufl. 1966, S. 114ff.

30 Irving, David: The Dresden Raids, letter to »The Times«, July 7th, 1966.

31 Associated Press, London, 7. Juli 1966, ap 31 Ausland.

32 Associated Press, London, 23. Januar 1967, ap 34 Ausland.

33 Ebenda.

34 Dresden Rebuilt. »Time«, New York, February 23, 1970.

35 Czesany: Apokalypse an der Elbe, aaO.

36 Ehlich: Die Bombennacht in Zeiten und Zahlen, aaO. – Berliner Rundfunk, Berlin (Ost), 23. 1. 1973, 20 Uhr: Die US-Bombardierungen in Vietnam im historischen Vergleich. – 45 000 Tote in: »National-Zeitung«, Berlin (Ost), 13. 2. 1971. – Weltgeschichte in zehn Bänden, Bd. 10. Hrsg. Akademie der Wissenschaften der UdSSR. (Ausgabe in deutscher Sprache): VEB Deutscher Verlag der Wissenschaften, Berlin (Ost) 1968, S. 471. (Russ. Originalausg. 1965). – Sowjetskaja Wojennaja Enzyklopädija. Wojennoje Isdateltswo Ministerstwa Oberonii SSSR. Moskau 1977, Bd. 3, S. 260. – Für diesen Hinweis danke ich Dr. Hermann Rahne, Dresden.

37 Ehlich, aaO.

38 Ebenda.

39 Ebenda, sowie Seydewitz, S. 138ff., und Irving, S. 254.

40 »Goebbels, Joseph in: Deutsche Wochenschau Nr. 9/754/1945.

41 Der Prozeß gegen die Hauptkriegsverbrecher vor dem Internationalen Militärgerichtshof. Amtlicher Text in deutscher Sprache, Band XVII. Samstag, 29. Juni 1946, Vormittagssitzung.

42 Ebenda.

43 Der Chef der Ordnungspolizei. Lagemeldung Nr. 1396, aaO.

44 Weidauer, aaO., S. 127f.

45 Der Chef der Ordnungspolizei. Lagemeldung Nr. 1404, aaO.

46 Schlußmeldung.

47 Ebenda.

48 Der Chef der Ordnungspolizei. Berlin, den 3. April 1945. Betr.: Luftangriffe auf das Reichsgebiet. Lagemeldung Nr. 1414. BdO. Dresden – Nachtrag 13./15. 2. Dresden.

49 Weidauer, aaO., S. 118–121.

50 Ebenda.

51 Ebenda, sowie Schreiben W. Weidauers an den Verfasser.

52 Ebenda. Siehe auch Seydewitz, S. 141, sowie Mitteilung W. Weidauers an den Verfasser.

53 Dollinger: Schwarzbuch der Weltgeschichte, aaO., S. 449f.

54 Rumpf: Das war der Bombenkrieg, aaO., S. 108.

55 KTB/OKW, Band IV, 2. Halbband, Lagebuch 4. 2., 6. 2. und 13. 2. 45, S. 1072, 1074, 1092. – Siehe auch Der Chef der Ordnungspolizei. Berlin, den 23. Februar 1945. Betr.: Luftangriffe auf das Reichsgebiet. Lagemeldung Nr. 1377. Kdo. d. Schutzpolizei Berlin – Nachtrag 3. 2.

56 a) »Telegraf«, Berlin, 10. 4. 1948.
   b) »Neues Deutschland«, Berlin (Ost), 3. 2. 1955.

c) »Berliner Zeitung«, Berlin (Ost), 3. 2. 1957.

d) Verrier, aaO., S. 280.

e) Irving, S. 115.

57 Hochhuth, Rolf: Churchill. Deutsches Fernsehen – Norddeutscher Rundfunk, 2. 12. 1974.

58 »Süddeutsche Zeitung«, München, 14. 2. 1975. – Irving, S. 254.

59 Guratzsch, Dankwart: Ein Zahlenspiel mit Toten, in »Die Welt«, Hamburg, 15./16. 2. 1975.

60 Fritsch-Seerhausen, Frhr. v.: Leserbrief an »Die Welt«, Hamburg, 25. 2. 1975.

61 Matthes, Eberhard: Gedächtnisbericht über die militärischen Ereignisse in und um Dresden vom Januar 1945 bis zur Kapitulation Mai 1945. – Ich danke Oberstltn. a.D. Matthes für seinen erläuternden Brief. Darin heißt es, der Befehl zur Meldung sei ihm von einem Stabsoffizier im Auftrag von General Krebs aus dem Führerbunker erteilt worden mit dem Zusatz »Zur Vorlage beim Führer«. General von Gilsa habe in seiner Gegenwart die Meldung unmittelbar an Krebs gegeben, mit dem er auch noch andere Dinge besprochen habe. Zusätzlich sei die Meldung per Funk abgesetzt worden, von ihm – Matthes – signiert. (Gen.Oberst Krebs war Chef des Generalstabs des Heeres, Gen. von Gilsa Kommandant des Festungsbereiches Dresden, G. B.)

62 Brunswig, Hans: Feuersturm über Hamburg, Stuttgart 1983, S. 360 f.

63 Feydt, aaO., Heft 5/1953.

64 Ebenda.

Kapitel 13 Zum vierten Mal als Ausweichziel getroffen

1 Intops No. 306, 2 March 1945. – Freeman, Mighty Eighth War Diary, aaO., S. 453/4.

2 Ebenda.

3 Ebenda.

4 Controllers Log, Tactical Report 13 CBW FO 599, 2 March 1945.

5 Ebenda und Intops, aaO.

6 Headquarters 3d Air Division. Tactical Report of Mission – Ruhland and Alt-Lonnewitz 2 March 1945. – Siehe auch 3d Air Division Tactical Analysis Report for Mission of 2 March 1945, Field Order 599.

7 Tactical Report 13 CBW, aaO.

8 Headquarters 3d Air Division, Tactical Report, aaO.

9 Ebenda.

10 Ebenda, siehe auch Tactical Report 13 CBW, aaO., und die Flugrouten auch in 447th Bomb Group, Track Chart, 2 March 1945.

11 Ebenda.

12 Intops, aaO.

13 Ebenda, siehe auch 34th Bomb Group, Operational Narrative Report, 2 March 1945.

14 Werner Girbig, Hattersheim, und Hans Ring, Übersee, sei für diese Informationen gedankt.

15 Headquarters 3d Air Division, Tactical Report, aaO., sowie Tactical Report 13 CBW, aaO.

16 Ebenda.

17 Ebenda.

18 Ebenda, siehe auch 95 BG Operational Narrative Report, 2 March 1945.

19 Ebenda sowie Intops, aaO.

20 Ebenda. – Eine Ergänzung ist: Interpretation Report S.A. 3314, 3 March 1945. Attack on Dresden on 2 Mar 1945. Darin heißt es: »Für die ungefähren Einschlagsgebiete wird auf Pfadfinder-Auswertungsbericht T-62 verwiesen.« D.h., daß von den Bildschirmen der Radargeräte der Pfadfinder Flugzeuge Fotos gemacht wurden. Bilder und Berichte nicht verfügbar.

21 Ebenda, sowie Tactical Report 13 CBW, aaO., 95 A, B, C Squadrons, PI Report.

22 Ebenda. – Siehe auch Headquarters 3rd Air Division, Tactical Report, aaO., und Intops, aaO.

23 Eighth Air Force Target Summary, aaO., S. 20. – S.: SAO, Band III, S. 109.

24 Intops, aaO., sowie Headquarters 3d Air Division, Tactical Report, aaO., und Tactical Report 13 CBW, aaO.

25 Ebenda.

26 Ebenda. – »Fighter support was excellent to the point of blood-thirstiness,« heißt es in 95 BG Operational Narrative, aaO.

27 Ebenda und alle erwähnten Einsatzberichte. – Der stoß- oder wellenweise Durchlauf des Angriffs wird erkennbar in der Zeittafel. Erläuterung und Beispiel: 10.27 = Uhrzeit, 385 = Nummer der Bombergruppe, A = Staffel, d.h. A = Lead, B = Low, C = High Squadron. Dargestellt nach Tactical Report, aaO.

Uhrzeit	Bombergruppen + Staffeln					
10.27	385 A					
10.28	385 B	385 C	34 A	34 B	34 C	
10.29						
10.30	490 A	490 B	490 C	390 A	390 B	390 C
10.31	100 B	100 C	95 A	95 C		
10.32						
10.33						
10.34						
10.35	100 A					
10.36						
10.37						
10.38						
10.39						
10.40	388 A	388 B				
10.41	388 C					
10.42						
10.43						
10.44	96 A	96 B	96 C			
10.45						
10.46						
10.47	95 B					
10.48						
10.49						
10.50						

10.51				
10.52				
10.53				
10.54				
10.55				
10.56	487 A			
10.57	487 B	487 C	447 A	447 B
10.58				
10.59	447 C			
11.00	94 A			
11.01	94 B			
11.02				
11.03	94 C	486 A	486 B	486 C

Interpretation Report No. 3314, aaO., meldet:

No. of aircraft: 306, with full fighter cover. (Im Original falsch, es muß 406 heißen, G. B.)

Time: 1026–1104 A hours
Bombs: 1270 × 500-lb. G. P.
771 × 300-lb. G. P.
4056 × 250-lb. G. P.
562 × 500-lb. I. B.

28 Schlußmeldung. – Geheime Tagesberichte, aaO., S. 236, 237.

29 Der Chef der Ordnungspolizei. Lagemeldung Nr. 1396, aaO.

30 Archiv Verfasser. – Das Foto in: Pictorial History of the 447th Bombardment Group (H). – Später ist Übigau besser zu sehen auf dem Luftfoto Sortie US7GR/139D, 19 April 1945, print 4049.

31 Tactical Target Dossier, aaO.

32 Archiv Verfasser. – Die Luftbilder aus den Einsätzen:
Sortie 106G.5023. 22 Mar '45, print 4160.
Sortie US7GR/139D, 19 April 1945, print 4050.

33 Archiv Verfasser. – Die Schäden in den Wasserwerken bei Wotte, Herbert, und Wild, Karl-Heinz: Dresden. Heimat- und Wanderbuch, Leipzig 1956, S. 242/3. – Luftfotos aus den Einsätzen:
Sortie US7GR/146B, 17 April 1945, prints 7008, 7009.
Sortie US7GR/139D, 19 April 1945, prints 7013, 7021.
Sortie US7GR/140D, 19 April 1945, prints 8032, 8038.

34 Die Zerstörung von Borsberg in: Lüdemann, Lehmann, Zühlke (Hrsg.): Dresdner Heide – Pillnitz – Radeberger Land, Berlin (Ost) 1976, S. 197. – Die Schäden in Birkwitz werden erwähnt bei Zühlke, Dietrich (Hrsg.): Pirna und seine Umgebung, Berlin (Ost) 1965, S. 35. – Pillnitzer Schäden bei: Hartmann, Hans-Günther: Pillnitz. Schloß, Park und Dorf. Weimar 1984, S. 173. – Schäden in Jessen u.a. Mitteilung Prof. Dr. Dr. Peter Brunner, Aschaffenburg. – Die Sprengbombeneinschläge in Klotzsche meldet:
Der Chef der Ordnungspolizei. Berlin, den 7. April 1945.
Betr.: Luftangriffe auf das Reichsgebiet, Lagemeldung Nr. 1418, BdO. Dresden – 2.3.

35 Die Einsätze am 3. 3. 1945 nach Intops No. 307, 3 March 1945.

36 Der Chef der Ordnungspolizei. Lagemeldung Nr. 1418, aaO., BdO. Breslau.
37 Der Chef der Ordnungspolizei. Berlin, den 23. März 1945.
  Betr.: Luftangriffe auf das Reichsgebiet, Lagemeldung Nr. 1405. BdO. Breslau.
38 Der Chef der Ordnungspolizei. Berlin, den 24. März 1945.
  Betr.: Luftangriffe auf das Reichsgebiet, Lagemeldung Nr. 1406. BdO. Breslau.
39 Der Chef der Ordnungspolizei. Lagemeldung Nr. 1418, aaO.
40 KTB/OKW, Band IV, 2. Halbband. Lagebuch 24. 3. 45, S. 1196.
41 a) Immediate Interpretation Report No. K. 4020. 18 Mar 1945. Locality: Dresden.
    544 Squadron, Sortie 106G/4864. Mean time and date of photography: 1500 A
    hrs. on 16 Mar 1945.
  b) Supplement to Immediate Interpretation Report No. K. 4020. 24 Mar 1945.
    Locality: Dresden. 544 Squadron, Sortie 106G/5023. Mean time and date of
    photography: 1500 A hours on 22 Mar 1945.
    Die Auswertung dieser Einsätze ergab:
  c) Interpretation Report No. K. 4171. 19 Apr 1945. Locality: Dresden. Sorties
    106G/4864 und 106G/5023.
  d) Der amerikanische Aufklärereinsatz fand, nach den britischen Einsätzen am 16.
    und 22. März, am 23. März 1945 statt: Sortie US7GR/51c.
42 Night Raid Report No. 837, aaO.
43 Interpretation Report No. G.2846. 16. 3. 1945. Locality: Dresden. Sortie SA 60/1001.
  Photographs taken on 15. 2. 1945.
44 Interpretation Report No. K. 4171, aaO.
45 Ebenda.
46 Ebenda.
47 Intops No. 328, 24 March 1945.
48 Der Chef der Ordnungspolizei. Berlin, den 29. März 1945.
  Betr.: Luftangriffe auf das Reichsgebiet, Lagemeldung Nr. 1411. Kommando der
  Schutzpolizei – Nachtrag: 24. 3. Berlin.
49 Naumann, Werner: Rede auf der Kundgebung der NS-Führerschaft der Kreise
  München im Hofbräuhaus, 23. 3. 1945. Deutsches Rundfunkarchiv.
50 Studie 183, S. 1190ff.
51 Ebenda.

Kapitel 14   Der »vergessene« Angriff

1 SAO, Band III, S. 118.
2 Kanig, Albert:... und sie waren jung. »Sächsische Zeitung«, Dresden, 10. 4. 1965.
3 Ebenda.
4 DdK, Band II/1, S. 491.
5 Aufruf vom 14. April in »Der Freiheitskampf«, Dresden, 16. 4. 1945.
6 »Der Freiheitskampf«, Dresden, 17. 4. 1945.
7 Für die Einsätze der 8. Luftflotte, die rekonstruiert wurden, standen folgende Dokumente zur Verfügung, die ab Fußnote 8, wenn sie in ihrer Gesamtheit verwendet werden, zusammengefaßt als Mission Reports bezeichnet werden:
  1st Air Division.

a) 398th Bomb Gp. (H), Mission Summary Report, M/Y Dresden.
b) Hq. Ninety First Bombardment Group (H), Report of Operations Officer, Railway Center, Dresden.
c) 401st Bombardment Group (H), Mission Summary Report and Track Chart, Dresden.
d) Hq. 457th Bombardment Group (H), Mission Report, Dresden.
e) Hq. 379th Bombardment Group (H), Mission to Dresden.
f) Hq. AAF Station No. 106, Air Commanders Narrative 41st »B« Group (384th LG), (Marshalling Yards, Dresden).
g) Narrative Report of Mission – 303rd Bomb Group – Dresden.
h) Narrative Report, 92nd Bomb Group, Mission to Dresden.
i) Hq. 306th Bombardment Group (H), Report of Operations Officer – Dresden.
3rd Air Division.
a) 3 A.D. Tactical Analysis Report for Mission of 17 April 1945, Field Order No. 645.
b) 4th Combat Wing, 45th Combat Wing: Track Charts.
c) 447th Bomb Group Mission Report, Track Chart and Pilot's Information Sheet.

8 Mission Reports.
9 Ebenda. – Einige Bombergruppen waren bereits beim Angriff auf Dresden am 2. 3. 1945 mit bis zu drei Tonnen Bomben beladen.
10 Ebenda.
11 Supplement to Immediate Interpretation Report No. 267, 17 April 1945.
12 Mission Reports, aaO.
13 Ebenda.
14 Ebenda.
15 Archiv Verfasser.
16 Mission Reports, aaO.
17 398th Bomb Gp., Mission Summary Report, aaO. – Hq. Ninety First Bombardment Group, Report of Operations Officer, aaO.
18 Mission Reports, und speziell 457th Bombardment Group, aaO.
19 Ebenda, und speziell 303rd Bomb Group, aaO.
20 Narrative Report, 92nd Bomb Group, aaO. – Siehe auch Pictorial History of the 92nd Bombardment Group (H).
21 Mission Reports. – Außerdem: 3 A.D. Tactical Analysis Report, aaO.
22 Ebenda.
23 Ebenda. – Insgesamt wurden etwa 6700 Sprengbomben und 76 600 Stabbrandbomben abgeworfen:
Interpretation Report S.A. 3589, 18 Apr 1945. Attack on Dresden Hauptbahnhof Railway Center on 17 Apr 1945.

No. of aircraft: 238, with full fighter escort.

Time:	1348–1436 B hours.
Bombs:	120 × 1000-lb. G. P.
	1930 × 500-lb. G. P.

657 × 250-lb. G. P.
204 × 500-lb. I. B.

Interpretation Report S.A. 3587, 18 Apr 1945. Attack on Dresden Marshalling Yard on 17 Apr 1945.

No. of aircraft: 274, with full fighter escort.

Time: 1400–1512 B hrs.

Bombs: 222 × 100-lb. G. P. (Im Original falsch, es handelt sich um 1000-
                                      lb. G. P., G. B.)
                  2008 × 500-lb. G.P.
                  202 × 300-lb. G.P.
                  703 × 250-lb. G.P.
                  452 × 500-lb. I.B.

Interpretation Report S. A. 3588, 18 Apr 1945. Attack on Dresden/Neustadt Marshalling Yard on 17 Apr 1945.

No. of aircraft: 76, fully escorted.

Time: 1402–1503 B hours.
Bombs: 735 × 500-lb. G.P.
                  140 × 250-lb. G.P.
                  40 × 500-lb. I.B.

24 Intops No. 352, 17 April 1945.
25 Mitgeteilt von H. P. Weymar.
26 Intops, aaO. Das Schicksal von Oberst Righetti in: Freeman, Mighty Eigth War Diary, aaO., S. 492.
27 Ich danke Sieghart Pobel, Berlin, für seinen ausführlichen Bericht zu dieser Frage. – Dank gilt ebenfalls Christian Kott, Bielefeld, der das getroffene Flugzeug beobachtete.
28 Den Bericht verdanke ich Rudolf Burkhardt, Hamburg.
29 Archiv Verfasser, sowie Intops, aaO. Das Angriffsende wird im Bericht S.A. 3587, aaO., mit 15.12 Uhr angegeben.
30 Murawski, aaO., S. 576.
31 KTB/OKW, Band IV, 2. Halbband, Lagebuch 18. 4. 45, S. 1249.
32 Intops, aaO.
33 Headquarters 1st Air Division. Office of the Director of Intelligence. Immediate Interpretation Report No. 267,0600 hours, 18 April, 1945. – Siehe auch die Berichte S.A. 3587 und 3589, aaO.
34 Immediate Interpretation Report No. K. 4297, 18 Apr 1945. Locality: Dresden. 1) M/Y, 2) Rail Centre & Haupt Bahnhof, 3) Neustadt Rail Centre – 13 Squadron, Sortie US7GR/146B. Mean time and date of photography 1700 B hours on 17 Apr 1945. – Siehe auch Bericht S.A. 3588, aaO.

35 Ebenda. – Die Firma Gehe wurde bereits am 13./14. 2. 45 beim ersten Nachtangriff von einer Sprengbombe schwer getroffen und von zahlreichen Brandbomben in Brand gesetzt. Am 17. 4. brannten Nebengebäude, aber nicht das beschädigte Hauptgebäude. Im Bericht S.A. 3588 heißt es über Beobachtungen in diesem Angriffssektor: »35 verstreute Einschläge sind mitten unter Fabrikgebäuden zu sehen, quer über einer Eisenbahnüberführung und in der Elbe... Eine Serie einer unbestimmbaren Zahl von Einschlägen erstreckt sich über die südlichen Auffahrten der Straßen- und Eisenbahnbrücken und in die Elbe...«

36 Ebenda. – Siehe auch Supplement to Immediate Interpretation Report No. K. 4297, 20 Apr 1945. Locality: Dresden. 1) M/Y, 2) Rail Centre and Haupt Bahnhof, 3) Neustadt Rail Centre. 540 Squadron, Sortie 104W/ C128, 18 Apr 1945, 18 hours. 22 Squadron, Sortie US7GR/139D, 19 Apr 1945, 13 B hours. 22 Squadron, Sortie US7GR/140D, 19 Apr 1945, 1335 B hours.

37 Sortie US7GR/139D, prints 3049, 3050, 4050.

38 Ebenda.

39 Sortie US7GR/140D, prints 3055, 8028. – Viele 1000-lb.-G.P.-Krater heute noch dort.

40 Sortie US7GR/139D, prints 4049, 4050.

41 Ebenda, print 4049

42 Sortie US7GR/140D, prints 3069, 3070, 8036.

43 Ebenda, prints 3071, 3072, 3073, 8036.

44 Marx, Gustav: 80 Jahre Bahnhof Dresden-Friedrichstadt, in »Die Union«, Dresden, 13. 6. 1974.

45 Ebenda. – Siehe auch »Die Union«, Dresden, 21. 8. 1964.

Kapitel 15   Mit Bomben und Kameras

1 Intops No. 354, 19 April 1945. – Die Flugstrecken in: GAF Tactics, 19 Apr., Tactics Report No. 16, Hq. 8th A.F.

2 Ebenda. – Siehe auch Headquarters 3D Air Division, Tactical Report of Mission: Pirna, Aussig and Karlsbad, 19 April 1945.

3 Ebenda.

4 Ebenda. – Siehe auch Pilot's Information Sheet, April 19, 1945. Trotz der Anordnung »destroy after mission« blieb diese detaillierte Einsatzeinweisung der 447.Bombergruppe erhalten.

5 Intops, aaO. – Tactical Report of Mission, aaO., nach dessen Angaben eine Statistik des Angriffs auf Pirna aufgestellt werden kann.
Erläuterungen: a) Nummer der Bombergruppe, b) Staffel A = Lead, B = Low, C = High Squadron, c) Zahl der das Hauptziel angreifenden Bomber, d) Zeit des Bombenabwurfs, e) Anflugrichtung beim Abwurf in Grad, f) Angriffshöhe in Metern.

a)	b)	c)	d)	e)	f)
487	A	9	12.05	333	6700
487	B	10	12.07	339	6800
487	C	10	12.07	330	6400

94	A	9	12.12	323	6800
94	B	10	12.12	324	6700
94	C	10	12.12	331	6300
447	A	9	12.16	333	6600
447	B	10	12.16	320	6450
447	C	9	12.17	324	6300
486	A	9	12.19	321	6600
486	B	10	12.20	322	6900
486	C	10	12.20	327	6500

6 Ebenda sowie Headquarters 486th Bombardment Group (H), Mission Analysis Report, 19 April 1945. M/Y – Pirna, Germany. Dieser Bericht des Majors James F. Gardenhire, fünf eng beschriebene Seiten, bringt nicht nur eine Fülle von Fakten, sondern ist in seinem erzählenden und wertenden Teil ebenso unkonventionell wie aufschlußreich und man erfährt etwas vom Umgangston in der US Army Air Force in jenen Tagen.

7 Diesen Bericht stellte mir freundlicherweise Prof. Dr. Dr. Peter Brunner, Aschaffenburg, zur Verfügung.

8 Dieses Foto ist nicht im Original verfügbar, sondern nur in der schlechten Wiedergabe in der Pictorial History der 447. Bombergruppe, aaO., aber das Originalfoto No. SAV 447/1259-8 stand u. a. für den Auswertungsbericht der Angriffsfotos zur Verfügung: Interpretation Report S.A. 3606, 20 Apr 1945. Attack on Pirna Rail Center and Bridge on 19 Apr 1945.

Darin werden folgende Zahlen genannt:

No. of aircraft: 115, with full fighter escort.

Time: 1205–1220 B hours.

Bombs: 171 × 1000-lb.G.P.
              1007 × 500-lb. G.P.

Schon dieser erste Bericht stellt die Zerstörung der kombinierten Bahn-Straßenbrücke heraus, und er beschreibt die Unterbrechung der Bahnanlagen. Über die dem Bahnhof benachbarten Industrieanlagen heißt es:
»Das Gebiet der sächsischen Gußstahlwerke Dohlen A.G. Stahlwalzwerk, unmittelbar südlich von den Bahnanlagen, ist von Einschlägen eingedeckt. Das große Werksgebäude erhielt wenigstens drei Treffer und ein kleineres Gebäude wenigstens acht. Das Gelände der Aschaffenburger Zellstoffwerke A.G. erhielt mindestens 15 Treffer unter den Fabrikgebäuden mit wahrscheinlichen Volltreffern. Gegen Ende des Angriffs sind etliche Brände in diesem Gebiet zu sehen.«

9 Dieses Foto stammt aus dem Aufklärereinsatz US7GR/140D, aaO., der reichlich eine Stunde nach dem Angriff stattfand und sich auch auf Dresden erstreckte. Prints 3087-3105, mean time and date of photography: 1335 B hours on 19 Apr 1945. Auf Grund dieses Ertrages entstand:
Immediate Interpretation Report No. K. 4296. Locality: Pirna – Rail Facilities and

Bridge. G.S.G.B. 4416/R-8. (a) 340 803 (Facilities), (b) 348 809 (Bridge). Zu den Brückenschäden:
»Die große Eisenbahnbrücke nordöstlich des Bahnhofs ist vollständig unterbrochen worden, mit einem zerstörten Brückenbogen und vier großen Schadensstellen an drei anderen Bogen. Die Auffahrt ist annähernd viermal zerschnitten worden und eine Nebenlinie entlang dem Südufer der Elbe ist im Brückenbereich vollständig zerrissen. «

10 Intops, aaO.

11 Ebenda. -Siehe auch die Vermißtenmeldung der 447.Bombergruppe: War Department, Headquarters Army Air Forces, Washington. Missing Air Crew Report. Eighth Air Force, 447th Bomb Group (H), 709th Bomb Squadron (H). Place of Departure: Rattlesden. Target or Intendet Destination: Dresden. Aircraft: Type, Model and Series: B-17 G; AAF Serial Number 42-31 188. Remarks or Eyewitness Statements:
»In 5050 Nord – 1335 Ost (d. i. bei d. Talsperre Lehnmühle, G.B.) 12.25 Uhr, griffen in 6300 Meter direkt hinter dem Versammlungspunkt zum Zielabflug 2 Me 262 die Formation an. Sie trafen nur die obere Staffel und machten einen Anflug. Sie kamen aus 7 Uhr (Süd-Südwest, G.B.), etwas erhöht, und trafen Nummer 3 in der oberen Staffel, Flugzeug Nr. 188. Motor Nr. 1 fing Feuer und Besatzungen melden, daß Teile des Motors oder der Tragfläche abmontierten. Flugzeug Nr. 188 ging sogleich herunter aber anscheinend unter Kontrolle, und Besatzungen melden 3 Fallschirme und sie glaubten, es könne eine Notlandung hinter eigenen Linien versucht worden sein.«

12 GAF Tactics, aaO.

13 Freeman, Mighty Eight War Diaries, aaO., S. 494.

14 Intops, aaO. – 447th Bomb Group, Reports, aaO., – siehe auch Kap. XIV, Fußnote 35.

15 Sortie US7GR/139D, prints 3049, 3050.

16 Sortie US7GR/140D, prints 3073, 3074, 8035, 8036, 8037.

17 Sortie US7GR/139D, prints 3049, 4049. – Sortie US7GR/140D, print 8032.

18 »Der Freiheitskampf«, Dresden, 21./22. 4. 1945.

19 Murawski, aaO., S. 581-587.

20 »Der Freiheitskampf«, Dresden, 24. 4. 1945.

21 Telpuchowski, Boris S.: Die sowjetische Geschichte des Großen Vaterländischen Krieges 1941–1945. Hrsgeg. u. krit. erläutert von Andreas Hillgruber und Hans-Adolf Jacobsen, Frankfurt/Main 1961, S. 479-481. – Vgl.: Hillgruber, Andreas, und Hümmelchen, Gerhard (Hrsg.): Chronik des Zweiten Weltkrieges, Frankfurt/Main 1966, S. 152–156. – Die sowjetischen Operationen zur Einnahme Dresdens wurden in folgenden Ausgaben der »Sächsischen Zeitung«, Dresden, behandelt: 10. 4. 1965, 28. 4. 1970, 1. 5. 1970, 5. 5. 1972. – Die Beobachtung der IL-2 am Morgen des 8. Mai stammt vom Verfasser. – Die Schäden in Heidenau werden erwähnt bei: Zühlke, Pirna und seine Umgebung, aaO., S. 24. – Mitteilung über Pirna von Peter Brunner.

22 Salut für die 5. Garde. Exklusivinterview mit Armeegeneral A. S. Shadow, ehem. Oberbefehlshaber der 5. Gardearmee, in »Sächsische Zeitung«, Dresden, 3./4. 5. 1975.

23 »Sächsische Zeitung«, Dresden, 1. 5. 1970.

24 »Sächsische Zeitung«, Dresden, 3./4. 5. 1975.

25 Petrow, I.: Wie Dresdens Kunstschätze gerettet wurden, in »Tägliche Rundschau«, Berlin (Ost), 2. 4. 1955.

26 Vgl. Kap. III, Fußnote 19.

27 Angell, S. 19f.

28 Schlußmeldung.

29 Immediate Interpretation Report No. K. 4020, aaO.

30 Schlußmeldung.

31 Vgl. Kap. X, Fußnote 21.

32 Schlußmeldung.

33 Interpretation Report No. K. 4171, aaO. – Angell beruft sich darauf in der Original-fassung auf S. 20, Fußnote 51; in der die Quellen verschleiernden späteren Fassung nennt er auf S. 18 als Ursprung Craven and Cate, The Army Air Forces in World War II, Bd. III, S. 731, sowie SAO, Bd. III, S. 108.

34 Angell, S. 30, 35.

35 Angell, S. 20.

36 Interpretation Report No. K. 4171, aaO.

37 Angell, S. 19, 20, 28, 30, 32, 35.

38 Interpretation Report No. K. 4171, aaO.

39 Ich danke Wolfgang Paul, Berlin, für den Hinweis auf: Bericht General Hans Wolfang Reinhard, 20. Mai 1947, US Historical Division, Militärgeschichtliches Forschungsamt, Freiburg i. Br.

40 Angell, 2. Fassung, S. 1.

41 Angell, 1. Fassung, S. 1.

42 Ebenda. – Siehe auch Smith, aaO., S. 282–285.

43 Angell, 1. Fassung, S. 33.

44 Angell, 2. Fassung, S. 30.

Kapitel 16 – Das seltsame Bündnis

1 Zitiert in: »Neues Deutschland«, Berlin (Ost), 13. 2. 1969.

2 Die Erklärung des US-Außenministeriums u. a. in »The New York Times«, New York, 12. 2. 1953, »New York Herald Tribune«, New York, 12. 2. 1953, »Der Tag«, Berlin, 10. 2. 1953, »Das Grüne Blatt«, Dortmund, 15. 2. 1953, »Telegraf«, Berlin, 12. 2. 1955. – Das Zitat: Buchwitz, Otto, Vorwort zu Seydewitz, S. 7.

3 Stalin, Briefwechsel mit Churchill, Attlee, Roosevelt und Truman. Hrsg. Ministerium für auswärtige Angelegenheiten, Moskau. Deutsche Ausgabe Berlin (Ost) 1961, S. 13. (Künftig zitiert als Stalin-Briefwechsel.)

4 Ebenda, S. 16–27.

5 Sherwood, Robert E.: Roosevelt und Hopkins, Hamburg 1950, S. 503.

6 Ebenda.

7 Girbig, Werner: ... im Anflug auf die Reichshauptstadt, Stuttg. 1970, S. 58. – Der Oberbürgermeister der Reichshauptstadt Berlin – Hauptluftschutzstelle –, 1942.

8 SAO, Band I, S. 351, 492.

9 Stalin-Briefwechsel, S. 82f.

10 Ebenda, S. 107.

11 SAO, Band II, S. 12f. Casablanca Directive, 21st January 1943, App. 8.

12 Stalin-Briefwechsel, S. 107 ff.

13 Ebenda, S. 131.

14 Ebenda, S. 133f.

15 Ebenda, S. 143f.

16 Ebenda, S. 145f.

17 Ebenda.

18 Der Zweite Weltkrieg im Bild, aaO., Band II, S. 299. – Siehe auch ebenda, Band III, S. 27, den Tagesbefehl Stalins zum 1. Mai 1944: »Zu diesen Erfolgen trugen in bedeutendem Maße unsere großen Verbündeten, die Vereinigten Staaten von Amerika und Großbritannien bei, die in Italien die Front gegen die Deutschen halten und einen beträchtlichen Teil der deutschen Truppen von uns abziehen, uns mit sehr wertvollen kriegswichtigen Rohstoffen und Waffen versorgen, systematisch die kriegswichtigen Objekte Deutschlands bombardieren und auf diese Weise die militärische Stärke Deutschlands untergraben.«

19 Stalin-Briefwechsel, s. 535 ff.

20 Ebenda, S. 180f.

21 Stalinrede zum Revolutionsfeiertag, 6. 11. 1943. Keesing, Archiv der Gegenwart, 25. 11. 43, 6178 B.

22 Konferenzen und Verträge, Teil II, 4. Band, Würzburg 1959, S. 219.

23 Stalin-Briefwechsel, S. 230.

24 Ebenda.

25 Flugblatt abgebildet in »Berliner Zeitung«, Berlin (Ost), 16. 12. 1973. – In einem sowjetischen Flugblatt vom Dezember 1944 steht: »Warum lügen Hitler und Goebbels so niederträchtig?... Damit Ihr beim Lesen der Lügen über die ›Zerstörungen‹ in London die tatsächlichen ungeheuren Zerstörungen vergeßt, die die alliierte Luftwaffe in Berlin, Leipzig, Hamburg, Essen, Dortmund und vielen anderen deutschen Städten hervorgerufen hat.« Gezeigt in Flugblatt-Ausstellung 1975 in der Galerie Hammer, Berlin, »Die lautlose Schlacht«.

26 Ackermann, Anton: Zur Krimkonferenz, in »Internationale Literatur. Deutsche Blätter«, Moskau, 15. Jg. (1945), Heft 4, S. 1–4. Ich danke Prof. Dr. Alexander Fischer, Bonn, der mich auf diese Quelle aufmerksam machte.

27 Vgl. Kap. XV, Fußnoten 19-22.

28 Ruben, W. A.: Abschaum der Menschheit, in »Tageszeitung für die deutsche Bevölkerung«, aaO., 2. 6. 1945.

29 Geschichtsfälscher. Mitteilung des Informationsbüros des Ministerrates der UdSSR. Darin wird u. a. zum erstenmal für deutsche Leser die These veröffentlicht: »Wie die Imperialisten der Westmächte Hitler bei der Entfesselung des verbrecherischen Krieges unterstützten.« Es sind vier Folgen in »Tägliche Rundschau«, Berlin (Ost), 11., 13., 15., 18. 2. 1948.

30 Seydewitz, Max, in »Tägliche Rundschau«, Berlin (Ost), 14. 2. 1950.

31 Fischer, Anna von: Eine Stadt sah die imperialistische Fratze, in »Tägliche Rundschau«, Berlin (Ost), 13. 2. 1951.

32 Dieckmann, Johannes: Dresden – eine Lehre für das deutsche Volk »Tägliche Rundschau«, Berlin (Ost), 13. 2. 1952.

33 Bolz, Lothar, in »Tägliche Rundschau«, Berlin (Ost), 13. 2. 1954.

34 Ebenda, 13. 2. 1954.

35 Grotewohl, Otto, in »Tägliche Rundschau«, Berlin (Ost), 13. 2. 1955.

36 Müller, Werner, und Wolf, Dieter: Hintergründe der barbarischen Zerstörung Dresdens, in »Neues Deutschland«, Berlin (Ost), 13. 2. 1969.

37 Förster, Helmert, Schnitter: Der Zweite Weltkrieg – Militärhistorischer Abriß, Berlin (Ost) 1974, S. 396.

38 Groehler, Olaf: So war es '45. Verstärkter Luftkrieg der Anglo-Amerikaner, in »Horizont«, Berlin (Ost), Nr. 12/1975. – Siehe auch Groehler: Geschichte des Luftkriegs, Berlin (Ost) 1975, S. 456ff.

39 Sowjetische Geschichte des Zweiten Weltkrieges, Teil II, Berlin (Ost), S. 313 zitiert nach Weidauer, aaO., S. 157.

40 Diese Einschätzung der sowjetischen Position entstand aus der Zusammenfassung relevanter Äußerungen zu diesem Thema. Zugrunde lagen sowjetische, ins Deutsche übersetzte Veröffentlichungen und solche von DDR-Autoren. Am deutlichsten kommt Moskaus Standpunkt in einem Artikel der Armeezeitung »Krasnaja Swesda« zum Ausdruck, über den die Moskauer Korrespondenten der Hamburger Zeitung »Die Welt« am 18. 12. 1969 und der »Frankfurter Allgemeinen Zeitung« am 27. 12. 1969 berichteten. – Vgl. auch Fußnoten 26 und 28 sowie Kap. XV, Fußnoten 19–22.

41 Smith, aaO., S. 237.

42 Vgl. Fußnote 32.

43 Angell, S. 8.

44 Ebenda, S. 9, und Smith, aaO., S. 219–222.

45 Ebenda.

46 Smith, aaO., S. 220f.

47 Stalin-Briefwechsel, S. 355 f., 362 ff. – Siehe auch Schukow, K.: Erinnerungen und Gedanken, Stuttgart 1969, S. 549.

48 Irving, S. 104.

49 Churchill, Winston: Der Zweite Weltkrieg, VI. Band, 2. Buch, Stuttgart 1954, S. 9.

50 SAO, Band III, S. 103.

51 Angell, S. 11f.

52 Smith, aaO., S. 230.

53 Ebenda, S. 233, 283.

54 Ebenda.

55 Ebenda, S. 282.

56 Ebenda, S. 284. – Siehe auch Angell, S. 16.

57 Die Westmächte warnten eindringlich vor den Bombardierungen. In einem Flugblatt erklärte das Oberste Hauptquartier in Europa – SHAEF – am 12. November 1944: »Die rückwertigen Verbindungen der Überreste des nach Deutschland zurückfallenden deutschen Heeres werden vernichtenden Luftangriffen ausgesetzt sein. Die Luftangriffe werden dasselbe Ausmaß und dieselbe Wucht haben wie die weitgehenden Bombardierungen unmittelbar vor der Invasion Frankreichs. Wer daher in der Nähe von Durchgangsstraßen, Eisenbahn- und Kanalverbindungen wohnt oder arbeitet oder in der Nähe von militärischen Depots, Lagern und sonstigen Anlagen oder in der Nähe von wehrwichtigen Fabriken, muß von nun an zu jeder Tages-

und Nachtzeit mit schärfsten Luftangriffen im Hoch- und Tiefflug rechnen. – In »Die lautlose Schlacht«, aaO.

58 DdK, Band I, S. 52f.
59 Weidauer, aaO., S. 57.
60 Deane, aaO., S. 81ff.
61 Sherwood, aaO., S. 502.
62 Stalin-Briefwechsel S. 497f.
63 Ebenda, S. 507.
64 Ebenda.
65 Deane, aaO., S. 82.
66 Ebenda, S. 101.
67 Hillgruber, Andreas: Die zweite Front. Zu den politischen und militärischen Auseinandersetzungen um die Invasion vor 30 Jahren, Sender Freies Berlin, Sendung am 2. 6. 1974.
68 Ebenda.
69 Telpuchowski, aaO., S. 477.
70 Ebenda.
71 Deane, aaO., S. 134.
72 Ebenda, S. 134f.
73 Ebenda, S. 135.
74 Garthoff, Raymond L.: Die Sowjetarmee – Wesen und Lehre, Köln 1955, S. 392-395.
75 Ebenda.
76 Ebenda.
77 Ebenda.
78 Sokolowski, W. D.: Militär-Strategie, Köln 1969, S. 237.
79 Ebenda, S. 92.
80 Ebenda, S. 338.

Kapitel 17 – Der Angriff auf die Kriegsmoral

Vgl. die einleitenden Worte zu Anmerkungen, Kap. VI.
 1 Meldungen, Nr. 87, 14. 5. 1940, Boberach S. 83.
 2 Meldungen, Nr. 102, 4. 7. 1940, Boberach S. 101.
 3 Meldungen, Nr. 237, 13. 11. 1941, Boberach S. 180.
 4 Meldungen, Nr. 289, 4. 6. 1942, Boberach S. 235.
 5 Meldungen, Nr. 304, 30. 7. 1942, Boberach S. 242.
 6 Meldungen, Nr. 309, 17. 8. 1942, Boberach S. 250.
 7 Meldungen, Nr. 314, 3. 9. 1942, Boberach S. 257f.
 8 Meldungen, Nr. 349, 11. 1. 1943, Boberach S. 282f.
 9 Meldungen, Nr. 367, 15. 3. 1943, Boberach S. 307.
10 Meldungen, Nr. 381, 6. 5. 1943, Boberach S. 319f.
11 Meldungen, Nr. 385, 24. 5. 1943, Boberach S. 323.
12 SD-Berichte, 1. 7. und 8. 7. 1943, Boberach S. 329-332.
13 SD-Berichte, 2. 8. 1943.
14 Ebenda.
15 Ebenda.
16 SD-Berichte, 5. 8. 1943.
17 Ebenda.
18 SD-Berichte, 16. 8. 1943, Boberach S. 345.
19 SD-Berichte, 6. 9. 1943.
20 PK-Bericht, Dezember 1943, Sendung im Februar 1944, Deutsches Rundfunkarchiv.
21 SD-Berichte, 16. 9. 1943, Boberach S. 402.
22 SD-Berichte, 4. 10. 1943.
23 Ebenda.
24 Ebenda.
25 SD-Berichte, 10. 2. 1944, Boberach S. 402.
26 SD-Berichte, 16. 3. 1944, Boberach S. 407ff.
27 SD-Berichte, 20. 4. 1944, Boberach S. 418.
28 SD-Berichte, 4. 5. 1944, Boberach S. 420–424.
29 Ebenda.
30 Klöss, aaO., S. 244–247.
31 Ebenda.
32 Boberach, aaO., S. 29.
33 SD-Berichte, ca. 2. 7. 1944, Boberach S. 431f.

Kapitel 18 – Schrecken ohne Ende und Ende mit Schrecken

Das Zitat am Beginn des Kapitels aus:
Colville, John: »The Fringes of Power, Downing Street Diaries 1939–1945«. London 1985, S. 562. Der englische Text lautet: »... I asked Sir Arthur Harris what the effect of the raid on Dresden had been.
›Dresden?‹ he said. ›There is no such place as Dresden‹.«

1 Deutscher Depeschen-Dienst, New York, 25. 11. 1974. Zwei Teile, ddp 156 und 157.

2 Vgl. Kap. XII, Fußnote 32.

3 Whitehouse, Arch: Leserbrief an »The New York Times Book Review«, New York, 18 May 1969.

4 Jablonski, Edward: Flying Fortress, New York 1965, S. 296.

5 Churchill, Winston: Great War Speeches, World Broadcast, 10 May, 1942. London 1963, S. 155. In Churchills Englisch klingt das eindrucksvoller: ».... All they have to do is to leave the cities where munitions work is being carried on – abandon their work and go out into the fields, and watch their home fires burning from a distance.«

6 Verrier, aaO., dokumentiert das Harris-Memorandum vom 28. 6. 1942 im Anhang, S. 333-338.

7 SAO, Band II, S. 48, Minute Harris to Churchill 3rd Nov. 1943.

8 Ebenda, S. 12f.

9 Der Polizeipräsident als örtlicher Luftschutzleiter. Berlin, den 19. Januar 1943. Betr.: Luftangriff vom 16. 1. 1943. 1. Nachtragslagebericht nach dem Stande vom 19. 1. 1943.

10 Der Polizeipräsident als örtlicher Luftschutzleiter. Berlin, den 27. August 1943. Betr.: Luftangriff vom 23./24. August 1943. 2. Nachtrag zum Lagebericht vom 24. 8. 43 nach dem Stande vom 27. 8. 43, 12.00 Uhr.

11 Der Polizeipräsident als örtlicher Luftschutzleiter. Berlin, den 8. September 1943. Betr.: Luftangriffe vom 23./24. 8., 31. 8./1. 9. und 3./4. 9. 1943. Schlußbericht. – Siehe auch: Der Oberbürgermeister der Reichshauptstadt Berlin – Hauptluftschutzstelle –. 22. 9. 1943.
Erinnert sei in diesem Zusammenhang an Kap. II, Angriff auf die Rüstungswerke des Konzentrationslagers Buchenwald. Häftlinge waren auch außerhalb der KZ in Schwerpunktbetrieben eingesetzt und dementsprechend gefährdet. In der Meldung RM/RÜ vom 29. 7. 1944 über den Angriff der 8. Luftflotte auf Leuna am 28. Juli heißt es: »Werk liegt still... Häftlingslager schwere Schäden.«
Am 20. 8. 1944 hatte die 15. Luftflotte von Italien aus das in der Nähe des KZ Auschwitz entstandene Werk der IG Farben angegriffen. RM/RÜ meldete am 21. August:
»Auschwitz IG Farben (Bel. rd. 30 000). Geringe Personenverluste weil Sonntag. Ausnahmsweise nicht gearbeitet, 1500 im Werk. Tot 3 Deutsche, 30 Kriegsgefangene, 20 KZ. Etwa die Hälfte aller Fabrikations- und Nebenanlagen beschädigt. Die Schäden in den Werkstätten schwerer als in der Fabrikationsanlage. IG Farben. Fertigung: Methanol, Buna, Sprengstoff-Vorprodukte, Hochleistungsflugtreibstoffe, Schmieröl, Heizöl. «

12 Der Chef der Ordnungspolizei. Berlin, den 21. Mai 1943. Betr.: Luftangriffe auf das Reichsgebiet und besetzte Gebiete. Lagemeldung 803. BdO. Ukraine – Nachtrag.

13 Reichsministerium für Volksaufklärung und Propaganda. Abteilung Rundfunk Erkundungsdienst 29. 11. 1943. Die Terrorangriffe gegen die deutsche Zivilbevölkerung. Enthält zu diesem Thema Meldungen, Berichte und Kommentare ausländischer Rundfunksender und Zeitungen.

14 Ebenda, 1. 4. 1944. Wer wird zuerst in Berlin sein?

15 Harris, Arthur, in: Revie, aaO., S. 358f.

16 SAO, Band III, S. 82, 93. – Mitte Januar 1945 standen auf der Zielvorschlagsliste: »Magdeburg, Leipzig, Chemnitz, Dresden, Breslau, Posen, Halle, Erfurt, Gotha, Weimar, Eisenach und der Rest von Berlin.«

17 Ebenda, S. 76-94.

18 Ebenda, S. 80-94.

19 Ebenda, S. 110.

20 Ebenda, S. 93.

21 Ebenda, S. 200 ff.

22 Ebenda. – S.a. Girbig, Werner: ... mit Kurs auf Leuna, Stuttgart 1980, S. 166 ff.

23 SAO, Band III, S. 101.

24 Ebenda, S. 101 ff.

25 Ebenda.

26 Ebenda.

27 Ebenda.

28 Ebenda.

29 Ebenda.

30 Ebenda.

31 Irving, S. 120.

32 Smith, aaO., S. 215.

33 Ebenda, S. 216f.

34 Ebenda, S. 228.

35 Ebenda, S. 215.

36 Ebenda, S. 230.

37 Freeman, Mighty Eighth War Diary, S. 432.

38 Air Ministry, Whitehall, Combined Strategic Target Committee, 8th February 1945. – S.a. Moessner-Heckner: Pforzheim Code Yellowfin, Sigmaringen 1991, S. 84.

39 Harris, Arthur: Bomber-Offensive, London 1947, S. 242.

40 Bekker, aaO.; Das Dokument im Anhang der Studie, S. 459.

41 Verrier, aaO., S. 303.

42 SAO, Band III, S. 98–103. – Siehe auch Smith, aaO., S. 247.

43 Charlton, L.E.O.: Britain at War. The Royal Air Force and the U.S.A.A.F., from October 1944 to September 1945, London-New York-Melbourne-Sydney-Cape Town, o. J., S. 152f.

44 Speer, Albert: Erinnerungen, Frankfurt/M.–Berlin 1969, S. 296.

45 »Berliner Lokal-Anzeiger«, Berlin, 1. 8. 1943.

46 Ebenda und 28. 7. 1943.

47 Ebenda.

48 Ich danke Prof. Hillgruber für sachdienliche Auskünfte und für den Hinweis auf KTB/OKW, Band IV, 1. Halbband, S. 501 ff., Gutachten, das der damalige Hauptm. d. R. Dr. Cartellieri 1944 für das OKW 1944 im Zusammenhang mit der geplanten Erklärung Roms zur »offenen Stadt« abgab.

49 Ebenda.

50 Zitiert nach »Der Tagesspiegel«, Berlin, 29. 8. 1993.

51 Smith, aaO., S. 250.

52 Hentschel, Georg (Hrsg.): Die geheimen Konferenzen des Generalluftzeugmeisters, Koblenz 1989, S. 161 ff.

53 Speer, aaO., S. 357.

54 Greenfield, K. R.: Die amerikanische Luftkriegführung in Europa und Ostasien 1942–1945. In: Probleme des Zweiten Weltkrieges, herausgeg. von Andreas Hillgruber, Köln-Berlin 1967, S. 302.

55 Overy, Richard J.: The Air War 1939–1945, London 1980. – Derselbe dazu auf der Internationalen Wissenschaftlichen Tagung »Luftkriegführung im Zweiten Weltkrieg. Ein internationaler Vergleich«, veranstaltet vom Militärgeschichtlichen Forschungsamt Freiburg i.Br., 29. 8.–2. 9. 1988.

56 United States Strategic Bombing Survey, Over-all Report, European War, Washington 1945, S. 10.

57 Harris, Arthur, in: Revie, aaO., S. 359. Und in seinem eigenen Buch Bomber-Offensive, aaO., S. 75.

58 Angell, S. 32.

59 Ebenda. Angell beruft sich auf: Memorandum for the Secretary of War, by G. C. Marshall, 6 March 1945.

60 Ebenda, S. 33.

61 Ebenda, S. 34.

62 Mann, Golo: Neunzehnhundertfünfundvierzig. Propyläen Weltgeschichte, Band X, Berlin-Frankfurt-Wien, S. 23.

Abkürzungen

AAF	Army Air Force
A.D.	Air Division
Adj.	Adjutant
A/F	airfield
BdL	Befehlshaber der Luftwaffe
BdO	Befehlshaber der Ordnungspolizei
Capt.	Captain
Col.	Colonel
DdK	Dokumente deutscher Kriegsschäden
Ers.	Ersatz
FuMG	Funkmeßgerät
GAF	German Air Force
Gp.	Group
G.P.	General Purpose (Allzweck-Sprengbombe)
(H)	Heavy, z. B. Bombardment Group (H), d. i. schwere Bombergruppe
H.C.	High Capacity (Minenbombe)
Hq.	Headquarters
H2S, H2X	Bodensicht-Bordradar, britisch und amerikanisch
I. B.	Incendiary Bomb (Brandbombe)
ILA	Interministerieller Luftkriegsschädenausschuß
Intops	Intelligence Operations Summary
JG	Jagdgeschwader
KL	Konzentrationslager, offizielle Bezeichnung
KZ	Konzentrationslager, Umgangssprache
KTB	Kriegstagebuch
Lw.Befh.	Luftwaffen-Befehlshaber
Lwh.	Luftwaffenhelfer
LWZ	Luftwarnzentrale
Lt. Col.	Lieutenant Colonel

M.C.	Medium Capacity (Minenbombe)
M/Y	marshalling yard (Verschiebebahnhof)
NJG	Nachtjagdgeschwader
NS	nationalsozialistisch
NSDAP	Nationalsozialistische Deutsche Arbeiterpartei
OKW	Oberkommando der Wehrmacht
P.I.	Photo Intelligence
PK	Propagandakompanie
P. R. U.	Photo Reconnaissance Unit
RAF	Royal Air Force
RAAF	Royal Australian Air Force
RCAF	Royal Canadian Air Force
Rcn.	Reconnaissance
RDX	Minenbombe
RM/PRO/L	Reichsministerium für Volksaufklärung und Propaganda, Abteilung Pro, Luftkriegsmeldedienst
RM/RÜ	Reichsministerium für Rüstung und Kriegsproduktion
RR	railroad
RW	railway
SAO	The Strategic Air Offensive against Germany, 1939–1945
SD	Sicherheitsdienst der SS
SS	Schutzstaffel
US	United States
USAAF	United States Army Air Force

Liste der Luftangriffe auf Dresden und Umgebung

Datum	Uhrzeit	Ort	Zahl und Typ der Bomber	Tonnen	Bombenart
1944					
24. 8.	12.59-13.05	Freital	62 B-17	154,0	Sprengbomben
7. 10.	12.34-12.36	Dresden	29 B-17	70,0	Sprengbomben
1945					
16. 1.	12.12-12.17	Dresden	127 B-24	264,8	Sprengbomben
				41,6	Brandbomben
13. 2.	22.03-22.28	Dresden	243 Lancaster		Minen- und
14. 2.	01.23-01.55	Dresden	529 Lancaster	1477,7	Sprengbomben
					u.a. 1 × 8000-lb.
					529 × 4000-lb.
				1181,1	Brandbomben
14. 2.	12.17-12.30	Dresden	311 B-17	474,5	Minen- und
					Sprengbomben
				296,5	Brandbomben
15. 2.	11.51-12.01	Dresden	210 B-17	463,4	Sprengbomben
2. 3.	10.27-11.03	Dresden	406 B-17	940,3	Sprengbomben
				140,5	Brandbomben
17. 4.	13.48-15.12	Dresden	580 B-17	1554,7	Sprengbomben
				164,5	Brandbomben
19. 4.	12.05-12.20	Pirna	115 B-17	337,5	Sprengbomben

In alliierten Dokumenten sind bei manchen Einsätzen unwesentliche Differenzen bei Zahlen und Zeitangaben festzustellen. Zum Beispiel nennt Bomber Command Night Raid Report No. 837, 13/14th February, 1945, als Angriffszeiten 22.05-22.28 Uhr und 01.21-01.55 Uhr. Der Bericht meldet, daß 243 und 529 Lancaster Bomben auf Dresden warfen. Summary of Operations, RAF Bomber Command, meldet 22.03-22.25 Uhr und 01.23-01.52 Uhr, beteiligt 243 und 515 Lancaster.
Für den 17. April 1945 schwanken die Einsatzzahlen zwischen 580 und 590 Bombern.
Wenn wir solche kleinen Unterschiede außer Betracht lassen und unserer Liste folgen, warfen auf Dresden – ohne Freital und Pirna – insgesamt 2435 britische und amerikanische Bomber 7070,3 Tonnen Bomben aller Kaliber ab. Davon waren 5767,7 Tonnen Explosivbomben und 1824,9 Tonnen Stabbrandbomben.
Das RAF-Bomberkommando setzte 1477,7 Tonnen Minen- und Sprengbomben und 1181,8 Tonnen Brandbomben bei zwei Angriffen von zusammen 772 Lancaster ein.

Die amerikanische 8. Luftflotte entsandte bei sechs Angriffen insgesamt 1663 Flying Fortress und Liberator nach Dresden, die 3767,7 Tonnen Minen- und Sprengbomben und 643,1 Tonnen Brandbomben abwarfen.

Der Anteil des Bomberkommandos liegt mit 2659,5 Tonnen Bomben also deutlich unter den 4410,8 Tonnen, die von der 8. Luftflotte über Dresden ausgeklinkt wurden. Und die 8. Luftflotte schickte mehr als doppelt so viele Bomber nach Dresden wie das RAF-Bomberkommando. Dennoch verursachte die amerikanische Luftwaffe – grob geschätzt – vielleicht nur ein Zehntel der Gebäudeschäden.

Obwohl das Gewicht der Explosivbomben zusammengenommen mehr als dreimal so hoch ist wie das der Brandbomben, war die Hauptursache der Großflächenzerstörung und der Menschenverluste das Feuer bei den Nachtangriffen. Das Totalschadengebiet in Dresden umfaßte rund 12 Quadratkilometer, mit den schwer beschädigten Gebieten waren 15 Quadratkilometer betroffen. Die Trümmermassen betrugen über 10 Millionen Kubikmeter.

Im Vergleich zu anderen deutschen Städten ähnlicher Größenordnung fiel auf Dresden eine geringere Menge an Bomben – um so außergewöhnlicher wirkten die Folgen.

a) Stadt; b) abgeworfene Bomben in Tonnen; c) Bevölkerung 1939 etwa; d) Luftkriegstote etwa.

a)	b)	c)	d)	
Köln	44 900	772 000	20 000	
Essen	37 900	667 000	7 500	
München	27 000	841 000	6 300	
Leipzig	11 600	707 000	5 200	(mindestens)
Dresden	7 000	630 000	35 000	(mindestens)

Liste der Fliegeralarme in Dresden und Darstellung ihrer Ursachen

Erklärung der Abkürzungen:

ÖL   Öffentliche Luftwarnung
FA   = Fliegeralarm
VE   = Vorentwarnung
E   Entwarnung
BC   = Bomber Command (Bomberkommando der Royal Air Force)
MO   = Mosquitos (Einflug oder Angriff der unabhängigen Mosquito-Staffeln der RAF als Schnellbomber, Aufklärer usw.)
US8   = Amerikanische 8. Luftflotte (Strategische)
US9   Amerikanische 9. Luftflotte (Taktische)
US15   = Amerikanische 15. Luftflotte (Strategische)
/DFF   = Dresdner Flak feuert
/V   Vorbeiflug an Dresden
/Ü   Überflug über Dresden ohne Angriff

Der Ortsname nennt das jeweilige Angriffsziel. So bedeutet z.B.:
BC Berlin / V: Alarmauslösung in Dresden wegen Angriffs des Bomberkommandos auf Berlin, dabei Vorbeiflug an Dresden. Oder:
US8 *Dresden*, Ruhland / DFF: Alarm wegen Angriffs der amerikanischen 8. Luftflotte auf Dresden und Ruhland, Dresdner Flak feuert.
Die Uhrzeiten sind auf volle fünf Minuten abgerundet.

Nr.	Datum	ÖL	FA	VE	E	Ursache
1940						
1	28./29. 8.		02.15		03.00	BC Leuna
2	22./23. 9.		02.30		03.10	BC Berlin
3	20./21. 10.		22.10		23.35	BC Berlin /V
4	24./25. 10.		02.30		03.10	BC Berlin
5	27./28. 10.		02.00		03.15	BC Berlin, Pilsen
6	6./7. 11.		01.45		02.45	BC Berlin /V
7	10./11. 11.		21.45		00.30	BC Ruhland /V
8	13./14. 11.		21.20		22.05	BC Berlin
9	17./18. 11.		23.50		02.20	BC Einflüge bis Leipzig
10	19./20. 11.		02.00		02.45	BC Berlin, Pilsen
11	20./21. 11.		01.00		02.45	BC Störflugzeuge

Nr.	Datum	ÖL	FA	VE	E	Ursache
1941						
12	16./17. 3.		00.00		00.30	BC Störflugzeuge
13	16./17. 3.		03.00		04.00	BC Störflugzeuge
14	2./3. 9.		00.55		02.55	BC Berlin /V
15	8./9. 9.		00.50		02.00	BC Störflugzeuge
16	20./21. 9.		00.15		01.15	BC Berlin
17	28./29. 10.		22.55		23.45	BC Störflugzeuge
18	18./19. 11.		23.30		24.00	BC Störflugzeuge
1942						
19	26./27. 8.		01.00		01.45	Osteinflug Berlin
20	29./30. 8.		01.05		01.40	Osteinflug Berlin und bis Dresden
21	9./10. 9.		23.30		00.30	Osteinflug Berlin und bis Prag
22	24./25. 10.		00.00		00.20	BC Störflugzeuge
1943						
23	16./17. 1.		20.15		21.30	BC Berlin
24	17./18. 1.		20.15		21.35	BC Berlin
25	1./2. 3.		22.30		23.30	BC Berlin
26	27./28. 3.		22.50		23.40	BC Berlin, Leipzig
27	29./30. 3.		01.55		02.40	BC Berlin
28	13./14. 5.		01.00		02.00	BC Pilsen, MO Berlin
29	15./16. 5.		02.15		02.45	MO Berlin
30	20./21. 5.		00.55		01.15	MO Berlin
31	21./22. 5.		00.50		01.30	MO Berlin
32	13./14. 6.		01.30		02.15	MO Berlin
33	15./16. 6.		01.30		02.00	MO Berlin
34	17./18. 6.		02.35		03.05	MO Berlin
35	20./21. 6.		02.30		03.00	MO Berlin
36	28. 7.		11.40		12.00	US8 Kassel, Oschersleben
37	17./18. 8.		00.30		01.30	MO Berlin
38	23./24. 8.		00.45		02.05	BC Berlin
39	31. 8./1. 9.		00.00		02.30	BC Berlin, Leipzig
40	3./4. 9.		00.30		01.30	BC Berlin
41	20./21. 9.		03.55		04.15	MO Berlin
42	22./23. 9.		23.05		23.30	MO Störflugzeuge
43	20./21. 10.		20.40		22.15	BC Leipzig /V
44	18./19. 11.		21.20		22.35	BC-Berlin
45	22./23. 11.		20.10		21.10	BC-Berlin
46	23./24. 11.		20.10		21.10	BC-Berlin
47	26./27. 11.		21.05		21.55	BC-Berlin
48	2./3. 12.		19.45		21.30	BC-Berlin
49	3./4. 12.		04.00		04.45	BC Leipzig
50	16./17. 12.		20.00		20.45	BC Berlin

Nr.	Datum	ÖL	FA	VE	E	Ursache
51	23./24. 12.		03.15		05.00	BC Berlin
52	29./30. 12.		19.50		20.50	BC Berlin, Leipzig

1944

Nr.	Datum	ÖL	FA	VE	E	Ursache
53	1./2. 1.		03.10		04.10	BC Berlin
54	2./3. 1.		02.55		03.40	BC Berlin
55	14./15. 1.		19.20		20.30	MO Berlin
56	20./21. 1.	19.30			20.30	BC Berlin
57	21./22. 1.	22.50	23.10	23.20	23.30	BC-Magdeburg
58	24. 1.	12.00			13.15	unbekannt
59	27./28. 1.	20.30	20.40	21.20	21.30	BC Berlin
60	28./29. 1.	03.30			04.15	BC Berlin
61	30./31. 1.	20.30			21.30	BC Berlin, Magdeburg
62	19./20. 2.	03.15	03.25	04.20	04.30	BC Leipzig
63	20. 2.	13.15	13.25	14.05	14.15	US8 Leipzig, Magdeburg
64	21. 2.	14.15			14.45	US8 Aufklärer
65	22. 2.	14.15			14.50	US8 Aschersleben
66	4. 3.	13.45	13.55	14.05	14.15	US8 Berlin
67	4./5. 3.	04.15			04.30	MO Berlin
68	6. 3.	13.00	13.10	13.50	14.00	US8 Berlin
69	8. 3.	13.50	13.55	15.00	15.05	US8 Berlin
70	22./23. 3.	22.00			22.30	MO Berlin
71	24. 3.	10.15			10.35	US8 Aufklärer
72	24./25. 3.	22.45	22.55	23.20	23.30	BC Berlin
73	30./31. 3.	01.00	01.05	01.35	01.45	BC Nürnberg
74	31. 3.	08.45			09.05	unbekannt
75	11. 4.	09.40			10.10	unbekannt
76	11. 4.	11.15	11.20	12.35	12.45	US8 Sorau
77	12. 4.	14.30			14.50	unbekannt
78	13./14. 4.	23.45			00.15	MO Berlin
79	14. 4.	10.45			11.15	unbekannt
80	18. 4.	14.55			15.15	US8 Berlin, Oranienburg
81	22./23. 4.	02.00			02.30	MO Störflugzeuge
82	29. 4.	11.30	11.35	12.15	12.30	US8 Berlin /Ü /DFF
83	12. 5.	13.40	13.50	14.30	14.35	US8 Brüx, Zeitz, Leuna
84	19. 5.	13.10			13.45	US8 Berlin
85	21. 5.	13.20			13.50	US8 Jägereinflug, Tiefflieger
86	28. 5.	14.10	14.20	15.00	15.10	US8 Ruhland, Zeitz, Leuna / Ü /DFF
87	29. 5.	12.15	12.20	13.20	13.25	US8 Leipzig, Cottbus, Sorau
88	30. 5.		11.05	11.25	11.35	US8 Oschersleben
89	21. 6.	09.40	09.50	11.10	11.20	US8 Ruhland /Ü /DFF
90	21. 6.	11.50			12.15	US8 Jäger, Aufklärer
91	29. 6.		09.10	10.05	10.10	US8 Leipzig, Böhlen
92	7. 7.	09.10	09.20	10.20	10.25	US8 Leipzig, Böhlen

Nr.	Datum	ÖL	FA	VE	E	Ursache
93	10./11. 7.	01.30	01.35	02.00	02.05	MO Berlin
94	20. 7.	10.55	11.00	11.50	12.00	US8 Leipzig, Dessau /V
95	21. 7.	11.45	11.55	12.30	12.40	US8 Brüx /V
96	28. 7.	Zeiten unbekannt				US8 Leuna, Merseburg
97	29. 7.	10.10	10.30	11.35	11.45	US8 Leuna
98	6. 8.	11.40			12.15	US8 Berlin
99.	16. 8.	10.20	10.30	11.35	11.45	US8 Dessau, Magdeburg
100	24. 8.	11.35	11.45	13.20	13.25	US8 *Freital*, Ruhland Brüx /Ü /DFF
101	10./11. 9.	23.35	23.55		00.05	MO Berlin
102	11. 9.	11.45	11.55	13.00	13.10	US8 Ruhland /Ü /DFF
103	12. 9.	11.15	11.20	12.55	13.00	US8 Ruhland /Ü /DFF
104	12. 9.	18.15			18.45	unbekannt
105	13. 9.	11.05	11.15	11.40		US8 Lützkendorf
106	13. 9.		11.45		12.00	Fortsetzung
107	18./19. 9.	22.45	22.55	23.00	23.10	MO Leipzig, Dessau
108	23. 9.	13.10	13.20	13.45	13.55	US8 Magdeburg
109	28. 9.	13.00	13.10		13.35	US8 Leuna, Dessau
110	6. 10.	12.10	12.20	12.30	12.40	US8 Berlin
111	7. 10.	11.40	12.00	13.20	13.30	US8 *Dresden*, Ruhland, Leuna /DFF
112	11./12. 10.	03.45	03.55		04.15	MO Berlin
113	16. 10.	11.55	12.05	12.45	12.55	US15 Brüx /Ü /DFF
114	20. 10.		13.20		13.50	US15 Brüx
115	23. 10.	12.30	12.40	13.15	13.25	US15 Brüx /Ü Jagdabschirmung /DFF
116	30./31. 10.	19.40			20.00	MO Berlin
117	2. 11.	12.15	12.20		13.00	US8 Leuna
118	8. 11.	11.00	11.10		11.40	US8 Leuna, Zeitz /V
119	11. 11.	13.00			13.15	US15 Aufklärer
120	14. 11.	13.35			13.45	US15 Aufklärer
121	15. 11.	11.40			12.00	US15 Pilsen
122	21. 11.	11.30	11.35	12.10	12.20	US8 Merseburg
123	25. 11.	11.45	11.50	12.40	12.45	US8 Leuna, Zwickau /Ü Jagdabschirmung
124	30. 11.	12.45	12.55	13.55	14.00	US8 Leuna, Zeitz /V
125	29./30. 11.	19.45			20.20	MO Störflugzeuge
126	6. 12.	12.30			13.30	US8 Leuna /V Jagdabschirm.
127	6./7. 12.	20.40	20.50		21.30	BC Leuna, MO Berlin
128	9. 12.	12.55	13.00	13.20	13.25	US15 Pilsen /V
129	9./10. 12.	22.00			22.10	MO Berlin
130	11. 12.	12.15			12.30	US8 Jägereinflug, Tiefflieger
131	12. 12.	11.35	12.00	12.15	12.30	US8 Leuna, US51 Brüx
132	12. 12.	13.45			14.10	US8 Aufklärer /Ü
133	13. 12.	13.30			14.10	US15 Aufklärer nach Berlin /Ü
134	13. 12.	14.25			14.45	US15 Aufklärer Brüx /V
135	14./15. 12.	00.40			01.10	MO Störflugzeuge

Nr.	Datum	ÖL	FA	VE	E	Ursache
136	16. 12.	12.00	12.05	13.10	13.15	US15 Brüx /V
137	16. 12.	13.35	13.45	14.15	14.20	US15 Aufklärer Dresden und Brüx /Ü
138	18. 12.	09.55	10.15		10.30	US15 Aufklärer bis Cottbus, Frankfurt/Oder /Ü
139	18. 12.	11.30			12.05	US15 Aufklärer Rückflug
140	19. 12.	12.55			13.35	US8 Aufklärer Dresden
141	20. 12.	11.05			11.40	US8 Aufklärer Dresden
142	20. 12.		12.45	13.05	13.10	US15 Pilsen
143	21. 12.	11.55			12.35	US15 Aufklärer Brüx
144	23. 12.	14.10			14.20	US15 Aufklärer
145	25. 12.	11.35	11.40	12.20	12.35	US15 Brux /Ü J-Abschirm.
146	25. 12.	13.20			13.30	US15 Aufklärer Brüx
147	26. 12.	12.05			12.30	US15 Aufklärer Brüx
148	27. 12.	11.45			12.00	US15 Aufklärer Brüx
149	28. 12.	12.15	12.20		12.45	US15 Brüx /V Jagdabschirm.
150	31. 12./1. 1.	18.55	19.00	19.10	19.15	MO Berlin
151	31. 12./1. 1.	22.15			22.35	MO Störflugzeuge

1945

Nr.	Datum	ÖL	FA	VE	E	Ursache
152	1. 1.	13.30			14.00	US8 Kassel Jagdabschirmung
153	2. 1.	12.30			13.00	unbekannt
154	3. 1.	12.10			12.35	US8 Fulda Jagdabschirmung
155	4. 1.	10.20			10.35	US8 Aufklärer
156	4./5. 1.	18.20			18.45	MO Berlin
157	4./5. 1.	23.55			00.10	MO Berlin
158	6. 1.	12.30			12.50	US8 Jägereinflug
159	7./8. 1.	20.45			21.35	MO Störflugzeuge
160	13. 1.	13.00			13.20	US8 Jägereinflug, Tiefflieger
161	14./15. 1.	20.15	20.20	21.15	21.20	BC Leuna, MO Berlin
162	14./15. 1.	23.45			00.35	BC Leuna
163	15. 1.	13.10			13.15	US15 Aufklärer
164	15. 1.	14.25			14.35	US15 Aufklärer
165	16. 1.	11.30	11.50	12.50	13.35	US8 *Dresden*, Magdeburg
166	16./17. 1.	21.45	21.55	22.55	23.00	BC Brüx, Zeitz, Magdeburg
167	20. 1.	12.05	12.30		13.00	US8 Aufklärer
168	28./29. 1.	20.15			21.30	MO Berlin
169	1./2. 2.	20.15			20.40	MO Berlin
170	1./2. 2.	03.45			04.10	MO Berlin
171	3. 2.	11.10	11.15	11.50	12.00	US8 Berlin, Magdeburg /Ü Jagdabschirmung
172	5./6. 2.	03.50			04.10	MO Berlin
173	6. 2.		11.35		12.30	US8 Chemnitz, Leipzig
174	9. 2.	11.35			13.05	US8 Lützkendorf, Magdeburg /Ü Jagdabschirmung
175	13./14. 2.		21.40	22.40	23.30	BC *Dresden*, Böhlen

Nr.	Datum	ÖL	FA	VE	E	Ursache
176	13./14. 2.		01.05		02.15	BC *Dresden*
177	14. 2.		12.00		12.45	US8 *Dresden*, Chemnitz
178	14./15. 2.		20.25	21.30	21.45	BC Chemnitz, Rositz
179	14./15. 2.		23.50		01.05	BC Chemnitz
180	15. 2.	08.30			09.00	unbekannt
181	15. 2.		11.15		12.30	US8 *Dresden*, Cottbus
182	17./18. 2.		03.20		04.10	MO Berlin /V
183	19. 2.	13.55	14.00	14.20	14.30	unbekannt
184	19./20. 2.		19.55	20.15	20.20	BC Böhlen
185	19./20. 2.		03.40	04.30	04.40	MO Berlin
186	20. 2.		12.30		12.55	US8 Nürnberg Jagdabschirmung
187	20./21. 2.		20.25		20.50	MO Berlin
188	20./21. 2.		21.25		21.55	MO Berlin
189	21. 2.	14.05			14.15	US8 Nürnberg Jagdabschirmung
190	22. 2.	11.55	12.05		13.05	US8 Jägereinflug, Tiefflieger
191	22. 2.		13.10		13.30	Fortsetzung
192	23. 2.		10.35	11.35	12.05	US8 Leipzig, Zeitz /Ü
193	23./24. 2.		20.25	21.00	21.05	MO Berlin, Frankfurt/O.
194	24./25. 2.	23.25			23.40	MO Berlin
195	25. 2.	10.40			11.10	unbekannt
196	25./26. 2.		20.30		20.40	MO Berlin, Erfurt
197	26./27. 2.		20.40		21.10	MO Berlin
198	27. 2.		12.50		14.15	US8 Leipzig, Halle, Weimar /V
199	2. 3.		10.00		11.40	US8 *Dresden*, Chemnitz
200	3. 3.	09.45	09.55		11.35	US8 Ruhland, Chemnitz, Magdeburg /U
201	3./4. 3.		20.35		21.00	MO Berlin
202	4. 3.	09.40			10.00	unbekannt
203	5. 3.		09.55		11.30	US8 Chemnitz, Plauen /V
204	5./6. 3.		20.40		22.25	BC Chemnitz /V
205	6./7. 3.		20.40		20.55	MO Berlin
206	7. 3.	11.00			11.30	unbekannt
207	7./8. 3.		21.25		22.25	BC Leipzig, Dessau /V
208	14./15. 3.		21.10		22.00	BC Leuna, MO Berlin
209	15. 3.	13.45	13.50	15.25	15.30	US15 Ruhland /V
210	17. 3.		11.20		13.20	US8 Ruhland, Böhlen /V
211	17. 3.		13.40		14.10	US8 Aufklärer /Ü
212	19. 3.		12.55		14.30	US8 Raum Leipzig
213	20./21. 3.		03.30		04.30	BC Böhlen, MO Berlin
214	21. 3.		09.20		10.25	US8 Chemnitz, Plauen
215	21. 3.	13.15			13.45	US8 Jägereinflug /Ü
216	22. 3.		12.25	13.35	13.40	US15 Ruhland /Ü
217	22. 3.	14.15			14.20	MO Aufklärer Dresden
218	23. 3.	11.35	11.50	12.55	13.05	US15 Ruhland /Ü
219	23. 3.	14.10			14.55	US8 Aufklärer Dresden

Nr.	Datum	ÖL	FA	VE	E	Ursache
220	23. 3.	15.25			16.00	unbekannt
221	24. 3.	11.40	11.45	12.25		US15 Berlin Hinflug /V
222	24. 3.		12.35	13.15	13.20	US15 Berlin Rückflug /V
223	24. 3.	13.50			14.15	US15 Jägereinflug
224	25. 3.	etwa 30 Minuten FA				US15 Raum Prag-Eger
225	26. 3.		09.15	09.55	10.15	US8 Zeitz, Plauen /V Jagdabschirmung
226	26. 3.	10.50			11.05	US8 Jägereinflug /U
227	31. 3.		09.15	09.50	10.10	US8 Halle, Brandenburg
228	31. 3.	10.40			10.55	Fortsetzung
229	31. 3.	13.35			13.50	US8 Jägereinflug
230	1. 4.	13.30			13.40	US8 Jägereinflug
231	2. 4.	13.50			14.25	US8 Jägereinflug, Tief- flieger /V
232	4. 4.	09.25			09.55	US8 Jägereinflug, Tiefflieger /V
233	4. 4.	11.00			11.10	Fortsetzung /V
234	4./5. 4.		22.40	23.20	23.30	BC Leuna, Lützkendorf
235	4./5. 4.	01.10	01.15	01.40	01.45	BC Leuna
236	5. 4.	09.10			09.50	US8 Jägereinflug
237	5. 4.	09.55			10.10	Fortsetzung
238	5. 4.	10.55	11.25		11.45	US8 Plauen
239	5. 4.	11.55			12.05	US8 Jägereinflug
240	6. 4.	09.30	09.35	10.20	10.30	US8 Leipzig, Halle
241	7./8. 4.		22.40	23.40	23.45	BC Raum Leipzig
242	8. 4.	08.10			08.20	US8 Jägereinflug
243	8. 4.		10.35		11.15	US8 Plauen
244	9. 4.	17.15			17.25	US8 Jägereinflug
245	9./10. 4.	22.15			22.30	BC Plauen, MO Berlin
246	10. 4.	11.15			11.30	US8 u. US9 Jägereinflug, Tiefflieger /Ü
247	10. 4.	17.00			17.35	US8 u. US9 Jägereinflug, Tiefflieger /Ü
248	10. 4.	18.00	18.05	18.40	18.45	Fortsetzung /V
249	10. 4.	19.15			19.25	Fortsetzung
250	10./11. 4.	21.55	22.00	22.15		BC Leipzig, Dessau /V
251	10./11. 4.		22.50	23.25	23.30	Fortsetzung
252	11. 4.	10.35			10.55	US8 Jägereinflug, Tiefflieger
253	11. 4.	11.40			11.50	US8 Aufklärer
254	12. 4.	10.05			10.20	US8 u. US9 Jägereinflug, Tiefflieger
255	12. 4.	14.30			15.00	Fortsetzung
256	12. 4.	18.45			18.55	Fortsetzung
257	13. 4.	10.15			10.25	US8 u. US9 Jägereinflug, Tiefflieger /V u. Ü
258	13. 4.	11.20			11.25	Fortsetzung
259	13. 4.	14.00			14.50	Fortsetzung
260	13. 4.	15.05			15.10	Fortsetzung

Nr.	Datum	ÖL	FA	VE	E	Ursache
261	13.4.	17.10			17.25	Fortsetzung
262	13./14.4.	19.40			19.55	MO Berlin
263	13./14.4.	20.00			20.10	Fortsetzung
264	13./14.4.	23.15			24.00	MO Berlin
265	13./14.4.	00.05			00.15	Fortsetzung
266	13./14.4.	00.20			00.30	Fortsetzung
267	14.4.	07.55			08.35	US8 u. US9 Jägereinflug, Tiefflieger /V u. Ü
268	14.4.	14.45			15.40	Fortsetzung
269	14.4.	16.30			17.15	Fortsetzung
270	14.4.	17.35			18.25	Fortsetzung
271	14.4.	18.35			19.20	Fortsetzung
272	14./15.4.	22.50	22.55	23.20	23.25	BC Potsdam, MO Berlin
273	15.4.	08.45			09.15	US8 u. US9 Jägereinflug, Tiefflieger /V u. Ü
274	15.4.	09.25			09.35	Fortsetzung
275	15.4.	09.40			09.50	Fortsetzung
276	15.4.	11.15			14.15	Fortsetzung
277	15.4.	14.25			17.25	Fortsetzung
278	15.4.	18.35			19.20	Fortsetzung
279	16.4.	07.55			08.45	US8 u. US9 Jägereinflug, Tiefflieger /V u. Ü
280	16.4.	09.15	09.20	09.50	11.00	Fortsetzung
281	16.4.	12.00			13.05	Fortsetzung
282	16.4.	14.15			15.15	Fortsetzung
283	16.4.	15.45			16.30	Fortsetzung
284	16.4.	17.45			19.00	Fortsetzung
285	16.4.	19.30			20.20	Fortsetzung
286	17.4.	07.30			12.30	US9 Jägereinflug, Tiefflieger
287	17.4.	13.15	13.50		16.00	US8 *Dresden*, Aussig
288	17.4.	18.05			18.20	US9 Jägereinflug, Tiefflieger
289	17.4.	19.10	19.30		19.45	Fortsetzung
290	18.4.	08.00			13.00	US8 u. US9 Jägereinflug, Tiefflieger
291	18.4.	17.50			19.00	Fortsetzung und MO Aufklärer Dresden
292	18./19.4.	03.55			04.25	unbekannt
293	19.4.	10.00	10.55	11.20		US8 Elsterwerda, Falkenberg
294	19.4.	12.05			12.30	US8 *Pirna*, Aussig /V u. Ü
295	19.4.		12.35	13.00	13.10	US8 Aufklärer Dresden
296	20.4.	11.25			13.00	US8 u. US9 Jägereinflug, Tiefflieger
297	20.4.	16.40			18.00	Fortsetzung
298	20.4.	18.50			19.40	Fortsetzung
299	21.4.	verschiedene Alarme				

Es gab noch weitere öffentliche Luftwarnungen und Fliegeralarme, aber die verfügbaren Aufzeichnungen enden hier.

Die Ursachen, die zu den Alarmauslösungen führten, wurden an Hand folgender Unterlagen ermittelt:
Alarmliste W. Bielß, Aufzeichnungen Dr. Köster, Archiv Verfasser.

An Büchern wurden herangezogen:
Air Dates – The US Army Air Force in World War II, Band III – SAO – The Bomber Command War Diaries. – Mighty Eigth War Diary.

Ausgewertete Dokumente:
Alarmchronik Otto Conrad im Landesarchiv Berlin.
Der Polizeipräsident als örtlicher Luftschutzleiter, Berlin.
Der Oberbürgermeister der Reichshauptstadt Berlin – Hauptluftschutzstelle –.
Fernschreiben der Gauleitung Sachsen, Luftlagemeldungen.
Der Höhere SS- und Polizeiführer Elbe, Schlußmeldung.
Statistical Control Section, Air Ministry.
Einsatz- und Foto-Auswertungsberichte der RAF und der 8. Luftflotte.
Intops Summaries Eighth Air Force.

Quellen- und Literaturverzeichnis

Archive und Sammlungen

Bundesarchiv Koblenz
Der Chef der Ordnungspolizei. Berlin. Betr.: Luftangriffe auf das Reichsgebiet, 1943–1945.
Deutsche Wochenschau, 1945.
Gauleitung Sachsen, Fernschreiben an den Reichsschatzmeister der NSDAP, Luftlagemeldungen.
Gauleitung Mark Brandenburg, Fernschreiben an die Parteikanzlei, Luftlagemeldungen.
Persönlicher Stab Reichsführer-SS, Schriftgutverwaltung.
Reichssicherheitshauptamt – Der Chef der Sicherheitspolizei und des SD, Amt III:
a) Berichte zur innenpolitischen Lage, 1939.
b) Meldungen aus dem Reich. 1939–1943.
c) SD-Berichte zu Inlandsfragen, 1943–1944.
Reichsministerium für Volksaufklärung und Propaganda:
a) Abteilung Rundfunk Erkundungsdienst.
b) Interministerieller Luftkriegsschädenausschuß, LK-Mitteilungen 1943 bis 1945.
c) Reichspropagandaamt Kiel, Fernschreiben.

Bundesarchiv/ Militärarchiv Freiburg i. Br.
Der Chef der Ordnungspolizei. Berlin. Betr.: Luftangriffe auf das Reichsgebiet, 1943–1945.
Generalstab d. Luftwaffe, Luftwaffen-Führungsstab. Skizzen zu feindlichen Einflugsrouten, 1944.
Generalstab d. Luftwaffe, Verfügungen, 1945.
Der Höhere SS- und Polizeiführer Elbe – Befehlshaber der Ordnungspolizei. Schlußmeldung über die vier Luftangriffe auf den LS-Ort Dresden am 13., 14. und 15. Februar 1945.
Oberbefehlshaber d. Luftwaffe, Luftwaffen-Führungsstab Ia/Flak – gK-dos. Flaklagekarten 1943–1944.
Der Polizeipräsident als örtlicher Luftschutzleiter. Berlin. Lageberichte über feindliche Fliegertätigkeit und Luftangriffe, 1943–1945.

Reichsministerium für Rüstung und Kriegsproduktion. Abt. Min. Öl/Ia1. Luftlagemeldungen mit besonderer Berücksichtigung der Schäden in der Treibstoffindustrie, 12. Juni 1944 – 5. Februar 1945.
Reichsministerium für Volksaufklärung und Propaganda. Abt. Pro, Referat Luftkriegmeldedienst. Lageberichte über feindliche Luftangriffe auf das Reichsgebiet, 1942–1945.
Sammlung Irving.

Deutsche Dienststelle (Wehrmachtsauskunftsstelle WASt), Berlin
Meldungen über die Personalstärke der Dresdner Flak, über Aufstellung und Auflösung von Einheiten, 1942–1945.

Deutsches Rundfunkarchiv, Frankfurt/Main
Rundfunksendungen mit Nachrichten, PK-Berichten und Reden, 1940–1945.

Landesarchiv Berlin
Der Polizeipräsident als örtlicher Luftschutzleiter. Berlin. Lageberichte über feindliche Fliegertätigkeit und Luftangriffe, 1940–1944.
Statistical Control Section, Air Ministry, London. Statistik der Angriffe auf Berlin mit den Zahlen der eingesetzten Flugzeuge, ihren Typen und Angaben über die abgeworfenen Bomben und Leuchtmittel, 1943–1945.
Der Oberbürgermeister der Reichshauptstadt Berlin – Hauptluftschutzstelle –.

Militärgeschichtliches Forschungsamt, Freiburg/Br.
Gedächtnisbericht Oberstleutnant a.D. Eberhard Matthes.

National Archives and Record Service, Washington, D.C.
United States Eighth Air Force:
Einsatzberichte, Einsatzbefehle, Logbücher, Meldungen, Zielunterlagen und Zielanalysen sowie Foto-Auswertungsberichte folgender Einheiten der 8. Luftflotte wurden verwendet:
1st Air Division.
Bombardment Groups: 91st, 92nd, 303rd, 305th, 306th, 351st, 379th, 381st, 384th, 398th, 401st, 457th.
Fighter Groups: 20th, 352nd, 356th, 359th.
2nd Air Division.
Bombardment Groups: 44th, 93rd, 392nd, 448th, 466th, 467th, 491st.
3rd Air Division.
Bombardment Groups: 34th, 94th, 95th, 100th, 385th, 388th, 390th, 438th, 447th, 452nd, 486th, 487th, 490th.
Figther Groups: 78th, 339th, 353rd, 357th.
Dabei handelt es sich um die im Text und in den Anmerkungen zitierten Dokumente:
Combat Mission Reports, Encounter Reports, Field Orders, Missing Air Crew Reports, Mission Analysis Reports, Mission Reports, Mission Summary Reports, Narrative Reports, Narrative Reports of Missions, Operational Narratives, Operational Analysis Reports, Tactical Analysis Reports of Missions, Tactical Reports of Missions.

Und für die Foto-Auswertung:
Immediate Interpretation Reports, Supplements to Immediate Interpretation Reports.
Außerdem: Hq. 8th A. F. Tactics Report.
Headquarters Eighth Air Force, AAF Station 101. Intops Summaries, 1944 bis 1945.
Kirchenpauer, Wilhelm von: Die Bombenangriffe auf Dresden Februar 1945. Historical Division European Command, 1950.

Public Library, New York
The Dornbusch Collection.
Diese Sammlung enthält einen großen Teil der bebilderten Bombergruppen-Geschichten der amerikanischen Luftwaffe. Die Bücher wurden in der ersten Nachkriegszeit in den USA veröffentlicht; sie sind heute Sammlerobjekte und auch im antiquarischen Angebot nur selten erhältlich. Für unsere Zwecke wurden die Geschichten der folgenden Bombergruppen durchgesehen – Pictorial Histories of the Bombardment Groups:
1st Air Division: 92nd, 303rd, 306th, 379th, 398th, 457th.
2nd Air Division: 44th, 445th, 446th, 467th.
3rd Air Division: 34th, 95th, 100th, 388th, 401st, 447th.

Public Record Office, London
Target Information Sheet – Airfield Activity Reports.
Bomber Command H.Q. 15 Feb 1945. Immediate Interpretation Report No. K.3/42, Locality Dresden, 14 Feb 1945, up to 1515 A hours.
Intelligence Narrative of Operations No. 1007, 14th February, 1945: Bomber Command Summary of Operations. Nights: 13/14 February, 1945. Issued at 1800 hrs 18th February, 1945.
Night Raid Report No. 837. Bomber Command Report on Night Operations 13/14 February, 1945. Maps.
Operations Record Book, No. 1 Group, 13/14 February, 1945
Bomber Command No. 1 Group, Appendices for February, 1945.
Bomber Command No. 3 Group, Appendices for February, 1945.
Bomber Command No. 5 Group, Appendices for February, 1945.
Bomber Command No. 6 Group, Appendices for February, 1945.
Bomber Command No. 8 Group, Appendices for February, 1945.
Für die Foto-Auswertung:
Plot of H2S Photographs No. 30, Taken 13/14 February 1945, Target Dresden, 1st Attack.
Plot of H2S Photographs No. 31, Taken 13/14 February 1945, Target Dresden, 2nd Attack.
Plot of Night Photographs No. 558, Taken 13/14 February 1945, Target Dresden, 2nd Attack.
Immediate Interpretation Reports, Supplements to Immediate Interpretation Reports, Interpretation Reports, Detailed Interpretation Reports.
Die gründlichste und umfassendste Auswertung in:
Interpretation Report No. K. 4171, 19th April 1945. Sie wird grafisch ergänzt durch:
Damage Plot, Bomber Command.

Neben diesen Dokumenten des Bomberkommandos wurden ausgewertet:
US Eighth Air Force – Target Dossiers.

United States Air Force
The Albert F. Simpson Historical Research Center, USAF, Maxwell AFB, Alabama
Angell jr., Joseph W.: Historical Analysis of the 14–15 February 1945 Bombings of Dresden, Prepared by USAF Historical Division Research Studies Institute, Air University. Washington, D.C., 1953.
United States Eighth Air Force:
Einsatzberichte, Meldungen, Zielunterlagen, Zielanalysen und Foto-Auswertungsberichte folgender Einheiten der 8. Luftflotte wurden verwendet:
1st Air Division, mit 364th Fighter Group.
2nd Air Division.
3rd Air Division, mit 78th, 339th, 353rd, 357th Fighter Groups.
Dabei handelt es sich um die im Text und in den Anmerkungen zitierten Dokumente:
Approximate Bomb Plots, Mission Summary Reports.
Und für die Foto-Auswertung:
Immediate Interpretation Reports, Interpretation Reports.

Private Archive und Sammlungen
Archiv Bekker
Milestones of Strategic Bombing – Studie 183 – Studie 183, Beispiele für die Angriffsführung der Westalliierten gegen das Reichsgebiet 1943 bis Mitte 1944.
Archiv Bergander
Gesammelte Unterlagen über die Luftangriffe auf Dresden.
Archiv Ehlich
Gesammelte Unterlagen über die Luftangriffe auf Dresden.
Archiv Salzgitter AG
Vorläufiger Bericht der Sudetenländischen Treibstoffwerke AG Oberleutensdorf über den Luftangriff am 24. August 1944 (mit Fotos).

Literatur

Aders, Gebhard: Geschichte der deutschen Nachtjagd, 1917–1945, Stuttgart 1978.
Bardua, Heinz: Stuttgart im Luftkrieg 1939–1945, Stuttgart 1967.
Bekker, Cajus: Angriffshöhe 4000, Oldenburg und Hamburg 1964.
Birkenfeld, Wolfgang: Der synthetische Treibstoff 1933–1945, Studien und Dokumente des Zweiten Weltkrieges, Band 8, Göttingen 1964.
Boberach, Heinz (Hrsg.): Meldungen aus dem Reich. Auswahl aus den geheimen Lageberichten des Sicherheitsdienstes der SS 1939–1945, München 1968.
Boog, Horst: Die deutsche Luftwaffenführung 1935–1945, Stuttgart 1982.
Boog, Horst, Rahn, Werner, Stumpf, Reinhard, Wegner, Bernd: Das Deutsche Reich und der Zweite Weltkrieg, Band 6, 1941–1943, Stuttgart 1990.
Brunswig, Hans: Feuersturm über Hamburg, Stuttgart 1983.

Busch, Dieter: Der Luftkrieg im Raum Mainz während des Zweiten Weltkrieges 1939–1945, Mainz 1988.

Charlton, L.E.O.: Britain at War. The Royal Air Force and the U.S.A.A.F., from October 1944 to September 1945, London o. J.

Churchill, Sir Winston: Der Zweite Weltkrieg, Band I–VI, Stuttgart 1954.

Churchill, Sir Winston: Great War Speeches, Corgi Edition 1963.

Craig, William: Als Japans Sonne unterging – Das Ende des Krieges im Pazifik 1945, Wien 1970.

Craven, Wesley F., and Cate, James L.: The Army Air Forces in World War II, vol. III, Europe, Chicago 1951.

Czesany, Maximilian: Nie wieder Krieg gegen die Zivilbevölkerung, Graz 1964.

Deane, John R.: Ein seltsames Bündnis, Wien 1947.

Doernberg, Stefan (Red.) – Deutsche Sektion der Historiker der DDR und der UdSSR (Hrsg.): Der Zweite Weltkrieg – Wirklichkeit und Fälschung, Berlin (Ost) 1959.

Dokumente deutscher Kriegsschäden, Band I–IV und Beihefte. Hrsg. vom Bundesminister für Vertriebene, Flüchtlinge und Kriegsgeschädigte, Bonn 1958–1964.

Eisenhower, Dwight D.: Kreuzzug in Europa, Amsterdam 1948.

Firkins, Peter: Strike and Return, Perth o.J.

Freeman, Roger A.: The US Strategic Bomber, London 1975.

Freeman, Roger A.: The Mighty Eight, London 1976.

Freeman, Roger A.: Mighty Eight War Diary, London 1981.

Förster, Helmert, Schnitter: Der Zweite Weltkrieg – Militärhistorischer Abriß, Berlin (Ost) 1974.

Galland, Adolf: Die Ersten und die Letzten, Darmstadt 1953.

Garthoff, Raymond L.: Die Sowjetarmee – Wesen und Lehre, Köln 1955.

Girbig, Werner: ... im Anflug auf die Reichshauptstadt, Stuttgart 1970.

Girbig, Werner: ... mit Kurs auf Leuna, Stuttgart 1980.

Groehler, Olaf: Geschichte des Luftkriegs 1910 bis 1970, Berlin (Ost) 1975.

Groehler, Olaf: Bombenkrieg gegen Deutschland, Berlin 1990.

Hampe, Erich: Ziviler Luftschutz im Zweiten Weltkrieg, Frankfurt/Main 1963.

Harris, Sir Arthur: Bomber-Offensive, London 1947.

Hastings, Max: Bomber Command, New York 1979.

Hauschild-Thiessen, Renate (Bearb.): Die Hamburger Katastrophe vom Sommer 1943 in Augenzeugenberichten, Hamburg 1993.

Heiber, Helmut (Hrsg.): Reichsführer! Briefe von und an Himmler, Stuttgart 1968.

Hillgruber, Andreas (Hrsg.): Probleme des Zweiten Weltkrieges, Köln-Berlin 1967.

Hillgruber, Andreas, und Hümmelchen, Gerhard (Hrsg.): Chronik des Zweiten Weltkrieges, Frankfurt/Main 1966.

Internationales Buchenwald-Komitee und Komitee der antifaschistischen Widerstandskämpfer in der DDR (Hrsg.): Buchenwald, Berlin (Ost) 1960.

Irving, David: Und Deutschlands Städte starben nicht, Zürich 1963.

Irving, David: Der Untergang Dresdens, Gütersloh 1964.

Irving, David: Die Tragödie der deutschen Luftwaffe, Frankfurt/Main-Berlin-Wien 1973.

Jablonski, Edward: Flying Fortress, New York 1965.

Jacobsen, Hans-Adolf, und Dollinger, Hans (Hrsg.): Der Zweite Weltkrieg in Bildern und Dokumenten, Band I–III, München 1962.

Keesings Archiv der Gegenwart, Wien, 1939–1944.

Koch, Horst-Adalbert: Flak, Bad Nauheim 1965.

Mehner, Kurt (Hrsg.): Die geheimen Tagesberichte der deutschen Wehrmachtführung im Zweiten Weltkrieg, Bd. 12, Osnabrück 1984.

Meyer-Hartmann, Hermann: Zielpunkt 52092 N 09571 O – Der Raum Hildesheim im Luftkrieg 1939–1945, Hildesheim 1985.

Middlebrook, Martin, Everitt, Chris: The Bomber Command War Diaries, London 1985.

Middlebrook, Martin: The Berlin Raids, London 1988.

Moessner-Heckner, Ursula: Pforzheim Code Yellowfin. Eine Analyse der Luftangriffe 1944–1945, Sigmaringen 1991.

Murawski, Erich: Der deutsche Wehrmachtbericht 1939–1945, Boppard 1962.

Neutzner, Matthias (Hrsg.): Lebenszeichen, Dresden im Luftkrieg 1944/45, Dresden 1991.

Overy, Richard J.: The Air War 1939–1945, London 1980.

Paul, Wolfgang: ... zum Beispiel Dresden, Frankfurt/Main 1962.

Price, Alfred: Herrschaft über die Nacht, Gütersloh 1968.

Der Prozeß gegen die Hauptkriegsverbrecher vor dem Internationalen Militärgerichtshof. Amtlicher Text in deutscher Sprache, Band XVII, 29. Juni 1946.

Der Rat der Stadt Dresden, Dezernat Bauwesen. Planungsgrundlagen, Planungsergebnisse, Dresden 1950.

Revie, Alastair: ... war ein verlorener Haufen, Stuttgart 1974.

Rodenberger, Axel: Der Tod von Dresden, Dortmund 1951.

Rumpf, Hans: Das war der Bombenkrieg, Oldenburg 1961.

Rumpf, Hans: Der hochrote Hahn, Darmstadt 1952.

Schramm, Percy Ernst (Hrsg.): Kriegstagebuch des Oberkommandos der Wehrmacht (Wehrmachtführungsstab), Band I-IV, Frankfurt/Main 1961–1963.

Saward, Dudley: »Bomber Harris«. The Story of Marshal of the Royal Air Force Sir Arthur Harris, London 1984.

Schnatz, Helmut: Der Luftkrieg im Raum Koblenz 1944/45, Boppard 1981.

Seydewitz, Max: Zerstörung und Wiederaufbau von Dresden, Berlin (Ost) 1955.

Sharp, C. Martin, and Bowyer, Michael J.F.: Mosquito, London 1971.

Sherwood, Robert E.: Roosevelt und Hopkins, Hamburg 1950.

Smith, Melden E.: The Bombing of Dresden Reconsidered. A Study in Wartime Decision Making, Dissertation 1971. Ann Arbor, Michigan 1974.

Sokolowski, W.D.: Militär-Strategie, Köln 1969.

Sowjetskaja Wojennaja Enzyklopädija. Wojennoje Isdatelstwo Ministerstwa Oboronü SSSR. Moskau 1977, Bd. 3.

Stalin, Briefwechsel mit Churchill, Attlee, Roosevelt und Truman. Hrsg. Ministerium für Auswärtige Angelegenheiten, Moskau. Berlin (Ost) 1961.

Telpuchowski, Boris S.: Die sowjetische Geschichte des Großen Vaterländischen Krieges 1941–1945. Hrsg. und krit. erläutert von Andreas Hillgruber und Hans-Adolf Jacobsen, Frankfurt/Main 1961.

The United States Strategic Bombing Survey. Over-all Report (European War), US-Government Printing Office 1945.

Verrier, Anthony: The Bomber Offensive, London 1968.

Webster, Sir Charles, and Frankland, Noble: The Strategic Air Offensive against Germany 1939–1945, vols. I-IV, London 1961.
Weidauer, Walter: Inferno Dresden, Berlin (Ost) 1966.
Weltgeschichte in zehn Bänden, Bd. 10. Hrsg. Akademie d. Wissenschaften d. UdSSR, Moskau 1965. Deutsche Ausgabe Berlin (Ost) 1968.

Ergänzungsliteratur

Boelke, Willi A. (Hrsg.): Wollt ihr den totalen Krieg? Die geheimen Goebbels-Konferenzen 1939–1943, Stuttgart 1967.
Blakebrough, Ken: The Fireball Outfit (457th Bombardment Group), Fallbrook, California 1968.
Blue, Allan G.: The Fortunes of War (492nd Bombardment Group), Fallbrook, California 1967.
Dokumente über die Alleinschuld Englands am Bombenkrieg gegen die Zivilbevölkerung. Hrsg. Auswärtiges Amt, Berlin 1943.
Dollinger, Hans: Schwarzbuch der Weltgeschichte, München 1973.
Essame, H.: The Battle for Germany, London 1969.
Fahrten und Flüge gegen England. Hrsg. Oberkommando der Wehrmacht, Berlin 1941.
Fest, Joachim: Hitler, Frankfurt/Main-Berlin-Wien 1973.
Fitzgibbon, Constantine: London brennt, Rastatt 1982.
Freemann, Roger: Camouflage & Markings, Boeing B-17 Flying Fortress, London 1971.
Freeman, Roger: Camouflage & Markings, Consolidated B-24 Liberator, London o. J.
Green, William: Famous Fighters of the Second World War, vols. I–IV, London 1962.
Green, William: Famous Bombers of the Second World War, 2 vols., London 1964.
Gruchmann, Lothar: Vom Blitzkrieg zur bedingungslosen Kapitulation, München 1991.
Hartmann, Hans-Günther: Pillnitz. Schloß, Park und Dorf, Weimar 1984.
Hofmann, Erna Hedwig: Kreuzchor anno 1945, Berlin (Ost) 1968.
Lehmann, E.L., und Zühlke, Dietrich (Hrsg.): Zwischen Tharandter Wald, Freital und dem Lockwitztal, Berlin (Ost) 1973.
Leiwig, Heinz: Deutschland Stunde Null. Historische Luftaufnahmen 1945, Stuttgart 1987.
Loch, Hans: Auferstehung einzigartiger Kunst durch edle Freundestat, Berlin (Ost) 1955.
Lochner, Louis P. (Hrsg.): Goebbels Tagebücher, Zürich 1948.
Lüdemann, H., Lehmann, E., und Zühlke, D. (Hrsg.): Dresdner Heide-Pillnitz-Radeberger Land, Berlin (Ost) 1976.
Merz, Walter: Feuerwerker. Namenlose Helden der Bombennächte, Rastatt 1970.
Michalka, Wolfgang (Hrsg.): Der Zweite Weltkrieg. Analysen, Grundzüge, Forschungsbilanz, München, Zürich 1989.
Munday, E.A.: Fifteenth Air Force Combat Markings, London o.J.

Nicolaisen, Hans Dietrich: Gruppenfeuer und Sal ventakt. Schüler und Lehrlinge bei der Flak 1943–1945, 2 Bde., Büsum 1993.

Olmstedt, Merle C.: The Yoxford Boys (357th Fighter Group), Fallbrook, California 1971.

Peter, Richard: Dresden – eine Kamera klagt an, Dresden 1949.

Price, Alfred: Battle over the Reich, Shepperton 1973.

Rohwer, Jürgen, und Jacobsen, Hans-Adolf: Entscheidungsschlachten des Zweiten Weltkrieges, Frankfurt/Main 1960.

Roosevelt spricht. Die Kriegsreden des Präsidenten, Stockholm 1945.

Rust, Ken C., and Hess, William N.: Slybord 353rd Group on Escort and Ground Attack, Fallbrook, California 1968.

Salewski, Michael: Deutschland. Eine politische Geschichte, 2 Bde., München 1993.

Schaarschuch, Kurt: Bilddokument Dresden 1933–1945, Hrsg. Rat der Stadt – Dresden, 1945.

Schätz, Ludwig: Schüler-Soldaten, Frankfurt/Main 1972.

Schuh, Horst: Das Gerücht. Psychologie des Gerüchts im Krieg, München 1981.

Speer, Albert: Erinnerungen, Berlin 1969.

Steinhoff, Johannes: In letzter Stunde, München 1974.

Wedemeyer, Albert C.: Der verwaltete Krieg, Gütersloh 1958.

Wotte, Herbert, und Wild, Karl-Heinz: Dresden. Heimat- und Wanderbuch, Leipzig 1956.

Zühlke, Dietrich (Hrsg.): Pirna und seine Umgebung, Berlin (Ost) 1965.

Zeitungen – Zeitschriften – Magazine

Bis 8. Mai 1945
»Berliner Illustrierte Zeitung«, Berlin
»Berliner Lokal-Anzeiger«, Berlin
»Berliner Morgenpost«, Berlin
»Dagens Nyheter«, Schweden
»Dresdner Zeitung«, Dresden
»Frankfurter Zeitung«, Frankfurt/Main
»Der Freiheitskampf«, Dresden
»Internationale Literatur. Deutsche Blätter«, Moskau
»Kurznachrichten für die vom Luftkrieg betroffene Bevölkerung«, Dresden
»Leipziger Neueste Nachrichten«, Leipzig
»Radeberger Zeitung«, Radeberg b. Dresden
»Das Reich«, Berlin
»Reichsrundfunk«, Berlin
»Das schwarze Korps«, Berlin
»Svenska Dagbladet«, Schweden
»Svenska Morgonbladet«, Schweden
»Völkischer Beobachter«, Berlin

Ab 8. Mai 1945

»Air Combat«, Rockaway, N. J.
»Air Force Magazine«, Washington, D.C.
»Aktuell«, München
»Berliner Zeitung«, Berlin (Ost)
»Christ und Welt«, Stuttgart
»Frankfurter Allgemeine Zeitung«, Frankfurt/Main
»Das Grüne Blatt«, Dortmund
»National-Zeitung«, Berlin (Ost)
»Neue Illustrierte«, Köln
»Neues Deutschland«, Berlin (Ost)
»New York Herald Tribune«, New York
»The New York Times«, New York
»Nürnberger Nachrichten«, Nürnberg
»Sächsische Zeitung«, Dresden
»Der Spiegel«, Hamburg
»Süddeutsche Zeitung«, München
»Südwest Presse«, Ulm
»Der Tag«, Berlin
»Tageszeitung für die deutsche Bevölkerung«, Dresden
»Tägliche Rundschau«, Berlin (Ost)
»Telegraf«, Berlin
»Time«, New York
»The Times«, London
»Die Union«, Dresden
»Die Welt«, Hamburg
»Welt am Sonntag«, Hamburg
»Die Zeit«, Hamburg
»Ziviler Luftschutz«, Koblenz

Rundfunk- und Fernsehsendungen
Berliner Rundfunk, Berlin (Ost)
Deutsches Fernsehen
Großdeutscher Rundfunk
Sender Freies Berlin

Bild- und Kartennachweis

division Döberitz. Trefferbild-Skizzen. Royal Air Force, Bomberkommando: Flugroutenkarten, Gebietsschadenskarte Dresden, Foto-Auswertungsberichte.

US 8th and 15th Air Force: Flugroutenkarten, Trefferbild-Karten, Foto-Auswertungsberichte.

Der Rat der Stadt Dresden. Planungsgrundlagen, Planungsergebnisse, Dresden 1950: Karten der Schadensgebiete.

Abbildungen

41 Dresden, Angriff am 15. 2. 1945, Bombenabwurf, Luftbild
42 Dresden, Ascherwittwoch 1945
43 Dresden Verschiebebahnhof Friedrichstadt, Foto-Aufklärung 14. 2. 1945, Luftbild
44 Dresden Carolabrücke, 16. 2. 1945, Luftbild
45 Dresden Innenstadt, Terrassenufer, Augustusbrücke, 16. 2. 1945, Luftbild
46 Dresden Innenstadt, Hofkirche, Zwinger, 16. 2. 1945, Luftbild
47 Dresden Devrientstraße, brennender Speicher, 16. 2. 1945, Luftbild
48 Dresden Hauptbahnhof, 16. 2. 1945, Luftbild
49 Dresden Terrassenufer, Marschallstraße, 16. 2. 1945, Luftbild
50 Dresden Johannstadt, 16. 2. 1945, Luftbild
51 Dresden Hindenburgufer, 16. 2. 1945, Luftbild
52 Dresden Gaswerk Reick, 16. 2. 1945, Luftbild
53 Dresden Krankenhaus Friedrichstadt, 16. 2. 1945, Luftbild
54 Dresden Blick über Innenstadt, 16. 2. 1945, Luftbild
55 Dresden Zwinger mit Kronentor, Februar 1945
56 Dresden Ruine der Frauenkirche mit Lutherdenkmal, Februar 1945
57 Dresden Ruine der Frauenkirche
58 Dresden Frauenkirche, Reste des Glockenturmes
59 Dresden Webergasse, Februar 1945
60 Dresden Neumarkt, Moritzstraße, Februar 1945
61 Dresden Neues Rathaus, Februar 1945
62 Dresden Moritzstraße / König-Johann-Straße, Februar 1945
63 Dresden Hauptbahnhof, Haupthalle, Februar 1945
64 Dresden Prager Straße, Aufräumungsarbeiten, Februar 1945
65 Dresden Moltkeplatz, Tote, Februar 1945
66 Dresden Moltkeplatz, Tote, Februar 1945
67 Dresden Moltkeplatz, Tote, Februar 1945
68 Dresden Löschwasserbecken, Tote, Februar 1945
69 Dresden Altmarkt, Totenverbrennung, Februar 1945
70 Dresden Altmarkt, Totenverbrennung, Februar 1945
71 Dresden Altmarkt, Totenverbrennung, Februar 1945
72 Schlußmeldung des Höheren SS- und Polizeiführers, Ausschnitte
73 Dresden Katholische Hofkirche und Schloß, Mai 1945
74 Dresden Instandsetzungsarbeiten, Februar 1945
75 Dresden Schloßstraße, April 1945
76 Dresden Ruine der Dreikönigskirche
77 Dresden Ruine der Mohrenapotheke
78 Dresden, Innenstadt, ca. 1946/47
79 Dresden, zerstörtes Feuerwehrfahrzeug zwischen Schloß und Hofkirche
80 Dresden Ruine des Landtagsgebäudes
81 Dresden Ruine der »Yenidze«
82 Dresden Stadtgebiet, britische Schadenskarte, Luftbild
83 Dresden Eisenbahn- und Marienbrücke, Foto-Aufklärung 22. 3. 1945, Luftbild
84 Dresden zwischen Lennéstraße und Hauptbahnhof, Foto-Aufklärung 16. 3. 1945, Luftbild

Personenregister

Ortsregister